Sascha Vietoris
XI. osztály
1988/89
SE

Fundamente
Bayern

Geographisches Grundbuch
für die
Kollegstufe

Von
Hans-Ulrich Bender
Wolfgang Fettköter
Ulrich Kümmerle
Hermann Lenner
Westhard Millauer
Martin Nickel
Günter Olbert
Norbert von der Ruhren

Ernst Klett Stuttgart

**Fundamente
Bayern**

Geographisches Grundbuch
für die
Kollegstufe

Von
OStR Hans-Ulrich Bender, Wirtemberg-Gymnasium Stuttgart, Lehrbeauftragter für Geographie am Seminar für Erziehung und Didaktik in der Schule (Gymnasium), Esslingen
StD Wolfgang Fettköter, Fachleiter für Geographie am Staatlichen Studienseminar Göttingen
Prof. Ulrich Kümmerle, Fachberater für Geographie am Seminar für Erziehung und Didaktik in der Schule (Gymnasium), Weingarten
OStR Hermann Lenner, Gisela-Gymnasium München
OStR Westhard Millauer, Gisela-Gymnasium München
OStR Martin Nickel, Gymnasium Vaterstetten (bei München)
OStR Dr. Günter Olbert, Theodor-Heuss-Gymnasium Esslingen, Lehrbeauftragter für Geologie am Seminar für Erziehung und Didaktik in der Schule (Gymnasium), Esslingen
StD Norbert von der Ruhren, Fachleiter für Erdkunde am Staatlichen Bezirksseminar für das Lehramt am Gymnasium Aachen

Das Kapitel „Die Problematik der Raumenge: China und Japan" sowie die Seiten 52–54 (teilweise) wurden für die bayerische Ausgabe von Westhard Millauer und Hermann Lenner bearbeitet.

Unter Mitarbeit der Verlagsredaktion Geographie, Geschichte und Politische Bildung
Mitarbeit an diesem Buch: Ingeborg Philipp, Verlagsredakteurin

ISBN 3-12-409230-9

1. Auflage, unveränderter Nachdruck   1 ^{8} 7 6 5 4 | 1990 89 88 87 86
Alle Drucke dieser Auflage können im Unterricht nebeneinander benutzt werden.

© Ernst Klett Verlage GmbH u. Co. KG, Stuttgart 1982. Alle Rechte vorbehalten.
Satz und Druck: Wilhelm Röck, Weinsberg
Zeichnungen: H. Mundel, Stuttgart, K. Richter und R. Rössler, Erlangen

Inhaltsverzeichnis

Einführung   7

Natürliche Voraussetzungen menschlichen Lebens auf der Erde   9

1 Prozesse und Strukturen der Erdkruste   9
1.1 Bewegungen und Aufbau der Erdkruste   9
1.1.1 Erdbeben und Vulkangebiete der Erde   9
1.1.2 Geophysikalische Erscheinungen an Platten und Plattengrenzen   10
1.1.3 Die Entstehung der Kontinente   13
1.1.4 Die Entwicklung der Ozeane   14
1.1.5 Oberflächenformen der Erde (Übersicht)   15
1.2 Entstehung und Verbreitung wichtiger Lagerstätten   16
1.2.1 Magmatische Lagerstätten   16
1.2.2 Sedimentäre Lagerstätten   17
1.2.3 Methoden der Prospektion und Exploration   20

2 Das atmosphärische Geschehen   21
2.1 Die Allgemeine Zirkulation der Atmosphäre   21
2.1.1 Die Westwinddrift der mittleren Breiten   22
2.1.2 Das Wettergeschehen an der Polarfront   23
2.1.3 Das Wettergeschehen beim Durchzug einer Zyklone   24
2.1.4 Großwetterlagen und Luftmassen Europas   24
2.2 Die innertropische Konvergenz als Ausgleichssystem zur Westwinddrift   26
2.3 Lokale Windsysteme   27
2.4 Klimaklassifikationen   28
2.4.1 Teil- und Gesamtklassifikation   29
2.5 Das Klima als begrenzender Faktor für den wirtschaftenden Menschen   31

3 Böden: ihre Entstehung, Verbreitung und Bedeutung   31
3.1 Die Entstehung des Bodens   32
3.1.1 Die mineralische Substanz als Ergebnis der Gesteinsverwitterung   32
3.1.2 Die Zersetzung der organischen Substanz   33
3.2 Die Bodenarten   34
3.3 Die Bodentypen   35
3.4 Bodenfruchtbarkeit   38

4 Vegetationszonen der Erde und wichtige Nutzpflanzen   39
5 Geoökologische Systeme   41

Struktur und Mobilität der Bevölkerung   43

1 Das Wachstum der Weltbevölkerung   43
1.1 Geburten- und Sterbeziffer   43
2 Wachstumsdisparitäten als Folge unterschiedlichen generativen Verhaltens   45
3 Bevölkerungsverteilung und Bevölkerungsdichte   46
3.1 Tragfähigkeitsberechnungen   47
4 Altersaufbau und Bevölkerungsbewegungen als Folge sozialer und regionaler Mobilität   48
4.1 Altersaufbau   48
4.2 Die soziale Mobilität   50
4.3 Die regionale Mobilität   51
4.3.1 Binnenwanderungen   52
4.3.2 Zwischenstaatliche Wanderungen   52
4.3.3 Politisch verursachte Bevölkerungsbewegungen   52

Wirtschaftsräumliche Strukturen und Prozesse: Landwirtschaft, Bergbau und Energiewirtschaft, Industrie, Tertiärer Sektor   55

Landwirtschaft   55
1 Das Welternährungsproblem   55
2 Strukturgrößen, Strukturprobleme und strukturverbessernde Maßnahmen   58
2.1 Agrarstruktur   58
2.2 Die natürlichen Voraussetzungen   59
2.2.1 Die Böden und das Relief   59
2.2.2 Das Klima und die Witterung   59
2.2.3 Die Pflanzen und Tiere   60
2.3 Sozioökonomische Strukturmerkmale   63
2.3.1 Flurverhältnisse und ländliche Siedlungsformen   63
2.3.2 Erbsitten und Besitzverhältnisse   65
2.3.3 Betriebsgrößen   68
2.3.4 Erwerbscharakter   70
2.3.5 Betriebsvielfalt   71
2.3.6 Betriebssysteme   72
2.3.7 Mechanisierung   75
2.3.8 Arbeitskräfte, Produktivität und Einkommen   76

2.3.9	Marktorientierung, Vermarktung, Marketing	77
3	Die Landwirtschaft in beiden deutschen Staaten	80
3.1	Systemunterschiede	80
3.2	Leistungsunterschiede	80
3.3	Soziale Verhältnisse	81
4	Die Europäische Gemeinschaft	82
4.1	Die Agrarpolitik in der EG	82
4.2	Die Funktion der EG für Industrie und Handel	86
4.3	Die EG und die Entwicklungsländer	89

Bergbau und Energiewirtschaft 90

1	Bergbau	90
1.1	Abbauwürdigkeit und Rentabilität von Lagerstätten	90
1.2	Die Bergbauprodukte der Erde	91
1.2.1	Reserven und Ressourcen	93
1.3	Bergbau als raumwirksamer Faktor	93
2	Energiewirtschaft	94
2.1	Verwendung von Energie und Energieträgern	95
2.2	Die Entwicklung des Energieverbrauchs	97
2.3	Die derzeitigen und zukünftigen Energiereserven und die Verteilung der Energierohstoffe	100
2.3.1	Studien über den zukünftigen Weltenergieverbrauch	102
2.4	Energieversorgung	103
2.4.1	Energietransport	103
2.4.2	Kraftwerke und Energieverbund	104
2.5	Raumwirksamkeit der Energiewirtschaft	105
3	Rohstoff- und Energiepolitik	105
3.1	Die „Erdölkrise" 1973 und deren Auswirkungen	105
3.2	Rohstoffpolitik exportierender Länder	106
3.3	Rohstoff- und Energiepolitik der Bundesrepublik Deutschland	107

Industrie 108

1	Die Industrie und ihre Vorläufer	108
2	Die räumliche Vorprägung für die Industrialisierung	111
3	Vom Standort der Industrie	111
3.1	Die Standorttheorie von Alfred Weber	112
3.2	Die Standortfaktoren nach heutiger Auffassung	112
4	Veränderung der Standortfaktoren	118
4.1	Einflüsse politisch-wirtschaftsräumlicher Veränderungen auf den Standort der BASF Ludwigshafen	118
4.2	Einflüsse technologischer Veränderungen am Beispiel der BASF	119
4.3	Veränderung in der Schwerindustrie	119
5	Die Verflechtung der Industrie	121
6	Industrieräumliche Strukturen	124
7	Die Industrie in den Entwicklungsländern	129
7.1	Der besondere Charakter der Industrie in den Entwicklungsländern und ihre Probleme	129
7.2	Staatliche Einflüsse bei der Industrialisierung	132
7.3	Schwellenländer	133

Der tertiäre Sektor 135

1	Wesen und Bedeutung	135
2	Zentrale Orte und Zentralität	137
2.1	Christallers System der zentralen Orte	137
2.2	Zentralität aus heutiger Sicht	139
2.2.1	Veränderungen durch Mobilität	140
2.2.2	Mehrfachorientierung	142
2.2.3	Innerstädtische Zentralität	144
3	Methoden der Zentralitätsmessung	145
4	Tertiärer Sektor und Raumordnung	147
5	Verkehr	149
6	Welthandel – funktionale Verflechtung von Wirtschaftsräumen	152
6.1	Die historischen Grundlagen der gegenwärtigen Welthandelsbeziehungen	154
6.2	Gegenwärtige Exportstruktur der Länder der Dritten Welt	154
6.3	Multinationale Konzerne (MNK)	155
6.4	Beispiele für die gegenseitige wirtschaftliche Abhängigkeit	155
6.4.1	Die Importabhängigkeit der Industrieländer	155
6.4.2	Die Exportabhängigkeit der Industrieländer	157
6.5	Ost-West-Handel	158
6.6	Handelsbeziehungen zwischen der DDR und der Bundesrepublik Deutschland	160
6.7	Internationale Handelsabkommen	162

Raumordnung 164

1	Das Aufgabenfeld	164
2	Die wissenschaftlichen Grundlagen	165
2.1	Ökologische Zusammenhänge	165
2.2	Wirtschaftsräumliche Verhältnisse	168
2.3	Sozialräumliche Ansprüche	169
3	Die Ziele und Träger der Raumordnung	170

3.1	Zielkonflikte	172
4	Die Instrumente	174
4.1	Das System der zentralen Orte	175
4.2	Das Prinzip der Entwicklungsachsen	176
4.3	Das Prinzip der Vorranggebiete	177
4.4	Gebietseinheiten und Programme	177
4.5	Bauleitplanung	181
5	Raumbeispiele	183
5.1	Ein Oberzentrum und sein Umland: Das Entwicklungsmodell Hamburg	183
5.2	Entwicklungsprobleme im Alpenraum	186

Stadt und Verstädterung 193

1	Die Stadt	193
1.1	Stadt – ein eindeutiger Begriff?	193
1.2	Unterschiedliche Stadtbegriffe	193
1.2.1	Der statistische Stadtbegriff	193
1.2.2	Der rechtlich-historische Stadtbegriff	193
1.2.3	Der geographische Stadtbegriff	194
1.3	Einzelkriterien zur Beschreibung und Abgrenzung städtischer Siedlungen	194
1.3.1	Kompaktheit des Siedlungskörpers	194
1.3.2	Hohe Wohn- und Arbeitsplatzdichte	194
1.3.3	Bedeutungsüberschuß (Zentralität von Siedlungen)	195
1.3.4	Berufsfächer	196
1.3.5	Innere Differenzierung	196
1.3.6	Bevölkerungswachstum und Bevölkerungsstruktur	199
1.3.7	Verkehrswertigkeit (Verkehrslage)	199
1.3.8	Umweltgestaltung	201
2	Verstädterungsprozeß	201
2.1	Der weltweite Vorgang der Siedlungskonzentration	201
2.2	Verstädterung in den heutigen Industrieländern	202
2.2.1	Die Entstehung von Bevölkerungsagglomerationen	202
2.2.2	Stadtflucht und Randwanderung	205
2.2.3	Probleme des Verkehrs in Verdichtungsräumen	210
2.2.4	Stadtsanierung	213
2.2.5	Fußgängerbereiche	218
2.2.6	Neue Städte – neue Großwohnsiedlungen	219
2.3	Verstädterung in Ländern der Dritten Welt	222
2.3.1	Ursachen der Abwanderungstendenz	232
2.3.2	Auswirkungen auf den städtischen Raum	225
2.3.3	Maßnahmen gegen die Abwanderungstendenz	229

Umweltbelastung und Umweltschutz 230

1	Umweltbegriff und Umweltbewußtsein	230
2	Umweltgefahren und Maßnahmen ihrer Behebung	230
2.1	Wasser	230
2.1.1	Flußverschmutzung	233
2.1.2	Seenverschmutzung am Beispiel des Bodensees	234
2.1.3	Verschmutzung der Meeresgewässer	236
2.1.4	Grundwasserverschmutzung	237
2.1.5	Abwasserreinigung und Abwasserverminderung	237
2.2	Wasserwirtschaftliche Maßnahmen und ihre Folgen	238
2.3	Die Belastung der Atmosphäre	240
2.4	Die Zerstörung von Boden und Vegetation	244
2.5	Gefährdung der Landschaft	245
2.6	Umweltpolitik	246

Probleme der Entwicklungsländer: das Beispiel Peru 248

1	Zur Begriffsbestimmung und Typologie der Entwicklungsländer	248
2	Merkmale der Entwicklungsländer	251
3	Theorien der Unterentwicklung	251
4	Unterentwicklung als Folge ungleicher Machtverteilung im internationalen Handel	252
5	Die Forderung nach einer neuen Weltwirtschaftsordnung (NWWO)	255
6	Entwicklungspolitik und Entwicklungshilfe	257
6.1	Motive und Ziele	257
6.2	Entwicklungsstrategien	257
6.3	Entwicklungspolitische Maßnahmen der Bundesrepublik Deutschland (Überblick)	260
7	Peru – Analyse der Unterentwicklung	263
7.1	Die Geschichte Perus – Geschichte der Abhängigkeiten	263
7.2	Die bevölkerungsgeographische Problematik	264
7.3	Strukturelle Heterogenität in der Landwirtschaft	265
7.4	Räumliche Konzentration und Fremdbestimmung der Industrie	270
7.5	Verstädterung und disproportionale Entwicklung	273

8	Entwicklungspolitik und Entwicklungshilfe in Peru	278
8.1	Der „dritte" Weg	278
8.2	Wichtige gesamtperuanische entwicklungspolitische Maßnahmen	278
8.2.1	Die Agrarreform von 1969	278
8.2.2	Das Bildungsprogramm	282
8.2.3	Die Änderungen im Bergbau und in der Industrie	284
8.3	Der „Inka-Plan"	284
8.4	Regionale Entwicklungsprojekte (von der Bundesrepublik gefördert)	285
8.5	Übersicht über Art und Umfang der bundesdeutschen Entwicklungshilfe in Peru	288

USA – UdSSR 290

1	USA – Werden und Wandel des Wirtschaftsraumes	292
1.1	Die natürliche Ausstattung als Disposition für die wirtschaftliche Inwertsetzung	292
1.1.1	Oberflächengestalt und Klima	293
1.1.2	Gunst- und Instabilitätsfaktoren	295
1.1.3	Bodenzerstörung, Landschaftspflege und Raumplanung	296
1.2	Formen der Landnahme und ihre Raumwirksamkeit	298
1.3	Die Agrarwirtschaft der USA	301
1.3.1	Das traditionelle Beltkonzept, seine Auflösung und Modifizierung	301
1.3.2	Leistung und Probleme der Landwirtschaft	304
1.4	Die Industriewirtschaft und ihre räumliche Struktur	306
1.4.1	Leistung und Vormachtstellung der US-amerikanischen Industrie	306
1.4.2	Entwicklung und Standorte der Industrie	307
1.4.3	Standortfragen und Standortveränderungen der Industrie	308
1.5	Gegenwartsprobleme in geographischer Sicht	309
1.5.1	Das Problem der Verstädterung	310
1.5.2	Rassenprobleme	311
2	UdSSR – Kulturlandschaftswandel in einem sozialistischen Wirtschaftsstaat	313
2.1	Das naturräumliche Potential als Grundlage raumprägender Prozesse	313
2.1.1	Oberflächengestalt und Klima	314
2.1.2	Vegetations- und Bodenzonen	317
2.1.3	Die naturbedingten Grenzen und ihre Bedeutung für Wirtschaft und Verkehr	319
2.2	Besiedlung und Erschließung	321
2.3	Die Agrarwirtschaft	323
2.3.1	Die Geschichte des Agrarsystems, Kollektivierung der Landwirtschaft	323
2.3.2	Die Landbauzonen und das Problem der Marktversorgung	327
2.3.3	Aktionen zur Produktionssteigerung	330
2.4	Die Industrie	333
2.4.1	Natürliche Grundlagen und Aufbau der Industrie	333
2.4.2	Ausgewählte Industrieräume – Beispiele verschiedener industrieller Erschließungsetappen	335
2.5	Bevölkerungsbewegungen und Nationalitätenprobleme	340

Die Problematik der Raumenge: China und Japan

1	China	344
1.1	Bevölkerung und Bevölkerungsverteilung	344
1.2	Natürliche Voraussetzungen	344
1.2.1	Oberflächengestalt	344
1.2.2	Klima	345
1.2.3	Ungunstfaktoren	346
1.3	Situation im Alten China	347
1.4	Entwicklung im Neuen China	349
1.4.1	Überblick über die Wirtschaftsentwicklung	349
1.4.2	Grundlagen des Planungssystems	350
1.4.3	Agrarräumliche Struktur	356
1.4.4	Maßnahmen auf dem Agrarsektor	356
1.4.5	Grundzüge der Industrialisierung	359
1.4.6	Verkehrsausbau	360
1.4.7	Stadt-Land-Beziehungen	362
1.4.8	Bevölkerungswachstum und -politik	362
2	Japan	363
2.1	Bevölkerungsentwicklung	363
2.2	Bevölkerungsverteilung in ihrer Abhängigkeit von den Naturfaktoren	363
2.2.1	Oberflächengestalt	364
2.2.2	Klima	365
2.2.3	Ungunstfaktoren	366
2.3	Historische Grundlagen der wirtschaftspolitischen Entwicklung	366
2.4	Methoden zur Überwindung der Raumenge und ihre Raumwirksamkeit	367
2.4.1	Landwirtschaft: Entwicklung und Probleme	367
2.4.2	Industrielle Entwicklung	368
2.4.3	Stellenwert der industriellen Erzeugnisse	371
2.4.4	Industriestandorte	373
2.4.5	Umweltbelastung	376
2.4.6	Verstädterung	376
2.4.7	Regionalplanung	378
Literatur		380
Register		384

Einführung

Die Geographie beschäftigt sich mit den räumlichen Strukturen und raumbildenden Prozessen auf der Erdoberfläche. Das Beziehungsgefüge zwischen Naturraum und menschlichen Aktivitäten ist von wesentlicher Bedeutung für die zukünftige Entwicklung der Raumausstattung und des Raumgefüges. Forschungsergebnisse der Geographie werden deshalb in zunehmendem Maße von Politikern, Raum- und Stadtplanern sowie Nachbarwissenschaften in Anspruch genommen.

Das ständig wachsende Problem der Raumverknappung insbesondere in den Industriestaaten West- und Mitteleuropas, in Japan und China, aber auch in Entwicklungsländern, läßt die meisten der gesellschaftspolitischen und wirtschaftlichen Sachfragen der Gegenwart letztlich als Raumfragen erscheinen, die bis in das persönliche Leben jedes einzelnen Bürgers hineinwirken. Man denke an Fragen der Energieversorgung, aber auch an den Bau neuer Verkehrswege, die je nach Trassenführung einer Vielzahl von Menschen, z. B. den Pendlern, zeitlichen und meist auch wirtschaftlichen Nutzen bringen, für andere Menschen aber durch wachsenden Verkehrslärm und erhöhte Luftverschmutzung die Lebensqualität mindern. Ausdruck solcher Zielkonflikte sind die immer häufiger auftretenden Auseinandersetzungen zwischen verschiedenen Interessengruppen. Hieraus ergibt sich die Notwendigkeit detaillierter und umfassender Forschung als Grundlage einer sachgerechten, wissenschaftlich fundierten Information aller Gruppen und Bürger des Staates.

Ziele und Aufgaben des Buches

Das vorliegende Lehrbuch zeigt grundlegende raum-zeitliche Zusammenhänge der Erdoberfläche und ihrer Gestaltung durch den Menschen auf. Durch deren Kenntnis sollen die Schüler befähigt werden,
– durch sachlich fundierte Argumentation und verantwortungsbewußtes Handeln an der Gestaltung unserer Gesellschaft mitzuwirken,
– die Komplexität unseres wirtschaftlich-sozialen Handelns zu verstehen,
– Gegensätze und Konflikte als solche zu erkennen,
– Alternativen und Lösungsmöglichkeiten zur möglichst weitgehenden Zufriedenheit von einzelnen Gruppen und der Allgemeinheit zu formulieren.

Das Buch ist unter Zugrundelegung der entsprechenden Lehrpläne aller Bundesländer zur Verwendung in geographischen Grund- und Leistungskursen der Sekundarstufe II konzipiert worden. Darüber hinaus ist es aber auch zur Nachbereitung des Unterrichts bzw. zur Vorbereitung von Klausuren oder der Abiturprüfung geeignet.

Aufbau des Buches

„Fundamente" ist ein Geographiebuch, das unter Herausarbeitung des Wesentlichen alle erdkundlichen Teildisziplinen der Anthropogeographie behandelt. Trotzdem war es nötig, die physisch-geographischen Grundlagen anzusprechen. Allerdings wird die physische Geographie im Hinblick auf den siedelnden und wirtschaftenden Menschen betrachtet.

Um eine vergleichende Betrachtung zweier Weltmächte zu ermöglichen, enthält das Buch ein den USA und der UdSSR gewidmetes Kapitel. In einer knappen, durch viel statistisches Material fundierten Form werden diese Großmächte gegenübergestellt.

Die Problematik der Raumenge wird am Beispiel China und Japan aufgezeigt. Dabei soll die Einsicht vermittelt werden, daß das Staatsgebiet an sich keine qualitative Größe darstellt, daß Raumenge bzw. Überbevölkerung Belastungen und Probleme zur Folge haben, deren Bewältigung deutlich erkennbare Auswirkungen auf die Kulturlandschaft hat.

Probleme der Entwicklungsländer werden in jedem Kapitel zusammen mit den entsprechenden Fragestellungen der Industrieländer behandelt, weil dadurch viele Zusammenhänge verständlicher und exakter herausgearbeitet werden können, als dies bei einer Trennung der Ländergruppen möglich gewesen wäre. An einem Raumbeispiel – Peru – werden die bereits angesprochenen Probleme der Entwicklungsländer konkretisiert und angewandt.

Wirtschaftsgeographische Probleme werden am Beispiel der Landwirtschaft und Industrie verdeutlicht; in einem eigenen Kapitel sind sich daraus ergebende Gesichtspunkte der Umweltbelastung und des Umweltschutzes zusammengefaßt.

Geographische Aspekte gegenwärtiger Bevölkerungsbewegungen werden in ihren verschiedenartigen Wirkungen aufgezeigt. Im Zusammenhang mit dem Teilaspekt der politisch verursachten Wanderung werden wirtschaftliche und politische Gesichtspunkte von Grenzen angeführt. Besonderes Gewicht wird auf Ursachen, Formen und raumprägende Konsequenzen der Verstädterung gelegt.

Die einzelnen Kapitel bauen nicht streng aufeinander auf, so daß es möglich ist, z. B. mit dem Kapitel „Stadt und Verstädterung" zu beginnen, ohne die vorangegangenen Kapitel behandelt zu haben. Stellen, an denen auf Punkte eingegangen wird, die in anderen Kapiteln näher dargestellt werden, sind durch Querverweise gekennzeichnet. Auf die Formulierung von Arbeitsanweisungen oder Fragen wurde verzichtet, um die Einsatzmöglichkeiten im Unterricht oder beim Selbststudium nicht einzuschränken. Aufgrund der reichen Ausstattung mit Tabellen, Diagrammen, Schemata und Karten lassen sich Fragestellungen während des Unterrichts erarbeiten.

Das ausführliche Register soll das Arbeiten mit dem Buch erleichtern. Um den Leser nicht durch eine Vielzahl von Seitenangaben zu verwirren, wird nur auf die Seite hingewiesen, auf der der entsprechende Begriff erklärt oder in einem wichtigen Zusammenhang behandelt wird. Der Begriff selbst ist auf der jeweiligen Seite kursiv gesetzt.

Am Schluß des Buches befindet sich ein nach Kapiteln gegliedertes Literaturverzeichnis, das für das jeweilige Thema weiterführende Literatur enthält. Dadurch wird dem Schüler ein vertiefendes Selbststudium sowie die Anfertigung von Referaten und Ausarbeitungen erleichtert.

Die Autoren (Gymnasiallehrer verschiedener Bundesländer) haben jeweils einzelne Kapitel in Eigenverantwortung formuliert, unterlagen jedoch gleichzeitig der Kritik aller übrigen Autoren, die Änderungswünsche, Anregungen und Ergänzungen einbrachten.

Natürliche Voraussetzungen menschlichen Lebens auf der Erde

1 Prozesse und Strukturen der Erdkruste

Das neue Bild der Erde beruht auf intensiver geologischer Forschungstätigkeit vor allem seit dem Zweiten Weltkrieg. Kenntnisse über Aufbau und Bewegung der Erdkruste ermöglichen seither verbesserte Aussagen über Entstehung und Verbreitung von Lagerstätten.

1.1 Bewegungen und Aufbau der Erdkruste

1.1.1 Erdbeben und Vulkangebiete der Erde

Die Erde als Lebensraum des Menschen wird durch dessen vielfältige Tätigkeit in zunehmendem Maße umgestaltet. Möglichkeiten und Grenzen seiner Aktivitäten werden allerdings mehr oder weniger stark durch natürliche Faktoren wie Gestein und Relief, Wetter und Klima, Böden und Vegetation bestimmt. Kenntnis der natürlichen Umwelt und Schutz derselben sind somit notwendige Voraussetzungen menschlichen Handelns.

Die meisten und stärksten *Erdbeben* sowie die aktiven *Vulkane* der Erde häufen sich auf linienförmigen Zonen. Die *Erdbebenstärke* wird üblicherweise mit Hilfe der nach oben offenen *Richterskala* angegeben. Im Gegensatz zur *Mercalli-Skala*, bei der die Intensität nach den Auswirkungen der Beben gemessen wird, gibt die *Richterskala* die *Magnitude* (M) eines *Erdbebens* und damit die tatsächlich freigesetzte Energie an.

Die Großplatten der Erde

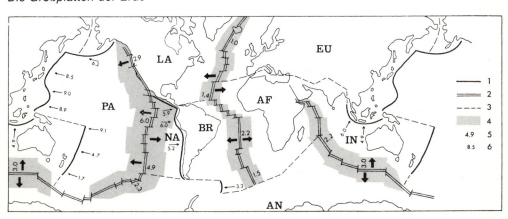

AF = Afrikanische Platte, AN = Antarktische Platte, BR = Brasilische Platte, EU = Eurasische Platte, IN = Indo-Australische Platte, LA = Laurentische Platte, NA = Nazca-Platte, PA = Pazifische Platte; 1 = Tiefseerinnen und Inselbögen, 2 = mittelozeanische Rücken, 3 = sonstige Plattengrenzen, 4 = neugebildeter Ozeanboden der letzten 50 Millionen Jahre, 5 = beidseitige Spreizraten in cm/Jahr der mittelozeanischen Rücken, 6 = relative Driftgeschwindigkeit der Platten in cm/Jahr; Pfeile = Richtung der Plattendrift. Verändert nach K. Strobach 1974.

Otto F. Geyer: Grundzüge der Stratigraphie und Fazieskunde. Bd. 2. Stuttgart: Schweizerbartsche Verlagsbuchhandlung 1977, S. 102

Häufigkeitsverteilung der Erdbeben auf der Erde

Magnitude (M) der Richterskala	Anzahl pro Jahr
9,0	0
8,0–8,9	2
7,0–7,9	18
6,0–6,9	150
5,0–5,9	800
4,0–4,9	6 200
3,0–3,9	49 000

Nur wenige dieser Beben können vom Menschen wahrgenommen werden bzw. richten Schäden an.

Erdbeben und Auswirkungen

San Franzisco (1906): M = 8,3; 700 Tote
Guatemala (1976): M = 7,5; 22 836 Tote
Friaul (1976): M = 6,4; 978 Tote

Besonders erdbebenreich sind die Gebiete im Randbereich des Pazifik *(zirkumpazifischer Bereich).* Offensichtlich handelt es sich hierbei um *Schwächezonen* der *Erdkruste,* die sich von den Gebieten geringerer Vulkan- und Erdbebentätigkeit deutlich unterscheiden. Die Schwächezonen sind identisch mit dem Verlauf ozeanischer Gebirgssysteme *(ozeanischen Rücken), Tiefseegräben,* jungen *Faltengebirgen* und *kontinentalen Grabenzonen.* Dies veranlaßte die Geologen und Geophysiker, die Erde in eine Anzahl stabiler Platten zu untergliedern, deren Grenzen durch diese *Schwächezonen* gebildet werden.

1.1.2 Geophysikalische Erscheinungen an Platten und Plattengrenzen

Durch *seismische Untersuchungen* (Analyse natürlicher oder künstlich erzeugter Erdbebenwellen) ist der Aufbau des Erdinneren inzwischen recht gut bekannt. Danach setzt sich die *Lithosphäre* aus der eigentlichen *Erdkruste,* die in den oberen Teilen vorwiegend aus sauren Silizium- und Aluminiumverbindungen *(Sial),* in ihren unteren Teilen aus basischen Silizium- und Magnesiumverbindungen *(Sima)* besteht, sowie aus dem basischen obersten *Erdmantel* zusammen.

Der Schalenaufbau der Erde

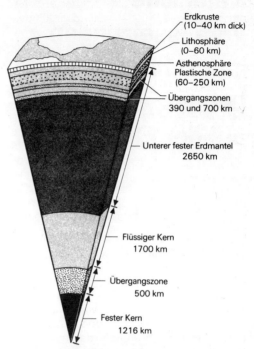

Walter Sullivan: Warum die Erde bebt. Frankfurt: Umschau Verlag 1977, S. 70

Die Erdkruste ist im Bereich der Kontinente 30 km, unter Gebirgen bis zu 70 km mächtig und taucht entsprechend tief in das Mantelmaterial ein. Die ozeanische, vorwiegend basaltische *Kruste* besitzt dagegen nur eine Dicke von 7 bis 9 km und taucht weniger weit in den Erdmantel ein. Die Eintauchtiefe reicht – vergleichbar einem schwimmenden Eisberg im Wasser – so weit hinab, daß ein Schwimmgleichgewicht erreicht wird *(Isostasie).*

Im Bereich *ozeanischer Rücken (Mittelatlantischer, Pazifischer Rücken)* ist die seismische und vulkanische Aktivität besonders groß. Hier dringt flüssiges *Mantelmaterial* bis an die Oberfläche, ein Vorgang, der in Island, einer Erhebung des Mittelatlantischen Rückens über den Meeresspiegel, direkt beobachtet werden kann. Durch ständig nachdringende *Lava* wird die *ozeanische Kruste* immer wieder ergänzt. Die Vermutung, daß die ozeanische Kruste mit zunehmender Entfernung von den untermeerischen Rücken aus immer älteren Basaltgesteinen aufgebaut ist, wird unter anderem durch zwei wichtige Forschungsergebnisse bestätigt: *Geomagnetische* Messungen auf beiden Seiten des *Mittelatlantischen Rückens* ergaben spiegelbildlich angeordnete, zum Rücken parallel verlaufende Streifen, in denen magnetisch wirkende Elemente im Wechsel nach Süden oder Norden ausgerichtet sind. Die Ausrichtung erfolgte spätestens während der Erstarrung des aufgedrungenen Lavamaterials und richtete sich nach dem jeweiligen *Magnetfeld* der Erde. Dieses hat offensichtlich nach gewissen Zeitabständen eine Umpolung erfahren. Wie das Jahresringmuster an Bäumen läßt auch das *magnetische Streifenmuster* Aussagen über das Alter des Streifenmaterials zu. Mit zunehmender Entfernung vom *Atlantischen Rücken* ergaben sich zudem bei Tiefbohrungen immer ältere und immer mächtigere *Sedimente* (Ablagerungsgesteine), da über der älteren, rückenferneren Meereskruste schon seit längerer Zeit Material aufgeschüttet wurde als über den jüngeren, rückennäheren Krustenpartien.

Magnetprofil des Reykjanes-Rücken

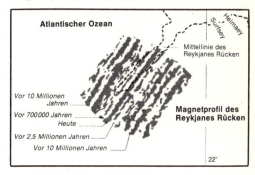

grau: Magnetisierung nach Norden
weiß: Magnetisierung nach Süden

Walter Sullivan: Warum die Erde bebt. Frankfurt: Umschau Verlag 1977, S. 107.

Schnitt durch die Erdkruste zwischen Pazifik und Atlantik

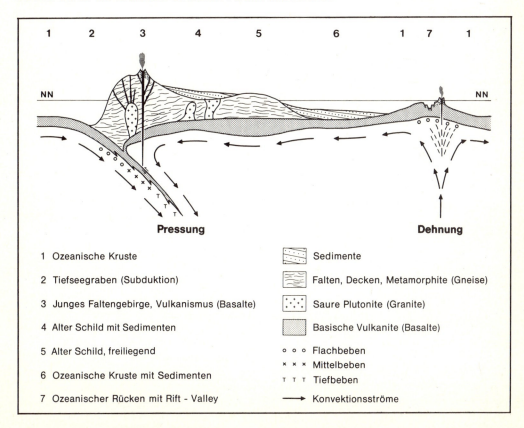

1 Ozeanische Kruste
2 Tiefseegraben (Subduktion)
3 Junges Faltengebirge, Vulkanismus (Basalte)
4 Alter Schild mit Sedimenten
5 Alter Schild, freiliegend
6 Ozeanische Kruste mit Sedimenten
7 Ozeanischer Rücken mit Rift - Valley

Sedimente
Falten, Decken, Metamorphite (Gneise)
Saure Plutonite (Granite)
Basische Vulkanite (Basalte)
o o o Flachbeben
x x x Mittelbeben
T T T Tiefbeben
⟶ Konvektionsströme

Heute erklären die Geologen ein zentrales Grabensystem (Rift-Valley) entlang dem Scheitel der ozeanischen Rücken als Nahtstelle, an der die Kruste ständig bricht, auseinanderdriftet und durch neues Mantelmaterial ausgefüllt wird. Im Bereich des Atlantiks wandert der Meeresboden nachweislich seit 180 Mio. Jahren auseinander und drückt Amerika einerseits, Europa und Afrika andererseits – ursprünglich ein einheitlicher Kontinent – voneinander weg.

Geologisch betrachtet ist somit der Atlantik ein sehr junger Ozean. Da eine Vergrößerung des Erdumfangs seit dieser Zeit nicht nachgewiesen werden konnte, muß es Gebiete geben, in denen als Ausgleich zur *Krustenbildung* am ozeanischen Rücken Erdkrustenmaterial wieder verschwindet. Dieser Vorgang konnte im Bereich der *Plattengrenzen* nachgewiesen werden, die durch *Tiefseegräben* und angrenzende junge *Faltengebirge* gekennzeichnet sind.

Ein typisches Beispiel bietet der Atacama-Graben mit den Anden an der Westküste Südamerikas. Hier taucht ozeanische Kruste am Tiefseegraben unter das junge Faltengebirge ab (*Verschluckungszone, Subduktionszone*), was dadurch bestätigt wird, daß die *Epizentren (Erdbebenherde)* unter dem Kontinent mit zunehmender Entfernung landeinwärts in immer größeren Tiefen liegen (vgl. Abb. S. 11). Beim Abtauchen der weniger dichten ozeanischen Kruste in Mantelbereiche höherer Dichte kommt es zur Krustenaufschmelzung und zum Aufstieg der spezifisch leichteren, vor allem *basaltischen Schmelzprodukte* bis an die Oberfläche des Kontinents (*Vulkanismus der Anden*). Beim Aufschmelzen der mit in die Tiefe gedrückten kontinentalen Kruste dringen saure, granitische, zähflüssigere Schmelzmassen in die oberen Krustenpartien ein, erreichen aber selten die Oberfläche (*Tiefengesteine = Plutonismus junger Faltengebirge*). Gleichzeitig kommt es zur Auffaltung mächtiger Sedimentgesteine des Kontinentrandes und des angrenzenden Meeresbodens. Das Ergebnis ist ein Faltengebirge mit zusammengeschobenen Sedimentgesteinen, *Vulkaniten* und *Plutoniten*. Mit dem Aufstieg des jungen Faltengebirges über den Meeresspiegel setzt dessen kräftige Abtragung ein, wobei die Abtragungsprodukte über den angrenzenden Kontinentteilen und in Meeren wieder als Sedimentgesteine abgelagert werden.

Befindet sich die Subduktionszone nicht im Grenzbereich kontinentale/ozeanische Kruste, sondern mitten im Ozean, entsteht anstelle eines kontinentalen Faltengebirges ein *Inselbogen*. Beispiele hierfür sind die Aleuten, Japan und die Philippinen mit den dazugehörigen Tiefseegräben. Schließlich können zwei Kontinente zusammenstoßen, wobei sich im *Kollisionsbereich* besonders hohe Gebirge herausbilden. So entstand beim Zusammenstoß von Indien mit dem asiatischen Kontinent das Himalaya-Gebir-

Erdbeben und Verwerfungszonen in Kalifornien

Roland Brinkmann: Abriß der Geologie. Bd. 1. Stuttgart: Enke Verlag 1967, S. 126.

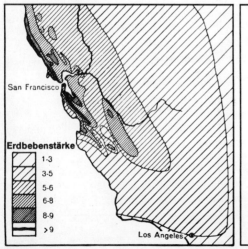
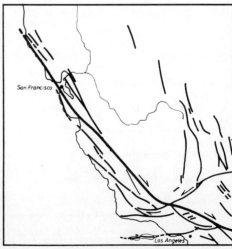

Lage der Kontinente in Vergangenheit und Gegenwart

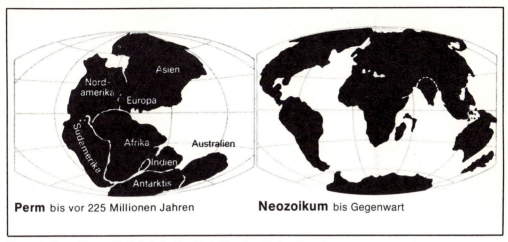

Perm bis vor 225 Millionen Jahren   **Neozoikum** bis Gegenwart

Walter Sullivan: Warum die Erde bebt. Frankfurt: Umschau Verlag 1977, S. 78

ge. Gleiten zwei *Platten* aneinander vorbei, kommt es zu *Horizontalverschiebungen,* die mit kräftigen Erdbeben verbunden sind (San-Andreas-Verwerfung in Kalifornien). Die somit erkannte Beweglichkeit der Platten faßt man heute unter dem Begriff der *Plattentektonik* zusammen. Schon vor mehr als 50 Jahren äußerte der deutsche Geologe A. *Wegener* ähnliche Gedanken. In seiner *Kontinentalverschiebungstheorie* faßte er Indizien zusammen, die das Auseinanderbrechen des *Urkontinentes* Gondwana in Teilkontinente wie z. B. Afrika und Südamerika wahrscheinlich machten (vgl. Abb. S. 13). So wies er auf die Küstenparallelität zwischen Amerika und Afrika, auf geologische Strukturen, die zu beiden Seiten des Atlantiks ihre genaue Fortsetzung finden, und auf Gletscherspuren der oberkarbonen Vereisung in Südamerika hin, die ihren Ausgang im südlichen Afrika hatte. Auch die Entwicklung der Tier- und Pflanzenwelt in den verschiedenen Kontinenten bestätigt Wegeners Hypothese. Während Wegener den Bewegungsmechanismus als ein passives Treiben der Kontinente erklärte, betrachten die Anhänger der modernen *Plattentektonik* die Asthenosphäre (vgl. Abb. S. 10) als Hauptbewegungsscharnier, auf dem die gesamte Lithosphäre verschoben wird. Als *Antriebsmechanismus* vermutet man *Konvektionsströmungen,* die dadurch zustandekommen, daß heißes Mantelmaterial unter dem ozeanischen Rücken aufsteigt, seitlich abwandert, abkühlt und im Bereich der Subduktionszonen wieder in die Tiefe sinkt (vgl. Abb. S. 11). Durch Reibungskräfte werden ozeanische und kontinentale Platten mitbewegt.

1.1.3 Die Entstehung der Kontinente

Geologisch kann man einen *Kontinent* als einen Bereich definieren, in dem die Kruste durch große Dicke (durchschnittlich 30 km) gekennzeichnet ist. Somit kann man die Bildung junger Faltengebirge (*Orogenese*) im Bereich von Subduktionszonen als einen Prozeß der *Kontinentwerdung* deuten. An alte Kontinentkerne (*alte Schilde*) wird somit ständig neue *kontinentale Kruste* angeschweißt. Die hohen Gebirgssysteme der Erde sind somit die jüngsten Teile der Kontinente. Im Laufe der Erdgeschichte unterliegen sie der Abtragung und werden eingerumpft. Typische Beispiele sind der Kanadische Schild, das Brasilianische Hochland oder der Baltische Schild. Abtragungsprodukte der jungen Hochgebirge oder Ablagerungen vorübergehend eindringender Meere werden oft in großer Mächtigkeit als *Sedimentgesteine* über den alten Schilden ausgebreitet. Beispiele hierfür sind die Russische Tafel und große Teile Afrikas.

Die *Kontinente* bestehen damit aus drei grundsätzlichen Bauelementen:
- junge *Faltengebirge,*
- alte *Schilde,* die aus *Plutoniten,* z. B. Granite, *Vulkaniten,* z. B. Basalte und gefalteten Sedimenten – die Gesteine sind oft *metamorph* umgewandelt (*kristalline Schiefer* wie *Gneise*) – aufgebaut sind,
- sowie aus sedimentüberlagerten Schilden.

Übersicht über die Lage der alten Schilde, der jungen Faltengebirge und der Subduktionszonen

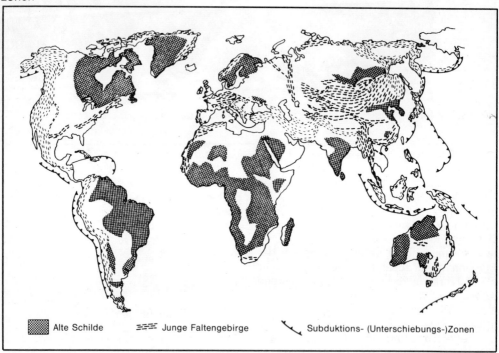

Reinhard Schönenberg: Schatzkammern der Erde. In: Landschaft und Geologie – Basistexte, Zeitungsartikel. Tübingen: Deutsches Institut für Fernstudien an der Universität Tübingen 1978, S. 25

1.1.4 Die Entwicklung der Ozeane

Faßt man verschiedene Stadien der *Ozeanbildung* als Formenreihe in entsprechender Folge zusammen, ergibt sich damit die Möglichkeit, die Entwicklung der Ozeane zu erklären.
- Entlang *kontinentaler Grabensysteme* erfolgt zunächst durch anfängliche Ausweitung der Kruste das Zerbrechen eines Kontinents (Oberrheingraben, Ostafrikanische Gräben; Abb. a).
- Bei weiterem Auseinanderweichen der zerbrochenen *Kontinentalschollen* wird der entstehende Zwischenraum durch das eindringende Mantelmaterial, also durch ozeanische Kruste, ausgefüllt (Rotes Meer; Abb. b).
- Zunehmende *Kontinentaldrift* weitet den Zwischenraum zu einem Ozean (Amerika/Atlantik/Afrika; Abb. c).
- Bewegen sich Kontinente wieder zusammen, entstehen an ihren Rändern *Subduktionszonen* (Pazifik; Abb. d).
- und der Ozean verkleinert sich (Mittelmeer; Abb. e).
- Beim Zusammenstoß der Kontinente verschwindet der Ozean (Indien/Himalaya/Asien; Abb. f).

Werden und Vergehen von Ozeanen

E. Schroeder: Das Bewegungsbild der ozeanischen Kruste und Aspekte globaler Tektonik. In: Berichte der Deutschen Gesellschaft für Geologische Wissenschaften, Reihe A, Bd. 16, H. 3–5, S. 413–434. Berlin 1971 (nach Dewey 1969, verändert)

1.1.5 Oberflächenformen der Erde in Abhängigkeit von Krustenbewegungen, Gestein und Klima (Übersicht)

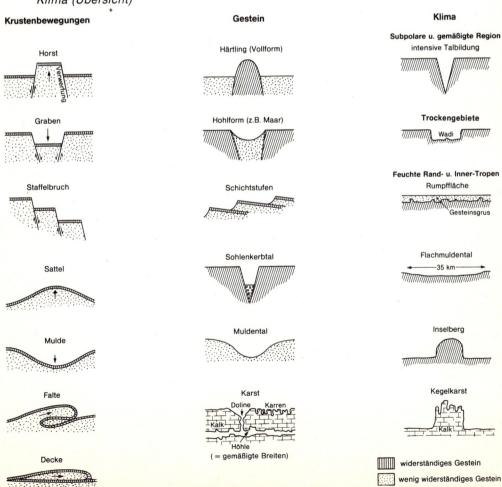

1.2 Entstehung und Verbreitung wichtiger Lagerstätten

Lagerstätten sind wirtschaftlich verwertbare Krustenbereiche, in denen wichtige Rohstoffe angereichert sind.

Im Bereich der jungen Faltengebirge und der alten Schilde sind sie im wesentlichen an Vulkanite und Plutonite gebunden (*magmatische Lagerstätten*), in Sedimentgebieten spielen die *sedimentären Lagerstätten* eine große Rolle.

1.2.1 Magmatische Lagerstätten

Schematische Darstellung der Entstehung magmatischer Lagerstätten

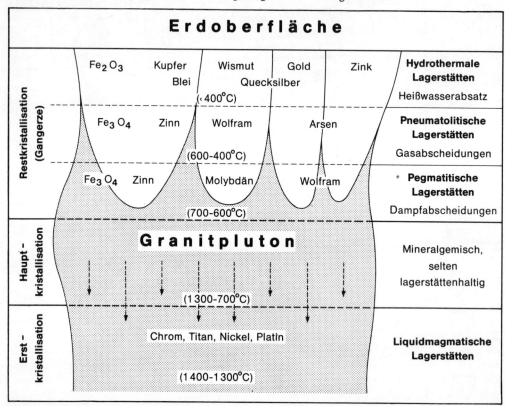

Dringt granitisches Magma in die Erdkruste ein, bleibt es in der Tiefe als Pluton stecken und kühlt sich sehr langsam ab. Jedes *Magma* besteht aus einem Stoffgemisch, wobei der *Kristallisationspunkt* (Erstarrungspunkt) für die unterschiedlichen Bestandteile bei unterschiedlich hohen Temperaturen liegt. Daher kommt es bei der allmählichen Abkühlung zu einer sedimentativen Trennung der einzelnen Minerale. Zuerst fallen bei hohen Temperaturen (1400–1300° C) Stoffe mit hohem Kristallisationspunkt aus und sinken nach unten. Während der Hauptkristallisationsphase (1300–700° C) wird die Masse der Minerale ausgeschieden, so daß ein Mineralgemisch ohne wirtschaftlich bedeutende Anreicherungen entsteht. In den oberen Teilen des Plutons und in den Gängen werden schließlich die leichter flüchtigen Bestandteile ausgeschieden (Restkristallisation). Mit zunehmender Abtragung eines Plutons, insbesondere in alten Schilden, werden damit immer tiefere Lagerstätten zugänglich. Typische Beispiele sind die Erze des Bushveld-Beckens Südafrikas und die Golderzgänge der nordamerikanischen Kordilleren.

1.2.2 Sedimentäre Lagerstätten

Sekundäre Lagerstätten

Tragen Flüsse ein Gebirge ab, werden auch plutonische Lagerstätten (primäre, magmatische Lagerstätten) von der *Erosion* (Abtragung) erfaßt und entlang dem Flußufer sedimentiert. Da zwischen Quelle und Mündung das Fließgefälle ständig geringer wird, nimmt auch die Transportkraft mit zunehmender Entfernung vom Gebirge ab. Entsprechend dem hohen spezifischen Gewicht mancher *Erze* (Zinn, Chrom, Platin, Gold) werden diese im Bereich bestimmter Gefällsabschnitte bevorzugt abgelagert und reichern sich dort als *Seifen* an. Berühmt sind die Goldseifen des Sacramentos in Kalifornien und die Zinnseifen Malaysias.

Weitere *sekundäre Lagerstätten* sind *Eisenoolithablagerungen* wie die Lothringer Minette-Eisenerze, die durch eisenhaltiges Grund- oder Flußwasser beim Übergang in das Salzmilieu des Meeres abgeschieden wurden.

Künftig werden die Manganknollen in den Tiefen vor allem des Pazifiks wirtschaftliche Bedeutung erlangen. Sie erreichen die Größe einer Kartoffel und enthalten neben 30% Mangan noch 5% Eisen, 1,5% Nickel, 1,2% Kupfer und 0,2% Kobalt.

Salzlagerstätten

Schematische Darstellung der Entstehung von Salzlagerstätten

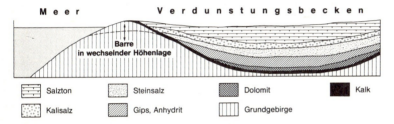

Physische Geographie. Harms Handbuch der Geographie. München: List Verlag 1976, S. 134

Die großen Salzlagerstätten entstehen im Meer. Nach der *Barrentheorie* von Ochsenius wird ein Randmeer in Trockengebieten durch eine aufsteigende Meeresschwelle (*Barre*) zunehmend vom offenen Ozean abgeschnitten. Durch starke Verdunstung fließt ständig Salzwasser aus dem Ozean in das *Randmeer* nach. In diesem nimmt infolge der Verdunstung die Konzentration zu, so daß sich in der Tiefe das schwere Salzwasser ansammelt und bei steigender Barre immer spärlicher in den Ozean zurückfließt. Durch die allmähliche Konzentration im Randmeerbecken werden auf dessen Grund zunächst die schwerlöslichen und zum Schluß die leichtlöslichen Salze abgelagert. Daher ergibt sich in der Regel eine vertikale Abfolge von Kalk ($CaCO_3$), Dolomit ($Ca, Mg(CO_3)_2$), Anhydrit ($CaSO_4$), Gips ($CaSO_4 \times 2H_2O$), Steinsalz ($NaCl$) und Edelsalzen ($KCl, MgCl_2$). Auf diese Weise entstanden die *Salzlagerstätten* des Zechsteins in Norddeutschland (bis 1000 m mächtig) und des Mittleren Muschelkalkes bei Heilbronn.

Heute scheinen derartige Vorgänge im Roten Meer und in der Kara-Bogas-Gol des Kaspischen Meeres abzulaufen.

Salz wird aufgrund des hohen *Überlagerungsdruckes* der aufliegenden Sedimente und der höheren Temperaturen in der Tiefe plastisch und steigt in Bereiche geringeren Überlagerungsdruckes, vor allem entlang von Spalten, in Form von *Salzstöcken* in die Höhe. Diese *Salztektonik* ist für das Zechsteinsalz in Norddeutschland typisch.

Erdöl- und Erdgaslagerstätten

Im *Erdöl* konnten pflanzliche und tierische Bestandteile nachgewiesen werden. Heute ist bekannt, daß es sich hierbei zum großen Teil um planktonische Lebewesen gehandelt hat. Diese Lebewesen konzentrierten sich auf die oberflächennahe licht- und sauerstoffreiche Zone warmer Meere. Beim Absterben sanken sie in die Tiefenregionen, in denen wegen Sauerstoffmangels ihre Verwesung verhindert wurde. Sie reicherten sich daher zusammen mit anorganischen Sedimenten als *Faulschlamm* am Meeresboden an. Fäulnisbakterien entziehen den organischen Bestandteilen (vor allem $C_6H_{12}O_6$) den Sauerstoff und sind daher im sauerstoffarmen Milieu der Tiefenzone lebensfähig *(anaerobe Bakterien)*. Dabei werden die Organismenreste in Kohlenwasserstoffe umgewandelt. Zunächst entstehen langkettige Kohlenwasserstoffe, die im Laufe von Jahrmillionen unter Druck und geringen Temperaturen in das Erdöl mit kurzkettigen Kohlenwasserstoffen umgewandelt werden *(Bitumen)*. Unter Druck zu Gestein verfestigter *Faulschlamm* (der Vorgang der Umwandlung wird als *Diagenese* bezeichnet) ist der *Ölschiefer*. Als *Erdölmuttergestein* spielte er bisher eine geringe wirtschaftliche Rolle, wird aber in Zukunft mit wachsender Energieknappheit als Energierohstoff an Bedeutung gewinnen. Zur Bildung der großen *Erdöllagerstätten* müssen die im Erdölmuttergestein fein verteilten Kohlenwasserstoffe in besonderen *Erdölspeichergesteinen* nach einem Wanderungsprozeß *(Migration)* angereichert werden. Aus den Erdölmuttergesteinen wandern die Kohlenwasserstoffe nach oben und können sich unter undurchlässigen Gesteinsschichten, wie Tone, in porösen Sandsteinen oder klüftigen Kalken *(Speichergesteine)* ansammeln. Zur wirtschaftlich rentablen Anreicherung kommt es jedoch erst, wenn besondere Krustenstrukturen, die *Erdölfallen*, ausgebildet sind. In ihnen sammelt sich über dem Wasser das Erdöl, darüber das beim anaeroben Abbauprozeß freigesetzte *Erdgas*. Die wichtigsten Erdöllagerstättentypen sind Salzstock (a), Verwerfung (b) und Sattel (c) (Antiklinale).

Typen von Erdgas- und Erdöllagerstätten

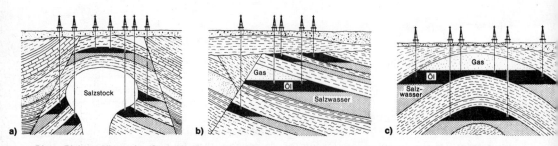

Dieter Richter: Allgemeine Geologie (Sammlung Göschen, Bd. 2604). Berlin, New York: de Gruyter 1975, S. 172

Kohlenlagerstätten

Kohle ist ein brennbares Gestein und enthält zahlreiche fossile Pflanzenreste. Aus ihrer Zusammensetzung kann man die Entstehung zum Beispiel der Ruhrkohle aus Pflanzen eines feucht-tropischen Sumpfwaldes mit vorherrschender Riesenfarn- und Schachtelhalmvegetation ableiten. Es handelte sich beim Ruhrgebiet um eine sumpfige Beckenlandschaft, die sich über einen längeren Zeitraum hinweg ständig, aber unterschiedlich schnell, absenkte. Die abgestorbenen Pflanzen fielen in das sauerstoffarme Sumpfwasser, so daß ihre Verwesung verhindert wurde. Es entwickelte sich ein *Waldmoor*, in dem mit Hilfe anaerober Organismen der *Vertorfungsprozeß* einsetzte. Bei stärkerer Absenkung des Beckens konnte das Waldmoor mit seinen Torflagen von mehr oder weniger mächtigen Fluß- oder Meeressedimenten überschüttet werden. Bei Verlangsamung der Absenkung entwickelte sich über diesen Sedimenten ein neues Waldmoor. Durch vielfache Wiederholung des Vorgangs entstand die spätere Wechsellagerung von *Kohleflözen* (aus den Torflagen) und *tauben Gesteinsschichten* (aus den Fluß- und Meeresablagerungen). Die Entstehung der Kohle aus Torf bezeichnet man als *Inkohlung.* Durch die Absenkung des Beckens und die ständige Sedimentüberlagerung der Torfschichten gerieten diese allmählich in immer größere Tiefen und damit unter zunehmenden Druck und zunehmende Temperatur. Teilweise wurden diese Prozesse durch gebirgsbildende Vorgänge verstärkt, wobei die Gesteinsschichten mehr oder weniger schiefgestellt, verbogen und verworfen wurden (Ruhrgebiet). Je nach Tiefenlage und damit Druck- und Temperaturintensität wurden im Laufe von Jahrmillionen die flüchtigen Bestandteile (Wasserstoff, Sauerstoff) z. B. in Form von Methan oder Wasser ausgetrieben. Die frei gewordenen Gase können in *Speichergesteinen* wichtige Lagerstätten bilden (Groningen, südliche Nordsee).

Mit zunehmender Tiefe kam es zur relativen Anreicherung von Kohlenstoff und damit zu einer zunehmenden Qualität der Kohle. Während der Karbon-Zeit vor ca. 300 Mio. Jahren entstand die Steinkohle, während der Tertiärzeit, seit ca. 60 Mio. Jahren, entstand vorwiegend Braunkohle.

Schema der Vertorfungs- und Inkohlungsprozesse

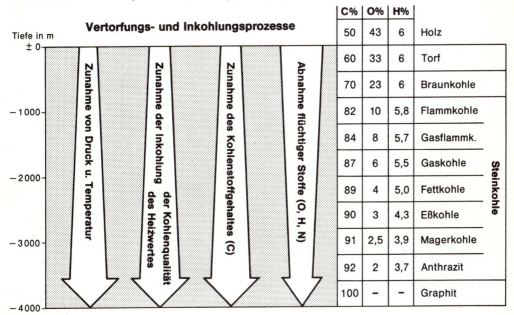

C%	O%	H%	
50	43	6	Holz
60	33	6	Torf
70	23	6	Braunkohle
82	10	5,8	Flammkohle
84	8	5,7	Gasflammk.
87	6	5,5	Gaskohle
89	4	5,0	Fettkohle
90	3	4,3	Eßkohle
91	2,5	3,9	Magerkohle
92	2	3,7	Anthrazit
100	–	–	Graphit

Verwitterungslagerstätten

Durch besondere Verwitterungsprozesse vor allem unter tropischen Klimabedingungen kommt es in den oberen Bodenhorizonten zur Anreicherung von Aluminiumverbindungen. Von Bedeutung sind die mediterranen Bauxite und die tropischen Laterite (vgl. Kap. Böden S. 38).

Wasservorkommen

Der steigende Wasserbedarf macht die Suche nach Wasserreserven zunehmend erforderlich. 1965 wurden in der Bundesrepublik Deutschland 6,3 Mrd. m³ Oberflächenwasser direkt aus Flüssen und Seen (im Jahre 2000: 11 Mrd. m³) entnommen. *Grundwasser* sammelt sich in der Regel über wasserstauenden Tonen in porösen und klüftigen Speichergesteinen. Besonders große *Grundwasservorräte* befinden sich in den Kiesen und Sanden der Flußtäler, insbesondere in den Schotterebenen des Alpenvorlandes und des Rheins. An der Oberfläche austretendes Grundwasser (*Quellen*) kann zur Wasserversorgung gefaßt werden. Tiefliegendes Grundwasser wird erbohrt.

Schematische Darstellung verschiedener Grundwassertypen und Quellen

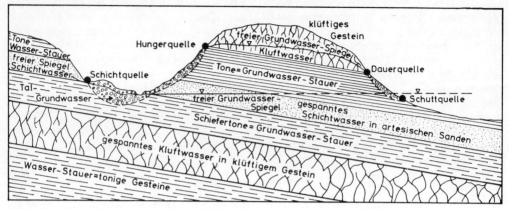

Dieter Richter: Allgemeine Geologie (Sammlung Göschen Bd. 2604). Berlin, New York: de Gruyter 1975, S. 99

1.2.3 Methoden der Prospektion (Erkundung) und Exploration (Erschließung)

Die *Prospektion* der Rohstoffe steht heute völlig im Zeichen der modernen Forschung. Abweichungen vom normalen elektromagnetischen Feld der Erde können *geomagnetisch* nachgewiesen und dabei Rückschlüsse auf spezifische Stoffanreicherungen in der Erdkruste gezogen werden. *Radiometrisch* sind radioaktive Mineralien nachzuweisen. Künstlich erzeugte Erdbebenwellen sind in Richtung und Geschwindigkeit mit Hilfe *seismischer* Methoden meßbar und erlauben Aussagen über den Gesteinsaufbau. *Geoelektrisch* kann die Leitfähigkeit verschiedener Gesteine und damit indirekt ihre Zusammensetzung bestimmt werden. Dichteunterschiede in der Gesteinskruste lassen sich durch *gravimetrische* Messungen des Schwerefeldes der Erde nachweisen. Vor allem bei der Suche nach Erzen ist die *geochemische* Untersuchung von Elementen an der Erdoberfläche geeignet. Heute spielt die *Fernerkundung* aus der Luft und die topographische Interpretation von Luftbildern vor allem in wenig zugänglichen Gebieten der Erde eine zunehmende Rolle.

Die *Exploration* dient dem Nachweis von Rohstofflagerstätten, deren Lage, Ausdehnung und Qualität und zwar durch Schürfungen, Bohrungen, Entnahme von Proben und deren chemischen Analyse.

Einsatzmöglichkeiten von Prospektionsmethoden (vorrangig Vorerkundung)

Methode	Au	Al	Be	Cu/Pb/Zn	Cr	Fe	Sn	U	CaF$_2$	Salze	Erdöl
Magnetik	–	(+)	–	(+)	+	++	–	–	–	–	o
Radiometrie	(+)	o	+	o	–	–	(+)	++	(+)	(+)	o
Seismik	(+)	–	–	–	–	–	(+)	–	–	+	++
Geoelektrik	(+)	o	o	++	o	(+)	(+)	(+)	(+)	+	+
Gravimetrie	o	(+)	–	(+)	+	+	o	–	–	++	(+)
Geochemie	+	+	+	–	++	+	–	+	+	o	–

– Einsatz ohne Erfolg; o Einsatz selten; (+) zum indirekten Nachweis; + Einsatz oft; ++ Einsatz sehr oft und erfolgreich

Werner Gocht: Wirtschaftsgeologie. Berlin, Heidelberg, New York: © Springer 1978, S. 11 (gekürzt)

2 Das atmosphärische Geschehen

Das Klima wirkt bei der weltweiten Nutzung der Erdoberfläche als begrenzender Faktor. So sind viele Trockengebiete und Kälteregionen einer landwirtschaftlichen Inwertsetzung nicht mehr oder nur sehr schwer zugänglich. In klimatisch günstigeren Gebieten ist der Landwirt bei seiner Planung von Aussaat, Feldbearbeitung und Ernte an die Dauer der jeweiligen *Vegetationsperiode* (Zeitabschnitt, in dem das Tagesmittel über 5° C liegt) und die jeweilige Wetterabfolge gebunden.

2.1 Die Allgemeine Zirkulation der Atmosphäre

Unter der Allgemeinen *Zirkulation der Atmosphäre* versteht man ein weltweites System von Winden (bewegte *Luftmassen*). Winde entstehen grundsätzlich dort, wo die *Atmosphäre* benachbarter Räume von der als „Heizplatte" wirkenden Erdoberfläche unterschiedlich erwärmt wird.
Im Sommer bzw. am Tage erwärmt sich die Luft über dem Land stärker als über dem Wasser und dehnt sich daher in größere Höhen aus. Während an der Erdoberfläche (Land und Meer) der Druck zunächst überall gleichbleibt, besteht über dem Land mit zunehmender Höhe ein Luftmassenüberschuß *(Höhenhoch)* gegenüber dem Meer *(Höhentief)*, so daß es zu *Ausgleichsströmungen* kommt (Abb. S. 21, Nr. 1). Dies hat zur Folge, daß über dem Land wegen der seitlich abströmenden Höhenluft ein Luftmassenverlust eintritt und damit am Boden der *Luftdruck* sinkt *(Bodentief)*. Gleichzeitig kommt es über dem Wasser zu einem Luftmassenüberschuß und damit an der Oberfläche zu einem Luftdruckanstieg *(Bodenhoch)*. Die vom Bodenhoch zum Bodentief abströmende Luft bezeichnet man als *Seewind* (Abb. S. 21, Nr. 2). Im Winter bzw. bei Nacht liegen umgekehrte Druck- und Windverhältnisse vor.

Global betrachtet kommt es auch aufgrund der unterschiedlich starken *Sonneneinstrahlung* in äquatornahen Bereichen zu einer stärkeren Erwärmung der Atmosphäre als in polaren Gebieten. Dies führt zu ständigen Ausgleichsströmungen. Die unterschiedlichen *Windsysteme* der Erde deuten darauf hin, daß es sich hierbei um recht komplizierte Zirkulationsbewegungen handelt.

Für verschiedene Gebiete der Erde ergeben sich daher typische Luftströmungen, so daß eine Gliederung in planetarische Windzonen möglich ist, die jedoch aufgrund des Sonnenstandes jahreszeitlich verschoben sind.

Schema zur Entstehung thermisch bedingter horizontaler Luftdruckunterschiede

Schematische Darstellungen der atmosphärischen Zirkulation

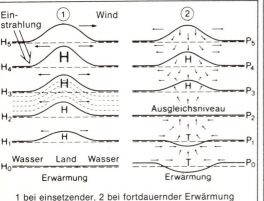

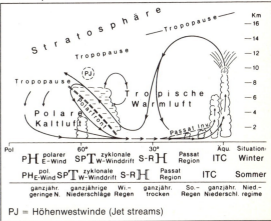

Wolfgang Weischet: Einführung in die Allgemeine Klimatologie. Stuttgart: Teubner 1977, S. 114 und S. 235

2.1.1 Die Westwinddrift der mittleren Breiten

Die Entstehung der Frontalzone

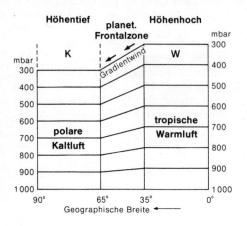

Die unterschiedliche Erwärmung der Luftmassen hat zur Folge, daß die Flächen gleichen Luftdrucks in äquatorialen Bereichen höher liegen als in den polaren Gebieten. Die stärkste Temperaturabnahme konzentriert sich im wesentlichen zwischen dem 35. und 65. Breitenkreis, der sogenannten *Planetarischen Frontalzone.* Daraus ergibt sich eine entsprechende Höhenlage der Flächen gleichen Luftdrucks, wie es in Abbildung auf Seite 22 ersichtlich ist. Die Luftdruckgegensätze führen in großer Höhe zu einem Abströmen der Luftmassen aus den niederen *(Höhenhoch)* in die höheren Breiten *(Höhentief).*

In Richtung des Druckgefälles wirkt auf die Luftteilchen die *Gradientkraft.* Dadurch entstehen *Höhenströmungen,* die durch eine weitere Kraft, die *Corioliskraft,* auf der Nordhalbkugel nach rechts, auf der Südhalbkugel nach links abgelenkt werden.

Die Gradientkraft und die Corioliskraft stehen zueinander im Gleichgewicht. Deshalb kommt es auf beiden Halbkugeln zu westlichen Höhenströmungen, die als *Strahl-* oder *Düsenströmungen* bezeichnet werden. Diese *Höhenwestwinde* der *Planetarischen Frontalzone* sind der Motor für die gesamten *atmosphärischen Zirkulationsbewegungen.*

Die unterschiedliche Verteilung von Land und Meer wirkt sich ebenso wie die Gebirgssysteme der Erde störend auf die westlichen Höhenströmungen aus. Diese verlaufen in Wellenbewegungen und erfahren Erweiterungen oder düsenförmige Verengungen. An diesen bilden sich durch ein kompliziertes Zusammenwirken der Coriolis- und Gradientkraft ständig *Tiefdruckzellen (Zyklonen)* und *Hochdruckzellen (Antizyklonen).*

Wellenbewegung der Höhenwestwindströmung

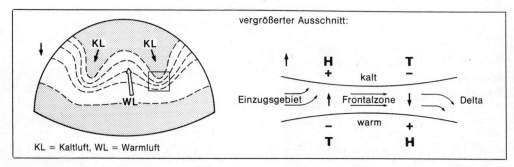

Im Bereich dieser Hoch- und Tiefdruckzellen ergeben sich durch erneutes Zusammenwirken von Corioliskraft und Gradientkraft besondere Windverhältnisse. Der Gradientkraft entsprechend strömen Winde auf eine Tiefdruckzelle zu, werden aber durch die Corioliskraft auf der Nordhalbkugel nach rechts abgelenkt und umströmen die Zelle entgegen dem Uhrzeigersinn. Der Gradientkraft entsprechend strömen die Winde vom Zentrum einer Hochdruckzelle weg, werden aber durch die Corioliskraft nach rechts abgelenkt und umströmen die Zelle im Uhrzeigersinn.

a) Luftbewegungen und Isobaren im Hoch und Tief (Isobaren sind Linien gleichen Luftdrucks) auf der Nordhalbkugel

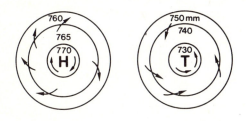

b) Ausscheren der Zyklonen (Tiefdruck) und Antizyklonen (Hochdruck) aus der Höhenwestwindströmung auf der Nordhalbkugel (nach Flohn)

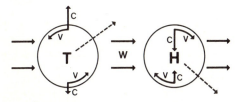

V = Windgeschwindigkeit, C = Corioliskraft, W = Westwinddrift

Da die Corioliskraft mit zunehmender geographischer Breite größer wird, ist bei Tiefdruckgebieten der Nordhalbkugel auch ihre nach Norden wirkende Kraftkomponente größer als ihre nach Süden wirkende, deshalb scheren sie bevorzugt nach Norden aus. Bei Hochdruckgebieten ist dagegen die nach Süden wirkende Komponente der Corioliskraft die stärkere, sie scheren daher bevorzugt nach Süden aus.

Die mittlere Lage der Tiefdruckgebiete befindet sich zwischen dem 55. und 65. Breitenkreis (*Subpolare Tiefdruckrinne*), die mittlere Lage der Hochdruckgebiete zwischen dem 25. und 35. Breitenkreis (*Suptropischer Hochdruckgürtel*). Diese Druckgebilde pausen sich bis zur Erdoberfläche durch und werden wetterwirksam (vgl. Abb. S. 23, d). Im langjährigen Mittel kommt es zu einer Häufung von Tiefdruckgebieten über Island (*Island-Tief*) und von Hochdruckgebieten über den Azoren (*Azoren-Hoch*). Man spricht hier von *quasistationären Druckgebilden*.

c) Die planetarischen Luftdruck- und Windgürtel in 0 bis 2 km Höhe über dem Erdboden (nach Flohn)

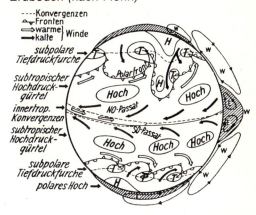

Heinrich Voigts: Aus der Praxis des wetterkundlichen und klimatologischen Unterrichts. Der Erdkundeunterricht H. 1. Stuttgart: Klett 1956, S. 58

2.1.2 Das Wettergeschehen an der Polarfront

Die umlaufenden Winde einer Zyklone bewirken an deren Rückseite ein Vordringen von *Kaltluftmassen* in den südlichen Warmluftbereich und an ihrer Vorderseite den Vorstoß von *Warmluft* in den nördlichen Kaltluftbereich. Dringt Kaltluft gegen Warmluft vor, bezeichnet man die Luftmassengrenze als *Kaltfront,* dringt Warmluft gegen Kaltluft vor, so spricht man von einer *Warmfront* (Abb. S. 23, d).

d) Die Entwicklungsstadien einer Polarfrontzyklone am Beispiel einer Zyklonenfamilie

Die schneller vordringende Kaltfront holt die Warmfront ein, ein als *Okklusion* bezeichneter Vorgang, der die Auflösung der Zyklone einleitet.

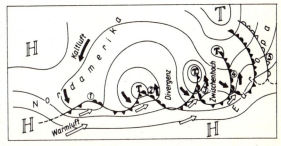

Wolfgang Weischet: Einführung in die Allgemeine Klimatologie. Stuttgart: Teubner 1977, S. 238

2.1.3 Das Wettergeschehen beim Durchzug einer Zyklone

Beim Vordringen einer *Warmfront* schiebt sich die leichtere Warmluft keilförmig über die schwere Kaltluft. Die flach aufgleitende Warmluft ist für die zunehmende *Schichtbewölkung* und den allmählich einsetzenden *Landregen* verantwortlich. Die Temperaturen steigen, der Luftdruck nimmt ab. Das rasche Vordringen der Kaltfront, begleitet durch böige Winde, bewirkt ein Aufwirbeln der vorliegenden wärmeren Luftmassen *(Konvektion)*. Charakteristisch hierfür ist eine kräftige *Quellwolkenbildung (Cumulus)* mit *Frontgewittern* und *Schauertätigkeit*. Die Temperaturen sinken, der Luftdruck steigt.

Im Fall einer Okklusion sind die Wettererscheinungen weniger intensiv. Der Durchzug des Tiefs macht sich lediglich durch geringere Quellwolkenbildung, begleitet von nur einzelnen Schauern, bemerkbar. Entsprechend dem großen Durchmesser einer Zyklone werden weite Teile Europas gleichermaßen vom Wettergeschehen beeinflußt.

Schema einer wandernden Zyklone im Grund- und Aufriß

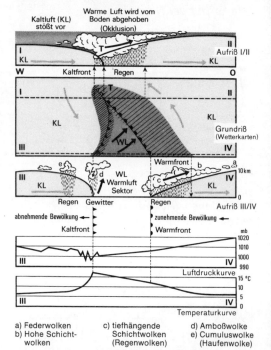

a) Federwolken
b) Hohe Schichtwolken
c) tiefhängende Schichtwolken (Regenwolken)
d) Amboßwolke
e) Cumuluswolke (Haufenwolke)

Schäfer (Hrsg.): Erdkunde Oberstufe. Paderborn: Schöningh 1979, S. 38

2.1.4 Großwetterlagen und Luftmassen Europas

Typische Wetterlagen

Alexander Weltatlas. Stuttgart: Klett 1976, S. 145

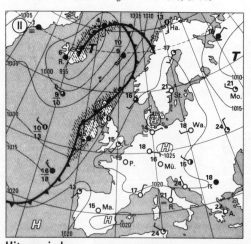

Hitzeperiode · Hochdruck im Sommer · (1.7.1973)

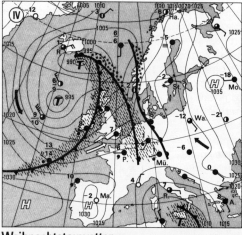

Weihnachtstauwetter · Tiefdruck im Winter · (24.12.1969)

© Ernst Klett Stuttgart

Je nach der Lage von Zyklonen und Antizyklonen wird Europa von Luftmassen polaren, tropischen, kontinentalen oder ozeanischen Ursprungs beeinflußt.
Befindet sich zum Beispiel ein Tiefdruckgebiet über Skandinavien, so strömt an dessen Rückseite (Westseite) kalte, feuchte Polarluft (mP$_A$) nach Mitteleuropa (Nordlage). Befindet sich ein Tiefdruckgebiet über Island, so strömt an dessen Südseite feuchte, erwärmte Kaltluft (mT$_p$) wiederum nach Mitteleuropa (Westlage).

Die Luftmassen Europas

Wissenschaftl. Bezeichnung	Abk.	Bez. auf Wetterkarten	Wissenschaftl. Bezeichnung	Abk.	Bez. auf Wetterkarten
Kontinentale arktische Polarluft	cP$_A$	Sibirische Polarluft	Kontinentale gealterte Tropikluft	cT$_P$	Festlandluft
			Maritime gealterte Tropikluft	mT$_P$	Meeresluft
Maritime arkt. Polarluft	mP$_A$	Arktische Polarluft	Kontinentale Tropikluft	cT	Asiatische Tropikluft
Kontinentale Polarluft	cP	Russische Polarluft			
Maritime Polarluft	mP	Grönländische Polarluft	Maritime Tropikluft	mT	Atlantische Tropikluft
Kontinentale gealterte Polarluft	cP$_T$	Rückkehrende Polarluft	Kontinentale afrik. Tropikluft	cT$_S$	Afrikanische Tropikluft
Maritim gealterte Polarluft	mP$_T$	Erwärmte Polarluft	Maritime afrik. Tropikluft	mT$_S$	Mittelmeer-Tropikluft

Detlef Schreiber: Meteorologie – Klimatologie. Bochum: Studienverlag Dr. N. Brockmeyer 1978, Seite 90

Die Luftmassen Europas und ihre Eigenschaften (nach D. Schreiber)

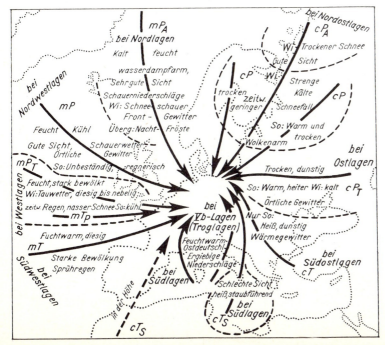

Ernst Heyer: Witterung und Klima. Leipzig: BSB G. B. Teubner Verlagsgesellschaft, 5. Auflage 1979, S. 35

Wi = Winter
So = Sommer

2.2 Die innertropische Konvergenz (ITC) als Ausgleichssystem zur Westwinddrift

Luftdruckverteilung und Luftströmung im Mittel für die bodennahe Reibungszone im Januar

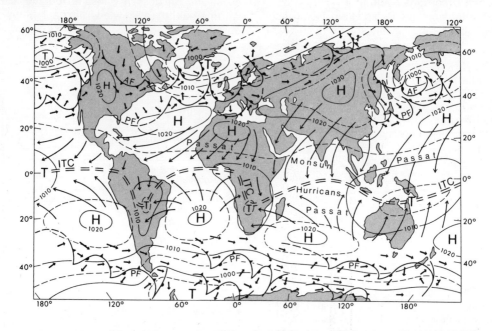

Mittlere Luftdruckverteilung und Luftströmung in der bodennahen Reibungszone im Juli

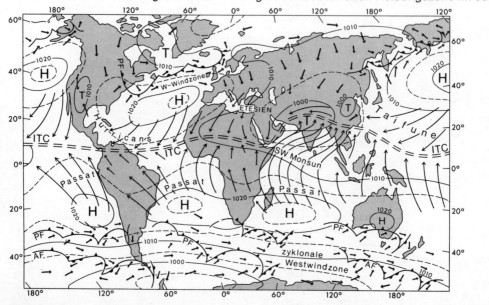

Wolfgang Weischet: Einführung in die Allgemeine Klimatologie. Stuttgart: Teubner 1977, S. 224 u. 225, ergänzt

Die stärkere Erwärmung *bodennaher Luftschichten* im äquatorialen Bereich ist für die rasche Aufwärtsbewegung der *Luftmassen*, der damit verbundenen Quellbewölkung, Gewitter und Starkregen verantwortlich. Am Boden bildet sich die *Äquatoriale Tiefdruckrinne*. Die Luftdruckunterschiede zwischen dem *subtropischen Hochdruckgürtel* und der Äquatorialen Tiefdruckrinne bewirken kräftige äquatorwärtige Windströmungen, die durch die ablenkende Wirkung der Corioliskraft als *Nordost-Passate* der Nordhalbkugel und *Südost-Passate* der Südhalbkugel ausgebildet sind. Beide Windsysteme treffen im äquatorialen Bereich, der *Innertropischen Konvergenzzone* (ITC), zusammen.

In der Höhe weichen die aufsteigenden Luftmassen der Konvergenzzone als *Ausgleichsströmung* zum Passat polwärts aus. Sie sinken z.T. über den subtropischen Gebieten ab, erwärmen sich und sind für die Trockenheit dieser Gebiete verantwortlich (vgl. Abb. S. 21). Über den Polargebieten kommt es ebenfalls zu einem Absinken schwerer Kaltluft und damit zur Ausbildung eines *Bodenhochs*. Die Luftdruckgegensätze zwischen der *polaren Hoch-* und *subpolaren Tiefdruckrinne* bewirken die Ausbildung einer Ostwindzone.

Der zwischen den zwei Wendekreisen jahreszeitlich wechselnde Sonnenstand verursacht eine entsprechende Verschiebung der *Luftdruck-* und *Windgürtel*. Manche Gebiete der Erde unterliegen daher jahreszeitlich unterschiedlichen *Windsystemen*.

Weichen die jahreszeitlich wechselnden Windrichtungen in einem Gebiet mehr als 120 Grad voneinander ab, so spricht man von *Monsungebieten*. Im Nordsommer wird die innertropische Konvergenzzone mit dem *Zenitstand* der Sonne nach Norden verlagert. Der Südostpassat wird beim Überschreiten des Äquators abgelenkt und erreicht als feuchter regenbringender Monsun Süd- und Südostasien. Im Südsommer verlagert sich die ITC nach Süden, so daß Süd-, Südost- und Ostasien in den Einflußbereich des trockenen ablandigen Nordost-Passates (Nordost-Monsun) geraten.

Beim Übertritt der Passate über den Äquator ergibt sich durch deren Ablenkung ein Staueffekt, der sich als lokale ITC (SITC) bemerkbar macht. Diese äquatoriale ITC ist schwächer als die äquatorfernen ITCs. Es ergibt sich somit ein Druckgefälle vom Äquator zur äquatorfernen ITC und damit kommt es zur Ausbildung einer äquatorialen westlichen Windströmung und im Falle Süd-, Südost- und Ostasiens zur Verstärkung des Südwest-Monsuns.

Die Passatströmung, Schema mit doppelter ITC (nach Flohn)

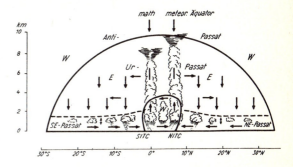

Heinrich Voigts: Aus der Praxis des wetterkundlichen und klimatologischen Unterrichts. Der Erdkundeunterricht, Heft 1. Stuttgart: Klett 1956, S. 62

2.3 Lokale Windsysteme

Der Föhn

Gebirgsübersteigende Luftmassen, die als trockenwarme Fallwinde ankommen, bezeichnet man nach ihrem typischen Auftreten in den Alpen als *Föhn*. Luftdruckunterschiede nördlich und südlich der Alpen bewirken kräftige Luftströmungen über die Alpen hinweg.

Feuchtwarme Luftmassen des Mittelmeerraumes werden am Südrand der Alpen, der Luvseite, zum Aufsteigen gezwungen (vgl. Abb. S. 28). Sie kühlen dabei ab, es kommt zu *Kondensation, Wolkenbildung* und *Stauniederschlägen*. Im Lee des Gebirges fallen die nun feuchtigkeitsärmeren Luftmassen unter rascher Wolkenauflösung an der *Föhnmauer* ins süddeutsche Alpenvorland ein. Als trockenwarme Winde bevorzugen sie bestimmte Täler, die *Föhngassen*.

Entstehung des Föhns an der Alpennordseite

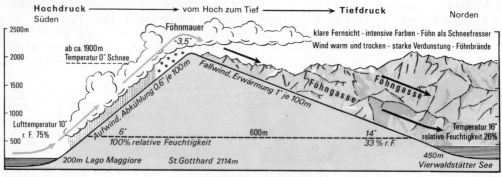

Schäfer (Hrsg.): Erdkunde Oberstufe. Paderborn: Schöningh 1979, S. 32

Da der *Wasserdampf* in der Atmosphäre Wärmeenergie nur langsam aufnimmt oder abgibt, ist die Erwärmung der trockenen absinkenden Luft an der Nordseite der Alpen stärker (z. B. 1,0° C/100m) als die Abkühlung der aufsteigenden feuchten Luft auf der Alpensüdseite. Dies hat zur Folge, daß die nach Süddeutschland einbrechenden Winde eine höhere Temperatur besitzen als die feuchten Luftmassen, die von Süden her auf das Gebirge zuwehen.

Nach demselben Prinzip entsteht auch der trockene *Fallwind* an der Ostseite der nordamerikanischen Kordilleren, der hier als *Chinook* bezeichnet wird.

Mistral

Der *Mistral* ist ein kalter Fallwind des unteren Rhonetals, der durch Luftdruckunterschiede zwischen einem Hoch über Nordfrankreich und einem Tief über dem Golf von Lion zustande kommt. Ein ähnlicher Wind, die *Bora*, tritt an der Adriaküste Jugoslawiens auf. Er entsteht, wenn kalte Luft des Dinarischen Gebirges oder von den Hochflächen des Karst auf die warme Adria herabfällt.

Tornado

Tornados sind zerstörerische Windwirbel mit einem Durchmesser von wenigen hundert Metern und entstehen ausschließlich an der Front vordringender Kaltluft (*Northers*) gegen die tropische Warmluft in Nordamerika. Sie bleiben daher in ihrem Auftreten in der Regel auf die Vereinigten Staaten beschränkt (vgl. Kap. USA S. 294).

Tropische Zyklonen (Wirbelstürme)

Tropische *Wirbelstürme* bilden sich über Meeren mit einer Wassertemperatur von mindestens 26° C und einer Entfernung von mindestens 8 Grad vom Äquator. Erst in dieser Entfernung ist die Corioliskraft für die Entstehung umlaufender Wirbel groß genug. Aufgrund der geringen Reibung an der Wasserfläche erreichen diese Geschwindigkeiten bis 200 km/h. Die Ursache von Wirbelstürmen sind *Konvektions*erscheinungen im Bereich der ITC und die damit verbundenen vertikalen Luftbewegungen. Die Zyklonen weisen einen Durchmesser von 60 bis 200 Kilometern auf und sind in ihrem Zentrum durch sehr niederen Druck, Windstille und Wolkenlosigkeit gekennzeichnet. *Tropische Zyklonen* entstehen nur über dem Meer und werden je nach ihrem Vorkommen unterschiedlich benannt (Karibik: *Hurrican*; Ozeanien: *Taifun*).

2.4 Klimaklassifikationen

Unter *Wetter* verstehen wir das momentane Zusammenwirken der *meteorologischen Elemente* (Luftdruck, Temperatur, Niederschlag, Winde usw.) in einem bestimmten Raum. Das langjährige durchschnittliche Wettergeschehen eines Gebietes ist das *Klima*. Es lassen sich Räume ausgliedern, die durch typische Klimate gekennzeichnet sind. Die verschiedenen *Klimatypen* der Erde können nach unterschiedlichen Gesichtspunkten klassifiziert werden.

2.4.1 Teil- und Gesamtklassifikation

Teilklassifikationen betreffen entweder das Klima eines Teilgebietes der Erde oder Teilprobleme einer Gesamtklassifikation. Als Beispiel einer Teilklassifikation sei das Klima meeresnaher, ozeanisch beeinflußter Gebiete im Vergleich zu meeresfernen Kontinentalbereichen genannt.

Bei der *Gesamtklassifikation* werden entweder Gebiete ausgegliedert, die unterschiedlichen Einflußbereichen der *atmosphärischen Zirkulation*, z. B. der Entstehung unterschiedlicher Windsysteme, unterliegen (*genetische Klassifikation*), oder es wird die direkte Auswirkung des Klimas auf einzelne Erscheinungen der Erdoberfläche wie Niederschlag und Verdunstung oder das Pflanzenkleid als Klassifikationskriterium herangezogen (*effektive Klassifikation*).

Witterungsklimatische Zonen (nach Flohn)

Zone	Luftdruck- und Windgürtel	Winde So	Wi	Niederschläge	Typische Vegetationsformen
1. Innere Tropenzone	Äquatoriale Westwinde mindestens 8 Monate	T	T	Immerfeucht, meist Starkregen	Tropischer Regenwald
2. Äußere Tropenzone (Randtropen)	Äquatoriale Westwinde weniger als 8 Monate im Wechsel mit Passat	T	P	Sommerregen	Savanne mit Galeriewald, Trockenwald
3. Suptropische Trockenzone	Passat oder Subtropenhoch	P	P	Vorwiegend trocken	Steppe, Wüstensteppe, Halbwüste, Kernwüste
4. Subtropische Winterregenzone	Sommer Subtropenhoch, Winter außertropische Westwinde	P	W	Winterregen, z. T. Äquinoktialregen	Hartlaubgehölze
5. Feuchtgemäßigte Zone	Außertropische Westwinde	W	W	Niederschläge in allen Jahreszeiten	Laubwald, Mischwald
6a) Boreale Zone	Außertropische Westwinde, z. T. polare Ostwinde	E	W	Niederschläge vorwiegend im Sommer, winterliche Schneedecke	Nadelwald, Birken
6b) Subpolare Zone	Polare Ostwinde und Westwinde (Subpolartief)	E	W	Ganzjährig geringe Niederschläge	Tundra
7. Hochpolare Zone	Polare Ostwinde	E	E	Ganzjährig geringe Niederschläge	Kältewüste (Eis)

So = Sommer, Wi = Winter, T = äquatoriale Westwinde (bzw. Mallungen), P = tropische Ostwinde (Passat), W = außertropische Westwinde, E = polare Ostwinde.

Ernst Heyer: Witterung und Klima. Leipzig: BSB B. G. Teubner Verlagsgesellschaft, 5. Auflage 1979, S. 288

Genetische Klassifikation nach Flohn

Flohn teilt das Klima nach der Zugehörigkeit der Gebiete zu den verschiedenen *Windgürteln* ein. Aufgrund der räumlichen Verlagerung der Zirkulationssysteme mit den Jahreszeiten gibt es Gebiete, die ganzjährig denselben, und solche, die jahreszeitlich unterschiedlichen Windgürteln angehören.

Effektive Klassifikation nach Köppen

Köppen grenzt das Klima mit Hilfe bestimmter *Klimaformeln* ab, deren Grundlage Schwellenwerte von *Temperatur* und *Niederschlag* sind und den Grenzen der Vegetationszonen möglichst nahe kommen. Davon ausgehend, gliedert er die Erde nach fünf Zonenklimaten, die er vom Äquator polwärts mit fünf Großbuchstaben bezeichnet.

A = *Tropisches Regenklima:* alle Monatsmittel über 18° C
B = *Trockenklima:* bei gleichmäßiger *Niederschlagsverteilung* gilt r < 2(t+7),
bei vorherrschendem *Winterregen* gilt r < 2t,
bei vorherrschendem *Sommerregen* gilt r < 2(t+14),
(r = jährliche *Niederschlagsumme*, t = Jahresmittel der Temperatur),
C = *Warmgemäßigtes Klima:* kältestes Monatsmittel 18° bis –3° C
D = *Boreales* oder Schnee-Wald-Klima: kältestes Monatsmittel < –3° C,
wärmstes Monatsmittel > 10° C.
E = *Schneeklima:* wärmstes Monatsmittel < 10° C.

Für die weitere Differenzierung in Klimatypen wird ein Zusatzbuchstabe verwendet:
f = immerfeucht
m = Regenwaldklima trotz einer Trockenzeit
s = sommertrocken
w = wintertrocken
S = *Steppenklima*
W = *Wüstenklima*
T = *Tundrenklima:* mindestens 1 Monatsmittel > 0° C
F = *Frostklima:* alle Monatsmittel < 0° C

Zur Kennzeichnung der Klimauntertypen wird in die Klimaformel ein dritter Buchstabe eingefügt.
a = heiße Sommer: wärmstes Monatsmittel > 22° C
b = warme Sommer: wärmstes Monatsmittel < 22° C, mindestens 4 Monate mehr als 10° C
c = kühle Sommer: wärmstes Monatsmittel < 22° C, höchstens 3 Monate mehr als 10° C
d = strenge Winter: kältestes Monatsmittel < –38° C
h = heiß, Jahresmittel > 18° C
k = kalt, Jahresmittel < 18° C

Klassifikation nach Köppen

Charakterisierung verschiedener Klimate

Nach Heinrich Walter und Helmut Lieth, Klimadiagramm-Weltatlas. Jena: VEB Gustav Fischer 1967

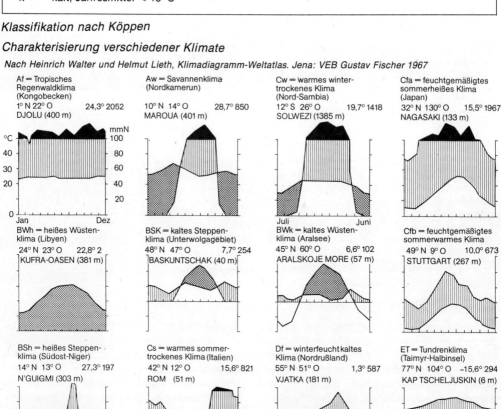

Gebiete höherer Breiten sind durch starke jahreszeitliche Temperaturschwankungen gekennzeichnet *(Jahreszeitenklima)*. In Gebieten niederer Breiten treten dagegen starke tageszeitliche Temperaturschwankungen auf *(Tageszeitenklima)*.

2.5 Das Klima als begrenzender Faktor für den wirtschaftenden Menschen

Verteilung und Höhe der jährlichen Niederschläge und der Temperatur setzen den wirtschaftenden Menschen vieler Gebiete der Erde eine natürliche Grenze.

Die *Wassermangelgrenzen* zeigen für die verschiedenen Tätigkeitsbereiche des Menschen einen unterschiedlichen Verlauf. So schiebt sich die Grenze der Viehwirtschaft weiter in die ariden Gebiete vor als die Grenze des Ackerbaus. Durch künstliche Bewässerung gelingt es dem Menschen, die ackerbauliche Zone in einigen Teilen der Erde weiter auszudehnen. Die Inwertsetzung von Trockenräumen mit Hilfe des Bewässerungsfeldbaues ist seither den technisierten und finanzstarken Staaten in besonderem Maße gelungen. Die bergbauliche Erschließung von Rohstofflagerstätten ist darüber hinaus in extrem trockenen Gebieten möglich. Die *Wärmemangelgrenzen* stellen sich sowohl polwärts als auch mit der Höhe ein. Mit zunehmender Höhe und geographischer Breite setzen die sinkenden Temperaturen sowohl dem Ackerbau als auch der Viehzucht eine Grenze. Die bergbauliche Erschließung extrem kalter Gebiete ist bei entsprechendem finanziellem Aufwand in zunehmendem Maße möglich.

3 Böden: ihre Entstehung, Verbreitung und Bedeutung

Schema der für die Bodenbildung wichtigen Faktoren

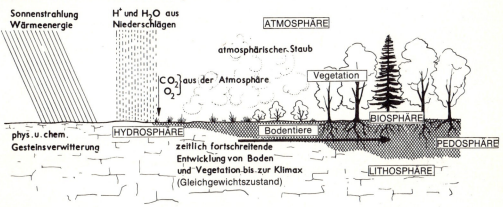

Robert Ganssen: Grundsätze der Bodenbildung. B. I. Hochschultaschenbücher Bd. 327. Mannheim: Bibliographisches Institut 1965, S. 15

Während in den gemäßigten Breiten die landwirtschaftlichen Erträge durch Düngemitteleinsatz ständig steigen, gehen trotz Düngung die Erträge bei Feldfrüchten in vielen Teilen der feuchten Tropen bereits nach wenigen Jahren stark zurück. Es ist bekannt, daß hierfür vor allem die ungünstigen Bodenverhältnisse verantwortlich sind.

Neben Klima und Relief spielt der *Boden* für das Pflanzenwachstum und damit auch für die landwirtschaftliche Inwertsetzung eine bedeutende Rolle. Der Boden ist nicht nur das Substrat, in dem die Pflanze fest verwurzelt ist, sondern auch der Speicher der notwendigen Pflanzennährstoffe.

Der Boden (*Pedosphäre*) wird in seiner Entstehung und Weiterbildung im wesentlichen durch Gestein (Lithosphäre), Relief, Klima (atmosphärisches Geschehen), Wasserhaushalt (Hygrosphäre), Bodentiere und Vegetation (Biosphäre) bestimmt. Auch der Mensch bewirkt durch moderne Bearbeitungstechniken eine Veränderung des Bodens. Unter dem Einfluß von Klima, Vegetation und Tierwelt entsteht durch Zersetzung und Verwitterung des organischen Materials und des anstehenden Gesteins die durchschnittlich 0,5–2 Meter mächtige Lockerdecke.

Beispiel für die Zusammensetzung eines Grünlandbodens (in Volumen %)

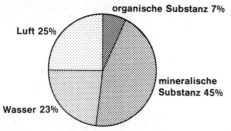

3.1 Die Entstehung des Bodens

Sowohl das anstehende Gestein und Gesteinsbruchstücke des Bodens als auch Pflanzen- und Tierreste enthalten die Pflanzennährstoffe in fester Form. Für die Pflanzen sind sie allerdings nur in gelöster Form verwertbar und müssen daher durch Verwitterung und Zersetzung aufgeschlossen werden.

3.1.1 Die mineralische Substanz als Ergebnis der Gesteinsverwitterung

Die wichtigsten Elemente des Gesteins

Sauerstoff (O)	46%
Silizium (Si)	28%
Aluminium (Al)	8%
Eisen (Fe)	5%
Calcium (Ca)	4%
Natrium (Na)	3%
Kalium (K)	2%
Magnesium (Mg)	2%
Rest	2%

Die wichtigsten *Pflanzennährstoffe* sind: K, Ca, Mg, Fe. Ihre Freisetzung erfolgt durch *chemische Verwitterung*, der allerdings die *physikalische Verwitterung* des Gesteins (Frost- und Hitzesprengung) vorausgehen muß. Hierbei wird das Gestein zunächst in kleinere, aber chemisch unveränderte Bruchstücke zerlegt. Die chemische Verwitterung bewirkt den weiteren Zerfall der Minerale durch Lösungsprozesse, *Hydrolyse* (Spaltung unter Aufnahme von Wasser), Säurewirkung, Oxidation und *Hydratation* (Sprengkraft durch Volumenvergrößerung unter Aufnahme von Wasser). Die chemische Verwitterung führt neben der Nährstofffreisetzung zur Bildung kleinster Minerale (Tonminerale, < 0,002 mm). Die *Tonminerale* liegen in kolloidaler Form vor und haben die wichtige Aufgabe, die freigesetzten Nährstoffe, die als Ionen gelöst sind, im Austausch gegen andere Ionen vorübergehend festzuhalten und ihre Ausschwemmung zu verhindern. Man spricht hier von der *Austauschkapazität* (gemessen in mval/100 g) der Tonminerale.

Tonminerale sind *Schichtsilikate* (wichtiger Baustein ist Silizium), die sich strukturell durch ihre unterschiedliche Anzahl an Silikatschichten unterscheiden. Die *Tonmineralbildung* erfolgt entweder durch allmählichen Zerfall ursprünglicher Schichtminerale (Glimmer) oder durch Tonmineralneubildung, in dem sich Zerfallsprodukte nichtschichtiger Minerale (Feldspäte, Hornblenden u.a.) um- und zusammenlagern (vgl. Abb. S. 33).

Unterschiedlich hohe Ionenaustauschkapazität (in mval/100 g) bei verschiedenen Tonmineralen

Kaolinite	5– 15
Chlorite	10– 40
Illite	20– 50
Übergangsminerale	40– 80
Montmorillonite	80–120
Vermiculite	100–150

Bei Dreischichttonmineralen ist die *Ionenaustauschkapazität* besonders groß, da hier die Ionen zwischen den Schichten eingelagert werden. Bei Zweischicht- und Vierschichttonmineralen werden sie dagegen nur an den Außenflächen angelagert.

Aufbau und Kationenaustausch bei Tonmineralen

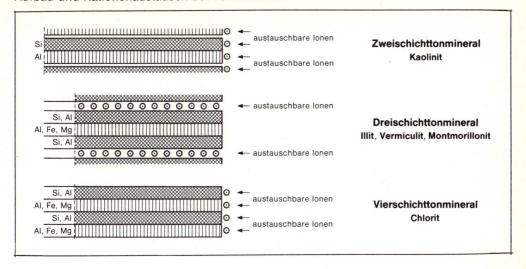

Böden mit einem hohen *Kaolinitgehalt* sind nur wenig, Böden mit einem hohen *Montmorillonit-* oder *Vermiculitgehalt* sind bevorzugt in der Lage, Nährstoffe im Boden festzuhalten und den Pflanzen zur Verfügung zu stellen.

3.1.2 Die Zersetzung der organischen Substanz

Mikroorganismen (Bakterien, Pilze) sind in besonderem Maße für den Abbau abgestorbener organischer Substanz (Tiere und Pflanzen) und damit für die Freisetzung weiterer *Nährstoffe* verantwortlich. Grabende Tiere wie Maulwurf und Regenwurm lockern den Boden und bewirken damit eine gute *Durchlüftung* und *Durchfeuchtung*. Die Gesamtheit abgestorbener Tiere und Pflanzen und ihrer Abbauprodukte bezeichnet man als *Humus*. Darunter befinden sich die *Huminkolloide*, die wie die Tonminerale die Pflanzennährstoffe vorübergehend festhalten und mit 200–500 mval/100 g eine besonders hohe *Austauschkapazität* besitzen.

Bodenbildung durch Gesteinsverwitterung und Pflanzen- und Tierzersetzung

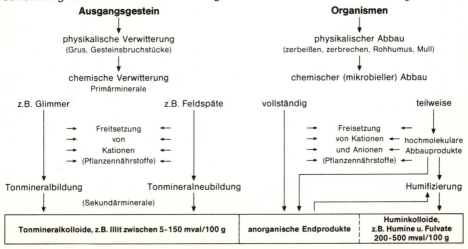

Humus und Gesteinsbruchstücke liefern dem Boden ständig neue Nährstoffe und Kolloide (*Kationenaustauscher*). Der Gehalt an *Ton-* und *Humuskolloiden* sowie an Nährstoffen bestimmt daher die *Fruchtbarkeit* des Bodens.

Bodenwasser

Da Pflanzen die Nährstoffe nur in gelöster Form aufnehmen können, spielt das *Bodenwasser* als Lösungsmittel eine dominierende Rolle. Darüber hinaus werden durch zirkulierendes Wasser Bodenbestandteile leicht verlagert und wird der Boden damit in seiner Qualität verändert. Verlagerungen in die Tiefe ergeben sich durch Sickerwasser, Verlagerungen nach oben durch aufsteigendes Wasser, vor allem in Trockengebieten; erodierendes Wasser kann die oberen *Horizonte des Bodens* abtragen, *Stauwasser* kann z. B. Oxidationsprozesse verhindern.

Bodenluft

Die *Durchlüftung* des Bodens ist nicht nur für Oxidationsvorgänge wichtig, sondern spielt auch für den notwendigen Gasaustausch der Bodentiere und der Pflanzen eine wesentliche Rolle.

3.2 Die Bodenarten

Die *Bodenart* beschreibt das äußere Erscheinungsbild eines Bodens.

Einteilung der Bodenarten

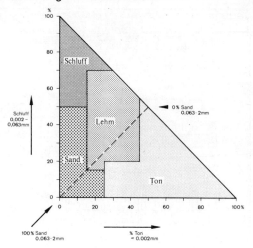

Harms Handbuch der Geographie, Bd. 8, Physische Geographie. München: List 1976, S. 140

Von besonderer Bedeutung ist der Gehalt an Bestandteilen unterschiedlicher *Korngröße*. Dementsprechend unterscheidet man *Sand-, Schluff- und Tonböden*. Liegt eine Mischung verschiedener Korngrößenfraktionen vor, spricht man beispielsweise von einem schluffigen Sandboden, schluffigen *Lehmboden* usw. Die Bodenart kann auch nach der *Bodenfarbe* (Gelberde, Rotboden), nach dem pH-Wert (*Sauerboden*, alkalischer Boden), Feuchtigkeitsgehalt (Naßboden, Trockenboden), *Bearbeitbarkeit* (leichter Boden, schwerer Boden) und Fruchtbarkeit eingeteilt werden.

Durch unterschiedliche *Korngrößenanteile* des Bodens ergeben sich verschiedene Eigenschaften.

Abhängigkeit von Korngrößenanteil und Eigenschaften des Bodens

Kies	Sand	Schluff	Ton
2 - 63 mm	0,063 - 2 mm	0,002 - 0,063 mm	<0,002 mm

80% - 100% und 0% - 20% Schluff

Wasserdurchlässigkeit
Durchlüftung
Durchwurzelbarkeit
Bearbeitbarkeit → Abnahme

← Abnahme   Porenvolumen (% - Anteil Porenraum : Gesamtvolumen)
Wassergehalt u. Wasserhaltevermögen
Nährstoffgehalt
Kationenaustauschfähigkeit

3.3 Bodentypen

Verbreitung der Bodentypen auf der Erde

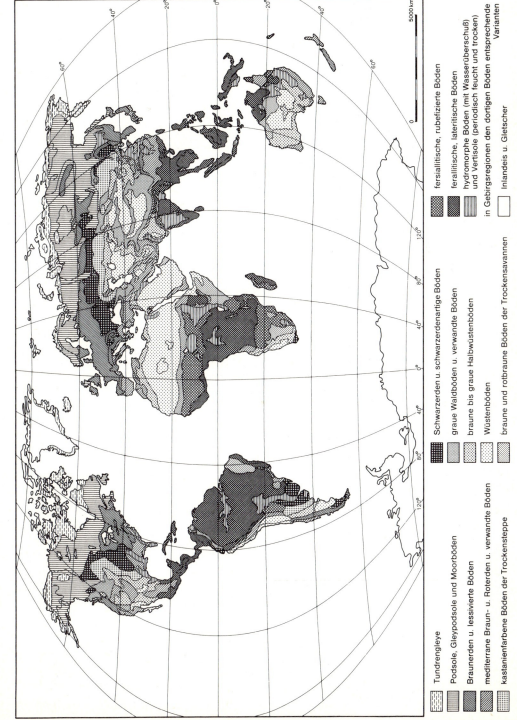

Nach Physische Geographie. Harms Handbuch der Geographie. München: List Verlag 1976, Tafel 27

Bodentyp:

Die Verwitterung des Gesteins sowie der Anteil und die Zersetzung des organischen Materials laufen in den verschiedenen Klimagebieten der Erde und über den verschiedenen Ausgangsgesteinen in unterschiedlicher Art und Intensität ab. Die gesteins- und klimazonale Abhängigkeit der *Bodenwasserzirkulation* führt darüber hinaus zu einer charakteristischen Verlagerung der organischen und anorganischen Abbauprodukte (Ton, Nährstoffe, Humusstoffe usw.). Diese werden aus bestimmten Horizonten abgeführt und in tieferen oder höheren Horizonten wieder angereichert oder ganz aus dem Boden beseitigt. Daher besitzen die Böden verschiedener Klimazonen oder unterschiedlicher Ausgangsgesteine unterschiedliche, aber charakteristische Abfolgen sogenannter *Bodenhorizonte*. Ein *Bodenprofil* ist durch eine typische Horizontabfolge gekennzeichnet.

Kennzeichnung der Bodenhorizonte

A = Oberboden
B = Unterboden
C = Ausgangsgestein
G = durch Grundwasser beeinflußter Horizont *(Gley)*
h = humushaltig
e = ausgewaschen, gebleicht
t = Anreicherung von Ton
al, fe = Aluminium- und Eisenanreicherung
sa = Salzanreicherung
r = reduziert (Hemmung der Oxidation)

Frostschuttboden
Wärmemangel verhindert eine stärkere chemische Verwitterung, Frostsprengung bewirkt lediglich eine Zersetzung in groben Gesteinsschutt mit nur geringem Feinanteil.

Tundrengley
Vorwiegend *physikalische Verwitterung* verhindert Bildung größerer Mengen Feinmaterials; <u>Flechten, Moose und Gräser liefern organisches Material für nur geringmächtigen Ah-Horizont, meist Rohhumus, da durch Kälte der mikrobielle Abbau stark herabgesetzt ist</u>; *Dauerfrostboden* in der Tiefe staut im sommerlichen Auftaubereich das Grundwasser (*Gley*-Horizont). In Mitteleuropa können über wasserstauenden Schichten bei Vernässung ähnliche Böden – die *Pseudogleye* – entstehen.

Podsol (Bleicherde)
Saurer Sickerwasserstrom in Nadelwaldgebieten führt zur Auswaschung der Nährstoffe aus dem Oberboden (Ae = Bleichhorizont) und deren Anreicherung im Unterboden (B); im oberen Teil des B-Horizontes z.T. Verbackung der Nährstoffe zu hartem *Ortstein*; niedere Temperaturen und schlechte Zersetzbarkeit der Nadelblätter für Rohhumushorizont Ah verantwortlich; geringe *Fruchtbarkeit* infolge Ausschwemmung der Nährstoffe in die Tiefe; Rohhumus als Nährstofflieferant wenig Bedeutung; schlechte *Durchlüftung*.

Lessivierte Böden (Parabraunerden)
Teilweise Ausschwemmung von Tonmineralen aus dem Oberboden (Ae) in den Unterboden (Bt), Laubwald liefert ständig reichlich Humusmaterial (mächtiger Ah-Horizont), Huminkolloide des Oberbodens bewirken als Nährstoffträger größere Fruchtbarkeit.

Schwarzerde (Tschernosem)
Entsteht meist über schluffigem Löß, Niederschlagsmangel verhindert stärkeren Sickerwasserstrom, keine Ausschwemmung von *Ton*- und *Huminkolloiden*, Sommertrockenheit und Winterkälte hemmen bakteriellen Abbau organischen Materials, daher trotz Vegetationsarmut hoher Gehalt an Humusstoffen; intensive Durchmischung des Bodenmaterials durch Wühltiere bis in große Tiefen, Entstehung eines mächtigen, gut durchlüfteten und sehr fruchtbaren Ah-Horizontes.

Kastanienbraune und Graue Böden
Zunehmende Trockenheit und zunehmend schüttere Vegetation für immer geringer werdende Mächtigkeit des Ah-Horizontes verantwortlich, zunehmend aufsteigendes Bodenwasser (*Kapillarwasser*), daher vielfach Anreicherung von *Salzkrusten* (sa) im Oberboden und an der Oberfläche, deshalb geringer werdende *Fruchtbarkeit*; Salzböden (*Solontschak, Solonez*).

Wüstenrohböden
Wassermangel schwächt chemische Verwitterung, vorherrschende *physikalische Verwitterung* für Schutthorizontbildung verantwortlich.

Bodenzusammensetzung in verschiedenen Klimazonen

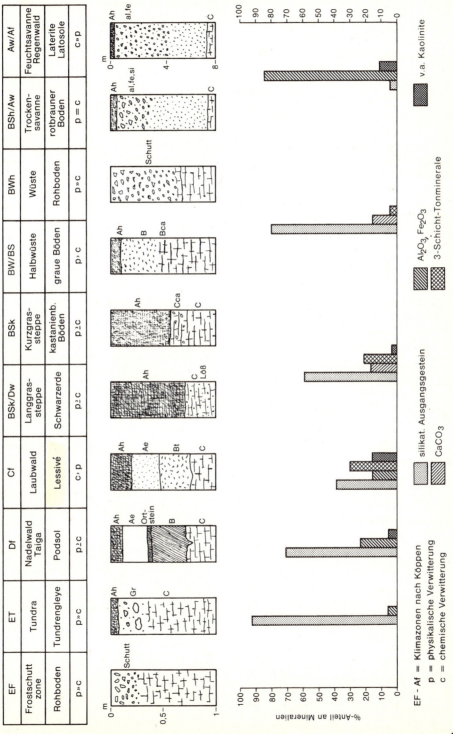

Tropische Roterden der Trockensavannen (fersiallitische Böden)
Äquatorwärts länger werdende Regenzeit, Zunahme der *chemischen Verwitterung*, daher tiefgründigere *Bodenprofile* mit stärkerer *Tonmineralbildung* (Kaolinit), trotz Auswaschung von Nährstoffen bewirkt relativ hoher Anteil von *Montmorillonit* und *Illit* gewisse Fruchtbarkeit, Eisen (Fe), Silizium (Si) und Aluminium (Al) bleiben im Oberboden erhalten, daher die Bezeichnung *fersiallitische Bodenbildung*.

Lateritböden der Feuchtsavannen und des immerfeuchten tropischen Regenwaldes (ferallitische Böden)
Hohe Temperaturen und hohe Niederschläge für intensive *chemische Verwitterung* verantwortlich, daher tiefgründige, mehrere Meter mächtige Böden mit dominierendem Anteil an *Kaolinit*; Mangel an wirksamen *Nährstoffträgern (Montmorillonit, Illit)* bewirkt Auswaschung des Bodens und damit Nährstoffarmut und geringe Fruchtbarkeit, Auswaschung der Kieselsäure (SiO_2), Anreicherung von Eisen (Fe) und Aluminium (Al) im Oberboden = Lateritisierung = *ferallitische Bodenbildung*.

Die Bodenvielfalt kann in den einzelnen Regionen der Erde sehr verschieden sein. Während sich in Nordamerika über weite Gebiete hinweg die Böden nur wenig ändern, weisen sie in Mitteleuropa auf kürzeste Entfernung eine sehr große Vielfalt auf. Dies ist ein Grund für die unterschiedlichen landwirtschaftlichen Nutzungsmöglichkeiten.

Verbreitung der wichtigsten Böden in Mitteleuropa

Arno Semmel: Grundzüge der Bodengeographie. Stuttgart: Teubner 1977, S. 45

3.4 Bodenfruchtbarkeit

Die *Bodenfruchtbarkeit* erhöht sich nicht nur mit dem Vorhandensein von Nährstoffen, sondern auch mit dem Gehalt an wirksamen *Nährstoffträgern (Kationenaustauscher = Humin- und Tonkolloide)*. Intensive chemische Verwitterung in den feuchten Tropen führt zur Bildung vor allem der Kaolinite mit schwacher *Austauschkapazität*, was die sehr geringe Fruchtbarkeit der dortigen Böden zur Folge hat. Der niedere Anteil der *chemischen Verwitterung* in der Trockensavanne und in den gemäßigten Breiten ist für einen höheren Anteil von *Illit* und *Montmorillonit* mit hoher *Austauschkapazität* verantwortlich. Daher ergibt sich in der Trockensavanne eine höhere Fruchtbarkeit und somit eine höhere Bevölkerungsdichte als im tropischen Regenwald. Die besonders hohe Fruchtbarkeit in den gemäßigten Breiten ist nicht nur auf die Dominanz der Dreischichttonminerale, sondern auch auf den hohen Anteil der *Huminkolloide* zurückzuführen, die in der Trockensavanne wegen Vegetationsarmut wenig ausgebildet und im tropischen Regenwald wegen der starken *chemischen Verwitterung* zu rasch abgebaut werden (vgl. Abb. S. 37 und Kap. Geoökologische Systeme, S. 41). Die *potentielle Bodenfruchtbarkeit* ist in bestimmten Gebieten der Erde (Halbwüsten, Trockensteppen) zwar groß, die *aktuelle Bodenfruchtbarkeit* jedoch geringer, da Wassermangel und derzeitige Bearbeitungsmethoden keine entsprechend hohen Erträge zulassen (Beispiel: russischer Acker-*Tschernosem* in Kasachstan).

Die *Bodenfruchtbarkeit* wird in Deutschland nach der Reichsbodenschätzung in *Bodenzahlen* ausgedrückt, die den erzielbaren Reinertrag eines Bodens zum fruchtbarsten Schwarzerdeboden der Magdeburger Börde (Bodenzahl = 100) in Beziehung setzt (Lößboden der Gäue: 70–80, Kalkböden Schwäbische Alb: 30–50, *Grenzertragsböden* < 30, vgl. Kap. Landwirtschaft S. 59).

4 Vegetationszonen der Erde und wichtige Nutzpflanzen

Entsprechend der klimatischen Zonierung der Erde kommt es zur Ausbildung natürlicher Vegetationsgürtel.

Vegetationszonen der Erde

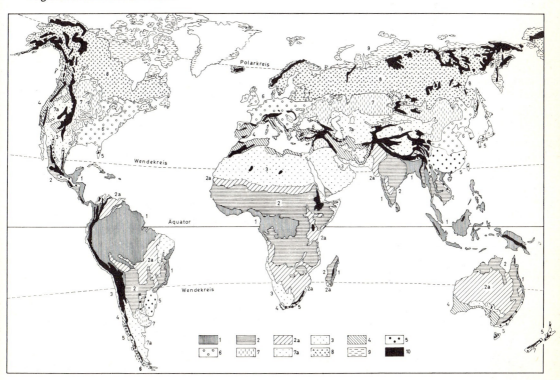

Tropische und subtropische Zonen: 1 Immergrüne Regenwälder der Niederungen und der Gebirgshänge (Nebelwälder), 2 Halbimmergrüne und regengrüne Wälder, 2a Trockene Gehölze, natürliche Savannen oder Grasland, 3 Heiße Halbwüsten und Wüsten polwärts bis zum 35. Breitenkreis (sonst s. unter 7a).
Gemäßigte und arktische Zonen: 4 Hartlaubgehölze mit Winterregen, 5 Feuchte warmtemperierte Wälder, 6 Sommergrüne (nemorale) Wälder, 7 Steppen der gemäßigten Zone, 7a Halbwüsten und Wüsten mit kalten Wintern, 8 Boreale Nadelwaldzone, 9 Tundra, 10 Gebirge.

Heinrich Walter: Vegetationszonen und Klima. UTB Bd. 14. Stuttgart: Ulmer 1970, S. 38

Verbreitung wichtiger Nutzpflanzen

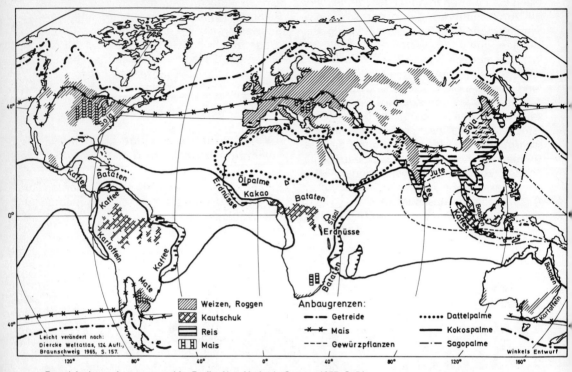

Bernd Andreae: Agrargeographie. Berlin, New York: de Gruyter 1977, S. 51

In Abhängigkeit von Klima-, Boden- und *Vegetationszonen* ergeben sich für die einzelnen *Kulturpflanzen* verschiedene Verbreitungsgebiete. Dies hat nicht nur zur Folge, daß die einzelnen Gebiete der Erde unterschiedliche *Hauptanbauprodukte* besitzen, sondern daß auch die Ernährungsgrundlage in den verschiedenen Ländern sehr unterschiedlich ist. Durch moderne Pflanzenzucht, Bodenbearbeitung und Bewässerung können heute allerdings viele Kulturpflanzen über ihr ursprüngliches Verbreitungsgebiet hinaus angebaut werden. So findet sich z.B. Mais heute auch in den kühleren Gebieten der gemäßigten Breiten, und durch Bewässerung werden zunehmend Trockenräume, wie z.B. die Steppe Kasachstans, inwertgesetzt (vgl. Kap. Sowjetunion, S. 330): Intensive landwirtschaftliche Nutzung ist allerdings nur in den gerodeten sommergrünen Wäldern und in den *Steppen* der gemäßigten Breiten sowie in den tropischen *Savannengebieten* möglich.

Die Nutzung der Waldgebiete der Erde konzentriert sich neben intensiver Forstwirtschaft in den sommergrünen Laubwäldern vor allem auf den *feuchttropischen Regenwald* und den *borealen Nadelwald*. Von beiden wird allerdings dem borealen Nadelwald eine größere Bedeutung beigemessen, da er durch Artenarmut und Individuenreichtum (viele Bäume weniger Arten pro Fläche) gekennzeichnet und daher eine mechanisierte, rationelle Holzgewinnung möglich ist (häufig *Kahlschlag*). Die feuchttropischen Regenwälder sind mit ihrem Artenreichtum und der Individuenarmut (wenig Bäume der verschiedenen Arten pro Fläche) holzwirtschaftlich weniger geeignet, so daß hier vorwiegend wertvolle Edelhölzer zur

Nutzung gelangen. Kahlschlag lohnt sich holzwirtschaftlich nicht, da der Anteil nicht nutzbarer Hölzer zu groß ist.

Weltweit betrachtet spielen die Wälder als Brennholzpotential noch immer eine bedeutende Rolle. 1972 hatte das Brennholz einen Anteil von 5% am Gesamtenergieverbrauch der Welt. Bedingt durch die Rohölverteuerung, wird dieser Anteil auch in Zukunft seinen Wert beibehalten, weil vor allem die weniger entwickelten Länder immer mehr auf diesen billigen Energierohstoff zurückgreifen.

5 Geoökologische Systeme

Unter *Geoökologie* versteht man das Zusammenspiel der *Geofaktoren* Klima, Boden, Wasser, Gestein, Relief, Tier- und Pflanzenwelt untereinander und ihre Beeinflussung durch den Menschen, der umgekehrt von den Geofaktoren mehr oder weniger stark abhängig ist.

Beispiel 1: Tropischer Regenwald

Die Böden des tropischen Regenwaldes sind weniger fruchtbar als es dem dichten Vegetationsbestand entsprechend erscheinen mag. Der hohe Anteil kaolinitischer *Tonminerale* hat nur eine geringe *Kationenaustauschkapazität* der dortigen Böden zur Folge. Die daraus resultierende Unfruchtbarkeit der Böden haben Siedler immer wieder dann gespürt, wenn ihre anfänglich hohen Ernteerträge auf Rodungen nach wenigen Jahren rapide zurückgegangen sind. So fielen die Erdnußerträge auf einem Versuchsfeld im Kongo bereits im zweiten Jahr um 85 Prozent. Dies steht im krassen Widerspruch zu dem hohen Bestand an natürlicher *Biomasse* (gesamte organische Stoffmenge) mit 500 t/ha gegenüber 370 t/ha eines Buchenwaldes der gemäßigten Breiten. Besonders eindrucksvoll ist die hohe Produktion von 32,5 t/ha Biomasse pro Jahr gegenüber einem Buchenwald mit 13 t/ha. Untersucht man den Anteil von organischen Bestandteilen und Tonmineralen in verschiedenen Bodentiefen, so findet sich im Boden des tropischen Regenwaldes im ersten Meter nur 1% der gesamten Biomasse, die sich im übrigen auf die oberen 15–20 cm konzentriert. Die Austauschkapazität ist minimal. Braunerden der Mittelbreiten enthalten im oberen Meter mehr als 12% der gesamten Biomasse und besitzen in diesem Teil Tonminerale mit hoher Austauschkapazität. Damit befindet sich in den tropischen Regenwäldern der Großteil der Biomasse außerhalb des Bodens in den Pflanzen. Der hohe jährliche Anfall abgestorbenen organischen Materials liefert offensichtlich die gesamten *Nährstoffe,* die sich, wie oben erwähnt, auf die oberen 15–20 cm des Bodens konzentrieren. Inzwischen ist nachgewiesen, daß ihre Ausschwemmung durch *Mycorrhizae* (symbiontisch mit den Baum- und Strauchwurzeln lebende Pilze) verhindert wird. Diese fangen die Nährstoffe ab und geben sie an die Pflanzen wieder zurück. Damit entsteht ein *geschlossener Kreislauf,* der tropische Regenwald trägt sich selbst. Bei Rodung wird das Mycorrhiza-System zerstört, so daß durch den ohnehin spärlichen Laubfall der Kulturpflanzen die wenigen Nährstoffe rasch in die Tiefe abgeführt werden. Dies geschieht auch mit künstlich zugegebenen Nährelementen, so daß intensive *Düngung* die Erträge kaum erhöht. Der tropische Regenwald erweist sich somit als sehr labiles *Ökosystem*, bei welchem jeder falsche Eingriff (*Flächenrodung*) katastrophale Folgen haben kann.

Beispiel 2: Trockenräume

Vor dem Hintergrund der wachsenden Weltbevölkerung erscheint die *Desertification* (Wüstenausbreitung) als besonders bedrückendes Problem. Die Sahel-Katastrophe in den Jahren 1969–1973 zeigt dies in besonders schwerwiegender Weise. Nach einer Periode höheren Niederschlags (1957–1968) brachte eine mehrjährige Dürre (1969–1973) der Bevölkerung der sich unmittelbar südlich der Sahara anschließenden Dorn- und Trockensavannengebiete eine Katastrophe größten Ausmaßes. Durch die in den Feuchtejahren aufgestockten Viehherden erfolgte in den Dürrejahren die weitgehende Vegetationszerstörung. Durch das Versiegen der Viehtränken und den Verlust der Ernten wurden Millionen Menschen vom Hunger bedroht.

Desertificationsschema

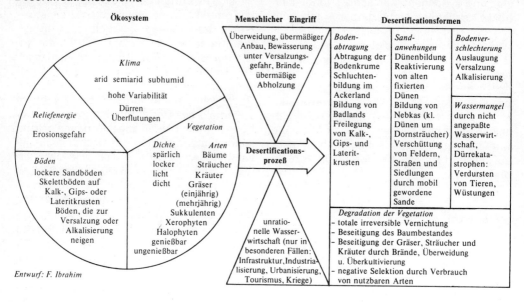

Desertificationsgefährdung auf der Erde

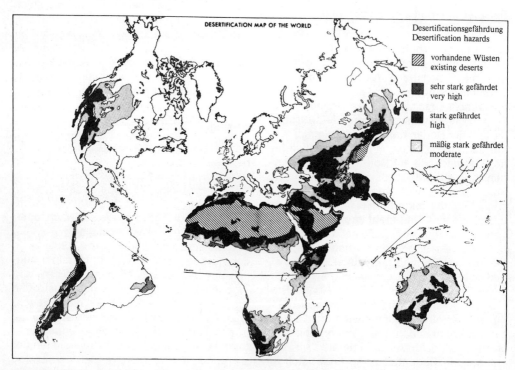

Fouad Ibrahim: Desertification, ein weltweites Problem. In: Geographische Rundschau, 1978, Heft 3, S. 105-106. Braunschweig: Westermann

Struktur und Mobilität der Bevölkerung

Bevölkerungswachstum 1800–2000

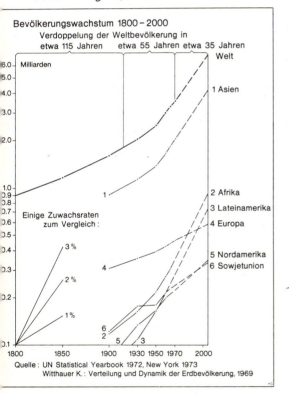

Hans Boesch: Wirtschaftsgeographischer Weltatlas. Bern: Kümmerly + Frey 1975, S. 10

1 Das Wachstum der Weltbevölkerung

Die Zunahme der Weltbevölkerung um 81 Millionen von Mitte 1977 bis Mitte 1978 auf 4,205 Milliarden Menschen wird erst recht verständlich, wenn man die entsprechende Bevölkerungszunahme auf einen Tag (221 918), eine Stunde (9247), eine Minute (154) und eine Sekunde (2,6) umrechnet. Alle zehn Sekunden wächst die Erdbevölkerung um 26 Menschen, das entspricht pro Tag annähernd der Einwohnerzahl Krefelds.

Während sich die Verdoppelung der Erdbevölkerung von 0,9 auf 1,8 Milliarden zwischen 1800 und 1915 vollzog, verkürzte sich der Verdoppelungszeitraum bei der Zunahme auf 3,6 Milliarden Menschen im Jahre 1970 auf 55 Jahre. Wissenschaftler der Vereinten Nationen rechnen bis zum Jahre 2005 mit 8 Milliarden Menschen.

1.1 Geburten- und Sterbeziffer

Die absolute Zunahme der Bevölkerung ergibt sich aus der Differenz zwischen der Anzahl der Geburten und der Anzahl der Sterbefälle. In der Bevölkerungsstatistik arbeitet man mit den Begriffen *Geburtenziffer* (Zahl der Lebendgeborenen auf 1000 Einwohner) und *Sterbeziffer* (Zahl der Sterbefälle auf 1000 Einwohner). Die *Wachstumsziffer* ergibt sich somit aus der Differenz der Geburten- und Sterbeziffer (Bevölkerungszu- bzw. -abnahme auf 1000 Einwohner). Ein gebräuchlicher Begriff ist die *Wachstumsrate;* sie gibt die Bevölkerungszu- bzw. -abnahme in Prozent an.

Im Jahre 1977 wurden in der Bundesrepublik Deutschland 582 344 Kinder geboren, während im gleichen Jahr 704 922 Menschen starben. Die Bevölkerung der Bundesrepublik nahm damit um 122 578 Personen ab. Daraus lassen sich bei einer Wohnbevölkerung von 61 353 000 Menschen im Jahr 1977 folgende Ziffern berechnen:

Geburtenziffer $\dfrac{582\,344}{61\,353\,000} \times 1000 = 9{,}5$

Sterbeziffer $\dfrac{704\,922}{61\,353\,000} \times 1000 = 11{,}5$

Wachstumsziffer $\dfrac{122\,578}{61\,353\,000} \times 1000 = -2{,}0$

Wachstumsrate –0,2 %

Die absolute Bevölkerungszunahme ist jedoch bei Staaten unterschiedlicher *Ausgangsbevölkerung*, aber gleicher Wachstumsrate verschieden.

Die Länder der Erde sind durch unterschiedliche Wachstumsraten gekennzeichnet und tragen damit auch unterschiedlich stark zum Wachstum der Weltbevölkerung bei.

Die unterschiedliche Bedeutung gleicher Wachstumsrate

	INDIEN		KOLUMBIEN
	2,1%	Wachstumsrate (Ø 1970–1977)	2,1%
	631,7 Mill.	Ausgangsbevölkerung (Mitte 1977)	24,6 Mill.
	13,2 Mill.	absolute Bevölkerungszunahme 1977/1978 bei gleichbleibender Wachstumsrate	516 600

Geburten- und Sterbeziffern ausgewählter Länder

	Geburtenziffer	Sterbeziffer
Bundesrepublik Deutschland (Ø 1970–1978)	10,5	11,8
Frankreich (Ø 1970–1978)	15,3	10,4
Vereinigte Staaten (Ø 1970–1977)	16,0	9,2
Rumänien (Ø 1973–1976)	19,4	9,5
Mexiko (Ø 1970–1976)	38,0	7,8
Costa Rica (Ø 1971–1976)	30,1	5,2
Jamaika (Ø 1971–1976)	32,2	7,2
Ecuador (Ø 1970–1973)	37,6	10,0
Venezuela (Ø 1972–1976)	37,0	6,6
Uruguay (Ø 1970–1976)	21,6	9,8
Ägypten (Ø 1970–1977)	36,0	12,6
Saudi-Arabien (Ø 1970–1975)	49,5	20,2
Nigeria (Ø 1970–1975)	49,3	22,7
Türkei (Ø 1970–1975)	39,6	12,5
Philippinen (Ø 1970–1975)	26,4	6,7
Indonesien (Ø 1970–1975)	42,9	16,9

Verlaufsmodell des demographischen Übergangs

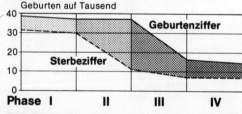

Die Bevölkerungsentwicklung der westeuropäischen Industrieländer seit der vorindustriellen Zeit erfolgte gemäß dem *Verlaufsmodell des „demographischen Übergangs"*.

Phase I: hohe Geburtenziffer, hohe Sterbeziffer, kleine Wachstumsziffer; vorindustrielle Zeit

Phase II: hohe Geburtenziffer, stark sinkende Sterbeziffer, ansteigende Wachstumsziffer; beginnende Industrialisierung, bessere medizinische Versorgung

Phase III: stark sinkende Geburtenziffer, leicht abnehmende Sterbeziffer, abnehmende Wachstumsziffer; industrielle Phase

Phase IV: niedere Geburtenziffer, niedere Sterbeziffer, kleine Wachstumsziffer.

Die meisten Entwicklungsländer sind vor allem in die Phasen II und III des Verlaufsmodells einzuordnen. Daraus kann jedoch nicht unbedingt geschlossen werden, daß sie dieselbe Bevölkerungsentwicklung wie die westeuropäischen Industriestaaten aufweisen werden.
In Deutschland waren in vor- und frühindustrieller Zeit die Geburten- und Sterbeziffern sehr hoch und sind heute auf ein Minimum gesunken. In der Übergangsphase zwischen 1880 bis 1920 sank die Geburtenziffer langsamer als die Sterbeziffer, so daß für diesen Zeitraum ein besonders starkes Bevölkerungswachstum zu verzeichnen war (vgl. Abb. S. 45).

Geburten- und Sterbeziffern für Deutschland (ab 1945 Bundesrepublik) auf 1000 Einwohner (ohne Geburten- und Sterbeziffer während des Zweiten Weltkrieges)

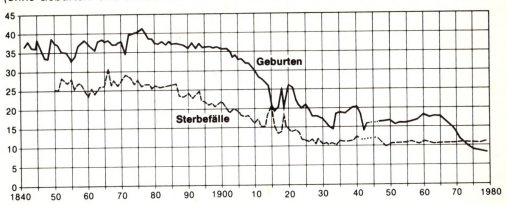

Quelle: Statistische Jahrbücher für das Deutsche Reich und die Bundesrepublik Deutschland.
Nach Karl Martin Bolte: Deutsche Gesellschaft im Wandel. Opladen: Leske 1967, S. 154, ergänzt

2 Wachstumsdisparitäten als Folge unterschiedlichen generativen Verhaltens

Die unterschiedliche Bevölkerungsentwicklung der verschiedenen Staaten erklärt sich aus einem unterschiedlichen *generativen Verhalten* (Fortpflanzungsverhalten der Bevölkerung), das letzten Endes von den jeweils bestehenden wirtschaftlichen, sozialen und religiösen Gegebenheiten beeinflußt wird. Dieses komplexe Beziehungsgefüge ist mit Hilfe verschiedener statistischer Größen annäherungsweise zu erfassen: Das Heiratsalter liegt in Entwicklungsländern wesentlich unter dem der Industrieländer. In Deutschland war die Heiratshäufigkeit in vorindustrieller Zeit geringer als heute, denn die Heiratserlaubnis war in der Regel an den Nachweis einer *Erwerbsgrundlage* gebunden.
Mit zunehmendem *Heiratsalter* vergrößert sich der Generationenabstand, was einen Rückgang der Geburtenziffer zur Folge hat.

Es zeigt sich, daß in Industriestaaten die Anzahl der Geburten einer Ehe (*innereheliche Fruchtbarkeit*) abnimmt. Dieser Rückgang wird unter anderem durch die gestiegenen Lebensansprüche, dem Wunsch nach mehr Freizeitgestaltung, der Berufstätigkeit der Frauen, den Wohnungsproblemen und den steigenden Kosten für die Kinderversorgung bestimmt.
In vorindustrieller Zeit der westeuropäischen Staaten und in den heutigen Entwicklungsländern ist jedoch eine hohe Kinderzahl aus religiösen und wirtschaftlichen Gründen (Altersversorgung, billige Arbeitskräfte usw.) erwünscht. Die Rückständigkeit mancher Länder in medizinischer und hygienischer Sicht ist für die hohe *Kinder- und Jugendsterblichkeit* sowie für die geringe *Lebenserwartung* verantwortlich. Das verstärkte Wachstum in den Entwicklungsländern ist, wie das Beispiel Indien zeigt, auf beginnende Fortschritte im Gesundheitswesen dieser Länder zurückzuführen.

Geburten- und Sterbeziffer sowie
Säuglingssterblichkeit in Indien 1872–1978

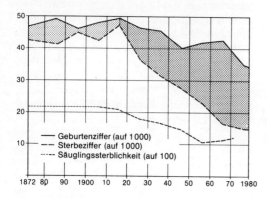

Wie schwierig es ist, Ursache und Motive des generativen Verhaltens zu finden, zeigen folgende Beispiele:

„Fruchtbare Afrikanerinnen in West-Kamerun bemitleiden ihre Gäste aus Europa, wenn diese nach zwei Ehejahren noch keine Kinder haben.
Oberschülerinnen von der Elfenbeinküste wünschen ‚sich so viele Kinder wie möglich.' Nur einer von zehn Einwohnern der nigerianischen Hauptstadt Lagos möchte weniger als fünf Kinder haben."

(Der Spiegel, 14. 9. 1970).

Das derzeitige *generative Verhalten* in den Entwicklungsländern wird sich über Jahrzehnte hinaus in einer starken Zunahme der Bevölkerungszahlen niederschlagen, selbst bei sehr raschen und schnell wirksamen Maßnahmen der *Geburtenregelung*.

3 Bevölkerungsverteilung und Bevölkerungsdichte

Bevölkerungsverteilung und Zonen schnellen Bevölkerungswachstums

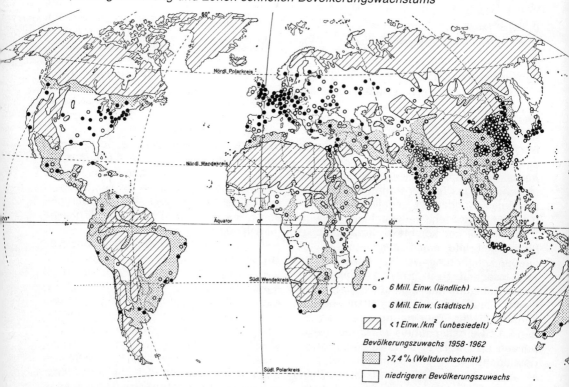

Hans Boesch: Weltwirtschaftgeographie. Braunschweig: Westermann 1977, S. 46

Global gesehen lassen sich im wesentlichen vier Großräume hoher *Bevölkerungsverdichtung* aufzeigen (vgl. Verstädterungsprozeß S. 201 ff.). Im Nordosten der Vereinigten Staaten und in Europa handelt es sich um große industrielle Verdichtungsräume, in Süd-, Südost- und Ostasien überwiegend, von dem stark industrialisierten Japan abgesehen, um agrarische Verdichtungsräume.

Das starke Wachstum der Bevölkerung war immer wieder Anlaß zu *Tragfähigkeitsberechnungen*, die Aufschluß darüber geben sollten, wie vielen Menschen die Erde eine Existenzgrundlage bieten kann. Diesbezügliche Diskussionen betreffen derzeit besonders die Fragen der Welternährung, der globalen Umweltbelastung und der Energieversorgung.

In Europa und Nordamerika liegt zwar die dominierende Erwerbsgrundlage der Bevölkerung im sekundären und tertiären Sektor, die Versorgung mit Nahrungsmitteln ist jedoch durch die zunehmende Technisierung der Landwirtschaft und durch moderne Forschungsergebnisse im Bereich der Agrarwissenschaften gewährleistet. Das hohe Bruttosozialprodukt dieser Länder ermöglicht gegebenenfalls den Import zusätzlicher Nahrungsmittel wie unter anderem das Beispiel Japan zeigt.

3.1 Tragfähigkeitsberechnungen

Borchert und Mahnke (1973) definieren die agrarische Tragfähigkeit als die Bevölkerungszahl, „die von einem Raum unter Berücksichtigung eines dort in naher Zukunft erreichbaren Kultur- und Zivilisationsstandes auf überwiegend agrarischer Grundlage auf die Dauer unterhalten werden kann, ohne daß der Naturhaushalt nachteilig beeinflußt wird."

Thomas Robert *Malthus* (1766–1834) geht in seinem Bevölkerungsgesetz auf das ungleich starke Wachstum von Bevölkerung und Nahrungsmittelversorgung ein, wobei die Zahl der Menschen in geometrischer Reihe (1, 2, 4, 8, 16 ...), die Nahrungsmittelversorgung in arithmetischer Reihe (1, 2, 3, 4 ...) zunehmen sollen. Dies führt seiner Meinung nach früher oder später zu einem Bevölkerungsüberschuß. Zunächst sieht Malthus in Verbrechen, Kriegen, Seuchen und Hungersnöten einen natürlichen Regelmechanismus, später ändert er seine Ansicht und glaubt an eine gewollte Selbstregulierung durch sittliche Beschränkung des Menschen.

Albrecht *Penck* veröffentlichte 1925 seine Berechnungen über die potentielle Volksdichte in verschiedenen Gebieten der Erde auf der Grundlage der unterschiedlichen klimatischen Gegebenheiten. Penck hält eine höchst denkbare Einwohnerzahl von 15,904 Milliarden Menschen auf der Erde für möglich, 7,689 Milliarden jedoch für wahrscheinlich.

Die Problematik einer solchen Berechnung zeigt sich an seiner falschen Beurteilung der feuchttropischen Gebiete (Af-Klimate vgl. S. 37). Penck orientierte sich dabei an der besonders hohen Bevölkerungsdichte West-Javas (350 E/km^2) und vernachlässigte die, im Gegensatz zum Amazonas-Gebiet, besonders günstigen vulkanischen Verwitterungsböden als bestimmenden Faktor für die hohe Ertragsfähigkeit. Dies erklärt seine optimistische Beurteilung der Besiedlung tropischer Regenwaldgebiete. So rechnete er bei einer wahrscheinlich mittleren Volksdichte von 200 E/km^2 (gegenwärtiger Bevölkerungsdurchschnitt am Amazonas 1 E/km^2) mit einer größtmöglichen Einwohnerzahl von 2,8 Milliarden Menschen für den tropischen Regenwald.

F. *Baade* (1960/1969) hält eine Erhöhung der Nahrungsmittelproduktion durch Erweiterung der Anbaufläche, durch Steigerung der Erträge und durch verstärkte Nutzung der Weltmeere für möglich. Beim Umpflügen eines Teiles der Wiesen und Weiden und durch die ökologisch vertretbaren Rodungen, insbesondere der tropischen und subtropischen Urwälder, könnte die Ackerfläche von 1,4 auf 4,0 Milliarden Hektar erweitert werden. Die Bodenbearbeitung wäre durch den allmählichen Ersatz des Holzpfluges sowie der Zugtiere durch Traktoren wesentlich zu verbessern. Würden anstatt der 43,7 Millionen Tonnen Kunstdünger im Wirtschaftsjahr 1965/66 jährlich 270 Millionen Tonnen verbraucht und zusätzliche Schädlingsbekämpfungsmittel, verbessertes Saatgut sowie moderne Bewässerungstechniken in größerem Umfang eingesetzt werden, könnten nach Baade 30 oder gar 38 Milliarden Menschen auf der Erde leben. Durch die verstärkte Nutzung der Weltmeere hält er die Ernährung einer noch weit höheren Bevölkerungszahl für theoretisch denkbar.

Selbst unter Berücksichtigung der derzeit technisch-wissenschaftlichen Möglichkeiten sind diese Zahlen mit Sicherheit zu hoch gegriffen, denn es scheint fraglich, ob für so viele Menschen ohne stärkere Eingriffe in den Naturhaushalt genügend Wohn- und Arbeitsplätze, genügend infrastrukturelle Einrichtungen und genügend Energie zur Verfügung gestellt werden können.

Diese Ausführungen machen deutlich, daß die Tragfähigkeit von einer Vielzahl natürlicher und sozioökonomischer Faktoren wie Wirtschafts- und Betriebsformen, Bodennutzungssystemen, agrartechnischen Neuerungen sowie Arbeits- und Besitzverhältnissen abhängig ist. Ebenso wichtig sind Ernährungsansprüche und Ernährungsgewohnheiten der Menschen in den verschiedenen Kulturstufen.

4 Altersaufbau und Bevölkerungsbewegungen als Folge sozialer und regionaler Mobilität

4.1 Altersaufbau

Altersaufbau der Bevölkerung in der Bundesrepublik Deutschland

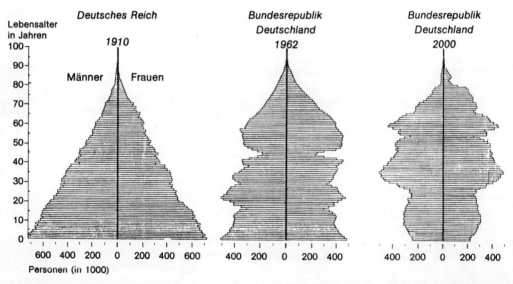

Informationen zur politischen Bildung, aktuell, 1978, Heft 2, S. 2. Bundeszentrale für politische Bildung (Hrsg.), Bonn, Berliner Freiheit 7

Unter dem *Altersaufbau* versteht man den Anteil bestimmter *Altersgruppen,* nach Geschlechtern getrennt, an der Gesamtbevölkerung zu einem bestimmten Zeitpunkt. Die übliche Darstellungsweise ist die *Bevölkerungspyramide,* die darüber hinaus Rückschlüsse über *Geburten-* und *Sterbeziffer* sowie das Wachstum einer Bevölkerung gestattet.

Vergleicht man den Altersaufbau der Bevölkerung im Deutschen Reich 1910 mit dem Tunesiens im Jahre 1973, so wird für beide Staaten eine hohe Geburtenziffer (hoher Anteil der 0–15jährigen) und eine relativ hohe Sterbeziffer (geringer Anteil der über 65jährigen) ersichtlich. Der Altersaufbau in der Bundesrepublik im Jahre 1962 läßt an den Einbuchtungen, den weniger stark vertretenen Jahrgängen, den jeweiligen Geburtenrückgang während des Ersten Weltkrieges, der Weltwirtschaftskrise um 1932 und des Zweiten Weltkrieges erkennen. Der mit zunehmendem Alter deutlich werdende Frauenüberschuß ist das Ergebnis einer natürlichen oder kriegsbedingten geringeren Lebenserwartung der Männer.

Verschiedene Bevölkerungspyramiden ermöglichen den Vergleich zwischen dem „produktiven" und „unproduktiven" Anteil der Altersgruppen in der wirtschaftlichen Entwicklung. Unter dem „produktiven" Teil der Bevölkerung faßt man die erwerbsfähigen Altersgruppen zwischen 15 und 65 zusammen, während man unter dem „unproduktiven" Teil der Bevölkerung die nicht im Erwerbsleben stehenden Kinder und Jugendlichen unter 15 Jahren sowie die über 65jährigen versteht. Die Schwellenwerte zwischen diesen drei *Hauptaltersgruppen* werden allerdings in den Industrieländern beispielsweise durch verlängerte Ausbildung oder Herabsetzung der Altersgrenze, in den Entwicklungsländern durch frühzeitige Teilnahme der Kinder am Arbeitsprozeß verschoben.

Gliederung der Bevölkerung in die volkswirtschaftlich wichtigen Altersgruppen

Land	Anteil der volkswirtschaftlich wichtigen Altersgruppen in %		
	0–14	15–64	über 65
Bundesrepublik Deutschland (1977)	20	65	15
DDR (1977)	21	63	16
Frankreich (1978)	23	64	14
Jugoslawien (1975)	26	66	9
Rumänien (1976)	25	65	10
USA (1977)	24	65	11
Mexiko (1976)	46	51	3
Venezuela (1977)	43	54	3
Brasilien (1977)	41	56	3
Tunesien (1976)	43	53	4
Algerien (1974)	48	48	4
Türkei (1975)	40	55	5
Saudi-Arabien (1975)	45	52	3
Nigeria (1975)	45	53	2
Indien (1977)	41	56	3
Indonesien (1978)	43	54	3
Philippinen (1975)	43	54	3
China (1974)	38	57	5

Bevölkerungspyramide Tunesiens 1956, 1966 und 1973

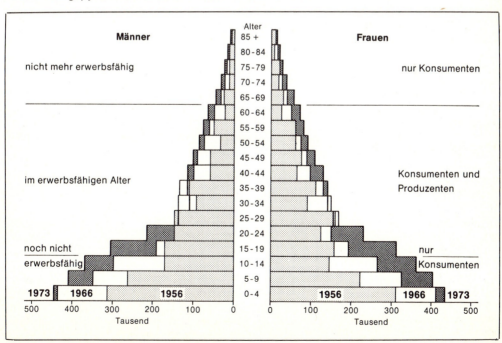

Diese Entwicklung sagt allerdings noch nichts über die tatsächliche Zahl der Erwerbstätigen aus, da diese entscheidend von dem Anteil berufstätiger Frauen sowie von der *offenen* und *versteckten Arbeitslosigkeit* abhängt, wobei letztere in den Entwicklungsländern besonders hoch ist. Im Jahre 1961 schätzte man in Indien unter den 137 Millionen Landarbeitern mindestens 30 Millionen Arbeitslose und ungezählte Millionen *Saisonarbeiter,* die nur kurzfristig bei Aussaat und Ernte verdienen. Ähnliche Verhältnisse gelten z. B. auch für Java.

Saisonale Beschäftigungsschwankungen in der Landwirtschaft Javas

Tägliche Arbeitszeit	Beschäftigte in Millionen	
	Hauptsaison	Nebensaison
6 Stunden und länger	7,37	0,47
4 bis unter 6 Stunden	7,10	4,72
1 bis unter 3 Stunden	1,27	8,12

Werner Röll: Indonesien. Stuttgart: Klett 1979, S. 43

Der immer größer werdende Anteil der inaktiven Bevölkerung über 65 Jahre in der Bundesrepublik im Jahre 2000 und der aufgrund eines starken Geburtenrückgangs geringere Anteil der aktiven Bevölkerung hat eine Überalterung und daraus resultierende soziale Probleme zur Folge (z. B. Rentenversorgung, Krankenversicherungsbeiträge). Darüber hinaus kommen in Zukunft weniger Menschen ins zeugungs- und gebärfähige Alter, was langfristig zu einem verstärkten Bevölkerungsrückgang führt. Bei gleichbleibendem *generativen Verhalten* wird sich die Bevölkerung der Bundesrepublik Deutschland bis zum Jahre 2000 auf 52,2 Millionen, bis zum Jahre 2040 auf 34 Millionen verringert haben.

4.2 Die soziale Mobilität

Unter *sozialer Mobilität* versteht man die Bewegung einer Person zwischen Positionen des sozialen Systems einer Gesellschaft. Unterschiedliche Positionen ergeben sich aufgrund der Zugehörigkeit eines Menschen zu bestimmten Religions-, Erwerbs-, Einkommens- und Besitzgruppen usw., deren Bewertung und Einschätzung durch die übrige Bevölkerung letztlich den *sozialen Status* des Menschen bestimmt. In hochindustrialisierten Staaten ist ein Wechsel zwischen verschiedenen *sozialen Schichten* in zunehmendem Maße möglich; man spricht hierbei von einer *offenen Gesellschaft.* Während bis in das letzte Jahrhundert allein durch Geburt die Zugehörigkeit zu einer sozialen Schicht bestimmt wurde, kann heute jeder durch eigene Leistung einen höheren sozialen Status erwerben (Beispiel: Kind eines Arbeiters wird Professor). Der rasche soziale Aufstieg und Abstieg wird nicht zuletzt durch die Möglichkeit einer verstärkten *räumlichen Mobilität* begünstigt.

Im vorindustriellen Deutschland bestand eine sehr starre Sozialstruktur, in der ein Positionswechsel in eine andere Schicht kaum möglich war. Man spricht hierbei von einer *geschlossenen Gesellschaft (Ständegesellschaft).* Die schichtspezifische Abgrenzung zeigte sich in besonderen Pflichten und Rechten.

Ähnlich starre *Sozialstrukturen* spielen heute in den Entwicklungsländern eine dominierende Rolle. Hierbei seien insbesondere religiöse, ethnische und Besitzunterschiede genannt.

Das indische *Kastenwesen:* Nach hinduistischer Vorstellung der *Seelenwanderung,* tritt ein Mensch durch wiederholte Geburt mehrmals in ein neues Leben ein. Die Art des jeweiligen Daseins wird durch die Taten der vorausgegangenen Existenz bestimmt (karma). Dementsprechend gehört jeder Mensch einer bestimmten religiösen Gruppe, der *Kaste,* an, in der er bestimmte religiöse und soziale Pflichten und Rechte besitzt (dharma). Je nach der Zugehörigkeit zu einer Kaste übt der Hindu eine spezifische berufliche Tätigkeit aus und besitzt einen bestimmten Rang innerhalb des indischen Kastensystems. Landwirtschaftliche und administrative Tätigkeiten sind jedoch für Angehörige aller Kasten zugänglich. Offiziell gilt das Kastenwesen als abgeschafft, wird aber in ländlichen Gebieten mit besonderer Strenge beibehalten. Es erfährt allerdings in den Zentren der Industrialisierung und Verstädterung eine zunehmende Auflösung.

Der soziale Kontakt zu Angehörigen anderer Kasten ist stark eingeschränkt und die Heirat nur innerhalb derselben Kaste erlaubt *(Endogamie)*. Zwar ist eine freie wirtschaftliche Beziehung jederzeit möglich, der Beruf jedoch erblich und freie Berufswahl oder Berufswechsel weitgehend ausgeschlossen. Dadurch ist die soziale und wirtschaftliche Mobilität nahezu unmöglich und die gesamtwirtschaftliche Entwicklung eines Raumes erheblich gehemmt.

Entwicklung des Anteils der Erwerbstätigen an den Wirtschaftssektoren in Industrieländern (verändert nach Fourastié)

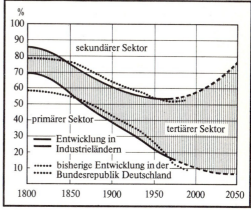

Ulrich Kümmerle: Industrie. Stuttgart: Klett 1980, S. 9

Erwerbspersonen nach Wirtschaftsbereichen

	Erwerbsquote in %	primärer Sektor	sekundärer Sektor	tertiärer Sektor	sonstige Bereiche (Soldaten, Arbeitslose)
Bundesrepublik Deutschland (1978)	44	7,2	42,3	49,7	0,8
USA (1977)	46	4,4	29,7	62,8	3,1
Japan (1977)	48	12,0	34,3	51,5	2,2
Tunesien (1975)	29	34,1	24,3	24,8	16,8
Mexiko (1977)	28	41,8	23,2	35,0	–
Venezuela (1977)	32	18,4	26,1	54,5	1,0
Pakistan (1977)	30	54,0	18,0	26,0	2,0

Die Möglichkeit zur sozialen Mobilität in den modernen Industriestaaten dokumentiert sich in einem zunehmenden Wandel der Erwerbs- und Berufsstruktur. Im primären Sektor ist ein starker Rückgang der Erwerbstätigen zu beobachten. Während die Zahl der Erwerbstätigen im sekundären Sektor gleichbleibt bzw. sogar leicht rückläufig ist, weist der tertiäre Sektor eine besonders starke Zunahme auf.

In den Entwicklungsländern ist der Anteil der Erwerbstätigen an den verschiedenen Wirtschaftsbereichen im Vergleich zu den Industrieländern stark verschoben.

4.3 Die regionale Mobilität

Die *Bevölkerungsbewegung* ergibt sich einerseits aus der *natürlichen Bevölkerungsbewegung*, andererseits aus der *regionalen Mobilität*. Diese ist gekennzeichnet durch *Zu- und Abwanderung* der Bevölkerung in einem bestimmten Gebiet (Staat, Bundesland, Stadt usw.). Die Differenz wird als *Wanderungsbilanz* bezeichnet.

Man unterscheidet *zwischenstaatliche Wanderung* über die Staatsgrenzen hinweg und *Binnenwanderungen* innerhalb der Staatsgrenzen und untersucht die Ursachen, das Ausmaß und die Folgen dieser verschiedenen Wanderungsprozesse.

Bundesrepublik Deutschland – Bevölkerungswachstum und Wanderungen (in 1000)

	1964	1966	1968	1970	1972	1974	1976	1977
Wohnbevölkerung gesamt	58 266	59 638	60 148	60 651	61 672	63 054	61 442	61 353
Überschuß der Geburten (+) bzw. Sterbefälle	+421	+364	+236	+76	−30	−101	−130	−123
Zuzüge über die Grenzen	764	746	686	1072	903	629	498	540
Fortzüge über die Grenzen	486	614	408	498	572	639	570	507
Zu- (+) bzw. Abwanderungsüberschuß (−)	+278	+132	+278	+574	+331	−9	−72	+33
Wanderungen innerhalb der Bundesrepublik (Binnenwanderungen)	3576	3692	3618	3662	3697	3432	2950	2996

4.3.1 Binnenwanderungen

Besonders häufig sind in den Entwicklungsländern die *saisonal bedingten Wanderbewegungen,* die auf den kurzfristig hohen Bedarf an Arbeitskräften zur Aussaat- und vor allem Erntezeit zurückzuführen sind. So gehen z. B. Arbeitskräfte regelmäßig aus den übervölkerten Agrargebieten des brasilianischen Nordostens in die Zuckerrohrplantagen-Gebiete des Küstenlandes.

Das regionale Wirtschaftsgefälle zwischen strukturschwachen Räumen und den industriellen Zentren der Großstädte hat eine verstärkte Abwanderung aus ländlichen Gebieten zur Folge. Dieser weltweite Prozeß findet sowohl in den Entwicklungsländern als auch in den Industriestaaten statt (vgl. Kap. Raumordnung S. 177ff. und Kap. Verstädt. in Ländern der Dritten Welt S. 222ff.). Die hohe soziale Mobilität der Industriebevölkerung zeigt sich auch in Wanderbewegungen zwischen den Industrieräumen (*inner-* bzw. *interregionale Wanderung*). Die Zentren der Städte verlieren zunehmend ihre Attraktivität als Wohngebiete, so daß sich die Bevölkerung verstärkt im stadtnahen Umland konzentriert (vgl. Kap. Verstädterungsprozeß S. 205ff.).

4.3.2 Zwischenstaatliche Wanderungen

Politische, religiöse und wirtschaftliche Ursachen sowie kriegerische Auseinandersetzungen führen vielfach zu Wanderungen über Staatsgrenzen hinweg. Zwischen dem 17. und der Mitte des 20. Jahrhunderts wanderten nahezu 45 Millionen Europäer nach Nordamerika aus. In vielen Fällen waren politische und religiöse Verfolgung von Minderheiten, aber auch Hungerkatastrophen wie in Irland die Ursache. Im gleichen Zeitraum gingen 20 Millionen Europäer nach Südamerika, 17 Millionen nach Afrika und Ozeanien.

Kriegerische Auseinandersetzungen und politische Unruhen sind häufig die Ursachen für *Flüchtlingsbewegungen,* wie sie derzeit in besonderem Maße in Afrika und Asien zu beobachten sind. So flüchteten seit 1964 300000 Menschen aus Angola in die Kongo-Republik, und aus Vietnam gelangten 1978/79 über 400000 Menschen, meist chinesischer Abstammung, in die angrenzenden Staaten Südostasiens.

4.3.3 Politisch verursachte Bevölkerungsbewegungen im Zusammenhang mit Grenzziehungen seit 1945

Im Zusammenhang mit dem Zweiten Weltkrieg kam es in Mitteleuropa zu einer bis dahin nie gekannten Bevölkerungsbewegung, die ihre raumwirksamste Ausprägung in Deutschland erfuhr. Bereits vor Kriegsende setzte eine Fluchtbewegung, vor allem aus den Ostgebieten des Deutschen Reiches, nach Westen ein. Im Potsdamer Ab-

Deutsche Staatsangehörige bzw. deutsche Volksangehörige in den einzelnen Aussiedlungsgebieten 1944/45; die Gesamtzahl der Vertriebenen im Jahr 1950 (alle Zahlen in 1000)

	dt. Staatsangehörige bzw. dt. Volksangehörige		Gesamtzahl der Vertriebenen
	1939	1944/45	1950
südl. Ostpreußen	1 314	1 370	1 234
östl. Pommern	1 884	1 956	1 430
östl. Brandenburg	642	657	395
Schlesien	4 577	4 751	3 197
gesamte dt. Ostgebiete (ohne nördl. Ostpreußen)	8 417	8 734	6 256
gesamter heutiger poln. Bereich	10 033	10 392	7 165
ges. heut. sowjet. Bereich	3 123	3 282	1 146
insgesamt	18 446	19 172	11 958

Meyers Enzyklopädisches Lexikon, Bd. 24, S. 526

kommen (2.8.1945) wurde die systematische Zwangsaussiedlung der deutschen Bevölkerung aus den osteuropäischen Ländern und aus den unter sowjetische und polnische Verwaltung gestellten deutschen Ostgebieten beschlossen.

Insgesamt verloren ca. 14 Mio. Deutsche (mehr als die Gesamtbevölkerung von Dänemark, Norwegen und Finnland) durch Flucht und Vertreibung ihre Heimat; über 2 Mio. kamen dabei um. Die Flüchtlinge und Heimatvertriebenen, die sich anfangs auf dem ihrer Heimat am nächsten gelegenen Gebiet niedergelassen hatten, siedelten zum größten Teil in den ersten Nachkriegsjahren in die Westzonen bzw. die Bundesrepublik Deutschland um. Als Folge des Zweiten Weltkrieges kamen bis heute noch circa

Verteilung der Flüchtlinge und Vertriebenen in den Aufnahmeländern der Bundesrepublik Deutschland 1951 und 1971 (in 1000 und % der Gesamtbevölkerung)

	1951		1971	
Baden-Württemberg	976	14,7	1233	13,8
Bayern	1908	20,7	1587	15,1
Bremen	56	9,7	91	12,7
Hamburg	134	8,1	161	9,0
Hessen	746	17,0	826	15,2
Niedersachsen	1806	26,9	1607	22,8
Nordrhein-Westfalen	1491	11,0	2180	12,9
Rheinland-Pfalz	227	6,7	259	7,1
Saarland	–	–	8	0,7
Schleswig-Holstein	786	31,4	604	24,0

Statistisches Jahrbuch 1953 für die Bundesrepublik Deutschland, S. 50, und 1973, S. 52

1 Mio. Spätaussiedler aus Ostblockstaaten. Durch die Grenzziehung an der Oder-Neiße-Linie wurden rund 114 000 km^2 Staatsgebiet abgetrennt.

Nach dem Zusammenschluß der drei Westzonen im Jahr 1947 kam es durch eine staatlich geplante Umsiedlung zu einer Neuverteilung von 1 Mio. Vertriebener vor allem aus Bayern, Niedersachsen und Schleswig-Holstein in die Industrieräume insbesondere Baden-Württembergs, Nordrhein-Westfalens und des Saarlandes. Ziel dieser Aktion war eine Entlastung der stark landwirtschaftlich geprägten grenznahen Räume. Dessenungeachtet hielt die individuelle Migration in Gebiete mit hohem Arbeitsplatzangebot an. Dadurch beschleunigte sich dort der Wiederaufbau der Industrie, die darüber hinaus in ihrer Struktur differenzierter wurde.

Auch in den ländlichen Gebieten änderte sich die Sozial-, Wirtschafts- und Siedlungsstruktur. Auf dem Gelände der aus den Ballungsgebieten ausgelagerten ehemaligen Rüstungsbetriebe wurden durch die Heimatvertriebenen zahlreiche neue Siedlungen gegründet. So entstanden z. B. Espelkamp bei Osnabrück, Waldkraiburg und Geretsried in Oberbayern und Neu-Gablonz im Allgäu. Da die Umsiedler größtenteils aus handwerklichen Berufen und kleinindustriellen Betrieben stammten, wurden auch diese Neugründungen dadurch geprägt. So wurde z. B. auf einem ehemaligen Militärgelände bei Kaufbeuren die Tradition des sudetendeutschen Gablonz weitergeführt. Es

kam zum Wiederaufbau der bekannten Schmuck- und Glasindustrie, die im Laufe der Zeit vor allem durch Werkzeug- und Maschinenindustrie eine Differenzierung erfuhr.
Vielfach sind diese Orte wie Neu-Gablonz heute Einpendlerzentren.

Bevölkerung, Betriebe und Beschäftigte der Vertriebenenstädte am Beispiel Neu-Gablonz

Gemeinde bzw. Gemeindeteil	Jahr	Wohnbevölk.	Betriebe	Beschäft.
Kaufbeuren	1947	754	92	811
Neu-Gablonz	1953	6 410	593	3 000
	1957	10 000	822	10 000

Schäfer/Himmelreich: Erdkunde, Sekundarstufe II, Teil 4, München: Blutenburg-Verlag, 1978, S. 46

Geschlossene und offene Grenzen

Bedingt durch die zunehmende Konfrontation der beiden Weltmächte, versuchte die Sowjetunion ihren Herrschafts- und Einflußbereich durch den „Eisernen Vorhang" hermetisch abzuriegeln. Wenngleich sich eine gewisse Entspannung eingestellt hat, kann man auch heute noch von einer *geschlossenen Grenze* gegenüber dem kommunistischen Machtbereich sprechen, die eine Vielzahl an Problemen aufweist.
Während zwischen der Ostsee und der ČSSR früher 32 Eisenbahnlinien, 3 Autobahnen, 31 Bundesstraßen, 140 Landstraßen und Tausende von Wegen Verbindungen schufen, kann man heute nur mehr 7 Eisenbahn- und 9 Straßenübergänge benutzen. Neben die Unterbrechung der menschlichen Beziehungen trat die folgenschwere Zerschlagung eines einstmals geschlossenen Wirtschaftsraumes. Dadurch entwickelte sich eine ausgesprochene Standortungunst vieler hier ansässiger Betriebe. Ihre Abwanderung führte zu einer erhöhten Arbeitslosigkeit, so daß auch ein Teil der Bevölkerung den Grenzraum verließ. Die noch Ansässigen müssen oft in weit entfernte Gebiete auspendeln. Diese negativen Aspekte versucht man durch eine staatliche Zonenrandförderung zu mildern (vgl. Kap. Gebietseinheiten und Programme S. 177 ff).

Im Gegensatz zu dieser Grenze besitzt Deutschland zu den übrigen Nachbarn *offene Grenzen*. Diese ermöglichen einen beinahe ungehinderten Personen- und Güterverkehr. Charakteristisch ist auch ein Pendlertum über die Grenzen hinweg. In Ansätzen entstanden bereits grenzüberschreitende wirtschaftliche Verflechtungsräume. Mit dem Zustrom der Gastarbeiter erfuhr der Begriff der offenen Grenze eine neue Dimension.
Das starke wirtschaftliche Wachstum in vielen europäischen Staaten in den 50er und Anfang der 60er Jahre brachte eine Verknappung auf dem Arbeitsmarkt mit sich. Deshalb wurden seit Ende der 50er Jahre in verstärktem Maße ausländische Arbeitskräfte aus den weniger entwickelten Regionen Süd-, Südosteuropas und der Türkei angeworben und angezogen.
Während in den Herkunftsländern die Erwerbsmöglichkeiten und damit das Einkommensniveau niedrig, die Arbeitslosigkeit und Unterbeschäftigung sehr hoch sind, wird durch die beruflichen Entfaltungsmöglichkeiten in den Zielländern die eigene Existenz gesichert. Die Gastarbeiter (ca. 2 Mio. Arbeitnehmer) weisen eine relativ hohe regionale Mobilität auf und konzentrieren sich auf die industriellen Zentren der Bundesrepublik mit viel Wachstumsindustrien.
Bei den Ausländern dominieren die Altersgruppen zwischen 15 und 45 Jahren und damit der für das Erwerbsleben aktive Teil und gleichzeitig die zeugungs- und gebärfähige Gruppe.
Dies bedeutet für die Herkunftsländer kurzfristig zwar eine gewisse Überalterung der Bevölkerung mit den entsprechenden negativen Folgen, insgesamt jedoch eine wirtschaftliche Verbesserung, die auf finanzielle Unterstützung der zurückgebliebenen Angehörigen, Kapitalanlagen nach der Rückkehr und teilweise Verbesserung des Arbeitsmarktes an qualifizierten Arbeitskräften zurückzuführen ist. Während die konjunkturelle Entwicklung in den Zielländern durch Produktions- und Konsumerhöhung gesteigert wird, erweist sich die soziale Integration der Gastarbeiter als besonders schwieriges Problem. Vordringlichste Aufgaben sind die Lösung schulischer und Ausbildungsfragen sowie der Wohnungsbau.

Wirtschaftsräumliche Strukturen und Prozesse

Landwirtschaft, Bergbau und Energiewirtschaft, Industrie, Tertiärer Sektor

Fragen der Landwirtschaft (des primären Sektors), der Industrie (des sekundären Sektors) und der Dienstleistungen (des tertiären Sektors), also der Makrowirtschaftssektoren, betreffen überwiegend die Wirtschaftsgeographie. „Wirtschaftsgeographie ist die Wissenschaft von der räumlichen Ordnung und der räumlichen Organisation der Wirtschaft" (L. Schätzl). Ihre Aufgabe ist es, Raumstrukturen darzustellen und in ihrer Entwicklung und Veränderung zu erklären und zu bewerten. Sie setzt sich aber auch das Ziel, Folgerungen aus der Bestandsaufnahme, Erklärung und Bewertung der Raumstrukturen zu ziehen, um sie für die Planung im Raum zu verwerten. Darin trifft sie sich mit politischen Aufgaben.
Frühe Versuche wollten den wirtschaftenden Menschen als Folge der Naturgegebenheiten eines Raumes erklären (Naturdeterminismus, Geodeterminismus). Solche Versuche, die etwa davon ausgingen, daß dort wo Kohle und Eisenerz lagern, Schwerindustrie gleichsam naturgesetzlich entstehen müsse, konnten keine hinreichende Erklärung für das räumliche Gefüge der Wirtschaft geben, weil die Bedeutung des Menschen, eines einzelnen oder einer Gruppe, unterbewertet wurde. Denn im Mittelpunkt der wirtschaftlichen Aktivitäten steht als stärkste formende Kraft der Mensch, durch dessen Initiative erst wirtschaftliche Einrichtungen entstehen. Er ist fähig, seine wirtschaftliche Tätigkeit neuen Erfordernissen anzupassen, so daß der Raum nicht nur wirtschaftlich erschlossen, sondern auch langfristig genutzt werden kann, auch wenn sich die wirtschaftlichen Grundlagen ändern. Insofern ist das wirtschaftliche Anpassungs- und Beharrungsvermögen (Persistenz) eine der Grundlagen der Kultur.
Aus der zentralen Position des wirtschaftenden Menschen ergibt sich für die Wirtschaftsgeographie ein enger Kontakt zu benachbarten Wissenschaften wie den Sozial- und Wirtschaftswissenschaften und den politischen Wissenschaften.

Landwirtschaft

Landwirtschaft im weiteren Sinne ist der Teil einer Volkswirtschaft, bei dem der Boden zum Ackerbau, zur Viehhaltung, zum Gartenbau und zur Forstwirtschaft, aber auch zur Fischerei genutzt wird. Teilweise werden auch noch die *Vermarktungsbetriebe* dazugezählt, also gewerbliche Betriebe, die landwirtschaftliche Produkte verarbeiten.
In den folgenden Ausführungen geht es
– um die Produktion von Nahrungsmitteln, die zum unmittelbaren Verbrauch für den Menschen bestimmt sind,
– um die Erzeugung von pflanzlichen und tierischen Produkten, die durch die Verfütterung an Tiere zu höherwertigen Nahrungsmitteln veredelt werden *(Veredelungswirtschaft)* und
– um die Produktion von pflanzlichen und tierischen Rohstoffen, die in Gewerbebetrieben verarbeitet und vertrieben werden.

1 Das Welternährungsproblem

Die meisten Bewohner der Industrieländer sehen im Agrarsektor augenblicklich keine großen Probleme, denn in diesen Ländern erreichen die Bauern im allgemeinen ohne

Schwierigkeiten die wichtigsten Ziele: die ausreichende Versorgung der Bevölkerung mit preiswerten, gesunden und hochwertigen Nahrungsmitteln.
Einige dieser Länder (z. B. die USA und Kanada) erzeugen sogar Agrarüberschüsse. Auch global gesehen reichen die erzeugten Nahrungsmittel zur Zeit aus; Nach den Krisenjahren 1973 und 1974 hat sich die *Versorgungslage* weltweit aufgrund der günstigen klimatischen Entwicklung etwas entspannt.
Trotzdem herrscht in vielen Entwicklungsländern ein Mangel an Lebensmitteln. Nach einer erheblichen Steigerung der *Nahrungsmittelproduktion* in den Entwicklungsländern um jeweils 4% in den Jahren 1975 und 1976 ist die Zuwachsrate 1977 auf 1% gesunken. Vor allem wegen der weiter gewachsenen Bevölkerung in den Entwicklungsländern ist in diesem Jahrzehnt die jährliche durchschnittliche Zuwachsrate der Pro-Kopf-Erzeugung auf 0,3% gefallen (1961–1970: 0,7%).

Entsprechend der Über- bzw. Unterversorgung mit Nahrungsmitteln unterscheidet man Gebiete
1. mit *quantitativer Unterernährung*, falls nicht genügend kalorienreiche Kost zur Verfügung steht; sie betrifft ca. 20% der Menschheit; Folgen: höhere Säuglingssterblichkeit, geringe Lebenserwartung, Mangelkrankheiten,
2. mit *qualitativer Unterernährung*, falls zu wenig eiweißhaltige Nahrung bzw. zu wenig Vitamine, Spurenelemente usw. bereitgestellt werden können (Fehl- oder Mangelernährung); davon betroffen sind ca. 60% der Weltbevölkerung; Folgen: Mangelkrankheiten, hohe Anfälligkeit für Krankheiten, begrenzte Leistungsfähigkeit,
3. mit *Überernährung*, wenn von den Menschen vor allem in den Industrieländern mehr als notwendig Kohlenhydrate, Eiweiße, Fette usw. konsumiert werden und damit eine folgenschwere Fehlernährung Platz greift,
4. mit *Normalernährung*.

Nahrungsmittelproduktion

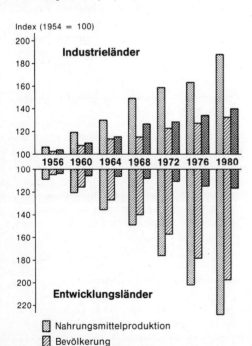

Nahrungsmittelproduktion
Bevölkerung
Nahrungsmittelproduktion pro Kopf

Das Welternährungsproblem ist vor allem ein Problem der Proteinversorgung. Schon heute fehlt ein Drittel des Bedarfs an tierischem Eiweiß, da die Landwirtschaft der Entwicklungsländer meist nur wenige eiweißhaltige Produkte erzeugt. Dies hängt unter anderem mit den hohen *Veredelungsverlusten* bei der tierischen Erzeugung zusammen. Hinzu kommen die begrenzten Möglichkeiten bei Großviehhaltung in den Tropen (z. B. Gefahr durch Tsetsefliege) und religiöse Gründe bei manchem Fleischverzehr. In den Industrieländern werden dagegen fünf Sechstel der Getreideproduktion an Tiere verfüttert.
Die großräumigen Unterschiede hinsichtlich der Ernährung werden besonders deutlich am Beispiel von reichen Industrieländern, die sich nicht nur ihre fehlenden Nahrungs- und Genußmittel kaufen können (auch in den Tropen), sondern auch über das notwendige Maß hinaus immer mehr hochwertige Eiweißprodukte verbrauchen.

Struktur des Verbrauchs an Nahrungsmitteln

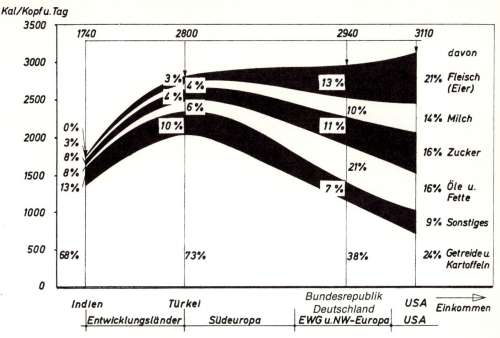

Nach Peter von Blanckenburg und Hans-Diedrich Cremer: Handbuch der Landwirtschaft und Ernährung in Entwicklungsländern, Bd. 1. Stuttgart: Ulmer 1969, S. 550

Mitte der 80er Jahre sollen bereits 750 Mio. Menschen unterernährt sein. Dies ist doppelt widersinnig, da der größte Teil der Erwerbstätigen, global betrachtet, in der Landwirtschaft arbeitet. Jedoch liegt der Anteil der landwirtschaftlichen Erwerbstätigen in den unterversorgten Gebieten in der Regel zwischen 50 und 90%, in den Überschußgebieten zwischen 4 und 25%, was auf erhebliche Unterschiede in der Flächen- und Arbeitsproduktivität hindeutet. Zum anderen werden immer wieder in den überversorgten Gebieten Lebensmittel vernichtet oder an das Vieh verfüttert, um Preis- und Marktordnungen (z. B. in der EG) nicht zu gefährden.

Das Welternährungsproblem ist weiterhin ein Verteilungsproblem, denn bis heute scheitert eine umfassende Umverteilung von Nahrungsmitteln an den hohen Kosten für die Bevorratung und den Transport.

In den Entwicklungsländern fehlt es aber auch an nötigem Kapital und Know-how, um

- naturbedingte Nachteile des tropischen bzw. subtropischen Feldbaues auszugleichen,
- produktionstechnische Fortschritte für die Entwicklungsländer wirksam werden zu lassen,
- vor allem die nötigen sozialen und wirtschaftlichen Voraussetzungen zu schaffen.

Alle globalen Berechnungen hinsichtlich der Welternährung bedürfen der Korrektur,
1. ist es unsicher, ob mittel- bzw. langfristig die Nahrungsmittelerzeugung mit dem Bevölkerungswachstum Schritt hält,
2. selbst bei gleichbleibender Bevölkerungszahl kommt es in Entwicklungsländern zu einer gesteigerten Nachfrage infolge des quantitativen und qualitativen Ernährungsdefizits,
3. tatsächlich werden die regionalen Unterschiede bezüglich Steigerung der Produktion bzw. der Nachfrage immer größer.

2 Strukturgrößen, Strukturprobleme und strukturverbessernde Maßnahmen

2.1 Agrarstruktur

Unter *Agrarstruktur* verstehen wir die Gesamtheit der gesellschaftlichen und wirtschaftlichen Grundlagen und Formen der landwirtschaftlichen Produktion und der Vermarktung von landwirtschaftlichen Produkten.

Übersicht zur Agrarstruktur

Nach Handwörterbuch der Raumforschung und Raumordnung. Akademie für Raumforschung und Landesplanung (Hrsg.) Bd. 1, Hannover: Jänecke 1970, Sp. 63–64

---

1 Bodennutzung und Viehhaltung der landwirtschaftlichen Betriebe
1.1 Innerbetriebliche Gefüge
1.1.1 Produktion
  – Grundeigentum und Besitzverhältnisse, Arbeitsverfassung
  – natürliche Produktionsverhältnisse
  – Betriebsgröße; Teilstücke (Zahl, Form, Entfernung)
  – Betriebswege
  – Entwässerung
  – Betriebssystem; Bodennutzungssystem, Obstbau; Forstwirtschaft; Viehhaltung und andere Betriebseinrichtungen
  – Gehöftstandort in seiner Beziehung zur Siedlungsform; Wegeverhältnisse, Trinkwasser- und Elektrizitätsversorgung, Abwasserbeseitigung
  – Ausrüstung des Betriebes, Mechanisierung, Gebäude
  – vertragliche Produktionsbindung, einschließlich vertikaler Integration (Verflechtung zwischen landwirtschaftlichen und gewerblichen Betrieben)
1.1.2 Vermarktung
  – Einrichtung der Be- und Verarbeitung, der Verpackung der Agrarprodukte
  – Formen der Vermarktung
  – betriebliche Einrichtung zur Lagerung
  – vertikale Integration

1.2 Zwischenbetriebliche Gefüge
1.2.1 Produktion
  – Flurverhältnisse und landwirtschaftlicher Wegebau
  – wasserwirtschaftliche Verhältnisse, Ent- und Bewässerung
  – Gehöftstandort in Beziehung zur Siedlungsform und zu den verschiedenen Versorgungssystemen
  – Formen der Verbindung und Zusammenarbeit überbetrieblicher Art zur Zusammenfassung von Betriebszweigen, zur gemeinsamen Bewirtschaftung von Betrieben, des Waldes, der Almen, der Maschinen und zum gemeinsamen Bezug von Produktionsmitteln
  – vertikale Integration
  – horizontale Integration (= Verflechtung zwischen landwirtschaftlichen Betrieben)
1.2.2 Vermarktung
  – Einrichtung der Be- und Verarbeitung privater, gemeinschaftlicher oder genossenschaftlicher Art für die Lagerung, die Bearbeitung und Verarbeitung sowie die Verpackung der Agrarprodukte
  – Formen der Vermarktung

1.3 Landwirtschaftliche Dienstleistungen
  – landwirtschaftliche Beratung
  – agrarsoziale Beratung
  – landwirtschaftliches Schulungs- und Ausbildungswesen
  – landwirtschaftliche Buchführung
  – Agrarkredit
  – Verbände mit wirtschaftlicher oder (und) sozialer Zielsetzung
  – öffentliche und private Dienstleistungsbetriebe
  – Dienstleistungszentren agrarischen Charakters
  – Zentren der Agrarforschung

2 Bodennutzung und Viehhaltung außerhalb der landwirtschaftlichen Betriebe
  – sonstige nichtlandwirtschaftlich genutzte Fläche
  – Forst: privat, gemeinschaftlich, staatlich
  – landwirtschaftliche Bodennutzung durch Nichtlandwirte
  – tierische Produktion ohne Bodennutzung

2.2 Die natürlichen Voraussetzungen

2.2.1 Die Böden und das Relief

Zu den natürlichen Erzeugungsgrundlagen sind die geomorphologischen und geologischen Verhältnisse und die verschiedenen Böden zu zählen. Je nach Klima kommt es zu einer schnellen oder langsamen Bodenerschöpfung. Gebiete mit großer Niederschlagsveränderlichkeit und hängigem Gelände sind besonders der Gefahr der Bodenerosion ausgesetzt (vgl. S. 244). Der Gesteinsuntergrund oder der Grundwasserstand wird zu den genannten Umwelteinflüssen bei der Bodenbildung gezählt.

Die *Fruchtbarkeit des Bodens,* die Bodengüte, ist eine relative Größe. Sie läßt sich mit Hilfe der *Ertragsmeßzahl* (EMZ), je nachdem ob es sich um Ackerboden oder Grünland handelt, quantifizieren. Die höchste Wertzahl z. B. für eine im Deutschen Reich (1934) durchgeführte Bodenschätzung beträgt 100. Die Hälfte aller Böden in der Bundesrepublik besitzt bestenfalls eine mittlere Ertragsfähigkeit (EMZ: 33–51), und nur ein Viertel liegt über diesem Wert (vgl. Kap. Bodenfruchtbarkeit S. 38).

Bei der Inwertsetzung der jeweiligen Böden spielen immer mehr die Möglichkeiten der *Bodenverbesserung* eine Rolle. Bedeutungsvoll ist auch der recht unterschiedliche Nutzungsspielraum, z. B. Vielfalt der Nutzungsmöglichkeiten bei Löß, oder die begrenzte Anpassungsfähigkeit der natürlichen Grünlandböden, etwa Moorböden oder alte Marschböden.

Das herausragende Mittel zur Konservierung bzw. Erhöhung der Bodengüte ist die *Düngung.* Bei der organischen Düngung wird entweder wirtschaftseigener Dünger wie Stallmist, Kompost oder Gülle eingebracht oder Gründüngung durchgeführt (z. B. durch Unterpflügen von Leguminosen).

Die Zunahme der Düngung in der Bundesrepublik Deutschland

	(Nährstoff in kg/ha)			
	wirtschaftseigener Dünger	Mineraldünger, (Phosphat-, Kali-, Stickstoffdünger)	Dünger insgesamt	%-Anteil des Mineraldüngers
1925/26	81	49	130	38
1935/36	96	69	165	42
1955/56	106	126	232	54
1965/66	120	206	326	63
1975/76	128	234	362	65

Ertragsentwicklung landwirtschaftlicher Kulturen in Deutschland in dt/ha

	1925	1935	1955	1965	1975
Weizen	20,2	22,0	28,8	30,8	44,7
Gerste	17,1	20,7	26,7	28,2	39,7
Zuckerrüben	276,0	278,0	341,0	366,0	428,0
Wiesenheu	40,1	42,6	57,0	63,4	70,1

2.2.2 Das Klima und die Witterung

Nachteilig wirkt sich die Höhenlage aus, d. h. die Höhengrenze als Kältegrenze für den Anbau. Zusammenhängende Ackerfluren liegen z. B. in der Bundesrepublik meist nur unter 500 m N.N. Ausgesprochene Schutzlagen klimatischer Art finden sich in Kesseln und Becken, in Tälern und Gräben (z. B. Wetterau oder Oberrheingraben).

Entscheidend sind für die Landwirtschaft neben den Jahresmittelwerten für Temperatur und Niederschlag die typischen *Witterungslagen*. Im einzelnen interessiert den Landwirt
- der Wechsel der Großwetterlagen (jährlich bzw. jahreszeitlich), z. B. in der Bundesrepublik Deutschland nur 17% Hochdrucklagen, aber 43% regenbringende Westlagen,
- die Vegetationsperiode (Tagesmitteltemperatur über 5° C), in Deutschland 150–200 Wachstumstage (z. B. Mais 90–190 Tage),
- die Anzahl der Sommertage (Tage über 25° C), z. B. im Rheingau 45 Tage, sonst durchschnittlich 20–25 Tage,
- die Menge und die Verteilung der Niederschläge über das Jahr (es kann zu unregelmäßig, zu wenig, zu früh oder zu spät regnen),
- die Art der Niederschläge, z. B. Stark- oder Nieselregen, Schnee, Hagel, Nebel, Tau,
- die Häufigkeit der Nachtfröste im Frühjahr und im Herbst (wichtig für Sonderkulturen),
- die Gefährdung durch Hagelschlag und Sturm (z. B. für den Getreidebau),
- die Nähe zum Meer (z. B. zunehmender maritimer Einfluß nach N bzw. W in Deutschland),
- die Nähe zu Gebirgen (im Bereich des Steigungsregens oder des Regenschattens).

Das *Klima* hat erheblichen Einfluß auf die *Bodenproduktivität*. Während es in den gemäßigten Breiten eher Kälte und Nässe sind, die das Pflanzenwachstum beeinträchtigen, sind es vor allem in den ariden und semiariden Gebieten der Mangel an ausreichenden Niederschlägen bzw. die unregelmäßig einsetzenden Dürren, die die Bodenbewirtschaftung sehr erschweren bzw. risikoreich machen. Wenn man in diesen Gebieten genügend Wasser, z. B. aus einem nahen Gebirge oder aus einem Fremdlingsfluß, beschaffen kann, dann läßt sich mit Hilfe der *künstlichen Bewässerung* die Flächenproduktivität erhöhen. Zu Bewässerungszwecken werden auch Quellen oder Grundwasservorräte erschlossen oder artesische Brunnen erbohrt. Zur Speicherung des Wassers dienen Zisternen, Wassertürme, Tanks (künstliche Teiche) und Stauseen. Das Wasser wird entweder durch Mensch oder Tier gehoben bzw. transportiert, oder es werden dafür automatische Vorrichtungen geschaffen (Wasserräder, Dämme, Wehre, Motorpumpen, Quanate, d.h. unterirdische kilometerlange Kanäle zur Wasserheranführung). Um eine geeignete Be- und Entwässerung durchführen zu können, braucht man nicht nur Kanäle, sondern das Gelände muß gegebenenfalls planiert oder (und) terrassiert werden.

Mit der *künstlichen Bewässerung* verfolgt man verschiedene Ziele:
- die Ertragssteigerung je ha bei einzelnen Kulturen durch Steigerung der Produktivität des Bodens oder durch Ausweitung der Anbauflächen,
- mehrere Ernten bzw. Kulturen pro Jahr,
- den Anbau leistungsstärkerer Kulturen und größerer Flexibilität,
- verstärkten Einsatz von Arbeitskräften und Betriebsmitteln,
- Fortfall des Brachejahres.

Ein Problem besteht darin, daß dafür ein hohes Maß an Technologie, Kapital (einmalige Bruttoinvestitionen je ha: 4000–10 000 DM) und Organisation eingesetzt werden muß, worüber die meisten Entwicklungsländer gar nicht oder nur teilweise verfügen.

2.2.3 Die Pflanzen und Tiere

Bei der Aufgliederung der wichtigsten Faktoren zur Leistungssteigerung der pflanzlichen Produktion ergeben sich im allgemeinen folgende Faustzahlen:
- Etwa 50% sind auf eine verbesserte Pflanzenernährung und Düngung zurückzuführen,
- ca. 25% auf die verbesserte Bodenbearbeitung und -pflege,
- ca. 25% auf die Züchtung leistungsfähiger Saaten (vgl. Tabelle S. 59).

Das Ertragspotential der Pflanzen (oder Tiere) läßt sich durch *Züchtung* erhöhen, wie das Beispiel der Hybridmaissorten in den USA zeigt (seit 1933). Sowohl in den Steppengebieten der Erde als auch in den gemäßigten Zonen (dort als Körner- und Silomais) und z. T. in den tropischen Gebieten kam es danach zu einer *Innovation* (ein Ausbreitungsvorgang einer Neuerung, der von einem Zentrum aus durch Nachahmung mit einer unterschiedlichen Wertung bei den einzelnen Sozialgruppen flächen- oder linienhaft nach außen drängt und dabei die Gegenkräfte der „Tradition" zu überwinden hat).

In Mexiko werden für die Entwicklungsländer in einem internationalen Zentrum für Mais- und Weizenzüchtung (seit 1943) Sorten für verschiedene Anbaugebiete gezüchtet, indem unterschiedliches Genmaterial miteinander gekreuzt wird, um damit zu einer Vielfalt von standortgerechten Typen zu kommen. Der Anbau eines mexikanischen „Wunderweizens" führt z. B. in Mexiko und in Pakistan in Verbindung mit einer ausgewählten Düngung und ausreichenden Bewässerung zur *„Grünen Revolution"* genauso wie der „Wunderreis" (seit 1966 eine gezielte Kombinationskreuzung von Kurzstrohtyp mit Kurztagcharakter) in Südostasien den Ertrag erheblich steigert, vorausgesetzt, die Bauern haben das nötige Geld, um nicht nur das teure Saatgut, sondern auch den notwendigen Dünger und *Pflanzenschutzmittel* kaufen zu können. Die „Grüne Revolution" brachte nämlich als zusätzliches Risiko eine zunehmende Ausbreitung von Pflanzenschädlingen und -krankheiten. Für die Knollen- und Wurzelgewächse, die besonders in den inneren Tropen gedeihen, fehlen bisher vergleichbare Züchtungserfolge, weil die Arbeit durch die Vielfalt der Formen und Typen erschwert wird. Wegen des unlösbaren Bewässerungsproblems kommt nur ein Drittel des Ackerlandes der Entwicklungsländer in Zukunft für den Anbau der ebengenannten Hochleistungssorten in Frage.

Die wichtigsten Ziele für die Züchtung sind
- Hochleistungssorten, die gut auf die Düngung ansprechen,
- Resistenzzüchtungen gegen Trockenheit, Kälte, Schädlinge, Krankheiten,
- Qualitätsverbesserung für die Ernährung und Verarbeitung,
- Verbesserung der Lagerfähigkeit, um Nacherntverluste zu vermeiden,
- Erhöhung der ökologischen Anpassungsfähigkeit.

Wichtiger bleibt mittelfristig für die Entwicklungsländer die Steigerung der Pflanzenproduktion. Dazu hat die Food and Agriculture Organization (FAO) für Indien die Ursachen der erhöhten Produktion von Körnerfrüchten differenzierter dargestellt: 40% organische und mineralische Düngung, 27% Bewässerung, 13% verbessertes Saatgut, 10% Doppelernten, 9% andere Ursachen.

Die natürlichen Bedingungen für die Weltagrarproduktion

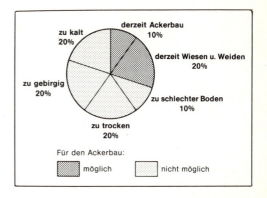

Die Erhöhung der Erträge auf bereits kultiviertem Land macht den größten Teil des jährlichen globalen Produktionszuwachses aus, nämlich ca. 85%, während der Anteil, der auf das Konto der Erweiterung der Anbaufläche geht, nur etwa 15% beträgt.

Getreideentwicklung in der Welt

	1969–71	1976	1978
Abgeerntete Fläche in 1000 ha	702 426	753 327	753 489
Ertrag kg/ha	1 773	1 975	2 098
Gesamterzeugung in 1000 t	1 245 126	1 487 454	1 580 822

FAO Production Yearbook 1978. Rom 1979, S. 93

Die Komplexität des Zusammenwirkens zahlreicher Einflußgrößen, wie Produktivität von Klima, Boden und Pflanze wird im Wirkungsdreieck der *Wachstumsfaktoren* ersichtlich.

Wirkungsdreieck der Wachstumsfaktoren

Die verschiedenen Wachstumsfaktoren und deren Beeinflussung

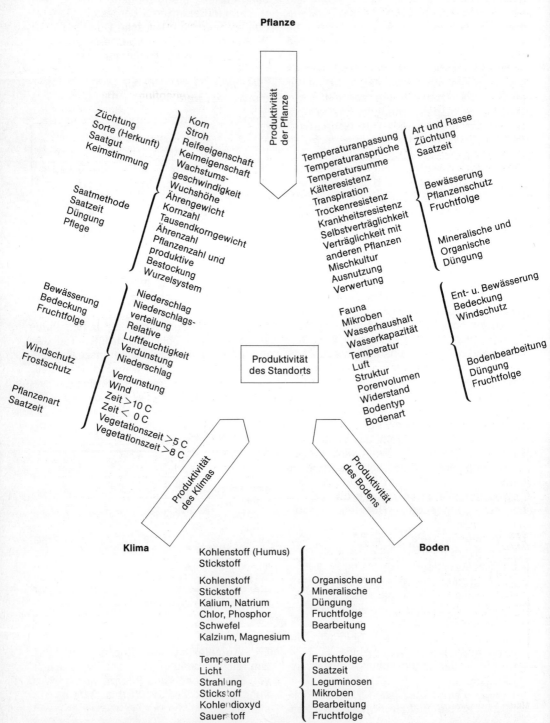

Nach Eduard von Boguslawski: Zur Problematik der Pflanzenbauwissenschaft. In: Zeitschrift für Acker- und Pflanzenbau, Bd. 108, 1959, S. 330. Berlin: Parey

2.3 Sozioökonomische Strukturmerkmale

2.3.1 Flurverhältnisse und ländliche Siedlungsformen

In Mittel- und Westeuropa sind ländliche *Siedlungsformen*, und dementsprechend auch die *Flurverhältnisse*, wegen der vielen Jahrhunderte andauernden, kleinräumig angelegten Urbarmachung und unterschiedlich motivierten und gelenkten Besiedlung sehr mannigfaltig.

Einzel- oder Streusiedlungen sind als Gehöftstandorte wegen der inneren Verkehrslage besonders günstig, denn die Entfernung zwischen Hof und Feldern ist relativ gering. Hinzu kommen meist auch ideale Flurverhältnisse, da die Höfe inmitten oder am Rande der sogenannten *Blockfluren* oder sogenannten *Langstreifenfluren* liegen, die aus wenigen großen Parzellen bestehen.

Besonders die *Hufendörfer* zeigen die typischen Langstreifenfluren mit guten Zufahrtsmöglichkeiten, aber die Entfernung bis zum äußersten Streifenende ist doch beträchtlich, und oftmals wurde die Nutzung bzw. Überfahrt durch Teilungen erschwert, besonders in Marsch- und Moorhufendörfern.

Ländliche Siedlungsformen (Grundformen)

Angerdörfer *Straßendörfer* *Zeilendörfer*

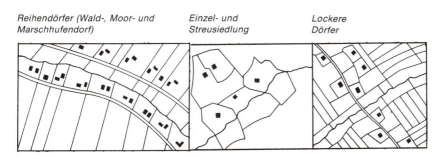

Reihendörfer (Wald-, Moor- und Marschhufendorf) *Einzel- und Streusiedlung* *Lockere Dörfer*

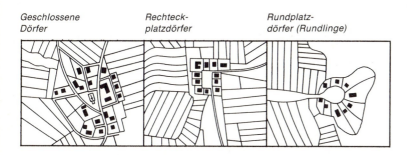

Geschlossene Dörfer *Rechteckplatzdörfer* *Rundplatzdörfer (Rundlinge)*

Martin Born: Geographie der ländlichen Siedlungen, Bd. 1, Stuttgart: Teubner 1977, Abb. 22 und 23

in allen *Haufendorfgebieten* (zwei Drittel der ländlichen Gebiete in der Bundesrepublik Deutschland) gibt es die typischen Gewannfluren und damit die *Flurzersplitterung*.
Kennzeichen der *Gewannflur*:
- die Unterteilung der Gemarkung (Gemeindegebiet) in eine Vielzahl von Parzellen,
- von großen und kleinen und z.T. unregelmäßigen Flurabschnitten (Gewanne),
- jedes Gewann ist wiederum mehr oder minder parzelliert, aber die Flurstücke laufen nicht durchweg parallel zueinander,
- oft fehlt eine eigene Zufahrt für das Gewann oder die Parzelle,
- der parzellierte Besitz liegt stets in Gemengelage mit dem Besitz anderer Bauern, falls er nicht schon flurbereinigt ist.

In den Entwicklungsländern richten sich die Voraussetzungen für die Siedlungs- und Flurformen nicht nur nach den jeweiligen historischen und gegenwärtigen Herrschafts- und Besitzverhältnissen, sondern nach der Bodengüte und dem zur Verfügung stehenden bearbeitbaren Boden. Der Mangel an Boden wird in den intensiv genutzten Vorzugsräumen der Tropen (Schwemmlandebenen, vulkanische Gebiete) immer schwerwiegender, denn die Parzellen, die die kinderreichen Familien ernähren sollen, werden aufgrund der Erbteilung (z.B. im Islam) immer kleiner, und die Flurzersplitterung nimmt dadurch zu.

Flurbereinigung in Adelhofen

Flurkarte der Gemarkung Adelhofen um 1900

Die schraffierten Flächen stellen für einen Betrieb den Erfolg der beschleunigten Zusammenlegung dar; z. B. Betrieb Kister: 47 ha, Anzahl der Besitzstücke vorher 46 – danach 3, Größe der Besitzstücke im Durchschnitt vorher 0,90 ha – danach 15,50 ha, Zusammenlegungsverhältnis 1:15,3.

Strukturverhältnisse nach Betriebsgrößenklassen in Adelhofen

Betriebsgröße	Anzahl der Betriebe	Anzahl der Besitzstücke durchschnittlich		Größe der Besitzstücke in ha durchschnittlich	
		vor der Zusammenlegung	nach der Zusammenlegung	vor der Zusammenlegung	nach der Zusammenlegung
bis 2 ha	8	1,7	1,0	0,45	0,75
2– 5 ha	3	8,0	2,5	0,40	1,30
5–10 ha	8	14,1	3,0	0,45	1,90
10–20 ha	6	20,3	3,0	0,70	4,60
über 20 ha	12	31,2	3,5	1,00	8,50

Deutsche Bauernsiedlung – Deutsche Gesellschaft für Landentwicklung (DGL) GmbH. Beschleunigte Zusammenlegung (BZ), Flurbereichsdirektion Ansbach. Düsseldorf, Kaiserwerther Straße 183

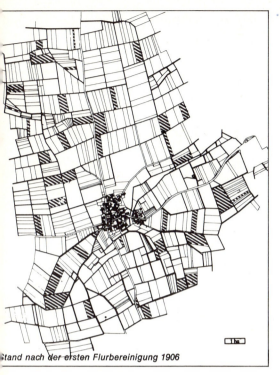
Stand nach der ersten Flurbereinigung 1906

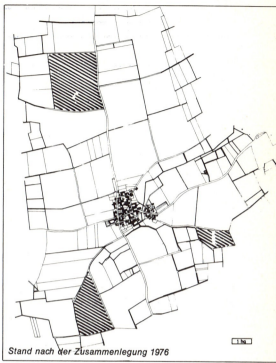
Stand nach der Zusammenlegung 1976

2.3.2 Erbsitten und Besitzverhältnisse

In der Bundesrepublik und in den westlichen Industrieländern liegt heute das Verfügungsrecht über Boden und Hof meist in den Händen von Millionen bäuerlicher Privateigentümer. Mit diesen traditionellen Besitzverhältnissen verbanden sich regional unterschiedliche Erbsitten:
– Das *Anerbenrecht*, welches die geschlossene Vererbung an einen Erben vorsieht, wobei allerdings die anderen Erben mit Geld abgefunden werden (vor allem in Norddeutschland und Altbayern).
– Die *Realteilung*, bei der der Bodenbesitz frei auf alle Erben aufgeteilt wird (vorwiegend in Südwestdeutschland).
– Die Mischformen, die zwischen den beiden Grundformen der landwirtschaftlichen Erbsitte liegen.

Um der durch die Realteilung und anderer agrargeschichtlicher Ereignisse (Flurzwang im Rahmen der Dreifelderwirtschaft, Aufteilung der Allmende usw.) bedingten Flurzersplitterung entgegenzuwirken, gibt es seit 1953 (per Gesetz) in der Bundesrepublik wie in anderen europäischen Industriestaaten die *Flurbereinigung,* die als wichtigste ganzheitliche Strukturverbesserungsmaßnahme angesehen wird. Diese Flurbereinigung wird öffentlich gefördert und staatlich geplant und geleitet, damit mehrere Probleme zugleich gelöst werden können.
1. Die Neuordnung der bewirtschafteten Fluren und Gemarkungen (*Arrondierung*: Zusammenlegung zersplitterten ländlichen Grundbesitzes),
2. bei beengter und verbauter Hoflage: Aussiedlung oder Althofsanierung,
3. bei verbesserungsbedürftigen Erzeugungsbedingungen: *Melioration*, d. h. Eingriffe in die Wasserhaushalte (wie Wildbachverbauung, Dränung, Trinkwasserversorgung, Flußregulierung, Küstenschutz, Landgewinnung) oder in den Bodenhaushalt (durch Moorkultivierung, Bodenschutz etc.),

4. bei unzweckmäßiger Betriebsgröße: Aufstockung,
5. die Schaffung eines funktionsgerechten Wege- und Gewässernetzes,
6. die Errichtung von gemeinschaftlichen oder öffentlichen Anlagen im Rahmen einer *Dorferneuerung,* einschließlich der Maßnahmen zur Landesentwicklung und Landschaftspflege, die die Wohn-, Arbeits- und Erholungsfunktion und die Infrastruktur des ländlichen Raumes stärken sollen (vgl. Kap. Verstädterungsprozeß S. 207).

Mit der Flurbereinigung werden Arbeitskräfte eingespart; Wegzeiten verkürzt etc. Bei großen Betrieben ergeben sich erhebliche Mechanisierungsvorteile, während bei mittleren Betrieben die Bodennutzung intensiviert und die Aufstockung bei angemessenen Pachtbedingungen ermöglicht werden kann.

In der Bundesrepublik kommt es immer mehr zur *Hofpacht* (Verpachtung des Betriebes), meist im norddeutschen Anerbengebiet und zur *Zupacht* (Anteil des Pachtlandes in der Bundesrepublik Deutschland ca. 30%), wodurch bodenarme Familien ihre Betriebe aufstocken können.

Demgegenüber weisen die agrarsozialen Strukturen in den Entwicklungsländern traditionell derart entwicklungshemmende Pacht- und Besitzverhältnisse auf, daß sich ein Großteil der zunehmenden ländlichen Bevölkerung nicht hinreichend ernähren bzw. nicht angemessen an den ohnehin geringfügigen Steigerungen des BSP partizipieren kann. In den Entwicklungsländern besitzt etwa jeder dritte landwirtschaftliche Erwerbstätige kein eigenes Land, sondern ist Landarbeiter. Ein Drittel der Bauern sind Pächter, die meistens unter unzumutbaren Bedingungen wirtschaften müssen.

In fast allen Großräumen der Dritten Welt läßt sich eine charakteristische Aufteilung der landwirtschaftlichen Nutzflächen feststellen, wobei z. B. der *Großgrundbesitz* in Lateinamerika als romanisches Erbe die Regel ist.

Die landwirtschaftliche Betriebsgrößenstruktur ausgewählter Länder in Lateinamerika

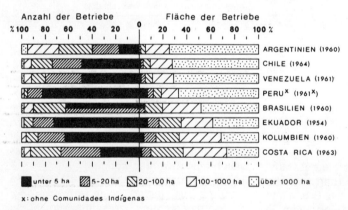

Gerhard Sandner und Hanns-Albert Steger: Lateinamerika. Fischer Länderkunde, Bd. 7. Frankfurt: Fischer Taschenbuch Verlag GmbH 1973, S. 89

Agrarstrukturen in ausgewählten Regionen In Lateinamerika:
Die *Agrarstruktur* Lateinamerikas wird durch übergeordnete Kategorien bestimmt, die noch dazu vielfältig miteinander verflochten sind: 1. *Latifundien,* 2. *Minifundien,* 3. agrarische Mittelschicht mit Familienbetrieben, 4. landlose Landarbeiterbevölkerung, 5. *indianische Agrargemeinschaften.*
Die Latifundien sind Großgrundbesitztümer, die ganz oder teilweise durch den Eigentümer, durch Pächter oder gar nicht genutzt werden. Es sind entweder *Plantagen* (seit der Kolonialzeit mit Monokulturen tropischer Spezialprodukte), z.T. im ausländischen Besitz, oder *Pflanzungen* in Erschließungsräumen (ohne ausländische Beteiligung). Meist sind sie ähnlich wie eine Hazienda organisiert.
Das grundherrschaftliche *Hazienda*-System, das mit dem mittelalterlichen europäischen Feudalsystem große Ähnlichkeit hat, ist in

der Kolonialzeit entstanden, d. h., nach dem Lehensrecht wurden große Ländereien verteilt, die erst nach der Kolonialzeit privatisiert wurden. Darüber hinaus gibt es eine weitergehende Lehensherrschaft über die indianischen Gemeinschaften. Auch als die südamerikanischen Länder unabhängig wurden, blieben die lehensrechtlichen Bindungen der abhängigen indianischen Bevölkerung an den kommunalen Ländereien der Indianer erhalten, so daß auch der Lehensherr seine Ansprüche als Großgrundbesitzer durchsetzen konnte (vgl. Kap. Peru S. 266 ff.).

Wesensmerkmale des Hazienda-Systems:
— indirekte Bewirtschaftung durch eine Stufenleiter von Verwalter, Unterverwalter, Vorarbeiter,
— weitgehender Ersatz von Kapitalinvestitionen durch den Einsatz von billigen menschlichen Arbeitskräften,
— differenziertes System der Arbeitsorganisation verschiedener Gruppen von Pächtern, die entweder das Recht zur Nutzung einer Parzelle durch den Arbeitseinsatz des Pächters oder seiner Landarbeiter auf der Hazienda abgelten müssen oder durch die Abgabe eines Teiles der Ernte (ähnlich wie beim Rentenkapitalismus.)

In Indien:
— Der *Hinduismus* behindert eine planmäßige Rinderhaltung (insbesondere Mast und Zucht), auch wenn Milch und Mist (als Brennmaterial) und das Rind als Zugtier für die Bevölkerung von jeher von großem Nutzen sind.
— Durch den Hinduismus ideologisch begründet ist das *Kastenwesen*, welches ein festgefügtes Sozial-, Herrschafts- und Ausbeutungssystem darstellt.
— Mächtige Großgrundbesitzer, die das Land nicht selbst bearbeiten, sondern nur Einkünfte aus dem Land beziehen; sie lassen ihren Besitz durch Pächter, Gelegenheitsarbeiter, Landarbeiter oder Kleinbauern (damit jeweils einer bestimmten Kaste zugehörig) bearbeiten, die am Arbeitsertrag entsprechend der niedrigen Belohnung nur wenig Interesse haben.

Ähnliches gilt für den *Rentenkapitalismus* im Orient.
Es ist ein Wirtschaftssystem, das alle typischen Kennzeichen des Erwerbsstrebens als Ziel hat. Im Unterschied zum geläufigen Kapitalismus zeigt der Träger des Rentenkapitalismus, z. B. der Großgrundbesitzer, nur ein geringes Interesse an der Gütererzeugung. Durch dieses Wirtschaftssystem wurden dort, wo teure Anlagen für die Bewässerung nötig waren, diese gesichert; es verteilt das Risiko des unzuverlässigen Klimas durch Teilung der Ernte auf alle Anteilsberechtigten, wobei die Arbeit des Bauern nur als ein Produktionselement (neben Boden, Wasser, Saatgut, tierischer Kraft usw.) gesehen wird, wofür er anteilig einen bestimmten Satz der Ernte erhält. Von dem in der Stadt lebenden Großgrundbesitzer werden aus dem abhängigen Betrieb alle Ertragsanteile abgezogen, die über die bloße Existenzsicherung des meist hochverschuldeten Bauern hinausgehen. Letzteren trifft das Risiko von Dürrejahren, Überschwemmungen usw. besonders hart (Folge: Elend, Krankheit, Fatalismus). Investitionen zur Erhaltung oder Steigerung der Produktivität sind dem Rentenkapitalismus wesensfremd. Deswegen wird er auch als *Minimumwirtschaft* bezeichnet, denn jeder der Beteiligten beschränkt seinen Einsatz auf ein gerade noch erträgliches Minimum, weil jeder Mehraufwand auch den anderen Beteiligten zugute käme; aus diesem Grund wird der Boden unzureichend bearbeitet und gedüngt (Folge ist der Raubbau).

In Schwarzafrika:
— Das traditionelle *Stammesdenken (Tribalismus)* in Religion, Politik und Wirtschaft führte zu anderen Rechtsauffassungen als in Europa, was sich u. a. im kollektiven Eigentum an Grund und Boden äußert.
— Als Folge des kollektiven Landbesitzes eines Stammes und der damit verbundenen Gruppenverantwortlichkeit wird die individuelle Leistungsbereitschaft des einzelnen Stammesmitgliedes teilweise eingeschränkt.
— Der Konflikt zwischen Individual- und Gruppendenken erschwert die Einführung von bäuerlichen Familienbetrieben.
— Für Kollektivierungsbestrebungen (z. B. nach sozialistischem Vorbild) sind die Chancen günstiger als in anderen Großräumen.

Das folgende Zitat kann als weiterführender Schlußgedanke zu den angeführten großräumig anzutreffenden Strukturschwächen gesehen werden.

„Die Problematik der Reformen liegt in den Widerständen und den Schwierigkeiten einer langfristig tragbaren Verknüpfung zwischen zwei Zielvorstellungen:
– der sozial motivierten Reform der Besitzverhältnisse zur Beseitigung von Ausbeutung, Abhängigkeit und der aus langer Verelendung stammenden Apathie weiter Teile der Agrarbevölkerung;
– und der Schaffung ökonomisch lebensfähiger Betriebe, deren Erträge zur Steigerung des Lebensstandards, zur wirtschaftlichen und sozialen Stabilisierung der Agrarbevölkerung und zur Deckung des Bedarfs an Agrarprodukten führen".

Gerhard Sandner und Hanns-Albert Steger: Fischer Länderkunde 7, Lateinamerika. Frankfurt: Fischer Taschenbuch Verlag GmbH 1973, S. 99

Je nach der Zugehörigkeit zu einem der genannten Großräume bieten sich entsprechend den agrarsozialen Strukturschwächen unterschiedliche Agrarreformen an. Jede *Agrarreform* zielt ab auf die Veränderung der politischen, besitzrechtlichen und agrarsozialen Bedingungen.
Nach der Carta de Punta del Este (1961) sollen z. B. die ungerechten Besitz- und Nutzungssysteme in Südamerika geändert werden, „und zwar soll das System der Latifundien und Minifundien durch ein gerechteres Eigentumssystem ersetzt werden", aber erhalten bleiben soll die monokulturelle, exportorientierte und kapitalintensive Betriebsform der Plantage. An die Stelle der kapitalistischen Plantage sollen andere Formen treten wie Genossenschaftspflanzungen, private mittelgroße Betriebe oder staatliche Großbetriebe (in Zusammenarbeit mit den Kleinbauern bei Produktionen und in- und ausländischer Vermarktung).
Je nach den politischen Intentionen und der bisherigen Agrarverfassung wird bei einer *Bodenreform* das Privateigentum von wenigen so breit gestreut, daß sich die gesamte ländliche Bevölkerung ausreichend ernähren kann, oder (und) es werden Genossenschaften aufgebaut, damit in der Zusammenarbeit die Einkommensverhältnisse der Bauern verbessert werden, oder man schreitet zu einer umfassenden Kollektivierung.
Als Einzelmaßnahmen kommen allgemein bei der Bodenreform verschiedene Alternativen in Frage:
– Landschenkungen der Großgrundbesitzer an Landlose,
– Enteignung von nicht genutztem Großgrundbesitz,
– Enteignung des Großgrundbesitzes bis zu einer bestimmten ha-Größe (je nach den natürlichen Produktionsbedingungen),
– stärkere Besteuerung der Großgrundbesitzer,
– Verbesserung des bestehenden Pachtzinses, der nicht mehr in Naturalien, sondern in Geld zu erstatten ist; schriftliche Fixierung der Pachtbedingungen,
– Umwandlung des Pachtlandes in bäuerliches Privateigentum,
– Einrichtung von kollektiven Formen der Bodenbewirtschaftung,
– Vergesellschaftung bzw. Verstaatlichung des Bodens, der Bewässerungsanlagen, der Maschinen usw.

Zur Bodenreform muß jedoch stets eine Bodenbewirtschaftungsreform hinzukommen (vgl. Kap. Die Agrarreform S. 278 ff.).

2.3.3 Betriebsgrößen

Im Zusammenhang mit *Betriebsgrößen* interessiert die Frage der Mindestgröße eines Familienbetriebes. Die *Ackernahrung* zeigt den Mindestumfang der landwirtschaftlichen Nutzfläche an, die zur Existenzsicherung eines bäuerlichen Familienbetriebes ohne nichtagrarischem Zuerwerb nötig ist, wobei der für die Region übliche Lebensstandard zugrunde gelegt wird. Damit ist die Ackernahrung eine veränderliche Mindestgröße, die nicht nur abhängig ist von den natürlichen Voraussetzungen und der Agrartechnik, sondern je nach Bodenarmut oder Bodenreichtum der Region von der Intensität der Bewirtschaftung und dem Gefüge der Preise und Kosten. Außerdem wird die Betriebsgröße von der Marktorientierung bestimmt.
In der Bundesrepublik beträgt die Ackernahrung derzeit etwa 20–50 ha, während die durchschnittliche Betriebsgröße 1976 bei

etwa 14 ha landwirtschaftlicher Nutzfläche lag.

In der Betriebsgrößenstruktur einer Region werden die vorherrschenden Betriebsgrößengruppen deutlich. Die Betriebsgrößenverhältnisse sind das Ergebnis natürlicher Produktionsbedingungen, regional unterschiedlicher Ausprägung von Erbsitten oder der Herrschaft von Grund- bzw. Gutsherren oder Großgrundbesitzern oder von individualistisch oder kollektivistisch ausgerichtetem Besitzdenken. Nicht unerheblich sind in den meisten Industrieländern, aber auch in einigen Entwicklungsländern, die Einflüsse, die sich aus der zunehmenden Industrialisierung und Verstädterung ergeben. In der Bundesrepublik unterscheidet man Zwergbetriebe (0,001–2 ha), Kleinstbetriebe (2–5 ha), kleinbäuerliche Betriebe (5–10 ha), mittelbäuerliche Betriebe (10–20 ha), großbäuerliche Betriebe (20–100 ha), Guts- und Großbetriebe (100 ha und mehr).

Landwirtschaftliche Betriebe und landwirtschaftlich genutzte Fläche in beiden Teilen Deutschlands

Bundesrepublik Deutschland

Gliederung	Landwirtschaftliche Nutzfläche in 1000 ha		Zahl der Betriebe	
	1960	1977	1960	1977
0,2–2 ha	497,5	247,5	462 828	236 197
2–5 ha	1290,2	576,7	387 069	173 372
5–10 ha	2483,3	1205,3	343 017	165 737
10–15 ha	2301,9	1397,8	188 172	113 262
15–20 ha	1688,6	1494,6	98 298	86 104
20–30 ha	1903,6	2579,7	79 162	105 889
30–50 ha	1600,9	2701,5	42 853	72 001
50–100 ha	884,5	1558,5	13 672	24 160
100 ha u. m.	450,1	669,4	2 639	4 132

Deutsche Demokratische Republik

Gliederung	Landwirtschaftliche Nutzfläche in 1000 ha		Zahl der Betriebe	
	1960	1977	1960	1977
Volkseigene Betriebe	403,2	187,4	669	420
Sonstige VEB	114,4		9 449	
Landwirt. Produktionsgenossenschaften	5421,6	1703,6	19 276	329
Kooperative Einrichtungen		3888,0		833
Gärtnerische Produktionsgenossenschaften	13,7	19,3	298	229

Trotz der Abwanderung vieler Erwerbstätiger aus der bundesdeutschen Landwirtschaft konnte die Betriebsgrößenstruktur nicht derart verbessert werden, daß damit eine günstigere durchschnittliche Ackernahrungsgröße erreicht wurde (vgl. Tab. S. 69). Der „Gesundschrumpfungsprozeß" ist zudem durch die Abschwächung der Wirtschaftskonjunktur im In- und Ausland deutlich verlangsamt worden. Es bleibt also für die meisten westdeutschen Betriebe das Problem, bei der pflanzlichen Produktion bei unzureichender Betriebsgröße auf die Veredelung auszuweichen, wobei auch die Tierbestände laufend dem technischen Fortschritt angepaßt werden müssen. Je kleiner jedoch die ha-Zahl des Betriebes ist, desto höher sind, relativ gesehen, die Kosten für die technische Ausstattung (z. B. im Jahr 1975 bei einem 10 ha-Betrieb ca. 5000 DM/ha, bei einem 50 ha-Betrieb im Durchschnitt ca. 2500 DM/ha (vgl. Abb. S. 75).

2.3.4 Erwerbscharakter

Gebräuchlich ist in der Bundesrepublik die folgende Einteilung aller landwirtschaftlicher Betriebe entsprechend ihrem *Erwerbscharakter* (1978):
- *Vollerwerbsbetriebe,* d. h., die Inhaberfamilie lebt von der Landwirtschaft (durchschnittliche Betriebsgröße: 22,9 ha).
- *Zuerwerbsbetriebe,* d. h., Familienangehörige verdienen außerhalb der Landwirtschaft hinzu (durchschnittliche Betriebsgröße: 12,4 ha),
- *Nebenerwerbsbetriebe,* d. h., die Haupteinkommensquellen befinden sich außerhalb der Landwirtschaft (durchschnittliche Betriebsgröße: 5,1 ha).

Der Wandel der Agrarstruktur wird nicht nur deutlich an der Änderung der Betriebsgrößenstruktur, sondern auch an der Entwicklung des Erwerbscharakters der Betriebe. Durch den Strukturwandel hat zwar die *Bodenmobilität* zugenommen, so daß die Betriebe durch Zukauf oder Zupacht aufgestockt werden, aber gleichzeitig konnte nicht verhindert werden, daß aus vielen westdeutschen Voll- und Zuerwerbsbetrieben immer mehr Nebenerwerbsbetriebe wurden, was eine Besonderheit innerhalb der EG ist.

Hauptsächlichster Wandel der Agrarstruktur 1967–1977 in der Bundesrepublik Deutschland

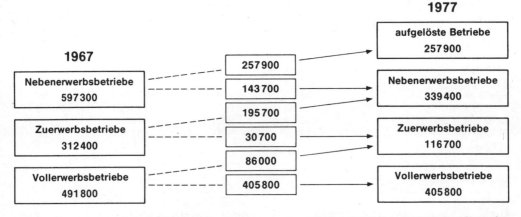

Nach Agrimente '78. IMA (Informationsgemeinschaft für Meinungspflege und Aufklärung). Hannover, Alexanderstraße 3

Typisch für viele westliche Industrieländer ist die sogenannte *Sozialbrache.* Man versteht darunter das Brachfallen von bisher landwirtschaftlich genutzten Parzellen, etwa bei Bauern, die Industriearbeiter werden *(Arbeiterbauern)* und dadurch nur noch in begrenztem Umfang die, z. B. zum Hof günstig gelegenen, Flurstücke bearbeiten. Die Sozialbrache kommt besonders in und im Umkreis von Ballungsräumen und Industriegebieten vor, in Regionen mit ungünstigen natürlichen, strukturellen und arbeitswirtschaftlichen Bedingungen und mit einem hohen Anteil an unzweckmäßig organisierten Nebenerwerbsbetrieben.

In der Bundesrepublik beträgt der Anteil der Sozialbrache an der gesamten landwirtschaftlichen Nutzfläche (LF) ca. 2%, aber im Umland von Städten bis zu 30%.

Die möglichen Auswirkungen der Sozialbrache

- zunehmende Landschaftszerstörung durch Verunkrautung, Versteppung, Versumpfung, Bodenerosion,
- Übergreifen dieser Vorgänge auf landwirtschaftlich genutzte Flächen,
- Veränderung der traditionellen Kulturlandschaft,

- u. U. Verhinderung der notwendigen Agrarstrukturänderungen in stadtnahen Bereichen,
- Reserveflächen zur Aufstockung oder Aufforstung,
- mögliche Reserveflächen für Wohnungen, Verkehrsanlagen, Freizeit- und Erholungseinrichtungen im ländlichen Raum.

2.3.5 Betriebsvielfalt

Je nach dem ein-, mehr- oder vielseitigen Produktionsprogramm der landwirtschaftlichen Betriebe spricht man von Monoprodukt-, Spezial- oder Verbundbetrieben. Erhöht ein Betrieb (oder eine Region) die Produktionsvielfalt, so nennt man dies *Diversifizierung;* wird dagegen die Produktionsvielfalt eingeschränkt, so kann es zur *Spezialisierung* kommen.

Weltweit überwiegen in der Landwirtschaft die *Verbundbetriebe,* denn diese Produktionszweige dienen in marktfernen Gebieten der Selbstversorgung der Familien und sorgen betriebsintern für einen Ausgleich bezüglich der Arbeit, des Düngers, des Futters und des Risikos und achten zur Erhaltung und Ausschöpfung auf eine angemessene Fruchtfolge bzw. auf die Brache.

In der Bundesrepublik Deutschland gibt es verschiedene Schwerpunkte im Produktionsprogramm der Betriebe.

Betriebsformen

	Anteil der Höfe	Anteil der Fläche (Überschneidungen)
Futterbaubetriebe (Milchkühe, Rindermast)	50,6%	52,8%
Marktfruchtbetriebe (Zuckerrüben, Kartoffeln, Feldgemüse)	22,5%	24,8%
Veredelungsbetriebe (Schweinemast, Geflügelhaltung)	4,5%	7,3%
Gemischtbetriebe (Acker- und Grünland mit Viehhaltung)	15,1%	18,2%
Dauerkulturbetriebe (Obst, Wein, Hopfen)	7,2%	2,2%

Agrimente '78. IMA (Informationsgemeinschaft für Meinungspflege und Aufklärung). Hannover, Alexanderstraße 3

In vielen Entwicklungsländern, aber auch in großräumigen Industrieländern (mit dem dortigen Zwang zur Spezialisierung) kommt es zum großflächigen Anbau von *Monokulturen* (d. h. ständiger Anbau der gleichen Kulturpflanze). Mit Ausnahme weniger Feldfrüchte, wie z. B. Naßreis, ist das Anbaurisiko der Monoproduktion zu groß, weil der Boden einseitig beansprucht und das ökologische Gleichgewicht gefährdet wird, so daß nicht nur die Bodenerosion zunimmt, sondern vor allem die Gefahr von Pflanzenkrankheiten und Schädlingen stark ansteigt. Jedoch eignen sich Baum- und Strauchkulturen gut für den Anbau in Monokulturen.

Vorteile der Baum- und Strauchkulturen
- kein jährlicher Fruchtwechsel, sondern Zwischenfrucht oder Brache alle 10–20 Jahre,
- bessere Auslastung der Aufbereitungsanlagen für die Früchte,
- bessere Erhaltung der Bodenfruchtbarkeit in den feuchten Tropen, wo es wenig wirtschaftseigenen Dünger gibt,
- für die Arbeitsspitzen stehen billige Saisonarbeitskräfte zur Verfügung,
- Tendenz zum Großbetrieb bei starkem Kapitaleinsatz und zur Spezialisierung.

Bei Monokulturen ist außerdem für den einzelnen Bauern wie auch für monostrukturierte Länder (vgl. Abb. S. 154 u. S. 253) das Risiko stark schwankender Weltmarktpreise gegeben.

Preise von ausgewählten Agrarerzeugnissen auf dem Weltmarkt, US-Dollar/t

	1972	1974	1976	1977
Weizen	70	181	122	101
Mais	56	132	112	88
Reis	151	542	255	271
Sojabohnen	140	277	231	249

Gleichzeitig stiegen für einige Entwicklungsländer die Preise für die Einfuhr unverhältnismäßig hoch an (vgl. S. 254).

Es bedarf deswegen in den Entwicklungsländern der Diversifizierung der Produktion für den Eigenbedarf und den Binnen- und Weltmarkt.

2.3.6 Betriebssysteme

Agrarzonen der Erde

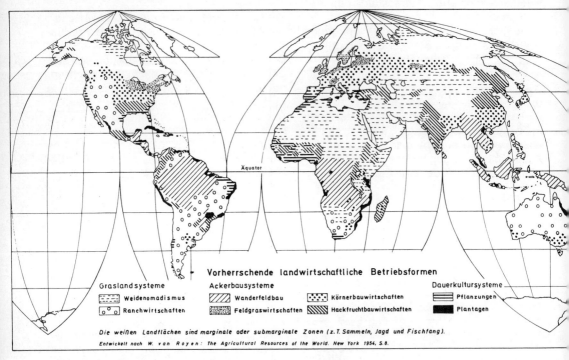

Bernd Andreae: Agrargeographie. Berlin, New York: de Gruyter 1977, S. 110

Graslandsysteme

Die verschiedenen *Graslandsysteme* dienen der Viehhaltung und damit je nach Art des Groß- bzw. Kleinviehs der Produktion von Fleisch, Milch, Fett, Häuten, Fellen, Eiern usw., aber auch zur Gewinnung von Mist oder Zugkraft.

Ackerbausysteme

In der Bundesrepublik Deutschland dominiert die stationäre intensive *Weidewirtschaft (Standviehhaltung)*, d.h., das Vieh ist während des ganzen Jahres im Betrieb. Wie in allen Ländern der gemäßigten Breiten ist im Winter eine Einstallung notwendig und daher ist auch die Erzeugung von Heu, Silofutter und anderen Futterpflanzen nötig.

Zunahme der Veredelungsproduktion in der Bundesrepublik Deutschland

Jahr	Anteil der tierischen Erzeugung bei der Nahrungsmittelproduktion in Mio GE*	Anteil in %
1950/51	27,97	73,5
1960/61	36,78	74,5
1966/67	42,88	82,1
1976/77	50,23	82,0

* Getreideeinheit, Maßstab zur Berechnung der landwirtschaftlichen Gesamtproduktion; 1 dt Getreide = 1 dt GE, 1 dt Schwein = 4,2 dt GE

Hasso Pacyna: Agrilexikon. IMA (Informationsgemeinschaft für Meinungspflege und Aufklärung). Hannover, Alexanderstraße 3

Bei der stationären intensiven Weidewirtschaft wirkt das Klima differenzierend:
- Bei maritimen Futterbaubetrieben (z.B. in Norddeutschland) kommt es mehr zur Weidenutzung,
- bei gebirgigen Futterbauzonen wird die Mähwiesennutzung gegenüber der Weidennutzung bevorzugt.

In den Alpen wird ein Teil des Viehs aus Gründen des Futter- und des Arbeitsausgleichs, aber auch zur Abhärtung (Jungvieh) im Rahmen der *Almwirtschaft* in den Sommermonaten auf höher gelegene Sommerweiden in den Mattenregionen gebracht.

Bei der *Fernweidewirtschaft* oder *Transhumance,* die vor allem im Mittelmeerraum anzutreffen ist, werden jahreszeitliche Wanderungen von Schaf- und Ziegenherden unter Leitung eines Hirten durchgeführt. Zusätzlich gibt es eine seßhafte ackerbautreibende Bevölkerung. Im Gegensatz zur Almwirtschaft kommt es hier zu keiner Winterstallung.

Bodennutzungssysteme in der Bundesrepublik Deutschland (nach Agrarbericht)

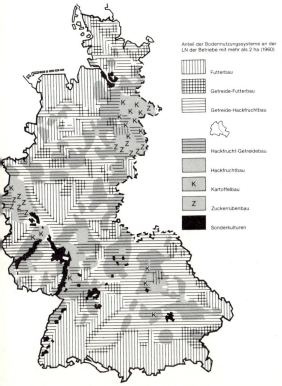

Entwicklung der Bodennutzung auf Ackerland (in %)

	1960	1974
Getreidebau	61,5	71
Hackfruchtbau (+ Feldgemüse)	25	15,5
Zwischenfrüchte	13,8	11

Gerhard Fuchs: Bundesrepublik Deutschland. Stuttgart: Klett 1977, S. 170

In den Lößgebieten der Börden mit Hackfruchtbau wird in die Rotation die eine oder andere Körnerfrucht einbezogen, z.B. 1. Kartoffeln oder Gemüse – 2. Zuckerrüben – 3. Sommergerste – 4. Winterweizen – 5. Zuckerrüben – 6. Winterweizen.

Gründe für die *Fruchtwechselwirtschaft*
- Verringerung der Bodenermüdung
- Verhinderung der Ausbreitung von Schädlingen und Krankheiten,
- Verbesserung der Arbeitsorganisation,
- Erhöhung der Rentabilität.

Wegen der veränderten Verbrauchergewohnheiten, aber auch wegen der wachsenden Lohnkosten in der Landwirtschaft ist der arbeitsintensive Hackfrucht-Futterbau zugunsten von Körnerfrüchten wie Weizen, Gerste, aber auch Körner- und Grünfuttermais und Raps zurückgegangen, alles Feldfrüchte, die maschinell leicht zu ernten sind. Die ständig wachsenden Tierbestände zu Veredelungszwecken führten zur Erzeugung von möglichst großen Mengen von wirtschaftseigenem Futter, um den Futtermittelzukauf wegen der hohen Kosten in Grenzen zu halten.

- Die Bundesrepublik Deutschland gehört mit ihrer Bodennutzung zu den Gebieten mit *jahreszeitlichem Feldbau.*
- In den immerfeuchten Tropen kommt es zum *Dauerfeldbau,* d.h., in den tropischen Tiefländern mit wenig schwankenden Temperaturen und Niederschlägen gibt es keine jahreszeitlichen Unterschiede und damit keine bestimmten Saat- und Erntezeiten.
- Wo es zwei Regenzeiten im Jahr gibt,

kann zweimal jährlich angebaut werden (*Regenfeldbau*, Aussaat vor der Regenzeit).
- In jenen Monsunländern, die durch zwei Regenzeiten von unterschiedlicher Länge und durch größere Temperaturschwankungen gekennzeichnet sind, wird der Boden jahreszeitlich mit unterschiedlichen Feldfrüchten genutzt.
- In semiariden Gebieten kann durch Bewässerung ein intensiver Pflanzenbau durchgeführt werden.
- Nur sehr extensiv genutzt sind meistens die immerfeuchten Regenwaldgebiete, denn hier ist nach einer *Brandrodung* meist nur *Wanderfeldbau* (shifting cultivation) möglich, d.h. lediglich 1–3jährige Bebauung mit Mais, Hirse, Reis, weil der Boden bereits nach dieser kurzen Zeit erschöpft ist. Danach ziehen die Hackbauern, die keine Düngung kennen, weiter und roden ein neues Feld. Der Wanderfeldbau wird auch als *Urwechselwirtschaft* bezeichnet, weil es die primitivste Form des Fruchtwechsels ist, denn nach der kurzen Bodennutzung durch den Menschen folgt meist eine Brache, die 10–20 Jahre dauert (vgl. Geoökologische Systeme S. 41).

Der *Gartenbau* unterscheidet sich vom Akkerbau durch die sorgfältige Pflege (intensive Bearbeitung, Düngung, Bewässerung etc.) meist kurzlebiger, jedoch anpruchsvoller und hochwertiger Kulturpflanzen. Die Bodenbearbeitung erfolgt mit dem Spaten, der Hacke und anderen Geräten, der Einsatz von Maschinen oder Zugtieren ist schwierig, weil meist nur relativ kleine Flächen gärtnerisch genutzt werden, die oft auch dicht bepflanzt sind. Jährlich sind häufig mehr als zwei Ernten auf der gleichen Fläche möglich, vor allem Gemüse, Kräuter, Blumen, Beerenobst usw. Man unterscheidet zwischen dem Gartenbau, der der Selbstversorgung dient (z.B. Haus- und Schrebergärten), und dem Erwerbsgartenbau, der auf die Belieferung meist (groß-)städtischer Märkte abzielt. Der Grund für die Entstehung von Gartenbaugebieten ist nicht nur in der Gunst der Standorte zu suchen (Klima, z.B. Insel Reichenau; Lage im Ballungsraum, z.B. Vierlande bei Hamburg), sondern in der kleinbäuerlichen Bevölkerungsstruktur (vgl. südwestdeutsche Realteilungsgebiete; Holland; dichtbevölkerte ost- oder südasiatische Gebiete), wobei unter Umständen die bestehende klimatische Ungunst durch Bewässerung oder Windschutz oder Treibhausbauten ausgeglichen wird. In den Gebieten mit bodenarmen Familienbetrieben werden in der Bundesrepublik Deutschland nicht nur Gartenbau mit hohem Arbeits- und Kapitalaufwand (je Flächeneinheit) betrieben, sondern auch Dauerkulturen. Beide werden unter dem Begriff *Spezial-* oder *Sonderkulturen* zusammengefaßt.

Dauerkultursysteme

Dauerkulturen sind für mehrere bzw. viele Jahre angelegte Baum- oder Strauchkulturen.
Vorteile
- keine jährliche Aussaat,
- mit den tiefen Wurzeln größere Dürrebeständigkeit,
- nicht so sehr von Unkräutern beeinträchtigt.

Nachteile
- in den ersten Jahren nach der Pflanzung ungenügende Ernteergebnisse.
- die Wuchsform erschwert oft die Ernte.

Die Sammelwirtschaft bei wildwachsenden Sträuchern und Bäumen hat einen geringen volkswirtschaftlichen Wert; anders dagegen die Pflanzungen mit den unterschiedlichen Betriebssystemen, z.B. die Plantage.

Plantagen sind solche marktorientierte großbetriebliche *Pflanzungen* von Baum- und Strauchkulturen, die auch über eigene Aufbereitungsanlagen für die geernteten Produkte verfügen (z.B. Ölmühle, Tee-, Sisal-, Zuckerfabriken, Kaffeeaufbereitungsanlagen).

Bei der Pflanzung gibt es folgende Unterscheidungskriterien:
- marktorientiert oder zur Selbstversorgung,
- bäuerlich, genossenschaftlich oder großbetrieblich,
- arbeits- oder (und) kapitalintensiv,
- transportfähige oder transportempfindliche Produkte,
- innerbetriebliche oder industrielle Weiterverarbeitung.

Pflanzungen in Mitteleuropa sind z. B. Obstbäume, Weinreben, Hopfen. In den Tropen zählt man dazu die Öl- und Kokospalmen, die Kakao- und Kaffeesträucher.

2.3.7 Mechanisierung

Je kleiner ein landwirtschaftlicher Betrieb ist, desto weniger darf die menschliche Arbeitskraft durch mechanische Arbeitsgeräte, wie z. B. Maschinen, unterstützt und (oder) ersetzt werden, damit ein hoher Betriebsertrag (DM je ha LF) erreicht wird. Der Maschineneinsatz nimmt also mit steigender Betriebsgröße zu, und der Arbeitskräfte (AK)-Besatz je 100 ha geht zurück. Die Verwendung von landwirtschaftlichen Maschinen und Geräten wird dann gebremst, wenn relativ viele billige Arbeitskräfte verfügbar sind bzw. wenn außerhalb der Landwirtschaft das Arbeitsplatzangebot sehr begrenzt ist (z. B. in Entwicklungsländern). Die *Mechanisierung* wird jedoch dort beschleunigt, wo die Industrie Arbeitskräfte braucht und höhere Einkommen als in der Landwirtschaft bietet, z. B. in den letzten Jahrzehnten in der Bundesrepublik Deutschland. Heute ist ein Arbeitsplatz in der Landwirtschaft mit ca. DM 160 000,– Aktivkapital zu bewerten, d. h., er ist doppelt so teuer wie in der Industrie. Das Maschinenkapital je Arbeitskraft hat sich in den letzten zehn Jahren verdoppelt; jedoch verdreifachte sich im selben Zeitraum das Fremdkapital je Vollarbeitskraft, das bedeutet, die Verschuldung der Betriebe hat zugenommen.
Zwecks rentabler Nutzung der teuren landwirtschaftlichen Maschinen kam es daher in der Bundesrepublik Deutschland mehr und mehr zu verschiedenen Formen der überbetrieblichen Maschinennutzung, d. h. zu bäuerlichen Selbsthilfeeinrichtungen wie dem Maschinenring, der Maschinengemeinschaft oder dem Lohnverfahren. Durch verstärkte Mechanisierung und *Rationalisierung* ging z. B. in der Bundesrepublik zwischen 1950/51 und 1976/77 die Zahl der Vollarbeitskräfte von ca. 5,2 Mio. AK auf ca. 1,2 Mio. AK zurück.

Die modernen Maschinen und Geräte zur Bodenbewirtschaftung können sich vor allem die kleinen landwirtschaftlichen Betriebe in den Entwicklungsländern nicht leisten. Der Boden wird primitiv bearbeitet, die Aussaat- und Erntegeräte und -methoden sind unrentabel.

Anhand der Landwirtschaft eines indischen Dorfes wird z. B. deutlich, daß es viele Ursachen für die niedrigen Erträge gibt, so daß es eines ganzen Bündels von Maßnahmen bedarf, um zu einer Reform der Bodenbearbeitung zu kommen, um den Kreislauf zu durchbrechen. Es wird dabei unter anderem darauf ankommen, für die Entwicklungsländer (wie z. B. Indien) eine billige, jedoch verbesserte, also angepaßte Technisierung bzw. Mechanisierung zu finden. Dabei müßte es mit Hilfe des Wissens der Agrartechnologen der Industrieländer möglich sein, Produktionsgeräte und -methoden zu finden, mit denen eher die Boden- als die Arbeitsproduktivität erhöht wird.

Kostendegression von Großmaschinen als Funktion ihres Ausnutzungsgrades

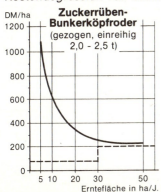
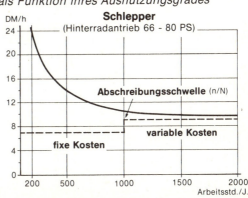

Nach Bernd Andreae und Elsbeth Greiser: Strukturen deutscher Agrarlandschaft. Forschungen zur deutschen Landeskunde, Bd. 199. Trier: Zentralausschuß für Deutsche Landeskunde 1978, S. 57

Mindestgröße (Breite des Schneidwerks in Metern) der Hauptzweige des Ackerbaues für kostengünstige Alleinnutzung von Mähdreschern auf wachsender Ackerfläche

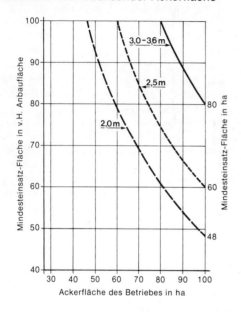

Nach Bernd Andreae und Elsbeth Greiser: Strukturen deutscher Agrarlandschaft. Forschungen zur deutschen Landeskunde, Bd. 199. Trier: Zentralausschuß für Deutsche Landeskunde 1978, S. 57

2.3.8 Arbeitskräfte, Produktivität und Einkommen

Das Verhältnis zwischen Produktionsertrag (output) und eingesetzten Betriebsmitteln (input) nennt man *Produktivität*.

In der Landwirtschaft wird die Intensität der Bodenbewirtschaftung bestimmt durch das Preis-Kosten-Verhältnis zwischen Agrarprodukten und *Betriebsmitteln* (Handelsdünger, Futtermittel, Saatgut, Nutz- und Zuchtvieh, Pflanzenschutzmittel, Energie, Geräte, Maschinen, Wirtschaftsgebäude). Bei niedrigem Agrarpreisniveau und hohem Kostenniveau versucht man durch sparsamen Einsatz von Kapital und Arbeit den Boden in extensiven Betriebsformen zu nutzen.

In den Industrieländern, in denen eine dichte und kaufkräftige Bevölkerung die Agrarpreise steigen ließ und in denen die Industrie billige Betriebsmittel für die Landwirtschaft bereitstellen kann, wird durch erhöhten Arbeits-, vor allem aber Kapitaleinsatz in intensiven Betriebsformen eine hohe Flächenproduktivität je Hektar Boden erreicht. Die Ergiebigkeit in der Landwirtschaft ist nicht nur anhand der *Flächenproduktivität* meßbar, sondern auch am Produktionswert je landwirtschaftlicher Erwerbsträger, d. h. an der *Arbeitsproduktivität*.

Die Entwicklung der Arbeitsproduktivität in der deutschen Landwirtschaft

Jahr	Mio. AK (Arbeitskräfte)	AK pro 100 ha LF	Brutto-Bodenproduktion in t GE/AK	Pro AK erwirtschafteter Produktionswert in RM bzw. DM	Wertschöpfung(Verkaufserlös + Eigenverbrauch – Vorleistungen) in RM bzw. DM pro AK
1925/26	5,7	38,3	6,3	1 418	1 132
1935/36	5,3	35,8	7,7	1 539	1 244
1950/51	5,2	36,9	8,1	2 504	1 712
1955/56	4,1	28,7	11,1	4 446	2 976
1960/61	3,0	21,0	17,6	7 958	5 147
1965/66	2,0	14,2	23,6	16 690	7 893
1970/71	1,5	11,0	35,5	24 975	10 965
1975/76	1,2	9,0	49,1	43 319	17 877

Der Mangel an Arbeitsproduktivität hängt unter anderem mit dem Betriebssystem des Verbundbetriebes zusammen, wobei sich zudem auch in Industrieländern noch Reste der *Selbstversorgungswirtschaft* (Subsistenzwirtschaft) zeigen. Deutlicher ausgeprägt ist die *Subsistenzwirtschaft* in den Entwicklungsländern wegen der dort vorherrschenden *Naturalwirtschaft*.

Je nach den Produktions- und Absatzver-

hältnissen wird man unterschiedliche strukturverbessernde Maßnahmen ergreifen müssen, d. h. in den Tropen
- bei bodenarmen Selbstversorgungsbetrieben mit kritischer Ernährungsstruktur noch mehr Knollen- und Wurzelgewächse (wie Yams, Batate, Maniok) und Reis,
- bei bodenreichen Selbstversorgungsbetrieben in kritischer Ernährungssituation (z. B. Südamerika oder Afrika) Getreide und Körnermais,
- bei bodenreichen Selbstversorgungsbetrieben mit Eiweißmangel noch mehr Körnermais und Hülsenfrüchte,
- bei bodenreichen Betrieben mit Marktproduktion eher Getreide (vor allem Mais) als Knollen- und Wurzelgewächse und mehrjährige Feldfrüchte wie Sisal, Zuckerrohr und Baum- und Strauchkulturen oder in Trockengebieten extensive Weidewirtschaft.

Zusammenfassend läßt sich sagen, daß Knollen- und Wurzelfrüchte in der Bodenproduktivität überlegen sind, während die verschiedenen Getreidearten wegen der deutlich höheren Arbeitsproduktivität bevorzugt werden. Beim Reisanbau verbindet sich beides.

Die Steigerung der Arbeitsproduktivität konnte in der westdeutschen Landwirtschaft seit 1950 alle zehn Jahre verdoppelt werden. Damit liegen die Produktivitätsfortschritte in der Landwirtschaft höher als in der Industrie. Bei der Behandlung des Arbeitsaufwandes in der Agrarwirtschaft muß noch auf die Gesetzmäßigkeit des sinkenden Ertragszuwachses hingewiesen werden, d. h., trotz steigender Gesamternte sinkt ab einer bestimmten Zahl von Arbeitseinheiten je Fläche der Durchschnittsertrag je Arbeitseinheit, also die Arbeitsproduktivität *(Ertragsgesetz)*.

Je nach Typ, Größe und System des Betriebes gibt es innerhalb der Landwirtschaft ein erhebliches *Einkommensgefälle*. Allerdings zeigen die Einkommensunterschiede zwischen Betrieben gleicher Größe und Form, daß die Kenntnisse und Fähigkeiten der Landwirte von nicht zu unterschätzender Bedeutung sind.

Einkommen je Bauernfamilie 1977/78 in DM

	Vollerwerbsbetriebe	Zuerwerbsbetriebe	Nebenerwerbsbetriebe
Reineinkommen aus der Landwirtschaft	30 568	11 671	2 958
Außerbetriebliche Erwerbseinkommen	1 288	10 018	26 025
Gesamteinkommen	31 856	21 689	28 983

2.3.9 Marktorientierung, Vermarktung, Marketing

Die *Marktorientierung* ist die mehr oder minder starke Ausrichtung der Produktion auf die Erfordernisse des Marktes (Gesamtheit aller Absatzmöglichkeiten). In der Bundesrepublik Deutschland dienen nur 10% der landwirtschaftlichen Erzeugung der Selbstversorgung der Betriebe, in den Entwicklungsländern beträgt der Anteil oft 80–90%. Dieser hohe Anteil der *Selbstversorgungswirtschaft* ist nicht nur traditionsbedingt, sondern hängt mit der ungünstigen Verkehrslage bzw. mit den häufig fehlenden Verkehrsanschlüssen zusammen. Dazu kommt das Fehlen eines kaufkräftigen Binnenmarktes.

Mit zunehmender Marktorientierung gerät der landwirtschaftliche Betrieb in große Abhängigkeit vom Markt und von den dort möglichen Preisschwankungen je nach Angebot und Nachfrage. Viele Landwirte bleiben wegen des Risikoausgleichs daher bei der vielseitigen Erzeugung im Rahmen des Verbundbetriebes. In der Bundesrepublik verringern allerdings die EG-Marktordnung und die damit verbundenen Agrarpreisregelungen dieses Risiko erheblich, während auf dem Weltmarkt die weltmarktorientierten bäuerlichen und genossenschaftlichen Betriebe den großen Schwankungen der ohne-

hin niedrigen Agrarpreise auf dem Weltmarkt bis jetzt hilflos ausgesetzt sind (vgl. Tab. S. 71).
Die besondere Bedeutung der Transportkosten für den Gewinn in der Agrarwirtschaft hat *Thünen* (1783–1850) erkannt, und er entwickelte dazu idealtypische Zonen abgestufter Intensität, die sich in *konzentrischen Ringen* um eine Stadt ausbilden, z. B. Gartenbau, Getreide, extensive Viehwirtschaft.

Wettbewerbsverschiebungen

Betriebsintensität und Betriebsvielfalt

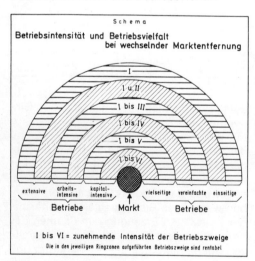

Bernd Andreae: Agrargeographie. Berlin, New York: de Gruyter 1977, S. 65, 95

Gründe für abnehmende Bedeutung des Faktors Entfernung:
- Fortschritte im Transportwesen verringern den Aufwand an Zeit und Geld auch bei der Produktion von verderblichen Gütern in marktfernen Gebieten,
- durch verschiedene Formen der Konservierung wird der Transport, der Umschlag und die Lagerung erleichtert, das hat zur Folge, daß in der Agrarwirtschaft weltweit eine Konkurrenz entsteht,
- die Landwirte in Industrieländern bilden heute keine homogene Gruppe mehr mit einer bestimmten Produktion, sondern je nach dem Status des Flächenbesitzers kommt es z. B. im Umland von Städten zu unterschiedlicher Form der Nutzung,
- außerdem hat sich zwischen Erzeugung und Verbrauch der Bereich der Vermarktung in verschiedenen Formen und Stufen ausgeweitet, das bedeutet, die eigentlichen Abnehmer sind nicht mehr nur direkt die städtischen Konsumenten, sondern überwiegend große, gewerbliche Vermarktungsbetriebe (*Vermarktung:* Be- und Verarbeitung landwirtschaftlicher Erzeugnisse).

In der Bundesrepublik wird heute für Vermarktung der Agrarprodukte insgesamt bereits fast ebensoviel aufgewendet wie für ihre Produktion. Sie erfolgt immer weniger auf dem Hof, sondern in Genossenschaften und Gewerbebetrieben. Immer mehr spielt auch in diesem Wirtschaftssektor das *Marketing* eine Rolle, somit eine marktgerichtete und marktgerechte, d. h. schöpferische und kalkulierende Unternehmenspolitik.
Will man in den Entwicklungsländern bei der Produktion eine verstärkte Marktorientierung erreichen, so müssen
- die staatlichen preispolitischen Maßnahmen produktionssteigernd wirken,
- preiswerte und verbesserte Betriebsmittel wie Dünger und Saatgut bereitgestellt werden,
- wirkungsvolle Vermarktungssysteme entwickelt werden,
- die Landwirte beraten, ausgebildet und zur Selbsthilfe in Genossenschaften ermuntert werden,
- die Landwirte flexibler für Eigenbedarf, Binnenmarkt und Export produzieren.

Agrarmarketingmodell

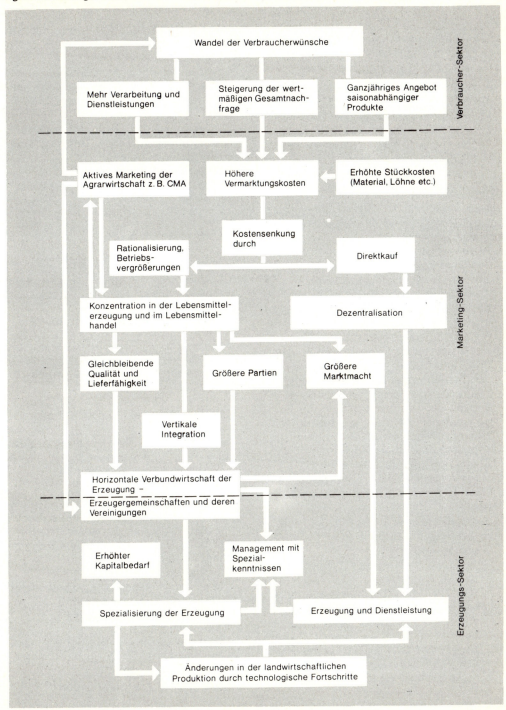

Heinz Haushofer (Hrsg.): Die Agrarwirtschaft in der Bundesrepublik Deutschland. München: BLV Verlagsgesellschaft 1974, S. 121

3 Die Landwirtschaft in beiden deutschen Staaten in Stichworten

3.1 Systemunterschiede

Ziele in beiden Wirtschaftssystemen
- Sicherung der Nahrungsmittelversorgung der Bevölkerung,
- Abbau von Disparitäten zwischen Stadt- und Landbevölkerung,
- Anpassung der Landwirtschaft an den industriellen Wirtschaftsprozeß.

Das landwirtschaftliche System der DDR

Wesensmerkmale: *Zentralverwaltungswirtschaft, Großbetriebe;* dazu zwei staatliche Lenkungsinstrumente
1. „Administrative Planungsanweisungen" Jährliche, zentrale Festlegung von gesetzlich verbindlichen Produktions- und Absatzbefehlen. Die Erfüllung dieser Forderungen durch die *„Landwirtschaftlichen Produktionsgenossenschaften"* (LPG's) und durch die *„Kooperativen Einrichtungen"* und *„Kooperativen Abteilungen"* (die beiden letzteren produzieren überbetrieblich in spezialisierter und industriemäßiger Form) hängt davon ab, inwieweit der Informationsstand der Planungsorgane mit der Realität übereinstimmt (Folge: eventuell Versorgungsengpässe oder Überproduktion, vgl. Tab. S. 69).
2. „Ökonomische Steuerungsinstrumente" wie z.B. Preis-, Kredit- und Subventionspolitik
Beispiel Preispolitik
   - Das Einkommen der Bauern kann festgelegt werden,
   - die Lebensmittelpreise bleiben stabil und relativ niedrig,
   - die Schaffung von Anreizen für die Betriebe, über das Ablieferungssoll hinaus zu produzieren,
   - die Konzentration der Betriebe auf für sie gewinnträchtige Gebiete (nur möglich, wenn die Planungsanweisungen nicht zu detailliert festgelegt sind).

Das landwirtschaftliche System der Bundesrepublik Deutschland

Wesensmerkmale: *soziale Marktwirtschaft,* bäuerliche *Familienbetriebe,* dazu Mittel des Staates:
- Strukturpolitik (z.B. *Flurbereinigung*),
- Steuerpolitik (z.B. Steuererlaß für einkommensschwache Betriebe; Dieselölverbilligung),
- Subventionspolitik (z.B. Unterstützung von strukturschwachen Gebieten oder von Maschinenringen),
- Sozialpolitik (z.B. Altersversorgung),
- Preispolitik (z.B. Garantie von Mindestpreisen).

3.2 Leistungsunterschiede

Der Anteil der landwirt. Erwerbstätigen

	1950	1975	1977
Bundesrepublik Deutschland	23,2%	6,6%	6,0%
DDR	26,4%	11,0%	10,8%

Die unterschiedlichen Voraussetzungen für die *Selbstversorgung* mit Agrarerzeugnissen:
- In der Bundesrepublik muß ein Bauer 35 Personen ernähren, in der DDR dagegen nur 18 Personen.
- In der DDR stehen 0,38 ha LF pro Einwohner zur Verfügung, in der Bundesrepublik nur 0,22 ha LF.

Gunsträume der Bundesrepublik
  Oberrheintal, Neckar-, Main-, Moseltal, Kölner und Münsterländer Bucht, niedersächsische Börden, Marschen, Wetterau, Gäuböden in Mainfranken und Niederbayern.

Ungunsträume der Bundesrepublik
  Mittelgebirge, Alpen bzw. Alpenvorland, Geest- und Heidelandschaften Niedersachsens und Schleswig-Holsteins.

Gunsträume der DDR
  Magdeburger Börde, Thüringer Becken, Leipziger Bucht.

Ungunsträume der DDR
  Mittelgebirge, z.T. Mecklenburg.

Die Bodennutzung

Der Getreideanbau beansprucht in der Bundesrepublik 70% der LF, in der DDR nur 53,4%. Größere Anteile entfallen in der DDR auf Kartoffeln und Futterpflanzen.

Flächenproduktivität 1977, Ertrag je dt[1]/ha bei ausgewählten Früchten

	DDR	Bundesrepublik Deutschland
Getreide	35,5	40,9
Kartoffeln	175,6	257,6
Zuckerrüben	319,1	477,3
Futterhackfrüchte	605,2	1026,6

[1] Dezitonne (100 kg)

Gründe für diese Unterschiede
– Rückstände auf dem technischen Sektor
– Kapitalknappheit
– Mangel an Transportkapazitäten

Bei der tierischen Produktion erreichte die DDR 85% der bundesrepublikanischen Produktivität.

Betriebsgrößenstruktur

In der Bundesrepublik überwiegt der kleinbäuerliche Familienbetrieb mit einer Durchschnittsgröße von ca. 14 ha LF.

Die *Betriebsgrößenstruktur* in der DDR wird durch landwirtschaftliche Großbetriebe geprägt (Durchschnittsgröße: ca. 900 ha). Die im Westen so typischen Flurverhältnisse gibt es in der DDR nicht mehr, sondern Großblockfluren.

Der Mechanisierungsgrad

Obwohl die SED die landwirtschaftliche Produktion „industriemäßig" gestalten will, ist der *Mechanisierungsgrad* niedriger als in der Bundesrepublik, wo der Maschinenbestand eher zu groß ist (Übermechanisierung). Die geringe Stückzahl an Maschinen in der DDR macht sich bei den Ernteergebnissen negativ bemerkbar, zumal keine optimale Ausnützung der Maschinen erreicht wird.

3.3 Soziale Verhältnisse

Das Einkommen

Das Durchschnittseinkommen eines Arbeiters und Angestellten betrug 1977 in der Bundesrepublik Deutschland 25 229 DM, das eines Bauern nur 21 969 DM.
Die Entlohnung der Genossenschaftsbauern (in der LPG) erfolgt nach dem Leistungsprinzip. Das Einkommen setzt sich zusammen aus
– der Vergütung der geleisteten Arbeitseinheiten,
– der Vergütung nach Bodenanteilen des einzelnen Genossenschaftsbauern,
– den Einkünften aus der persönlichen Hauswirtschaft (sog. *Hofland,* das privat intensiv genutzt wird),
– den Prämien und Zusatzvergütungen, wenn der Betrieb Gewinn erwirtschaftet hat.

Eine *Einkommensdisparität* in bezug auf andere Wirtschaftszweige gibt es in der DDR nicht. Der Landarbeiter verdiente 1976 durchschnittlich 917 Mark im Monat, während z. B. ein Industriearbeiter ca. 926 Mark bekam. Ein Vorteil für die LPG-Bauern ist es, daß ihnen ein monatliches Mindesteinkommen gesichert ist, was besonders in Fällen von Mißernten vorteilhaft ist.

Die Besitzverhältnisse

In der Bundesrepublik ist die LF fast ausschließlich im Besitz von Familienbetrieben. In der DDR gibt es drei Eigentumsformen:
– das private Produktionsmitteleigentum (z. B. 0,5 ha Hofland)
– das „private" Grundeigentum mit genossenschaftlichem Nutzungsrecht (ca. 80% der LF); Zwangsmitgliedschaft der *Kollektivierungs*maßnahmen (vgl. Tab. S. 69);
– das staatliche Produktionsmitteleigentum (ca. 10% der LF), meist als sog. Volkseigene Güter (VEG), deren Anteil zurückgeht, weil die Erträge unterdurchschnittlich ausfallen.

4 Die Europäische Gemeinschaft (EG)

Die EG ist ein Zusammenschluß (politisch, wirtschaftlich, gesellschaftlich), durch welchen mehrere Staaten eine neue gemeinsame Handlungs- und Entscheidungseinheit bilden und dabei gewisse Funktionen und Zuständigkeiten an neugebildete Einrichtungen abtreten.

Leitbild und Fernziel

Vor dem Hintergrund des Ost-West-Konflikts kam es sowohl im Westen als auch Osten zur Abgrenzung und zu verschiedenen Arten und Stufen der Integration. Die wichtigsten westeuropäischen Staaten, orientiert am Regierungssystem der parlamentarischen Demokratie und an mehr oder weniger marktwirtschaftlichen Systemen, streben seit 1957 den schrittweisen Zusammenschluß der nationalen Wirtschaften an, um auf diesem Weg zu einem politisch vereinigten Europa zu gelangen.

Trotz hoher Zahlungen der Bundesrepublik Deutschland muß bei der Beurteilung der EG das Ziel, ein geeintes Europa, stets im Auge behalten werden (vgl. Kap. Internationale Handelsabkommen, S. 162).

Zeittafel zur westeuropäischen Integration

```
1948  Organization for Economic Cooperation and Development (OECD); ab 1961 Organization
      for European Economic Cooperation (OEEC)
1949  North Atlantic Treaty Organization (NATO)
1951  Montanunion (Europäische Gemeinschaft für Kohle und Stahl: EGKS)
1957  – Europäische Wirtschaftsgemeinschaft der Sechs (EWG)
      – Euratom
1967  Zusammenfassung der Exekutivorgane von EGKS, EWG und Euratom zur Europäischen
      Gemeinschaft (EG)
1968  Vollendung der Zollunion
1970  Pläne für eine Wirtschafts- und Währungsunion
1973  Erweiterung der EG durch Beitritt von GB, IR, DK
1975  – Schaffung des Fonds für regionale Entwicklung
      – 1. Abkommen von Lomé mit 46 Entwicklungsländern
1979  – Errichtung der Europäischen Währungsunion (EWU)
      – 1. Direktwahl zum Europäischen Parlament
1981  Beitritt Griechenlands; später Spanien und Portugal
```

Ziele des EWG-Vertrages

In den *„Römischen Verträgen"* von 1957 wurden für die EWG der sechs Mitgliedsstaaten (Belgien, Bundesrepublik Deutschland, Frankreich, Italien, Luxemburg, Niederlande) folgende Ziele bzw. Stufen festgelegt:
1. Schaffung einer *Freihandelszone,* d.h. Abbau der Binnenzölle und Öffnung des Marktes für die Waren der Partnerstaaten.
2. Schaffung einer *Zollunion* durch Abbau der Binnenzölle und gemeinsame Außenzölle zu Drittländern.
3. Schaffung eines *Gemeinsamen Marktes* mit freiem Kapitalverkehr, freiem Warenverkehr, freiem Dienstleistungsverkehr und freiem Niederlassungsrecht in allen Ländern der Gemeinschaft für deren Bürger und Angleichung der verschiedenen Bereiche der nationalen Wirtschaftspolitik, d.h. Harmonisierung der Agrar-, Wettbewerbs-, Handels-, Sozial-, Verkehrs-, Regional-, Bildungspolitik usw.
4. Errichtung einer *Wirtschafts- und Währungsunion,* d.h. einheitliche Konjunktur- und Währungspolitik durch die Gemeinschaftsorgane, Verschmelzung zu einem einheitlichen Wirtschaftsraum.

4.1 Die Agrarpolitik in der EG

Die Ziele in der Agrarpolitik sind
1. Steigerung der Produktivität, insbesondere der Arbeitsproduktivität,

2. Sicherstellung eines angemessenen Einkommens für die landwirtschaftlich Beschäftigten,
3. Stabilisierung des Agrarmarktes,
4. Sicherung der Versorgung der Bevölkerung,
5. Belieferung des Verbrauchers zu angemessenen Preisen.

Hinzu kommen die mittel- und langfristigen Ziele wie die Erhaltung und die Verbesserung der Lebensbedingungen in den ländlichen Bereichen und mehr und mehr die Notwendigkeit einer besseren Produktionsaufteilung innerhalb der Gemeinschaft.

Angestrebt war und ist eine Veränderung der Strukturen der westeuropäischen Landwirtschaft, damit sie konkurrenzfähiger wird, wobei das Leitbild der bäuerlichen Familienbetriebe bisher unangetastet blieb (trotz der „Industrialisierungstendenzen" bei der Produktion von Weizen, Geflügel, Schweinen).

Wegen der naturbedingten und sozioökonomischen Unterschiede in der Landwirtschaft der EG-Staaten mußten für den Agrarmarkt andere Regelungen gefunden werden als für die Industriemärkte, weil in der Agrarwirtschaft strukturverändernde Maßnahmen, wie z. B. Änderung der Produktionsrichtung oder Betriebsvergrößerungen ungleich schwieriger zu bewerkstelligen sind (vgl. Abb. S. 83).

Strukturen der Landwirtschaft in der Gemeinschaft

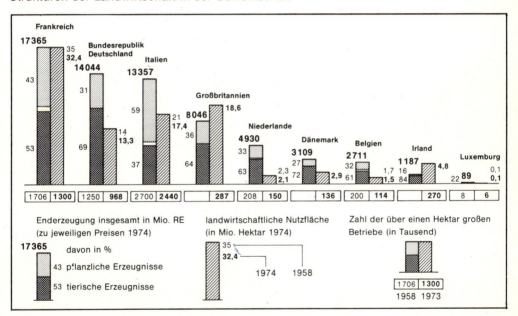

RE = fiktive landwirtschaftliche Währungseinheit, d. h. 1 RE entsprach am 12. 5. 1978 DM 3,40

ERE = Europäische Rechnungseinheit am 24. 11. 1979 DM 2,51 (gemeinsamer Nenner für Gesamt-EG-Haushaltsplan)

Nach Die Agrarpolitik der Europäischen Gemeinschaft. Europäische Dokumentation, 1976, H. 5, S. 10. Europäische Gemeinschaften (Hrsg.). Brüssel

Die Unterschiede in der Wirtschafts- bzw. Agrarstruktur (vgl. Abb. S. 83 und S. 86) der EG, aber auch das niedrige Agrarpreisniveau auf dem Weltagrarmarkt machten es notwendig, nach und nach einheitliche EG-Agrarpreise bzw. entsprechende Marktordnungen zu finden, die einerseits den EG-Landwirten eine angemessene Lebenshaltung garantierten, andererseits nicht die Produktion von Agrarüberschüssen stimulierten. Trotzdem kam und kommt es bei einzelnen Produkten zeitweilig zu Agrarüberschüssen.

Grundsätze

Am Beispiel des Mechanismus der Abschöpfung und Erstattung bei Weizen werden die Prinzipien des EG-Agrarmarktes deutlich:
1. die *Einheit des Marktes*, d. h. freier Warenverkehr zwischen den Mitgliedsstaaten, keine Zölle oder Subventionen, die den Wettbewerb verfälschen, jedoch gemeinsame Preise und Harmonisierung verwaltungsrechtlicher, gesundheitlicher und veterinärpolizeilicher Vorschriften,
2. die *Gemeinschaftspräferenz* schützt den Einheitsmarkt vor Niedrigpreiseinfuhren (z. B. aus den USA, Kanada, Neuseeland) und vor Preisschwankungen auf dem Weltmarkt; zur *„Abschöpfung"* kommt es bei Einfuhren zu Weltmarktpreisen, die unter dem Preisniveau der Gemeinschaft liegen (gemeinsamer Außenzoll), umgekehrt wird bei EG-Agrarexperten die Differenz zwischen niedrigem Weltmarktpreis und EG-Marktpreis „erstattet",
3. die *finanzielle Solidarität* wird am besten erkennbar in der Einrichtung des „Europäischen Ausrichtungs- und Garantiefonds für die Landwirtschaft" *(EAGFL)*. In ihn fließen die Einnahmen aus Abschöpfungen und die Beiträge der Mitgliedsstaaten für die gemeinsame Agrarmarktorganisation. Damit werden die Ausgaben getätigt, die durch die Errichtung des gemeinsamen Agrarmarktes entstehen, z. B. bei Interventionen zur Regulierung der Märkte für einzelne Agrarprodukte (vgl. Abb. S. 86). Mit dem Begriff „*Ausrichtungsfonds"* ist das Instrument zur Finanzierung von agrarstrukturverbessernden Maßnahmen gemeint.

Der *Interventionspreis* ist der garantierte Preis, zu dem die staatlichen Interventionsstellen die ihnen angebotenen Erzeugnisse ankaufen müssen, falls der Erzeuger nicht die durch gemeinsame Marktorganisation zu erwartenden *Richtpreise* realisieren kann (abzüglich der Ablade- und Transportkosten = *Schwellenpreis*, vgl. Abb. S. 84).

Mechanismus der Abschöpfungen und Erstattungen bei Weizen

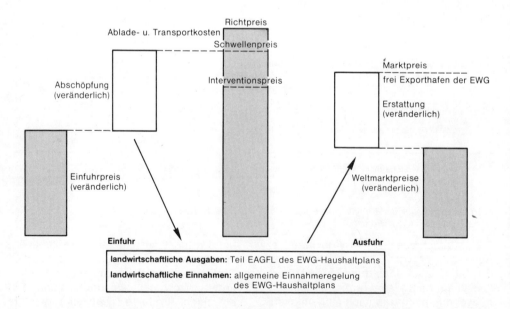

Nach Die Agrarpolitik der Europäischen Gemeinschaft. Europäische Dokumentation, 1976, H. 5, S. 5. Europäische Gemeinschaften (Hrsg.), Brüssel

Die verschiedenen finanziellen Unterstützungen dienen dazu,
- die Versorgung der Bevölkerung sicherzustellen,
- die teure Lagerhaltung bei Interventionskäufen infolge Überschußproduktion zu bezahlen,
- die Einkommensunterschiede der Landwirte, die innerhalb der EG bis zu 500% betragen, zu mildern,
- die Klein- und Mittelbetriebe konkurrenzfähiger werden zu lassen (drei Viertel der landwirtschaftlichen Betriebe der EG sind unter 20 ha groß.)

Erfolge und Probleme

1. Die agrarpolitischen Ziele der Römischen Verträge sind nur zum Teil erreicht worden, denn Maßnahmen zur notwendigen Strukturverbesserung konnten oder wollten einige EG-Mitglieder nicht durchführen, so daß es zu Wettbewerbsverzerrungen kam. Dies hatte entsprechende finanzielle Folgen wegen der EG-Markt- und Preispolitik, die diese Nachteile auszugleichen versuchte.
2. Insgesamt gab es in den letzten 20 Jahren Teilerfolge bei der Verbesserung der Arbeitsproduktivität und der Einkommen für landwirtschaftlich Beschäftigte.
3. Mit Hilfe der verschiedenen Interventionsmechanismen kam es kurzfristig zu einer Stabilisierung der Märkte, aber das Fehlen einer einheitlichen Währung bzw. unterschiedlich hohe Inflationsraten in den einzelnen Mitgliedsstaaten führten zu Wettbewerbsverfälschungen, die durch den kostspieligen „Grenzausgleich" gemildert werden sollten.
4. Bei der Sicherstellung der Versorgung der Bevölkerung war man weitgehend erfolgreich. Nur in der Viehhaltung war man bisher zur Deckung des Futtermittelbedarfs auf Einfuhren aus Drittländern angewiesen (80% der Sojabohnen, 50% des Mais).
5. Bei der Belieferung der Verbraucher zu angemessenen Preisen konnte nur z. T. eine Angleichung erzielt werden. Zwar sind die Agrarpreise innerhalb der EG nahezu gleich, aber aufgrund der unterschiedlichen Kosten für die Vermarktung ergeben sich unterschiedlich hohe Nahrungsmittelendpreise. Die Einkommensverhältnisse des westeuropäischen Bauern sind zwar durch Verteuerung der Agrarprodukte verbessert worden, aber die Leidtragenden waren die Verbraucher, die in der EWG 1972 schon etwa 6–8 Mrd. Dollar mehr für Nahrungsmittel aufwenden mußten (verglichen mit dem Weltmarktpreisniveau): Der EG-Haushalt liegt derzeit bei etwa 30 Mrd. DM, aber unbekannt ist meistens, daß dies nur 2,7% der Gesamthaushalte der EG-Staaten sind.
6. 70% des EG-Haushalts verschlingt die *Interventionspolitik* auf dem Agrarsektor, und nach wie vor bleiben nur wenige Mittel für strukturverbessernde bzw. regionalpolitisch bedeutsame Aufgaben.

Weltmarktpreise und EG-Preise für verschiedene Agrarprodukte in DM je 100 kg, 1976/77

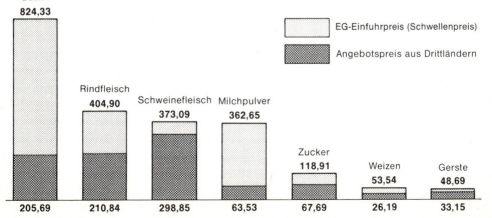

Gliederung des EG-Haushalts

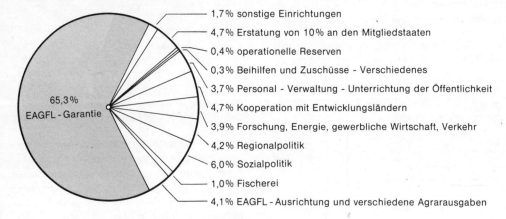

Nach Europa. Zeitungskolleg. Dt. Institut für Fernstudien (Hrsg.). Tübingen 1979, S. 81

Einkommensunterschiede und EG-Regionalfonds

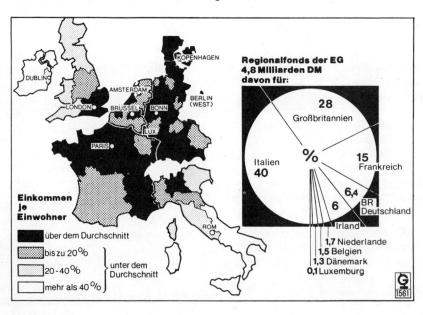

Globus Kartendienst, Nr. 1561, Hamburg

4.2 Die Funktion der EG für Industrie und Handel

Bei der Betrachtung der hohen Kosten für den Agrarsektor ist zu berücksichtigen, daß von der EG für die anderen Wirtschaftsbereiche so bedeutsame Wirtschaftsimpulse ausgehen, daß die Belastung dadurch für den Konsumenten und Steuerzahler mehr als wettgemacht wird.

Für die bundesdeutsche Industrie und auch für die Industrie der anderen EG-Länder hätte es in den letzten zwei Jahrzehnten nicht die erstaunlichen Wachstumsraten gegeben, wenn durch die Römischen Verträge nicht eine *Markterweiterung* ermöglicht worden wäre (durch den freien Verkehr von Waren, Kapital und Personen und durch die Niederlassungsfreiheit). Der Absatz deutscher Industrieerzeugnisse wurde gesteigert, die Investitionen deutscher Industrieunternehmen in der EG nahmen zu, und umgekehrt konnten sich die Industriebetriebe aus den EG-Ländern verstärkt in der Bundesrepublik engagieren. Durch die Anwerbung von ausländischen Arbeitskräften aus strukturschwachen Gebieten Südeuropas kam es einerseits zu einer Entspannung auf dem Arbeitsmarkt, andererseits zu einer Verringerung der Arbeitslosigkeit. Die Industrieproduktion konnte vor allem in wirtschaftlichen Krisenzeiten stabilisiert werden, weil die Absatzchancen in der EG relativ gleich blieben.

Die Steigerung der Produktion und des Handels brachte auch eine Vergrößerung bzw. eine Konzentration der Unternehmen mit sich, d. h. die Chancen für das Anwachsen von marktbeherrschenden übernationalen Konzernen („Multis") sind dadurch gestiegen. Um den Wettbewerb (zugunsten der Verbraucher) in der EG zu gewährleisten, müssen die Industrieunternehmen (laut EG-Vertrag) daher eine Reihe von Bestimmungen befolgen, z. B.
– das Verbot von Preisabsprachen,
– keinen Mißbrauch einer marktbeherrschenden Stellung,
– Rationalisierung und Anpassung an den technischen Fortschritt.

Durch eine einheitliche Gesetzgebung in der EG will man außerdem erreichen, daß nach der Beseitigung der Zollschranken innerhalb der Gemeinschaft keine neuen Handelsschranken aufgerichtet werden, z. B.
– durch Differenzen in der Besteuerung und in der bisherigen Währungspolitik,
– durch unterschiedliche Sozial- und Umweltgesetze,
– durch verschiedene technische und gesundheitspolitische Vorschriften (z. B. DIN, VDE),
– durch die unübersehbare Flut der Vorschriften der EG-Bürokratie.

Zur *Wettbewerbspolitik* in der EG gehört auch, daß sich die Industrie um die Erhaltung der Wettbewerbsfähigkeit auf dem Weltmarkt bemüht. So kam es in den letzten Jahren in der EG trotz Stahlkrise erfreulicherweise nicht zu den üblichen nationalen protektionistischen Maßnahmen, sondern angesichts der weltumspannenden Ausweitung der Produktionsmöglichkeiten in der eisenschaffenden Industrie (z. B. in Japan oder in einigen Entwicklungsländern) erklärten sich die westeuropäischen Stahlindustriellen zu einer schrittweisen Sanierung, d. h. zum Abbau von Kapazitäten, bereit. Ähnliches gilt für die Kunstfaserindustrie.

Nur bei der Behandlung der Textilindustrie macht die EG eine Ausnahme und steuert einen harten protektionistischen Kurs zur Beschränkung der Textilimporte aus Billiglohnländern (wie Taiwan, Korea, Hongkong), um die westeuropäischen Arbeitsplätze zu sichern.

Die Verbesserung bzw. die Vereinheitlichung des Sozial- und Arbeitsrechts ist trotz der Forderungen der Europäischen Sozialcharta bis heute nicht recht vorangekommen, weil der Europäische Gewerkschaftsbund (1973 gegründet) noch nicht als Partner zum Abschluß von Tarifverträgen usw. auf EG-Ebene anerkannt wird.

Die EG ist am Welthandel (Gesamtwert 1976: 1,7 Billionen Dollar) mit 300 Milliarden Dollar beteiligt, wobei der Handel der EG-Staaten untereinander nicht mitgezählt wird. Damit ist die EG der wichtigste Handelspartner der Welt vor den USA mit 240 Mrd. Dollar.

Innerhalb des *Außenhandels der EG-Staaten* gibt es allerdings erhebliche Unterschiede hinsichtlich
– der Exportabhängigkeit (besonders groß bei den Benelux-Staaten, besonders gering bei Frankreich und Großbritannien),
– der Importabhängigkeit (besonders bei Erdöl),
– des Gewichts innerhalb der EG (besonders groß bei der Bundesrepublik Deutschland, auf deren Konto ein Drittel des Gesamtexports geht),
– der Handelsbilanz, d. h. die Differenz zwischen dem Wert der Exporte und Importe (bis auf die Bundesrepublik, 1979, verzeichnen alle anderen EG-Partner ein Defizit, besonders Frankreich und Großbritannien).

Außenhandel der EG 1978 in Mrd. Dollar

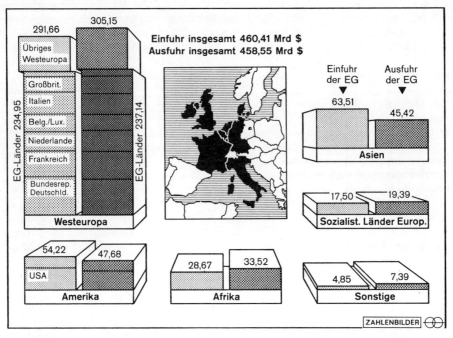

Erich Schmidt Verlag: Zahlenbilder 785227

Handel der EG

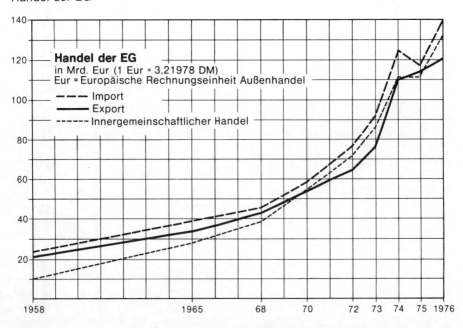

Nach Claus D. Grupp: Aus Neun mach Eins. Köln: Verlag Deutsche Jugendbücherei 1978, S. 60

Anteil des Handels mit den EG-Ländern am gesamten Außenhandel in Prozent

Jahr	Bundes-republik Deutschl.	Frank-reich	Italien	Nieder-lande	Belgien/Luxemb.	Groß-brit.	Irland	Däne-mark	EG insges.
	Einfuhr aus den EG-Ländern								
1960	29,7	29,4	27,7	45,8	47,9	–	–	–	34,3
1965	37,8	38,8	31,3	53,4	54,5	–	–	–	41,7
1970	44,2	48,9	41,1	55,9	58,9	–	–	–	48,4
1975	49,5	48,9	43,0	56,8	67,2	36,6	69,1	49,4	49,2
1977	48,2	49,4	43,1	54,8	67,6	38,5	68,2	48,3	49,3
	Ausfuhr aus den EG-Ländern								
1960	29,5	29,8	29,6	45,9	50,5	–	–	–	34,5
1965	36,3	41,0	40,2	55,7	61,9	–	–	–	43,5
1970	40,1	48,8	42,9	62,0	68,6	–	–	–	48,9
1975	43,6	49,2	45,0	70,2	70,5	32,3	79,4	46,8	49,3
1977	44,9	50,4	46,6	70,4	71,2	36,6	76,1	46,2	50,7

Leistung in Zahlen 77. Bundesministerium für Wirtschaft (Hrsg.). Bonn: Selbstverlag 1977, S. 101

Die Bundesrepublik Deutschland wickelt mittlerweile ca. 50% ihres Außenhandels mit den Mitgliedsstaaten der EG ab. Während sie 1958 nur Waren für knapp 10 Mrd. DM absetzte, waren es 1976 Waren im Wert von fast 120 Mrd. DM. Aus dem EG-Handel zieht die Bundesrepublik den Nutzen, d. h., 1976 kauften die EG-Partner für 10 Mrd. DM mehr Produkte in der Bundesrepublik, als wie sie von ihnen bezog.

Trotz des bundesrepublikanischen Handelsüberschusses und trotz der wirtschaftlichen Schwierigkeiten in den anderen EG-Staaten in der Konjunkturkrise seit 1973 führten die Partnerländer keine Einfuhrbeschränkungen für deutsche Waren durch. Die von der Bundesrepublik erzielte aktive Handelsbilanz bedeutet konkret

– die Erhaltung von ca. 200 000 bundesdeutschen Arbeitsplätzen,
– die Ersparnis von über 2 Mrd. DM, die die Bundesanstalt für Arbeit für 200 000 Arbeitslose zu zahlen hätte,
– die Einnahmen von ca. 1 Mrd. DM für die Rentenversicherung bzw. für den Staat (durch die Steuern).

Die EG ist also ein wichtiger Faktor bei der Sicherung der Arbeitsplätze, d. h., etwa 1,5 Mio. industriell Erwerbstätige und 0,85 Mio. Erwerbstätige im Dienstleistungssektor (10% der Erwerbstätigen) sind von den Aufträgen der EG-Länder abhängig.

Innerhalb des Dienstleistungssektors ist die Situation für die Bundesrepublik recht unterschiedlich, dem nahezu ausgeglichenen Verhältnis bei den Kapitalerträgen und dem Überschuß von 6 Mrd. DM im Transportwesen steht eine passive Reiseverkehrsbilanz gegenüber (1976: Einnahmen 8,8 Mrd. DM, Ausgaben 25 Mrd. DM).

Letztere kommt vor allem den europäischen Mittelmeerländern und den Alpenstaaten zugute und dienen dort zur Verbesserung der Zahlungsbilanz.

4.3 Die EG und die Entwicklungsländer

Die EG ist zwar der größte Agrarimporteur der Welt, aber nicht zu Unrecht ist man besonders in den Entwicklungsländern über deren hohen Selbstversorgungsgrad beunruhigt, der diesen Ländern wenig Chancen läßt, ihre devisenbringenden Agrarexporte zu steigern (vgl. Tab. S. 254).

Viele Länder, die aus bestimmten Gründen nicht Mitglied der EG werden können oder wollen, haben mit der Gemeinschaft Assoziierungsverträge geschlossen. Die Assoziierung ist eine besondere Form der Beteiligung eines Staates an einer Wirtschaftsunion durch ein Handelsabkommen und andere Abmachungen. Manchmal wird die Assoziierung auch als Vorstufe zur Vollmitgliedschaft angesehen, z. B. im Falle Griechenlands.

Von besonderer Bedeutung für 46 Staaten Afrikas, der Karibik und des Pazifischen Raums *(AKP-Staaten)* sind die *Abkommen von Lomé* (vgl. Kap. Welthandel, S. 163).

In Zusammenarbeit mit der FAO und den Hilfsorganisationen finanziert die EG außerdem ein dreijähriges Hilfsprogramm (im Wert von 1 Mrd. RE) in Form von unmittelbaren Nahrungsmittellieferungen für Länder, die unter Mißernten und Hungersnöten zu leiden haben. Aus Überschüssen soll den ärmsten Entwicklungsländern kurzfristig geholfen werden. Diese Lieferungen zu nichtkommerziellen Bedingungen sind zwar aus humanitären Gesichtspunkten dringend geboten, aber sie bremsen unter Umständen mittel- bzw. langfristig die notwendigen Anstrengungen zur Produktionssteigerung in der Landwirtschaft der Entwicklungsländer und zögern auch in den Überschußländern (z. B. USA, EG) die nötigen strukturellen Anpassungen hinaus.

Bergbau und Energiewirtschaft

1 Bergbau

Der wirtschaftende Mensch ist in besonderem Maße auf die Nutzung der irdischen Rohstoffe angewiesen, bereits in frühgeschichtlicher Zeit verstand er es, einige dieser Rohstoffe auf primitivste Art zu nutzen. Man unterscheidet *Metall-Rohstoffe* von *Energie-Rohstoffen*. Wichtige Metall-Rohstoffe sind z.B. Eisen, Kupfer, Zinn, Zink, wichtige Energie-Rohstoffe sind z.B. Kohle, Erdöl, Erdgas, Uran.

1.1 Abbauwürdigkeit und Rentabilität von Lagerstätten

Die Abbauwürdigkeit von Lagerstätten wurde bisher durch den jeweils gängigen Marktpreis eines betreffenden Rohstoffes beeinflußt. Seit der sogenannten Energiekrise im Jahr 1973 und verstärkt seit Ende der 70er Jahre wurde jedoch deutlich, daß künftig insbesondere die Energie-Rohstoffe trotz steigender Abbaukosten in verstärktem Maße gewonnen werden müssen. Verschiedene Faktoren bestimmen die Rentabilität und damit die Abbauwürdigkeit einer *Lagerstätte*: geographische Lage (insbesondere das Klimagebiet), ermittelte Größe, Tiefe und Lagerungsbedingungen sowie Prozentgehalt einer Lagerstätte, Güte der Energie-Rohstoffe, Kosten und Investitionen zur Erschließung einer Lagerstätte, laufende Abbaukosten und infrastrukturelle Aufwendungen wie Transportwege, Versorgung mit Energie und Nahrungsmitteln.

Abbauwürdigkeitsgrenzen für Kupfer-Lagerstätten

1881–1890	5,2 % Cu	1931–1940	1,58% Cu
1901–1910	2,06% Cu	1951–1961	0,8 % Cu

Eine große Erzlagerstätte erfordert für *Erkundung (Prospektion)* und *Erschließung (Exploration)* fünf bis sechs Jahre, die Errichtung notwendiger Anlagen zusätzlich drei bis vier Jahre.

Typischer Investitionsbedarf für Bergbau- und Verhüttungsprojekte im Jahr 1975

Rohstoff	Investition/t Jahresproduktion in Dollar
Aluminium	
Bauxit-Bergbau	25 – 30
Aluminium-Hütte	1000 – 1 500
Kupfer	
Bergbau mit Verhüttung	3000 – 5 000
Nickel	
Bergbau mit Verhüttung	8 000 –15 000
Blei	
Hüttenerweiterung	100 – 500
Zink	
Raffinerie-Erweiterung	300 – 700

Werner Gocht: Wirtschaftsgeologie. Berlin, Heidelberg, New York: © Springer 1978, S. 5

Zeit- und Investitionsplan für den Aufbau einer Erdöl-Produktion in der Nordsee

	Exploration	Entwicklung	Produktion	
Arbeits-programm	Seismik Explorationsbohrungen Bestätigungsbohrungen	Planung Plattformkonstruktion Pipelinebau, Errich- tung von Hafenanlagen Produktions- und Injektionsbohrungen	Aufbau der Produktion Spitzenförderung Förderabfall	3 Jahre 5 Jahre 8 Jahre
Zeit	4 Jahre	5 Jahre	16 Jahre	
Investitionen	150 Mio. DM	2,0 Mrd. DM		
Betriebs-kosten			2,0 Mrd. DM	

Quelle: G. Schürmeyer. Wirtschaftliche Aspekte des Nordsee-Rohöls, in: Meerestechnik 7, 2 (1976).

Manfred Grathwohl: Energieversorgung. Berlin, New York: de Gruyter 1978, S. 81

Die beiden folgenden Abbildungen veranschaulichen die unterschiedlichen Lagerungs- und Abbaubedingungen der appalachischen Steinkohle und der Ruhrkohle und erklären die dadurch unterschiedlich hohen Abbaukosten, die bei der US-Kohle deutlich niedriger sind.

Flözlage und Abbau der Steinkohle bei Pittsburgh (links) und im Ruhrgebiet (rechts)

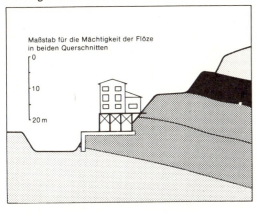
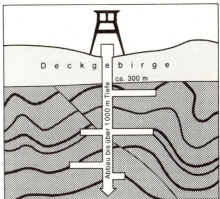

1.2 Die Bergbauprodukte der Erde (Metall-Rohstoffe; Eisen- und Nichteisenmetalle)

Die Entwicklungsländer sind in der Bergwerksproduktion bei einzelnen Rohstoffen, z.B. Zinn, im Vergleich zu den westlichen und östlichen Industriestaaten führend. Die Produktionszahlen bei den übrigen Metallen können allerdings noch keinen Aufschluß über die tatsächlichen Vorkommen in diesen Regionen zulassen, da die Prospektion in vielen Ländern noch nicht so weit fortgeschritten ist. Aus der Höhe der vermuteten Vorräte läßt sich für die verschiedenen Rohstoffe nur sehr schwer ihre Reichweite berechnen, da diese zusätzlich vom künftigen Bedarf her bestimmt wird. Weiterhin darf nicht übersehen werden, daß Aussagen über Rohstoffvorräte außerordentlich schwer zu machen sind. Die Erkundung und damit die Kenntnis über Rohstoffvorkommen ist stark bedarfsorientiert, denn der Bedarf der Wirtschaft wird lediglich auf wenige Jahre hinaus ermittelt. Erst zusätzliche oder weitere Nachfrage nach Rohstoffen regt zu erneuter und verstärkter Prospektionstätigkeit an.

„Mit dem Vordringen in größere Tiefe, mit dem Vordringen in entlegenere Gebiete, mit dem Einbeziehen des Rohstoffpotentials des Meeres und seines Untergrundes wird die Exploration und der Nachweis von Metallerz-Lagerstätten immer aufwendiger und damit teurer" (F. Bender, 1978). Wie die großen Erfolge der UdSSR bei der Rohstoffsuche in den extrem klimatischen Gebieten Sibiriens zeigen, scheint in Staatshandelsländern die Finanzierung von Prospektion und Exploration unter dem Einsatz öffentlicher Mittel eher möglich zu sein als in westlichen Industriestaaten, in denen die finanziellen Risiken für die privatwirtschaftlichen Einzelunternehmen allein immer größer werden.

Sichere und wahrscheinliche Vorräte, Bergwerksförderung und statische Lebensdauer von mineralischen Rohstoffen in den Jahren 1968/69 und 1978/79

Rohstoff	Einheit	Vorräte 1969	Förderung 1968	stat. Lebensd. (Jahre)	Vorräte 1979	Förderung 1978	stat. Lebensd. (Jahre)
Eisenerz	Mio t	88 000	369	238	93 400	458	204
Rohphosphat	Mio t	147 600	84	1 757	27 000	120	225
Aluminiumerz	Mio t	7 400	47	157	27 000	87	310
Manganerz	Mio t	„groß"	17	„hoch"	5 400	23	235
Kupfererz	1 000 t	279 200	5 459	51	498 100	7 970	62
Chromerz	1 000 t	2 414 100	4 913	491	3 356 600	9 943	338
Zinkerz	1 000 t	79 800	4 977	16	150 000	6 150	24
Flußspat	1 000 t	45 700	3 635	13	95 300	4 630	21
Asbest	1 000 t	„groß"	2 985	„hoch"	145 300	5 500	26
Bleierz	1 000 t	81 600	3 005	27	174 900	3 506	50
Nickelerz	1 000 t	68 000	545	125	82 030	589	139
Zinnerz	1 000 t	5 600	215	26	10 000	235	43
Antimonerz	1 000 t	3 600	63	57	4 300	69	62
Molybdänerz	1 000 t	3 400	66	52	7 760	98	79
Wolframerz	1 000 t	1 130	31	36	1 996	43	46
Kobalterz	1 000 t	3 110	19	164	3 655	31	118
Vanadiumerz	1 000 t	„groß"	15	„hoch"	9 800	29	338
Nioberz	1 000 t	5 800	5	1 160	10 140	11	922
Quecksilber	1 000 Fl[1]	5 300	258	21	4 300	190	23
Platinmetalle	t	8 800	106	83	24 600	199	124

[1] Flaschen zu 76 Pfunde Metall

Der Bürger im Staat, Heft 3, Sept. 1979, S. 178. Landeszentrale für Politische Bildung, Baden-Württemberg (Hrsg.). Stuttgart, Stafflenbergstr. 38

Die Konzentration der sicheren und wahrscheinlichen Rohstoffe in der Welt im Jahr 1979

Rohstoff	Höhe der Vorräte (Mio. t)	Anteil der Vorratsländer in %
Eisenerz	93 400	UdSSR (30), Brasilien (17), Kanada (12)
Rohphosphat	27 000	Marokko (67), Rep. Südafrika (11), USA (8)
Aluminiumerz	27 000	Guinea (30), Australien (24), Brasilien (9)
Manganerz	5 400	UdSSR (47), Rep. Südafrika (37), Australien (6)
Kupfererz	498	USA (19), Chile (19), UdSSR (7)
Chromerz	3 357	Rep. Südafrika (67), Rhodesien (30), UdSSR (1)

Zinkerz	150	Kanada (19), USA (15), Australien (13)
Flußspat	95	Rep. Südafrika (26), Mexiko (13), Großbritannien (7)
Asbest	145	Kanada (35), UdSSR (28), Rep. Südafrika (10)
Bleierz	175	USA (32), Australien (10), UdSSR (10)
Nickelerz	82	Neukaledonien (19), Kuba (18), Kanada (12)
Zinnerz	10	Indonesien (24), VR China (15), Thailand (12)
Antimonerz	4	VR China (45), Bolivien (9), Rep. Südafrika (7)
Molybdänerz	8	USA (44), Chile (32), UdSSR (8)
Wolframerz	2	VR China (47), Kanada (11), UdSSR (11)
Kobalterz	4	Kuba (22), Indonesien (15), Zaire (12)
Vanadiumerz	10	UdSSR (74), Rep. Südafrika (19), Australien (2)
Nioberz	10	Brasilien (76), Kanada (8), UdSSR (6)
Quecksilber	4 Fl	Spanien (35), UdSSR (10), VR China (10)
Platinmetalle (in 1000 t)	25	Rep. Südafrika (73), UdSSR (25), Kanada (1)

Der Bürger im Staat, Heft 3, Sept. 1979, S. 180–181. Landeszentrale für Politische Bildung, Baden-Württemberg (Hrsg.). Stuttgart, Stafflenbergstr. 38

1.2.1 Reserven und Ressourcen

Reserven und Ressourcen der Erde

Unter *Ressourcen* versteht man die gesamten Rohstoffvorkommen der Erde, unter *Reserven* die Menge, die derzeit technisch und wirtschaftlich gewinnbar ist. Nachgewiesene Reserven kennt man durch Bohrungen oder Aufschlüsse sowie durch genaue Probeentnahmen.

Sichere Reserven sind aufgrund eines engen Aufschlußnetzes in Umfang, Form und Inhalt der Lagerstätte gut, wahrscheinliche Reserven in Menge und Gehalt auf der Basis geologischer Beweise teilweise bekannt. Identifizierte Ressourcen, deren Gestehungskosten derzeit noch nicht wirtschaftlich genug sind, bezeichnet man als subökonomisch.

Noch nicht entdeckte Ressourcen, die sich aber mit einer relativ großen Aussagesicherheit in bekannten Lagerstättenprovinzen befinden dürften, werden unter der Kategorie hypothetisch, in den übrigen Gebieten mit geringerer Aussagesicherheit unter der Kategorie spekulativ zusammengefaßt. Diese Klassifizierung wird bei den Energie-Rohstoffen sowie bei den Metall-Rohstoffen verwendet.

1.3 Bergbau als raumwirksamer Faktor

Da sich Metall- und Energie-Rohstoffe nach geologischen Gesetzmäßigkeiten weit über die Erde verbreiten, muß der wirtschaftende Mensch zu ihrer Nutzung vielfach in Gebiete vordringen, die bis zu diesem Zeitpunkt kaum oder gar nicht besiedelt waren. Daher ergeben sich mit der Erschließung und Ausbeutung von Lagerstätten häufig beachtliche *landschaftliche Veränderungen*. Bei der Ausbeutung von Erzminen in den nordamerikanischen Kordilleren entstanden vielfach ganze Städte, die ihre Existenz einzig dem Bergbau verdanken. Mit der Erschöpfung einer solchen Mine war oftmals die Aufgabe der ganzen *Bergbaustadt* verbunden (Geisterstadt, *ghost town*). Ähnliche Siedlungen entstanden in jüngster Zeit insbesondere in vielen Gebieten außerhalb der Ökumene, die notwendigerweise den Bau von Straßen und Eisenbahnlinien sowie Flugplätzen mit sich brachten. Die Anlage neuer Siedlungen ist stets mit Zuwanderungsbewegungen verbunden.

Mit zunehmender Kohlenförderung setzte im vergangenen Jahrhundert ein kräftiger Bevölkerungsstrom aus den ehemaligen deutschen Ostgebieten und Polen ins Ruhrgebiet ein. Allein im Zeitraum von 1871 bis 1900 stieg dort die Bevölkerung um 203%.

Durch Ausbeutung des umfangreichen Rohstoffpotentials in West- und Ostsibirien verfolgt die UdSSR eine konsequente Siedlungspolitik zur Auffüllung dieser bisher wenig besiedelten Räume. So entstanden die großen Industriezentren im Kusnezk-Becken, im Becken von Minussinsk, in Bratsk, Kansk-Atschinsk usw. Neben diesen siedlungs- und wirtschaftspolitischen Aspekten bei der Erschließung dieser Räume spielen strategische Momente im direkten Vorfeld zur Volksrepublik China eine wesentliche Rolle (vgl. Kap. UdSSR, S. 335).

Die jüngsten militärischen Auseinandersetzungen in Zaire im Jahre 1978 bzw. in Spanisch-Sahara im Jahre 1977 und in den Folgejahren spiegeln nicht zuletzt einen Interessenskonflikt um die Kupfer- bzw. Phosphatlagerstätten dieser Gebiete wider.

Veränderungen durch den Braunkohlentagebau Goitzsche

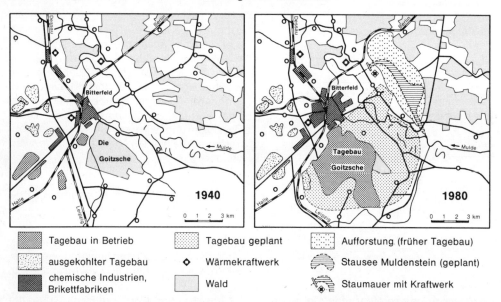

Bedingt durch die Teilung Deutschlands, wurde die DDR vollkommen von der Steinkohle des Ruhrgebietes abgeschnitten und war deshalb darauf angewiesen, ihre reichhaltigen Braunkohlenvorkommen besonders intensiv zu nutzen, was gewaltige landschaftliche Veränderungen im Raum Bitterfeld zur Folge hat. Ähnliche gravierende Landschaftsveränderungen spielen sich heute in der Ville und vor allem bei der Erschließung des Braunkohlenvorkommens im Hambacher Forst ab.

Durch Nutzung und Weiterverarbeitung von Bergbauprodukten entstehen in unmittelbarer Nähe der Rohstoffvorkommen vielfach bedeutende Industrieanlagen. So entwickelte sich das Schwerindustriegebiet des Montan-Dreiecks (Saargebiet-Lothringen-Luxemburg) auf der Basis der Saarkohle und der lothringischen Minette-Erze.

2 Energiewirtschaft

Unter *Energie* versteht man die Fähigkeit, Arbeit zu leisten. Sie spielte daher für den wirtschaftenden Menschen immer eine Rolle. Früher beschränkte sie sich im wesentlichen auf den Einsatz menschlicher und tierischer Arbeitskraft, wie es heute in vielen

Entwicklungsländern noch der Fall ist. Bald nutzte man die Kräfte des strömenden Wassers und des Windes. Schon sehr alt ist die Nutzung des Feuers. Mit zunehmender technologischer Entwicklung, insbesondere dem Einsatz der Dampfmaschine, gewannen Brennstoffe wie Holz, Kohle, Öl, Gas und Uran zunehmende Bedeutung. Es gibt heute eine ganze Reihe von *Primärenergieträgern* (PET).

2.1 Verwendung von Energie und Energieträgern

Verwendungsmöglichkeiten der Energie und der Energieträger

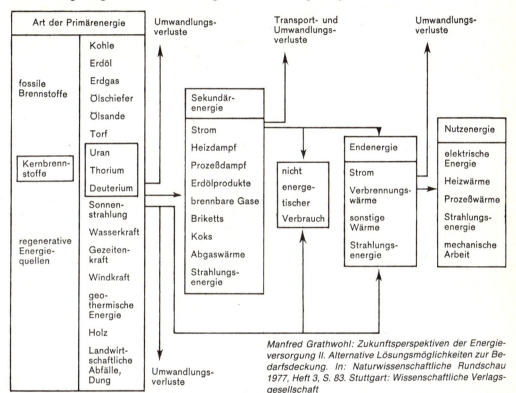

Manfred Grathwohl: Zukunftsperspektiven der Energieversorgung II. Alternative Lösungsmöglichkeiten zur Bedarfsdeckung. In: Naturwissenschaftliche Rundschau 1977, Heft 3, S. 83. Stuttgart: Wissenschaftliche Verlagsgesellschaft

Primärenergie ist die in natürlichen Energieträgern vorhandene Energie. *Fossile Brennstoffe* entstanden in geologisch sehr langen Zeiträumen und sind im Gegensatz zu den regenerativen Energiequellen nur endlich nutzbar. Kernbrennstoffe sind zwar nicht regenerierbar, bei entsprechender Nutzung besitzen ihre Vorräte aber eine sehr lange „Lebensdauer". *Sekundärenergie* wie Strom, Koks, Heizöl, Benzin usw. entsteht durch Umwandlungsprozesse aus Primärenergie. *Endenergie* ist die Energie, die der Verbraucher einsetzt und die sowohl Primär- als auch Sekundärenergie sein kann. Hierfür bedarf es einer weiteren Umwandlung von Sekundärenergie, z.B. schweres Heizöl in Strom. Die *Nutzenergie* ist der Teil der Endenergie, der nach *Umwandlungsverlusten* z.B. in elektrischen Geräten tatsächlich genutzt werden kann. Nicht alle Primär- und Sekundärenergieträger werden energetisch verbraucht, sondern anderweitig verarbeitet. So werden aus Erdölprodukten in der chemischen Industrie Kunststoffe oder aus Holz Baumaterialien hergestellt. Bei sämtlichen Umwandlungsprozessen und beim Transport entstehen Energieverluste. Das Verhältnis von Primär- und Sekundärenergie zu tatsächlich genutzter Energie wird als *Wirkungsgrad* bezeichnet.

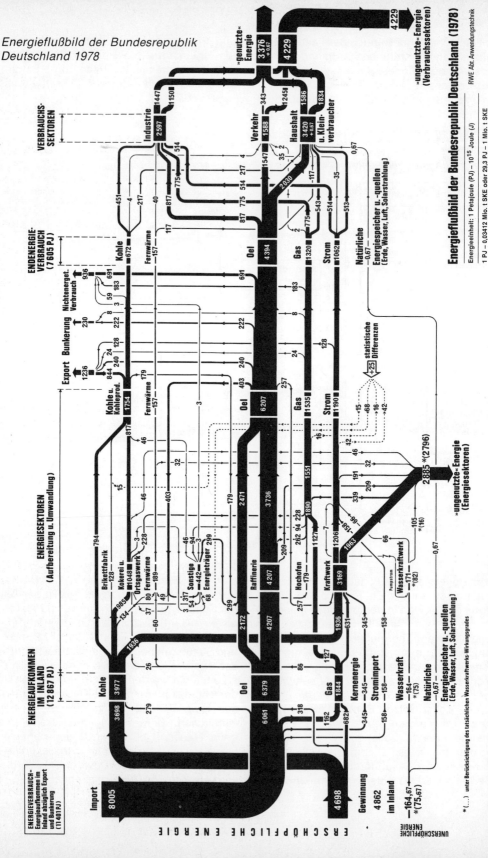

Energieangaben erfolgen üblicherweise in *Steinkohleneinheiten* (SKE). Darunter versteht man den Brennwert von einem Kilogramm Steinkohle, was einer Energiemenge von 8 kWh oder 7000 Kilokalorien (= 29300 Joule) entspricht. Neuerdings wird anstelle der Steinkohleneinheit verstärkt der Begriff der *Öleinheit* (OE) verwendet. 1 kg Öleinheit entspricht 1,44 kg SKE.

Heizwerte und Umrechnungsfaktoren von wichtigen Primär-Energieträgern

Energieträger	Einheit	Heizwert in kcal[1]	kg SKE
Steinkohlen	kg	7 000	1,00
Rohbraunkohlen	kg	1 900	0,27
Hartbraunkohlen	kg	3 500	0,50
Pechkohlen	kg	5 000	0,71
Torf	kg	3 000	0,43
Brennholz	kg	3 500	0,50
Erdgas	m^3	8 000	1,10
Erdölgas	m^3	9 730	1,39
Erdöl	kg	10 100	1,44
Wasserkraft	kWh	2 377	0,34
Elektrischer Strom			
in Primärbilanz	kWh	2 377	0,34
in Endenergiebilanz	kWh	875	0,123

Quelle: Statistik der Kohlenwirtschaft e.V., Essen 1974
1 kcal = 4,187 KJ (Kilojoule);
1 kWh = 3,6 MJ (Megajoule);
1 kg SKE = 29,3 MJ;
1 Mio. t SKE = 29,3 PJ (Petajoule)

Gerhard Bischoff und Werner Gocht (Hrsg.): Das Energiehandbuch. Braunschweig: Vieweg 1976, S. XI ergänzt

2.2 Die Entwicklung des Energieverbrauchs

„Die Piloten der Verkehrsmaschine im Anflug auf den internationalen Kennedy-Airport von New York hatten auf der rechten Seite gerade noch das Lichtermeer Manhattans gesehen. Plötzlich schien die Stadt wie von der Oberfläche verschwunden. Nur ein paar Schiffslaternen auf dem Hudson-Fluß deuteten noch schemenhaft die Umrisse der Häusermonstren an" (R. Gerwin, 1974). In acht US-Staaten und in der kanadischen Provinz Ontario, ein Gebiet von 200 000 km², saßen 30 Millionen Menschen im Dunkeln. Am 9. November 1965 kam es zum seither größten *Stromversorgungszusammenbruch* auf der Welt. Sämtliche Vorortszüge konnten nicht mehr fahren, Menschen waren in U-Bahnen und Aufzügen in Hochhäusern eingeschlossen, elektrisch gesteuerte Gas- und Ölheizungen und in vielen Bezirken sogar die Wasserversorgung setzten aus, Tiefkühltruhen und Kühlschränke tauten auf, an den Tankstellen standen die Zapfsäulen still, der Ausfall der Ampelanlagen führte zu einem Verkehrschaos, und Supermärkte sowie Kaufhäuser mußten trotz Notbeleuchtung schließen, da die Kassen nicht mehr funktionierten. „Als Ursache für den vielstündigen weiträumigen Stromausfall wurde später eine Störung in einer Schaltstation ermittelt, die zu unkontrollierten Netzschwankungen geführt hatte. In den weitläufigen *Energieverbundsystemen* waren große Blindstrommengen unkontrolliert hin- und hergependelt. Darüber hinaus war es sehr schwierig gewesen, die aufgrund der automatischen Abschaltung stillgelegten Kraftwerke wieder in Gang zu setzen" (R. Gerwin, 1974). Dieser „Black out", der sich im übrigen im Jahre 1977 in New York wiederholte, ließ in besonderem Maße die Energieabhängigkeit einer hochindustrialisierten Gesellschaft deutlich werden.

Alle Staaten sind daher besonders darum bemüht, ihren derzeitigen und künftig noch steigenden Energiebedarf voll zu decken. Neben dieser wichtigen Bemühung im politischen Bereich ist die Entwicklung von alternativen Energiequellen für die Zukunft von großer Bedeutung.
Der exponentielle Anstieg des *Energieverbrauchs* ist vor allem auf den ständig wachsenden Bedarf der Industrieländer, insbesondere der Vereinigten Staaten und der UdSSR, zurückzuführen. Während bis in die 50er Jahre Braun- und Steinkohle die dominierenden Primärenergieträger waren, wurden sie seit Anfang der 60er Jahre in zunehmendem Maße durch Erdöl und Erdgas ersetzt. Die zunehmende Ersetzung (*Substitution*) der Steinkohle durch das Erdöl erklärt sich zum einen aus der vielseitigen Verwendbarkeit des Öls, zum anderen durch günstige Transportmöglichkeiten (Pipelines und Riesentanker), den größeren Heizwert pro Volumeneinheit, saubere Verwendungsmöglichkeiten und den günstigeren Preis.

Entwicklung des Weltenergieverbrauchs nach Energieträgern

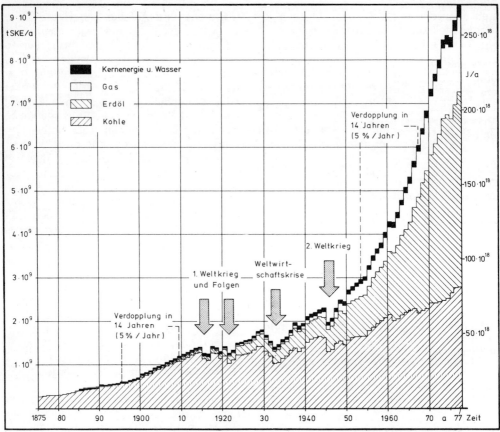

Nutzen und Risiko der Kernenergie. Vorträge eines Seminars. Berichte der Kernforschungsanlage Jülich. Jul – Conf – 17, 4. Auflage 1979, S. 8. Kernforschungsanlage Jülich GmbH, Jülich

Primärenergieverbrauch in der Bundesrepublik Deutschland

Manfred Grathwohl: Energieversorgung. Berlin, New York: de Gruyter 1978, S. 26

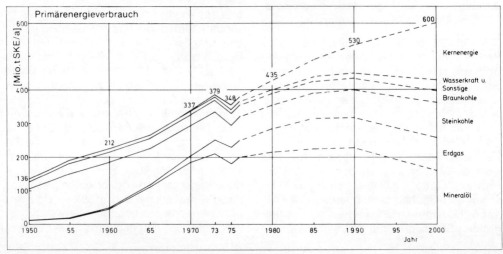

Manche *Raffinerieendprodukte* (vor allem Leichtbenzin) werden in der petrochemischem Industrie zu Kunstfasern, Kunststoffen, Verpackungsmaterialien, Insektenbekämpfungsmitteln, Kunstharzen, synthetischem Kautschuk, kosmetischen und pharmazeutischen Artikeln, Sprengstoffen und Düngemitteln weiterverarbeitet.

Am Beispiel der Bundesrepublik Deutschland sollen die Ursachen für den starken Anstieg des Energieverbrauchs aufgezeigt werden.

Primärenergieverbrauch, Bruttosozialprodukt und spezifischer Energieverbrauch in der Bundesrepublik Deutschland

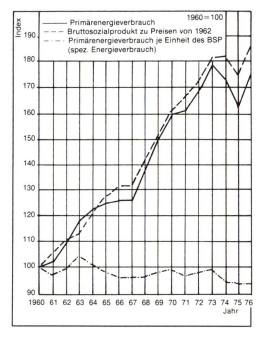

Manfred Grathwohl: Energieversorgung. Berlin, New York: de Gruyter 1978, S. 30

Der Primärenergieverbrauch steht in sehr engem Zusammenhang mit dem *Bruttosozialprodukt* (BSP). Das BSP ist die Gesamtheit der Werte, die in einer Volkswirtschaft in allen drei Wirtschaftssektoren geschaffen werden. Aus der Abbildung auf Seite 99 wird die Abhängigkeit des Energieverbrauchs von der gesamtwirtschaftlichen Situation deutlich.

Allein zwischen den Jahren 1970 und 1979 hat der Kfz-Bestand in der Bundesrepublik Deutschland von 17,2 auf 23,9 Mio. Fahrzeuge zugenommen. Insgesamt vergrößerte sich das Verkehrsaufkommen auch bei Schiff, Bahn und Flugzeug, was auf die verstärkte Reisetätigkeit in unserer heutigen Industriegesellschaft zurückzuführen ist.

Der Wohnungsbestand erhöhte sich im gleichen Zeitraum von 20,8 auf 24,1 Millionen Wohnungen, verbunden mit einer Vergrößerung der Wohnfläche der einzelnen Wohnung. Die schnell fortschreitende *Technisierung* (verstärkter Maschineneinsatz in der Landwirtschaft, *Rationalisierung* in der Industrie und im Dienstleistungssektor) in allen Wirtschaftsbereichen und in den privaten Haushalten ist als weitere Ursache zu werten. Mit zunehmender Verstromung und den damit verbundenen Umwandlungsverlusten steigt ebenfalls der Bedarf an Primärenergieträgern.

Der wachsende *Lebensstandard* ist daher mit der verstärkten Bereitstellung von Energie verbunden (vgl. Abb. S. 100). Dadurch wird auch der sehr geringe Energiebedarf der Entwicklungsländer verständlich.

Der Welt-*Primärenergieverbrauch* wird künftig mit Sicherheit noch stärker wachsen, wenn die Entwicklungsländer mit ihrem hohen Bevölkerungswachstum zunehmend um eine Hebung des Lebensstandards bemüht sind.

Zusammenhang zwischen Primärenergieverbrauch pro Kopf und Bruttosozialprodukt pro Kopf für verschiedene Länder im Jahr 1974

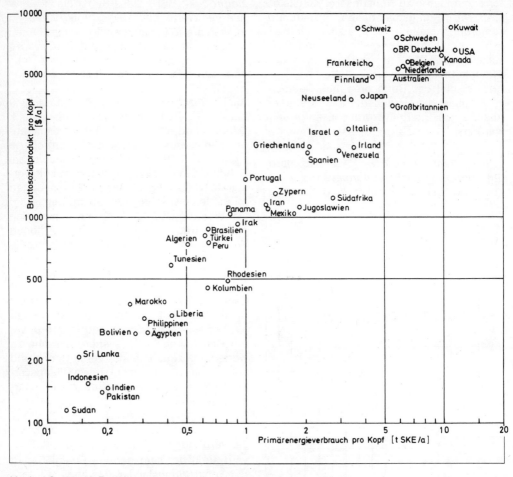

Manfred Grathwohl: Energieversorgung. Berlin, New York: de Gruyter 1978, S. 31

2.3 Die derzeitigen und zukünftigen Energiereserven und die Verteilung der Energierohstoffe

Der ständig wachsende Energieverbrauch in den verschiedenen Staaten der Erde macht *Prognosen* über die künftige Verbrauchsentwicklung und die derzeitigen und künftigen Energiereserven erforderlich. Die insgesamt auf der Erde vorhandenen fossilen Energie-Ressourcen betragen nach heutiger geowissenschaftlicher Kenntnis ca. 12803 Mrd. t SKE, von denen gegenwärtig nur 964 Mrd. t SKE als Reserven eingestuft werden. Dagegen steht ein jährlicher Energieverbrauch der Welt von zur Zeit ca. 9 Mrd. t SKE. Somit könnten die Reserven an fossilen Energieträgern den gegenwärtigen Verbrauch noch etwa 100 Jahre decken, bei steigendem Verbrauch entsprechend kürzer.

Reserven und Ressourcen von Erdöl und Erdgas

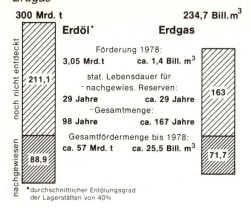

Fossile Energieressourcen der Erde in Mrd. t SKE

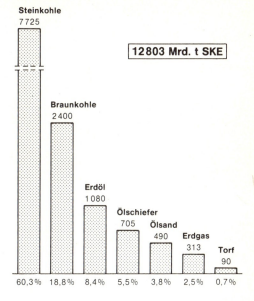

Fossile Energiereserven der Erde in Mrd. t SKE

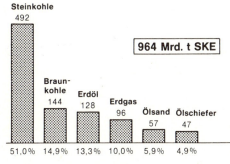

Nach Der Bürger im Staat, 1979 H. 3, S. 173. Landeszentrale für politische Bildung, Baden-Württemberg (Hrsg.). Stuttgart, Stafflenbergstraße 38

Vorkommen und Vorräte primärer Energieträger

Gerhard Bischoff und Werner Gocht (Hrsg.): Das Energiehandbuch. Wiesbaden: Vieweg 1976, S. 2, ergänzt

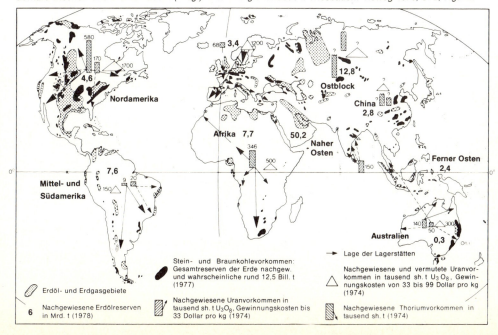

2.3.1 Studien über den zukünftigen Weltenergieverbrauch

Langfristige Prognosen sind mit mehr oder weniger großen Unsicherheitsfaktoren behaftet. Daher kommen die drei nachfolgenden Langzeitprognosen auch nicht zu völlig übereinstimmenden Ergebnissen bezüglich des zukünftigen Weltenergiebedarfs. Trotzdem sind solche Prognosen für die energiepolitischen Überlegungen erforderlich und hilfreich.

1. World Energy Conference (WEC), Conservation Commission, 1977

Langfristige Entwicklung des Primärenergiebedarfs der Welt im Mrd. t Öleinheiten (OE)[1]

Durchschnittliche jährliche Zuwachsraten

	1972	1985	2000	2020	1972 bis 2020	1985 bis 2020	Anteil an Primärenergieverbrauch 2020
	(%)	(%)	(%)	(%)			
Kohle	1,58 (24,5)	1,98 (22,6)	3,4 (24,3)	6,6 (30)	3,6%	4,3%	36%
Öl und Gas	3,85 (60,1)	4,90 (55,9)	6,5 (45,6)	6,9 (31)	1,2%	0,9%	28%
Kernenergie	0,04 (0,6)	0,53 (6,0)	2,1 (15,4)	5,5 (25)	10,9%	6,9%	23%
regenerative	0,95 (14,8)	1,37 (15,5)	2,0 (14,7)	3,1 (14)	2,5%	2,4%	13%
insgesamt	6,42 (100)	8,78 (100)	14,0[2] (100)	22,1 (100)			
Zuwachs % jährl. im Mittel		2,4	3,1	2,8	2,8%	2,9%	100%

[1] Einschl. primitiver Energiearten wie Holz, Dung usw.; es ist zu beachten, daß die Conservation Commission um rd. 5% geringere Mengen in Tonnen Öleinheiten nennt, weil sie 1 t OE = 10,5 · 10[6] kcal rechnet.
[2] Die von der Conservation Commission durchgerechneten Szenarien führen für das Jahr 2000 zu Verbrauchsmengen an Primärenergie zwischen 12,3 und 21,1 Mrd. t OE.
Quelle: 10. World Energy Conference, Conservation Commission, Report on World Energy Demand 1985 to 2020, 15. August 1977, "Constrained high growth projection".

2. Workshop on Alternative Energy Strategies (WAES) 1977

Nachfrage nach Energie ohne Rücksicht auf die Möglichkeit einer Deckung des Bedarfs (Welt ohne die kommunistischen Länder; in Mio. t OE)

Jahr	1972	1985	2000
Kohle	725	965– 970	1055– 1695
Öl	2205	2920–3125	3655– 4630
Gas	755	920–1050	1050– 1385
Wasserkraft	285	365– 390	440– 580
Kernenergie	35	505– 600	1405– 1945
andere	5	20– 30	95– 205
insgesamt	4040	5700–6160	8745– 9900
in Mio. t SKE	5730	8140–8800	12490–14140

Quelle: C. L. Wilson, WAES, Energy: Global Prospects 1985–2000. New York 1977.

3. International Institute for Applied Systems Analysis (IIASA) 1977

Anteile der verschiedenen Energieträger im Jahr 2030 (nach IIASA)

	Mrd. t OE	Anteil %
Öl, Gas und Kohle	3,8	14,3
lokale regenerative Energiequellen	2,3	8,5
Wasserkraft	1,5	5,7
Leichtwasserreaktoren	7,5	28,6
Methanol aus Kohle und nuklearer Wärme	7,5	28,6
Methanol aus Kohle und Sonnenenergie	3,8	14,3
insgesamt	26,4	100

Alle drei Studien aus Hans Michaelis: Langzeitprobleme der Energieversorgung. In: atomwirtschaft Februar 1978, S. 67–69. Düsseldorf: Verlag Handelsblatt

In den folgenden Ergebnissen stimmen die drei Studien überein:
1. Anstieg der Weltbevölkerung in den folgenden 100 Jahren auf 12 Mrd. Menschen;
durch die starke Bevölkerungszunahme in Entwicklungsländern werden diese Staaten in besonderem Maße für die Zunahme des Weltenergiebedarfs verantwortlich sein.
2. Durch Verknappung und Verteuerung der Energieträger muß künftig Energie sparsamer und rationeller verwendet werden. Da das wirtschaftliche Wachstum eng mit dem *Energieverbrauch* gekoppelt ist, wird dieser auch künftig nicht wesentlich eingeschränkt werden können.
3. Im Jahre 2000 und wahrscheinlich auch danach werden Windenergie, Gezeitenenergie, Energie aus Erdwärme, Sonnenenergie und Energie aus thermonuklearer Fusion nur unwesentlichen Anteil an der Deckung des Weltenergiebedarfs haben.

2.4 Energieversorgung

Die ungleiche Verteilung der *Energie-Rohstoffe* auf der Erde erfordert besondere Anstrengungen bei der Energieversorgung insbesondere der Industriestaaten.

Regionale Verteilung der nachgewiesenen Erdölreserven, der Welterdölförderung und des Weltmineralölverbrauchs 1978

	Nachgewiesene Reserven am 1. 1. 1979		Förderung		Verbrauch	
	Mio. t	%	Mio. t	%	Mio. t	%
Westeuropa	3 353	3,8	89,9	2,9	715,1	23,5
Afrika	7 698	8,7	304,8	10,0	61,7	2,0
Nordamerika	4 650	5,2	554,0	18,1	971,7	32,0
Süd- und Mittelamerika	7 558	8,5	240,3	7,9	202,0	6,7
Naher Osten	50 186	56,4	1031,9	33,8	74,2	2,4
Ferner Osten ohne VR China	2 423	2,7	117,1	3,8	383,8	12,6
Australien	270	0,3	20,3	0,7	33,9	1,1
Staatshandelsländer	12 784	14,4	697,5	22,8	599,2	19,7
Welt	88 922	100,0	3055,8	100,0	3041,6	100,0
davon						
OPEC	60 703	68,3	1502,2	49,2	133,6	4,4
OECD	8 282	9,3	664,8	21,8	1986,9	65,3
Staatshandelsländer	12 784	14,4	697,5	22,8	599,2	19,7
Übrige Länder	7 153	8,0	191,3	6,2	321,9	10,6

Mineralölwirtschaftsverband, Arbeitsgemeinschaft Erdöl-Gewinnung und -Verarbeitung, Jahresbericht 1978

2.4.1 Energietransport

Fossile Energie-Rohstoffe wie Steinkohle, Erdöl und Erdgas sind Massengüter und werden daher auf Wasserweg und Schiene befördert. 50 Prozent des transportierten Erdöls übernehmen heute Riesentanker mit einem durchschnittlichen Fassungsvermögen von 130 000 BRT. Die für die Bundesrepublik wichtigen Erdölimporthäfen sind Rotterdam, Marseille, Triest, Genua und Wilhelmshaven. Von dort führen moderne *Pipelinesysteme* in die großen europäischen Verdichtungsräume. Die Versorgung mit Erdgas aus den Feldern der Nordsee, den Niederlanden und Norddeutschlands sowie der Sowjetunion erfolgt ebenfalls über ein weitverzweigtes Rohrleitungsnetz.

2.4.2 Kraftwerke und Energieverbund (Stromerzeugung)

Auch *Sekundärenergieträger*, insbesondere Strom, erfordern ein wirksames Verteilungssystem. Der Einsatz von Primärenergieträgern zur Stromerzeugung erhöhte sich in der Bundesrepublik 1975 von 101 Mio. t SKE (=2959,3 PJ) auf 108,1 Mio. t SKE (=3169 PJ) im Jahre 1978 (vgl. Abb. S. 96).

Entwicklung des Stromverbrauchs in Baden-Württemberg, aufgeschlüsselt nach den eingesetzten Primärenergieträgern

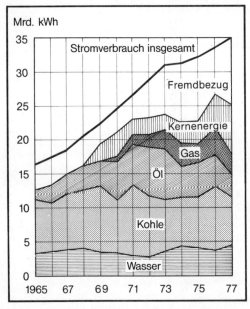

Anlage zur Pressemitteilung des Ministeriums für Wirtschaft, Mittelstand und Verkehr Baden-Württemberg vom 26. 1. 1979

Der immer größer werdende Anteil der Kernenergie an der Bruttostromerzeugung wird von zahlreichen Bevölkerungsgruppen und auch von Politikern für nicht unproblematisch erachtet. Denn nach wie vor bleiben folgende Probleme offen:
– Betriebssicherheit der Kernkraftwerke (vor allem Kühlprobleme),
– Transport radioaktiver Stoffe,
– Wiederaufbereitung der abgebrannten Brennelemente,
– *Endlagerung* nicht mehr verwertbarer mittel- und hochradioaktiver Stoffe.

In der Bundesrepublik Deutschland gibt es noch keine Anlagen zur großtechnischen *Wiederaufbereitung* und *Endlagerung*. Das von der Bundesregierung geplante integrierte Entsorgungszentrum (Wiederaufbereitung und Endlagerung) in Gorleben wurde von der niedersächsischen Landesregierung 1979 aus politischen Gründen vorerst abgelehnt. Voraussichtlich wird man sich in nächster Zukunft mit größeren Zwischenlagern begnügen müssen.

Rund 70% des Stroms werden nicht in Haushalten verbraucht, sondern als Vorleistung in der Landwirtschaft, im produzierenden Gewerbe und im Dienstleistungssektor eingesetzt.

Der Stromverbrauch ist zu den verschiedenen Tageszeiten unterschiedlich groß.

Stromverbrauch an einem Winter- und Sommertag

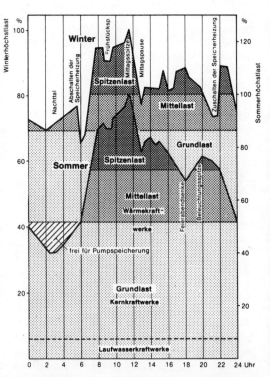

Nach Elektrischer Strom vom Kraftwerk in jedes Haus. Energieversorgung Schwaben AG, Stuttgart (Hrsg.). S. 5 u. 9

Die Mindestenergiemenge, die zu allen Tageszeiten zur Verfügung stehen muß, wird als *Grundlast* bezeichnet und heute unter anderem von Kernkraftwerken übernommen; da die Stromspeicherung in größeren Mengen nicht möglich ist, müssen zu den *Spitzenlastzeiten* zusätzlich Kraftwerke zur Deckung des Bedarfs eingesetzt werden. *Laufwasserkraftwerke, Kernkraftwerke* und *Wärmekraftwerke* auf Braunkohle-, Steinkohle-, Erdöl- und Erdgasbasis arbeiten bei Dauerbetrieb am wirtschaftlichsten. Daher ergibt sich zu *Niedriglastzeiten* Stromüberschuß, der zur indirekten *Energiespeicherung* Verwendung findet: Hierbei wird Wasser in hochliegende Speicherseen gepumpt und zu Spitzenlastzeiten zur zusätzlichen Energiegewinnung eingesetzt. Damit wird eine räumliche Verflechtung verschiedener Kraftwerke notwendig, die über ein weitverzweigtes *Verbundleitungsnetz* erfolgt. Ein solcher Verbund besteht heute nicht nur zwischen den Kraftwerken der gesamten Bundesrepublik, sondern auch zwischen großen Teilen Europas. So versorgen die zahlreichen Wasserkraftwerke Süddeutschlands und der Alpenländer während der sommerlichen Schneeschmelze verstärkt Gebiete Norddeutschlands, während in den wasserarmen Wintermonaten die Wärmekraftwerke Norddeutschlands Strom in den Süden liefern. Durch dieses Verbundsystem werden darüber hinaus die Risiken eines eventuellen Stromausfalls gesenkt.

2.5 Raumwirksamkeit der Energiewirtschaft

Während sich die alten Industriereviere überwiegend im Bereich großer Steinkohlevorkommen entwickelt haben, gewinnen heute mit dem zunehmenden Einsatz von Erdöl, Erdgas und Strom im Produktionsprozeß neue Regionen als Industriestandorte Bedeutung. Der verstärkte Erdölimport trägt wesentlich zur Entwicklung von Industriestandorten in Küstengebieten bei. In der Bundesrepublik sind dies vor allem die Unterweser- und Unterelbegebiete; die Erschließung des Nordseeöls gibt sowohl den Küstenindustrien Englands als auch den ländlichen Gebieten Schottlands wichtige wirtschaftliche Impulse.
Die einfache Energieverteilung über Pipelinesysteme und Stromleitungen bildet eine wichtige Grundlage der chemischen Industrien und Raffineriestandorte in den Verdichtungsräumen und ermöglicht darüber hinaus die industrielle Entwicklung strukturschwacher Räume im Binnenland. Hierfür sind Ingolstadt mit seinen Raffinerien und das bayerische Chemiedreieck typische Beispiele.

3. Rohstoff- und Energiepolitik

3.1 Die „Erdölkrise" 1973 und deren Auswirkungen

Kosten- und Gewinnsituation bei der Rohöl-Produktion am Persischen Golf

	1948	1951	1960	1970	1973	1975
1. Abgaben an Gastland (%)						
Staatl. Produktionsanteil	0	0	0	0	25	60
Förderzins-Rate	ca. 10	ca. 10	12,5	12,5	12,5	20
Steuersatz	0	50	50	50	55	85
2. Preise (Dollar/bbl[1])						
Steuerreferenzpreis	2,05	1,75	1,80	1,80	2,90	12,40
durchschnittlicher Verkaufspreis	2,05	1,75	1,80	1,40	2,30	11,50
3. Kosten (Dollar/bbl)						
Gewinnungskosten	0,60	0,20	0,20	0,10	0,15	0,25
Abgaben an Gastland	0,25	0,75	0,80	0,95	1,80	11,00
4. Gewinnmarge für Mineralölgesellschaften (Dollar/bbl)	1,20	0,80	0,80	0,35	0,35	0,25

[1] bbl = Barrel
Werner Gocht: Wirtschaftsgeologie. Berlin, Heidelberg, New York: © Springer 1978, S. 122

Während des israelisch-arabischen Krieges im Jahre 1973 setzten die erdölexportierenden Staaten des Nahen Ostens ihr Erdöl als politische Waffe ein. Unter anderem leiteten sie längst angestrebte Veränderungen auf dem internationalen Erdölmarkt ein. Sie beanspruchten einen höheren prozentualen Einnahmenanteil an der zum Export gebrachten Fördermenge, die Förderung unter eigener Verwaltung, die Heraufsetzung des Weltmarktpreises und die teilweise Verarbeitung des Rohöls im eigenen Lande.

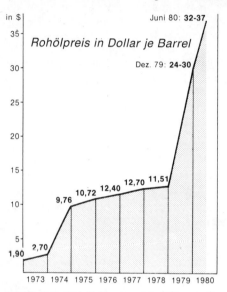

Die daraus resultierenden Preissteigerungen wurden von den Mineralölgesellschaften an den Verbraucher weitergegeben und verursachten eine starke Wirtschaftskrise in den westlichen Industrieländern. Bei schwerem Heizöl führte dies zum Beispiel zwischen 1973 und 1974 zu einer Steigerung von 100,– DM auf 190,– DM pro Tonne.

Das vorübergehende Ölembargo durch die Staaten des Nahen Ostens veranlaßte die Regierung der Bundesrepublik, drei „autofreie" Sonntage anzuordnen. Diese Krisensituation ließ die starke Importabhängigkeit nicht nur der Energie-, sondern auch der Metallrohstoffe deutlich werden. Damit trat der zunehmende Bedarf und die zukünftige Verknappung an Rohstoffen plötzlich in das Bewußtsein vieler Bevölkerungsschichten. Die politischen Ereignisse in Iran im Jahre 1979 und die damit verbundene Einstellung der Rohölexporte führten zu einer erneuten Verknappung auf den Weltrohölmärkten und damit zu einem weiteren Preisanstieg. Große ungünstige Auswirkungen haben die Erdölpreiserhöhungen auf die rohstoffarmen Entwicklungsländer, da durch die teuren Öleinfuhren die negativen Handelsbilanzen noch mehr belastet werden. Sowohl die rohstoffexportierenden Länder als auch die abhängigen Industriestaaten sind somit zu einer konsequenten Rohstoff- und Energiepolitik gezwungen.

3.2 Rohstoffpolitik exportierender Länder
Erdöl-Einkünfte der OPEC-Länder (in Mio. Dollar)

Land	1966	1971	1973	1974	1976	1979
Saudi-Arabien	777	2 149	4 340	22 600	33 500	62 300
Iran	593	1 944	4 100	17 500	22 000	20 500
Irak	394	840	1 840	5.700	8 500	20 600
Venezuela	1 112	1 702	2 670	8 700	8 500	14 700
Kuwait	707	1 400	1 900	7 000	8 500	21 000
Nigeria	–	915	2 200	8 900	8 500	16 700
Libyen	479	1 766	2 300	6 000	7 500	13 100
Ver. Arabische Emirate	100	431	900	5 500	7 000	13 600
Indonesien	240	284	950	3 300	4 500	12 000
Algerien	–	350	900	3 700	4 500	10 500
Qatar	92	198	410	1 600	2 000	3 600
Gabun	–	–	–	700	800	1 700
Ekuador	–	–	–	700	800	2 400
OPEC-Länder insgesamt	3 494	11 979	22 510	91 900	116 600	212 700

Quellen: Z. Petroleum Economist, London July 1977. – Shell International, London 1977
Werner Gocht: Wirtschaftsgeologie. Berlin, Heidelberg, New York: © Springer 1978, S. 126, ergänzt

Der explosionsartige Einkommensanstieg der *OPEC*-Staaten (Organisation of Petroleum Exporting Countries) setzte ein Signal für andere rohstoffexportierende Länder und führte auch bei anderen Rohstoffen zu einem verstärkten Auftrieb der Preise. Betrugen die jährlichen Steigerungsraten bei den *Metall-Rohstoffen* 1971 noch 4,8% und 1972 5,9%, so waren es im Jahre 1973 bereits 75,4% und im Februar 1974 99,4%, d. h. die Verdoppelung der Preise innerhalb eines Jahres. Ende 1974 trat eine leichte Preisberuhigung ein.

Um ihre Forderung gegenüber Industriestaaten durchsetzen zu können, kommt es bei den einzelnen Rohstoffen verstärkt zur Kartellbildung und damit zur Festsetzung von Produzentenpreisen. Neben den OPEC-Staaten seien als Beispiele noch die *CIPEC*-Staaten (kupferexportierende Länder, Gründung 1967, 70% Anteil an der Weltproduktion) und die IBA (Internationale Bauxit-Vereinigung, Gründung 1974, 85% Anteil an der Weltproduktion) genannt. Ähnliche Zusammenschlüsse erfolgten bei Eisenerz, Blei und Zink sowie Wismut, Kobalt und anderen Metallen (vgl. Kap. Die Forderung nach einer neuen Weltwirtschaftsordnung, S. 255 ff.).

3.3 Rohstoff- und Energiepolitik der Bundesrepublik Deutschland

Die Erkenntnis der Notwendigkeit einer konsequenten Rohstoff- und Energiepolitik zeigt sich bei einem Vergleich der Prognosewerte des *Energieprogramms* vom 3. 10. 1973 (I = vor der „Energiekrise") mit den Prognosewerten der Energieprogrammfortschreibungen vom 30. 10. 1974 (II) und vom 14.12. 1977 (IV), wobei für letztere ein im Auftrag der Bundesregierung gefertigtes Gutachten vom 23. 3. 1977 (III) diente.

Struktur des Primärenergieverbrauchs nach den Prognosen der Bundesregierung in v. H.

Energieträger	Ist 1975	1980 I	1980 II	1980 III	1985 I	1985 II	1985 III	1985 IV	1990 IV	2000 IV
Steinkohle	19,1	11	17	17	8	14	15	15,5	15,1	17
Braunkohle	9,9	8	7	8	6	7	7	7,3	6,7	6,5
Öl	52,1	54	47	50	54	44	45	46,2	42,6	27,0
Gas	14,0	16	18	17	15	18	18	18,2	16,9	16,0
Kernenergie	2,0	9	9	6	15	15	13	10,3	15,7	27,0
Sonstige	2,9	2	2	2	2	2	2	2,5	3,0	6,5
Insges. SKE in Mio. t	347,7	510	475	435	610	555	496	482,5	530,0	600,0

Gerhard Voss: Kernkraftnutzung als Bestandteil einer aktiven Wachstums- und Energiepolitik. In: Aus Politik und Zeitgeschichte, Beilage zur Wochenzeitung das Parlament B 5/78, S. 45. Hrsg. Bundeszentrale für politische Bildung, Bonn

Die unterschiedlichen Prognosewerte des gesamten Primärenergieverbrauchs und der Anteile der PET zwischen den einzelnen Fortschreibungen des Energieprogramms beruhen auf unterschiedlichen Annahmen des künftigen Wirtschaftswachstums, der Wirksamkeit von Energiesparmaßnahmen und der Weltmarktsituation bei den Rohstoffen.

Die wichtigsten Maßnahmen der *Energiepolitik* lassen sich wie folgt zusammenfassen:
1. Verstärkte Förderung der Kernenergie, die derzeit von erheblichen sicherheitstechnischen Bedenken beeinflußt wird.
2. Die verstärkte Ausbeutung der heimischen Steinkohle, deren Abbau allerdings im Jahre 1978 mit 9 Mrd. DM subventioniert werden mußte.
3. Verstärkter Abbau der inländischen Braunkohle (Hambacher Forst).
4. Minderung des hohen Erdölanteils am Gesamtenergieverbrauch, was allerdings keine Minderung der absoluten eingeführten Erdölmengen bedeutet.

Die Bundesrepublik zeigt zudem großes Interesse an der zunehmenden Förderung von Erdöl und Erdgas aus der Nordsee. Bedenkt man die großen *Umwandlungsver-*

luste bei der Sekundärenergieerzeugung und deren Überführung in Nutz- und Endenergie, so wird die Notwendigkeit von Energiesparmaßnahmen deutlich (Wärmeisolation bei Gebäuden, Erhöhung des Wirkungsgrades bei Fahrzeugen und Maschinen usw.).

Das Energieforschungsprogramm sieht für 1977–1980 4 532 Mio. DM für die Kernenergie, 940 Mio. DM für neue Technologien im Kohleeinsatz (Kohleverflüssigung und -vergasung), 490 Mio. DM für Energiemaßnahmen und 570 Mio. DM zur Nutzbarmachung neuer Energiequellen (vor allem der Sonnenenergie und der Erdwärme) vor.

Um Versorgungsrisiken zu verhindern, strebt die Bundesregierung in zunehmendem Maße Rohstoffabkommen mit Erzeugerländern an. Diese Notwendigkeit ergibt sich aus dem zum Teil geringen *Selbstversorgungsgrad* bei bestimmten Rohstoffen, so betrug dieser im Jahre 1972 für Eisen 5%, für Kupfer 0,2%, für Blei 14%, für Zink 23% und Zinn, Aluminium, Nickel, Mangan, Molybdän und Wolfram jeweils 0%. Diese Abkommen sollen mit möglichst vielen Staaten abgeschlossen werden, um die Versorgungsrisiken zu reduzieren und nicht von Einzelstaaten abhängig zu werden. Weitere Maßnahmen sind:
– verstärkte Wiederverwendung von Rohstoffen *(recycling)*,
– Beteiligung bei Prospektion und Exploration neuer Rohstoffvorkommen (Tiefsee, Antarktis) und
– die Anlage von umfangreichen Depots krisenanfälliger Rohstoffe.

Im Zentrum des Weltwirtschaftsgipfels in Tokio im Juni 1979 standen verstärkt Fragen zukünftiger energiepolitischer Maßnahmen. In der gemeinsamen Erklärung der sieben beteiligten Industriestaaten (Bundesrepublik Deutschland, Frankreich, Italien, Großbritannien, Japan, Kanada und USA) wurden folgende Maßnahmen zur Energieeinsparung bis 1985 genannt:
– Die Bundesrepublik Deutschland, Frankreich, Italien und Großbritannien führen jährlich nicht mehr Öl ein als im Jahre 1978,
– Kanada begrenzt die Öleinfuhr auf 600 000 Barrel/Tag (1 Barrel = 159 l).
– Japan beschränkt die Einfuhrmenge auf 6,3–6,9 Mio. Barrel/Tag.
– Die Vereinigten Staaten wollen täglich die Einfuhrmenge von 8,5 Mio. Barrel (Stand 1977) nicht überschreiten.

Die Überwachung dieser Ziele soll durch gemeinsame Vertreter dieser Länder in regelmäßigen Abständen erfolgen.

Die Teilnehmer haben sich auch für eine Steigerung der Kohleerzeugung und für ein Festhalten an der Kernenergie ausgesprochen.

Industrie

1 Die Industrie und ihre Vorläufer

Die Industrie verarbeitet mineralische, pflanzliche und tierische Rohstoffe sowie Abfallstoffe und Altmaterialien zu Halbfabrikaten (Ausgangsstoffe für die Weiterverarbeitung) und diese weiter zu Verbrauchsgütern und Fertigwaren. Die industrielle Produktion bedient sich so weit wie möglich der Kraft von Maschinen und strebt eine nach Zahl und Menge umfangreiche Fertigung an, wobei eine größere oder große Zahl von Arbeitskräften nach dem Prinzip der Arbeitsteilung zusammenarbeitet.

Die vorindustriellen Produktionsformen stellten andere Ansprüche an den Raum und hatten andere Auswirkungen auf den Raum als die industrielle Produktion.
– Das *Handwerk* mit dezentralisierter Beschaffung, dezentralisierter Produktion und örtlichem, allenfalls regionalem Absatz ermöglichte die Einheit von Wohn- und Arbeitsplatz; sein Standort ist auch heute überwiegend am Abnehmer orientiert.
– Die *Hausindustrie* (auch industrielles Verlagssystem genannt, da ein „Verleger" Mittel zur Beschaffung von Rohmaterialien vorschoß oder aber diese Materialien stellte, „verlegen" früher = bereitstellen, vorschießen) mit dezentralisierter Pro-

Geschichtliche Entwicklung bis hin zur Industriefertigung

duktion, aber teilweise zentralisierter Beschaffung und zentralisiertem Absatz, behielt noch die Einheit von Wohn- und Arbeitsplatz, war aber durch die größere Produktion und ein ausgebautes Absatzsystem nicht mehr an örtliche Abnehmer gebunden. Damit trat sie aber auch in überörtliche Konkurrenz und versuchte deshalb Produktionsvorteile wie die besonders billige Arbeitskraft in landwirtschaftlichen Ungunstgebieten zu nutzen.

– Die *Manufaktur* mit zentralisierter Beschaffung und zentralisiertem Absatz hatte auch die Produktion in Fabrikationsgebäuden zentralisiert, trennte also Wohn- und Arbeitsplatz und stellte damit zusätzliche Anforderungen an die Erreichbarkeit der Produktionsstätten und an die Grundstücke für die Fabrikationsgebäude.

Aufstellung der Industrietypen und -branchen

Industrietypen (Industriegruppen)	Industriebranchen (Industriezweige)
Grundstoff- und Produktionsgüterindustrie	Bergbau (Kohle, Erze, Salze), Eisenschaffende Industrie, NE-Metallindustrie, Steine und Erden, Mineralölverarbeitung, Chemische Industrie, Sägewerke und Holzbearbeitung, Zellstoff-, Papier-, Pappeindustrie,
Investitionsgüterindustrie	Stahl- und Leichtmetallbau, Maschinenbau, Fahrzeugbau, Schiffsbau, Elektronische Industrie, Feinmechanische und optische Industrie, Eisen-, Blech-, Metallwarenindustrie,
Verbrauchsgüterindustrie	Keramische Industrie, Glasindustrie, Holzverarbeitende Industrie, Musikinstrumenten-, Spiel-, Schmuckwaren- und Sportgeräteindustrie, Papier- und Pappeverarbeitung, Druckindustrie, Kunststoffverarbeitende Industrie, Lederindustrie, Schuhindustrie, Textilindustrie, Bekleidungsindustrie,
Nahrungs- und Genußmittelindustrie	Mühlenindustrie, Nährmittelindustrie, Zuckerindustrie, Backwarenindustrie, Süßwarenindustrie, Molkereiindustrie, Obst- und Gemüseverarbeitende Industrie, Fischindustrie, Brauereiindustrie, Tabakindustrie,

Von den vorindustriellen Produktionsformen unterscheidet sich die Industrie durch die weitgehende Verwendung von Maschinen und ein konsequent arbeitsteiliges Verfahren, wie es in den vorindustriellen Produktionsformen nur zum Teil bekannt war. Da die Industrie außerdem Güter in großer Zahl und Menge herstellen will und damit in überregionale Konkurrenz tritt, sind bei ihr nicht nur die Ansprüche an die Grundstücke, die Erreichbarkeit der Produktionsstätten von größerer Bedeutung als in den vorindustriellen Betriebsformen, sondern auch zusätzliche Faktoren wichtig: die Lage zur Energie und zu den Rohstoffen und die Transportmöglichkeiten für Roh- und Hilfsstoffe sowie für die fertigen Güter.

Entwicklung des gewerblichen Sektors im Zeitalter der Industrialisierung nach der Zahl der Beschäftigten

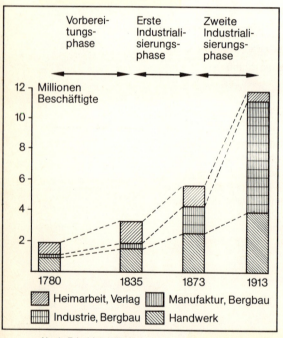

Nach Friedrich-Wilhelm Henning: Die Industrialisierung in Deutschland 1880–1914, UTB 145. Paderborn: Schöningh, 5. Auflage 1979, S. 23

Das räumliche Angebot an den *Produktionsfaktoren* Arbeit, Betriebsmittel (Grundstück, Gebäude, maschinelle Einrichtungen) und Roh- und Hilfsstoffe reicht nicht aus, um den Standort der Industrie zu erklären.

Räume mit einer guten Ausstattung an Produktionsfaktoren sind zwar industrielle Gunsträume, sie bedürfen aber der Initiative von Menschen, um in Wert gesetzt zu werden. Es ist aber auch möglich, daß Industrieunternehmen an Standorten gegründet werden, die vom Angebot des Naturraums her nicht optimal sind, die aber aufgrund innerbetrieblicher Anpassungen die Standortnachteile ausgleichen können. Häufig führen Zufälle, wie z. B. persönliche Bindungen, zu Standortwahlen, die dann später durch die weitere Entwicklung der Unternehmen die Wirtschaftsstruktur der Standorte und oft ganzer Regionen prägen. Die Gründungsstandorte der deutschen Automobilindustrie, VW und Ford ausgenommen, sind solche traditionalen Standorte. So war es der Erfindergeist eines Gottlieb Daimler, der die Automobilindustrie im Raum Stuttgart entstehen ließ, oder die Fähigkeit eines Adam Opel, rationellere Produktionsmethoden zu entwickeln, der aus dem kleinen Ort Rüsselsheim mit seiner Nähmaschinen- und Fahrradfabrik ein Zentrum der deutschen Autoindustrie machte.

Wie stark die Bedeutung der Rohstoffvorkommen für die Industrialisierung relativiert werden muß, zeigt das Beispiel Japans, dessen Industrie nicht nur die mit Abstand höchste Produktion an Fernsehgeräten und anderen Geräten der Unterhaltungselektronik aufweist, sondern die auch bei materialintensiven Industriezweigen auf den ersten Rängen der Weltproduktion zu finden ist. So steht sie an erster Stelle der Kfz-Produktion (vor den USA) und an zweiter der Roheisenerzeugung (hinter der Sowjetunion) und an dritter Stelle der Weltstahlproduktion (hinter der Sowjetunion und den USA). Und dies obwohl fast alle für die industrielle Produktion wichtigen Rohstoffe im Lande nicht vorkommen und über sehr weite Entfernungen mit dem Schiff herbeigeschafft werden müssen.

Japanische Rohstoffimporte in Prozent

Rohöl	99,7%
Eisenerz	98 %
Kokskohle	über 80 %

110

2 Die räumliche Vorprägung für die Industrialisierung

Die naturräumliche Ausstattung mit Energiequellen und Bodenschätzen, verkehrsbegünstigende Oberflächenformen, landwirtschaftliche Ungunst, aber auch Handwerkstradition und landwirtschaftliche Erbsitten können Räume für die Industrialisierung vorprägen.
Von besonderer Bedeutung war in den Frühphasen der Industrialisierung die Lage zu den *Energie-* und *Rohstoffvorkommen*. So entstand die Schwerindustrie des 19. Jahrhunderts „auf der Kohle", weil bei der frühen Eisen- und Stahlgewinnung anteilmäßig mehr Kohle als Eisenerz benötigt wurde (und zwar als Energieträger beim Eisen- und Stahlprozeß und als Reduktionsmittel im Hochofen).
Die Schwerindustrie Schottlands, Mittelenglands, Nordfrankreichs, Belgiens und des Ruhrgebiets bildet einen Industriegürtel auf der Basis der Steinkohle, der heute zwar noch deutlich erkennbar, aber doch nicht mehr so einseitig auf die *Schwerindustrie* beschränkt ist wie im 19. Jahrhundert. In anderen Industrieräumen ist die Lage zu den Energievorkommen nicht mehr ausschlaggebend, obwohl die Energielage Ursache der Industrialisierung war: So geht die metallverarbeitende Industrie des Bergischen Landes auf die einstige Nutzung der Wasserkraft an den regenreichen Westabhängen der Mittelgebirge zurück, wo Hammer- und Schleifwerke von gefällreichen Bächen und Flüssen angetrieben wurden.
Rohstoffvorkommen hatten nur dann ausschlaggebende Bedeutung für die frühen Standorte der Industrie, wenn die gefertigten Güter auf einem einzigen Rohstoff basierten (wie z. B. in der Kohlechemie). Da die meisten Industriegüter aus einer Reihe verschiedener Roh- und Ausgangsstoffe gefertigt werden, ist die *Verkehrslage* zur Vielzahl der benötigten Materialien wichtiger. Standorte an schiffbaren Binnengewässern und an den Küsten und entlang den wichtigen Eisenbahnlinien waren und sind deshalb Gunsträume für die Industrialisierung.
Räume, deren landwirtschaftliche Erträge nicht ausreichen, um eine nachhaltig wachsende Bevölkerung zu ernähren, können Gunsträume für die Industrialisierung sein, da die benötigten *Arbeitskräfte* in ausreichender Zahl und billig zur Verfügung stehen. Auch historisch-politische Veränderungen können sich als Gunstfaktoren auswirken. So hatte die Pfalz, als sie in napoleonischer Zeit mit dem von Zollgrenzen freien französischen Wirtschaftsraum verbunden gewesen war, ein starkes Wirtschafts- und Bevölkerungswachstum erlebt. Nach der Rückkehr zu Bayern entsprachen die wirtschaftlichen Möglichkeiten nicht mehr dem Bevölkerungszuwachs, so daß Tausende zur Auswanderung nach Amerika gezwungen waren. In dieser Situation traf die BASF Ludwigshafen bei der Gründung auf ein günstiges Arbeitskräfteangebot: Die Arbeitsplätze in der neuen Fabrik waren eine Alternative zur Auswanderung, die Vorderpfalz war als Einzugsbereich der BASF vorgeprägt.
Ähnliche Arbeitsgunst boten süddeutsche Realteilungsgebiete, wo durch Erbsitten die Bildung eines Arbeiterbauerntums begünstigt wurde; auch heute noch sind viele Realteilungsgebiete Gebiete mit höherem Industrialisierungsgrad als Gebiete mit geschlossener Vererbung.
Großräumige Vorprägungen für die Industrialisierung beruhen auch auf klimatischen Faktoren. Gemäßigte Temperaturen begünstigen die in der Industrie überwiegende Arbeit in geschlossenen Räumen, reiche Niederschläge und Wasservorräte ermöglichen die Deckung des großen Wasserbedarfs der Industrie, fließende Gewässer verbessern die Energie- und Transportlage.

3 Vom Standort der Industrie

Erst in der Gegenwart werden Industriestandorte aufgrund rationaler Faktoren und konsequenter Analysen von Standortalternativen gewählt. Dazu bedurfte es langer Erfahrungen mit den Standortansprüchen der verschiedenen Branchen, aber auch wissenschaftlicher Theorien über den Standort der Industrie.

3.1 Die Standorttheorie von Alfred Weber (1909)

Standortfaktoren sind nach *Weber* örtliche Produktionskostenvorteile, die einen bestimmten Ort im Vergleich zu anderen Orten für die Industrie attraktiv machen, weil die entstehenden Kosten niedriger sind. Weber unterscheidet nur zwischen drei relevanten Standortfaktoren: den Transportkosten, den Arbeitskosten und den Agglomerationsvorteilen. Dabei sind die *Transportkosten* von zentraler Bedeutung, weil sich Materialkostenunterschiede als Transportkosten verstehen lassen. Ein Ort, der ein bestimmtes Material nicht aufweist, ist um die Kosten für den Transport dieses Materials benachteiligt. Solche nicht überall vorkommenden Materialien sind „*lokalisierte*" *Materialien*, während Materialien, die überall vorkommen (*Ubiquitäten*), keine Transportkosten verursachen. Lokalisierte Materialien werden in Gewichtsverlust- und Reinmaterialien unterschieden. *Gewichtsverlustmaterialien verlieren bei der Verarbeitung Gewicht und/oder Volumen und sind deshalb nach der Verarbeitung billiger zu transportieren, deshalb werden sie am Ort des Vorkommens verarbeitet.* *Reinmaterialien* gehen mit dem vollen Gewicht in die fertige Ware ein. Werden für die Herstellung der Ware außer Reinmaterialien auch Ubiquitäten benötigt, dann findet die Produktion am Konsumort statt, wird nur ein Reinmaterial benötigt, so kann die Produktion irgendwo zwischen dem Fundort des Materials und dem Konsumort stattfinden. Da die Transportkosten von Gewicht, Volumen und Entfernung bestimmt werden, kann zwischen Rohstoffvorkommen und Konsumort ein Ort mit den niedrigsten Transportkosten, der Transportkostenminimalpunkt, gefunden werden.

Die *Arbeitskosten* sind, nach Weber, sekundär, sie können den Ort der Produktion vom Transportkostenminimalpunkt zu einem Ort mit höheren Transportkosten aber niedrigeren Arbeitskosten hin ablenken. Solche ablenkende Wirkung haben auch *Agglomerationsvorteile,* die dort entstehen, wo durch gleichartige Produktion verschiedener Betriebe Kostensenkungen durch gemeinsamen Materialbezug, spezialisierten Arbeitsmarkt, gegenseitige Belieferung und andere Fühlungsvorteile möglich sind.

Trotz vieler Einwände bleiben die Grundzüge der Theorie Webers auch heute gültig und helfen, Prinzipien der Standortwahl von Unternehmen zu verstehen. So gilt für viele Betriebe noch die Lokalisierung nach den Gewichtsverlustmaterialien, beispielsweise für Unternehmen, die land- und forstwirtschaftliche Grundstoffe verarbeiten (Zuckerfabriken, Sägewerke), oder für Kohlekraftwerke. *Fühlungsvorteile* („*external economies*") spielen als Kostenvorteile durch Agglomeration und direkten Kontakt, also als Ersparnisse, die außerhalb des Betriebes gewonnen werden, eine bedeutende Rolle.

Die Einwände gegen die Theorie Webers betreffen vor allem die Unterschätzung des Marktes und die Tatsache, daß die von den sich verändernden Ansprüchen des Marktes ausgehenden Umwälzungen übersehen wurden.

3.2 Die Standortfaktoren nach heutiger Auffassung

Standortfaktoren sind Einflußgrößen, die bei der Standortwahl eines Betriebes die Kostenstruktur bestimmen und deshalb maßgeblich für seine Konkurrenzfähigkeit sind. Dabei spielen neben berechenbaren Kosten auch politische und psychische, an die Persönlichkeit von Unternehmer oder Beschäftigten gebundene Faktoren eine Rolle.

Bei der Standortanalyse sind die Standortfaktoren sowohl bei der Wahl des *Makrostandorts* (regionaler Standort) als auch bei der des *Mikrostandorts* (lokaler Standort, Standplatz) ausschlaggebend. Es ist auch möglich, daß der gefundene optimale Makrostandort nicht gewählt werden kann, weil ein geeigneter Mikrostandort, z. B. wegen eines fehlenden Gleisanschlusses, nicht zur Verfügung steht. Zumindest bei größeren Betrieben ist die Standortsuche in der Regel langwieriger und vielschichtiger Prozeß (vgl. Abb. S. 113).

Die Bestimmung des optimalen Standorts

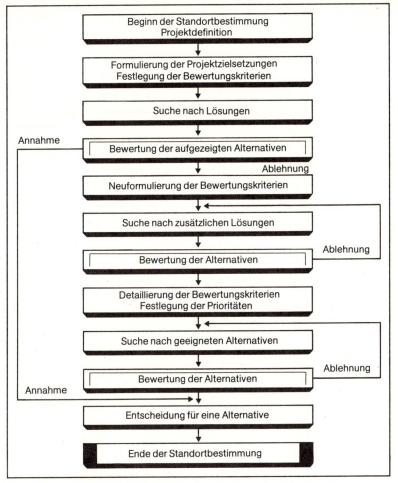

Nach Management-Enzyklopädie, Band 5. München: Verlag Moderne Industrie 1971, S. 509

Grob vereinfachende Einteilungen nach Rohstofforientierung (z. B. Bergbau, Kokereien, Holzverarbeitung), Arbeitsorientierung (Textilindustrie, feinmechanische Industrie), Verkehrsorientierung (Großchemie), Energieorientierung (Aluminium-Industrie) und Absatzorientierung (Möbelindustrie) führen zu falschen Schlüssen, weil übersehen wird, daß fast alle Industriebranchen von einem Bündel von Standortfaktoren beeinflußt werden und daß die Wahl des Standorts nur in Ausnahmefällen nach dem vorherrschenden Standortfaktor erfolgt. Meistens können alternative Standorte mehrere Faktoren gebündelt anbieten und schneiden deshalb in der Gesamtkostenrechnung günstiger ab als Standorte, die den vorherrschenden Faktor optimal aufweisen. Außerdem berücksichtigt eine Einteilung nach dem vorherrschenden Faktor nicht die Nähe anderer, für Beschaffung, Versorgung und Absatz wichtiger Betriebe. Gerade die Wechselwirkungen zwischen Unternehmen, ihre Verflechtungen auf der Input- und Outputseite bestimmen maßgeblich die Kostenstruktur eines Unternehmens.

Wegen der in den verschiedenen Industriebranchen stark unterschiedlichen Kostenstruktur unterscheiden sich auch die Ansprüche der verschiedenen Branchen an die räumliche Ausstattung mit Standortfaktoren.

Die unterschiedliche Bedeutung der Standortfaktoren bei verschiedenen Branchen %

Branchen	Standortfaktoren verfügbares Potential an Arbeitskräften	verfügbares (erschlossenes) Ansiedlungsgelände	günstige Lage zu den Beschaffungsmärkten resp. Rohstoffquellen	günstige Lage zum Absatzmarkt	verkehrsmäßige Erschließung	öffentliche Förderungsmaßnahmen	Übernahme vorhandener Produktionsstätten	Faktoren der Wohn- und Freizeitgunst	sonstige, insbesondere private Faktoren
Bergbau, Industrie der Steine und Erden	10,4	14,1	21,2	17,2	22,3	0,3	8,2	–	6,3
Eisen- und metallverarbeitende Industrie	29,9	26,4	2,0	5,5	13,5	2,0	10,6	1,3	8,8
Chemische und verwandte Industrie	19,0	28,0	2,5	9,7	13,5	2,6	16,3	1,3	7,1
Holzindustrie	23,6	21,9	3,7	8,1	19,7	3,5	16,2	1,0	2,3
Papier- und Druckindustrie	20,3	20,7	1,4	12,4	21,9	1,0	17,1	1,0	4,2
Lederindustrie	42,9	13,8	0,9	11,0	16,5	3,5	8,5	–	2,9
Textil- und Bekleidungsindustrie	22,8	21,7	2,3	8,1	14,5	3,2	18,9	1,1	7,4
Nahrungs- und Genußmittelindustrie	9,2	23,0	10,7	16,9	18,2	0,9	16,5	0,2	4,4
Bauindustrie	22,4	26,0	5,1	12,9	10,0	3,8	7,0	0,3	12,5

Nach Hans-Jürgen Budischin und Hansheinz Kreuter: Industrielle Standortwahl und verkehrsmäßige Erschließung. In: Probleme der Wirtschaftspolitik. Schriftenreihe zur Industrie- und Entwicklungspolitik. Bd. 16. Berlin: Duncker & Humblot 1975, S. 289

Beim Standortfaktor *Grundstücke* sind nicht nur die stark unterschiedlichen Grundstückspreise von Bedeutung, die auch bei hohem Niveau nur einen geringen Teil der langfristigen Kosten ausmachen; für viele Betriebe ist die Verfügbarkeit von Reserveflächen, die für mögliche Produktionssteigerungen und neue Fertigungsmethoden notwendig sein können, noch wichtiger. So steigt in der Regel der Flächenbedarf bei der Umstellung auf Fließbandfertigung beträchtlich.

Noch ein weiterer Grund zeigt die Bedeutung des Reservegeländes: Die veränderte Marktlage kann Veränderungen oder Ergänzungen der Produktpalette eines Betriebes erfordern, wozu zusätzliche Grundstücke benötigt werden. Deshalb versuchen viele Firmen ihren ganzen Einfluß geltend zu machen, um beispielsweise Kommunen zum Verkauf von Ergänzungsgelände zu veranlassen. Dies kann bis zur Drohung gehen, andernfalls den Firmensitz verlegen zu müssen.

Erweiterungen des Betriebsgeländes der BASF Ludwigshafen (Maßstab 1:35000)

Mit Genehmigung des Stadtvermessungsamtes Ludwigshafen am Rhein vom 2. Juli 1980, Az 62 – 12, vervielfältigt durch Ernst Klett Verlag. Ergänzt nach Sigrun Hölzner, Diss. Berlin 1971 und BASF 1980

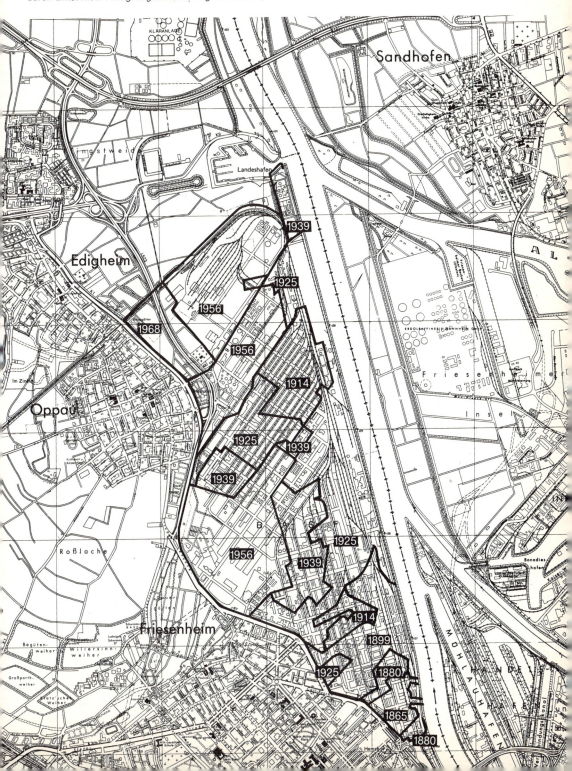

Zu den wichtigsten Standortfaktoren zählen die *Arbeitskräfte*, da sie die Kostenstruktur der Unternehmen erheblich beeinflussen. In manchen Branchen kann der Anteil der Lohn- und Gehaltssumme bis 35% des Gesamtumsatzes betragen (so in der Uhren- und Druckindustrie), in hochspezialisierten Industriezweigen wie der Flugzeugindustrie sogar 40%. Außerdem ist ein ausreichendes Arbeitskräfteangebot Voraussetzung für jede Produktion. Dabei unterscheiden sich die betrieblichen Ansprüche nach Zahl, Geschlecht und Qualifikation der Arbeitskräfte. Raumbezug ergibt sich jedoch weniger aus dem regional unterschiedlichen Lohnniveau, das nur von Niedriglohnbranchen wie der Textilindustrie vorrangig berücksichtigt wird, als aus dem regional unterschiedlichen Arbeitskräfteangebot. Betriebe mit hohen Ansprüchen an spezialisierte Arbeit sind häufig auf die Agglomerationsgebiete der betreffenden Branche angewiesen, hohe Ansprüche an „intelligente" Arbeit sind in der Regel nur in der Nähe von Hochschulorten zu befriedigen. Der hohe Anteil der Lohnkosten begünstigt technische Innovationen, mit denen die Arbeitskosten reduziert und Arbeitskräfte freigesetzt werden. Aus der regional unterschiedlichen Nachfrage nach Arbeit ergibt sich die Forderung nach einer höheren Mobilität der Arbeit, was häufig den Wünschen der Arbeitnehmer widerspricht, die ihre gewachsenen Bindungen und die geschaffenen Werte nicht aufgeben möchten.

Lohnkosten je Arbeitsstunde einschließlich Lohnnebenkosten (Stand 1979) in DM und Produktionswert je Arbeitsstunde (Bundesrepublik = 100)

	in DM	Produktionswert je Stunde
Bundesrepublik Deutschland	20,90	100
Belgien	20,80	98
Niederlande	20,60	110
Schweden	20,50	76
USA	16,80	102
Frankreich	14,50	75
Japan	11,30	75
Großbritannien	10,00	48

Rohstoffarme Länder wie Japan und die Schweiz zeigen, daß auch ohne wesentliche *Rohstoffe* ein hoher Industrialisierungsgrad erreicht werden kann, da mit dem Ausbau der Transportwege und des internationalen Handels die in der Frühphase entscheidende Bedeutung der Lage zu den Rohstoffen und zur Energie in den Industrieländern stark zurückgegangen ist. Energie ist in der Bundesrepublik fast eine Ubiquität, da wegen des Ausbaus der Verkehrswege nach 1945 auch Gebiete abseits der traditionellen Verkehrswege leicht erreicht werden können und außerdem neue Energieträger die Lagegunst der Kohlegebiete minderten. Die lokalen Unterschiede betreffen in erster Linie die Verfügbarkeit, weniger den Preis. Selbst energieintensive Industriezweige wie die Aluminiumindustrie sind in der Bundesrepublik nicht mehr eindeutig energieorientiert. Dagegen ist die Rohstofflage bei Gewichtsverlustmaterialien immer noch ausschlaggebend. In Ländern mit wenig ausgebauter Infrastruktur besonders im Bereich der Energieversorgung und der Verkehrswege ist die Lage zu den Rohstoffen und zur Energie nach wie vor entscheidend.

In Großflächenstaaten ist die Lage zum *Abnehmer* von erheblicher Bedeutung (in den USA werden z.B. wegen der beträchtlichen Transportkostenunterschiede für die Ost- und Westküste unterschiedliche Preisempfehlungen gegeben). In der Bundesrepublik fällt diese Konsumorientierung jedoch kaum ins Gewicht. Dagegen sind die Verkehrsanschlüsse wichtig. An die Stelle der einst entscheidenden *Transportkosten* sind in vielen Fällen die *Transportmöglichkeiten* getreten: Bestimmte Schwergüter können nur auf dem Schienen- und Wasserweg transportiert werden; wo sehr große Mengen befördert werden müssen, sind Wasserwege aus Kostengründen notwendig (durchschnittliche, spezifische Transportkosten, die auf die Gegebenheiten des Standortes der BASF Ludwigshafen zugeschnitten sind: Binnenschiffe 13 DM/t, Bahn 40 DM/t, LKW 68 DM/t, Flugzeug 4 600 DM/t).

Eine gute Verkehrsanbindung ist für größere Betriebe auch wegen der Erreichbarkeit durch die Mitarbeiter wichtig (z. B. für Bosch der Umzug in eine Randlage).

Schema des regionalen und interregionalen Verkehrsanschlusses der BASF Ludwigshafen

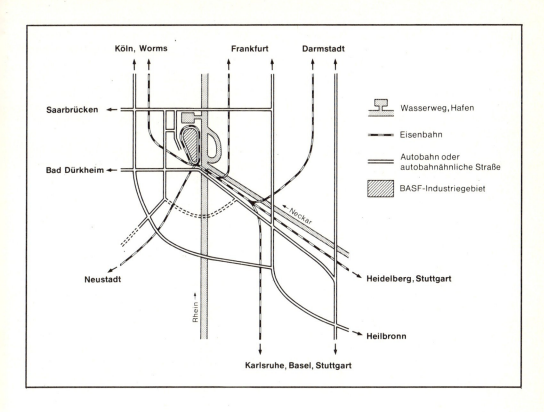

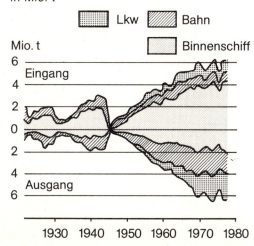

Verkehrsaufkommen Werk Ludwigshafen in Mio. t

Ernst Mühling: Aufgaben und Probleme der Verteilung, BASF referate. Ludwigshafen 1978, S. 4

Wegen der niedrigeren Verladekosten und den besseren Transportmöglichkeiten für Schwergüter haben *Küstenstandorte* Vorteile, wenn erhebliche Mengen von Roh- und Hilfsstoffen importiert und große Mengen von Fertigprodukten exportiert werden sollen. Da die BASF große Mengen von Phosphor, Kali und anderen Rohstoffen aus außereuropäischen Ländern bezieht, für deren Transport zum Stammwerk Ludwigshafen genauso wie auch für den Transport von Exportgütern erhebliche Kosten zwischen Überseehafen und Werk entstehen, gründete sie 1964 in Antwerpen einen Ergänzungsstandort in unmittelbarer Hafenlage, der seit 1967 Düngemittel und Kunststoffe sowie Faservorprodukte (Gewichtsverlustmaterialien) produziert.

Öffentliche Förderungsmaßnahmen in Form von verbilligten Darlehen, Investitionszulagen und Steuervergünstigungen sollen die regionale Wirtschaftsstruktur verbessern. In industriellen Ungunsträumen reichen sie allein allerdings nicht aus, um Betriebe anzusiedeln. Dagegen wirken solche Hilfen bei Strukturkrisen bereits industrialisierter Räume, da neben den Förderungsmaßnahmen die bereits vorhandene industrienahe Infrastruktur für den Investor attraktiv ist. Auch kommunale Maßnahmen wie die Bereitstellung von erschlossenem Gelände und Verbesserungen der Infrastruktur haben erheblichen Einfluß.

Zu den größten staatlich geförderten und mitgeplanten Industrieansiedelungsprojekten gehört Fos-sur-Mer an der Rhônemündung, wo mit fast 2 Mrd. Francs staatlicher Gelder ein neues Industriezentrum entstehen sollte. 1973 kamen beim Bau des Stahlwerkes nochmals 2,65 Mrd. Francs dazu (ein Drittel der Kosten). Die gigantischen Investitionen sollten einen neuen Schwerindustriestandort gründen helfen, als dessen besondere Chance man die Küstenlage und die besonders gute Absatzlage zu Abnehmern in Nordafrika sah und der eine Aufwertung der Wirtschaft von Frankreichs Süden einleiten sollte. Den Vorteilen der Küstenanlage stehen aber erhebliche Nachteile entgegen: Für den Absatz in den französischen und mitteleuropäischen Industriegebieten fehlen leistungsfähige Wasserstraßen, da die Rhôneschiffahrt unbedeutend ist. Im Hinterland fehlen weitgehend Abnehmer und Folgeindustrien. Die Bevölkerungsdichte ist im Vergleich zu den anderen europäischen Schwerindustriegebieten gering. Deshalb zögern viele der erhofften Investoren trotz staatlicher Hilfen.

Die Bedeutung der *Wohn- und Freizeitwerte* ist noch nicht eindeutig klar, steigt aber offensichtlich. Außerdem nimmt sie mit steigendem Niveau der Arbeit zu. Damit steigen auch die Ansprüche an die Bildungs- und Ausbildungsmöglichkeiten.

4 Veränderung der Standortfaktoren

Die Ansprüche des Marktes verändern sich laufend. Entsprechend ändern sich die Produkte. Andererseits führen neue Produkte zu einer veränderten Nachfrage. Mit den neuen Produkten ändert sich auch die Fertigungsmethode, und bekannte Produkte werden mit neuer Technologie produziert. Damit ändert sich auch der Bedarf an Arbeit, an Rohstoffen und Energie. Außerdem stellen die Beschäftigten andere Ansprüche an ihre Arbeit. All dies führt dazu, daß Standortfaktoren nicht unverändert bestehen bleiben, sondern daß sich die Standortqualitäten verändern: Traditionelle Gunsträume verlieren ganz oder teilweise ihre Vorzüge, und neue Räume werden für die Industrie attraktiv. Veränderungen der politischen Grenzen oder der Wirtschaftsgrenzen (Zollgrenzen, Freihandelszonen, Gemeinsamer Markt, Montanunion) bringen Neubewertungen.

4.1 Einflüsse politisch-wirtschaftsräumlicher Veränderungen auf den Standort der BASF Ludwigshafen

In der Gründungsphase lag die BASF in Randlage außerhalb des Norddeutschen Bundes, nach der Reichsgründung nahezu in Grenzlage zu Frankreich, nach 1945 in verhältnismäßig zentraler Lage innerhalb der Bundesrepublik, heute in zentraler Lage innerhalb des Wirtschaftsraums der EG. Mit den politischen Veränderungen nach 1945 verlagerten sich die Hauptverkehrsströme in Mitteleuropa in Nord-Süd-Richtung. Die wichtigsten Verkehrsadern verlaufen unweit des Werkes: die Schienenwege Belgien / Niederlande – Ruhrgebiet bzw. Skandinavien – Hamburg in Richtung München – Wien bzw. Basel – Schweiz – Italien / Südfrankreich; die Eisenbahnverbindung Frankfurt – Saarbrücken – Paris; die Autobahnen Köln-Ruhrgebiet/Hamburg – Basel – Stuttgart – München und Mannheim – Saarbrücken – Paris (vgl. Abb. S. 117). Die Wasserstraße Rhein gewann weiter an Bedeutung, Ludwigshafen wurde nach Duisburg zum umschlagreichsten deutschen Binnenhafen. Auch der Ausbau der Saar und der Mosel verbessern die Verkehrslage des Werkes. Durch die föderalistische Gliederung der Bundesrepublik erhielt die BASF Ludwigshafen eine Spitzenstellung innerhalb des Bundeslandes, was ihr einen bevorzugten Ausbau ihrer Verkehrsanbindungen sicherte.

4.2 Einflüsse technologischer Veränderungen am Beispiel der BASF

Solange der Energiebedarf fast ausschließlich durch Steinkohle gedeckt wurde, war die BASF wegen ihrer größeren Revierferne gegenüber Mitbewerbern benachteiligt. Dieser Nachteil konnte zunächst nur durch weniger energieintensive Produktionstechniken gemildert werden. Durch den Übergang auf andere Energieträger (Erdöl, Erdgas) verringerte sich die Energiegunst der alten Kohlestandorte der Chemie. Durch neue Rohstoffe (z.B. Öl statt Kohle) verlor die BASF den Nachteil der Revierferne, neue Transportverfahren wie Leitungstransport für Energie und flüssige Rohstoffe hoben die früheren Transportkostennachteile auf. Neue Verkehrsmittel und größere Mobilität der Beschäftigten ermöglichten es, im relativ dünn besiedelten Einzugsgebiet ein ausreichendes Arbeitskräftepotential zu erschließen. Durch weitere Produktdifferenzierungen nahm sowohl die Zahl der benötigten Rohstoffe als auch die Zahl der Abnehmer weiter zu. Dementsprechend wirkt sich die fehlende Rohstofflage noch weniger aus; sowohl für die Beschaffungsseite als auch für die Absatzseite rückt die Verkehrslage in den Mittelpunkt – und sie wurde ständig verbessert. Wo wegen der größeren Entfernung zu Überseehäfen der Standort Ludwigshafen nicht voll konkurrenzfähig war (z.B. bei rohstoffintensiver Produktion von zum Teil für den Übersee-Export bestimmten Gütern), übernahm der Küstenstandort Antwerpen die Produktion.

4.3 Veränderungen in der Schwerindustrie

In der *Schwerindustrie* führten Veränderungen der Technologie zusammen mit der zunehmenden Verwendung alternativer Materialien und dem Aufbau neuer Stahlwerke in bisherigen Abnehmerländern zu einer tiefgreifenden Krise der alten Standorte „auf der Kohle". Da es sich dabei um eine Reihe verschiedener miteinander verbundener Produktionsstufen handelt (Kokerei, Hochofen, Stahlwerk, Walzwerk), bei denen Veränderungen der Technologie möglich sind, kam es zu Problemen, die jeweils sämtliche Produktionsstufen betrafen, die untereinander im Verbund stehen (vgl. Abb. S. 121).

Entscheidend war dabei die Veränderung im Energie- und Rohstoffbedarf. Während 1850 5 t Kohle für 1 t Roheisen benötigt wurden, waren es 1975 noch 0,7 t Kohle. Schon seit Ende des 19. Jahrhunderts wurden, je nach Eisengehalt des verwendeten Erzes, mehr Volumenteile Erz als Kohle benötigt. Dennoch verharrte die Schwerindustrie wegen ihrer *Verbundwirtschaft* auf den alten Kohlestandorten, die die Energievorteile der kurzen Entfernungen zwischen den einzelnen heißen Produktionsstufen nutzte („in einer Hitze produzieren").

Durch die verbesserte Verhüttungstechnologie wurden die Erzgebiete vom Transportvolumen her attraktiver. Die traditionellen Kohlestandorte mußten versuchen, ihre Frachtkosten bei den Erzen dadurch aufzufangen, daß höherprozentige Erze auf größeren Schiffen beschafft wurden. Dies führte zu einem beträchtlichen Rückgang des herkömmlichen Erzweges vom Hafen Emden über den Dortmund–Ems–Kanal. Stattdessen wurden die Standorte an der Rheinschiene, die sowohl durch den Großhafen Rotterdam als auch durch die viel größere Transportkapazität des Rheins Vorteile gewann, begünstigt. *Küstenstandorte* („nasse Hütten") haben besondere Standortgunst, da große Schiffseinheiten Erze kostengünstig aus den überseeischen Herkunftsländern befördern können. Entscheidende Veränderungen brachte das Elektrostahlverfahren, das in den letzten Jahrzehnten wirtschaftlich bedeutsam wurde. Es ermöglicht die Stahlgewinnung aus Schrott und damit die *Standortspaltung* der Schwerindustrie. Kohle wurde beim Stahlprozeß überflüssig, kleinere und flexiblere Einheiten, die stärker am Abnehmer orientiert sind, wurden möglich. Neue Perspektiven eröffnet auch das Midrex-Direktreduktionsverfahren: Erz wird mit Hilfe von Erdgas zu Eisenschwamm reduziert, der an Elektrostahlwerke geliefert wird. Auch hier ist die Standortspaltung möglich.

Während die einstigen Vorteile der Lage zur Steinkohle in den alten Industriestaaten zurückgingen, ergaben Erdgasvorkommen Standortvorteile für Länder, die bisher keinen Anteil an der Schwerindustrie hatten. Die *Persistenz* der Industrie, ihr Beharrungsvermögen am einmal gewählten Standort, ist wesentlich davon abhängig, inwieweit es ihr gelingt, den Wertwandel der Standortfaktoren durch Veränderungen der Technologie oder der Produktpalette aufzufangen.

Veränderungsfaktoren der Schwerindustrie

Veränderungen der Technologie seit 1850		
Verfahren der Eisenverhüttung	Stahlverfahren	Sonstige Veränderungsfaktoren
1850 Reduktionsmittel Koks Standortvorteil „auf der Kohle"	1856 Bessemer-Verfahren	
	1879 Thomas-Verfahren phosphorreiche Erze wie die Minette-Erze können genutzt werden	
ständiger Rückgang des Bedarfs an Reduktionsmitteln und Energie		
	Siemens-Martin-Verfahren ermöglicht die Produktion von großen Mengen, z. T. kann Schrott verwendet werden	
ständiger Rückgang des Standortvorteils „auf der Kohle"		Erschließen neuer Erzlager mit hohem Fe-Gehalt auch in Übersee; Sinterung und Pelletierung; relative Verbilligung der Frachtkosten durch große Schiffseinheiten
	1952 LD-Verfahren (Sauerstoffaufblasverfahren) geringerer Energiebedarf	
	1960 Elektroverfahren (seit 1880 bekannt, erst jetzt wirtschaftlich wichtig) Stahl kann aus Schrott gefertigt werden; ermöglicht Standortspaltung, Kohle ist überflüssig, dadurch geringere Investitionskosten; kleinere, flexiblere Einheiten; Absatzorientierung möglich	Materialkonkurrenz für Stahl durch Aluminium und Kunststoffe Konkurrenz durch die Schwerindustrie in andere Industrieländern (Japan)
1969 Midrex-Verfahren Direktreduktion über Erdgas; Herstellung von Eisenschwamm		Konkurrenz durch ehemalige Abnehmerländer (z. B. Indien) und Entwicklungsländer mit Erz- oder Erdgasvorkommen
Eisen- und Stahlproduktion von Kohle unabhängig; Erdgasvorkommen sind Standortvorteil; Standortspaltung möglich		

5 Die Verflechtung der Industrie

Die einzelnen Industriebranchen sind auf der Beschaffungs- und auf der Absatzseite vielfältig mit anderen Branchen verbunden. Schon zu Beginn der Industrialisierung benötigte die Textilindustrie, die „Mutter der Industrien", chemische Produkte zur Veredelung der Textilfasern und Farbstoffe, die in der geforderten Menge nur von der Chemie bereitgestellt werden konnten. Außerdem stieg mit der steigenden Textilproduktion auch der Bedarf an Waschmitteln. Für die maschinellen Ausrüstungen brauchten sowohl die Textil- als auch die chemische Industrie Produkte der Eisen- und Stahlindustrie. Diese benötigte zur Verhüttung große Mengen von Kokskohle, bei deren Gewinnung Steinkohlenteer anfiel, ein wichtiger Ausgangsstoff für viele chemische Produkte, darunter auch die von der Textilindustrie benötigten Farbstoffe. Außerdem wurden von den beteiligten Industrien große Mengen von Energie in Form von Steinkohle benötigt. Mit zunehmender Weiterentwicklung und Differenzierung verstärkte sich die Produktionsverflechtung. *Vorlieferungen* für die baulichen und maschinellen Ausrüstungen, deren Wartung, Reparatur und *Zulieferungen* von Einzelteilen und Komponenten für komplexe Produkte führen zu engen betrieblichen Bindungen zwischen verschiedenartigen Betrieben.

Vertikaler Aufbau der Schwerindustrie

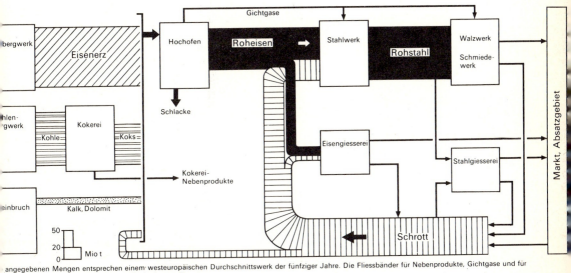

angegebenen Mengen entsprechen einem westeuropäischen Durchschnittswerk der fünfziger Jahre. Die Fliessbänder für Nebenprodukte, Gichtgase und für bindungen zum Markt sind nicht quantitativ dargestellt.

Hans Boesch: Wirtschaftsgeographischer Weltatlas. München: List 1968, S. 62

Die Schwerindustriestandorte im Ruhrgebiet zeigen die Vorteile der *Verbundwirtschaft:* Auf der Kohle entstanden transportkostengünstig Kokereien und Eisenhütten, denen sich Stahl- und Walzwerke anlagerten, wodurch Transportkosten und, wegen der unmittelbaren Aufeinanderfolge der heißen Prozesse, erhebliche Energiekosten eingespart werden können. Aus den Kostenvorteilen durch Ersparnisse bei der Materialbelieferung, durch Fühlungsvorteile infolge direkter Kontakte und durch bessere Arbeitslage infolge spezialisierter Arbeitsmärkte und erweitertem Arbeitsangebot entstanden Standortvorteile für Betriebe nachgelagerter Produktionsstufen. Diese Kostenvorteile der Verbundwirtschaft führten zu Industrieballungen auf der Basis der Schwerindustrie. Andererseits entstand durch den hohen Investitionsbedarf des

Schwerindustrieverbunds und die aus Konkurrenzgründen notwendigen Vergrößerungen der Produktionseinheiten eine große Unbeweglichkeit der Schwerindustrie, die es ihr schwer machten auf veränderte Ansprüche des Marktes und auf Änderungen der Standortqualitäten zu reagieren. Die daraus entstehenden Krisen mußten auch die nachgelagerten Produktionsstufen betreffen. Aus dieser Sachlage heraus entstand die Forderung nach *Diversifizierung*, nach Ausweitung des Produktionsprogramms, um die Krisengefahr einseitiger Ausrichtung des Produktionsprogramms zu vermeiden.

In der Automobilindustrie beträgt der Anteil der Zuliefer- und Ausrüstungskosten ca. 65%. Die räumliche Nähe spielt in der Zulieferverflechtung mit zunehmendem Verkehrsausbau eine geringe Rolle, vorrangig sind Qualität, Preise und Pünktlichkeit der Lieferung. Lieferbeziehungen verändern sich ständig. Bei gestiegener Nachfrage versuchen viele Unternehmen die Produktion dadurch zu erhöhen, daß die Teilefertigung verstärkt Zulieferern überlassen wird und die frei gewordenen Kapazitäten für die Endmontage genutzt werden, oder aber dadurch, daß *Filialstandorte* als „verlängerte Werkbänke" gegründet werden. Solche Standorte können auch in strukturschwachen Gebieten entstehen, ohne aber nachhaltige Veränderungen der Wirtschaftsstruktur zu bewirken, da ihre Existenz bei Nachlassen der Nachfrage gefährdet ist.

Besonders ausgeprägt ist die Verflechtung in der chemischen Industrie, wo nicht nur die verschiedenen Produktionsstätten innerhalb einzelner Werke oder die verschiedenen chemischen Werke innerhalb einer Stadt (wie z. B. der Chemiestadt Ludwigshafen), sondern wo auch überregional viele Chemiestandorte durch zahlreiche Produktenleitungen miteinander verbunden sind.

Die enge betriebliche Verflechtung zwischen Zulieferern und Abnehmern kann zum Zusammenschluß von Unternehmen aufeinanderfolgender Produktionsstufen führen, zur *vertikalen Konzentration*, bei der die Vorteile der gesicherten Rohstoff- oder Teilebelieferung ausgenützt werden. *Horizontale Konzentration* ist der Zusammenschluß von Unternehmen gleicher Produktionsstufen zu einem horizontalen Konzern, der die Vorteile von großen Serien, gemeinsamem Einkauf und Verkauf unter Umständen mit der Gefahr der Marktbeherrschung nutzt.

Schema der Verflechtung auf der Basis des Steinkohlenbergbaus
Ulrich Kümmerle: Industrie, Klett: Stuttgart 1980, S. 57

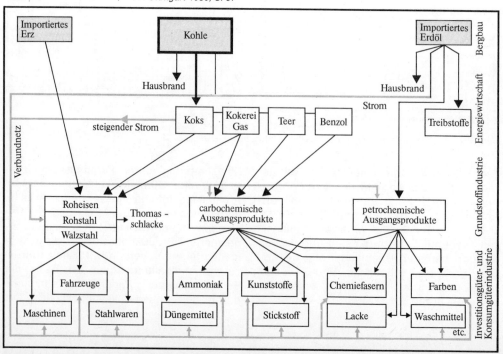

Die japanischen Industriekombinate zeigen die Vorteile horizontaler und vertikaler Konzentration, aber auch die Bedeutung der räumlichen Nähe bei unabhängigen Unternehmen, die unter bestimmten Voraussetzungen nach wie vor groß ist.

Aufgrund der extremen Abhängigkeit von Rohstoffimporten ist die japanische Industrie gezwungen, aus Kostengründen möglichst große Schiffseinheiten einzusetzen, für die entsprechende Tiefwasserhäfen notwendig sind. Da die japanische Industrie außerdem in hohem Maße exportorientiert ist, ergeben Küstenstandorte an Tiefwasserhäfen Transportkostenvorteile. Solche Standorte entstanden an Eingrabungshäfen oder auf Aufschüttungsland mit Industriehäfen.

Mikrostandort-Typen japanischer Industriekombinate

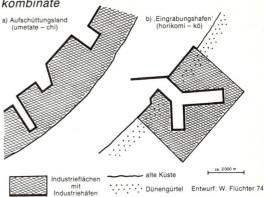

Winfried Flüchter: Begriff und räumliche Struktur von Industrie-Kombinaten in Japan. In: Erdkunde 1976, Bd. 30, S. 56. Bonn: Dümmlers

Großindustriekomplex Mizushima: Produktionswirtschaftliche Beziehungen

Winfried Flüchter: Begriff und räumliche Struktur von Industriekombinaten in Japan. In: Erdkunde 1976, Bd. 30, S. 55. Bonn: Dümmlers (ergänzt)

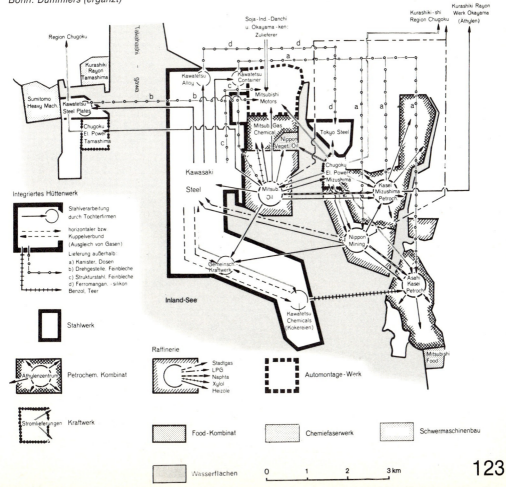

Diese räumlich integrierten Industriekomplexe an der Küste verbinden ihre verschiedenen betrieblichen Einheiten über gegenseitige Belieferungen und Hilfsleistungen. Solche *Kombinate* mit vertikaler Integration gibt es in der Schwerindustrie (integrierte Hüttenwerke), der Petrochemie, der Aluminium-Industrie, aber auch in der Nahrungsmittelindustrie. Neben diesen Mono-Kombinaten, die nur jeweils einen Industriezweig umfassen, aber in der Regel in Standortgemeinschaften mit einem Großkraftwerk stehen, entwickeln sich neuerdings auch „Compound-Kombinate", bei denen mehrere Großunternehmen auf einer Fläche vereint sind und bei denen sich an die integrierten Werke selbständig Großunternehmen angelagert haben, bei denen also verschiedene Industriezweige und -branchen räumlich integriert sind. Vorteile ergeben sich aus der gegenseitigen Belieferung und der Verringerung der Energie- und Lagerkosten, aber auch aus der Nutzung der gemeinsamen Infrastruktur, im besonderen der der Tiefwasserhäfen und der Verkehrsanschlüsse zu Lande.

6 Industrieräumliche Strukturen

Mit dem Wachstum der Industriebetriebe wuchsen die Industriestädte (vgl. Kap. Verstädterungsprozeß, S. 202ff.). Ende des 19. Jahrhunderts nahm z. B. die Einwohnerzahl der Stadt Ludwigshafen durch Wanderungsgewinn zehnmal stärker zu als durch Geburtenüberschuß. Andererseits wuchsen mit dem Städtewachstum die Möglichkeiten der Unternehmen, die Produktion zu steigern.

Einwohnerzahlen von Ludwigshafen und Belegschaft der BASF AG

	Einwohner	Belegschaft
1865 (BASF-Gründung)	ca. 4 000	30
1890	50 000	3 596
1910	104 000	7 639
1977	172 000	52 932

Hauptwohngebiete der Mitarbeiter des Werkes Ludwigshafen (BASF)

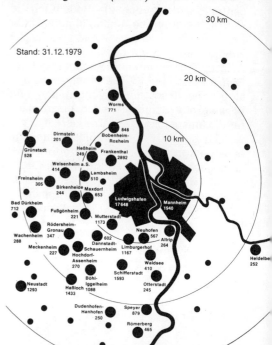

BASF Aktiengesellschaft, Ludwigshafen 1979

Das Beispiel der BASF zeigt auch, daß traditionelle Bindungen zwischen *Einzugsbereich* und Werk erhalten bleiben können. Auch heute überwiegt, wie schon in der Gründungsphase, das linksrheinische Einzugsgebiet, wurde durch die gestiegene Mobilität aber ausgeweitet. Ludwigshafen stellt heute 38% der Mitarbeiter, Mannheim ca. 4% und das übrige rechtsrheinische Gebiet weniger als 4 Prozent.

Nachdem schon in der Gründungszeit der BASF mit der Guilini-Chemie ein weiterer Chemiebetrieb in Ludwigshafen ansässig war, siedelten sich im Gefolge der BASF weiter chemische Fabriken an, um die Fühlungsvorteile zum großen chemischen Grundgüterproduzenten BASF zu nutzen. Zu den größeren Betrieben zählen Benckiser (Reinigungsmittel), G + H (Dämmstoffe, aus der Chemie hervorgegangen), Woellner (Reinigungsmittel), Knoll (Arzneimittel). So wurde Ludwigshafen zu einer Stadt der Chemie, in der 70% der Industriearbeitsplätze der Vorderpfalz konzentriert sind und von deren 65 000 Industriearbeitsplätzen nur ca. 8500 nicht auf die Chemie entfallen. Mehr als 80% des Gewerbesteueraufkommens der Stadt kommen von der BASF. Die wirtschaftliche Struktur des linksrheinischen Rhein-Neckarraums ist von der Chemie geprägt. Mehr als 75% der Industrielöhne und -gehälter der Vorderpfalz entfallen auf Ludwigshafen.

Die Industriestruktur der Kernstädte im Rhein-Neckargebiet

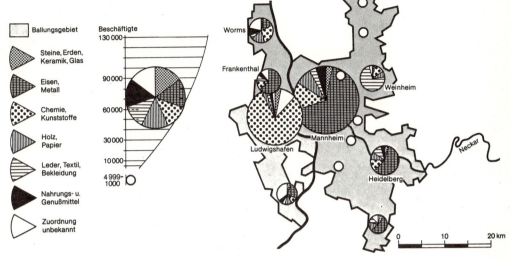

Gerhard Fuchs: Die Bundesrepublik Deutschland. Stuttgart: Klett 1977, S. 73 und 85

(n. Wiel, SVR, u. a.)

Industrieräumliche Struktur des Ruhrgebiets

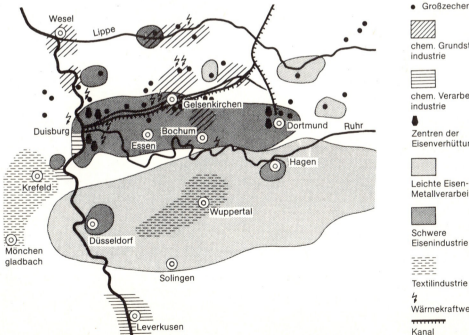

125

„Rheinschiene" und östliches Ruhrgebiet

Das Gefälle der Wirtschaftskraft zwischen „Rheinschiene" und östlichem Ruhrgebiet

	Rheinschiene	Mittleres Ruhrgebiet	Östliches Ruhrgebiet
Wanderungsbilanz 1960–1970	+594 000	−185 168	−22 193
Industriebeschäftigte (+Bergbau) 1960–1970	+ 2,1%	− 21,9%	−17,3%
Anteil der Beschäftigten in Bergbau, eisenschaffender und -verarbeitender Industrie 1970	22,0%	45,0%	57,0%
Anteil der Industriebeschäftigten in „wachstumsschwachen" Branchen 1970	45,0%	62,0%	72,0%
Umsätze der Industrie (je Besch.) 1960–1970			
ohne Bergbau	+ 81,9%	+ 77,8%	+48,0%
mit Bergbau	+ 85,1%	+109,0%	+77,0%
BIP (in Mio. DM) 1957–1966	+100,4%	+ 61,8%	+65,3%
1967–1969	+ 20,3%	+ 19,2%	+14,6%
Realsteuerkraft (DM/Einw.) 1965–1969	+ 33,6%	+ 27,0%	+21,6%
Gewerbesteuereinnahmen (in DM) 1960–1970	+ 90,3%	+ 36,1%	+29,9%

Gerhard Fuchs: Die Bundesrepublik Deutschland. Stuttgart: Klett 1977, S. 74

Die einstigen Vorteile der Rohstoffgunst im Ruhrgebiet führten zu einer einseitigen, auf der Grundstoffindustrie basierenden Wirtschaftsstruktur. Auch heute noch spiegelt sich in der industrieräumlichen Struktur des Reviers die Bedeutung der Kohle. Die einzelnen Zonen des Ruhrgebiets sind von der Lagerung der Kohle geprägt: Die im Süden relativ oberflächennah gelagerte Magerkohle wurde zuerst abgebaut, hat aber wenig Bedeutung für die Industrialisierung des Reviers. Dafür entscheidend war die für die Verkokung geeignete Fettkohle der Hellwegzone (Duisburg-Essen-Bochum-Dortmund), in der sich heute noch die Schwerpunkte der eisenschaffenden Industrie befinden, während die Emscherzone im Norden mit ihrer in großer Tiefe lagernden gasreichen Kohle gute Voraussetzungen für die Kohlechemie aufwies.

Obwohl schon seit 1950 die Einseitigkeit dieser Struktur gemildert wurde, führte die Krise der Kohle 1967 zu erheblichen Beeinträchtigungen der Ruhrindustrie, die zu einem Rückgang des Anteils des Bergbaus und der eisenschaffenden Industrie am Gesamtumsatz der Industrie von 61% im Jahre 1957 auf 42% im Jahre 1973 führte. Noch stärker ging der Anteil der Beschäftigten zurück. Im ganzen gingen 260 000 Arbeitsplätze verloren, trotz der Schaffung von neuen Arbeitsplätzen in anderen Branchen. Dabei wirkte sich der Rückgang räumlich unterschiedlich aus, da die Veränderungen der Standortfaktoren zu einem Gefälle zwischen den Teilbereichen des Wirtschaftsraums Ruhr führten.

Neben den Standortqualitäten, die besonders die betrieblichen Interessen widerspiegeln, kommt bei der Bewertung von Industriegebieten also der *Industriestruktur* große Bedeutung zu. Trotz der Veränderungen der Standortfaktoren für die Schwerindustrie ist die Standortgunst des Reviers in der Bundesrepublik nach wie vor überdurchschnittlich: Sowohl die Arbeitskraftangebote als auch die Lage zu den Abnehmern, zu den Rohstoffen und zur Energie und besonders die industrienahe Infrastruktur sind gut. Die Krise der Ruhr entstand aus dem überproportionalen Anteil von stagnierenden oder rückläufigen Branchen, während die Wachstumsbranchen unterrepräsentiert waren. Bei den Strukturproblemen spielen auch die Betriebsgröße und die Abhängigkeit von strukturbestimmenden Unternehmen eine Rolle.

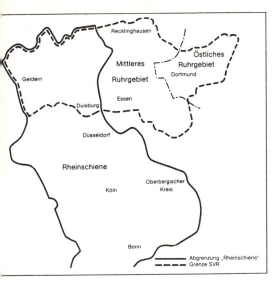

Abgrenzung „Rheinschiene"
––––– Grenze SVR

Daß es im Raum Ludwigshafen trotz der Abhängigkeit von einer einzigen Branche und einem Unternehmen nicht zu so schwerwiegenden Krisen wie im Ruhrgebiet kam, ist aus der sehr großen Produktionspalette der chemischen Industrie zu erklären.

Der Verdichtungsraum Mittlerer Neckar wurde wegen der fehlenden Rohstoffe relativ spät industrialisiert. Der einstige Standortnachteil erweist sich heute als Strukturvorteil. Mit der fehlenden bzw. schwach vertretenen Grundstoffindustrie fehlt auch deren Krisenanfälligkeit. Statt dessen ist die Industrie stark diversifiziert, und Wachstumsbranchen sind überdurchschnittlich häufig vertreten. Allerdings können andere Veränderungsfaktoren auch diesen Industrieraum beeinträchtigen, z. B., wenn durch erhebliche Veränderungen des Währungsgefüges der Export erschwert würde, dessen Anteil an der Industrie des Mittleren Neckarraums besonders groß ist.

Strukturdaten zur Region Mittlerer Neckar (1970)

Bevölkerungentwicklung 1961–1970		
Kernstadt	– 0,7%	(– 4 381)
Umland	+25,0%	(+328 918)
Beschäftigte nach Wirtschaftsbereichen		
gesamt		1 108 858
Land- und Forstwirtschaft		4 961
Prod. Gewerbe/Industrie		666 992
Dienstleistungen		436 905
in der Kernstadt gesamt		446 766
Land- und Forstwirtschaft		1 348
Prod. Gewerbe/Industrie		221 511
Dienstleistungen		223 907
Anteil der Wirtschaftsbereiche am BIP		
Land- und Forstwirtschaft		1%
Prod. Gewerbe/Industrie		60,9%
Dienstleistungen		37,5%
Industriebesatz (Ind.-Besch. je 1000 Einw.)		202

Pendler	Einpendler	Auspendler
gesamt	253 604	352 530
Kernstadt	135 040	17 371

Strukturbestimmende Industriebranchen

	Beschäftigte	
	Region	Stuttgart
Maschinenbau-Ind.	104 000	26 814
Elekrotechnische Ind.	98 500	41 866
Fahrzeugbau	87 000	39 107
Textilindustrie	36 000	3 948
Eisen-/Blech-/Metallverarb.	33 326	3 525
Nahrungs- und Genußmittelindustrie	31 858	11 160
Holzverarb./Sägerei	22 569	2 818
Druck/Vervielfältigung	19 412	9 422
Papierverarb.	9 893	4 096
Feinmechanik/Optik	17 542	11 462
Lederverarbeitung	16 144	3 141
Bekleidungsindustrie	14 068	3 815
Zieherei/Kaltwalzwerk	11 776	1 979
Stahlbau/Leichthallenbau	13 811	5 998

Gerhard Fuchs: Die Bundesrepublik Deutschland. Stuttgart: Klett 1977, S. 78

Auch das in den letzten Jahren deutlicher werdende wirtschaftliche Süd-Nord-Gefälle in der Bundesrepublik hängt mit den Veränderungen der Standortfaktoren und der unterschiedlichen Industriestruktur zusammen. Es zeigt sich in der größeren Arbeitslosenquote in den nördlichen Gebieten und generell in der Beschäftigtenveränderung seit 1961, wo Abnahmen bis 15% im Norden Zunahmen im Süden bis 37% gegenüberstehen, aber auch in der Veränderung des Bruttoinlandsproduktes, das im ganzen im Süden stärker zunahm. Während die Standortvorteile der Lage zu den Rohstoffen, insbesondere zur Kohle, gemindert wurden, gewinnen die Strukturvorteile steigende Bedeutung. Langfristig kann diese Entwicklung durch steigendes Umweltbewußtsein und wachsende Bedeutung der Freizeiträume noch verstärkt werden. Bereits heute ist der Erholungsraum ein Standortfaktor für Betriebe mit besonderen Ansprüchen an qualifizierte Arbeit.

Das Ruhrgebiet weist die typischen Merkmale eines *Industriereviers* auf: Es ist eine großflächige, in der Regel auf einem reichen Bodenschatz beruhende wirtschaftsräumliche Einheit, die neben hoher Bevölkerungsdichte im Innern eine vorzüglich ausgebaute *Infrastruktur,* vor allem ein vielseitig ausgeprägtes Verkehrsnetz, besitzt.

Im Unterweser- und Unterelberaum zeigen sich die wesentlichen Kennzeichen von *Industriegassen:* Eine Aneinanderreihung von Industriebetrieben entlang eines vorherrschenden Verkehrsweges, insbesondere in Flußtälern, wo die Vorteile der Verkehrslage wie auch der Energielage (St. Lorenz-Seaway) zu einer Längserstreckung des Industrieraums geführt haben.

Die ungleiche räumliche Vorprägung, die ungleiche Ausstattung mit Standortfaktoren, die Initiative einzelner oder bestimmter Gruppen und die von diesen Faktoren abhängige räumlich unterschiedliche Persistenz sind die Ursachen der unterschiedlichen Industriedichte und -struktur. Diese sind vorrangig verantwortlich für die räumlichen Disparitäten zwischen dicht besiedelten Ballungsgebieten mit hoher Industriearbeitsplatzdichte und ländlichen Bereichen mit geringer Wohn- und Industriedichte. Da die Industrie Gebiete mit hoher Industriedichte und wirtschaftlicher Konzentration wegen der Fühlungs- und Absatzvorteile sucht und zugleich solche Gebiete schafft, verstärkten sich im Zuge der weitergehenden Industrialisierung die räumlichen Disparitäten.

Modell des ungleichmäßigen Wirtschaftswachstums (von G. Myrdal)
Konrad Stahl und Gerhard Curdes: Umweltplanung in der Industriegesellschaft. rororo tele 030. Hamburg: Rowohlt Taschenbuchverlag 1970, S.25

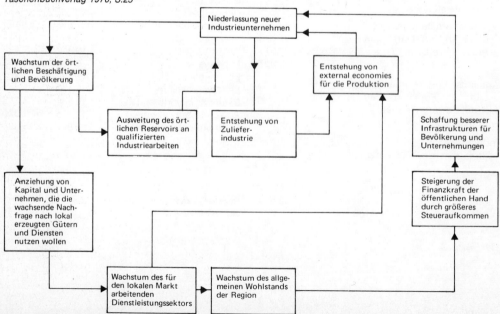

Das Gefälle zwischen Verdichtungsräumen und zurückgebliebenen Gebieten zeigt sich in den erheblichen Unterschieden im Einkommen, in den Bildungs- und Ausbildungsmöglichkeiten und in der Nutzung von Infrastruktureinrichtungen. Industrielle Verdichtungsräume beeinträchtigen aber auch wesentliche Lebensbedürfnisse, wie jenes der hohen Wohnqualität in gesunder Umwelt. Die gestiegene Mobilität erlaubt den Ausweg, den Wohnplatz weit entfernt vom Arbeitsplatz zu wählen. Der ausufernde, in vielen Ballungsgebieten kaum mehr erträgliche Pendelverkehr ist eine Folge, die Zersiedelung der Landschaft eine andere.

7 Die Industrie in den Entwicklungsländern

7.1 Der besondere Charakter der Industrie in den Entwicklungsländern und ihre Probleme

Die traditionelle *internationale Arbeitsteilung* umfaßt den Export von Roh- und Hilfsstoffen aus den Entwicklungsländern und den Export von Industriegütern aus den Industrieländern. Dabei entfallen knapp 70% des Welthandels auf die Industrieländer. Die Einseitigkeit der Handelsbeziehungen wird durch die Empfängerländer deutlich: 70% der Exporte aus Industrie- und Entwicklungsländern erreichen Industrieländer, wenig mehr als 20% die Entwicklungsländer, Exporte von Entwicklungsländern in andere Entwicklungsländer finden nur wenig statt (vgl. Abb. S. 253).

Im Rahmen dieser Handelsabhängigkeit der Entwicklungsländer von den Industrieländer kam es nur vereinzelt, besonders in einigen südamerikanischen Ländern, zu Ansätzen eines Industrieaufbaus in den Entwicklungsländern. Dabei stand nicht die Entwicklung einer eigenständigen und leistungsfähigen Industrie im Vordergrund, sondern die Produktion von Konsumgütern, die bisher importiert werden mußten. Vorrangig sollten also Importe ersetzt und Devisen gespart werden *(Importsubstitution)*. Ein weitergehender Aufbau einer eigenen Industrie scheiterte daran, daß dazu Industriegüter in großer Zahl importiert werden mußten. So umfaßten z. B. in Kolumbien 1960–1970 zwischen 59% und 73% aller Importe Industriegüter, die zur Ausrüstung und Unterhaltung der eigenen Industrie benötigt wurden. Der Versuch der Industrialisierung verschlechterte also die Handelsbilanz und verstärkte die wirtschaftliche (und in deren Folge auch häufig die politische) Abhängigkeit der Entwicklungsländer von den Industriestaaten.

Seit ungefähr 1960 deutet sich vereinzelt eine Veränderung der *internationalen Arbeitsteilung* an, da mehr und mehr Entwicklungsländer zunehmend auch Industriegüter in die Industrieländer exportieren. Diese *Weltmarktproduktion* ist wesentlich auf das Lohngefälle zwischen Industrieländern und Entwicklungsländern zurückzuführen.

Lohnkosten einschließlich Nebenkosten 1978 (ohne Berücksichtigung der Produktivität)

Schweiz	DM 20,75
Belgien	DM 19,14
Bundesrepublik Deutschland	DM 18,92
Niederlande	DM 18,72
USA	DM 17,76
Frankreich	DM 12,23
Italien	DM 11,83
Japan	DM 10,57
Großbritannien	DM 8,09
Singapur	DM 1,50

Dabei haben sich in den letzten Jahren die Löhne nicht angenähert, sondern zwischen einigen Ländern noch weiter auseinanderentwickelt. So betrug das Verhältnis des Lohnniveaus Bundesrepublik/Japan/Singapur 1970 6:3:1; 1972 10:5:1; 1976 11:6:1. Dementsprechend werden vor allem lohnintensive Industriebranchen Fertigungsstätten in Entwicklungsländern erstellen. So verlagerten die Rollei-Werke Braunschweig einen erheblichen Teil ihrer Produktion nach Singapur, um die Konkurrenzfähigkeit mit Japan erhalten zu können. Aber auch die japanische Optik- und Kamera-Industrie gründete Standorte in Niedriglohnländern wie Taiwan.

Viele Entwicklungsländer versuchen diese Tendenzen durch gezielte *Förderungsmaßnahmen* in „Freien Produktionszonen" zu verstärken.

Anreize für die Anleger in freien Produktionszonen Lateinamerikas

Freie Produktionszonen	Hafen	Flughafen	Containereinrichtungen	Produktionsgebäude	Elektrizität	Wasser	unbeschränkte Zulassung von Auslandskapital	uneingeschränkter Gewinntransfer	Abgabenbefreiung (z. B. Zölle)	Steuervergünstigung	Subventionen	sonstige Investitionsanreize	Investitionsauflagen
Brasilien	+	+	+		+	+	+	+	+	10 Jahre a, b, c		Kredite	über 20% Inlandsanteil an der Wertschöpfung; 100% Ausfuhr
Dominik. Republik	+[1]	+	+	+	+	+	+	+	+	20 Jahre d			100% Ausfuhr
El Salvador	+	+		+	+	+	+	+	+	10 Jahre a		Exportkredite	80% Ausfuhr außerh. MCC[2]
Guatemala	+			+	+	+	+	+	+	10 Jahre a			100% Ausfuhr
Haiti	+	+	+	+	+	+	+	+	+	8 Jahre a			100% Ausfuhr
Kolumbien	+[3]	+	+[3]	+	+	+	+	+	+		Transp.-zuschüsse	Exportkredite	100% Ausfuhr
Mexiko		+	+		+	+	+	+	+		verbilligte Fracht		100% Ausfuhr
Panama	+	+	+	+	+	+	+	+	+	15–20 J. a, e, f, g			100% Ausfuhr
Puerto Rico	+	+	+	+[4]	+	+	+	+	+	10–30 J. a	2 J. 25% d. Lohnsumme[5]	Kredite	100% Ausfuhr

1) mit Ausnahme von Santiago de los Caballeros
2) d. h. Gemeinsamer Zentralamerikanischer Markt
3) mit Ausnahme von Cucúta
4) subventioniert
5) bei über 300 Beschäftigten keine Zahlungen von
a) Einkommensteuer
b) Industrieproduktsteuer
c) Warenzirkulationssteuer
d) allen Steuern
e) Vermögensteuer
f) Umsatzsteuer
g) Exportsteuer

Hans Hopfinger und Wolfgang Vogel: Geographische Probleme weltwirtschaftlicher Verflechtungen. Stuttgart: Klett 1979, S. 146

Dazu zählen Steuervergünstigungen, Befreiung von Importzöllen auf Maschinen und Halbfabrikate, Gewährung verbilligter Kredite, Bereitstellung von Fabrikgebäuden, Veränderungen des Arbeitsrechtes, die den Wünschen der Investoren entgegenkommen, und verminderte Umweltschutzauflagen. Die zinsgünstigen Investitionskredite veranlassen die Investoren, technisch fortschrittliche Produktionsmethoden zu wählen, die der Technologie der Industrieländer entsprechen und die relativ wenige Arbeitskräfte benötigen. Die *strukturelle Arbeitslosigkeit* wird deshalb kaum beeinflußt. Aus dieser Situation entsteht die Forderung nach „angemessener Technologie" für die Entwicklungsländer. Besonders deutlich wird die Weltmarktproduktion vieler Entwicklungsländer in der *Textilindustrie,* die lohnintensiv ist und deren Produktionsmethoden es ermöglichen, ungelernte Arbeitskräfte nach einer kurzen Anlernzeit von knapp einem Monat als vollwertige Kräfte zu beschäftigen. Dabei wird grundsätzlich nach den gleichen Fertigungsmethoden produziert wie in den Industrieländern, wobei nur die in den Industrieländern benutzten automatischen Maschinen durch billige Arbeitskräfte ersetzt werden.

Der Ausbau des internationalen Verkehrsnetzes förderte diese internationale Arbeitsteilung. Da die Luftfrachttarife für ein Hemd aus einem südost-asiatischen Niedriglohnland 1974 ca. eine DM betrugen, lohnte sich auch die modische und terminabhängige Produktion in diesen Ländern, da allein die Ersparnisse an den Lohnkosten das Mehrfache der Transportkosten betrugen. Bei einigen Textilprodukten lohnt es sich sogar, zugeschnittene Stoffe zum Vernähen in ein Niedriglohnland zu schicken, aus dem dann die Fertigprodukte wieder importiert werden *(Lohnveredelung).*

Die Standortfaktoren für die Industriesiedlung in den Entwicklungsländern unterscheiden sich in wichtigen Punkten von denen in Industrieländern. Wegen der wesentlich schlechter und ungleichmäßiger ausgebauten Infrastruktur ist der Aufbau der Industrie auf wenige Gebiete (Metropolen und einige Industrialisierungskerne) beschränkt. Die räumliche Nähe zum Zulieferer und Abnehmer spielt deshalb eine größere Rolle.

Zahl der Industriebetriebe in ausgewählten Städten Nigerias

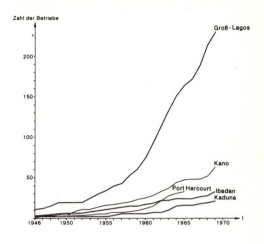

Bevölkerungsentwicklung in ausgewählten Städten Nigerias
(Groß-Lagos 1978: ca. 3,5 Mio.)

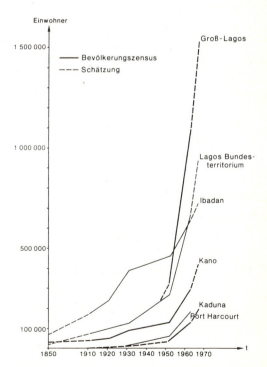

Ludwig Schätzl: Räumliche Industrialisierungsprozesse in Nigeria. Gießener Geographische Schriften, H. 31. Gießen: Geographisches Institut der Universität 1973, S. 71

Neue Firmen lassen sich in der Nähe der Abnehmer nieder; so wählte das brasilianische Werk der Zahnradfabrik Friedrichshafen seinen Standort ausschließlich wegen der geringen Entfernung zum Hauptabnehmer VW do Brasil. Bevorzugt sind Hafenstädte mit ihren Verbindungen zur internationalen Wirtschaft. Sie weisen, zumal wenn sie zugleich Hauptstädte sind, weit überproportionale Wirtschafts- und Industrieanteile auf und verfügen damit über *Pullfaktoren,* die ihr Wachstum weiter beschleunigen.

Aufgrund der schlecht und ungleichmäßig ausgebauten Infrastruktur kommt es in Entwicklungsländern relativ häufiger als in Industrieländern zur Errichtung von *Industrieparks (industrial estates),* größeren zusammenhängenden Flächen, die von staatlichen oder kommunalen, aber auch von privaten Trägern erschlossen und mit Infrastruktureinrichtungen versehen werden. Solche Industrieparks bieten sich als Standort für mittlere oder kleinere Betriebe an, die die Vorteile der Standortgemeinschaft nutzen können. Sie weisen den besonderen Vorteil auf, daß die gleichen Infrastruktureinrichtungen von mehreren Betrieben genutzt werden können, die allein die dafür notwendigen Investitionskosten nicht aufbringen können. Solche Industrieparks müßten deshalb auch dem extremen Industriegefälle in den Entwicklungsländern abhelfen können; bisher jedoch befinden sich die meisten dieser Standorte in den Wirtschafts- und Industriezentren.

Neben der ungleichen Verteilung der Industrie ist deren Struktur ein ungelöstes Problem bei der beginnenden Industrialisierung von Entwicklungsländern. Die importsubstituierende Industrie zielt auf die Produktion von hochwertigen und langlebigen Gütern, die nur für eine kleine Oberschicht erschwinglich sind. Deshalb kann ein nachhaltiges Wachstum mit Anregungen für andere Industriebereiche von dieser Industrie nicht ausgehen. Außerdem verlangt sie einen hohen Kapitaleinsatz, während ein geringerer Kapitaleinsatz mit arbeitsintensiverer Fertigung im Interesse der Entwicklungsländer liegt. Die Vorteile der Weltmarktproduktion kommen häufig nur den ausländischen Investoren zugute. Den Interessen der Entwicklungsländer entspricht am ehesten eine Industrie, deren Produktion auf einen breiten Binnenmarkt gerichtet ist und deren Fertigungsmethoden dem geringen Kapital und dem übergroßen Arbeitskräfteangebot dieser Länder angepaßt sind. Nur so ist auch ein Lohnzuwachs möglich, der erst bei ausgeschöpftem Arbeitskräftereservoir eintritt.

Die Versuche, die landwirtschaftliche Produktion durch industrielle Aufbereitung aufzuwerten (etwa in der Konservenindustrie), führten häufig zu einem weiteren Problem, daß nämlich bei nicht ausreichendem Nahrungsspielraum im Lande gerade die fruchtbarsten Böden für die Exportproduktion verwendet wurden, wodurch sich das Nahrungsangebot für die eigene Bevölkerung verschlechterte.

Deshalb gibt es ernst zu nehmende Überlegungen, ob anstelle einer unbefriedigenden Industrialisierung mit ihren Problemen der ungleichen Wirtschaftsentwicklung, der rapiden Verstädterung mit Slumbildung, der Abhängigkeit vom Weltmarkt und den ständig teurer werdenden Rohstoffimporten ein Ausbau der Landwirtschaft (zumindest in Ländern mit unzureichendem Rohstoffpotential) den Interessen der Entwicklungsländer gemäßer wäre (vgl. Kap. Entwicklungspolitik und Entwicklungshilfe, S. 257 ff.).

7.2 Staatliche Einflüsse bei der Industrialisierung

Staatliche Industrialisierungsinitiativen sollen die Gefahren der räumlich extrem unterschiedlichen Entwicklung begrenzen. So hatten 1969 in den nigerianischen Provinzen bis zu 90% der Betriebe staatliche Beteiligungen zwischen 50 und 100 Prozent, während dies in der Hauptstadt Lagos nur für weniger als 25% zutrifft. In vielen Entwicklungsländern greift der Staat zu protektionistischen Maßnahmen wie Importverbot für Waren, die auch im Lande produziert werden, und Ausfuhrsubventionen, ohne die die eigene Industrie nicht lebensfähig wäre. Länder, die für Investoren aus Industriestaaten attraktiv sind, können auch über Regelungen des Niederlassungsrechts ihren Einfluß wahren. So gilt in Nigeria seit 1970/71, daß viele Branchen ausschließlich rein nigerianischen Unternehmen vorbehalten sind und daß andere mindestens eine 40prozentige nigerianische Beteiligung aufweisen müssen.

Daß staatliche Maßnahmen bei der Bildung von Kristallisationskernen für neue Industrie- und Wirtschaftsräume erfolgreich sein können, zeigt das Beispiel von Ciudad Guayana (Venezuela). Trotz ungünstiger Lage, weit entfernt vom Bevölkerungs- und Wirtschaftszentrum Venezuelas, wuchs Ciudad Guayana, eine künstliche Stadt am Orinoco an der Einmündung des Caroni, von 4000 Einwohnern im Jahre 1950 auf ca. 200 000 im Jahre 1978. Grundlage des Wachstums waren die reichen und hochwertigen Eisenerzvorkommen in der nordwestlichen Guayana, die ursprünglich durch US-amerikanische Firmen abgebaut und am Orinoco aufbereitet worden waren. Diese Betriebe wurden 1975 verstaatlicht. 1961 war schon ein staatliches Hütten- und Stahlwerk dazugekommen. Um dem Energiebedarf dieser Werke zu genügen und um von den jahreszeitlichen Schwankungen der Wasserführung unabhängig zu sein, wurde der Caroni zu einem 80 000 ha großen See aufgestaut. Das sich daraus ergebende Energieangebot ermöglichte den Bau einer Aluminiumhütte. Nach der erheblichen Steigerung des Staatseinkommens durch die Ölpreiserhöhung nach 1973 waren dem Staat weitere Möglichkeiten zur Förderung der Industrialisierung und zum dringend benötigten Ausbau der Infrastruktur im Raum Ciudad Guayana gegeben. Neben der Erhöhung der Kapazitäten der bisherigen Industrieanlagen konnten die Möglichkeiten der neuen Midrex-Technologie bei der Erzreduktion genutzt werden (vgl. S. 120): Mit Hilfe des Erdgases, das durch eine Rohrleitung von den Lagern bei Anaco hergeleitet wird, wird hochprozentiger Eisenschwamm hergestellt, der sowohl für den Export als auch für das Stahlwerk am Ort verwendet werden kann. Mit dem starken Ansteigen der Industrialisierung in Ciudad Guayana wird der Anschluß des bisher isolierten Kristallisationskernes an das Bevölkerungs- und Wirtschaftszentrum Venezuelas dringlicher. Die Integration der Industrie von Ciudad Guayana ist vom Bau leistungsfähiger Verkehrsverbindungen abhängig. Die staatlichen Initiativen bei der Industrialisierung können nur über entsprechende Initiativen beim Ausbau der Infrastruktur voll genutzt werden. Nur dann ist auch damit zu rechnen, daß der staatlichen Großindustrie nennenswerte Folgeindustrien auf privater Initiative folgen werden.

7.3 Schwellenländer

Eine Reihe südostasiatischer Länder (Taiwan, Südkorea, Hongkong, Singapur) machte seit 1960 so starke Fortschritte bei der Industrialisierung, daß eine Zuordnung zu den Entwicklungsländern nur noch teilweise gerechtfertigt ist. Zu diesen *„Schwellenländern"* zählen auch Mexico, Brasilien und Argentinien, obwohl bei diesen flächen- und ressourcenreichen Ländern zum Teil andere Faktoren für die rasche Industrialisierung verantwortlich sind.

Gemeinsam sind den Schwellenländern innenpolitische Stabilität in zumeist autoritären Systemen. Ausländische Investoren sehen in dieser Stabilität, die mit wirtschaftspolitischer Liberalität auf markwirtschaftlicher Grundlage verbunden ist, gute Voraussetzungen für langfristige Rendite, zumal in der Regel die Transferierbarkeit der Gewinne gegeben ist. Gemeinsam ist den südostasiatischen Schwellenländern auch die konsequente Nutzung des Standortvorteils der billigen Arbeit. Die in den Anfängen der Industrialisierung vorherrschende Produktion von einfachen, durch ungelernte Arbeiter hergestellten Gütern ist infolge der raschen Fortschritte bei der Industrialisierung von hochwertigerer Fertigung abgelöst worden, wobei sich Lernfähigkeit, Einsatzwille und Konzentrationsfähigkeit der Arbeiter als großer Vorteil erweisen.

Wenige Jahre nach Aufnahme der Produktion erreichte bei Rollei in Singapur die Fertigungsqualität die des Braunschweiger Werkes mit seinem Stamm erprobter Facharbeiter. Singapur und Taiwan können es sich heute leisten, investitionswillige Firmen mit einfacher Produktion abzuweisen. Dabei bleibt trotz erheblicher Fortschritte die Arbeit im Vergleich zu den Industrieländern weit unterbezahlt, der Standortvorteil der billigen Arbeit also trotz Anhebung des Arbeits- und Lohnniveaus erhalten, zumal die Arbeitszeit länger ist und die sozialen Sicherungen schwächer sind als in den Industrieländern.

Die von den Regierungen nachdrücklich geförderte Entwicklung führte zum raschen Ansteigen der Industrieexporte aus den Schwellenländern in die Industriestaaten. 1978 kamen mehr als 70% der Industriegüter, die aus der Dritten Welt in die OECD-Länder eingeführt wurden, aus den Schwellenländern. Einerseits ist die Industrie der Schwellenländer eine Konkurrenz für die Industrieländer auf dem Weltmarkt, andererseits aber macht das Wirtschaftswachstum der Schwellenländer steigende Importe von Industriegütern aus Industriestaaten möglich und notwendig. Die südostasiatischen Länder geraten dabei in die Gefahr hoher Verschuldung, da erhebliche Teile der Exporterlöse für die Tilgung internationaler Darlehen aufgewendet werden müssen.

In der Republik Korea (Südkorea) war der Anteil der Landwirtschaft am Bruttosozialprodukt 1977 25 Prozent, der Anteil der Industrie 34 Prozent. Der Anteil der Industrieprodukte am Export betrug mehr als 70 Prozent, wobei Maschinen und andere hochwertige Industriegüter Textilprodukte bereits übertrafen.

Wirtschaftliche Entwicklung in Südkorea

Nach Der Spiegel 1979, Heft 33, S. 106 und 108

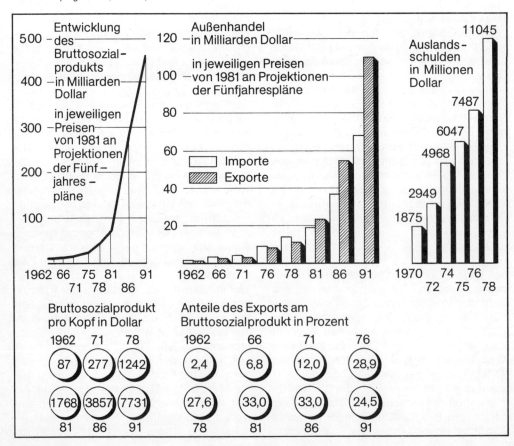

Der tertiäre Sektor

1 Wesen und Bedeutung

Zum tertiären Sektor gehören:
- Handel,
- Verkehr (einschließlich Nachrichtenübermittlung),
- private Dienstleistungen: Kreditinstitute, Versicherungsgewerbe, Wohnungsvermietung, Grundstückswesen, Werbung, Reinigung, Friseurgewerbe, Körperpflege, häusliche Dienste, Gaststätten- und Beherbergungsgewerbe, Wissenschaft, Kunst, Theater, Film, Publizistik usw., Gesundheitswesen, Sport, Verbände und Berufsorganisationen, Rechtsberatung,
- öffentliche Dienstleistungen: Verwaltung, Erziehung und Lehre, Krankenpflege, Polizei und Zoll.

Dienstleistungen sind wirtschaftliche Verrichtungen, bei denen nicht Sachgüter hergestellt werden, sondern bei denen es sich um persönliche Leistungen handelt. Allerdings tritt der ursprüngliche Begriff des Dienens immer mehr zurück gegenüber dem Beraten, Entwickeln, Vermitteln und Organisieren. Mit den Dienstleistungen werden wie mit den Sachgütern menschliche Bedürfnisse befriedigt. Sie sind trotz ihres immateriellen Charakters ökonomische Güter, deren Wert durch die Knappheit bestimmt ist.
Die Geographie befaßt sich mit dem Standort der Dienstleistungseinrichtungen und -unternehmen und mit den räumlichen Verflechtungen der Dienstleistungen, ihren Auswirkungen auf das Versorgungsverhalten der Bevölkerung und mit der Raumwirksamkeit dieser Einrichtungen. Einige Dienstleistungseinrichtungen spielen beim räumlichen Verhalten der Bevölkerung keine Rolle.

Berufe in Bewegung, Veränderung der Erwerbstätigenzahlen 1970–1978 in %

Abwanderung		Zulauf	
Chemiewerker	−12	+22	Ärzte
Architekten	−13	+35	Rechtsvertreter
Maurer	−14	+48	Krankenschwestern, Pfleger
Schreibkräfte	−15	+60	Kindergärtnerinnen
Maler	−23	+66	Unternehmer, Manager
Landwirte	−25	+67	Datenverarbeiter
Buchhalter	−25	+72	Sprechstundenhelferin
Schneider	−39	+77	Wirtschaftswissenschaftler
Mithelfende Familienangehörige	−47	+81	Lehrer (Volks- u. Realschule)
Bauhilfsarbeiter	−48	+87	Sozialarbeiter u. -pädagogen

Nach Globus Kartendienst Nr. 3331, Hamburg

Das Wachsen des tertiären Sektors ist ein Kennzeichen der Spätphasen der Industriegesellschaft (vgl. Abb. S. 51). Es steht in Zusammenhang mit den Veränderungen der Produktionstechnologie, die durch die Entwicklung neuer Verfahren mit immer mehr mechanisierten, vollmechanisierten und automatisierten Arbeitsgängen den Anteil der menschlichen Arbeitskraft herabsetzt. Die freigesetzten Arbeitskräfte müssen vom tertiären Sektor aufgenommen werden, da auch im primären Sektor durch die Weiterentwicklung der Mechanisierung die Zahl der benötigten Arbeitskräfte zurückgeht. Andererseits ist auch die Entwicklung des sekundären Sektors an entsprechende Dienstleistungen gebunden, da zur Leistungserstellung (Produktionsvorbereitung und -durchführung) und zur Leistungsverwertung (Vermarktung) Versorgungs-, Absatz- und Handelseinrichtungen notwendig sind. Ein weiterer Grund für die steigende Bedeutung des tertiären Sektors ist der mit der Verkürzung der Arbeitszeit größer werdende Freizeitanteil der Bevölkerung und der mit steigendem Lebensstandard sich erhöhende Anspruch an Freizeitmöglichkeiten und den damit wachsenden Bedürfnissen an Dienstleistungen. Der tertiäre Sektor übernimmt die „Vermarktung" dieser Bedürfnisse. Außerdem wuchsen in den letzten Jahrzehnten die Anforderungen an administrative Maßnahmen (besonders im Bereich des Verkehrs, des Gesundheitswesens, der Altersversorgung und der Alterssicherung). Die gestiegene Kaufkraft der Bevölkerung hat die Ansprüche an die Versorgung mit Gütern und damit an den Handel wachsen lassen.

Beschäftigtenanteil in den drei Wirtschaftsbereichen in der Bundesrepublik Deutschland

	primärer Sektor	sekundärer Sektor	tertiärer Sektor	
1950	23,2%	44,5%	32,3%	(Handel und Verkehr: 15,6% sonstige Dienstleistungen öffentliche und private: 16,7%)
1978	7,8%	42,6%	49,6%	(Handel und Verkehr: 17,7% sonstige Dienstleistungen öffentliche und private: 31,9%)

Damit wurden die Hochrechnungen und Voraussagen Fourasties (vgl. Abb. S. 136) nicht bestätigt, der bereits für 1960 einen Anteil des tertiären Sektors am Bruttosozialprodukt (BSP) von 80 angekündigt hatte. Denn der Anteil des tertiären Sektors am BSP betrug 1970 in der Bundesrepublik nur 43%, so daß man von einer gewissen Stabilisierung der Wirtschaftssektoren sprechen kann, zumindest was den Anteil am BSP angeht. Allerdings ist heute ein Teil der Beschäftigten im sekundären Sektor zwar statistisch diesem zuzurechnen, von der geleisteten Arbeit her jedoch liegt diese nicht mehr im produzierenden Bereich, sondern vielmehr im Bereich der Dienstleistungen.

Dienstleistungseinrichtungen haben entweder private oder öffentliche Träger, die Einrichtungen der privaten Träger sind zumeist wirtschaftliche, auf Gewinn ausgerichtete Einrichtungen.

Schema der Entwicklung der Beschäftigtenzahl in den drei Wirtschaftssektoren beim Übergang von der Agrar-Zivilisation zur Dienstleistungszivilisation (nach Fourastie)

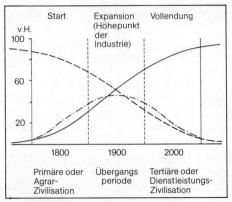

Nach Friedrich-Wilhelm Henning: Die Industrialisierung in Deutschland 1800 bis 1914, UTB 145. Paderborn: Schöningh 5. Auflage 1979, S. 21

Die Unterscheidung in private und öffentliche Dienstleistungen hat eine erhebliche Bedeutung für die Raumordnung. *Öffentliche Dienstleistungen* geben dem Staat die Möglichkeit, ihre Verteilung zu bestimmen und damit direkte Einflüsse auf die wirtschaftliche und kulturelle Entwicklung der Regionen und somit auf ihre Raumstruktur auszuüben (vgl. dazu auch S. 148). Wenn der Kunde diese Einrichtungen im Bereich der Erziehung, der Verwaltung, des öffentlichen Gesundheits-, Rechts- und Sicherungswesens benutzen will, hat er nicht die freie Wahl, sondern muß die vom Staat (Bund, Land, Kreis) bzw. die von der Kommune vorgegebenen Einrichtungen benutzen. Es ergeben sich also Zwangsbeziehungen entsprechend der öffentlichen Planung. Gerade die Zahl der im öffentlichen Dienst Beschäftigten hat in den letzten Jahrzehnten stark zugenommen. Insgesamt waren 1978 4 283 660 Personen im öffentlichen Dienst beschäftigt, davon waren 86% Vollbeschäftigte.

Beschäftigte im öffentliche Dienst

	1972	1978 (mit Teilzeitbeschäftigten)
Beim Bund (ohne Bahn und Post)	295 000	327 487
bei den Ländern	1 269 000	1 740 987
bei den Gemeinden	716 000	1 098 693
Dabei entfielen unter anderem auf:		
Bildungswesen	667 000	1 052 551 (Länder 83%)
Gesundheitswesen	266 000	359 441 (Gemeinden 78%)
soziale Sicherung	122 000	166 657
öffentliche Sicherung u. Ordnung	222 000	288 786 (Länder 69%)
Verteidigung	177 000	178 935

2 Zentrale Orte und Zentralität

2.1 Christallers System der zentralen Orte

Der Begriff der *Zentralität* schließt die für den Raum wichtigen Aspekte des tertiären Sektors ein, deshalb beschäftigt sich die Geographie vorrangig mit dem Zentralitätsproblem. Der Begriff geht auf Walter *Christaller* zurück, der den Raum auf Gesetzmäßigkeiten hin untersuchte, die die Verteilung und die Standorte der Städte erklären könnten. Dabei erkannte er, daß Städte nicht nur Siedlungsschwerpunkte mit besonderer Ausstattung zur Versorgung der Bevölkerung sind, sondern daß von dieser Ausstattung Wirkungen auf das Umland ausgehen, die bei Städten unterschiedlicher Größe und unterschiedlichen Charakters nicht gleich groß sind. Zentralitätsuntersuchungen beziehen sich also auf die Beziehungen zwischen Stadt und Umland.

Werden die Versorgungseinrichtungen einer Stadt auch vom Umland und nicht nur von der in der Stadt ansässigen Bevölkerung genutzt, so weisen sie einen *Bedeutungsüberschuß* über die Stadt hinaus auf. Dieser Bedeutungsüberschuß ist das Kennzeichen der Zentralität. Zentralität ist demnach die Attraktivität, die die Kunden aus dem Umland in die Stadt zieht. Eine Siedlung mit Bedeutungsüberschuß in diesem Sinne ist ein *zentraler Ort. Zentrale Einrichtungen* sind nach Christaller (1933):
1. Einrichtungen der Verwaltung (Landratsamt),
2. Einrichtungen von kultureller oder kirchlicher Bedeutung (Theater, Museen),
3. Einrichtungen von sanitärer Bedeutung (Ärzte, Apotheken, Krankenhäuser),
4. Einrichtungen von gesellschaftlicher Bedeutung (Kinos, Vergnügungslokale),
5. Einrichtungen zur Organisation des wirtschaftlichen und sozialen Lebens (Notare, Handelskammern usw.).
6. Einrichtungen des Handels und Geldverkehrs (Kaufhäuser, Wochenmarkt, Banken),
7. gewerbliche Einrichtungen (Reparaturwerkstätten, Schlachthäuser),
8. Einrichtungen des Verkehrs (Bahnhof, Postamt, Fernsprechamt).

Bei seinen Überlegungen geht Christaller von einer homogenen Fläche aus, sowohl Bevölkerungsverteilung und Kaufkraft der Einwohner als auch die Verkehrseinrichtungen seien im ganzen Untersuchungsgebiet gleich; außerdem wird angenommen, daß alle Kunden mit möglichst geringem Aufwand eine möglichst günstige Versorgung anstreben und daß alle, die Güter und Dienstleistungen anbieten, einen möglichst hohen Gewinn wollen. Daraus folgt, daß jede Versorgungseinrichtung ein Mindestversorgungsgebiet mit einer Mindestanzahl von Kunden haben muß, damit die wirtschaftliche Sicherung der zentralen Einrichtungen gewährleistet ist (untere *Reichweite* oder „innere" Reichweite). Andererseits gibt es auch eine obere Grenze des Einzugsgebiets („äußere" Reichweite), außerhalb deren es für den Kunden nicht mehr lohnt, die zentrale Einrichtung des einen Ortes in Anspruch zu nehmen, weil andere, nähergelegene zentrale Einrichtungen der gleichen Art in einen anderem Ort aufgesucht werden können. Die äußere Grenze der Reichweite bestimmt also das Maximalgebiet der Versorgung, außerhalb dessen sich der Transportaufwand nicht mehr lohnt. Wenn man weiter davon ausgeht, daß die zentralen Orte regelmäßig angeordnet sind, d. h., daß sie zu den benachbarten Orten den jeweils gleichen Abstand haben, so müssen sich geometrische Muster der Reichweiten ergeben. Die theoretisch günstigste Form wären dabei Kreise mit den zentralen Orten als Mittelpunkten. Allerdings ergeben sich dann entweder nichtversorgte Gebiete (a) oder aber Überschneidungen (b), durch die die innere Reichweite eingeschränkt wird, so daß die wirtschaftliche Sicherung der zentralen Einrichtungen nicht mehr gewährleistet ist. Die optimale Form sind deshalb regelmäßige Sechsecke (c). Ihre Mindestfläche entspricht der inneren Reichweite. Für den Kunden gilt das Prinzip des halben Weges, d. h., er wählt den kürzeren Weg zum zentralen Ort; als Grenze der Reichweite gilt die Mittelsenkrechte auf der Verbindungslinie zweier benachbarter zentraler Orte (= Begrenzung der Sechsecke).

Entwicklungsreihe der optimalen Modellbildung der zentralen Orte

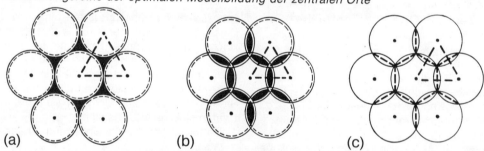

(a)   (b)   (c)

Ludwig Schätzl: Wirtschaftsgeographie, Bd. 1. UTB 782. Paderborn: Schöningh 1978, S. 66 (ergänzt)

Nicht alle Güter und Dienstleistungen sind gleich häufig gefragt. Dementsprechend benötigt man je nach Nachfragehäufigkeit mehr oder weniger Versorgungs- und Dienstleistungseinrichtungen. Zentrale Einrichtungen und zentrale Orte sind deshalb gestuft. Ein Gut mit geringer Nachfrage benötigt eine größere untere Reichweite (Marktgebiet), seine Zentralität ist höher als die eines Gutes mit großer Nachfragehäufigkeit und entsprechend kleinerer unterer Reichweite. Außerdem steigt die Zentralität mit der Zahl der angebotenen Güter, also der Zahl der zentralen Einrichtungen. Die Stufe des zentralen Ortes wird dabei von der unteren Reichweite der zentralen Güter bestimmt.

So kommt es in einer homogenen Fläche zu einem System verschieden großer Sechsecke: Orte hoher Zentralität (A-Orte in Abb. S. 139) mit zentralen Einrichtungen oberer Stufe und großer Reichweite überdecken ein System von zentralen Orten mittlerer Stufe (B-Orte in Abb. S. 139) mit zentralen Einrichtungen mittlerer Reichweite und ein System von zentralen Orten der unteren Stufe (C-Orte in Abb. S. 139) mit zentralen Einrichtungen geringer Reichweite.

Modell der unterschiedlichen Zentralität

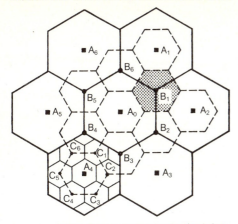

— untere Grenze der Reichweite der A-Orte
--- untere Grenze der Reichweite der B-Orte
— untere Grenze der Reichweite der C-Orte

Ludwig Schätzl: Wirtschaftsgeographie, Bd. 1. UTB 782. Paderborn: Schöningh 1978, S. 68

Dabei weisen die jeweils höherrangigen Orte immer auch die zentralen Einrichtungen der niederrangigeren auf, oder, anders ausgedrückt, jeder ranghöhere zentrale Ort besitzt jeweils auch die zentralen Einrichtungen der untergeordneten Stufen.

Zum Beispiel besteht für Güter des *täglichen (kurzfristigen) Bedarfs,* wie Milch, Brot und Fleisch, eine hohe Nachfragehäufigkeit; die entsprechenden Geschäfte brauchen zur Sicherung ihrer wirtschaftlichen Existenz ein relativ kleines Marktgebiet (untere Reichweite). Für Güter des *periodischen (mittelfristigen) Bedarfs,* wie z. B. Waschmittel, Kosmetika, Schreibwaren, mit weniger hoher Nachfragehäufigkeit muß das Marktgebiet bereits größer sein. Und Güter des *episodischen (langfristigen) Bedarfs,* wie Kühlschränke, Wohnungseinrichtungen, elektrische Geräte, müssen ein großes Marktgebiet besitzen (große untere Reichweite), um die wirtschaftliche Existenz ihrer Verteiler zu sichern. Solche Stufungen können auch auf die anderen zentralen Einrichtungen angewandt werden, beispielsweise bei Bildungseinrichtungen (Hauptschule – Gymnasium – Hochschule), im Gesundheitswesen (Krankenhäuser der Grundversorgung, der Regelversorgung, der Zentralversorgung) und im Rechtswesen (Amtsgericht – Landgericht – Oberlandesgericht).

2.2 Zentralität aus heutiger Sicht

Die Grundzüge der Theorie Christallers wurden durch zahlreiche spätere Untersuchungen in wesentlichen Punkten bestätigt, in anderen allerdings revidiert. So mußte insbesondere die Annahme eines homogenen Raumes mit gleichmäßiger Verteilung der zentralen Orte berichtigt werden. Die Folge waren dann unregelmäßige Muster der Reichweite. An die Stelle der regelmäßigen Sechsecke traten andere, von Fall zu Fall unterschiedliche Formen, die von der Oberflächenform, der Verteilung der Bevölkerung und des Einkommens (unterschiedliche Kaufkraft) sowie der Verkehrserschließung abhängig sind (vgl. Abb. S. 148).

Dagegen konnte das hierarchische System der zentralen Orte (mit Ober-, Mittel- und Unterzentren entsprechend der Häufigkeit und Reichweite der Versorgungsbeziehungen) bestätigt werden. In neuen Untersuchungen wird allerdings neben der Rangstufe der zentralen Orte auch nach deren Ausstattungsgrad unterschieden.

Versorgungsorte in Nordwürttemberg

Nach Christoph Borchert: Zentrale Orte und zentralörtlicher Bereich. In: Geographische Rundschau 1970, H. 12, S. 479. Braunschweig: Westermann.

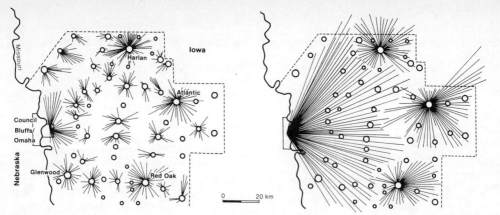

Täglicher (häufiger) Bedarf, geringe Reichweite   Episodischer (nicht häufiger) Bedarf, große Reichweite

Zusammenhang zwischen Stufung, Zahl, Reichweite und Besucherfrequenz bei zentralen Einrichtungen

Nach Gerard Lambooy: City and City Region in the Perspective of Hierarchy and Complementarity, 1969

Die Abbildungen zeigen, daß die zentralen Orte Council Bluffs, Omaha, Red Oak, Atlantik, Harlan der höheren Stufe (Abb. rechts) auch die zentralen Funktionen der niederen Stufe aufweisen (Abb. links).
So kam es zu einem System der Stufung zentraler Orte mit *Oberzentren* (Versorgungsorte höherer Stufe zur Deckung des episodischen Bedarfs), *Mittelzentren* (Versorgungsorte mittlerer Stufe zur Deckung des periodischen Bedarfs), *Unter-* und *Kleinzentren* (Versorgungsorte unterer Stufe zur Deckung des täglichen Bedarfs, also der Grundversorgung), wobei die Unterzentren besser ausgestattet sind als die Kleinzentren.

2.2.1 Veränderungen durch Mobilität

Die Wahl des Einkaufsortes für ausgewählte Warengruppen nach Einkommen, Alter und Pkw-Besitz (in %)

		Bekleidung/Schuhe (periodischer Bedarf)			Möbel/Elektrogeräte (episodischer Bedarf)		
Einkaufsort		OZ	MZ	a.O.	OZ	MZ	a.O.
Einkommen							
unter 1000 DM		27	53	20	33	45	22
1000–1500 DM		38	48	14	44	42	14
1500–2500 DM		46	43	11	54	36	10
über 2500 DM		54	41	5	63	31	6
Pkw-Besitz (ja = +, nein = −)		+ −	+ −	+ −	+ −	+ −	+ −
Alter	Pkw-Besitz						
unter 30 Jahre	+ = 94 vH	54 42	38 42	8 16	59 48	33 37	8 15
30–40 Jahre	+ = 94 vH	44 29	44 50	11 22	52 45	37 32	11 23
40–50 Jahre	+ = 88 vH	40 22	46 54	14 24	49 32	39 45	12 23
50–60 Jahre	+ = 82 vH	33 24	52 55	15 21	41 28	42 56	16 17
über 60 Jahre	+ = 53 vH	29 24	57 56	14 20	38 28	47 48	15 24

OZ = Oberzentrum, MZ = Mittelzentrum, a.O. = andere Orte in der Region Mittlerer Oberrhein. Quelle: H. Linde 1977
Günter Heinritz: Zentralität und Zentrale Orte. Stuttgart: Teubner 1979, S. 117

Wesentlichen Einfluß auf das Versorgungsverhalten der Bevölkerung übt der unterschiedliche Mobilitätsgrad aus. Wer zum Beispiel über ein eigenes Kraftfahrzeug verfügt und wirtschaftlich in der Lage ist, zusätzliche Entfernungen (über die Distanz zum nächstgelegenen Ort der geforderten Stufe hinaus) zurückzulegen, wird das spezialisierte Angebot der zentralen Orte und besonders das breite Angebot der zentralen Orte höherer Stufe annehmen. Das hierarchische System der Stufung bleibt zwar erhalten, die eindeutigen Zuordnungen werden aber teilweise übergangen, einzelne Kunden nehmen auch höheren Transportaufwand in Kauf.

Das differenzierte Versorgungsverhalten hängt nicht nur mit dem Pkw-Besitz, sondern auch mit dem Einkommen und dem Lebensalter zusammen (vgl. Tab. S. 140).

Das Beispiel des Hallenbades in Helmbrechts zeigt die Veränderungen des *Einzugsbereichs* bei höherrangigem Angebot (Wellenbetrieb): Die durchschnittlich zurückgelegte Distanz bei Normalbetrieb beträgt 9,5 Kilometer, die bei Wellenbetrieb 18 Kilometer. Gleichzeitig ändert sich auch das Verhältnis Ortsansässige – Ortsfremde. Bei Normalbetrieb sind es etwa 33% Ortsfremde, bei Wellenbetrieb dagegen 70%.

Daraus wird ersichtlich, daß nicht nur der Einzugsbereich zunimmt, sondern daß auch zentrale Orte höherer Stufe (Hof, Bayreuth) mit einbezogen werden. Spezialisiertes Angebot kann also bei entsprechend hoher Mobilität der Bevölkerung Orten niederer Zentralität (Helmbrechts) auf Teilgebieten höhere Zentralität verleihen.

Die Reichweite benachbarter zentraler Orte ist von der Qualität ihrer Ausstattung abhängig, vor allem dann, wenn sie zur gleichen Stufe zählen.

Einzugsbereich des Hallenbades in Helmbrechts

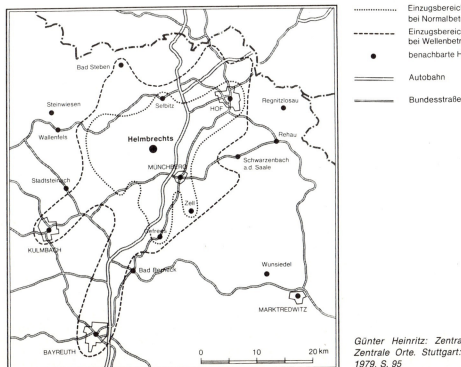

Günter Heinritz: Zentralität und Zentrale Orte. Stuttgart: Teubner 1979, S. 95

141

Modellhafte Darstellungen der Reichweiten konkurrierender Zentren

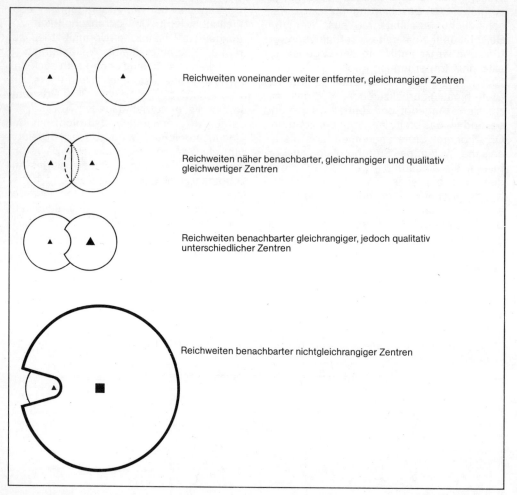

Nach Christoph Borcherdt u. a.: Versorgungsorte und Versorgungsbereiche. Stuttgarter Geographische Studien, Bd. 92. Stuttgart: Selbstverlag des Geographischen Instituts 1977, S. 107–108

Einzugsbereiche unterliegen aber Veränderungen wie das Beispiel des Hallenbades in Helmbrechts zeigt. Zum einen ist diese Veränderung auf die Qualität des Angebots zurückzuführen, ebensogut können aber auch Sonderangebote oder Winter- bzw. Sommerschlußverkauf kurzfristig die Veränderung bewirken.

Diese Veränderungen vollziehen sich auch im Verlauf einer Woche, wobei am Samstag in der Regel ein zentrales Gut (eine zentralörtliche Einrichtung) einen größeren Einzugsbereich aufweist als beispielsweise an einem anderen Wochentag.

2.2.2 Mehrfachorientierung

Die Versorgungsbereiche der zentralen Orte machen deutlich, daß es Gebiete in ihnen gibt, in denen die Bevölkerung zentrale Güter gleichen Ranges in verschiedenen aber gleichrangigen zentralen Orten einkauft *(güterspezifische Polyorientierung)*. Diese Mehrfachausrichtung innerhalb einer Wohngemeinde eines Einzugsbereichs ist zum einen auf den gestiegenen Lebensstandard und die damit verbundenen Veränderungen der Ansprüche zurückzuführen, zum anderen aber auch der Ausdruck der schnellen Entwicklung des Individualverkehrs und der damit gekoppelten Vergrößerung der Distanz zu einem Versorgungsort. Eine Wohngemeinde in einem Einzugsbereich wird deshalb erst zu diesem gezählt, wenn die Hälfte der Versorgungsbeziehungen einer bestimmten Rangstufe auf diesen zentralen Ort gerichtet ist, ist es mindestens ein Drittel, so zählt diese Gemeinde zum Überlagerungsbereich. Als indifferenten Raum bezeichnet man den Teil eines Versorgungsbereiches, in dem die Versorgungsbeziehungen nicht klar ausgerichtet sind.

Die oben genannten Mehrfachorientierungen sind vor allem in den randlichen Teilen mittelzentraler Bereiche sowie im schwach industrialisierten ländlichen Raum gehäuft vorzufinden. Die Bezeichnung *teilausgestatteter Versorgungsort* bedeutet, daß dieser Ort von der Bereichsbevölkerung weniger stark aufgesucht wird, obwohl er von seinem Angebot an zentralen Einrichtungen her eindeutig als vollausgestattet zu bezeichnen ist. Dies ist hauptsächlich in der räumlichen Nähe höherrangiger Versorgungsorte der Fall, man kann hier von einer *Schattenlage* sprechen.

Einzugsbereich von Weißenburg, Kunden pro 100 Einwohner (Erhebung vom 21. 3. bis 26. 3. 1977)

Günter Heinritz: Zentralität und Zentrale Orte. Stuttgart: Teubner 1979, S. 90

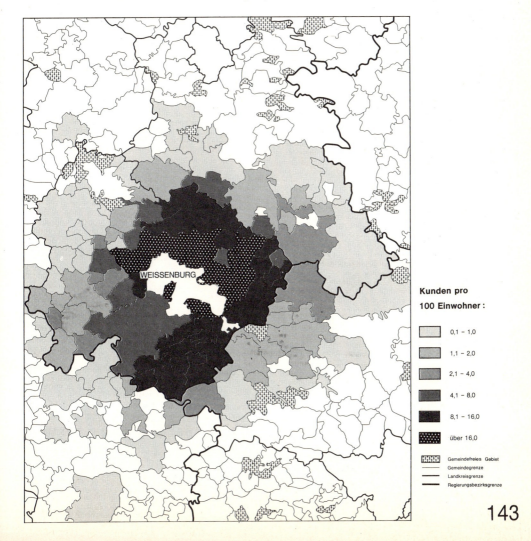

Will man die Intensität der Versorgungsbeziehungen innerhalb eines Einzugsbereichs (innere Differenzierung) herausarbeiten, so empfiehlt es sich, aus der Vielzahl der Versorgungsbeziehungen einige wenige herauszugreifen. Im Falle des Mittelzentrums Weißenburg waren es acht ausgewählte Einzelhandelsunternehmen. Die erfaßte Kundenzahl im Untersuchungszeitraum betrug 16 000. Folgende Sachverhalte gilt es herauszustellen:
1. Die Größe des Einzugsbereichs verdeutlicht die Stellung Weißenburgs als Versorgungsort seines Umlandes.
2. Mit zunehmender Entfernung vom Versorgungsort nimmt die Intensität der Versorgungsbeziehungen ab, wobei die Abnahme allerdings in den verschiedenen Teilen des Versorgungsbereichs nicht einheitlich ist.
3. Einige Gemeinden des Versorgungsbereichs liegen außerhalb der Kreis- bzw. Regierungsbezirksgrenze, was die oben aufgeführte Aussage bestätigt.

2.2.3 Innerstädtische Zentralität

Wenn man von München, Stuttgart oder Hannover als Oberzentrum spricht, so faßt man damit in dieser Aussage alle zentralen Einrichtungen zusammen, die über das großstädtische Gebiet verteilt sind. Geht man von dieser großräumigen Betrachtungsweise zu einer kleinräumigeren über, so wird deutlich, daß das Großstadtgebiet insgesamt in eine Vielzahl unterschiedlich ausgestatteter Versorgungszentren zerfällt, die durch Eingemeindung, aber auch durch eigenes Wachstum im großstädtischen Gebiet aufgegangen sind. Vor allem die kleineren innerstädtischen Zentren, in denen Ladengeschäfte des alltäglichen Bedarfs und häufig benötigte Dienstleistungen angeboten werden, spielen für die Versorgung der städtischen Bevölkerung eine ganz erhebliche Rolle.

Das folgende Beispiel stammt aus der Großstadt Stuttgart, in der eine solche Untersuchung unternommen worden ist.

Innerstädtische Zentren und ihre Versorgungsfunktion

a) Ladengruppe (3): mindestens ein Lebensmittelgeschäft, dazu Bäckerei, Metzgerei, Drogerie, Bank- oder Sparkassenfiliale;	Teilversorgung
b) Nachbarschaftszentrum (8): mindestens die bei a) genannten Branchen, dazu ein weiteres Lebensmittelgeschäft, Friseur, Reinigung, Schreib-/Spielwaren, Blumen/Obst sowie Postamt;	Versorgungsort unterer Stufe, teilausgestattet
c) Viertelszentrum (14): mindestens die bei b) genannten Einrichtungen, die meisten davon mit zwei oder drei Geschäften vertreten, dazu Textilien, Elektrogeräte, Möbel/Einrichtung, Apotheke, Schuhe, Haushaltwaren, Uhren/Schmuck, Tabak/Zeitungen;	Versorgungsort unterer Stufe, vollausgestattet
d) großes Viertelszentrum (37): mindestens die bei c) genannten Einrichtungen, die meisten Branchen mit mehreren Geschäften vertreten, dazu Foto/Optik, Feinkost, Boutique, Reformhaus, Buchhandlung, Büroeinrichtung, Lederwaren, Spirituosen;	Versorgungsort unterer Stufe mit Teilfunktion mittlerer Stufe
e) Stadtteilzentrum (79): mindestens die bei d) genannten Einrichtungen, die meisten mehrfach vertreten, dazu Sportartikel, Reisebüro;	Versorgungsort mittlerer Stufe
f) großes Stadtteilzentrum (128): mindestens die bei e) genannten Einrichtungen, dazu weitere stark spezialisierte Geschäfte;	Versorgungsort mittlerer Stufe mit Teilfunktion höherer Stufe
g) City: hochqualifizierte Spezialgeschäfte und Warenhäuser.	Versorgungsort höherer Stufe

Nach Christoph Borcherdt u. a.: Versorgungsorte und Versorgungsbereiche. Stuttgarter Geographische Studien, Bd. 92. Stuttgart: Selbstverlag des Geographischen Instituts 1977, S. 82

Die Untersuchenden greifen eine große Zahl zentraler Einrichtungen zur Strukturbestimmung heraus und versuchen darüber hinaus auch die innere Struktur, d. h. die Branchenzusammensetzung der Zentren zu erfassen. Eine Auswahl der Versorgungseinrichtungen wurde deshalb getroffen, weil diese ziemlich regelmäßig in den 78 untersuchten Geschäftszentren auftraten.

Zur anschließenden Typenbildung wurde eine Mindestanzahl an Ladengeschäften, eine Mindestanzahl an Läden bestimmter Grundausstattungsbranchen und eine Mindestanzahl an Läden aus einem Katalog von Branchen der Ergänzungsausstattung herangezogen, die Zahlen in den Klammern geben diese Mindestausstattung an. Die rechte Spalte zeigt die Parallelen zur großräumigen Hierarchisierung (vgl. Abb. S. 144).

3 Methoden der Zentralitätsmessung

Christaller selbst schlug zur *Zentralitätsmessung* die Anzahl der Telefonanschlüsse in einem zentralen Ort und dessen Umland vor. Durch die unterschiedliche Telefondichte trat der *Bedeutungsüberschuß* des zentralen Ortes hervor. Im Zusammenhang mit dieser Meßmethode muß man sich verdeutlichen, daß das Telefon zur damaligen Zeit (1933) überwiegend zu geschäftlichen oder dienstlichen Gesprächen verwendet wurde und in privaten Haushalten kaum vorhanden war.

Heute ist dieser Indikator aufgrund der hohen Zahl von Telefonanschlüssen in privaten Haushalten, und zwar sowohl im zentralen Ort als auch im Umland, unbrauchbar, zeigt aber gleichzeitig die Schwierigkeiten auf, geeignete Maßeinheiten zur Festlegung des Bedeutungsüberschusses zu finden.

Zur Bestimmung der Zentralität bietet sich vor allem aufgrund des sehr gut zugänglichen Datenmaterials die Beschäftigtenzahl bzw. die Beschäftigtenstruktur an.

Dabei hat sich allerdings gezeigt, daß die absolute Beschäftigtenzahl insofern unzulänglich ist, als nicht exakt festgelegt werden kann, wie viele Beschäftigte für den Ort selbst und wie viele für das Umland arbeiten. Brauchbar ist und häufig verwendet wird die *Besatzziffer* (Erwerbstätige der zentralen Einrichtungen, bezogen auf die Einwohner des Ortes). Unbrauchbar dagegen ist für die Bestimmung des Bedeutungsüberschusses die Berufsstruktur, da die Erwerbstätigen von der amtlichen Statistik am Wohnort und nicht am Arbeitsort erfaßt werden.

Mit der Erfassung der Ausstattung an zentralen Einrichtungen ist eine weitere Möglichkeit gegeben, die Zentralität eines Ortes zu messen. Die zentralen Einrichtungen, die in diesen Katalogen erfaßt werden, zeigen sehr deutlich die historisch sich verändernden Ansprüche.

Die zehn wichtigsten zentralörtlichen Funktionen und zentralen Einrichtungen in historischer Zeit

a) Politische und administrative Funktionen und Einrichtungen
b) Einrichtungen des Rechtswesens
c) Schutzfunktionen und strategische Einrichtungen
d) Kultische und geistliche Einrichtungen
e) Kulturelle Einrichtungen
f) Versorgungsfunktionen und karitative Einrichtungen
g) Einrichtungen der Agrarwirtschaft und der agrarischen Verwaltung
h) Handwerk und Gewerbe
i) Einrichtungen des Handels
j) Funktionen und Einrichtungen des Verkehrs

Nach Günter Heinritz: Zentralität und Zentrale Orte. Stuttgart: Teubner 1979, S. 20

Bei diesen kurz aufgeführten Methoden der Zentralitätsmessung geht man immer von der Angebotsseite des betreffenden zentralen Ortes aus, jedoch kann die Umlandbedeutung und damit der Bedeutungsüberschuß allein mit dem Vorhandensein zentraler Einrichtungen nicht festgelegt werden.

Dieser Sachverhalt zeigt sich besonders deutlich bei den Kurorten: Sie weisen eine Vielzahl an tertiärwirtschaftlichen Einrichtungen auf, die aber zum überwiegenden Teil für die Umlandbevölkerung keine Bedeutung haben (Souvenirladen, Kurarzt, hochspezialisierte Geschenkboutiquen).

Im Jahre 1967 wurde in einer empirischen Gemeinschaftsarbeit die zentralörtliche Bereichsgliederung der Bundesrepublik Deutschland durchgeführt. Mit Hilfe eines insgesamt 13 Hauptfragen umfassenden Fragebogens erfaßte man im gesamten Bundesgebiet 55000 Personen und damit deren verschiedene Versorgungsansprüche, die je nach Fristigkeit auf zentrale Orte unterschiedlicher Ausstattung gerichtet waren. Damit war es zum erstenmal möglich, flächendeckend für die gesamte Bundesrepublik eine Karte mit Einzugsbereichen der zentralen Orte mittlerer und höherer Stufe zu erstellen. Gleichzeitig wurde deutlich, welche Ausstattungsmerkmale die zentralen Orte unterschiedlicher Stufe haben müssen.

Zentrale Orte in der Bundesrepublik Deutschland

Zentrale Orte höchster Stufe = überregionale Verwaltungs-, Wirtschafts- und Kulturzentren. Ausstattung: hochspezialisierter und seltener Bedarf. Hauptaufgabe: überregionale Funktionen für Verwaltung, Wirtschaft und Kulturwesen; durch föderalistisches Verwaltungsprinzip: teilweise Aufgaben der früheren Hauptstadt Berlin.

Zentrale Orte höherer Stufe mit Teilfunktion eines zentralen Ortes höchster Stufe = Orte zur Deckung des allgemeinen episodischen und des spezifischen Bedarfs mit Sonderausstattung eines zentralen Ortes höchster Stufe.

Zentrale Orte höherer Stufe = Orte zur Deckung des allgemeinen episodischen und des spezifischen Bedarfs,
für breite Masse der Bevölkerung: überwiegend die Bedeutung als Einkaufsstädte mit größeren Waren- und Kaufhäusern und Spezialgeschäften; darüber hinaus bieten sie wichtige Kulturstätten wie Theater, Museen, Galerien, sind Sitz von Behörden und Wirtschaftsverbänden, Hoch- und Fachschule, Spezialkliniken und größeren Sport- und Vergnügungsstätten.

Zentrale Orte mittlerer Stufe mit Teilfunktion eines zentralen Ortes höherer Stufe = Orte zur Deckung des allgemeinen periodischen und des normal gehobenen Bedarfs mit einzelnen Einrichtungen eines zentralen Ortes höherer Stufe, wie z. B. Hochschule oder Großwarenhaus.

Zentrale Orte mittlerer Stufe = Orte zur Deckung des allgemeinen periodischen und des normalen gehobenen Bedarfs (= spezifisches städtisches Angebot).
Ausstattung: typisch die Merkmalskombination Einkaufsstraßen mit wichtigen Fachgeschäften, voll ausgebaute Höhere Schule und Krankenhaus mit mehreren Fachabteilungen; hinzu kommen die wichtigsten unteren Behörden, Organisationen von Handel, Handwerk und Landwirtschaft, Banken und Sparkassen, berufsbildende Schulen, Theatersaal oder Mehrzweckhalle für kulturelle, gesellige und berufsständische Veranstaltungen. Unerläßlich auch wichtige Berufsgruppen wie: Fachärzte, Rechtsanwälte, Notare und Steuerberater.
Den zentralen Orten mittlerer Stufe kommt somit die Hauptaufgabe in der Versorgung der Bevölkerung mit materiellen und immateriellen Gütern zu.

Zentrale Orte unterer Stufe mit Teilfunktion eines zentralen Ortes mittlerer Stufe = Orte zur Deckung des allgemeinen täglichen oder kurzfristigen Bedarfs mit einzelnen Einrichtungen eines zentralen Ortes mittlerer Stufe, wie z. B. Höhere Schule oder Fachkrankenhaus.

Zentrale Orte unterer Stufe = Orte zur Deckung des allgemeinen täglichen oder kurzfristigen Bedarfs.
Ausstattung: in der Regel Verwaltungsbehörden niedersten Ranges, Postamt, Kirchen, Mittelpunkt- evtl. Realschule, Kino, mehrere Geschäfte verschiedener Grundbranchen, Apotheke, praktischer Arzt und Zahnarzt; ferner gibt es oft zwei Banken oder Sparkassen und je nach Struktur des Umlandes eine bäuerliche Bezugs- und Absatzgenossenschaft.

Nach Georg Kluczka: Südliches Westfalen in seiner Gliederung nach zentralen Orten und zentralörtlichen Bereichen. Forschungen zur deutschen Landeskunde, Bd. 182. Bonn-Bad Godesberg: Selbstverlag der Bundesanstalt für Landeskunde und Raumforschung 1971, S. 8–10

Ein weiterer methodischer Weg, die Zentralität zu bestimmen, setzt nicht bei der Angebotsseite an, sondern versucht die auf den zentralen Ort ausgerichteten Interaktionen zu messen.

Man untersucht also im Umland, welche Versorgungsleistungen in welchem zentralen Ort wahrgenommen werden („empirische Umlandmethode"). Dabei können durch Befragungen und Umfragen präzise Hinweise auf die Reichweite zentraler Einrichtungen im Konkurrenzfeld benachbarter zentraler Orte gewonnen werden. Außerdem können sowohl die eindeutig einem zentralen Ort zuzuordnenden Einzugsbereiche als auch die Überschneidungsgebiete verschiedener zentraler Orte gefunden werden. Der Aufwand ist allerdings hoch, da repräsentative Ergebnisse nicht Befragungen an zahlreichen Orten, sondern auch Fragen nach vielen Versorgungsleistungen voraussetzen. Deshalb gibt es Versuche, durch theoretische Ansätze den Aufwand zu begrenzen. So versucht man, die Anziehungskraft der zentralen Orte der Massenanziehung von Körpern zu vergleichen. Solche Zentralitätsmodelle berechnen die Reichweite der zentralen Orte nach dem Gravitationsgesetz, nach dem die Anziehungskraft jeder einzelnen Masse (hier: jedes zentralen Ortes) proportional ist und umgekehrt proportional dem Abstand der beiden Massen (der benachbarten zentralen Orte).

Das Problem dabei liegt darin, daß als „Masse" die Zahl und die Ausstattung der zentralen Einrichtungen und ihre Bedienungsfrequenz eingesetzt werden müssen; setzt man die Einwohnerzahl ein, so ergeben sich allenfalls ungefähre Werte.

4 Tertiärer Sektor und Raumordnung

Das System der zentralen Orte im Sinne Christallers scheint eine einleuchtende Möglichkeit zur Ordnung des Raumes zu bieten (vor allem dort, wo, wie beispielsweise in Neusiedelgebieten, gewachsene Bindungen einer Neuordnung nicht entgegenstehen). Die Gründe dafür liegen einerseits in der Ausweisung eines angemessenen Marktgebietes für zentrale Einrichtungen der verschiedenen Stufen, andererseits im mehrstufigen Angebot für den Kunden, das eine gleichwertige Versorgung im gesamten Gebiet vorsieht.

In der Bundesrepublik Deutschland stehen einer solchen zentralörtlichen Planung gewachsene Bindungen zwischen Kunden und Versorgungseinrichtungen entgegen. So kann beispielsweise das Versorgungsverhalten durch persönliche Bindungen wie Familienzugehörigkeit, Bindung an den ehemaligen Schul- oder Ausbildungsort und durch die häufig auch emotionalen Erwägungen in dem Sinne beeinträchtigt werden, daß nicht der „vernünftige" kurze Weg gewählt wird.

Für die Planung liegen zusätzliche Schwierigkeiten darin, daß viele Gemeinden verständlicherweise daran interessiert sind, einen bestimmten Zentralitätsrang zugewiesen zu bekommen. Als Folge dieser Forderungen und deren Verwirklichung wurde eine große Zahl kleiner und kleinster Zentren ausgewiesen (z.T. als Dreierzentrum), denen aber auch dadurch kein Bedeutungsüberschuß zukommt. Das heißt, daß Selbstversorgungsorten zentralörtliche Funktionen ohne Aussicht auf wirtschaftliche Verwirklichung zugeordnet wurden. Außerdem gibt es Gebiete in der Bundesrepublik, in denen ein hierarchisches System der zentralen Orte aller Stufen nicht nachgewiesen werden kann. Hier also wird der Bedarf nahezu vollständig von Unter- und Mittelzentren gedeckt.

Innerhalb der staatlichen Planung ist keine einheitliche zentralörtliche Zuordnung zu erkennen, da Einzelplanungen (wie z.B. die Schulentwicklungspläne und die Bereichsgrenzen verschiedener Behörden) unterschiedliche Versorgungsgebiete aufweisen. Bei der in verschiedenen Bundesländern durchgeführten Kreisreform wurden bei der Festlegung der Verwaltungsbereiche häufig gewachsene Versorgungsbeziehungen nicht beachtet und traditionelle zentrale Einrichtungen damit gefährdet oder gar zerstört.

Die Ergebnisse der Zentralitätsforschung gingen nur stellenweise in die Gemeinde- und Kreisreform ein. Auch im Bereich der verschiedenen Planungsebenen finden diese Ergebnisse nur selten die ihnen gebührende Beachtung. Trotzdem bietet der tertiäre Sektor für den Staat ein wirksames Instrument für die Ordnung des Raumes, kann er doch durch die Einrichtung der öffentlichen Hand Zwangsbindungen schaffen, als deren Folge weitere Versorgungsbeziehungen durch private Dienstleistungen zu erwarten sind. Die Ausweisung zentraler Orte und die Ausstattung dieser Orte mit bestimmten öffentlichen Einrichtungen kann deshalb als Initialzünder für die weitere Wirtschaftsentwicklung dienen.

Wenn bei der Kreisreform eine Stadt das Landratsamt und andere Kreisbehörden verliert, eine andere Stadt aber diese Einrichtungen zugewiesen bekommt, so wird der „Gewinner" wegen des höheren Kundenaufkommens auch für private Einrichtungen des tertiären Sektors, also beispielsweise Einzelhandelsgeschäfte, interessant.

Die Wirtschaftsentwicklung wird am neuen Ort besonders dann gefördert, wenn durch Verbesserungen der Verkehrswege der Zugang des Kunden erleichtert wird. Dabei kommt der Verkehrsplanung besondere Bedeutung zu, da die Verkehrslage auch auf die Standortqualitäten der Industrie einwirkt, der Staat somit indirekt auch über die Verkehrsplanung den sekundären Sektor beeinflussen kann.

Dementsprechend wurden Versuche in Israel und in Neulandgebieten Hollands unternommen, ein zentralörtliches System gemäß der Theorie Christallers aufzubauen. Daß diese Versuche nicht erfolgreich waren, hängt damit zusammen, daß keine gleichmäßige Verteilung der Einkommen vorausgesetzt werden kann und daß in diesem System dynamische Momente wie die Veränderung der Bevölkerungsdichte und der Bevölkerungsverteilung nicht berücksichtigt werden. Außerdem sind Besonderheiten der Oberflächenformen und deren Auswirkungen auf den Transportaufwand schwer zu berechnen, zumal der einzelne Kunde in unterschiedlichem Maße bereit ist, zusätzliche Transportleistungen auf sich zu nehmen.

Modell der Planung der Siedlungen im Nordostpolder (nach Christaller)

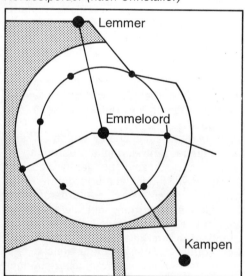

Die tatsächlichen Siedlungen im Nordostpolder

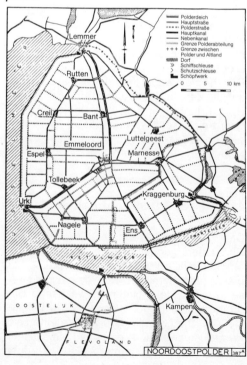

Informations- und Dokumentationszentrum für die Geographie der Niederlande: Zuidersee/Ijsselmeer. Den Haag/Utrecht 1975, S. 30 u. 29

Am Beispiel des Nordostpolders zeigt sich, daß die Entwicklung der zentralen Orte auch dort, wo durch die Oberflächenformen keine Beeinträchtigung stattfindet, nur teilweise den an das Christallersche Modell geknüpften Erwartungen entspricht.
Die Abbildung zeigt zwei Straßen durch das Neulandgebiet, an deren Kreuzungspunkt der zentrale Ort Emmeloord (E) liegt. Kreisförmig um den Zentralort sollten ursprünglich sechs Dörfer gebaut werden; wegen der geringen Mobilität im Jahre 1942 wurde die Zahl der Dörfer auf zehn erhöht, damit die Bauern nur höchstens fünf Kilometer zum „Unterzentrum" zurücklegen müssen.
Die geplanten Einwohnerzahlen konnten nicht erreicht werden. Der zentrale Ort Emmeloord entwickelte sich stärker als geplant (15000 Einwohner statt 10000 Einwohner bis 1975), während die Dörfer (Unterzentren) die vorgesehenen Einwohnerzahlen nicht erreichten und sechs Dörfer seit 1970 eine rückläufige Einwohnerzahl aufweisen. Hauptgrund für diese Entwicklung ist die erhöhte Mobilität der Bevölkerung, die als Versorgungsort das größere Zentrum Emmeloord eindeutig vorzieht.

5 Verkehr

In der vorindustriellen Gesellschaft blieb die Einheit von Wohn- und Arbeitsplatz gewahrt; der Verkehr beschränkte sich deshalb auf die Nahversorgung („Marktverkehr") zwischen Stadt und Stadtumland und auf den Handelsverkehr weniger Güter wie Salz und Gewürze. Der Fernhandel mit Seide und anderen hochwertigen Gütern beschränkte sich auf Minderheiten, die Transportmengen waren entsprechend gering. Der Personenverkehr mit Transportmitteln, insbesondere der Fernverkehr, betraf nur wenige Menschen.
Seit der Trennung von Wohn- und Arbeitsplatz in den Vor- und Frühphasen der Industrialisierung kam es zum *Pendlerverkehr*, der durch weitere Entwicklungen auch heute immer noch wächst (vgl. Kap. Probleme des Verkehrs in Verdichtungsräumen, S. 210ff.). So wurde im Zuge der funktionalen Gliederung der Städte und durch die wachsenden Wohnansprüche (Wohnen in Stadtrandlagen, „Wohnen im Grünen") der Personenverkehrsbedarf weiter erhöht, und mit dem verstärkten Güterangebot infolge der

Entwicklung des Güterverkehrs in der Bundesrepublik Deutschland

Verkehrszweig	Beförderte Güter					Geleistete Tonnenkilometer[1]				
	1967	1971	1973	1975	1978	1967	1971	1973	1975	1978
		Mio. t					Mrd. tkm			
Eisenbahnverkehr	319,4	362,2	386,0	329,0	337,1	57,4	67,2	69,3	57,2	59,5
Fernverkehr mit Lastkraftfahrzeugen	136,9	174,2	216,7	229,0	285,5	33,9	44,5	55,8	59,3	75,2
Binnenschiffsverkehr	214,4	230,0	245,8	227,3	246,3	45,8	45,0	48,5	47,6	51,5
Seeverkehr	105,2	133,0	141,9	131,4	144,0	–	–	–	–	–
Luftverkehr[2]	0,2	0,3	0,4	0,4	0,6	0,1	0,1	0,1	0,2	0,2
Rohrfernleitungen[3]	57,5	82,0	91,0	71,8	75,7	10,0	16,3	16,8	13,1	13,9

[1] Nachgewiesen werden bei Eisenbahn- u. Fernverkehr mit Lkw die Tariftonnenkilometer (wirkliches Gewicht x Tarifentfernung), bei den übrigen Verkehrszweigen die Effektivtonnenkilometer (wirkliches Gewicht x zurückgelegte Entfernung).
[2] Frachtbeförderung ohne Post
[3] Nur Transport von rohem Erdöl

Industrialisierung wuchs der Güterverkehr. Die Verkehrsentwicklung, insbesondere die des Schienenverkehrs, und die Frühphasen der Industrialisierung verlaufen parallel und bedingen sich gegenseitig. Die spezialisierte Güterproduktion der Industrie mit regionaler, nationaler und in steigendem Maß auch internationaler Arbeitsteilung führte zu einer Verflechtung vieler Betriebe mit stark steigendem Güteraustausch. Das Ausmaß dieser Verflechtung mit den Auswirkungen auf den Transportbedarf wird am Beispiel von Daimler-Benz deutlich, wo 1977 27 600 Lieferanten gezählt wurden und wo der tägliche Wareneingang in allen Werken 14 000 t betrug, der zu 86% mit Lkw (etwa 1 800 am Tag) in die Werke kam.

In den Industriestaaten beträgt der Anteil des Verkehrswesens am Bruttoinlandsprodukt zwischen 5 und 7%.

Entwicklung des Personenverkehrs (beförderte Personen) in der Bundesrepublik Deutschland

Verkehrszweig	1967 Mio.	%	1971 Mio.	%	1975 Mio.	%	1978 Mio.	%
Eisenbahnverkehr[1]	1 018	14,5	1 053	14,2	1 079	13,9	1 040	13,8
Straßenverkehr								
Allgem. Linienverkehr[2]	5 770	82,1	5 819	78,3	6 188	77,5	5 757	76,2
Sonderformen des Linienverkehrs[3]	163	2,3	460	6,2	602	7,5	617	8,2
Gelegenheitsverkehr[4]	65	0,9	75	1,0	92	1,2	104	1,4
Luftverkehr	13	0,2	25	0,3	28	0,3	33	0,4
Insgesamt	7 029	100	7 432	100	7 989	100	7 551	100

[1] Einschl. S-Bahn-Verkehr, ohne Kraftwagenverkehr
[2] Verkehr mit Straßenbahnen und Omnibussen sowie Kfz-Linienverkehr
[3] Berufsverkehr, Schülerfahrten, Markt- und Theaterfahrten und freigestellter Schülerverkehr
[4] Ausflugsfahrten, Ferienziel-Reisen

Die Entwicklung der *Verkehrsmittel* und *-wege* (Straßenverkehr, Schienenverkehr, Wasserverkehr, Containerverkehr, Leitungsverkehr, Funkverkehr) ist in Zusammenhang mit dem gestiegenen Verkehrs- und Transportbedarf im Zuge der Wirtschaftsentwicklung zu sehen, wie umgekehrt die Neu- und Weiterentwicklung der Verkehrsmittel und der Ausbau der Verkehrswege Voraussetzung für die Wirtschaftsentwicklung ist. So ist der rapide Anstieg des Straßengüterverkehrs nach 1950 als Folge und Vorbedingung des Ausbaues des Straßennetzes die Voraussetzung für eine arbeitsteilige Industrie, der Zulieferbetriebe auch fern des traditionellen Schienennetzes ermöglicht und damit wenigstens teilweise zum Abbau des regionalen Wirtschaftsgefälles beiträgt. Entsprechende Zusammenhänge gibt es auch zwischen der Entwicklung des Informationsbedürfnisses und des Nachrichtenverkehrs.

Massengüter wie Mineralöle, Kies, Kohlen und Erze werden wegen der niedrigsten Transportkosten (sofern nicht Pipelines oder Produktenleitungen zur Verfügung stehen) nach Möglichkeit auf dem Wasser transportiert, und zwar nicht nur im Übersee-, sondern auch im Binnenverkehr. Dagegen spielt der Seeverkehr bei der Personenbeförderung nur noch im Kreuzfahrtverkehr eine Rolle, während der Linienverkehr mit Ausnahme des Küstenverkehrs ohne Bedeutung ist.

Hafenstädte haben ihre wirtschaftliche Bedeutung behalten, besonders dann, wenn sie als Ausgangs- oder Endhäfen (wie Rotterdam, Hamburg, Marseille, London) Umschlagorte zwischen Binnen- und Überseeverkehr sind. Die Entwicklung immer größerer Schiffseinheiten hat dabei zur Anlage von Vorhäfen (Rotterdam-Europoort, Hamburg-Cuxhaven, Bremen-Bremerhaven) bzw. zur Einrichtung des *Lash-Verkehrs* (Verkehr zwischen Hafen und Frachter mit Leichtern oder schwimmfähigen Containern) geführt, sofern die Schiffahrtsrinnen nicht tief genug ausgebaggert werden konnten.

Verkehr auf deutschen Wasserstraßen

Beförderte Gütermengen	1977 in Mio. t
Verkehr innerhalb des Bundesgebietes	79,129
Verkehr mit der DDR	3,724
Grenzüberschreitender Verkehr	135,475
Durchgangsverkehr	14,198
	232,526
darunter mit Schiffen der Bundesrepublik Deutschland	123,664
Transportleistungen	in Mrd. t km
Verkehr innerhalb des Bundesgebietes	14,554
Verkehr mit der DDR	0,329
Grenzüberschreitender Verkehr	26,450
Durchgangsverkehr	7,920
	49,253
darunter mit Schiffen der Bundesrepublik Deutschland	26,713
von deutschen Schiffen im Ausland erbrachte Transportleistung	8,150
Gesamttransportleistung deutscher Binnenschiffe	34,863

Der Schienenverkehr, der erst die Industrialisierung abseits der Wasserstraßen möglich machte, ist in der Bundesrepublik wegen der Entwicklung des Straßenverkehrs rückläufig. Erst seit 1979 kommt es wegen der gestiegenen Energiepreise und der Behinderung des Individualverkehrs in den Spitzenzeiten teilweise zu einem Anstieg des schienengebundenen Personennahverkehrs, besonders in Bereichen mit modernem *Verkehrsverbund* (koordinierte, öffentliche Verkehrssysteme, bei denen die Fahrpläne aufeinander abgestimmt sind und die jeweils geeigneten Verkehrsmittel – U-Bahnen, S-Bahnen, Straßenbahnen, Busse – je nach Streckenbedarf eingesetzt werden und wobei über das Park-and-Ride-System Verknüpfungen mit dem Individualverkehr möglich sind). Die Betriebsstrecken umfaßten in der Bundesrepublik 1977 28 539 km.

Daten und Fakten der Binnenschiffahrt '78. Bundesverband der deutschen Binnenschiffahrt (Hrsg.). Duisburg 1978

Kapazität verschiedener Verkehrsmittel im Personenverkehr

Mögliche Leistungsfähigkeit in den Hauptverkehrsstunden, in einer Richtung

Art	Fassungsvermögen Sitzplätze	Wagen in einer Stunde[2]	Durchschnittl. Besetzung mit Personen, einschl. Stehplätze	Beförderte Personen (mögliche Anzahl)
Pkw	5	1 500	1,5	2 250
Bus	50	120	56	6 720
Straßenbahn[1]	120	80	160	12 800
U- oder S-Bahnzug	600	40	750	30 000

[1] Zwei Wagen
[2] bei Berücksichtigung des Sicherheitsabstandes und der durchschnittlichen Geschwindigkeit.

Prognosen erwarten die Sättigungsgrenze beim privaten Pkw-Verkehr in der Bundesrepublik für 1990 mit etwa 23 bis 26 Mio Fahrzeugen. Allerdings sind die Voraussagen wegen der Entwicklung der Kosten unsicherer geworden. So bleibt es auch ungewiß, ob 1985 ein Motorisierungsgrad von 2,6 Einwohner auf 1 Pkw tatsächlich erreicht wird.

Die Motorisierung in der Bundesrepublik (in 1 000)

Pkw und Kombi				Lkw			
1928	1953	1975	1979	1928	1953	1975	1979
343	1 130	17 898	22 620	141	554	934	1 250

Das Straßennetz in der Bundesrepublik

Klassifizierung	Träger	km 1971	km (1975)	km 1977
Bundesautobahn	Bund	4 460	5 748	6 435
Bundesstraße	Bund	32 616	32 594	32 460
Landesstraße/Staatsstraße	Länder	65 367	65 422	65 425
Kreisstraße	Kreise	62 025	64 391	65 248
Gemeinde(verbindungs)straße	Gemeinde	276 375	o. A.	o. A.

Alfred Benzing, Günter Gaentsch, Erhard Mäding, Jürgen Tesdorpf: Verwaltungsgeographie. Köln: Heymanns 1978, S. 124

Entsprechend der unterschiedlichen Verkehrsstruktur an verschiedenen Orten und innerhalb der verschiedenen Städte lassen sich kaum allgemein gültige Aussagen über den Anteil des Verkehrsaufkommens nach den Zielarten machen: Der *Ziel- und Quellverkehr* ist bei Orten mit hohem Pendleraufkommen besonders stark, der Durchgangsverkehr ist in kleineren Ortschaften überproportional stark und häufig saisonal unterschiedlich (in Zusammenhang mit dem stark gestiegenen Urlaubs- und Freizeitverkehr); der innerstädtische Verkehr ist meistens am Gesamtverkehrsaufkommen am stärksten beteiligt.

Tageszeit und Verkehrsarten

Der Tagesgang des Verkehrs spiegelt in verstädterten Zonen den Verkehrsbedarf wider. Die Belastungen in den Spitzenzeiten können durch weiteren Ausbau der Verkehrsmittel nur unzureichend und unwirtschaftlich abgebaut werden. Da die gleitende Arbeitszeit nur in beschränktem Maße praktiziert werden kann, sind die *Verkehrsspitzen* und ihre Folgeprobleme letztlich eine nur teilweise lösbare Aufgabe als Folge der hohen Mobilität.

6 Welthandel – funktionale Verflechtung von Wirtschaftsräumen

Unter *Handel* versteht man den Tausch oder Verkauf von Gütern unterschiedlichster Art. Beim *Binnenhandel* werden Güter innerhalb eines Staatsgebietes gehandelt, grenzüberschreitender Handelsverkehr wird als *Außenhandel* bezeichnet und hinsichtlich der Import- und Exportwerte in jährlichen Handelsbilanzen zusammengestellt. Die Außenhandelsbeziehungen aller Länder werden mit den Begriffen *Welthandel* und *Welthandelsverflechtungen* zusammengefaßt. Welthandelsgüter im engeren Sinne sind Rohstoffe, Halbfertigwaren und Fertigprodukte. Aber auch Kapital-, Personen- und Informationsströme fließen als Welthandelsgüter im weiteren Sinne über Ländergrenzen.

Grundlage von Handelsbeziehungen jeder Art ist die Arbeitsteilung, die zunächst im nationalen Rahmen entstand, immer stärker aber auch grenzüberschreitend wirksam wurde *(internationale Arbeitsteilung)*. Neben dem arbeitenden und wirtschaftenden Menschen sowie dem jeweiligen wirtschaftlichen Entwicklungsstand haben vor allem die naturräumlichen Voraussetzungen grundlegende Bedeutung für Entwicklung und Struktur des Welthandels. So führen Bodenschätze, Klima, Bodenfruchtbarkeit, Verfügbarkeit von Energiequellen usw. zu einer sich ständig verändernden Angebots- und Nachfragesituation, zur Einfuhr benötigter Güter und zur Ausfuhr von Überschüssen. Damit verbunden sind Anlage und Ausbau von infrastrukturellen Einrichtungen für Transport und Verkehr.

Anteil an der Weltausfuhr 1978 (in %, z. T. vorläufige Werte)

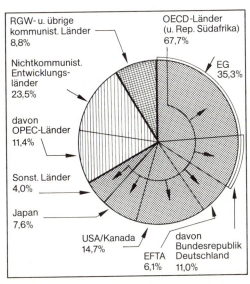

Nach Gustav Fochler-Hauke: Der Fischer Weltalmanach 1980. Frankfurt: Fischer Taschenbuch Verlag 1979. S. 702

Die führenden Welthandelsländer 1978 (vorläufige Werte nach UNO)

1978 (1977)		Einfuhr in Mio. Dollar
1. (1.)	USA	182 787
2. (2.)	Bundesrepublik Deutschland	120 668
3. (4.)	Frankreich	81 715
4. (3.)	Japan	79 343
5. (5.)	Großbritannien	78 557
6. (6.)	Italien	56 446
7. (7.)	Niederlande	53 841
8. (8.)	Sowjetunion	50 546
9. (9.)	Belgien/Luxemburg	46 391
10. (10.)	Kanada	43 434
11. (12.)	Schweiz	23 804
12. (13.)	Saudi-Arabien	22 000
13. (11.)	Schweden	20 123
14. (14.)	Spanien	18 708
15. (15.)	Österreich	16 013

1978 (1979)		Ausfuhr in Mio. Dollar
1. (2.)	Bundesrepublik Deutschland	142 090
2. (1.)	USA	141 154
3. (3.)	Japan	97 543
4. (4.)	Frankreich	76 609
5. (5.)	Großbritannien	71 691
6. (7.)	Italien	56 055
7. (6.)	Sowjetunion	52 176
8. (8.)	Niederlande	50 976
9. (10.)	Kanada	46 065
10. (11.)	Belgien/Luxemburg	44 300
11. (9.)	Saudi-Arabien	39 208
12. (13.)	Schweiz	23 561
13. (12.)	Iran	22 448
14. (14.)	Schweden	21 560
15. (15.)	Australien	14 400

Gustav Fochler-Hauke: Der Fischer Weltalmanach 1980. Frankfurt: Fischer Taschenbuch Verlag 1979, S. 702

Internationale Arbeitsteilung, die oben anhand der wertmäßigen Handelsbeziehungen zwischen den Wirtschaftsblöcken sowie den prozentualen Anteilen an der Weltausfuhr dargestellt wird, erscheint logisch und sinnvoll, wenn die bestehenden Produktionsbedingungen es ermöglichen, Güter mit geringerem Aufwand als in anderen Ländern herzustellen. So ist der Anbau von Südfrüchten im Mittelmeerraum leichter und kostengünstiger als in Skandinavien, so können Textilien in Singapur aufgrund geringerer Lohnkosten billiger als in Westeuropa produziert werden.

Diesen Vorteilen müssen jedoch grundsätzliche Einschränkungen gegenübergestellt werden: Obwohl die Handelsbeziehungen zwischen den Ländern der Welt immer intensiver und vielschichtiger werden (Welthandelsvolumen 1947: 260 Mrd. DM, Welthandelsvolumen 1977: 4000 Mrd. DM), verbessern sich die Lebensbedingungen der am Welthandel beteiligten Länder nicht gleichmäßig; vielmehr entwickeln sie sich in oft deutlich nachweisbarer Beziehung zur Art und Struktur der jeweiligen Beteiligung am Welthandel immer stärker auseinander. Probleme wie Hunger, Armut, ungleiche Verteilung der Lebenschancen vor allem in den Ländern der Dritten Welt drängen die Überzeugung auf, daß sich ein für alle Beteiligten positives Zusammenwirken der einzelnen Volkswirtschaften im Sinne einer „Weltgesellschaft" noch nicht hat entwickeln können. Vor allem in den nachfolgend genannten Bereichen bewirken die Welthandelsbeziehungen grundsätzliche Probleme (vgl. Kap. Probleme der Entwicklungsländer, S. 248ff.).

6.1 Die historischen Grundlagen der gegenwärtigen Welthandelsbeziehungen

Aus der Sicht der Entwicklungsländer hat bereits die koloniale Einflußnahme maßgeblich negative Voraussetzungen für die gegenwärtigen Strukturen der Welthandelsbeziehungen hergestellt. Die erste Phase des Kolonialismus, vor der grundlegende sozioökonomische Entwicklungsunterschiede zwischen den bestehenden fortgeschrittenen Gesellschaften der verschiedenen Kontinente nur in Ansätzen bestanden hatten, ist durch das Interesse europäischer Nationen an Edelmetallen und Handelsbeziehungen gekennzeichnet. So galt z. B. das besondere Interesse Spaniens den Gold- und Silberschätzen Südamerikas (Raubkolonialismus), während Portugal vornehmlich den Aufbau von Handelsniederlassungen betrieb.

Im Zusammenhang mit der industriellen Revolution veränderten sich die Handelsbeziehungen insofern, als es zu einer teilweise erzwungenen Spezialisierung vieler Kolonien auf unverarbeitete Rohstoffe und landwirtschaftliche Erzeugnisse (Algerien: Wein; Ceylon: Tee; Brasilien: Kaffee) und zu einer auf das jeweilige Mutterland gerichteten Exportorientierung kam. Die Kolonialmächte übernahmen mit zunehmendem – und zum Teil dadurch erst möglichen – Industrialisierungsgrad die Weiterverarbeitung und Veredelung der Produkte, die einerseits dem Konsum der eigenen wachsenden Bevölkerung dienten, andererseits wieder in die Kolonien ausgeführt wurden. Absatzmärkte wurden durch direkte Gewalt (z. B. Englands Opium-Krieg in China) oder indirekte Maßnahmen (Zollpolitik) erschlossen. Im – vereinfachenden – Begriff des *Dreieckshandels*, in den auch der Handel mit westafrikanischen Sklaven einbezogen wird, sind die wesentlichen Wirtschafts- und Handelsbeziehungen dieser zweiten kolonialen Phase zusammengefaßt.

6.2 Gegenwärtige Exportstruktur der Länder der Dritten Welt

Über zwei Drittel der Exporte der Entwicklungsländer bestehen aus Rohstoffen, unter Einbeziehung der Erdölausfuhren nahezu 80%. Etwa die Hälfte der Länder erzielt ihre Deviseneinnahmen zu über 50% aus einem einzigen Rohstoff. Bei abnehmenden und/oder schwankenden Weltmarktpreisen sowie Produktionsverlusten durch klimatische Einflüsse befinden sich diese Länder in einer ständigen wirtschaftlichen Unsicherheit (vgl. Kap. Unterentwicklung als Folge ungleicher Machtverteilung, S. 252ff.).

Hauptexportprodukte ausgewählter Entwicklungsländer und Anteil am Gesamtexport 1975 (in Prozent, vgl. Tab. S. 253).

Ägypten	Baumwolle 36,6	36,6
Algerien	Rohöl 84,4	84,4
Bolivien	Zinn 42,7; Rohöl 25,8	68,5
Ecuador	Rohöl 56,6; Bananen 17,3	73,9
Gambia	Erdnußprodukte 92,7	92,7
Honduras	Bananen 41,6; Kaffee 13,8	55,4
Indonesien	Rohöl 69,5	69,5
Libyen	Rohöl 99,9	99,9
Nigeria	Rohöl 92,8	92,8
Sri Lanka	Tee 49,1; Kautschuk 16,6	65,7
Tunesien	Rohöl 41,8; Phosphate 20,1	61,9
Uganda	Kaffee 76,1; Baumwolle 11,4	87,5
Venezuela	Rohöl 58,0	58,0

6.3 Multinationale Konzerne (MNK)

In zunehmendem Maße wird der Welthandel von großen *(multinationalen) Konzernen* beherrscht, die weltweit nach den Gesetzen der billigsten Herstellung und der höchsten Verkaufserlöse einkaufen, produzieren und verkaufen. Auf der Grundlage der nachkolonial bestehenden Produktionsbedingungen und der verbesserten Transportbedingungen werden Lohnkostenunterschiede und Absatzmärkte zu den dominierenden industriellen Standortfaktoren. Die Umsätze von MNK übertreffen inzwischen die Zahlungsbilanzen vieler Länder, die dominanten Marktpositionen wirken sich häufig zuungunsten der Verhandlungspartner aus. Im einzelnen werden folgende Behauptungen aufgestellt:

- Die MNK nutzen das hohe Arbeitskraftpotential, das sich im Laufe der Zeit in den Entwicklungsländern herausgebildet hat, für ihre überwiegend gewinnorientierte Expansion aus. Die Arbeitskräfte der Entwicklungsländer sind in hohem Maße schnell mobilisierbar, schnell austauschbar und angesichts des Überangebotes spezifisch auswählbar (nach Alter, Geschlecht und Qualifikation).
- Der Stand der Verkehrs- und Kommunikationsentwicklung erlaubt es für viele Produkte, Voll- und Teilfertigungen an beliebigen Standorten weltweit durchzuführen und trotz der dadurch entstehenden Kosten- und Steuerungsprobleme konkurrenzfähig auf dem angestrebten Absatzmarkt zu sein.
- Es kommt auf diese Weise zu einer einseitigen Industrieentwicklung dieser Länder in Richtung Massenproduktion, also zu einer teilweisen Verlagerung dieser Industrialisierungsstufe auf die Entwicklungsländer und somit zur Übernahme höherqualifizierter Stufen durch die Industrieländer.
- Die Gewinne der MNK gehen – je nach Art der Verträge – an das Ausland, kommen also nicht in vollem Umfang dem produzierenden Land zugute.
- Die Zulieferungen für die Produktion hochspezialisierter Industriegüter einiger Entwicklungsländer (z. B. Brasilien) erfolgen überwiegend aus den traditionellen Industrieländern, so daß allenfalls von einer Teilindustrialisierung gesprochen werden kann.
- Die Produkte sind häufig nicht für die Märkte der Entwicklungsländer bestimmt.

Diese – und weitere – Behauptungen bedürfen der Überprüfung im Einzelfall. Unstreitig aber ist, daß Arbeits- und Ausbildungsplätze in nicht unerheblichem Ausmaß geschaffen werden.

6.4 Beispiele für die gegenseitige wirtschaftliche Abhängigkeit

Schon die bisher genannten Probleme lassen die Unzufriedenheit der Entwicklungsländer mit den gegenwärtigen Welthandelsbeziehungen verständlich werden. Aber auch die immer stärker ausgeprägte gegenseitige Abhängigkeit zwischen den einzelnen Wirtschaftsblöcken legt nahe, Struktur und Organisation des Welthandels stärker als bisher auf die Belange der Entwicklungsländer abzustimmen.

6.4.1 Die Importabhängigkeit der Industrieländer

Die Bundesrepublik Deutschland ist als rohstoffarmes Land fast ausschließlich auf Rohstoffzulieferungen aus dem Ausland angewiesen. Ohne die Sicherstellung der entsprechenden Zulieferungen kommt es zu einer direkten oder indirekten Gefährdung von Arbeitsplätzen mit entsprechenden Folgewirkungen (Lieferschwierigkeiten, soziale Unsicherheit usw.).

Eine ähnliche Situation besteht auch bei den anderen Industrieländern, allerdings in einem unterschiedlich ausgeprägten Ausmaß, da die Rohstofflage in den anderen Ländern größtenteils völlig anders ist.

Abhängigkeit von mineralischen Rohstoffen (1979/80)

Europäische Wirtschaftsgemeinschaft	75%
Japan	90%
Vereinigte Staaten von Amerika	15%

Importabhängigkeit der Industrieländer bei wichtigen Rohstoffen in % des Verbrauchs

Rohstoff	Bundesrepublik Deutschland			EG	Japan	USA
	1953	1963	1976	1976	1976	1976
Kupfer	99	100	99	96	83	15
Zink	31	63	68	60	68	59
Blei	58	81	87	70	70	15
Zinn	100	100	100	99	93	85
Aluminium	100	100	100	60	100	87
Wolfram	100	100	100	100	100	59
Nickel	100	100	100	100	100	71
Eisen	74	91	93	59	99	27
Phosphat	100	100	100	100	100	–

Die Abhängigkeit von ausländischen Rohstoffen wurde den Bewohnern der Industrieländer erst seit den drastischen Ölpreiserhöhungen durch die OPEC-Länder deutlicher vor Augen geführt. Benzinpreiserhöhungen, Verteuerung anderer Rohölprodukte, allgemeiner Anstieg der Verbraucherpreise in den Industrieländern zieht inzwischen jede neuerliche Verteuerung des lebenswichtigen Rohstoffes nach sich. So betrug der Zuwachs des nominalen Sozialproduktes (Mehrertrag der Wirtschaft gegenüber dem Vorjahr) in der Bundesrepublik Deutschland 1979 ca. 100 Mrd. DM. Dieser Betrag hätte für mehr Investitionen sowie öffentlichen Verbrauch und privaten Konsum ausgegeben werden können. Aufgrund der Ölpreiserhöhungen mußten jedoch etwa 17 Mrd.DM mehr für flüssige Energieträger ausgegeben werden als im Jahr zuvor. Somit wird etwa ein Sechstel des Zuwachses des Sozialproduktes aufgezehrt.

Bedenklich erscheint, daß trotz zahlreicher Maßnahmen (Energiesparapelle, Festlegung niedriger Verbraucherquoten) der Mineralölverbrauch in der Bundesrepublik wieder steigende Tendenz aufweist. Der „Ölschock" hat offensichtlich schon an Wirkung verloren, allerdings ist die Steigerung von 1978 auf 1979 auch durch den strengen Winter und die Konjunkturbelebung sowie die Erhöhung der Lagervorräte begründet.

Veränderung der Erzeugerpreise im Juni 1979 gegenüber Juni 1978 in %
Condor Kartendienst

Anstieg der Verbraucherpreise 1979 gegenüber dem Vorjahr in %
Globus Kartendienst, Hamburg Nr. 3277

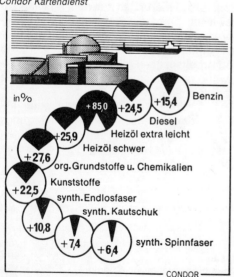

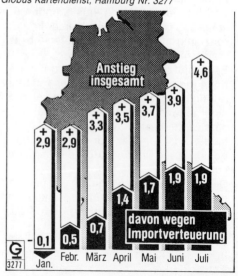

6.4.2 Exportabhängigkeit der Industrieländer

In ähnlicher Weise besteht auch eine weitgehende Abhängigkeit vom Warenexport. Hier ist die Bundesrepublik Deutschland als eines der wichtigsten Exportländer (größter Exporteur im Jahr 1978) in besonderem Maße gefährdet.

Jedes zweite Auto, nahezu jedes zweite Produkt der Maschinenindustrie werden inzwischen für das Ausland produziert. Neben den damit verbundenen Beschäftigungseffekten profitiert der deutsche Verbraucher von dieser Exportsituation insofern, als entschieden kostengünstiger produziert werden kann, also die Produkte auf dem eigenen Markt billiger angeboten werden.

Exportabhängigkeit der deutschen Wirtschaft

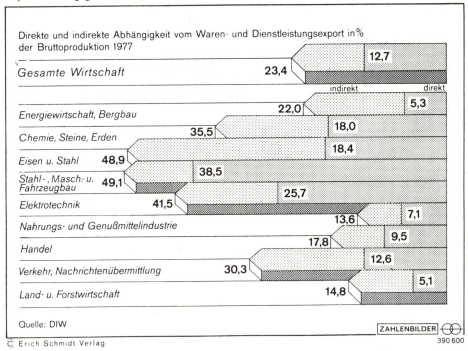

Ausfuhr der Bundesrepublik Deutschland nach Warengruppen 1978

Exportanteil in Prozent des Bruttosozialprodukts 1978

Nach Gustav Fochler-Hauke: Der Fischer Weltalmanach 1980. Frankfurt: Fischer Taschenbuch Verlag 1979, S. 703 und 708

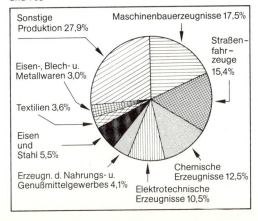
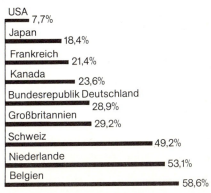

157

6.5 Ost-West-Handel

Die Handelsbeziehungen zwischen den RGW-Staaten und den OECD-Ländern werden als *Ost-West-Handel* (OWH) bezeichnet. Nur für wenige westliche Länder hat der OWH eine besondere wirtschaftliche Bedeutung erlangt: Der Exportanteil in die RGW-Staaten betrug 1976 bei Finnland 24%, bei Österreich 15%, bei Japan 7% und bei der Bundesrepublik Deutschland 6,8%. Wichtiger scheint der OWH für die RGW-Staaten zu sein: 1977 kamen 31,1% aller Importe aus den westlichen Industrieländern, 24,8% der Exporte gingen in den Westen. Polen hat 1977 42,5% aller Importe aus dem Westen bezogen, die UdSSR 33,3%. Bulgarien wies mit 15,9% die niedrigste Westimportquote auf (vgl. Abb. S. 253).

Trotz ansteigendem Handelsvolumen (214% Zunahme von 1970–1977) betrug der Anteil des OWH am gesamten Weltexport im Jahr 1977 lediglich 5,5% (1970: 4,8%). Es stellt sich somit die Frage, warum immer noch sowohl die westlichen Industrieländer als auch die RGW-Staaten den weitaus größeren Anteil ihres Außenhandels untereinander abwickeln. Gerade die Ostblockstaaten könnten angesichts ihres Wirtschaftspotentials und ihrer geographischen Nähe zu marktwirtschaftlichen Ländern durchaus stärker in den Weltmarkt integriert sein.

Exporte 1977/1978 in Mrd. US-Dollar

	1977	1978
Westl. Industrieländer untereinander	523	632
Ostblock und China untereinander	63	72
Westl. Industrieländer in den Ostblock	35	43
Ostblock in westliche Industrieländer	31	36

Vor allem folgende Faktoren können zu einem Erklärungsversuch herangezogen werden:
1. Wirtschafts- und Handelsbeziehungen zwischen Ländern unterschiedlicher Gesellschaftsordnung unterliegen zwangsläufig dem Zielkonflikt zwischen Wirtschaft und Politik. Die weit in die Vergangenheit reichenden ideologischen Gegensätze zwischen West und Ost beeinflußten maßgeblich die politisch-militärische, damit aber auch die wirtschaftliche Blockbildung nach dem Zweiten Weltkrieg. Bis hin zur Regierungszeit Nixons haben die amerikanischen Regierungen stets am „Isolierungsprinzip" festgehalten, nach dem die (schwächere) östliche Wirtschaft durch Isolierung (z. B. durch das Vorenthalten technologischer Neuerungen) noch mehr geschwächt werden könnte und damit die Voraussetzungen für innerpolitisch wirksame Ideologiekrisen herstellbar wären.

Auch aus der Wirtschaftspolitik der UdSSR nach dem Zweiten Weltkrieg ergab sich eine Konzentration des Intra-Block-Handels bereits dadurch, daß zunächst die traditionell nach Westen orientierten Handelsströme der RGW-Partnerländer (die östlichen Randländer Europas hatten bis zu diesem Zeitpunkt ca. 85% des Handelsverkehrs mit dem Westen abgewickelt) umgelenkt und der blockinterne Güteraustausch stark forciert wurde. Die dann im Zeitraum 1949–1953 angestrebte nationale Autarkie der RGW-Länder wurde zwar, als sich herausstellte, daß nur die UdSSR aufgrund der vorhandenen Ressourcen und des eigenen Absatzmarktes in der Lage gewesen wäre, eine „allumfassende Wirtschaft" aufzubauen, durch ein Streben nach wirtschaftlicher Unabhängigkeit innerhalb der RGW ersetzt. Doch auch diese „internationale sozialistische Arbeitsteilung", mit der die speziellen Produktionsmöglichkeiten und -vorteile der einzelnen Länder genutzt werden sollten, hat die heute festzustellende Handelskonzentration erheblich begünstigt. Die vereinbarten Spezialisierungen und Kooperationen einzelner Länder auf bestimmte Produktionsschwerpunkte stellen, wenn auch die von 1956–1964 angestrebte „zentrale Großraumplanung" mit Verlagerung von Entscheidungsbefugnissen in übernationale Organisationen nicht vollständig verwirklicht werden konnte, erhebliche Einschränkungen möglicher, auf den internationalen Markt gerichteter Außenhandelsaktivitäten dar.
2. Die RGW-Staaten haben zunächst bewußt vermieden, eine Abstimmung ihrer Produktionsstruktur auf die kapitalistischen Länder vorzunehmen, da damit ein westli-

cher Einfluß auf die osteuropäische Wirtschaft gegeben gewesen wäre.
3. Als Handelshemmnis wirkte auch, daß Einfuhren aus dem Westen unerwünschte Demonstrationseffekte auf die östlichen Konsumenten zugerechnet wurden.
4. Entsprechend der planwirtschaftlichen Struktur des RGW werden Investitionen, Produktion und Preise auf durchweg längere Zeiträume festgelegt als in marktwirtschaftlichen Ländern. Somit ist der Handel mit ebenfalls planwirtschaftlich organisierten Ländern einfacher zu organisieren, weil dort mit ähnlich langen Fristen gerechnet werden kann.
5. Neben Währungsproblemen (mangelnde Konvertibilität der Ost-Währungen) hat vor allem die politische Unsicherheit als wesentliches Hemmnis für die Handelsbeziehungen zwischen den Wirtschaftsblöcken gewirkt. Versuche der Durchsetzung politischer Interessen mit wirtschaftlichen Mitteln (und umgekehrt) lassen sich anhand vieler Beispiele belegen (z. B. die amerikanischen Boykottmaßnahmen gegenüber der UdSSR aufgrund des Einmarsches in Afghanistan). Die Stetigkeit handelspolitischer Beziehungen aber ist eine Hauptvoraussetzung für grenzüberschreitenden Handel.

Erst mit den Fünfjahresplänen 1966–1970 trat ein grundsätzlicher Wandel in den Auffassungen des RGW über die Bedeutung des Außenhandels ein. War bis zu diesem Zeitpunkt der Außenhandel allenfalls als Mittel zur Beschaffung von Mangelwaren angesehen worden, erkannten nun die Pläne den Außenhandel als wichtigen Wachstumsfaktor für die innere Entwicklung einer Wirtschaft und berücksichtigten stärker die Beteiligung an einer internationalen wirtschaftlichen Zusammenarbeit. Auch die Pläne 1971–1975 sind in diesem Sinne weitergeführt worden (vgl. Tab. S. 159) und beginnen, systematisch die Vorteile der internationalen Arbeitseinteilung bei der Planaufstellung heranzuziehen. Vorrangig werden folgende Ziele verfolgt:
— Erhöhung der Leistungsfähigkeit der eigenen Wirtschaft durch modernste Ausrüstung und Technologien zwecks Verbesserung der Produktivität sowie Struktur und Qualität der Produkte,
— Erweiterung des Absatzmarktes (ermöglicht die rationellere Großserienproduktion),
— Steigerung der Deviseneinnahmen zur Finanzierung der notwendigen Importe,
— Beschleunigung des Wachstums der sozialistischen Volkswirtschaften.

Wichtige Ziele der sozialistischen Länder nach den Fünfjahresplänen 1971–1975, Wachstumsraten in % für den gesamten Planungszeitraum

Land	Außenhandel	Volkseinkommen	Industrie	Landwirtschaft	Konsum	Investition
Albanien	–	55–60	61–66	65–69	50–55	72–75
Bulgarien	60–65	47–50	55–60	17–18	38–40	33–34
Tschechoslowakei	36–38	28	34–36	14	28–30	35–37
DDR	75	26–28	34–36	–	21–23	26–29
Ungarn	40–45	30–32	32–34	15–16	30	30–35
Polen	57	38–39	48–50	18–21	33	42
Rumänien	61–72	68–82	68–78	36–49	–	–
Sowjetunion	33–35	37–40	42–46	20–22	40	37

Quelle: TD/112, S. 16, Tabelle 3.

Bremer Ausschuß für Wirtschaftsforschung, Auswertung der Dokumentation der dritten Welthandels- und Entwicklungskonferenz Santiago de Chile 1972; Bd. 26/3 der Wissenschaftlichen Schriftenreihe des Bundesministeriums für wirtschaftliche Zusammenarbeit. Stuttgart: Klett 1974, S. 711

Die Warenstruktur des OWH macht jedoch deutlich, weshalb seitens der westlichen Industriestaaten (neben obengenannten Faktoren) eine nur eingeschränkte Bereitschaft zum Handelsaustausch mit den RGW-Staaten besteht. Der Anteil der verarbeiteten industriellen Erzeugnisse an der Ausfuhr der westlichen Industrieländer in die sozialistischen Staaten Osteuropas betrug 1969 82% (1960: 71%), in umgekehrter Richtung waren nur 33% (1960: 30%) zu verzeichnen. Noch 1978 bestanden z. B. die sowjetischen Exporte in der Bundesrepublik Deutschland vor allem aus Erdgas, Erdölprodukten, chemischen Grundstoffen sowie Rohstoffen, während zwei Drittel des Exports der Bundesrepublik in die UdSSR Maschinenbauerzeugnisse und Produkte der Eisen- und Stahlindustrie waren. Die bestehenden Strukturen des Welthandels waren zum Zeitpunkt, als die RGW-Staaten sich zu stärkerer Teilhabe am internationalen Handelsaustausch entschlossen, wahrscheinlich schon zu sehr verfestigt, als daß auf absehbare Zeit eine der Wirtschaftskraft der RGW-Staaten entsprechende Beteiligung am Welthandel möglich wäre. Zusätzlich ist der Qualitätsstandard vieler RGW-Produkte auf dem Weltmarkt noch nicht konkurrenzfähig.

6.6 Handelsbeziehungen zwischen der DDR und der Bundesrepublik Deutschland

Auch am Beispiel des *Innerdeutschen Handels* (IDH) lassen sich Wechselwirkungen zwischen Politik und Wirtschaft aufzeigen. Vergleichbar mit den globalen Beziehungen zwischen Ost und West verändern sich auch hier grundsätzliche Auffassungen über den Einsatz wirtschaftlicher Macht zur Erreichung politischer Ziele.

Die erste Phase des IDH (früher: Interzonenhandel) zwischen den 1949 konstituierten deutschen Staaten fällt in die Zeit des „Kalten Krieges". Durch den Einsatz und die Demonstration der wirtschaftlichen Stärke des Westens soll die östliche Ideologie geschwächt werden. Der zunächst an historische Handelsbeziehungen anknüpfende Warenaustausch wurde als politisches Druckmittel angesehen und zum Aushandeln von Konzessionen zur Sicherung West-Berlins eingesetzt. Der Umsatz bleibt mit 500 Mio. Verrechnungseinheiten (s. Anmerkung zu Tab. S. 161) im Durchschnitt der Jahre 1950–1954 verhältnismäßig gering.

Mitte der fünfziger Jahre belebt sich der IDH im Zusammenhang mit dem beginnenden wirtschaftlichen Aufschwung der Bundesrepublik Deutschland und erreichte einen Gesamtumsatz von ca. 2 Mrd. Verrechnungseinheiten im Jahr 1960. Aus politischen Gründen (Mauerbau in Berlin 1961, Kuba-Krise 1962, Streben der DDR nach größerer Unabhängigkeit von westdeutschen Lieferungen) kommt es in den Jahren 1961–1963 zu einer erneuten Abschwächung des IDH.

Die Warenstruktur des IDH macht eine zeitweilige Abhängigkeit der Bundesrepublik von Rohstoffzulieferungen aus der DDR deutlich, die erst mit zunehmender Integration der Bundesrepublik in das weltwirtschaftliche System zum Teil abgebaut werden konnte. Erkennbar wird der vergleichsweise hohe Anteil an Investitionsgütern und Grundstoffen in den Lieferungen an die DDR.

Entwicklung des Warenverkehrs 1952–1978 (in Mio. DM)

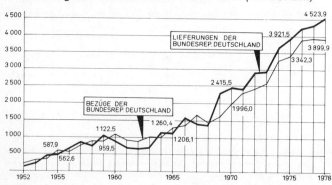

Ulrich v. d. Heide, Christian Tenbrock: Deutsch-deutscher Handel. In: Geographische Rundschau 1979, H. 11, S. 444. Braunschweig: Westermann

Diese sind durch Reparationsleistungen an die UdSSR und die ungünstigere Industriestruktur der DDR begründet.

Die zweite Phase des IDH (ab Beginn/Mitte der sechziger Jahre) ist vom weltweiten Trend nach stärkerer wirtschaftlich-technischer Zusammenarbeit und Lockerung politisch begründeter Handelshemmnisse gegenüber dem Osten gekennzeichnet. Bei deutlicher Zunahme des gegenseitigen Lieferumfanges verändert sich vor allem die Warenstruktur der DDR-Lieferungen im Bereich der Bergbauerzeugnisse, der Verbrauchsgüter sowie der Erzeugnisse der Land- und Ernährungswirtschaft. Weniger stark verändert sich die Struktur der Lieferungen in die DDR. Auffällig ist hier vor allem die starke Abnahme der Eisen- und Stahllieferungen, die auf den verstärkten Aufbau der DDR-Schwerindustrie und deren zunehmende Integration in den RGW-Markt zurückzuführen ist.

Struktur des Warenverkehrs in ausgewählten Jahren (in %)

Bezüge des Bundesgebietes

Erzeugnisse	1956–1960	1961–1965	1969	1977	1978
1. Bergbauerzeugnisse	23,9	22,7	6,1	3,3	3,0
2. Grundstoffe und Produktionsgüter	33,8	28,3	21,6	38,4	38,4
a) Eisen und Stahl	0,6	0,9	3,7	5,6	5,2
b) Mineralölerzeugnisse	18,3	14,3	2,2	14,7	15,1
c) Chemische Erzeugnisse	9,4	7,8	6,9	8,9	8,9
d) NE-Metalle	0,5	0,4	3,1	3,6	3,8
3. Investitionsgüter	10,5	10,5	15,1	11,5	11,0
a) Maschinenbauerzeugnisse	7,5	5,9	5,9	2,8	2,8
4. Verbrauchsgüter	18,6	22,0	32,8	29,9	32,0
a) Textilien	10,8	10,1	11,1	10,7	10,8
5. Erzeugnisse der Landwirtschaft und Ernährung	13,2	16,3	24,4	16,9	15,6
Insgesamt (= Mill. VE)[1]	100 (= 869)	100 (= 1033)	100 (= 1656)	100 (= 3953)	100 (= 3900)

Lieferungen des Bundesgebietes

Erzeugnisse	1956–1960	1961–1965	1969	1977	1978
1. Bergbauerzeugnisse	–	–	3,3	11,2	8,2
2. Grundstoffe und Produktionsgüter	52,7	56,6	51,5	38,6	39,9
a) Eisen und Stahl	27,8	29,5	12,3	7,3	7,6
b) Chemische Erzeugnisse	13,5	16,8	19,2	17,2	17,9
c) NE-Metalle	1,7	3,0	13,3	7,0	7,4
3. Investitionsgüter	21,9	17,3	22,1	30,8	31,6
a) Maschinenbauerzeugnisse	12,3	11,1	15,2	21,6	21,3
4. Verbrauchsgüter	8,0	7,3	8,2	8,4	8,7
5. Erzeugnisse der Landwirtschaft und Ernährungsindustrie	12,4	18,8	15,0	11,0	11,6
Insgesamt (= Mill. VE)	100 (=877)	100 (=989)	100 (=2272)	100 (=4341)	100 (=4524)

Quellen: Ehlermann, C. B., u. a. (Hrsg.): Statistisches Bundesamt (Hrsg.) 1952–1978, 1979.
[1]VE = Verrechnungseinheiten. Zwischen den Währungen der beiden deutschen Staaten besteht keine offizielle Kursrelation. Die Abrechnung des Handelsverkehrs erfolgt deshalb ausschließlich in VE über die Deutsche Bundesbank und die Staatsbank der DDR. Die DM-West wird einer Ost-Mark gleichgesetzt.
Ulrich v. d. Heide, Christian Tenbrock: Deutsch-deutscher Handel. In: Geographische Rundschau 1979, H. 11, S. 446. Braunschweig: Westermann

Eine dritte Phase des IDH wird gegen Ende der sechziger Jahre durch den Wandel im deutschlandpolitischen Konzept eingeleitet. Analog zu den globalen Tendenzen der Entspannungspolitik wird der IDH noch stärker entpolitisiert und zum Bestandteil einer kooperationsbereiten Handelspolitik. In den Jahren 1969–1978 kommt es zu einer starken Umsatzbelebung, die im Durchschnitt dieser Jahre mehr als 11% beträgt. Die Strukturverschiebungen der zweiten Phase setzen sich weitgehend fort. Die gegenwärtige Struktur des IDH zeigt in beiden Richtungen eine Konzentration von drei Fünfteln auf vier Produktgruppen. Die westdeutschen Bezüge bestehen vor allem aus Textilien, Erzeugnissen der Land- und Ernährungswirtschaft, Mineralölerzeugnissen und chemischen Produkten. Die Lieferungen an die DDR liegen teilweise erheblich über dem Importniveau und weisen Schwerpunkte bei den Maschinenbauerzeugnissen, chemischen Produkten, Erzeugnissen der Land- und Ernährungswirtschaft sowie der Steinkohle auf.

Die sich Ende der siebziger Jahre abschwächenden Zuwachsraten des IDH (1976/77: 3,9%; 1977/78: 1,6%; erstes Halbjahr 1979: −1,5%) lassen eine Stagnationsphase in der zukünftigen Entwicklung erkennen, auch wenn es vereinzelt zu Verhandlungen über Milliardenabschlüsse (z. B. geplante Lieferung eines Stahlwerkes von Krupp nach Eisenhüttenstadt) kommen kann.

Der IDH hat sowohl in quantitativer als auch in qualitativer Hinsicht durchaus unterschiedliche Bedeutung für die beiden Volkswirtschaften. Der IDH erreichte 1977 lediglich 1,6% des gesamten Außenhandelsumsatzes der Bundesrepublik Deutschland (1950: 3,8%), während die DDR einen entsprechenden Anteil von 9% (1950: 16%) aufzuweisen hatte. In qualitativer Hinsicht fällt auf, daß die technologisch wichtige Investitionsgüterindustrie in den Lieferungen der DDR abnimmt (11% der Gesamtbezüge 1978), in den Lieferungen der Bundesrepublik aber fast kontinuierliche Zuwachsraten aufweist (32% der Lieferungen im Jahre 1978). Die Abnahme der DDR-Lieferungen in dieser Sparte wird mit Lieferbindungen der DDR an andere RGW-Staaten erklärt.

6.7 Internationale Handelsabkommen

Die auf den Gedanken von Adam Smith aufbauende Idee eines freien Welthandels war nach der Weltwirtschaftskrise 1929 − 1933 immer stärker in den Hintergrund getreten, weil die Welthandelsländer ihren Außenhandel aus politischen und wirtschaftlichen Gründen erheblich eingeschränkt hatten. Die volkswirtschaftlichen Einkommen sanken erheblich. Nach dem Zweiten Weltkrieg bemühte man sich international, den eingeschränkten Welthandel zum Wohle der beteiligten Länder neu zu beleben.

Im *GATT* (General Agreement on Tariffs and Trade), 1947 von 23 Mitgliedsländern unterzeichnet, sind heute ca. 100 Mitgliedsstaaten verbunden, die zusammen mehr als vier Fünftel des Welthandels abwickeln. Die *Meistbegünstigungsklausel* als grundlegende Vereinbarung des auf Regelung und Förderung des internationalen Handels zielenden Vertragswerkes legt fest, daß Zollzugeständnisse, die zwischen zwei Ländern ausgehandelt werden, automatisch auch für alle anderen Partnerländer gültig sind. Inzwischen ist der Abbau von Zollschranken zwischen den beteiligten Ländern weitgehend fortgeschritten, die Verminderung der Lieferkontingentierung ist bisher nur ansatzweise gelungen. Nur wenige entlastende Regelungen bestehen bisher für den Lebensmittelhandel, was vor allem den Interessen vieler Entwicklungsländer entgegensteht.

In der *OECD* (Organization for Economic Cooperation and Development) haben sich 1961 die führenden westlichen Industriestaaten mit dem Ziel der Abstimmung von Wirtschafts- und Kulturpolitik zusammengeschlossen.

Die *EFTA* (European Free Trade Association) wurde 1960 von Großbritannien, Dänemark, Norwegen, Schweden, Österreich, Portugal und der Schweiz gegründet. Großbritannien und Dänemark haben sich inzwischen der EG zugewandt, Finnland und Island sind zur EFTA gestoßen, die als wesentliches Ziel den Freihandel zwischen den Mitgliedsländern und innerhalb ganz Westeuropas verfolgt.

Mit den *Abkommen von Jaunde* (1963 und 1969) kam es zur ersten europäisch-afrikanischen Wirtschaftsassoziation zwischen der EWG und 18 (später 19) afrikanischen Staaten und Madagaskar. Neben der Festlegung technischer und finanzieller Hilfeleistung war die Schaffung von Freihandelszonen zwischen den beteiligten Staaten Hauptgegenstand des Vertrages, der 1969 verlängert und 1971 um Mauritius erweitert wurde. Die afrikanischen Staaten wurden im Vertragswerk dadurch begünstigt, daß sie Möglichkeiten der Kontingentierung und Zollerhebung gegenüber den europäischen Mitgliedsstaaten eingeräumt bekamen. Diese gewährten zum Schutz der einheimischen Produktion keine vollständige Zollbefreiung für bestimmte landwirtschaftliche Produkte.

Die *Europäische Gemeinschaft* (vgl. Kap. Landwirtschaft S. 82ff.) begünstigt seit 1971 durch Zollermäßigungen die Einfuhr einer großen Zahl von Fertigprodukten und Halbfertigwaren aus Entwicklungsländern in den Gemeinsamen Markt. Im *Vertrag vom Lomé* schließlich assoziierte die EG 46 *AKP-Länder* (Länder Afrikas, der Karibik und des Pazifiks). Unter besonderer Berücksichtigung des Entwicklungsstandes werden Exporte der ärmsten Länder besonders erleichtert, wobei die AKP-Länder nicht verpflichtet sind, den EG-Ländern Handelserleichterungen zu gewähren. Die AKP-Länder werden als einheitliches Gebiet angesehen, so daß Produktionsumstellungen oder -verlagerungen erleichtert sind. Die EG-Länder räumen der Mehrzahl der Erzeugnisse der AKP-Länder freien Zugang in den Gemeinsamen Markt ein. Für 29 wichtige Exportgüter (z. B. Kaffee, Kakao, Erdnüsse, Baumwolle) werden die Exporterlöse durch das STABEX-System stabilisiert, indem aus einem gemeinsam finanzierten Ausgleichsfonds (rückzahlbare) Finanzhilfe geleistet wird, wenn die Exporterlöse bei Lieferung in die EG unter ein festgelegtes Niveau fallen.

Die ärmsten Länder sind von der Rückzahlungsverpflichtung ausgenommen.

Die am Vertrag von Lomé (1980 verlängert) beteiligten Länder ziehen inzwischen eine überwiegend positive Gesamtbilanz. Weitere sieben Staaten sind inzwischen dem Abkommen beigetreten. Die STABEX-Zahlungen erreichten 1976 bei vielen AKP-Ländern zwischen 12 und 20% ihrer gesamten Ausfuhrerlöse.

Im Vertragswerk von Lomé sind Vereinbarungen über finanzielle, technische und industrielle Zusammenarbeit enthalten, durch die die Entwicklungsbemühungen der assoziierten Länder unterstützt werden sollen. An einer schrittweisen Verbesserung der Wettbewerbssituation wird ständig gearbeitet. So wird die Zahl der Erzeugnisse, für die noch Einfuhrbeschränkungen bestehen, ständig vermindert, die noch bestehenden Zollauflagen werden herabgestuft oder gestrichen.

Neben den internationalen Wirtschaftszusammenschlüssen bestehen inzwischen weit über 30 regionale wirtschaftliche Zusammenschlüsse innerhalb der Dritten Welt. Hauptzielsetzung ist die Förderung des Handels der Entwicklungsländer untereinander. Diese regionalen bzw. branchengebundenen Zusammenschlüsse leiden in ihrer Effektivität in besonderem Maße unter der großen Heterogenität der Arbeitsweise, Zahl der Mitglieder, spezieller Zielsetzung und diversen innenpolitischen Auseinandersetzungen. In der Mehrzahl der Länder existieren noch überlieferte, nicht oder nur teilweise an den Markt gebundene Beziehungen von Produktion und Verteilung, so daß die modernen Systeme von Waren- und Geldrelationen entweder fehlen oder als bereits bestehende Konkurrenz so übermächtig geworden sind, daß eine Integration nicht möglich ist.

Raumordnung

sprüchen an die Flächen und den fortschreitenden wirtschaftlichen Konzentrationsprozessen konnte dies nicht mehr ausreichen.

Flächeninanspruchnahme im Gebiet der Bundesrepublik

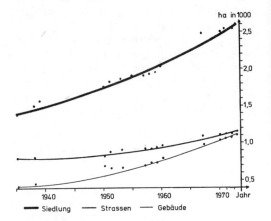

Freiräume in Stadtlandschaften. Ministerium für Ernährung, Landwirtschaft und Umwelt (Hrsg.). Stuttgart 1977, S. 121

1 Das Aufgabenfeld

Die Raumordnung versucht, die im Raum wirksamen wirtschaftlichen und sozialen Kräfte so zu ordnen, daß ein sinnvolles Miteinander möglich ist. Dies setzt ein Leitbild der Raumordnung voraus, das den gesellschaftlichen Vorstellungen entspricht, also die Erwartungen der Bevölkerung ausdrückt, das aber auch auf wissenschaftlicher Basis erstellt und auf die Möglichkeiten der Verwirklichung hin abgesichert ist. Damit treffen sich im Aufgabenfeld der Raumordnung politische Ziele und wissenschaftliche Methoden, die Raumordnungspolitik und die Raumforschung. Oberstes Ziel der Raumordnung ist es, das Leben und die Versorgung des Menschen auch im Hinblick auf kommende Generationen zu sichern.

Im 19. und zu Beginn des 20. Jahrhunderts bestand weitgehend die Auffassung, daß das freie Wirken der wirtschaftlichen Kräfte zu einer der Gesellschaft gemäßen Ordnung des Raumes führen werde. Dies bedeutet, daß man unter optimaler Raumordnung eine Ordnung mit optimaler wirtschaftlicher Leistung verstand. Dabei wurden die Beanspruchungen des Raumes und ihre negativen Auswirkungen genauso außer acht gelassen wie die vielfachen wirtschaftlichen Wechselwirkungen, die nicht allein über den Markt gesteuert werden können. Anstelle einer übergreifenden Raumordnung gab es nur Fachplanungen, d.h. auf Einzelaspekte beschränkte Konzeptionen, wie z.B. Gewässerschutz, wobei die vielfachen Verflechtungen mit anderen Problemfeldern unbeachtet blieben. Mit den steigenden An-

Die Aufgaben der räumlichen Ordnung sind mit dem Wachstum der Menschheit und ihren steigenden Ansprüchen an den Raum gewachsen. Da es sich um konkurrierende Raumbedürfnisse handelt, können Konflikte nicht ausbleiben. Mit der Bevölkerung ist auch der *Flächenbedarf* für die Ernährung gewachsen, mit steigenden Ansprüchen an die Qualität der Nahrung vergrößerte sich auch der Nährflächenbedarf pro Kopf. Mit der Entwicklung der anderen Wirtschaftssektoren wuchsen auch die Flächenansprüche für Industrie- und Gewerbebetriebe und Dienstleistungseinrichtungen. Und mit der für die Industriegesellschaft charakteristischen Trennung von Wohn- und Arbeitsplatz wuchs die Mobilität und mit ihr der Flächenbedarf der Verkehrseinrichtungen. Mit zunehmender Belastung der Umwelt in den Ballungsgebieten und dem sich schärfenden Bewußtsein für diese Belastung stiegen aber auch die Ansprüche an naturnahe Freiräume zur Erholung und die Forderungen nach dem Schutz der Ökosysteme.

Bodennutzung in Baden-Württemberg 1950–1973

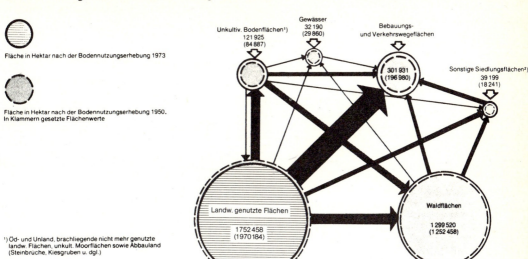

Freiräume in Stadtlandschaften. Ministerium für Ernährung, Landwirtschaft und Umwelt (Hrsg.): Universität Hohenheim, Universität Freiburg. Stuttgart 1977, S. 15

Alle diese Raumbedürfnisse können nur in gegenseitigem Einvernehmen gedeckt werden. Lösungen sind wegen der mannigfachen gegenseitigen Abhängigkeiten und vielfachen Verflechtungen immer schwieriger geworden. In der Bundesrepublik wurde mit der Veröffentlichung des Raumordnungsgesetzes 1965 eine erste gesetzliche Grundlage geschaffen, die allerdings nur wenig konkret gefaßt ist.

2 Die wissenschaftlichen Grundlagen

Die *Raumforschung* als Grundlagenforschung für die Raumordnung zielt auf die Erkundung der Zusammenhänge im „Lebensraum". Dazu müssen verschiedene Disziplinen herangezogen werden. Grundlagen für die Raumforschung kommen von der Geographie, der Geologie und der Geoökologie, der Meteorologie, den Bevölkerungs- und Sozialwissenschaften und von den technischen Disziplinen (Verkehrswissenschaft, Wasserwirtschaft, Städtebau und Architektur), den Wirtschaftswissenschaften und Finanzwissenschaften und wegen der auf allen Ebenen wirkenden Konflikte auch von den Rechtswissenschaften.

Die *Landesplanung* ist die Anwendung der Raumforschungsergebnisse auf die Praxis im Rahmen eines Bundeslandes.

Die Raumforschung legt bei der Raumuntersuchung das Schwergewicht auf die Erkundung folgender Problembereiche:
1. der ökologischen Zusammenhänge,
2. der wirtschaftsräumlichen Verhältnisse,
3. der sozialräumlichen Ansprüche.

2.1 Ökologische Zusammenhänge

Die ökologischen und technischen Disziplinen untersuchen die Belastungen der Umwelt, die durch die Umgestaltung der Landschaft und die Nutzung der Ressourcen im Wirtschaftskreislauf entstanden sind. Die *Landschaftsbelastung* betrifft die Geosphäre (Relief, Gestein, Böden), die Atmosphäre, die Hydrosphäre (Oberflächengewässer und Grundgewässer) und die Biosphäre (Vegetation, Fauna). Die Raumforschung beschäftigt sich mit der Veränderung von ursprünglich geschlossenen Ökosystemen zu labilen Systemen, die überwacht und gewartet werden müssen, um nicht zerstört zu werden.

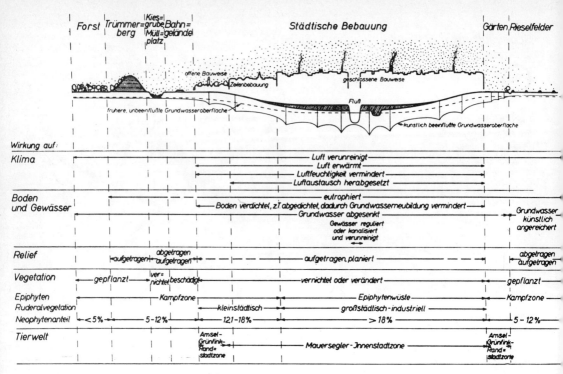

Veränderungen der Biosphäre einer Stadtlandschaft

Jörg Barner: Einführung in die Raumforschung und Landesplanung. Stuttgart: Enke 1975, S. 86

Das Makroklima kann vom Menschen nur unwesentlich beeinflußt werden. Dagegen kann die Nutzung des Raumes die von der Natur vorgegebenen mikroklimatischen Verhältnisse entscheidend verändern. Deshalb müssen Klimaunterschiede untersucht werden, die sich in bebautem und unbebautem Gelände infolge der unterschiedlichen Strahlungsbilanz, der unterschiedlichen Verdunstungsenergie und der Energiezufuhr durch Verbrennung ergeben.

Dazu treten die Belastungen der Atmosphäre durch Immissionen der verschiedensten Art. Windrichtung und Windgeschwindigkeit und ihre Veränderungen durch Bebauung müssen untersucht werden. Die Raumforschung versucht, geeignete Maßnahmen aufzuzeigen, die die genannten Veränderungen des Kleinklimas ausgleichen können. Kaltluft soll z.B. schnell abfließen können, damit die Frostgefährdung für die Landwirtschaft durch Kaltluftseen und Muldenlagen verhindert wird, andererseits soll die Kaltluft Zugang zu den Kessellagen der Städte (besonders wichtig bei Inversionslagen) haben, um den Luftaustausch zu begünstigen.

Die Bebauung großer Flächen hat den Wasserkreislauf in einem entscheidenden Punkt gestört: Die Versickerung des Wassers in den Boden wird unterbunden, große Anteile des natürlichen Niederschlags werden durch die Kanalisationssysteme abgeleitet, wodurch der Grundwasserpegel absinkt und die Grundwasservorräte und die Brunnenergiebigkeit entscheidend reduziert werden. Da mehr als 90% des Trinkwassers aus dem Grundwasser entnommen werden, müssen gerade in den Ballungsgebieten mit ihrem enormen Wasserbedarf Versorgungsprobleme entstehen. Die zum Ausgleich herangezogenen Oberflächengewässer sind, zumal im Bereich der Verdichtungsräume, stark verschmutzt. Wird 1 ha Freifläche bebaut oder asphaltiert („versiegelt"), so nimmt die jährliche Speisung des Grundwassers (*Tiefensickerung*) z.B. in den Lößgebieten des mittleren Neckarraums um 1300 m^3 ab, der Oberflächenabfluß dagegen um 6000 m^3 zu. Diese fehlende Tiefensickerung entspricht dem jährlichen Wasserbedarf von 36 Menschen in der Bundesrepublik. Neben der Untersuchung des Grundwasserreservoirs und den Möglichkeiten seiner Nutzung untersucht die Wasserwirtschaft die Flußbett- und Wasserführung fließender Gewässer, die bei falscher Auslegung für Versumpfung, Austrocknung und Hochwasserüberschwemmungen verantwortlich ist. Flurbilanz- und ökologische Standortkarten enthalten wichtige Angaben, die für Pflanzenwuchs und Grundwasserfilterung bedeutsam sind. Die Beschaffenheit des Bodens, die Hangneigung und die Geländewelligkeit müssen im Hinblick auf die vorgesehene Nutzung untersucht werden.

Die verschiedenen Funktionen von Grund und Boden und die vielfachen Ansprüche, die an sie gestellt werden, führten zu einem extremen Anstieg der *Grundstückspreise*, was besonders in den Verdichtungsräumen viele Nutzungen ausschließt.

Bedeutung von Grund und Boden

Grund und Boden		
liefert Güter – landwirtschaftliche Produkte – Bodenschätze (darunter Baumaterialien)	ist Standort der Daseins – grundfunktionen	ist wirtschaftliches Gut – Kapitalanlage – Vermögensanlage – Spekulationsobjekt

Modell der Grundstückspreise in Kopenhagen

Harald Ludmann: Die City. Stuttgart: Krämer Verlag 1965, S. 13

Die Entwicklung der Grundstückspreise in Stuttgart in DM

1968	199,75
1972	389,19
1975	326,04
1977	384,46
1978 (3. Quartal)	465,00

Die Spitzenwerte für baureifes Land können in Kernstädten das Vielfache der obengenannten Werte erreichen; bei Geschäftsgrundstücken können Quadratmeterpreise von mehreren tausend Mark erreicht werden.

In den vielfachen Funktionen von Grund und Boden und den daraus erwachsenden Bodenpreisen zeigt sich, wie eng verzahnt die ökologischen Zusammenhänge mit den wirtschaftlichen und wirtschaftsräumlichen Bezügen sind (vgl. Kap. Verstädterung S. 206).

Durchschnittliche Kaufwerte von baureifem Land in Baden-Württemberg, 3. Quartal 1978

Gemeindegröße in Einwohnern	Baureifes Land	Industrieland	Land für Verkehrszwecke	
2 000	40,16	11,–	67,30	(Extremwert; normal 10,00 bis 15,00)
10 000– 20 000	74,51	33,46	14,12	
20 000– 50 000	94,15	33,97	19,73	
100 000–200 000	197,57	40,32	–	
ab 500 000	465,–	–	–	

2.2 Wirtschaftsräumliche Verhältnisse

Die Raumforschung soll Hinweise geben, welche Flächen für welchen speziellen Wirtschaftsbedarf besonders geeignet sind. Dabei sind die Grundprinzipien leicht zu formulieren: Beispielsweise leuchtet es ein, daß besonders ertragreiche Flächen der Landwirtschaft vorbehalten oder daß bestimmte Verkehrswege mit hohem Verkehrsbedarf in ihren eingeschränkten Trassierungsmöglichkeiten als Verkehrsflächen reserviert werden sollten. Aber auch die Durchsetzung solch einfacher Prinzipien ist schwierig. So können die ertragsreichen Flächen zugleich die verkehrsgünstigen sein, die geplante Umgehungsstraße schneidet bestes Kulturland, eine Alternativtrasse berührt wichtige Freiräume für die Erholung oder den Naturschutz.

Die Land- und Forstwirtschaft ist vom Flächenproblem besonders betroffen (vgl. Abb. S. 165), da sie nicht nur ständig Flächen an die anderen Wirtschaftssektoren und Flächeninteressenten abgeben muß und Neuflächen in Neulandgebieten oder aus ökologisch wichtigem Ödland überhaupt nicht ins Gewicht fallen, sondern weil ihr Wirtschaftsbedarf langfristig geplant werden muß. So setzt in der Forstwirtschaft eine sinnvolle Planung Zeiträume bis zu 100 Jahren voraus, im Obstbau können es immerhin noch Jahrzehnte sein, Zeiträume also, in denen sich das Verbraucherverhalten und damit die wirtschaftliche Basis der Landwirtschaft entscheidend verändern kann. Waldflächen können grundlegenden Funktionsänderungen unterworfen sein; statt der einseitigen Holzerzeugung kann in stadtnahen Gebieten die Erholungsfunktion des Waldes in den Vordergrund treten.

Besondere Bedeutung kommt der Untersuchung der *Sozialbrache* zu. Als Indiz für Strukturveränderungen im Dorf verweist sie auf veränderte Arbeitsplatzbedingungen und damit auch auf veränderte Vorstellungen von der Nutzung des Bodens. Ihr Auftreten und ihr Ausmaß geben deshalb kaum Hinweise auf die Qualitäten der landwirtschaftlichen Nutzflächen, dagegen deuten sie weitere Veränderungen an, die in der Bevölkerungs- und Wirtschaftsstruktur einer vormals ländlichen Siedlung eingetreten sind und eintreten werden. Ihr Übergangscharakter mit zeitweiliger Funktionslosigkeit ist auch im Zusammenhang mit der Bodenspekulation zu sehen (vgl. Kap. Verstädterung S. 208).

Beim sekundären Sektor sind die Flächenansprüche der verschiedenen Industriebranchen unterschiedlich stark. Da der Flächenbedarf sowohl durch die Produktionsausweitung als auch durch Umstellung auf neue Fertigungsmethoden (Bandfertigung) steigen kann, bemühen sich die Betriebe um die Sicherung eines ausreichenden Reservegeländes und treten damit in Konkurrenz zu anderen Flächenbedürfnissen. Die Ausweisung geeigneter Industrieflächen muß deshalb aufgrund von Strukturanalysen der Industrie, aber auch auf der Basis von Analysen der Gemeinde- und Infrastrukturentwicklung erfolgen. Dabei sind die Standortanforderungen der Unternehmen zu berücksichtigen, bei denen Erreichbarkeit, Transportgunst und unter Umständen die Möglichkeit sehr großer Transportvolumen (Transportmengen) im Vordergrund stehen. Der Bedarf an Reservegelände, das für mögliche technologische Änderungen im Fertigungsprozeß oder für vom Markt erzwungene Umstellungen der Produktion bereitgehalten werden muß, kann wegen der oft langfristigen Nichtnutzung dieser Flächen zu Konflikten führen. Im Sinne der Raumordnung ist bei den Flächenansprüchen des sekundären Sektors besonders problematisch, daß Gemeinden in strukturschwachen Räumen auch bei den Grundstückspreisen kaum Vorteile für die Betriebsansiedlung bieten, da in Ballungsgebieten durch großzügige kommunale Hilfen diese Preise ebenfalls niedrig gehalten werden. In solchen Fällen kommen Betriebsansiedlungen eher in den strukturstarken Gebieten mit ihrer besseren betriebsnahen Infrastrukturausstattung zustande; die räumlichen Disparitäten werden demnach nicht gemildert, sondern eher verstärkt.

Einrichtungen des tertiären Sektors sind in der Regel am Benutzer oder Abnehmer orientiert. Bei der Erstellung eines Flächennutzungsplans sollte diese Orientierung nach entsprechenden Bedarfsuntersuchungen berücksichtigt werden. Dabei ist je nach dem Rang der Einrichtung die Nähe zum Kunden bzw. die Nähe zu anderen Einrichtungen des tertiären Sektors vordringlich. Wegen des enormen Investitionsaufwands und der besonderen Auswirkungen auf den Raum bedürfen Planung und Ausführung von Verkehrseinrichtungen umfangreicher Voruntersuchungen. Dabei geht es nicht nur um die aktuelle Verkehrssituation, sondern auch um die zu erwartende oder mögliche langfristige Entwicklung. Messungen der Verkehrsströme nach Zahl, Art und Ziel der Fahrzeuge klären den derzeitigen Verkehrsbedarf, Prognosen und Verkehrsumlegungen ergeben Hinweise für die Ansprüche an das künftige Verkehrsnetz. *Verkehrs-Isochronen* (Linien, die zeitlich gleich lange Transportentfernungen unterschiedlicher Verkehrsmittel von einem bestimmten Ort aus darstellen) zeigen Vor- und Nachteile bestimmter Verkehrssysteme (schienengebundener bzw. -ungebundener öffentlicher Personennahverkehrssysteme, Individualverkehrssysteme).

2.3 Sozialräumliche Ansprüche

Wenn die Raumordnung Planung für den Menschen sein will, dann muß den sozialen Kriterien in der Raumforschung auch besondere Bedeutung zukommen. Hinweise geben sowohl die Untersuchungen des Bevölkerungsverhaltens als auch der Wohn-, Arbeitsplatz- und Freizeitvorstellungen der Bevölkerung. Dazu werden Daten in den großen und aufwendigen *Volkszählungen* (Makrozensus = alle zehn Jahre für das gesamte Bundesgebiet mit den verschiedensten Untersuchungsbereichen; Mikrozensus = alle drei Jahre auf Landesebene, eingeschränkter Untersuchungsbereich) gesammelt und finden sich in den örtlichen und regionalen Gemeinde- und Regionalstrukturdaten. Daneben bedient sich die Raumforschung der empirischen Sozialforschung mit den Methoden der Befragung und der Umfrage. Im Vordergrund der Aufgaben stehen die Untersuchungen der
– Bevölkerungsverteilung nach Einwohnerdichte, Arbeitsplatzdichte, Bevölkerungskonzentration;

– Bevölkerungsstruktur nach Altersstruktur (Bevölkerungspyramiden) und Berufsstruktur;
– Bevölkerungsmobilität nach Pendelwanderung, örtlichem Wanderungsgewinn oder Wanderungsverlust.

Sie umfassen außerdem Untersuchungen der Bevölkerungswünsche bezüglich der Wohn-, Arbeits- und Erholungsansprüche, wobei die Erreichbarkeit von Wohn- und Arbeitsplatz und von Versorgungseinrichtungen und die Ansprüche an die Wohnung (Besonnung, Belüftung, Lärmschutz, Möglichkeit der Verwirklichung individueller Wohnvorstellungen) berücksichtigt werden sollen.

Infrastrukturmodell

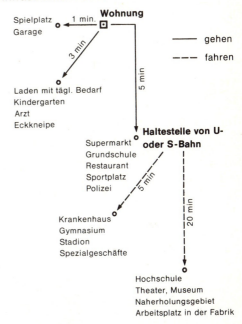

Von der Wohnung aus sollen Versorgungseinrichtungen und Arbeitsplätze gut erreicht werden können. Die in der Abbildung S. 169 dargestellten Entfernungsangaben können z. B. auch in konzentrischen Kreisen angeordnet sein, wobei durchaus noch andere Abfolgen denkbar sind. Wird ein Denkmodell dieser Art auf bestehende Wohngebiete, insbesondere in Neubaugebieten, angewandt, so zeigt sich häufig genug, daß auch solche einfachen Infrastrukturmodelle nicht verwirklicht wurden.

3 Die Ziele und Träger der Raumordnung

Die Raumordnung hat unter anderem die naheliegende Aufgabe, aktuelle Notstände abzustellen. Sie muß deshalb Einzelprobleme Schritt für Schritt lösen. Dieses pragmatische Vorgehen bringt aber Gefahren mit sich, da langfristige und umfassende Aufgaben nicht gesehen werden.
So ist es einleuchtend, daß ein Geschäftsmann in der Altstadt sein Gebäude mit großem Aufwand von Grund auf renovierte, da der bisherige bauliche Zustand und die GFZ (Geschoßflächenzahl) eine wirtschaftliche Nutzung nicht befriedigend möglich machten. Kurze Zeit später stellte sich heraus, daß im Rahmen der Stadtsanierung nicht nur ein anderer Gebäudeumfang und eine andere Nutzung sinnvoll erscheinen, sondern daß das renovierte Gebäude auch einer einheitlichen Sanierung im Wege steht.
Ein im Stadtrandbereich angesiedelter Gewerbebetrieb erhielt die Möglichkeit, sein Betriebsgelände zu vergrößern. Später stellte sich heraus, daß im Zusammenhang mit einer veränderten Verkehrsplanung gerade dieses Betriebsgelände für eine neue Straße benötigt worden wäre. Den Straßenbauern blieb nur die Möglichkeit, durch eine ungünstigere Streckenführung mit wesentlich größerem Landverbrauch das Betriebsgelände zu umfahren.
Durchaus sinnvolle Einzelmaßnahmen können Lösungen in größerem Rahmen unmöglich machen. Die Planung darf deshalb nicht unabänderliche Festlegungen treffen, sondern muß darauf ausgerichtet sein, die sich im Laufe der Zeit verändernden Raumansprüche berücksichtigen zu können. Planen heißt deshalb nicht festlegen, sondern Möglichkeiten für die Zukunft offenhalten. Für eine umfassende und auf lange Planungszeiträume angelegte Raumordnung ist ein Leitbild unabdingbar.
Im *Bundesraumordnungsgesetz* (BROG) von 1965 wird als Leitbild genannt: „Das Bundesgebiet ist in seiner allgemeinen räumlichen Struktur einer Entwicklung zuzuführen, die der freien Entfaltung der Persönlichkeit in der Gemeinschaft am besten dient. Dabei sind die natürlichen Gegebenheiten sowie die wirtschaftlichen, sozialen und kulturellen Erfordernisse zu beachten."
Übergeordnete Ziele der Raumordnung sind im *Bundesraumordnungsprogramm* (BROP) von 1975 genannt:
– Die Bildung einer großräumig ausgeglichenen Raumstruktur, mit dem Ziel, räumliche Disparitäten abzubauen; d. h. es wird ein etwa gleiches Pro-Kopf-Einkommen in allen Regionen angestrebt. Damit soll der Abwanderungstendenz aus ländlichen Gebieten entgegengewirkt werden.
– Die Entwicklung einer leistungsfähigen Siedlungsstruktur, die durch räumliche Schwerpunktbildung im Rahmen der zentralörtlichen Gliederung erreicht werden soll.
– Eine räumlich-funktionale Aufgabenteilung, wobei die dichtbesiedelten Gebiete vielseitige Arbeitsplätze und hochwertige Infrastruktureinrichtungen stellen, während Freiräume Vorranggebiete für verschiedene Funktionen sein sollen: für die land- und forstwirtschaftliche Produktion, für Erholung und Freizeit, für die langfristige Sicherung der Wasserversorgung, für den ökologischen Ausgleich und für die Gewinnung von Rohstoffen.
Neben diesen übergeordneten raumordnungspolitischen Zielen gibt es noch weitere allgemeine Ziele, die bisher kaum auf Widersprüche stoßen. Es sind dies Sicherung der Wirtschaftsentwicklung in den einzelnen Regionen, ihre Sicherung gegen konjunkturelle und strukturelle Krisen und die Schaffung „hoher Lebensqualität", d. h. vor allem die Schaffung ausreichender Wohnverhältnisse und die Versorgung mit „öffentlichen Grundleistungen") (Schulen, Ausbildungsstätten, Krankenhäuser, Verkehrs- und Sporteinrichtungen); die „Erhaltung der Kulturlandschaft" und die Schaffung geringer Umweltbelastung. Um diese allgemeinen Ziele zu realisieren, bedarf es einer Vielzahl detaillierter Ziele in verschiedenen Bereichen.

Ziele der Raumordnung

A. <u>Ziele für das gesamte Bundesgebiet</u>
  I. Schaffung wertgleicher Lebensverhältnisse
    1. Gleichwertiger Wirtschafts- und Versorgungsstandard in allen Landesteilen
    2. Versorgungsausgleich durch Verbundnetze
  II. Ausbau von zentralen Orten und Entwicklungsachsen
    1. Stufung zentraler Orte
      a) Mindeststandard von Kleinzentren
      b) Mindeststandard von Unterzentren
      c) Mindeststandard von Mittelzentren
      d) Mindeststandard von Oberzentren
    2. Ausbildung von Entwicklungsachsen
    3. Ausbildung von Entwicklungsschwerpunkten
    4. Entwicklung von Schwerpunkträumen
  III. Leistungsfähiges Verkehrswesen
    1. Verknüpfung mehrerer Verkehrssysteme
    2. Ausbau des Straßennetzes
    3. Begrenzung des Individualverkehrs
    4. Bedarfsgerechter und sicherer Eisenbahnverkehr
      a) Bedarfsgerechter Eisenbahnverkehr
      b) Beseitigung höhengleicher Bahnübergänge
    5. Ausbau von Flughäfen und Landeplätzen
    6. Ausbau von Wasserstraßen und Häfen
  IV. Raumordnungsgerechter Städtebau
    1. Gesunde Verdichtung der Bebauung
      a) Keine Zersiedlung der Landschaft
      b) Konzentration der Bebauung
      c) Grünflächen in bebauten Gebieten
    2. Besseres Wohnen
      a) Höherer Wohnstandard
      b) Bessere Standorte für Wohnungen
      c) Annäherung von Wohnung und Arbeit
      d) Trennung von Wohnung und Arbeit
  V. Ausbau und Konzentration öffentlicher Einrichtungen
    1. Ausbau und Konzentration von Schulen
    2. Konzentration von Sportanlagen
    3. Ausbau von Gesundheits- und Sozialeinrichtungen
    4. Bessere Wasserversorgung
  VI. Leistungsfähige Wirtschaft
    1. Bessere Wirtschaftsstruktur
      a) Konzentration von Gewerbe und Industrie
      b) Vielseitigkeit der Wirtschaftsstruktur
      c) Schaffung neuer Arbeitsplätze
    2. Bedarfsgerechte Energieversorgung
  VII. Menschengerechte Umwelt
    1. Besserer Umweltschutz
      a) Mehr Immissionsschutz für Wohngebiete
      b) Bessere Abwässerklärung
      c) Schadlose Abfallbeseitigung
    2. Pflege der Landschaft
      a) Erhaltung der Landschaft
      b) Einpassung von Anlagen in die Landschaft
      c) Rekultivierung nach Eingriffen in die Landschaft
  VIII. Gesamtwirtschaftlich günstige Standorte für Verteidigungsanlagen
    1. Garnisonen in zentralen Orten
    2. Inanspruchnahme geringwertiger Böden für Verteidigungsanlagen
    3. Nichtbeeinträchtigung von Wohn- und Erholungsgebieten durch Verteidigungsanlagen
  IX. Berücksichtigung grenzüberschreitender Raumordnungsverflechtungen

B. <u>Ziele für Verdichtungsräume</u>
  I. Bessere Gliederung und Ausstattung von Verdichtungsräumen
    1. Funktionsgerechte Zuordnung öffentlicher und privater Einrichtungen
    2. Bessere Ausstattung mit öffentlichen Einrichtungen
    3. Schaffung von Naherholungsgebieten
    4. Abfallverbrennung in Verdichtungsräumen
  II. Ausbau von Zentren und Achsensystemen in Verdichtungsräumen
    1. Ausbau von Zentren und Achsen
    2. Konzentration öffentlicher Grundausstattung in Stadtteilzentren
    3. Ausbau von Schnellbahnverkehrssystemen in Verdichtungsräumen
    4. Bau von Entlastungsorten
  III. Bessere überörtliche und überregionale Verkehrsanbindung der Verdichtungsräume

C. <u>Ziele für ländliche Räume</u>
  I. Erhaltung der Lebensgrundlagen in ländlichen Räumen
    1. Bessere öffentliche Grundausstattung
    2. Erhaltung der Land- und Forstwirtschaft
      a) Erhaltung der Landwirtschaft
      b) Verbesserung von Wirtschaftswäldern
    3. Mehr nichtlandwirtschaftliche Arbeitsplätze
  II. Höherer Freizeitwert ländlicher Räume
    1. Sicherung und Entwicklung von Erholungsgebieten
    2. Sicherung und Ausbau von Fremdenverkehrsgebieten
    3. Zusammenfassung des Wochenendhausbaus
    4. Ausbau von Naturparks
  III. Schutz der Natur in ländlichen Räumen
    1. Schutz des Waldes
    2. Mehr Natur- und Landschaftsschutzgebiete
    3. Freihalten des Zugangs zur Landschaft
  IV. Hochwasserschutz in ländlichen Räumen

Ulrich Brösse: Raumordnungspolitik. Berlin, New York: de Gruyter 1975, S. 34–36

Nach dem BROG ist es Aufgabe der Länder, Programme und Pläne aufzustellen, die die Verwirklichung der Grundsätze des BROG ermöglichen.

Die Träger der Raumordnung in der Bundesrepublik Deutschland und die ihnen zugeordneten Planungsstufen

Träger	Planung	gesetzliche Grundlage
Bund	Bundesraumordnungsprogramm Fachpläne (z. B. Bundesfernstraßen)	Raumordnungsgesetz
Länder	Gemeinsame, grenzüberschreitende Planung einzelner Bundesländer (z. B. Wasser- und Bodenverbände) Landesentwicklungspläne Fachentwicklungspläne	Landesplanungsgesetze
Regionen	Regionalpläne, regionale Raumordnungspläne oder Raumordnungsprogramme, Gebietsentwicklungsplan	
Gemeinden	Bauleitplanung (Flächennutzungsplan, Bebauungsplan)	Städtebauförderungsgesetz Bundesbaugesetz
Bauherr	Bauplan	

3.1 Zielkonflikte

Bereits in den übergeordneten, noch allgemein gehaltenen Zielen ist eine Reihe von Konflikten angelegt. Dabei geht es zunächst um den grundlegenden Widerspruch, daß einerseits dem Bürger die freie Entfaltung seiner Persönlichkeit gewährt ist, diese freie Entfaltung andererseits aber den raumordnerischen Zielen entgegengesetzt sein kann (wenn beispielsweise die privaten Bauwünsche des Bürgers mit der Bauleitplanung nicht übereinstimmen). Aus diesem Grund ist es wichtig, daß die Raumordnung als Gemeinschaftsaufgabe erkannt wird und daß die Bürger bei der Planung beteiligt werden, so daß sie die Planungsmaßnahmen als Entscheidungen mittragen können. Ein weiterer Konflikt liegt im Ziel des gesamtwirtschaftlichen Wachstums begründet, das durch die weitere Entwicklung der Verdichtungsräume am besten gefördert werden kann. Dem widerspricht das andere Ziel der gleichwertigen Entwicklung aller Regionen. Einerseits ist also das Abwandern von Erwerbstätigen in die Ballungsräume erwünscht, wo sie einen höheren Beitrag zum Bruttoinlandsprodukt leisten können, andererseits aber sollten sie in den ländlichen Gebieten festgehalten werden, um deren Entwicklung zu fördern.
Außerdem widersprechen sich die Ziele, den Raum sowenig wie möglich zu belasten, damit die Daseinsfunktionen der Bevölkerung möglichst gut verwirklicht werden können, und andererseits aber den Raum möglichst konzentriert zu nutzen, damit der Landverbrauch gering ist. Darüber hinaus können sich die verschiedenen Raumfunktionen überlagern. So ist es nicht auszuschließen, daß Gebiete, die für die Sicherung der Wasservorkommen reserviert werden, zugleich Gebiete sind, die sich im besonderen Maße für die Erholung der Bevölkerung eignen. Außerdem ist es möglich, daß die Sicherung der Freiräume die wirtschaftliche Entwicklung ihrer Regionen beeinträchtigt.

Ein Beispiel: Auf einem Ufergelände in der Gemeinde Immenstaad/Bodensee befinden sich etwa 3000 Arbeitsplätze der Firma Dornier. Hier sind überwiegend Ingenieure und Entwicklungsfachleute im Bereich der bemannten und unbemannten Luftfahrt und der Entwicklung alternativer Energien und Technologien beschäftigt. Der Bodenseeraum mit seinen Wohn- und Freizeitqualitäten ist für sie ein wesentlicher Grund, hier zu arbeiten und am See oder im seenahen Hinterland zu wohnen. Um die Arbeitsstätten zu erreichen, müssen etwa 2000 Beschäftigte die Bundesstraße 31 an der Kreuzung mit der Landesstraße L 207 aus Richtung Markdorf/Kluftern überqueren. Deshalb kommt es zu Zeiten des Arbeitsbeginns und -endes zu umfangreichen Stauungen. Im Zusammenhang mit dem weiteren Ausbau der Bundesstraße (unter Umständen vierspurig) gibt es Planungsüberlegungen für ein umfangreiches und kompliziertes, etwa 220 m langes Kreuzungsbauwerk in Ufernähe. Nördlich der Kreuzung war ursprünglich eine größere Feriensiedlung vorgesehen, die auf Wunsch der Gemeinde verkleinert und jetzt teilweise als Wohngebiet ausgewiesen wurde. Die Firma Dornier machte ihr Verbleiben am Standort Immenstaad von einer wesentlichen Geländeerweiterung abhängig. Die zusätzlichen Arbeitsplätze nach der Ausweitung des Firmenstandorts bringen weitere Verkehrsbelastungen. Im sich östlich an das Erweiterungsgelände von Dornier anschließenden Ufergebiet plant die Stadt Friedrichshafen einen Campingplatz mit 120 000 m^2 (vgl. Abb. S. 174).

Interessenslage Anfang 1980

1. Gemeinde Immenstaad: Festhalten des Betriebs, Schaffung neuer Arbeitsplätze, Bereitstellung von Wohngelände, Verbesserung der Infrastruktur.
2. Arbeitnehmer bei Dornier: Erhaltung der attraktiven Arbeitsplätze unmittelbar am See, Beibehaltung der vorzüglichen Wohnlage in den Gemeinden Immenstaad, Friedrichshafen, Markdorf, Bermatingen usw.
3. Betrieb: Ausweitung des Standorts, Erhaltung der Uferlage für die hochqualifizierten Arbeitskräfte, Gewährleistung des leichten und schnellen Zugangs zum Werk durch Schaffung neuer Verkehrseinrichtungen.
4. Wohnbevölkerung in Immenstaad: vom Verkehr ungestörtes Wohnen in vorhandenen und zukünftigen Wohngebieten, Zugänglichkeit des Ufergeländes.
5. Stadt Friedrichshafen: Stärkung des Fremdenverkehrs durch Bereitstellung eines großen Campingplatzes am Ufer.
6. Regionale Interessen: Schaffung qualifizierter Arbeitsplätze, Sicherung des regionalen Verkehrs, Trennung des regionalen und überregionalen Verkehrs (B 31 bzw. A 98 Singen – Wangen), Erhaltung der Vorzüge des Freizeitraumes und der Uferlandschaft: „Am Bodenseeufer sollen nur solche Einrichtungen geschaffen werden, die unmittelbar der Allgemeinheit dienen (s. dazu Erlaß des Innenministeriums über die Bauleitplanung am Bodensee vom 26. Juli 1971, GABl. S. 982). Campingplätze und Parkplätze sollten grundsätzlich nicht mehr unmittelbar am Bodenseeufer angelegt oder ausgebaut werden. Die Schönheit und die natürliche Eigenart der Landschaft am Seeufer muß in besonderem Maß geschützt und gepflegt werden. Hierzu sind neben der Freihaltung dieser Landschaftsteile von weiteren Siedlungsverdichtungen und Industrieansiedlungen landschaftspflegerische Maßnahmen notwendig. Der Zugang zum Seeufer soll für die Allgemeinheit in weitestmöglichem Umfang gesichert werden (vgl. LT-Drucksachen V-1118/I; 1659/I; 2631/I; 3084). Die industriell-gewerbliche Entwicklung in den Zentralen Orten und anderen geeigneten Orten im Bodensee-Hinterland soll, auch zur Entlastung des Uferbereichs, verstärkt werden."
Innenministerium Baden-Württemberg, Landesentwicklungsgesetz Baden-Württemberg vom 22. Juni 1971, Fassung Januar 1973, S. 310–311.
7. Überregionale Interessen: Aufnahme des überregionalen Verkehrs von der A 96 (Ulm – Wangen) und der A 81 (Stuttgart – Singen) durch die B 31 bei Nichtverwirklichung des Autobahnabschnittes Singen – Wangen.

Immenstaad und geplante raumordnerische Maßnahmen

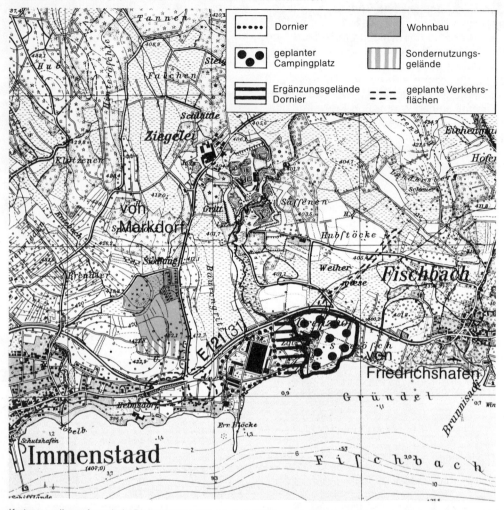

Kartengrundlage: Ausschnitt Blatt 8322 der Top. Karte 1:25000, vervielfältigt mit Genehmigung des Landesvermessungsamtes Baden-Württemberg Nr. LV 5065/3244. Thematisch ergänzt durch den Autor

4 Die Instrumente

Um die raumordnerischen Ziele zu erreichen, bedarf es geeigneter Instrumente (= Mittel oder Maßnahmen).
Wenig direkt wirken die Anreiz- und Abschreckungsmittel (wie z.B. Investitionshilfen bzw. Umweltschutzauflagen bei der Industrieansiedlung) und die Gestaltungsmittel (z.B. Investitionen für die Infrastruktur, also z.B. Verbesserung der Stromversorgung, Anschluß an das Verbundgasnetz, Einrichtung von Verkehrsanschlüssen) sowie die Informationsmittel, die durch eine bessere Aufklärung über die anstehenden Probleme die Lösungen vorbereiten sollen. Die unmittelbarste Wirkung haben die durch gesetzliche Auflagen beschränkten und oft erst nach Durchlaufen mehrerer Instanzen genehmigten Zwangsmittel, zu denen Enteignungen, Vorkaufsrecht, direkte Kontrollen und Genehmigungen zählen.
Drei Prinzipien stehen im Vordergrund
1. das System der zentralen Orte,
2. das Prinzip der Entwicklungsachsen,
3. das Prinzip der Vorranggebiete.

4.1 Das System der zentralen Orte

Verdichtungsräume, Randzonen um die Verdichtungsräume, Verdichtungsbereiche und strukturschwache Räume in Baden-Württemberg

Klaus Kulinat: Landesplanung in Baden-Württemberg. In: Hans-Georg Wehling (Hrsg.): Baden-Württemberg, eine politische Landeskunde. Stuttgart 1975, S. 177

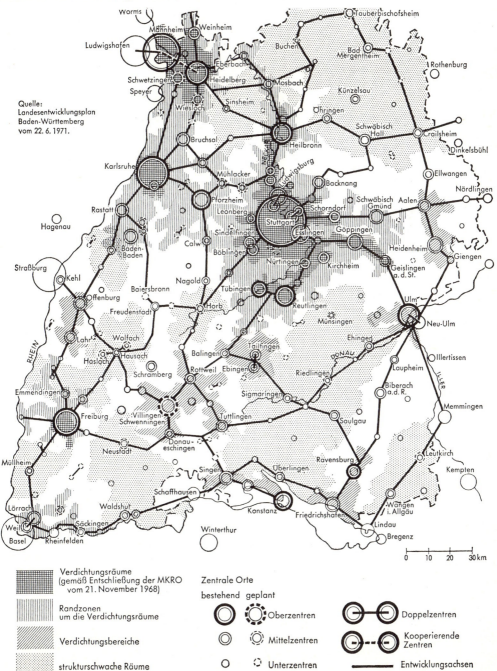

Zentrale Orte und Entwicklungsachsen werden unter dem Begriff *punkt-axiales System* zusammengefaßt und beruhen auf dem Grundsatz der Konzentration, der eine Zusammenfassung bestimmter Funktionen auf engem Raum vorsieht, damit zum einen unnötiger Landverbrauch verhindert wird und zum anderen eine wirtschaftliche Nutzung von Einrichtungen des tertiären Sektors möglich ist. So sollen Behörden nicht nur für die Orte, an denen sie angesiedelt sind, zuständig sein, sondern auch für das sie umgebende Umland. Bestimmte Einrichtungen weisen einen Bedeutungsüberschuß auf, der sich auf größere räumliche Einheiten beziehen kann. Die Verflechtungsbereiche sind demnach von der Rangordnung der zentralen Einrichtungen abhängig (vgl. Kap. Der tertiäre Sektor, S. 140). In der Raumordnung haben zentrale Einrichtungen öffentlicher Trägerschaft insofern eine besondere Bedeutung, als sie eine direkte Veränderung der Raumstrukturen bewirken können, sie also für den Staat ein raumordnerisches Instrument sind, das ihm erlaubt, unmittelbar Einfluß auszuüben. Im sekundären Sektor hat der Staat nur die Möglichkeit, durch Anreizmittel (wie Steuervergünstigungen und Investitionszuschüsse bei der Industrieansiedlung) indirekt einzuwirken. Durch die Schaffung oder Auflassung von zentralen Einrichtungen (etwa im Zuge der Kreis-oder Gemeindereform) aber kann der Staat raumordnerische Absichten auf Teilgebieten direkt umsetzen.

Ein Problem stellt sich dadurch, daß die wirtschaftliche Nutzung der zentralen Einrichtungen einen bestimmten, je nach der Stufe der Einrichtung unterschiedlich großen Mindesteinzugsbereich voraussetzt, daß also die Benutzer der Einrichtungen aus dem Randgebiet der Verflechtungsbereiche größere Entfernungen zurücklegen oder sich aber mit Einrichtungen niederer Stufe zufrieden geben müssen. Es widersprechen sich also die Prinzipien der gleichwertigen Versorgung und der Wirtschaftlichkeit. Ein Infrastrukturgefälle ist demnach unvermeidlich (vgl. Kap. Der tertiäre Sektor, S. 147). Zentrale Orte werden in ihrer Entwicklung gefördert, wobei allerdings Klein- und Unterzentren mehr und mehr zurücktreten.

4.2 Das Prinzip der Entwicklungsachsen

Entwicklungsachsen sind bänderartige Gebiete mit höherer Verdichtung an Arbeitsplätzen, Infrastruktureinrichtungen und Wohnungen, entlang deren sich die weitere Entwicklung von Wirtschaft, Verkehrseinrichtungen und Siedlungen bevorzugt abspielen soll. Dabei stehen die wirtschaftlichen Aspekte eindeutig im Vordergrund. Aufgrund der gegenüber den übrigen Gebieten erheblich besseren Ausstattung mit Verkehrseinrichtungen und Einrichtungen der betriebsnahen Infrastruktur entstehen Agglomerationsvorteile (externe Ersparnisse), die die Neuansiedlung von Industrie- und Gewerbebetrieben fördern. Obwohl die Versorgungsaspekte in den Hintergrund treten, sollen Entwicklungsachsen zugleich auch eine bessere Nutzung der Infrastruktureinrichtungen des tertiären Sektors ermöglichen. Deshalb sehen Entwicklungsachsen auch die Bildung von einzelnen Siedlungsschwerpunkten vor. Allerdings zeigt sich in den letzten Jahren, daß Entwicklungsachsen als Siedlungsschwerpunkte nur vereinzelt angenommen werden. Dabei ist im Vergleich zu den Kernräumen der Vorteil der geringeren Entfernung zu den Erholungsräumen offensichtlich. Meist aber entwickeln sich Wohnstandorte von „Aussiedlern" aus dem Kernbereich der Städte ringförmig in der verstädterten Zone und im Umland (vgl. Abb. S. 204), da in den verdichteten Entwicklungsphasen ähnlich negative Umwelteinflüsse wie in den Zentren erwartet werden. Entwicklungsachsen wirken deshalb allenfalls in der Gewerbe- und Infrastruktur, wobei einschränkend zu sagen ist, daß diese Entwicklung in erster Linie in den „gewachsenen" Achsen (wie z.B. der Rheinschiene) nachzuweisen ist, während durch Planung festgelegte neue Achsen nur teilweise erfolgreich sind.

So bestehen zwar wenig Zweifel am Sinn des punkt-axialen Systems der Raumordnung, immerhin aber einige Zweifel, was die Möglichkeiten seiner Realisierung angeht (vgl. Raumbeispiel Hamburg, S. 183ff.).

4.3 Das Prinzip der Vorranggebiete

Vorranggebiete sollen überwiegend einer bestimmten Nutzung, für die sie besonders geeignet sind, vorbehalten werden. Dieses einleuchtende Prinzip spielt bisher in der Raumordnung aber eine wesentlich geringere Rolle als das punkt-axiale System. Dies beruht darauf, daß es fast nicht möglich ist, einem Gebiet nur eine einzige Nutzung zuzugestehen. In der Regel kann das Prinzip der Vorranggebiete nur relativ verwirklicht werden, d.h., die Vorrangnutzung erhält Priorität, bestimmte andere Nutzungsformen sind eingeschränkt noch möglich. Dabei ist das Maß der sonstigen Nutzung je nach Art des Vorranggebiets unterschiedlich groß. Die Einschränkungen des absoluten Vorrangs sind auch im BROP genannt, wo es heißt, die Berücksichtigung der besonderen Funktion solle nicht dazu führen, daß „die wirtschaftliche Entwicklung und das Einkommensniveau der hier lebenden Bevölkerung beeinträchtigt wird". Auch wenn das gestiegene Umweltbewußtsein in den letzten Jahren beispielsweise das Verständnis für die Notwendigkeit von Freiräumen, z.B. Naturschutzgebieten, gestärkt hat, versteht man solche Gebiete nicht als Gebiete mit einer einzigen Funktion: Naturschutzgebiete werden nicht nur als Reservate für ungestörte Natur, sondern zugleich als Erholungs- und Freizeitgebiete für die Bevölkerung gesehen.

Naturschutzgebiete sind Vorranggebiete, in denen die Gesamtheit der Naturerscheinungen geschützt wird. Eingriffe und Nutzung sind nicht erlaubt mit Ausnahme behördlich genehmigter Pflegemaßnahmen; bei bestimmten, eng umgrenzten Banngebieten ist das Betreten verboten. Bannwälder dienen nicht nur als Lawinenverbauung, sondern sind auch als Waldschutzgebiete ohne jede forstliche Nutzung.

Vogelschutzgebiete dienen zur Sicherung bestimmter bedrohter Vogelarten, sie haben als *Teilnaturschutzgebiet* beschränkte Ziele. Naturdenkmale (Einzelerscheinungen wie Wasserfälle, Findlinge, Bäume und Baumgruppen) können mit ihrer unmittelbaren Umgebung unter Schutz gestellt werden.

Landschaftsschutzgebiete sind Flächen zur Erhaltung der ökologischen Vielfalt, eines ausgeglichenen Naturhaushalts oder eines besonderen Landschaftsbildes, die gegen Abholzung oder Aufforstung oder gewerbliche Ansiedlung geschützt sind. Landwirtschaftliche und forstliche Nutzung ist erlaubt. *Naturparke* sind große, zusammenhängende Flächen von besonderer landschaftlicher Schönheit, die zur Erholung der Bevölkerung besonders geeignet sind. Sie sollen vor Veränderungen, die ihren landschaftlichen Reiz beeinträchtigen, bewahrt, aber mit den für einen hohen Erholungswert wichtigen Einrichtungen versehen werden.

4.4 Gebietseinheiten und Programme

In den Industriestaaten hat sich wegen der räumlich ungleichen Ausstattung mit Standortfaktoren für die Industrie eine räumlich ungleiche Wirtschaftsentwicklung ergeben. So lassen sich in der Bundesrepublik vier Gebietskategorien für die Raumordnung unterscheiden:
Verdichtungsräume, ländliche Gebiete, Rückstandsgebiete, Zonenrandgebiete.

Strukturschwache Gebietseinheiten des Raumordnungsberichts

Raumordnungsbericht 1978, S. 77

Gebiete der Gemeinschaftsaufgabe „Verbesserung der regionalen Wirtschaftsstruktur"

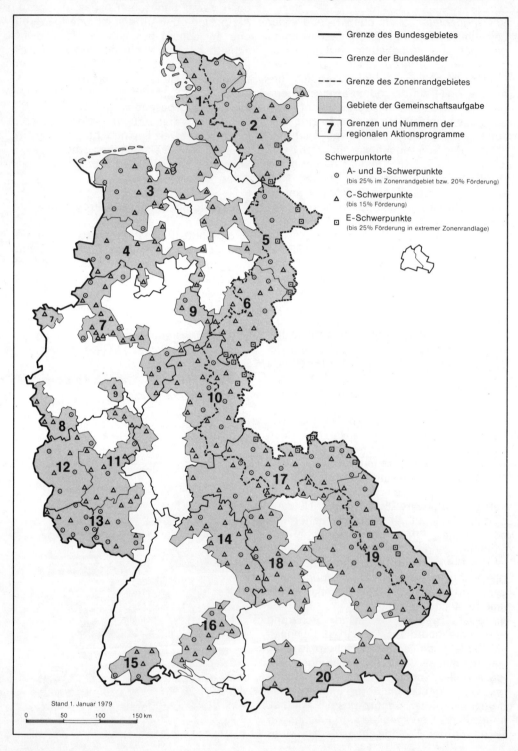

Übersicht über Strukturdaten und Ziele der Regionalen Aktionsprogramme

Regionale Aktionsprogramme	Einwohner	Fläche in qkm	Industriebesatz	BIP/WIB 1974 in DM	Ziele von 1979 bis 1982					Verfügbare Fördermittel in Mio. DM (1979–1982)		
					Arbeitsplätze		Vorgesehene Investitionen in Mio. DM					
					Schaffung neuer Arbeitsplätze	Sicherung vorhandener Arbeitsplätze	Gewerbliche Wirtschaft	Infrastruktur	insgesamt	Investitionszuschuß	GA – Mittel (Investitionszulage)	insgesamt
1. Schleswig-Unterelbe	688 768	6 606	47	13 360	8 400	8 400	1 235	98	1 333	106,11	126,95	233,06
2. Holstein	1 642 760	8 428	74	14 090	12 240	12 600	2 121	189	2 310	246,8	222,65	469,45
3. Niedersächsische Nordseeküste	1 544 644	10 826	66	12 100	27 200	6 200	3 494	85	3 579	296,1	112,7	408,8
4. Ems-Mittelweser	944 132	7 217	104	14 100	10 000	5 000	1 375	58	1 433	111,5	56,8	168,3
5. Heide-Elbufer	904 511	8 917	116	13 000	10 000	10 000	1 480	170	1 650	139,2	134,1	273,3
6. Niedersächsisches Bergland	1 677 732	7 508	119	13 400	25 000	30 000	3 715	165	3 880	359,8	183,6	543,4
7. Nördliches Ruhrgebiet-Westmünsterland-Kleve	1 971 586	4 980	113	13 520	49 200	12 300	6 100	8	6 108	516,75	93,2	609,95
8. Nordeifel-Grenzraum Aachen	725 115	2 054	112	14 220	16 400	4 100	2 196	8	2 204	186,2	41,6	227,8
9. Ostwestfalen-Oberbergisches Land	781 406	4 531	119	12 910	14 400	3 600	2 024	8	2 032	172,2	41,2	213,4
10. Hessisches Fördergebiet	1 502 449	11 317	97	12 610	16 000	23 500	2 488	123	2 611	210,3	172,8	383,1
11. Mittelrhein-Lahn-Sieg	764 736	5 841	74	11 750	9 000	4 700	1 313	80	1 393	98,82	66,16	164,98
12. Eifel-Hunsrück	527 513	5 460	63	12 088	6 500	3 200	962	64	1 026	72,68	48,12	120,80
13. Saarland-Westpfalz	1 796 871	6 766	121	14 490	26 300	20 600	6 259	366	6 625	330,60	420,12	750,72
14. Odenwald-Hohenlohe-Ostalb	832 158	6 791	146	14 700	4 300	1 600	546	111	657	44,10	55,33	99,43
15. Hochschwarzwald-Baar-Hochrhein	208 365	2 068	132	12 700	1 700	1 000	222	27	249	17,16	16,15	33,31
16. Alb-Oberschwaben	283 601	3 132	130	13 100	3 600	1 400	456	37	493	36,76	24,52	61,28
17. Nordbayerisches Fördergebiet	2 175 082	15 214	136	14 200	18 300	13 000	2 888	167	3 055	278,00	191,78	496,78
18. Westbayerisches Fördergebiet	693 702	7 229	103	11 800	13 900	2 500	1 754	46	1 800	141,00	70,06	211,06
19. Ostbayerisches Fördergebiet	1 904 063	18 960	97	12 200	24 100	8 000	3 264	198	3 462	308,40	228,26	536,66
20. Südbayerisches Fördergebiet	894 100	8 100	78	12 600	4 500	1 300	604	48	652	46,6	45,9	92,5
insgesamt	22 463 294	151 945	102		301 040	173 000	44 496	2 056	46 552	3 719,08	2 352,0	6 071,08
Bundesgebiet einschließlich Berlin (West)	61 352 700	248 577	118	16 140								

Deutscher Bundestag – 8. Wahlperiode. Drucksache 8/2590, S. 150–151, gekürzt

Die Raumordnung versucht das Gefälle zwischen diesen Gebieten abzubauen und bedient sich dazu verschiedener Programme, die aufgrund von Daten aus den Gebietseinheiten aufgestellt werden. Gebietseinheiten der Raumordnung in der Bundesrepublik sind die 38 Gebietseinheiten des BROP und die Regionen der verschiedenen Bundesländer (vgl. Abb. S. 177). *Strukturdaten* aus diesen Gebietseinheiten enthalten Angaben über die Bevölkerung (Alters- und Berufsstruktur, Wanderungen, Arbeitslosigkeit, Tätigkeitsvielfalt), über die Wirtschaft (Sektorenanteil, Wirtschaftskraft und Steueraufkommen, Anteil der Wachstumsbranchen), über Verkehr, Bildung, Wohnen, Umwelt und Flächennutzung. Diese Strukturdaten bilden aber auch die Grundlage der einzelnen Programme von Bund und Ländern. Diesen Programmen ist gemeinsam, daß sie einen Ausgleich suchen zwischen den von der Wirtschaft geförderten Konzentrationsprozessen und Dezentralisationstendenzen, die darauf beruhen, daß grundlegende Lebensbedürfnisse des Menschen wie das Wohnen und die Erholung besser dezentralisiert zu verwirklichen sind. Die daraus entstandenen Förderprogramme versuchen vor allem in schwach strukturierten Gebieten Kristallisationskerne für die Wirtschaftsentwicklung zu schaffen, indem einzelne Orte vorrangig gefördert werden, damit durch die Bereitstellung von erschlossenem Industriegelände, durch bessere Verkehrsanschlüsse, durch gute Energie- und Wasserversorgung und die Schaffung von Versorgungseinrichtungen Anreize für Betriebsansiedlungen gegeben und damit erste Schritte für eine Strukturverbesserung getan werden.

Problematisch ist, daß die Gebietseinheiten zu groß gewählt wurden, so daß die Förderung häufig nicht gezielt genug eingesetzt werden kann. Deshalb sieht auch bereits das BROP mit der Bereichsgliederung auf der Basis von Mittelzentren eine präzisere Erfassung der Strukturschwächen und -stärken und damit die Voraussetzung für eine gezieltere Förderung vor.

Für die Umsetzung der raumordnungspolitischen Ziele des Raumordnungsgesetzes und des Bundesraumordnungsprogramms sind die *Gemeinschaftsaufgaben* (GA) zwischen Bund und Ländern besonders bedeutsam. Diese Gemeinschaftsaufgaben erstrecken sich auf das Gebiet des Hochschulbaus, der Verbesserung der regionalen Wirtschaftsstruktur und der Verbesserung der Agrarstruktur, der Bildungsplanung und Forschungsförderung. Dazu kommen die vom Bund mitfinanzierten Aufgaben, wie Gemeindeverkehrsfinanzierung, Städtebauförderung, Wohnungsbauförderung und Modernisierungsmaßnahmen. Darüber hinaus übt der Bund mit seinen raumbedeutsamen Fachplanungen, wie z. B. der Bundesverkehrswegeplanung, Planungen der Bundesbahn und Bundespost, Planungen und Maßnahmen der beruflichen Bildung, der Konjunkturbelebung, der Umweltpolitik und des Finanzausgleichs, Einfluß aus.

In die Programmgebiete der Gemeinschaftsaufgabe „Verbesserung der Agrarstruktur und des Küstenschutzes" wurden bisherige regionale Programme wie Alpenplan und Küstenplan mit einbezogen. Die 20 Bund-Länder-Aktionsprogramme der Gemeinschaftsaufgabe „Verbesserung der regionalen Wirtschaftsstruktur" enthalten drei räumliche Problemkategorien, die sich vielfach gegenseitig überlagern:

– Berlin und das Zonenrandgebiet, die durch die Teilung Deutschlands in eine sehr ungünstige Standortlage am Rande des Bundesgebietes und des Gemeinsamen Marktes geraten sind und deren wirtschaftliche Entwicklung dadurch in besonderem Maße beeinträchtigt ist;
– ländliche Gebiete, in denen ein ausgeprägter Mangel an gewerblichen Arbeitsplätzen im allgemeinen und qualitativ hochwertigen Arbeitsplätzen im besonderen besteht;
– Gebiete mit meist relativ hohem Industriebesatz, aber wenig diversifizierter Industriestruktur, die von strukturellen Anpassungsprozessen der vorherrschenden Wirtschaftszweige besonders betroffen oder bedroht sind.

In diesen regionalen Aktionsprogrammen werden die Höchstsätze der *Investitionsförderung* der gewerblichen Wirtschaft (einschließlich des Fremdenverkehrsgewerbes) durch öffentliche Mittel festgelegt; Schwerpunktorte A bis E (vgl. Abb. S. 178): 15 bis 25 Prozent; übrige Gebiete der regionalen Aktionsprogramme: 10 Prozent, in Ausnahmefällen (Zonenrandgebiet) auch bis 15 Prozent.

Ziele der Investitionsförderung:
1. Schaffung neuer Dauerarbeitsplätze,
2. Sicherung vorhandener Dauerarbeitsplätze,
3. Schaffung und Sicherung von Arbeitsplätzen im Fremdenverkehrsgewerbe,
4. Erschließung von Industriegelände,
5. Ausbau kommunaler Infrastruktur,
6. Verbesserung der öffentlichen Fremdenverkehrseinrichtungen,
7. Errichtung und Ausbau von Ausbildungs-, Fortbildungs- und Umschulungsstätten.

Diese regionalen Aktionsprogramme werden durch Sonderprogramme wie „Infrastrukturmaßnahmen in Schwerpunkten und für den Fremdenverkehr in Fremdenverkehrsgebieten" (1977–1980) und „Schaffung von Ersatzarbeitsplätzen in den vom Anpassungsprozeß der Stahlindustrie bes. betroffenen Gebieten" (1978–1981) ergänzt.

4.5 Bauleitplanung

Tiefgreifende Entscheidungen in der Raumordnung werden durch die *Bauleitplanung* (Festsetzungen im verbindlichen Flächennutzungsplan und rechtswirksamen Bebauungsplan) getroffen. Der *Flächennutzungsplan* ist eine Fixierung der künftigen Flächennutzung des Gemeindegebietes durch die Gemeinde; der *Bebauungsplan* legt die Einzelheiten der Bebauung fest (vgl. Abb. S. 181).

Bauvorschriften: Aus der Baunutzungsverordnung (vgl. Definition S. 183)

Art der baulichen Nutzung			Maß der baulichen Nutzung			
BAUFLÄCHEN (IM FLÄCHENNUTZUNGSPLAN)	BAUGEBIETE (IM BEBAUUNGSPLAN)	ZULÄSSIGE BEBAUUNG	VOLLGESCHOSSE (Z)	GRUNDFLÄCHENZAHL (GRZ)	GESCHOSSFL.-ZAHL (GFZ)	
W WOHNBAUFLÄCHEN	(WS) KLEINSIEDLUNGSGEBIET	Vorwiegend Kleinsiedlung, landwirtschaftliche Nebenerwerbsstellen	1 2	0,2 0,2	0,3 0,4	
	(WR) REINES WOHNGEBIET	Wohngebäude Ausnahmsweise: Läden, nicht störende Handwerksbetriebe	ATRIUMHAUS 1 1 2 3 4 u. 5 6 u. mehr	0,6 0,4 0,4 0,4 0,4 0,4	0,6 0,5 0,8 1,0 1,1 1,2	
	(WA) ALLGEMEINES WOHNGEBIET	Wohngebäude, Läden, Schank-Speisewirtschaften, kirchliche, kulturelle, soziale und gesundheitliche Anlagen				
M GEMISCHTE BAUFLÄCHEN	(MD) DORFGEBIET	Land- u. Forstw.-Betriebe, Kleinsiedl., Verarbeitungsbetriebe, Einzelhandel, Wirtschaften, Handwerksbetriebe, nicht störende Gewerbebetriebe, kirchliche, kulturelle und soziale Einrichtungen, Gärtnereien, Tankstellen	1 2 u. mehr	0,4 0,4	0,4 0,8	
	(MI) MISCHGEBIET	Wohngebäude, Geschäfts- u. Bürogebäude, Einzelhandel, Wirtschaften, nicht störendes Gewerbe, Verwaltung, Kirche usw. Gärtnereien, Tankstellen	Wie WR und WA			
	(MK) KERNGEBIET	Geschäfts-, Büro- u. Verwaltungsgeb., Einzelhandel, Wirtschaften, Beherbergung, Vergnügungsstätten, nicht störendes Gewerbe, Kirche, Kultur usw., Tankstellen, im Zusammenhang mit Parkhäusern u. Großgar., Wohnungen für Bereitschaft	1 2 3 4 u. 5 6 u. mehr	1,0 1,0 1,0 1,0 1,0	1,0 1,6 2,0 2,2 2,4	
G GEWERBLICHE BAUFLÄCHEN	(GE) GEWERBEGEBIET	Gewerbe, nicht erheblich belästigend, Geschäfts-, Büro- und Verwaltungsgebäude, Tankstellen, Ausnahmsweise: Wohnungen für Betriebsangehörige	1 2 3 4 u. 5 6 u. mehr	0,8 0,8 0,8 0,8 0,8	1,0 1,6 2,0 2,2 2,4	
	(GI) INDUSTRIEGEBIET	Industriebetriebe, Tankstellen Ausnahmsweise: Wohnungen für Betriebspersonal		0,8	Baumassenzahl (BMZ) 9,0 (d. h. 9,0 m³ Baumasse je m³ Grundstücksfläche)	
S SONDERBAUFLÄCHEN	(SW) WOCHENENDHAUSGEBIET	Wochenendhäuser als Einzelhäuser	1	0,2	0,2	
	(SO) SONDERGEBIET	Gebiete mit besonderer Zweckbestimmung, wie Hochschul-, Klinik-, Kur-, Hafen- oder Ladengebiete, Einkaufszentren u. Verbrauchermärkte außerhalb von Kerngebieten				

Geographie 9/10. Stuttgart: Klett 1979, S. 96

*Bauleitplanverfahren nach dem Bundesbaugesetz
(Aufstellung des Flächennutzungs- und Bebauungsplans)*

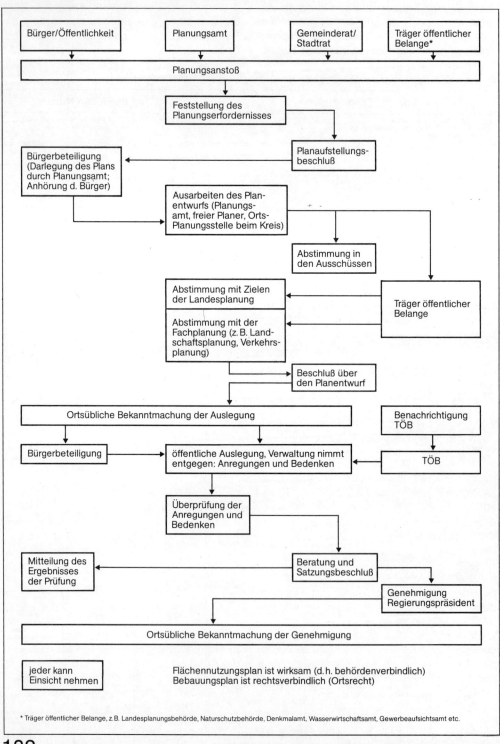

Definition

Grundflächenzahl (GRZ): Die Grundflächenzahl legt fest, wieviel Quadratmeter des Grundstückes von der Hausfläche eingenommen/überdeckt werden dürfen.

Geschoßflächenzahl (GFZ): Die Geschoßflächenzahl gibt an, wieviel Quadratmeter Geschoßfläche je Quadratmeter Grundstücksfläche zulässig sind.

Ist die Grundstücksfläche 600 m^2 groß, so erlaubt eine GFZ von 0,6 eine Geschoßfläche von 0,6 × 600 m^2 = 360 m^2. Bei einer zweigeschossigen Bauweise darf also jedes Geschoß 180 m^2 groß sein.

Aus dem Beispiel der Bauleitplanung geht die Zahl der Instanzen und die Zahl der notwendigen Planungsschritte hervor, dabei wird u.a. deutlich, wie zeit- und verwaltungsaufwendig Planungsaufgaben in der Bundesrepublik Deutschland sind (vgl. Abb. S. 182).

5 Raumbeispiele

5.1 Ein Oberzentrum und sein Umland: Das Entwicklungsmodell Hamburg

Infolge der Abwanderung vieler Bewohner aus der inneren Stadt seit 1961 (1961: 845 423 Einwohner, im Jahr 1975 598 290, vgl. Kap. Verstädterung S. 205) und der damit zusammenhängenden neuen Wohnsiedlungen in der äußeren Stadt bzw. im Stadtumland, mußten Leitlinien für die Entwicklung des Großraumes Hamburg gefunden werden. Da sich ein erheblicher Teil der Abwanderer in den angrenzenden Bundesländern ansiedelte, die Arbeitsplätze und Versorgungseinrichtungen sich aber weiterhin in Hamburg befanden, mußten Absprachen mit den Bundesländern über eine die Landesgrenzen überschreitende Planung getroffen werden.

Zielvorstellungen des Entwicklungsmodells
Oberstes Ziel ist eine langfristige Sicherung der Daseinsgrundfunktion im Raum Hamburg (nach der Festlegung von 1969).

Wohnen
Es wird ein langfristiger Wohnflächenbedarf von 33 m^2 pro Einwohner angenommen, bei gleichzeitiger Zunahme der Einwohner bis zum Ende des Jahrhunderts auf 2,1 Millionen Menschen.

Arbeiten
Unter der Annahme, daß das wirtschaftliche Wachstum in Hamburg dem des Bundes entspricht, sind weitere gewerbliche Bauflächen bereitzustellen, wobei eine exakte Festlegung des Flächenbedarfs nicht möglich ist.

Bildung, Freizeit und Erholung
Mit zunehmender Freizeit und ihrer steigender Bedeutung müssen zusätzliche Flächen für deren Errichtung bereitgestellt werden, wobei die Bildungseinrichtungen einen geringen Flächenbedarf haben, aber stark strukturbestimmend sind.

Verkehr
Sowohl für den überregionalen als auch den regionalen Verkehr soll eine reibungslose Anbindung an den innerstädtischen Verkehr erfolgen, der nur über einen Ausbau der öffentlichen Nahverkehrsmittel funktionieren kann.

Ordnungselemente des Entwicklungsmodells (Instrumente)
Entsprechend der naturräumlichen Gliederung hat sich Hamburg in historischer Zeit auf der Geest (Hochwassersicherheit) entwickelt. Das Wachstum der Stadt vollzog sich seit der Mitte des 19. Jahrhunderts durch die einsetzende Industrialisierung im nördlich der Elbe gelegenen Gebiet, wo in einem Halbkreis von etwa sechs Kilometer um das Rathaus eine besonders dichte Bebauung erfolgte, in dem Altona und Wandsbek aufgingen. Räumlich getrennt entwickelt haben sich die Städte Bergedorf und Harburg .

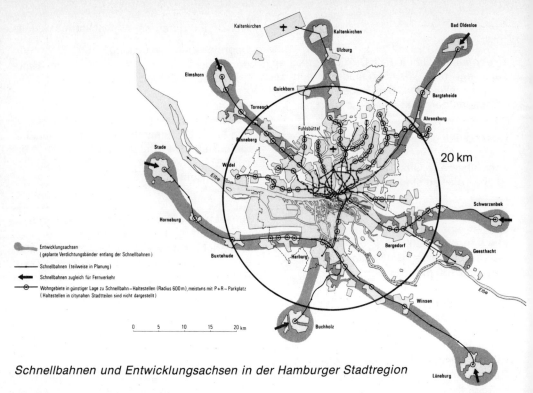

Schnellbahnen und Entwicklungsachsen in der Hamburger Stadtregion

Geographie 9/10. Stuttgart: Klett 1979, S. 155

Bevölkerungsentwicklung und Veränderung der Industriebeschäftigten entlang einiger Achsen (Auswahl)

		Bevölkerungszunahme (6. Juni 1961 – 27. Mai 1970) Entfernung vom Stadtmittelpunkt			Veränderung der Industriebeschäftigten			
		absolut	in %		1961	1970	absolut	in %
Achse Kaltenkirchen	bis 20 km	23 176	74,6	Norderstedt	2408	6965	4557	189,2
	über 20 km	11 413	56,3	Henstedt, Ulzburg Kaltenkirchen	697	1098	401	57,5
		34 589						
Achse Schwarzenbek	bis 20 km	7 065	38,6	Wentdorf, Reinbek	241	1696	1455	603,7
	über 20 km	1 424	12,6	Schwarzenbek	1363	1645	282	20,7
		8 489						
Achse Stade	bis 20 km	2 604		Neu Wulmsdorf	195	199	4	2,1
	über 20 km	10 559		Buxtehude	1331	1936	605	45,5
				Stade	1116	2059	943	84,5
		13 163						

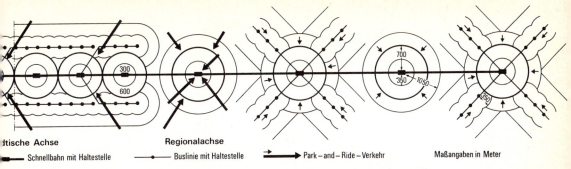

Städtische Achse — Schnellbahn mit Haltestelle
Regionalachse — •— Buslinie mit Haltestelle
——▶ Park – and – Ride – Verkehr
Maßangaben in Meter

Schnellbahnlinien und Wohndichteverteilung (Hamburger Dichtemodell)

Die Achsen sind die Verbindungen Hamburgs mit den historisch gewachsenen Nachbarstädten und Dörfern. Das Konzept sieht eine Weiterentwicklung dieser Achsen vor, da durch den Ausbau der Verkehrswege, insbesondere der Schnellbahn und deren Haltepunkte, Kristallisationskerne für die weitere Entwicklung geschaffen werden sollen.

Im Bereich der *städtischen* und *regionalen Achsen* soll in einem Umkreis von 600 bzw. 700 Metern (Kern- und Mittelzone, vgl. Tab. S. 185) eine Verdichtung der Bebauung erfolgen (mittlere GFZ: zwischen 0,9 und 1,3). Durch diese planerischen Überlegungen soll folgendes erreicht werden:

— Einsparung von Siedlungsfläche,
— Verkürzung der Reisezeiten zur Innenstadt und zum Arbeitsplatz,
— starke Inanspruchnahme dieses öffentlichen Verkehrsmittels und damit auch die Erhöhung der Wirtschaftlichkeit,
— Entlastung des Straßennetzes.

Hamburger Dichtemodell

Städtische Achsen

Zone	Luftlinienentfernung zur Schnellbahnhaltestelle	Fläche	Obergrenze der GFZ für Wohngebiete in der Regel	mittlere GFZ	maximal erreichbare Einwohnerzahl
Kernzone	bis 300 m	28 ha	1,5	1,3	3 500
Mittelzone	über 300 m bis 600 m	85 ha	1,2	0,9	14 000
Randzone	über 600 m	variabel	–	0,3 bis 0,6	variabel

Regionalachsen

Zone	Luftlinienentfernung zur Schnellbahnhaltestelle	Fläche	Obergrenze der GFZ für Wohngebiete in der Regel	mittlere GFZ	maximal erreichbare Einwohnerzahl
Kernzone	bis 350 m	38 ha	1,5	1,3	5 000
Mittelzone	über 350 m bis 700 m	116 ha	1,2	0,9	17 000
Randzone bei Siedlungen ohne Buszubringer	über 700 m bis 1050 m	192 ha	–	0,3	12 000
Randzone bei Siedlungen mit Buszubringer	über 700 m	variabel	–	ca. 0,3 bis 0,6	variabel

Till Krüger, Peter Rathmann, Joachim Utech: Das Hamburger Dichtemodell. Sonderdruck aus: Stadtbauwelt 36 (Bauwelt 51/52), Dez. 1972, S. 3 und 5 Berlin: Bertelsmann Fachzeitschriften

Die Unterscheidung von Kern- und Mittelzone im Bereich der städtischen Achsen erfolgt aufgrund der Fußwegzeit von maximal 5 bzw. 5 bis maximal 10 Minuten. Im Bereich der Regionalachsen soll die Fußwegzeit aus der Mittelzone 8,5 Minuten nicht übersteigen. Außerhalb der Kern- und Mittelzonen unterstützen Buslinien bzw. genügend Park-and-Ride-Plätze den schnellen Zugang zu den Schnellbahnhaltestellen.

Die maximal erreichbaren Einwohnerzahlen für die jeweilige Zone im Bereich beider Achsen wurden aufgrund von Erhebungen in Hamburger Großsiedlungen gewonnen und diesen Modellvorstellungen zugrunde gelegt.

Als notwendige Ergänzung zum verdichteten Wohnen müssen gleichzeitig genügend Flächen für die Wohnfolgeeinrichtungen (Geschäftszentrum, Gemeinbedarf, öffentliches Grün, Gewerbe für Nahversorgung) und für die innere Verkehrserschließung eingeplant werden. Aufgrund von Gutachten wurden dafür folgende Richtwerte ermittelt: 22 m² pro Einwohner für die Wohnfolgeeinrichtungen, zusätzlich für die innere Verkehrserschließung je nach Geschoßflächenzahl zwischen 10 und 14 m² pro Einwohner.

Um die Wirksamkeit der Achsenkonzeption zu gewährleisten, sollen die Achsenendpunkte als Siedlungs- und Versorgungsschwerpunkte ausgebaut werden, wobei gleichzeitig gesichert werden soll, daß die Hamburger City mit der Schnellbahn in höchstens 45 Minuten erreicht werden kann.

Die Veränderung der Industriebeschäftigten zeigt, daß die Achsenkonzeption auch die Wirtschaftsentwicklung fördert, wobei allerdings die Industrie weniger die Endpunkte als vielmehr Gebiete in kürzerer Entfernung zu den bestehenden Industriegebieten sucht. Wegen der Verflechtungen des Wirtschaftsraumes Hamburg mit anderen nationalen und internationalen Wirtschaftsräumen sollen die Autobahnen nach Möglichkeit unmittelbare Übergänge zu den Verkehrseinrichtungen der Entwicklungsachsen aufweisen.

Die Achsenzwischenräume sollen als Vorranggebiete der Land- und Forstwirtschaft sowie der Erholung (Grünkeile) vorbehalten sein. Die zentralen Einrichtungen im Großraum Hamburg sind an die gewachsenen Kerne und an die Entwicklungsachsen gebunden. Dabei ist zwischen Standorten im Stadtgebiet und solchen auf den Entwicklungsachsen in den benachbarten Bundesländern zu unterscheiden.

Aus der Entwicklung der letzten Jahre lassen sich folgende Ergebnisse ablesen:
1. Die Bevölkerungsentwicklung in der Gesamtregion ist schwächer als erwartet.
2. Die Bevölkerungsentwicklung entlang der Achsen ist eindeutig festzustellen, allerdings haben die Achsenwurzeln entgegen den Planungsabsichten wesentlich stärker zugenommen als die Achsenendpunkte.
3. Die Wirtschaftsentwicklung der Region Hamburg erreichte nicht die Zuwachsraten des benachbarten Bundeslandes Schleswig-Holstein, was auch auf die unterschiedliche Ausgangslage (erhöhter Nachholbedarf) zurückzuführen ist.
4. Entgegen den Planungsabsichten hat sich die Wirtschafts- und Siedlungsentwicklung auch zwischen den Achsen verstärkt, so daß z. B. im stadtnahen Hamburger Randraum auf schleswig-holsteinischem Gebiet einzelne Gemeinden nicht mehr den Achsenzwischenräumen zugeordnet werden können, sondern zu sogenannten „besonderen Wirtschaftsräumen" erklärt worden sind.
5. Durch die Finanzreform 1970 entstanden für Hamburg finanzielle Nachteile, da z. B. die Lohnsteuer den Gemeinden des Wohnorts und nicht mehr dem Arbeitsort der Beschäftigten zufließt.

Es darf nicht vergessen werden, daß diese auf die speziellen Hamburger Verhältnisse zugeschnittene Entwicklungsplanung nicht auf andere Städte ohne erhebliche Modifizierung übertragbar ist.

5.2 Entwicklungsprobleme im Alpenraum

„Ausverkauf der Alpen", „Rettet die Almwirtschaft", „Seit Jahren ständige Erhöhung der Lawinenabgänge", „Naturschutzforderungen gegen breite Front millionenschwerer Immobilienunternehmen und kapitalkräftiger Seilbahngesellschaften, einflußreicher

Jagdfunktionäre und ortsansässiger Geschäftlhuber".

Diese Schlagworte lassen erahnen, welches Konfliktpotential in diesem Naturraum vorhanden ist. Vereinfacht ausgedrückt stehen sich die Flächenansprüche der Naturerhaltung, der Landwirtschaft und die des Massentourismus gegenüber.

Aus diesen Flächenansprüchen entstehen Belastungserscheinungen, nach deren Erkennen die Raumforschung in allen Anrainerstaaten versucht, geeignete Untersuchungsmethoden zu entwickeln und Raumforschungsergebnisse zu erhalten, um die kurz-, mittel- und langfristigen Auswirkungen aufzeigen und schrittweise abzustellen. Die Ziele eines Seminars der europäischen Raumordnungsministerkonferenz (Komitee der hohen Beamten) in Grindelwald im Jahre 1978 waren es, die Bestandsaufnahme solcher negativen Erscheinungen durchzuführen, den Austausch von Untersuchungsergebnissen zu intensivieren, die die Belastungen im Alpenraum nachweisen, sowie Vorschläge für Richtwerte zur Eindämmung dieser alpinen Entwicklung zu machen.

Die im folgenden aufgeführten Beispiele aus den verschiedenen Anrainerstaaten stehen stellvertretend für die Entwicklungstendenzen in diesen Ländern. Sie machen gleichzeitig auch deutlich, daß eine zwischenstaatliche Planung in einem solch gefährdeten Raum dringend notwendig ist.

Ungleiche Bevölkerungsentwicklung

Bevölkerungsentwicklung in den Departements Haute-Savoie, Savoie und Isère (französische Alpen) 1962–1975

Ländliche Gemeinden	Rein landwirtschaftl. Gemeinden	Bevölkerung in Stadtregionen	Fremdenverkehrsgemeinden
− 2,9%	− 13,5%	+ 27,5%	+ 7,7%

Seminar über Probleme der Belastung und der Raumplanung im Berggebiet, insbesondere in den Alpen, Grindelwald vom 13. bis 16. 6. 1978. Auswertungsbericht von Prof. Dr. Karl Ganser, S. 24

Der überproportionale Anteil der Beschäftigten im primären Sektor, die niedrige Erwerbsquote, die versteckte und offene Arbeitslosigkeit und, damit verbunden, das niedrige Einkommen sind für die hohe Abwanderungsquote, vor allem der jüngeren Erwerbstätigen, verantwortlich. Die Wanderungsziele sind vorwiegend die dem Alpenraum vorgelagerten Stadtregionen mit ihrem differenzierten und ausreichenden Arbeitsplatzangebot sowie die Fremdenverkehrsgemeinden in den alpinen Haupttälern, in denen im Vergleich zum Abwanderungsgebiet wesentlich höhere Einkommen erzielt werden können.

Durch diese hohen Abwanderungsquoten der jüngeren Jahrgänge kommt es in den Abwanderungsgebieten zu einer Überalterung der Bevölkerung und zu überproportionalen Kosten für die Bereitstellung und den Unterhalt der notwendigsten Infrastruktureinrichtungen. Als weitere Konsequenz birgt diese Entwicklung den Zerfall örtlicher und regionaler Gemeinschaften und somit den Verlust von kulturellen Werten in sich.

Wanderungen im Inntal und in Seitentälern 1961–1971

Ausgewählte Regionen	Wanderungssaldo (1961–1971) in % der Bevölkerung 1961	
	Inntalgemeinden	Seitentäler
Salzstraße	+ 11,3%	
Kematen und Umgebung	+ 10,5%	
Hall u. Umgebung	+ 14,5%	
Inneres Pitztal		− 10,3%
Sillian und Umgebung		− 11,3%
Tilliach		− 17,3%

Auswertungsbericht S. 25

Fremdenverkehr als einzige Entwicklungsmöglichkeit?

Bevölkerungsentwicklung in Graubünden 1960–1970

Ausgewählte Gemeinden	Veränderung der Wohnbevölkerung 1960–1970	
	Gemeinden mit viel Fremdenverkehr	Gemeinden mit wenig Fremdenverkehr
St. Moritz	+ 48,5%	
Pontresina	+ 54,9%	
Silvaplana	+104,0%	
Sufers		− 67,5%
Innerferrera		− 71,7%
Außerferrera		− 82,7%

Auswertungsbericht S. 26

Mit der zunehmenden Attraktivität alpiner *Fremdenverkehrsgebiete* setzt meist gleichzeitig die starke Eigentumsbildung an Grund und Boden ein (mit erheblicher Überfremdung), die die Zugänglichkeit der Gebiete mit besonderem landschaftlichem Reiz teilweise erheblich behindert.
Einkommensstarke Bevölkerungsgruppen erwerben Zweitwohnungen in diesen Attraktivgebieten, wodurch die Landschaft stärker belastet und die Einkommen der Fremdenverkehrsabhängigen gemindert werden. In mehreren Fremdenverkehrsorten übersteigt der Anteil der Zweitwohnungen mehr als 20% des Gesamtwohnungsbestandes. Im Zusammenhang damit ist die Steigerung der Grundstückspreise zu sehen, die bereits mit den Grundstückspreisen der Kernstädte verglichen werden können. Daraus folgt, daß die im Einkommen unter dem Landes- und Bundesdurchschnitt liegende einheimische Bevölkerung in den Fremdenverkehrsorten ihrer Heimatregion beim Grunderwerb gegenüber Interessenten einkommensstarker Bevölkerungsgruppen nicht konkurrenzfähig ist.

Zustand der Seeufer in der Schweiz 1973/74

Ausgewählte Seen	stark verändert in % der Uferlänge	nicht zugänglich in % der Uferlänge
Genfer See	78%	58%
Zürichsee	77%	69%
Thuner See	76%	73%
Luganer See	71%	76%
Zuger See	65%	82%
Vierwaldstätter See	61%	72%

Auswertungsbericht S. 31

Ausgewählte freizeitorientierte Infrastruktur im Raum Garmisch-Partenkirchen 1972
Editha Kerstiens-Koeberle: Raummuster und Reichweiten der freizeitorientierten Infrastruktur. In: Geographische Rundschau 1975, Heft 1, S. 21. Braunschweig: Westermann

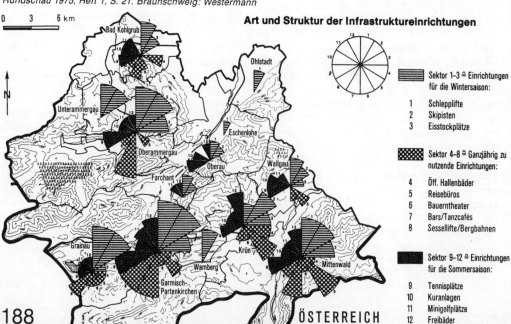

Durch die Vielzahl sportlicher und touristischer Einrichtungen sowie durch die intensive bauliche Entwicklung zeigen heute viele Fremdenverkehrsgemeinden Verstädterungstendenzen. In einer Umfrage des Alpeninstituts im Jahre 1975 wurde die Bewertung ausgewählter Ortsqualitäten untersucht.

Es wurde gefragt: „Auf dieser Karte steht eine Reihe von Meinungen, wie man sie über die Gemeinde hören kann. Welche dieser Meinungen würden Sie persönlich teilen?

1. Dieser Ort hat seinen ländlichen Charakter fast verloren.
2. Am störendsten empfinde ich die vielen Neubauten, sie haben das schöne Ortsbild fast zerstört.
3. Von Ruhe kann hier nicht mehr die Rede sein."

Ergebnisse der Befragung

	1. Frage Diese Meinung trifft zu			2. Frage Diese Meinung trifft zu			3. Frage Diese Meinung trifft zu		
	A %	B %	C %	A %	B %	C %	A %	B %	C %
Garmisch-Partenkirchen	53,1	58,1	40,0	56,3	58,1	21,5	40,6	41,9	15,4
Mittenwald	6,5	19,0	13,8	6,5	4,8	1,5	9,7	14,3	6,2
Oberammergau	9,4	24,2	18,5	9,4	15,2	11,1	15,6	9,1	9,3

A = Ortsansässige mit Immobilienbesitz, B = Ortsansässige ohne Immobilienbesitz, C = Urlaubsgäste

Belastete Fremdenverkehrsgebiete. Schriftenreihe des Bundesministers für Raumordnung, Bauwesen und Städtebau 06.031/1978, Bonn 1978, S. 59

Die teilweise sinkenden Übernachtungszahlen können, vorsichtig interpretiert, die ersten Reaktionen auf diese Entwicklungstendenz sein.

Bedingt durch die einseitige Wirtschafts- und Sozialstruktur wurde und wird in vielen Gemeinden des Alpenraums vorschnell der Schluß gezogen, durch die Entwicklung von Fremdenverkehrseinrichtungen für die Sommer- und die Wintersaison seien die Probleme der Erwerbs- und Bevölkerungsstruktur zu lösen. Deshalb wird die Entwicklung dieser Einrichtungen auf allen Ebenen gefördert:

– Die einzelnen Bürger erhoffen sich zusätzliche Einnahmen aus dem Fremdenverkehr bzw. sichere Arbeitsplätze,
– die Gemeinden eine Strukturveränderung mit steiler Entwicklung,
– die Regionen eine Gebietsentwicklung mit verbesserter Infrastruktur,
– die Länder die Verbesserung rückständiger Landesteile.

Diese meist stürmisch vorangetriebene Fremdenverkehrsentwicklung beinhaltet in der Regel hohe Investitionskosten, was zwangsläufig zu einer starken Verschuldung dieser Gemeinden führt.

Verschuldung der Gemeinden im bayerischen Alpenraum (1974)

Ausgewählte Fremdenverkehrsgemeinden	Gesamtverschuldung DM/Einwohner	Anteil der Zweitwohnungen an den Wohnungen insges.
Reit im Winkl	2336,–	15,6%
Oberstaufen	2418,–	11,9%
Lenggries	807,–	6,2%
Schnaitsee	605,–	6,0%
Dietmannsried	762,–	1,7%

Auswertungsbericht S. 33

Veränderungen im Naturhaushalt

Innerhalb des Staatsforstes in Garmisch werden nach einer Aufstellung des Münchener Landwirtschaftsministeriums folgende Bergbahnen betrieben: die Wankbahn, die Eckbauerbahn, die Graseckbahn, die Hausbergbahn, die Kreuzwanklbahn, die Kreuzeckbahn, die Osterfelderbahn, die Hochalmbahn, die Zugspitz-Zahnradbahn und die Zugspitz-Eibsee-Seilbahn. Dazu kommen noch 18 Liftanlagen mit einer Beförderungskapazität von mehr als 22 000 Personen pro Stunde, dazu 22 Skipisten auf einer Fläche von 56 Hektar.
Um eine zweite Fremdenverkehrssaison im Alpengebiet zu schaffen, ist die Anlegung vieler Skipisten, Lifte und Bergbahnen eine Vorbedingung.

Rodungen für Skipisten und Sportanlagen in Tirol und Salzburg (1964–1975)

Ausgewählte Jahre	Rodungsfläche in ha (jährlich)	
	Tirol	Salzburg
1964	17,4	3,6
1966	38,6	0,9
1968	33,2	0,2
1970	85,5	79,4
1972	127,1	72,9
1974	39,3	15,4
1975	22,0	75,4
1964–1975 insges.	642,5	392,4

Auswertungsbericht S. 29

Mit der Rodung stieg der Anteil der lawinengefährdeten Flächen auf das Mehrfache. Diese Eingriffe zugunsten des Fremdenverkehrs umfassen zusätzlich auch Flächenverebnungen, die Veränderung der Hangneigung und die Entfernung natürlicher Hindernisse und führen zu weitreichenden Veränderungen der natürlichen Vegetationsdecke und einer Steigerung des Oberflächenabflusses und daraus folgender Bodenabtragung.
Durch die Vermehrung der Rotwildbestände – das Schalenwild hat sich innerhalb von 100 Jahren verfünffacht (Überhege) – ist eine weitere ernsthafte Gefährdung der Bergmischwaldgebiete eingetreten. Denn die Tiere begnügen sich im Winter nicht mehr mit dem sehr einseitigen Krippenangebot (Heu, Kastanien, Silage), sondern sie fressen auch die Triebe von Tannen und Ahorn, Eiben und Eschen, Ebereschen und Ulmen. Da der Mischwald (vgl. Tab. S. 190) den Niederschlag besser speichern kann als beispielsweise ein reiner Fichtenbestand, führt der Rückgang des Mischwaldes zu schwerwiegenden Beeinträchtigungen des Wasserhaushaltes. Aufgrund dieser Zusammenhänge wird im neuen Nationalpark Berchtesgaden der Rotwildbestand auf ein Drittel reduziert.

Abfluß von Niederschlag und Bodenabtrag in Abhängigkeit von der Vegetationsdecke

Vegetationsform	Abfluß von Niederschlag in %	Bodenabtrag (t/ha)
Mischwald	5%	0,01
Fichtenreinbestand	6%	0,13
Ackerflächen	21%	2,10
Almen, Wiesen	30%	0,18
Anbruchsflächen	50%	105,50
Skiabfahrten	80%	10,60

Auswertungsbericht S. 305

Ohnmacht der Raumordnung?

Angesichts dieser alarmierenden Entwicklungstendenzen im gesamten Alpenraum und den daraus resultierenden Interessenkonflikten wird die Notwendigkeit einer wirksamen und ökologisch ausgerichteten Planung deutlich. Der Raumordnung fehlen aber bislang geeignete Instrumente bzw. Vertreter, die die sinnvolle Anwendung dieser Instrumente gegenüber den ökonomischen Interessen durchsetzen können. Insofern kommt dem gestiegenen Umweltbewußtsein besondere Bedeutung zu.

Ein Leitbild für die Raumordnung im Alpenraum stellte die „Arbeitsgemeinschaft Alpenländer" in ihren allgemeinen Grundsätzen für die Entwicklung und Sicherung des Alpengebiets auf.

„Der Alpenraum ist so zu erhalten und zu gestalten, daß seinen Bewohnern auch künftig eine ausgewogene soziale, kulturelle und wirtschaftliche Entwicklung ermöglicht wird. Dabei sind in allen Teilräumen des Alpengebietes möglichst gleichwertige, gesunde Lebens- und Arbeitsbedingungen anzustreben.

Bei der Entwicklung und Sicherung des Alpenraumes ist auf die Beziehungen zwischen den einzelnen Teilräumen untereinander sowie auf die Wechselbeziehungen mit den außeralpinen Gebieten Rücksicht zu nehmen. Die Alpen dürfen nicht als Freiraum für außeralpine Interessen aufgefaßt werden, aber auch nicht als ein gegen äußere Einflüsse möglichst abzuschirmendes Reservat.

Bei der Entwicklung des Alpengebietes und seiner Teilräume ist das reiche kulturelle Erbe zu sichern. Die alpine Landschaft mit ihrem Wechsel von Kultur- und Naturlandschaft ist in ihrer Schönheit zu erhalten und zu pflegen. Die nachhaltige langfristige Funktionsfähigkeit des Naturhaushaltes muß bei allen Nutzungen der Landschaft des Alpengebietes gesichert bleiben. Daher sind bei allen raumbezogenen Planungen und Maßnahmen die langfristigen Auswirkungen zu beachten.

Die Begrenztheit, Unvermehrbarkeit und Verletzbarkeit des Raumes und der natürlichen Lebensgrundlagen haben bei allen Planungen im Vordergrund zu stehen. Wenn die Ansprüche der inneralpinen Bevölkerung mit denen der außeralpinen Bevölkerung konkurrieren, sollen daher außeralpine Interessen an der Nutzung des Alpenraumes nur soweit berücksichtigt werden, als sie die langfristigen Existenz- und Entwicklungsmöglichkeiten der einheimischen Bevölkerung nicht nachteilig beeinflussen.

Das Leitbild zielt mit seinen Grundsätzen auf eine allgemeine Zusammenarbeit der Alpenländer. Diese Zusammenarbeit soll in solchen grenzübergreifenden Teilräumen partnerschaftlich vertieft werden,
– die eine ausgeprägte naturräumliche Einheit bilden und wegen ihrer besonderen ökologischen oder landschaftlichen Bedeutung beiderseits der Grenze gleichartigen Schutzes bedürfen,
– die wegen enger örtlicher und regionaler Verflechtung auf kulturellem oder wirtschaftlichem Gebiete einer grenzüberschreitend abgestimmten Entwicklung bedürfen,
– die durch örtliche oder regionale Verkehrs- und Versorgungsanlagen oder durch ihre Besiedlung grenzüberschreitend verflochten sind."

Auswertungsbericht, Anhang I, Teil 3, S. 3–4

Erhaltung und Gestaltung der Landschafts- und Siedlungsbilder

Siedlungen im Alpengebiet

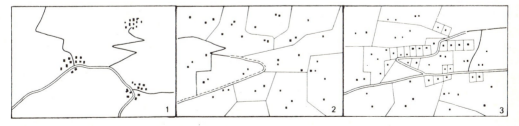

Die bäuerliche Siedlung erscheint im Alpengebiet entweder als dicht geschartes Dorf (1) oder als Streusiedlung (2), deren Dichte durch betriebliche Gegebenheiten bestimmt ist (60–100 Gebäude je km^2). Touristische Kleinhausbesiedlung (3) schafft Ausfaserung der Dörfer oder unnatürliche Verdichtung der Streusiedlung (bis 600 Gebäude je km^2).

Auswertungsbericht, Anhang VII, Teil 3, S. 10

Die Anordnung von Ferienhäusern am Ufer kann entscheiden, ob eine Uferlandschaft visuell überlastet ist oder nicht. Auch Bootsanbindeplätze können in künstlichen Buchten zusammengezogen werden.

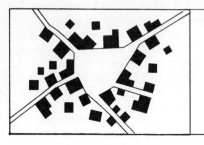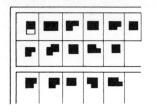

Historische Ortsbilder haben fast immer eine Anordnung, die eine geschlossene Raumwirkung ergibt. Reißbrettarbeit mag von Planern gut gemeint sein, ist aber Gift für eine natürliche oder historisch gewachsene Landschaft.

Um das Leitbild der Raumordnung, eine sinnvolle und ausgewogene Entwicklung im Alpenraum zu erreichen, bedarf es konkreter Aussagen über Wirtschafts- und Bevölkerungsstruktur und anderer Strukturwerte, die nicht über- bzw. unterschritten werden dürfen. Nach K. Ganser betragen diese Werte:

Produktionsstruktur
Anteil der Beschäftigten in der Landwirtschaft, Toleranz: 5–15%
Anteil der Beschäftigten in Handel und Beherbergungsgewerbe, Toleranz: 10–20%

Bevölkerungsstruktur
Wanderung der 16–24jährigen auf 1000 der Altersgruppe, Toleranz: bis −2
Anteil der über 65jährigen an der Wohnbevölkerung, Toleranz: 10–18%

Anteil der Ausländer an der Wohnbevölkerung, Toleranz: 2–10%
Anteil der Bevölkerung mit zweitem Wohnsitz, Toleranz: 2–10%

Bodenpreise
Preise für baureifes Land in DM/m^2, Toleranz: 50–150 DM/m^2
Mietpreis je m^2 Wohnfläche, Toleranz: 4–8 DM/m^2

Flächennutzung
Anteil der besiedelten an der besiedelbaren Fläche, Toleranz: 20–40%

Naturlandschaft
Anteil der nachhaltig veränderten Seeufer, Toleranz: bis 30%

Kommunale Finanzen
Verschuldung der Gemeinden, Toleranz: 400–800 DM/Einwohner

Stadt und Verstädterung

Städte sind zu allen Zeiten und in allen Kulturräumen der Erde stets Spiegelbilder der jeweiligen Gesellschaftsordnungen und Wirtschaftssysteme gewesen. Sie haben als Konzentrationspunkte menschlicher Aktivitäten maßgeblichen Anteil an kultureller und wirtschaftlicher Entwicklung der menschlichen Gesellschaft gehabt. Städte bieten dem Bürger weitestgehende Entfaltungsmöglichkeiten und attraktive Angebote in den wesentlichen Lebensbereichen wie Arbeit, Bildung, Unterhaltung und Kommunikation.

Mit städtischem Leben sind aber von jeher auch mannigfaltige Probleme verbunden, die in regional differenzierter Ausprägung unterschiedliche Ursachen (und Auswirkungen) besitzen. So müssen die Städte der Industrienationen heute insbesondere im innerstädtischen Bereich mit neuer Attraktivität ausgestattet werden, um die zunehmende Randwanderung einer „stadtmüden" Bevölkerung abzubremsen, während die dominierenden städtischen Zentren der Länder der Dritten Welt dem Strom der Zuwanderer aufgrund mangelnder infrastruktureller Voraussetzungen kaum noch gewachsen sind. Städte sind also einerseits positiv zu beurteilende Ergebnisse menschlicher Entwicklung, andererseits aber auch Problemräume der Vergangenheit, Gegenwart und Zukunft.

1 Die Stadt

1.1 Stadt – ein eindeutiger Begriff?

Die Bezeichnung „Stadt" erscheint zunächst verständlich und keiner weiteren Diskussion oder Abgrenzung bedürftig. Befragungsergebnisse weisen aus, daß es weder Bewohnern ländlicher noch städtischer Siedlungen besondere Schwierigkeiten bereitet, einige wesentliche Merkmale von Städten zu benennen. Die am häufigsten genannten Assoziationen sind: Einkaufsmöglichkeiten, hohe Bevölkerungszahl, kulturelles Angebot, aber auch Verkehrsprobleme und Lärmbelästigung. Diese Nennungen machen zwar ein allgemeines Verständnis für den Begriff „Stadt" deutlich, werfen aber auch die Frage nach einer eindeutigen und konkreten Definition auf.

1.2 Unterschiedliche Stadtbegriffe

1.2.1 Der statistische Stadtbegriff

Auf dem internationalen Statistischen Kongreß in London (1860) wurde die Vereinbarung getroffen, daß alle Gemeinden mit mehr als 2000 Einwohnern als Stadt zu gelten haben. Diese Regelung ist heute grundsätzlich noch gültig, wird aber in verschiedenen Ländern durch weitere Abstufungen ergänzt wie z.B. in der Bundesrepublik (vgl. Tab. S. 193). In anderen Ländern werden unterschiedliche Abstufungen verwendet.

Einwohnergrößenklassen in der Bundesrepublik Deutschland

Landstadt	2 000 bis	5 000 Einwohner
Kleinstadt	5 000 bis	20 000 Einwohner
Mittelstadt	20 000 bis	100 000 Einwohner
Großstadt	100 000 bis	1 000 000 Einwohner
Millionenstadt	mehr als 1 000 000 Einwohner	

1.2.2 Der rechtlich-historische Stadtbegriff

Als relativ eindeutiges Abgrenzungskriterium steht weiterhin der formale Stadt-Titel zur Verfügung. Jede Gemeinde, der das Stadtrecht verliehen wurde, gilt als Stadt (Titularstadt). Im Mittelalter bedeuteten die Zuerkennung der Stadtrechte besondere Privilegien, wie z.B.:
– Marktrecht
– Recht auf Selbstverwaltung
– Freiheit der Stadtbürger
– Besteuerungsrecht

- Gerichtsbarkeit
- Aufhebung der Leibeigenschaft
- Zollrecht
- Recht zur Einfriedung und Verteidigung

Entsprechend ergab sich eine besondere soziale, wirtschaftliche und politische Stellung der Stadtbewohner („Stadtluft macht frei"). Alte Stadtansichten machen die auch räumlich scharfe Trennung zwischen Stadt und Umland deutlich.

Diese weitgehende Trennung ist jedoch spätestens im Zuge der Industrialisierung immer mehr verlorengegangen. Darüber hinaus verloren mit den Reformen zu Anfang des 19. Jahrhunderts viele Titularstädte ihr Landgericht und mußten durch den Abzug der Behörden meist auch einen deutlichen Rückgang von Handel und Handwerk hinnehmen. Da ein solcher Bedeutungsverlust nicht automatisch zur Aberkennung des Stadt-Titels führt, gibt es heute in der Bundesrepublik Deutschland eine große Anzahl von Gemeinden, die formal als Städte bezeichnet werden, tatsächlich städtische Funktionen nicht oder nur begrenzt ausüben.

Die Aussagekraft und damit Verwendbarkeit des statistischen und rechtlich-historischen Stadtbegriffes erscheinen somit als eingeschränkt. Beide Begriffe sind eindimensional angelegt und erfassen jeweils nur einen Aspekt des räumlichen Systems „Stadt".

1.2.3 Der geographische Stadtbegriff

In der nachstehend aufgeführten Definition sind (weitgehend) meßbare Merkmale zusammengefaßt, durch die Städte gekennzeichnet und abgegrenzt werden können:

„Die heutige mittel- und westeuropäische Stadt läßt sich ... definieren als kompakter Siedlungskörper von hoher Wohn- und Arbeitsplatzdichte mit einem Bedeutungsüberschuß für einen weiteren Versorgungsbereich, mit breitem Berufsfächer bei überwiegend tertiär- und sekundärwirtschaftlichen Tätigkeiten, mit einem relativ hohen Grad innerer Differenzierung, mit einer besonders vom Wanderungsgewinn wachsenden und durch überdurchschnittliche Anteile von Einpersonenhaushalten und Kleinfamilien charakterisierten Bevölkerung, mit relativ hoher Verkehrswertigkeit und weitgehend künstlicher Umweltgestaltung bei entsprechenden Folgeerscheinungen."

Burkhard Hofmeister: Stadtgeographie. Braunschweig: Westermann 1976, S. 175

Dieser geographische *Stadtbegriff* erscheint zunächst verwirrend und unübersichtlich. Trotzdem aber ist es möglich, die wesentlichen Kenntnisse zum Thema „Stadt" systematisch daraus zu entwickeln und damit zum Verständnis des Verstädterungsprozesses beizutragen. Es muß jedoch einschränkend darauf hingewiesen werden, daß es sich bei diesem Stadtbegriff um die Auffassung eines Wissenschaftlers handelt. Es existieren noch andere, zum Teil stark abweichende Definitionen der „Stadt".

Weiterhin drückt der hier verwendete Stadtbegriff die spezielle Blickrichtung und das Forschungsinteresse des Faches Geographie aus. Andere Disziplinen – wie z.B. Soziologie, Architektur oder Geschichte – haben andere Schwerpunkte der Forschung und definieren entsprechend andere Stadtbegriffe.

1.3 Einzelkriterien zur Beschreibung und Abgrenzung städtischer Siedlungen

1.3.1 Kompaktheit des Siedlungskörpers

Schon von der Betrachtung her erschließt sich die kompakte Anlage des städtischen Siedlungskörpers. Im Vergleich zu eher flächenhaften ländlichen Siedlungen führt die relativ große Zahl, Dichte und Höhe der Gebäude zur markanten Ausprägung einer Stadtsilhouette (*skyline*), insbesondere in nordamerikanischen Städten und einigen städtischen Zentren in Ländern der Dritten Welt.

1.3.2 Hohe Wohn- und Arbeitsplatzdichte

Der *Wohndichtewert* von Siedlungen gibt die Größe der Wohnbevölkerung auf einer bestimmten Bezugsfläche an. In Städten beträgt dieser Wert etwa 3000 bis 5000 Einwohner pro Quadratkilometer Gemeindeland.

Verteilung der Dichte der Arbeits- und Wohnbevölkerung in Hannover

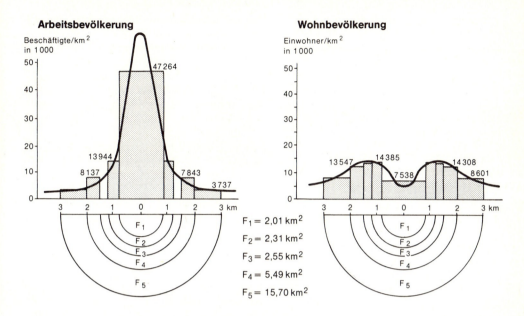

Nach Friedrich Lehner: Regionale Ordnung in Verkehr und Städtebau. 38. Internationaler Kongreß des Internationalen Verbandes für öffentliches Verkehrswesen (UITP), London 1969, S. 20

Die *Arbeitsplatzdichte* (Zahl der Beschäftigten in nichtagrarischen Arbeitsstätten auf jeweils 100 Einwohner) liegt in der City von Städten über 150, in angrenzenden Vierteln zwischen 50 und 150.

Beide Kriterien stehen in gegenseitiger Beziehung. Im Zusammenhang mit der City-Bildung (vgl. S. 197f.) kommt es vor allem im innerstädtischen Bereich zu einer deutlichen Verminderung der Wohndichte zugunsten der Erhöhung der Arbeitsplatzdichte.

1.3.3 Bedeutungsüberschuß (Zentralität von Siedlungen)

Gemeinden gewinnen oder besitzen einen *Bedeutungsüberschuß*, wenn ihre sozialen, politischen, wirtschaftlichen und kulturellen Einrichtungen (Funktionen) nicht nur der örtlichen Bevölkerung dienen, sondern auch von den Einwohnern umliegender Ortschaften genutzt werden. Zentrale Einrichtungen werden von der Mehrheit der Bevölkerung eines Gebietes regelmäßig benötigt, können aber aufgrund ökonomischer Gesetzmäßigkeiten nur an bestimmten Standorten verfügbar sein. Beispiele für *zentrale Einrichtungen* sind: Schulen, Krankenhäuser, Verwaltungsbehörden, Theater, Arztpraxen, Fachgeschäfte des Einzelhandels, Banken usw. (vgl. Kap. Der tertiäre Sektor und Raumordnung, S. 147ff.).

Siedlungen mit Funktionen dieser Art werden als *zentrale Orte* bezeichnet. Je nach Art und Bedeutung dieser Funktion (somit also auch nach der Größe des jeweiligen Bedeutungsüberschusses) ergibt sich eine hierarchische Gliederung der zentralen Orte:

1. Zentrale Orte der höheren Stufe
– Ober- oder Hauptzentrum (Warenhäuser, Fachkrankenhäuser, Hochschulen, Bezirksverwaltungen)

2. Zentrale Orte der mittleren Stufe
– Mittel- oder Regionalzentren (Fachgeschäfte, Fachärzte, Krankenhäuser)
3. Zentrale Orte der unteren Stufe
– Unter- oder Kleinzentren

Theorien und Modelle über die Ausbildung und Verteilung der zentralen Orte unterschiedlicher Stufen wurden z. B. von Christaller, Boester, Kluczka und Ganser aufgestellt und finden heute teilweise in der Raumordnung und Raumplanung (vgl. S. 137ff. u. S. 145ff.) Anwendung.

1.3.4 Berufsfächer

Im Zuge der Industrialisierung entstand durch zunehmende Arbeitsteilung und Spezialisierung eine ständig anwachsende Zahl von Berufen und Tätigkeiten. Dieser noch heute andauernde Prozeß läßt sich naturgemäß in Städten, den Konzentrationspunkten der industriellen Fertigung und des tertiären Sektors, am deutlichsten verfolgen. Als Schwellenwert für die Abgrenzung von ländlichen gegenüber städtischen Bereichen können 60% aller im jeweiligen Bezugsgebiet möglichen Berufe angesetzt werden. Das Berufsspektrum wächst im Normalfall mit der Größe der Stadt; in einer Großstadt wird mit 90–100% der möglichen nichtagrarischen Berufe ein fast kompletter *Berufsfächer* festzustellen sein.

1.3.5 Innere Differenzierung

Unterschiedliche Ordnungsprinzipien

Siedlungen weisen – mit örtlichen, regionalen und kulturräumlichen Besonderheiten sowie einer deutlichen Abhängigkeit von der Einwohnerzahl – spezielle räumliche Ordnungen auf.
Das Prinzip der *historisch-genetischen Gliederung* geht von dem Gedankengang aus, daß ein zeitliches Nacheinander in der Bebauung in einem räumlichen Nebeneinander seinen Ausdruck findet.
Für die *funktionale Gliederung* einer Siedlung wird die Funktion (Aufgabe, Rolle) der einzelnen Gebäude ermittelt und als Ordnungsprinzip herangezogen. Die wichtigsten Funktionsbereiche sind: Wohngebiet, Industriegebiet, Geschäftsgebiet, Erholungsflächen, Verwaltungsbereich.
Die *sozialräumliche Gliederung* differenziert die Bewohner einer Siedlung nach ausgewählten sozialstatistischen Merkmalen (z. B. Einkommen, Schulbildung, Berufstätigkeit, Lebensalter). Die Gliederung nach der Stellung im Beruf wird bei weitem am häufigsten angewendet, weil diese Daten aus den offiziellen Gemeindestatistiken entnommen werden können.
Die innere Differenzierung nach dem Baubestand (*physiognomische Gliederung*) zieht äußere Merkmale des Gebäudebestandes einer Siedlung als Grundlage der Erfassung des räumlichen Organisationsmusters heran. Vorzugsweise werden die Kriterien „Bebauungsdichte" und „Geschoßzahl" herangezogen.
Die *innere Differenzierung* wird häufig in kombinierter Form erhoben, stehen doch die genetischen, funktionalen, sozialen und formalen Elemente der Stadtstruktur in einem engen, interdependenten Zusammenhang.

Modelle der inneren Differenzierung

Die funktionale Gliederung von Städten ist von besonderer Bedeutung für Stadtplanung und Raumordnung, weil dieses Ordnungsprinzip Prozesse und Veränderungen in der Stadtstruktur besonders deutlich werden läßt. Insbesondere ergibt sich die Möglichkeit, komplexe Stadtstrukturen in städtische Teilräume zu untergliedern. Städtische Funktionen siedeln sich häufig eng beieinander an und bilden gleichartige Bereiche mit unterschiedlichen Formen, z. B. Zonen, Gürtel, Quartiere. In Abhängigkeit von Faktoren wie Verkehrsanbindung, Boden- und Mietpreise, Umweltbeeinflussung, historische Voraussetzungen usw. finden einzelne Funktionen ihren Standort innerhalb eines Stadtgebietes. Wenn auch die genannten und weiteren Faktoren von Stadt zu Stadt unterschiedlich ausgeprägt sind, so lassen sich doch gewisse Regelhaftigkeiten der funktionalen Gliederung ermitteln. Man versucht, das räumliche Nebeneinander funktional unterschiedlicher Areale durch Modellbildung zu erklären.

1. Das *Modell der konzentrischen Ringe* (Concentric Zone Theory; Burgess 1925)
   Das Wachstum einer Stadt geht zentrifugal vom historischen Ortskern aus. Es bilden sich konzentrische Ringe, die sich gürtelähnlich um den Kern herum anordnen.
2. Das *Sektoren-Modell* (Sector Theory; Hoyt 1939)
   Die Ausbildung funktional homogener Areale erfolgt keilförmig in Sektoren entlang den vom Zentrum peripheriewärts verlaufenden Ausfallstraßen.
3. Das *Mehrkerne-Modell* (Multiple Nuclei Theory; Harris und Ullman 1945)
   Die Stadterweiterung geht nicht von einem, sondern von mehreren Siedlungskernen innerhalb eines Großstadtbereiches aus. Die Ausprägung von Funktionsarealen fußt demnach weitgehend auf den ursprünglich in den Kernbereichen vorhandenen Funktionen.

Modelle der funktionalen Gliederung

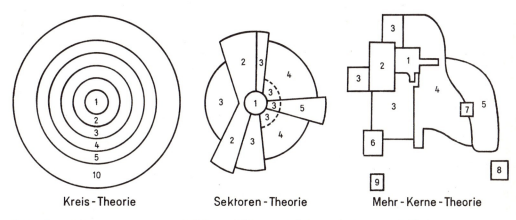

Kreis-Theorie   Sektoren-Theorie   Mehr-Kerne-Theorie

1 *Hauptgeschäftszentrum*
2 *Großhandel/Leichtindustrie*
3 *Wohnviertel von niederem Status*
4 *Wohnviertel des Mittelstandes*
5 *Gehobeneres Wohnviertel*
6 *Schwerindustrie*
7 *Regionales Geschäftszentrum*
8 *Wohnvorort*
9 *Industrievorort*
10 *Pendlereinzugsbereich*

Burkhard Hofmeister: Stadtgeographie. Braunschweig: Westermann 1976, S. 52

In der Realität läßt sich häufig eine Überlagerung dreier Verbreitungsmuster zeigen. Hinsichtlich der sozioökonomischen Funktionsareale erzeugt der wirtschaftliche Status der Stadtbevölkerung ein mehr sektorales Muster, der Familienstatus ergibt eine konzentrische Verteilung. Der ethnische Status (Zugehörigkeit zu Volksgruppen) bedingt ein Mehrkernemuster.
Die *Modelle der inneren Differenzierung* ergeben bis zu zehn unterschiedliche städtische Teilräume. In der Praxis beschränkt man sich häufig auf die Ausgliederung der City, der citynahen Wohn- und Gewerbeviertel, der Außenzone und des Stadt-Umlandes.

Die City

City (ursprünglich ein historisch-rechtlicher Begriff für eine Stadt mit eigener Verwaltung und beschränkter Gesetzgebungsgewalt) bedeutet heute einen bestimmten Bereich der Stadtmitte, der durch folgende Merkmale gekennzeichnet werden kann:

– Physiognomische Merkmale:
1. Überdurchschnittliche Gebäudehöhe,
2. großzügiger Grundstückszuschnitt im Vergleich zur kleinparzellierten Altstadt,
3. moderne Sacharchitektur,
4. durchgehende Ladenfronten mindestens im Erdgeschoß,

5. viele Geschäfte mit mehreren Etagen,
6. Geschäftspassagen, Arkaden, Kollonaden,
7. Ballung der Reklameflächen,
8. Fußgängerzonen, die häufig ganze Geschäftsstraßen umfassen,
9. weit zurückversetzte Hauseingänge, die tiefen Flure sind mit Schaufenstern versehen,
10. große Zahl von Kiosken, Imbißständen, Warenautomaten, Telefonzellen usw.

– Funktionale Merkmale:
1. Konzentration von Funktionen der höchsten Stufe der Bedienung: spezialisierter Einzelhandel, Anwaltpraxen, Fachärzte, Makler, Agenturen, Banken, öffentliche Dienste, Vergnügungsstätten, Kinos, Theater usw.,
2. Ausbildung scharf abgegrenzter Funktionsbereiche (Bankenviertel, Vergnügungsviertel, Kulturzentren, Regierungsviertel),
3. starke Verkehrsballung und rhythmisch (zu Öffnungs- und Schlußzeiten der Geschäfte und Büros) auftretende Verkehrsströme,
4. höchste Bodenpreise und Mieten,
5. räumliche Geschlossenheit und bauliche Kompaktheit,
6. starkes Überwiegen der Arbeitsplätze im tertiären Sektor,
7. hoher Anteil der Tagesbevölkerung, geringe Nachtbevölkerung.

In der Bundesrepublik Deutschland ist die City oft ganz oder teilweise mit der Altstadt identisch oder liegt zwischen Altstadt und Hauptbahnhof.
Im englischen Sprachgebrauch werden die Begriffe Central Business District (CBD), aber auch Downtown (in den USA) sowie City Centre oder Central Area verwendet.
Der Prozeß der City-Bildung begann in London um 1820, in den deutschen Großstädten um 1870. Ausgelöst durch gesellschaftlich-wirtschaftlichen Wandel (Übergang von der agraren/primären zur „tertiären Zivilisation"), kam es zu einem städtischen Funktionswandel, der eine zunehmende Abwanderung der Wohnbevölkerung und die Auffüllung mit gewerblichen Nutzungsformen mit sich brachte.

Die funktionale Struktur von City ist heute keineswegs so homogen, wie sie nach Kreis-, Sektoren- oder Mehrkerntheorie zunächst erscheinen mag. Jede City weist, vor allem in Abhängigkeit zu den unterschiedlichen Bodenpreisen, zusätzliche innere Differenzierungen auf. So nimmt im Regelfall die Intensität der gewerblichen Nutzung vom zentralen Teil nach außen hin ab, während die Intensität der Wohnfunktion zunimmt. Chorley/Hagget unterscheiden City-Kern und City-Mantel, wobei der *City-Kern* den innerstädtischen Bereich mit den höchsten Bodenpreisen und einer extrem intensiven Nutzung bei starker vertikaler Überbauung darstellt. Die Abgrenzung gegenüber dem *City-Mantel* erfolgt anhand der dort vorgefundenen niedrigeren Bodenpreise, weniger intensiven Nutzung, eher horizontalen statt vertikalen Ausdehnung sowie anhand des geringer spezialisierten Warenangebots und höheren Anteils der Wohnbevölkerung.

Citynahe Wohn- und Gewerbeviertel

Viele europäische Großstädte sind von Stadtteilen gekennzeichnet, die sich mit einförmiger (Mietshaus-) Bebauung und Mischfunktionalität (gewerbliche und Wohnfunktion) wie ein Kranz um die City legen (z.B. Wilhelminischer Wohnring in Berlin). Diese umfangreichen Stadterweiterungen des 19. Jahrhunderts sind durch die Industrialisierung, Landflucht und damit zusammenhängendes Städtewachstum zu begründen. Die Hauptmerkmale dieser Stadtteile sind gegenwärtig:

– überalterte Bausubstanz,
– äußerliche Monotonie (Mietskasernen),
– räumliche Beengtheit (in den Berliner Stadtbezirken Wedding und Kreuzberg liegt der Bevölkerungsdichtewert bei 80000 bis 130000 E/km^2),
– unzureichende sanitäre Ausstattung,
– starke Durchsetzung mit Gewerbebetrieben (und entsprechender Umweltbelastung),
– beschleunigte Überalterung der Wohnbevölkerung durch hohe Abwanderungsraten insbesondere von jungen Familien mit Kindern.

In diesen Bereichen stellen sich den Stadtplanern besondere Aufgaben, da teilweise slumähnliche Wohnbedingungen entstanden sind (vgl. Kap. Stadtsanierung, S. 213ff.).

Außenzone

Die *Außenzone* von Städten läßt sich kennzeichnen durch aufgelockerte Bebauung mit höherem Freiflächenanteil und weitestgehender Heterogenität von Baukörpern und Nutzung. Die Wohndichtewerte nehmen ab (etwa 100 bis 3000 E/km²), flächenintensive Betriebe und Einrichtungen konzentrieren sich (Flugplätze, Markthallen für den Großhandel, Messehallen, Sportanlagen, städtische Versorgungsbetriebe usw.). Ehemalig selbständige Gemeinden, die inzwischen innerhalb der Stadtgemarkung liegen, stechen durch kleinere Parzellen und dichtere Bebauung gegenüber dem weiträumigen Ring niedriger Flächenintensität ab. Die Heterogenität dieses städtischen Teilraumes liegt in der Unterschiedlichkeit der einzelnen Siedlungselemente begründet, die hier miteinander verbunden sind: Vorstadtgründungen des 18. und 19. Jahrhunderts, Arbeiterwohnsiedlungen großer Industriebetriebe, Lauben- und Kleingartenkolonien, Industriesiedlungen sowie Neubautätigkeit vor allem des sozialen Wohnungsbaues.

Stadt-Umland

Das Umland einer Stadt (oder auch Vorortzone) gehört nicht zur Stadtgemarkung, ist aber doch durch vielfältige wirtschaftliche und soziale Beziehungen eng mit ihr verknüpft. Als Abgrenzungskriterien werden z. B. herangezogen: Reichweite der städtischen Versorgungsnetze und Verkehrslinien, Einzugsbereich von Kunden der öffentlichen und privaten Einrichtungen der Stadt, Bautätigkeit unter städtischem Einfluß, Großhandelsbereiche verschiedener Warengruppen, tägliche Ferngespräche. Anerkannt ist die Abgrenzung des *Stadt-Umlandes* durch Gleichsetzung mit dem Herkunftsbereich der Berufs- und Bildungspendler (Pendlergrenze).

1.3.6 Bevölkerungswachstum und Bevölkerungsstruktur

Charakteristisches Merkmal von Städten sind ständig steigende Bevölkerungszahlen, wobei diese Steigerung weniger auf Geburtenüberschüsse als auf *Wanderungsgewinne* zurückzuführen ist.
Stadtbevölkerungen sind in aller Regel durch typische demographische Merkmale gekennzeichnet. Überdurchschnittliche Anteile von Einpersonen-Haushalten und Kleinfamilien (zwei und drei Personen) sind als Merkmale von Städten und als Verstädterungsindikatoren anerkannt.

Haushaltsgrößen in der Bundesrepublik Deutschland 1978

Gemeindegröße	Haushalte insgesamt in 1 000	Davon mit ... Personen in %					Personen 5 u. mehr je Haushalt im Durchschnitt
		1	2	3	4	5 u. mehr	
unter 5 000	3 255	19,1	25,7	19,0	18,3	17,1	3,04
5 000 bis 20 000	5 396	22,6	27,7	19,7	17,8	12,3	2,77
20 000 bis 100 000	6 018	27,6	28,5	18,6	16,1	9,3	2,56
100 000 und mehr	9 552	37,6	29,9	16,3	11,0	5,2	2,19

1.3.7 Verkehrswertigkeit (Verkehrslage)

Die Verteilung der Weltbevölkerung und damit die Häufung oder Streuung städtischer Siedlungen ist vorrangig von vier Faktoren abhängig.

– Das Klima begrenzt durch extreme Kälte, Trockenheit oder Wärme die Ökumene (ständig bewohnter und bewirtschafteter Teil der Erdoberfläche) gegenüber der Anökumene (Gebiete ohne Dauerwohnsiedlungen).

- Innerhalb der mittleren Breiten, in denen der größere Teil der Weltbevölkerung lebt, beeinflussen Meeresferne und Meereshöhe die Verteilung der Siedlungen. Abgesehen von Europa und Nordamerika ist das Innere der Kontinente menschenarm. Schon ab 150 km Entfernung zum Meer fällt die Bevölkerungsdichtekurve deutlich ab. Ursachen für dieses Verteilungskriterium sind vor allem die mangelnde Verkehrserschließung, die Erschließung der Kontinente von der Küste aus sowie die Konzentration des Außenhandels an den Küsten.
- Die Bevölkerungsdichtekurve nimmt in über 200 m ü. M. sowie – besonders deutlich – in über 500 m ü. M. ab. Ursachen sind vor allem die Temperaturabnahme mit der Höhe, Schwierigkeiten der Verkehrserschließung im gebirgigen Gelände, eingeschränkte Nutzungsmöglichkeiten des Berglandes.
- Als viertes Verteilungskriterium sind die wirtschaftlichen Möglichkeiten eines Gebietes zu nennen. Die günstige Kombination von Wasser, Wald und Ackerland, die Möglichkeit zum Handel und Schiffbau hat z. B. die Städtekonzentration im Nordosten der Vereinigten Staaten erheblich begünstigt (vgl. Kap. USA S. 293f., 310f.). Der Einwandererstrom sowie die vorhandenen Rohstoffe waren weitere Faktoren einer besonderen wirtschaftlichen Lagegunst.

Zusätzlich zu den oben genannten allgemeinen Faktoren der Siedlungsverteilung ist die *Verkehrslage* von besonderer Bedeutung für die Stadtentstehung. Insbesondere an Punkten des gebrochenen Verkehrs, wo unterschiedliche Wirtschaftsräume aneinandergrenzen (Meeresküste, Gebirgsränder, Furtstellen an Flüssen), hat sich die Mehrzahl der heute bestehenden städtischen Siedlungen entwickelt. Allerdings ist die *Verkehrswertigkeit* einer Siedlung in besonderem Maße den jeweiligen Wirtschaftsformen und -stufen unterworfen und unterliegt dem Wandel der kulturgeographischen Situation (Veränderungen in der Technik, Art und Reichweite der Transportmittel, Wandel der Ansprüche usw.). Der Industrialisierungsprozeß hat eine Art Auslesefunktion für Städte gehabt, die ursprünglich nach anderen Lageprinzipien entstanden waren. So hat der Verlauf der frühen Eisenbahnlinien die städtische Siedlungsentwicklung Deutschlands maßgeblich beeinflußt.

Die Verkehrswertigkeit läßt sich allerdings nur unter Schwierigkeiten zum Meßkriterium für die Stadteigenschaft einer Siedlung erheben. Bedeutungsvoll bleibt dieses Kriterium jedoch auch heute noch, wenn im Rahmen von raumordnerischen Maßnahmen Gemeinden mit zentralen Funktionen ausgestattet werden sollen. Von besonderer Bedeutung bei einer solchen Einschätzung ist heute allerdings nicht die Nähe zu einer Eisenbahnlinie, sondern vor allem die Erreichbarkeit anderer Verkehrsträger wie Autobahn oder Flugplatz.

Neben den genannten Kriterien werden aber noch weitere Gründe für die Ortslagewahl bedeutungsvoll, die der Vollständigkeit halber genannt werden müssen. Die topographische (oder kleinräumliche) Lage von Städten entscheidet sich oft aufgrund besonderer Eigenschaften des eigentlichen Siedlungsplatzes:

- Flußinsellage (Stadtbildung an einer Stelle, wo eine oder mehrere Inseln die Überquerung erleichterten; Beispiele: Berlin und Montreal),
- Lage auf Umlaufbergen oder Spornen, also Stellen, die erhaben gegenüber dem Umland liegen (Beispiel: Bern),
- Talengenlage findet sich häufig in Gebirgstälern mit günstigen Verteidigungsmöglichkeiten (Beispiel: Kufstein am Inn),
- in vielen Mittelmeerländern findet man die Hügellage bzw. die Lage über der Meeresküste. Diese nach dem Beispiel der Stadt Athen als Akropolislage bezeichnete Stadtlage ergab sich aus dem Wunsch nach Schutz vor Angreifern, wohl aber auch vor Überschwemmungen,
- die Isthmuslage (Beispiele: Madison und Wisconsin) bezeichnet eine Stadtlage auf einer schmalen Landenge zwischen verschiedenen Gewässern.

Gerade in Städten, die an solchen Lagen gegründet wurden, ergeben sich heute bei der fortschreitenden flächenmäßigen Ausdehnung große Probleme, da nicht genügend Bauland zur Verfügung steht.

1.3.8 Umweltgestaltung

Die städtisch bedingte *Umweltgestaltung* (z. B. Landschaftszersiedlung oder Zerstörung künstlerisch bedeutsamer Stadtarchitektur) kann quantitativ nur schwer erfaßt werden. Klarer und eindeutiger läßt sich städtische und ländliche Umwelt durch Messungen der *Umweltbelastung* gegeneinander abgrenzen. Die sektoral erfaßbaren Belastungen (Lärm, Abfall, Abwässer, Luftverunreinigung) sind abhängig von Siedlungsgröße, Siedlungsstruktur sowie der jeweiligen topographischen und meteorologischen Lage (vgl. Kap. Umweltschutz S. 240ff., Raumordnung S. 166).

2 Verstädterungsprozeß

2.1 Der weltweite Vorgang der Siedlungskonzentration

Die räumliche Verteilung der wachsenden Weltbevölkerung ist ständiger Veränderung unterworfen. In fast allen Regionen der Ökumene konzentriert sich die Bevölkerung immer stärker auf städtische bzw. stadtnahe Siedlungsräume (vgl. Abb. S. 46).

Größenvergleich ausgewählter Städte und Länder (in Mio.)

Städte		Länder	
New York	11,5	Malaysia	11,4
Schanghai	10,8	Ungarn	10,4
Mexico City	8,6	Bulgarien	8,6
Paris	8,2	Schweden	8,1
Kalkutta	8,0	Griechenland	8,1
Peking	7,5	Österreich	7,5
Kairo	5,1	Dänemark	5,1
Philadelphia	4,8	Finnland	4,6

Großstädte der Erde (über 100000 Einwohner)

	Anzahl	Einw. in Mio.	% der Erdbevölkerung
1800	36	12	1,3
1900	290	100	6,2
1975	1582	1260	31,5

Der Verstädterungsvorgang (*Urbanisierung*) läuft in allen Gebieten der Erde unterschiedlich schnell und in Abhängigkeit von den jeweiligen gesellschaftlich-wirtschaftlichen Voraussetzungen ab. Sowohl in zeitlicher und regionaler, aber auch in quantitativer und qualitativer Hinsicht lassen sich weitgehende Unterschiede zwischen den einzelnen Kulturräumen feststellen.

Verteilung der Weltbevölkerung – Verstädterung

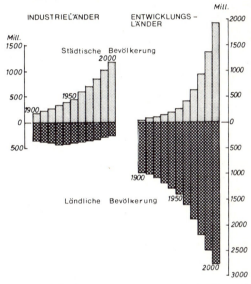

Hans Karl Barth und Hans-Jürgen Bauer: *Ernährungsprobleme einer wachsenden Weltbevölkerung.* Stuttgart: Klett 1977, S. 4

Verstädterung bedeutet also – zunächst einmal nur quantitativ ausgedrückt – die Tendenz steigender Anteile der in städtischen Siedlungen lebenden Bevölkerung einer Bezugsregion. Mit dem Verstädterungsvorgang verbunden sind schwierig erfaßbare Veränderungen der *sozialen* und *regionalen Mobilität* (vgl. Kap. Bevölkerungsverteilung S. 47f.). Allgemein werden drei sich gegenseitig beeinflussende Vorgänge unterschieden:
– Land-Stadt-Wanderung und Siedlungsagglomeration,
– soziale Entbindung der ehemaligen Bewohner ländlicher Regionen,
– Rückwirkungen beider Vorgänge auf ländlichen und städtischen Raum sowie die Gesamtgesellschaft.

Neben dem rein zahlenmäßigen Aspekt werden also auch qualitative Fragestellungen deutlich. So wird Verstädterung als ein Phänomen der industriellen Gesellschaft beschrieben, bei dem nach Heller (1973, S. 375) „in zunehmendem Maße im ländlichen Raum Elemente auftauchen, die einmal nur Städten zu eigen waren, und daß dieser Prozeß (...) mit der Nähe zu größeren Städten an Geschwindigkeit, Umfang und Intensität zunimmt".
Als Beispiele seien genannt:
- Errichtung von mehrstöckigen Wohnhäusern im Stadtumland,
- Verlagerungen von Industriebetrieben in die peripheren Außenbezirke bzw. in stadtnahe Gemeinden,
- Umnutzung ehemaliger landwirtschaftlicher Gebäude (vgl. Industrieräumliche Strukturen S. 124 ff., Abb. S. 124 und Abb. S. 208).

Weiterhin beinhaltet der Verstädterungsprozeß die Übernahme spezifisch städtischer Verhaltensformen, Wertvorstellungen und Formen des sozialen Zusammenlebens auch in Gemeinden, die per Definition nicht als Städte anzusehen sind.

2.2 Verstädterung in den heutigen Industrieländern

2.2.1 Die Entstehung von Bevölkerungsagglomerationen

Die Stadt des Mittelalters und auch noch der beginnenden Neuzeit (auf die historische Stadtentwicklung kann an dieser Stelle nicht eingegangen werden) trug ausgesprochen individuelle Züge, die sie z.B. als Hansestadt, Domstadt, Universitäts- oder Residenzstadt kennzeichnete. Mit dem Beginn des Industriezeitalters veränderten sich die Städte in ihrem äußeren Bild, ihrer Struktur, der Bevölkerungszusammensetzung und – vor allem – hinsichtlich ihrer Bevölkerungszahlen.

Die *Industrialisierung* wandelte die Raumstrukturen der betroffenen Gebiete in beträchtlichem Ausmaß. Es entstanden – überwiegend auf oder in der Nähe von Steinkohlelagerstätten – ausgedehnte Industrieviere mit entsprechenden Bevölkerungsballungen in Mittelengland, Schottland, Nordostfrankreich, im heutigen Ruhrgebiet, in Oberschlesien, im Osten Nordamerikas.

Die Binnenwanderungen nahmen erhebliche Ausmaße an, dies zunächst vor allem in England, das eine führende Rolle im Industrialisierungsprozeß übernommen hatte. So wuchsen die Fabrikstädte Manchester, Birmingham, Leeds und Sheffield, die 1760 zwischen 15000 und 40000 Einwohner hatten, bis 1850 auf die sechs- bis zehnfache Größe an.

In Deutschland kam es erst in der Zeit nach 1815 zu einer vergleichbaren industriellen Bewegung, die weiträumige *Binnenwanderungen* nach sich zog. Von 1860 bis 1910 hat sich die Bevölkerung Deutschlands verdoppelt, jeder zweite Einwohner war aber nicht mehr an seinem damaligen Wohnort geboren, jeder siebente war über Länder- oder Provinzgrenzen zugewandert. Auch hier wurde eine an agrarischer Flächenproduktion orientierte Wirtschafts- und Siedlungsstruktur überlagert durch eine standortgebundene, zur punkthaften Verdichtung neigenden industrielle Produktion (vgl. Kap. Industrie S. 111 ff.).

Städtewachstum in der Bundesrepublik Deutschland

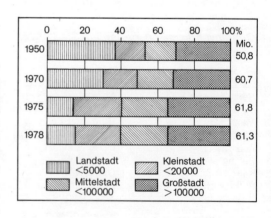

Die Karte Verdichtungsräume *(Agglomerationen)* und Industrieräume zeigt den eindeutigen Zusammenhang von Industrialisierung und Bevölkerungskonzentration. Es muß allerdings schon an dieser Stelle darauf hingewiesen werden, daß der Industriali-

Industrie- und Verdichtungsräume

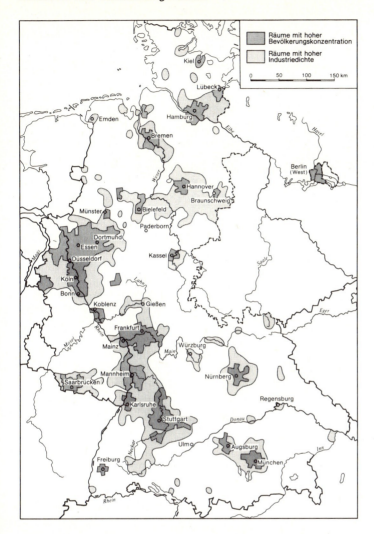

sierungsvorgang nicht alleinverantwortlich für die Herausbildung städtischer Siedlungsagglomerationen ist. Erst die immer stärker differenzierte Arbeitsteilung, die zunehmende Ausbildung von nichtlandwirtschaftlichen Arbeitsplätzen im tertiären Sektor haben das weitere Städtewachstum der letzten Jahrzehnte ermöglicht und begünstigt. Die Mehrzahl der industriellen Anlagen ist heute nicht mehr standortgebunden und könnte – theoretisch – aufgelockert werden, um unerwünschte Bevölkerungsballungen zu vermeiden. Demgegenüber zeigen die meisten Bereiche des tertiären Sektors eine ausgesprochene Stadt- oder Großstadtgebundenheit. Die als „center work" bezeichneten hochspezialisierten Verteiler- und Kontrollberufe in Handel, Verkehr, Versicherungen und Banken stellen die wesentlichen Voraussetzungen für umlandbezogene Funktionen der Städte dar. Haben aber Städte erst einmal überregionale Bedeutung erreicht, dann üben ihre zentralen Einrichtungen einen Zwang für erweiterte oder neue Wirtschaftsbetriebe aus, sich dieser Angebote auch zu bedienen. Mithin kann von einer selbstverstärkenden Wirkung des städtischen Konzentrationsprozesses ausgegangen werden.

Die Zunahme der städtischen Bevölkerung beinhaltet fast immer eine Ausweitung der städtischen Siedlungsfläche. Der Pro-Kopf-Verbrauch an Fläche stieg in Deutschland von 80 m²/E auf 140 m²/E in der Zeit von 1930 bis 1960 (vgl. Kap. Raumordnung S. 164f.). Die Anlage neuer Wohngebiete und Gewerbeflächen führt zum allmählichen Zusammenwachsen von benachbarten Städten und schließlich zu Ausbildung von Ballungsräumen. Eine solche Entwicklung wird begünstigt durch das Zusammenwirken verschiedenster Faktoren wie: lokale und überregionale Verkehrslage, Arbeitskräftepotential, Nähe zum Meer/Handelsverbindungen, kulturelle und politisch-administrative Funktionen, Ausstattung mit natürlichen Ressourcen (Bodenschätze, Energie).

Grundlage des Modells der *Stadtregion* ist die Tatsache, daß die Intensität der Verflechtung zwischen Stadt und Umlandgemeinden in der Regel von innen nach außen abnimmt. Anhand sozioökonomischer Kennzahlen und unter Festlegung bestimmter Schwellenwerte (vgl. Tab. S. 204) wird der Verflechtungsbereich einer Stadt oder Doppelstadt ermittelt.

In der Bundesrepublik Deutschland bestehen 68 Stadtregionen; in ihnen leben etwa 50% der Gesamtbevölkerung.

Anteil der Stadtbevölkerung in Deutschland (Siedlungen über 2000 Einwohner)

1850: 28%
1900: 54%
1933: 67%
1966: 78% (Bundesrepublik Deutschland und DDR)
1977: 76% (DDR)
1977: 92% (Bundesrepublik Deutschland)

Modell der Stadtregion

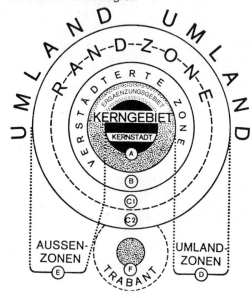

Nach Paul Klemmer: Der Metropolisierungsgrad der Stadtregion. Hannover: Jänecke 1971, S. 12

Schwellenwerte für die Abgrenzung städtischer Teilräume

	Erwerbsstruktur*	% Auspendler ins Kerngebiet von allen Erwerbspersonen	EAD (Einwohner-Arbeitsplatzdichte)	Zahl der Einwohner
Kerngebiet	< 50	≧ 25	≧ 600	
Verstädterte Zone	< 50	≧ 25	250–< 600	≧ 80000
Randzone	< 50	≧ 25	< 250	
Trabanten	< 50	< 25	≧ 600	≧ 5000

* Landwirtschaftliche Erwerbspersonen in % aller Erwerbspersonen

Burkhard Hofmeister. Stadtgeographie. Braunschweig: Westermann 1976, S. 159, gekürzt

Als *Verdichtungsraum* – in der Bundesrepublik Deutschland gibt es 24 solcher Räume – werden Gebiete bezeichnet, die mindestens folgende Abgrenzungskriterien erfüllen:
- Fläche 100 km²
- Einwohnerzahl 150 000
- Einwohnerdichte 1000/km²
- EAD (Einwohner-Arbeitsplatz-Dichte) 1250

Dem britischen Begriff der *Conurbation* liegen weniger sozialstatistische Abgrenzungskriterien zugrunde als (neben einem Schwellenwert von 2500 E/km²) Vorstellungen von städtebaulichen Einheiten mit kompakter Bebauung, die nicht durch agrarisch ausgerichtete Bereiche unterbrochen sind. Ausgegangen wird von der Vorstellung, daß beim Zusammenwachsen mehrerer Städte eine dieser Städte die dominierende städtische Funktion übernimmt und eine City ausbildet. Wachsen gleichwertige Städte zusammen *(Twin cities)*, so können für längere Zeit in beiden Städten vergleichbare Stadtfunktionen bestehen bleiben. Die amtliche britische Statistik weist sieben Conurbations aus (z. B. Greater London, West Midlands, Merseyside) Mittelpunkte von Conurbations sind z. B. Birmingham, Glasgow, Leeds, Manchester.

Die amerikanische *Metropolitan area* bezeichnet eine großstädtische Agglomeration, in der mindestens 100 000 Einwohner leben. Im Kernbereich muß sich eine administrative Stadteinheit mit wenigstens 50 000 Einwohnern befinden. Die benachbarten städtischen Einheiten müssen einer Reihe von städtischen Merkmalen genügen, für die Schwellenwerte festgelegt sind.
Anstelle der Metropolitan areas werden heute die *Standard Metropolitan Statistical Areas* (SMSA) ausgewiesen. Das bedeutet:
- mindestens eine County (administrative Stadteinheit) mit einer Central City; mindestens 50 000 Einwohner, oder
- mindestens Twin Cities; mindestens 50 000 Einwohner, oder
- mindestens zwei oder mehr benachbarte Counties mit über 65% nichtagrarischer Bevölkerung.

1970 lebten in den USA 139 Mio. Einwohner in 243 SMSA's (68,8% der Staatsbevölkerung). Bei übergroßen SMSA's werden zusätzlich *Standard Consolidated Areas* (SCA) ausgewiesen. Die SCA New York – Nordostjersey umfaßt vier SMSA's mit 16,2 Mio. Einwohnern, die SCA Chicago – Nordindiana zwei SMSA's mit 7,6 Mio. Einwohnern.

Abgrenzungen und Klassifizierungen wie Conurbation oder Verdichtungsraum reichen vor allem dann nicht aus, wenn sich Millionen- und Großstädte häufen und zahlreiche Überschneidungen des verstädterten Umlandes vorliegen. Für Gebiete dieser Art wird häufig der Begriff *Megalopolis* gebraucht, es fehlen jedoch eindeutige Abgrenzungskriterien (vgl. Kap. USA S. 310).

2.2.2 Stadtflucht und Randwanderung

Bevölkerungsentwicklung in deutschen Großstädten

Stadt	Einwohner-Höchststand (in Tausend)	Einwohnerzahl heute (in Tausend)	Rückgang der Einwohnerzahl 1976	Ausländeranteil (in Prozent)
Berlin	2 226 (1958)	1 953	35 500	11,6
Hamburg	1 875 (1964)	1 700	17 700	7,0
München	1 339 (1972)	1 315	300	16,8
Köln	995 (1975)	983	3 000	11,4
Essen	730 (1962)	672 (trotz Eingemeindung)	5 000	5,2
Düsseldorf	707 (1962)	616 (trotz Eingemeindung)	10 100	10,8
Frankfurt	700 (1964)	646	11 300	18,0
Stuttgart	640 (1962)	585	12 000	15,0

Die Welt vom 17. 5. 1977

Etwa seit Beginn der 70er Jahre läßt sich eine zweite Phase des Verstädterungsvorgangs feststellen, die als Städteverdichtung bezeichnet wird und mit einer bevölkerungs- und siedlungsmäßigen Auffüllung des Stadtumlandes einhergeht. Träger dieses Prozesses sind zum einen Wanderungsbewegungen aus dem ländlichen Raum, die städtische Randgemeinden als Wanderungsziel besitzen. Zum anderen besteht eine zunehmende Tendenz der Abwanderung vor allem aus den Innenstädten (vgl. Kap. Raumbeispiele S. 183).

Ursachen der Bevölkerungsabnahme

In verschiedenen Untersuchungen und Befragungen wurden die Gründe für Wohnsitzverlagerungen in das städtische Umland ermittelt. Die unten genannten *Wanderungsmotive* sind vor allem vom jeweiligen Lebenszyklus der Befragten abhängig. Denn mit bestimmten Stadien in der Entwicklung eines Menschen (Eintritt in das Berufsleben, Familiengründung usw.) ändern sich die spezifischen Ansprüche an das Wohnumfeld. Unterschiedliche Ansprüche aber bewirken in der Regel – falls sie nicht am derzeitigen Wohnort befriedigt werden können, einen entsprechend zielorientierten Wohnstandortwechsel.

Gründe für einen Wohnstandortwechsel:
- Zunehmendes Wohlstandsdenken unserer Gesellschaft, zunehmender Raumanspruch des ruhenden und fließenden Verkehrs, höherer *Wohnraumanspruch*, bedingt größeren Flächenanspruch pro Kopf der Bevölkerung (1950 entfielen in Frankfurt am Main neun Wohnräume auf je zehn Einwohner; heute –Stand 1977– sind es 17 Räume). Da die Zahl der Einwohner in einem Gebiet zurückgeht, wenn mehr Wohnfläche pro Einwohner beansprucht wird, sind die hohen Abwanderungsquoten unserer Ballungszentren eine durchaus erwartbare Konsequenz. Denn gerade hier können die vorhandenen Wohnflächen nur sehr begrenzt erweitert werden.
- überalterte Bausubstanz (mangelhafte Wohnungsausstattung),
- Umweltbelastungen (vor allem bedingt durch den Straßenverkehr),
- Mietpreiserhöhungen aufgrund der konkurrierenden Nachfrage nach Grundstücken im innerstädtischen Bereich für eine alternative Nutzung (Büro- und Ladenfläche, Kaufhäuser usw.),
- Wohnungswechsel nach beruflichem Aufstieg,
- Höhe der Baulandpreise bzw. geringes Baulandangebot in landschaftlich reizvollen Stadtwohnlagen,
- Parkschwierigkeiten für private Pkw,
- fehlende Möglichkeiten zur Bildung von *Wohneigentum*. Aufgrund wesentlich höherer Grundstückspreise in den Großstadtgemeinden ergeben sich heute Gesamtkosten von etwa 500 000 DM für ein Einfamilienhaus, so daß ein großer Teil der Bauwilligen hier allein aus finanziellen Gesichtspunkten nicht mehr bauen kann.

Zwingende Konsequenz aus diesen Überlegungen ist entweder ein staatlicher Eingriff in die Preisbildung für Bauland oder/und eine Verminderung der Grundstücksgrößen bei entsprechend verdichteter Bauweise.

Auswirkungen auf die betroffenen Stadtgemeinden

Bei anhaltenden Wanderungsverlusten sind die betroffenen Kommunen verschiedenartigen Belastungen unterworfen:
- Verringerung des Einkommensteueraufkommens (seit 1969 stehen 14% dieser Steuer der Wohnortgemeinde des Steuerzahlers zu), während ein großer Teil der infrastrukturellen Leistungen für nicht (mehr) in der Stadtgemarkung lebende Bevölkerungsgruppen erbracht wird (z.B. kulturelle Einrichtungen, Straßenbau, Krankenhäuser). Abwanderungsbereit und -fähig sind vor allem mittlere bis höhere Einkommensgruppen. So haben z.B. die Abwanderer aus der Stadt Hamburg einen um durchschnittlich 500,- DM höheren Monatsverdienst als diejenigen, die innerhalb der Stadt umziehen.
- Verlust an dynamischen Bevölkerungselementen. Umzugswillig sind vor allem jüngere Familien, denen nach Familienvergrößerung die bisherige Wohnsituation nicht mehr genügt, die auf dem städtischen Wohnungsmarkt aber keine geeigneten Angebote vorfinden.

- Entmischung der Sozialstruktur. Es kommt zu einer schichtenspezifischen Verteilung der sozialen Problemgruppen (unterprivilegierte Jugendliche, alte Menschen, sozial schwach gestellte Personen, Ausländer) auf das Stadtgebiet. Dieser Konzentrationsvorgang, der als *Segregation* bezeichnet wird, läßt sich heute vor allem in den Innenstädten unserer Großstädte nachweisen. Verschiedene Wohnbezirke werden inzwischen fast ausschließlich oder überwiegend von ausländischen Arbeitnehmern bewohnt, so daß ab Anfang der 80er Jahre dort teilweise keine deutschen Volksschulklassen mehr eingerichtet werden und die Gefahr einer *Ghettobildung* nicht auszuschließen ist.
- Mangelnde Ausnutzung von öffentlichen Einrichtungen, die auf höhere Zielkapazitäten geplant worden waren (Kindergärten, Schulen, innerstädtische Verkehrsmittel). Zudem müssen diese Einrichtungen im Stadtumland zum Teil neu errichtet werden.
- Erhöhung des Verkehrsaufkommens im städtischen Bereich, da die Arbeitsplätze der Randwanderer überwiegend beibehalten werden. Auch die Bildungs- und Einkaufspendler erhöhen die Verkehrsbelastung im städtischen Bereich.
- Weitere Verschlechterung der städtischen Lebensqualität, da in überalterten und immer stärker umweltbelasteten Wohnquartieren die Besitzer immer weniger Sanierungs-, Erhaltungs- und Modernisierungsmaßnahmen durchführen lassen.

Auswirkungen auf ländliche Gemeinden

Der Verstädterungsprozeß bewirkte in Deutschland vor allem seit dem Zweiten Weltkrieg einen maßgeblichen *Strukturwandel* der wirtschaftlichen und sozialen Funktionen des ländlichen Raumes. Betroffen waren zunächst die Agrarsiedlungen im Bereich der städtischen Ballungsräume. Inzwischen sind auch ländliche Siedlungen vom Verstädterungsprozeß erfaßt, die keine direkten Verbindungen zu städtischen Siedlungen haben. Entsprechend muß – obwohl Wechselwirkungen bestehen – unterschieden werden zwischen *Verstädterungserscheinungen*, die im allgemeinen gesellschaftlich-wirtschaftlichen Strukturwandel begründet sind, und solchen, die im Kontaktbereich zwischen städtischen und ländlichen Gemeinden als direkte Auswirkungen des städtischen Einflusses entstehen.

Indirekte Verstädterungserscheinungen im ländlichen Raum:
- Abnahme der Erwerbstätigen in der Land- und Forstwirtschaft,
- Abnahme des Anteils der Erwerbstätigen in der Land- und Forstwirtschaft in Relation zur Gesamterwerbstätigkeit (Rückgang der Agrarerwerbsquote),
- Bevölkerungsrückgang,
- Abnahme der Zahl der landwirtschaftlichen Betriebe,
- Verminderung der landwirtschaftlich genutzten Fläche,
- Abnahme der Zahl der dörflichen Handwerksbetriebe,
- Zunahme der Auspendler bzw. Veränderung der Relation Auspendler-Einpendler,
- Überalterung der Wohnbevölkerung,
- Abnahme der vorrangig landwirtschaftlich genutzten Gebäude in Relation zur Gesamtgebäudezahl,
- Verringerung der durchschnittlichen Personenzahl pro Haushalt,
- Zunahme der Einzelhaushalte,
- Neubautätigkeit der bereits ortsansässigen Bevölkerung,
- Zunahme der Anzahl von Wohnungen pro Gebäude.

Die dörfliche Sozialstruktur war jahrhundertelang von Begriffen wie Bindung an die Scholle, Großfamilienverband, Patriarchat, Brauchtumspflege und Gemeinschaftsbewußtsein gekennzeichnet. Mit dem wirtschaftlich-gesellschaftlichen Wandel wurde ein ständiger Anpassungsprozeß an normative Wertvorstellungen des städtischen Lebens eingeleitet, der heute zwar positive Effekte im Bereich des materiellen Wohlstandes, geistiger Mobilität, Wohnkultur usw. beinhaltet, aber auch abnehmendes Gemeinschaftsgefühl, Isolierungstendenzen und – insgesamt – Verlust des dörflichen Wohnwertes bedingen kann. Insbesondere das *Pendlerwesen* als Ergebnis von Veränderungen der *Arbeitsplatzstruktur* und Zuzug von Bevölkerungsgruppen mit Arbeitsplätzen in der Stadt bewirkt durch die entsprechende Ausrichtung des Lebens auf die Stadt eine permanente Verbreitung städtischer Arbeits- und Lebensformen.

Direkte Verstädterungserscheinungen

Während ursprünglich im ländlichen Bereich nur vereinzelt reine Wohnhäuser vorhanden waren, führte das Ausgreifen der städtisch bestimmten Siedlungstätigkeit zum Entstehen teilweise geschlossener Neubauviertel, die sich (meist) an den Rändern der ursprünglichen Bebauung ausgebreitet haben. In vielen Gemeinden hat die Zahl der Gebäude mit ausschließlicher Wohnfunktion den ursprünglichen Bestand bereits übertroffen. Die somit dominierende Bebauungsart prägt – auch unterstützt durch den hohen Flächenbedarf der zumeist erstellten Ein- und Zweifamilienhäuser – die Physiognomie der Ortschaften aufgrund des Kontrastes zwischen gewachsener und planmäßig erweiterter Siedlungsstruktur (vgl. Abb. S. 208). Häufig findet sich auch eine landschaftszersiedelnde Distanz zwischen altem Dorf und Neubausiedlung. In den alten Dorfbereichen selbst hat bei Neubauten und Renovierungen sowohl das verwendete „moderne" Baumaterial als auch der teilweise rigorose Abriß von kulturhistorisch wertvollen Gebäuden, die Beseitigung oder Veränderung von Platzanlagen und ganzen Straßenzügen einen Großteil der ortsprägenden Individualität beseitigt. Der oft konsequent betriebene Verkehrsausbau führte zu breiten und geradlinigen Straßen, denen Gebäude, Plätze und Baumbestände weichen mußten.

Phasen der Siedlungserweiterung in Groß Ellershausen/Göttingen (Ausschnitt)

Wolfgang Fettköter: Verstädterung im Einflußbereich Göttingens. In: Geographische Rundschau 1979, H. 5, S. 214. Braunschweig: Westermann,

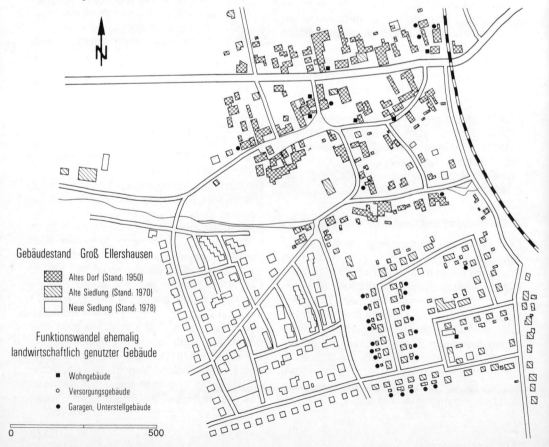

Mit zunehmender Baulandverknappung und steigenden Bodenpreisen werden seit etwa 1970 auch Baulücken und Höfe ehemaliger landwirtschaftlicher Gebäude in den alten Ortskernen mit Wohnhausbauten gefüllt.

Nicht mehr benötigte ehemalige landwirtschaftliche Wirtschaftsgebäude (Ställe, Scheunen) werden umgenutzt zu Garagen, Unterstellplätzen usw.

Zu den *zentripetal* (aus dem Zentrum heraus) gerichteten Verstädterungserscheinungen gehört auch die Verlagerung von ehemals städtischen Industrie- und Gewerbebetrieben, deren steigender Platzanspruch am früheren Standort aus Kostengründen oder aufgrund bereits vorhandener Bebauung nicht befriedigt werden kann. Weiterhin kann die Neuerrichtung von Industriebetrieben seit einigen Jahren sowohl aufgrund des Steigens der Bodenpreise als auch strengerer Umweltschutzbestimmungen nur noch in Ausnahmefällen im Bereich der verdichteten städtischen Bebauung erfolgen.

Gemeinden des Stadt-Umlandes oder bereits in Städte integrierte ehemalig selbständige Gemeinden weisen, wie sich z.B. durch Untersuchung der oben genannten allgemeinen Verstädterungserscheinungen belegen läßt, unterschiedliche Verstädterungsgrade aus. Das Ausmaß der *Verstädterungsintensität* ist vor allem von folgenden Faktoren abhängig:
– Entfernung von Orten übergeordneter Zentralität (*raumdistanzielles Prinzip*),
– Größe der Gemeinde (Bevölkerungszahl),
– regionale und überregionale Verkehrsverbindungen,
– Eignung als ländliche Mittelpunktsgemeinde aufgrund bestehender Einrichtungen des tertiären Sektors und der Lage zu benachbarten Gemeinden,
– landschaftlich ansprechende und gesunde Wohnlage.

Die *Raumordnungs*politik wird in Zukunft in besonderem Maße die Aufgabe haben, sinnvolle Entscheidungen über die weitere Entwicklung des ländlichen Raumes vorzubereiten (vgl. Kap. Gebietseinheiten S. 177).

Maßnahmen und Trendwendung

Die derzeitigen Versuche (1979), den Umzug von Städtern in das Umland der Großstädte zu hemmen, bestehen vor allem in folgenden Maßnahmen:
– Förderung und Intensivierung der Planung von *Stadthäusern*, die auf kleinen Grundstücken bei verdichteter Bauweise die wesentlichen Vorteile des ländlichen Eigenheimes (Privatheit, Abgeschlossenheit, Wohnen im Grünen) mit der Stadtwohnlage verbinden sollen,
– Erneuerung einzelner Gebäude und kleinerer Quartiere mit dem Ziel, neben der Verbesserung der Wohnqualität auch das Wohnumfeld den gestiegenen Ansprüchen an Ruhe, Grün und Möglichkeiten zum Zurückziehen anzupassen,
– Förderung der Bildung von Wohnungseigentum in den Städten,
– diverse Maßnahmen zur Verkehrsberuhigung und Bündelung der Verkehrsströme,
– Einrichtung von Fußgängerzonen (vgl. Kap. Fußgängerbereiche S. 218 f.).

In verschiedenen Städten sinkt oder stagniert inzwischen die Abwanderungstendenz bei gleichzeitiger Erhöhung der Neuanmeldungen. Es muß allerdings angenommen werden, daß ein direkter Zusammenhang zwischen Mobilitätsbereitschaft und gesamtwirtschaftlicher Situation besteht, da sich häufig in Rezessionszeiten die Wanderungsbewegungen im Ausmaß halbieren.

Weiterhin muß in Betracht gezogen werden, daß steigende Bevölkerungszahlen in Großstädten davon abhängig sein können, daß
– immer mehr ausländische Arbeitnehmer ihre Familien nachkommen lassen,
– das Bauland- und Wohnungsangebot im Umland durch steigende Preise bzw. Mieten an Attraktivität eingebüßt haben,
– im Zusammenhang mit steigenden Benzinpreisen eher negative Begleiterscheinungen des Wohnens in der Stadt in Kauf genommen werden,
– mangelnde kulturelle Möglichkeiten und soziale Bindungen in Trabantenstädten bestehen.

2.2.3 Probleme des Verkehrs in Verdichtungsräumen

In der Mehrzahl der großen Städte der Welt treten heute gravierende Probleme im Stadtverkehr auf. Insbesondere zu Spitzenzeiten des Verkehrsaufkommens *(rush-hour)* bricht der Verkehrsfluß mit großer Regelmäßigkeit zusammen oder ist zumindest durch zähen stop-and-go-Verkehr, vergebliche Suche nach Parkmöglichkeiten, Lärm- und Abgasbelastungen von gesundheitsschädigendem Ausmaß gekennzeichnet. Die Lösung der Verkehrsprobleme ist eine vorrangige Aufgabe für Stadtplaner und Kommunalpolitiker geworden (vgl. Kap. Verkehr S. 149ff).

Es liegt nahe, zunächst nach den Ursachen der Verkehrsentstehung zu fragen: „Ein Verkehrsbedürfnis liegt vor, wenn zur Erfüllung bestimmter Funktionen räumliche Distanzen zu überwinden sind. Verkehr um seiner selbst willen existiert kaum; fast immer erfüllt er einen Zweck, ist auf ein Ziel gerichtet." (W. Hartenstein 1965, S. 9)

Die Funktionen, bei denen Verkehr entsteht, sind vor allem:
- geschäftliche oder wirtschaftliche Tätigkeiten, die mit Handeln oder Verhandeln verbunden sind,
- Aufsuchen und Verlassen des Arbeitsplatzes,
- Versorgung des privaten Haushaltes mit Gütern und Leistungen,
- Erholung und Vergnügungen während der arbeitsfreien Zeit,
- Menschen suchen einander auf, um in eine persönliche soziale Beziehung zu treten,
- Neuigkeiten, Nachrichten, Informationen werden eingeholt.

Die entsprechend zielorientierte Überwindung vorhandener räumlicher Distanzen kann nun auf unterschiedliche Weise erfolgen, ist in jedem Fall aber von den verfügbaren Verkehrsmitteln abhängig. Steht kein Verkehrsmittel zur Verfügung, so muß das Verkehrsbedürfnis im fußläufigen Bereich gestillt werden. Stehen verschiedene Verkehrsmittel zur Auswahl, so wird recht zwangsläufig nach dem Prinzip der Schnelligkeit und Bequemlichkeit entschieden. Fällt eine Vielzahl von Personen zum etwa gleichen Zeitpunkt die gleichen zielorientierten Entscheidungen (z.B. mit dem privaten Pkw zur innerstädtischen Arbeitsstelle zu fahren), reicht aber die Kapazität der Flächen des fließenden und ruhenden Verkehrs nicht aus, so sind damit die Voraussetzungen für die Entstehung der typischen Verkehrsprobleme gegeben.

Verkehrsprobleme dieser Art entstanden erst seit dem Zusammenwirken der Prozesse Industrialisierung, Verstädterung und Verkehrsentwicklung. Mit der Trennung von Wohnstätte und Arbeitsplatz entstand zunehmender Bedarf an Massenverkehrsmitteln. Über Pferdebahnen (etwa seit Mitte des 19. Jahrhunderts), Straßenbahnen, S- und U-Bahnen wurden die Voraussetzungen für flächenhafte Stadterweiterungen hergestellt.

Entwicklung von Bevölkerung, Stadtfläche und Geschwindigkeiten im öffentlichen Verkehr von 1825 bis 1975

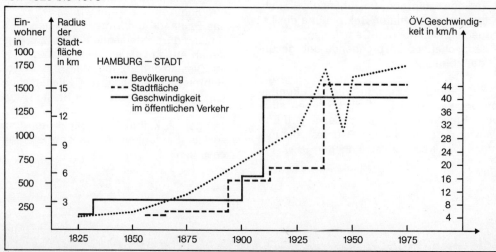

Einwohnerdichte nach Entfernungszonen von 1875/80 – 1975 in Hamburg – Stadt

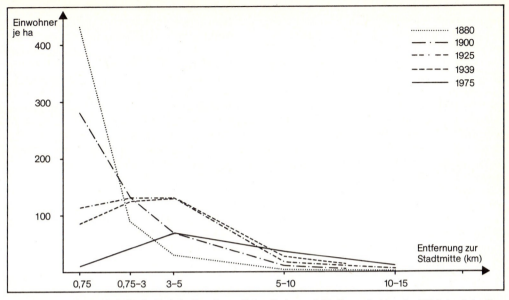

Nach Arbeitsgemeinschaft Stadt, Verkehrsforschung, Schnellbahn und Siedlungsstruktur. In: Städtebauliche Forschung. Bad Godesberg 1978, S. 29 und 31.

Personenwagenproduktion (in Millionen Stück)

	1970	1979*	Veränderung in %
Welt	22,3	31,5	+ 41
Davon			
USA	6,6	8,5	+ 29
Japan	3,2	6,5	+103
Westeuropa	10,2	11,5	+ 13
Davon			
Bundesrepublik Deutschland	3,5	3,9	+ 11

* 1979 geschätzt
Die Welt vom 2. 1. 1980

Mit der Entwicklung des privaten Kfz-Verkehrs wurden die Ausdehnungsmöglichkeiten städtischer Siedlungen noch erhöht. Gab es um die Jahrhundertwende praktisch noch keinen Pkw-Verkehr, so betrug im Jahr 1914 die Zahl der Autos bereits 1 800 000. 1931 war sie auf 31 Millionen gestiegen, 1955 auf über 95 Millionen. 1971 waren etwa 240 Millionen privater Kraftwagen (davon ca. vier Fünftel Pkw) vorhanden. Gegenwärtig (Stand Ende 1979) sind allein in der Bundesrepublik Deutschland 29,2 Millionen Kraftfahrzeuge (davon 22,8 Millionen Pkw) zugelassen. Somit verfügt (rechnerisch) jeder zweite Erwachsene über ein individuelles Transportmittel.

Städte des Industriezeitalters sind somit „Autostädte" geworden, in denen nicht nur Punkte oder Linien (wie bei Straßenbahnen und Bus), sondern Flächen erreicht werden können. Der Halbstunden-Radius (durchschnittliche Fahrtstrecke innerhalb einer halben Stunde Fahrzeit) erweitert sich bis etwa auf die 25-km-Grenze und läßt den Durchmesser der städtischen Siedlungen auf über 50 km anwachsen (vgl. dazu z.B. die flächenhafte Entwicklung der Stadt Frankfurt am Main in der Zeit von 1900 bis 1970; Atlas).

Versuche zur Aufstellung von eindeutigen Gesetzmäßigkeiten und Kausalitäten in den Beziehungen zwischen Verkehrs- und Siedlungsentwicklung sind allerdings noch immer unbefriedigend geblieben. Ohne neue Verkehrswege und Verkehrsmittel konnten größere Siedlungen nicht entstehen, ohne größere Siedlungen und technischen Fortschritt wäre die Erweiterung von Verkehrswegen nicht notwendig gewesen. Wahrscheinlich muß hinsichtlich der Entwicklung des öffentlichen Nahverkehrs davon ausgegangen werden, daß „mit jedem neu eingeführten Verkehrsmittel zunächst einem Mangel in der Erschließung des jeweiligen Siedlungsgebietes abgeholfen wurde, dann aber dieses Verkehrsmittel aufgrund seiner höheren Geschwindigkeit eine weitere Ausdehnung des Siedlungsraumes ermöglicht hat. Das bedeutet aber auch, daß der Ausbau der Verkehrsinfrastruktur nachfrageorientiert erfolgt und damit jeweils aktuelle Problemlagen beseitigt werden sollen, daß er aber neue Nachfrage induziert und deshalb unter langfristiger Perspektive dazu beiträgt, Probleme räumlich und zeitlich zu verlagern, nicht grundsätzlich zu lösen."

Arbeitsgemeinschaft Stadt, Verkehrsforschung, Schnellbahn und Siedlungsstruktur. In: Städtebauliche Forschung. Bad Godesberg 1978, S. 27 f.

Es bleibt also festzuhalten, daß Siedlungen offensichtlich tendenziell zur Expansion neigen und daß die Zunahme öffentlicher und privater Verkehrsmittel sowohl Voraussetzung als auch Ergebnis dieser Tendenz ist.

Versuche zur Lösung städtischer Verkehrsprobleme

Lösungsversuche im In- und Ausland setzten in den letzten Jahren vor allem an den Symptomen des Problems an und bestanden z.B. in den folgenden Maßnahmen:
– Erweiterung vorhandener Straßen,
– Ausbau zusätzlicher Straßensysteme (Umgehungsstraßen, Stadtautobahnen),
– Verkehrsregelung entsprechend der Rhythmen des täglichen Verkehrsablaufes,
– Schaffung kreuzungsfreier Übergänge (insbesondere das quadratisch aufgebaute nordamerikanische Straßensystem ist durch die Vielzahl der Kreuzungspunkte denkbar ungeeignet für einen störungsfrei fließenden Straßenverkehr),
– Erweiterung von Parkplätzen, Parkhäusern, Parkuhren,
– Fußgängerzonen, verkehrsberuhigte Zonen,
– Erhöhung der Kapazität der öffentlichen Verkehrsmittel (z.B. durch U-Bahn-Bau in mehreren Ebenen wie in New York),
– Nulltarife für öffentliche Verkehrsmittel,
– Park-and-Ride-System,
– Schnellbuslinien auf Stadtautobahnen,
– Ausrichtung von Maßnahmen der Verkehrsplanung auf das Zusammenspiel verschiedener Verkehrsträger bzw. Verkehrsarten,
– Verbesserung der Lichtsignalregelung für den fließenden Verkehr,
– Information und Beteiligung der Bevölkerung an Planungs- und Entscheidungsprozessen,
– Ausbau von Radwegenetzen,
– steuerliche Vergünstigungen für Radfahrer, Fußgänger und Benutzer öffentlicher Verkehrsmittel.

Diese und andere Maßnahmen sind sicherlich notwendig und überwiegend geeignet, punktuelle Verbesserungen zu erzielen. Die Ursache des Problems aber ist bestehengeblieben und wird bei weiter zunehmendem Motorisierungsgrad noch deutlicher werden: Die Mehrzahl der in Verdichtungsräumen lebenden Menschen wird durch die Konzentration des Waren- und Dienstleistungsangebotes sowie der Arbeitsplätze im innerstädtischen Bereich einerseits und durch die Dekonzentration des Wohnens andererseits zu Verkehrsbedürfnissen gezwungen, die sich in Verkehrsbewegungen äußern. Die zum Teil mangelnde Leistungskraft öffentlicher Massentransportsysteme und die Neigung, die offensichtlichen Vorteile des durch eigene Entscheidung verfügbaren Verkehrsmittels Pkw höher einzuschätzen, führt zwangsläufig zuviel Fahrzeuge mit der Zielorientierung Stadt auf die Straßen. Im Großraum Los Angeles besitzt bereits jeder zweite Einwohner einen eigenen Pkw – rund zwei Drittel des Raumanteils der City von Los Angeles dienen heute dem ruhenden und fließenden Verkehr. Rigorose Maßnahmen zur Beschränkung des individuellen Kfz-Gebrauches (z.B. durch bewußt hohe Besteuerung) werden allenfalls Verlagerungen der Verkehrsströme bewirken (und zusätzlich sozial Schwache besonders stark treffen).

Erfolgversprechende Maßnahmen sind vor allem solche, die die Ursachen der Verkehrsentstehung anzielen, die psychologischen Momente der Benutzungsentscheidung berücksichtigen und eine Synthese von öffentlichem und privatem Verkehr anstreben:

– *Dekonzentration* des Waren- und Dienstleistungsangebotes sowie der Arbeitsplätze z.B. nach dem Modell der dezentralisierten Stadt. Dabei wird versucht, „den Urbanisationsprozeß so zu lenken, daß er sich auf eine größere Zahl von Kristallisationspunkten verteilt und städtische Gebilde (...) entstehen läßt, die mit einem eingeschossigen Verkehrssystem bewältigt werden können, bei denen die Kernstadt ihre Funktionen noch erhält und die trotzdem die ganze Attraktivität einer Großstadt zu entfalten vermögen."

Olaf Boustedt: Gedanken, über den künftigen Verstädterungsprozeß und die Rolle der Städte. In: E. Salin: Polis und Regio. Tübingen: Mohr 1967, S. 231 f.

– Schaffung von *Verkehrsverbundsystemen* (wie z.B. der Hamburger und Münchener Verkehrs- und Tarifverbund sowie der Ende 1979 geschaffene Rhein-Ruhr-Wupper-Verkehrsverbund), die ein umfassendes Verkehrsangebot unterbreiten können, das nicht mit den benutzungshemmenden Nachteilen ausgestattet ist wie: unterschiedliche Tarife, mangelnde Abstimmung der Fahrtzeiten, geringe Umsteigemöglichkeiten, z.B. vom Bus auf die Bahn usw. Zusätzlich sind die Träger solcher Verbundsysteme bei weitem leistungsfähiger als Einzelunternehmen, wenn es um die finanziell aufwendige Entwicklung und Erprobung neuer Verkehrsmittel (z.B. des Kabinen-Taxis oder von Hochbahnen) geht.

– In übergeordneter Hinsicht scheint die regionale Entwicklungsplanung von besonderer Wichtigkeit für die Verminderung zukünftiger Verkehrsprobleme zu sein. Die vorausschauende Planung und Leitung der Siedlungsentwicklung in vorgegebene oder vorzugebende Entwicklungssachen, also die Auffassung, daß Siedlungsplanung und Verkehrsplanung integrativ vorgenommen werden müssen, wird z.B. im Großraum Hamburg, aber auch im Landesentwicklungsplan von Nordrhein-Westfalen verfolgt (vgl. Kap. Raumbeispiele S. 183ff.).

2.2.4 Stadtsanierung

*Sanierungs*gebiete sind Stadt- oder Gemeindebereiche, die ihre auf die Gesamtstadt bezogenen Aufgaben nicht oder nicht ausreichend wahrnehmen können oder deren vorhandene Bebauung den Anforderungen an gesunde und sichere Wohn- und Arbeitsverhältnisse nicht entspricht. Gebiete dieser Art sind heute in der Bundesrepublik Deutschland vor allem in den folgenden städtischen Bereichen anzutreffen

– Cityrandbereiche, citynahe Wohn- und Gewerbeviertel der Großstädte,
– ehemalige Ortsmittelpunkte städtisch überformter ländlicher Gemeinden (die alten Ortskerne),
– mittelalterliche Kerne von Klein- oder Mittelstädten.

Sie weisen – oft im Kontrast zur angrenzenden Bebauung – städtebauliche Mißstände und Baumängel auf. So z.B.: verfallende Bausubstanz, starke *Überbauung* (Gebäudehöhe zu groß im Verhältnis zur Grundfläche), enge und winkelige Straßen- bzw. Gassenführung, geringer Gebäudeabstand, enge Nachbarschaft zu umweltbelastenden Gewerbebetrieben (Nutzungsvielfalt, Funktionsmischung), fehlende Freiflächen und Kinderspielplätze, beengte Ladengeschäfte ohne Erweiterungsmöglichkeiten, geringe Anzahl von Kfz-Stellplätzen, starke Verkehrsbelastung, falsche oder unzureichende Belichtung, Besonnung und Belüftung sowie schlechte sanitäre Ausstattung der Wohnungen.

Man unterscheidet Altstadt-Sanierungsgebiete und gründerzeitliche Sanierungsgebiete. Bei den ersteren handelt es sich vor allem um Stadtgründungen aus dem Mittelalter, die durch Mauerbau und somit beengte Möglichkeit der Stadtentwicklung gekennzeichnet sind. Die heutigen Sanierungsgebiete der Gründerzeit entstanden im Zuge der Industrialisierung vor allem als Mietwohnungsbauten im Zeitraum von 1840 bis 1914. Neben den oben genannten städtebaulichen Mißständen und Baumängeln stellen soziale und strukturelle Kriterien Voraussetzungen für Sanierungsmaßnahmen dar. Soziale Kriterien sind z.B. gegeben, wenn sich in einem Gebiet die Sozialstruktur oder die Mobilität der Bevölkerung abnorm verändert hat oder wenn dort zunehmend soziale Randgruppen leben (oder leben müssen). Strukturelle Kriterien liegen vor, wenn ein Gebiet aufgrund der Bebauung den vorgesehenen Aufgaben innerhalb der gesamtstädtischen Funktionen (etwa Wohnfunktion für eine bestimmte Anzahl von Personen) nicht nachkommen kann.

Begriffe

Sanierungsmaßnahmen werden unterschieden in Flächensanierung und Objektsanierung. Die *Flächensanierung* als Instrument moderner Stadtplanung wird dann notwendig, wenn ganze Straßenzüge oder Baublocks der Anforderung der Mindestqualität der Wohnumwelt nicht mehr genügen, eine Wiederherstellung aber nicht (oder nur zu untragbaren Kosten) möglich ist. Abriß und Neuaufbau sind die Folge. Demgegenüber bezieht sich *Objektsanierung* auf einzelne erhaltenswerte Bauten. *Blockentkernung* bedeutet, daß die Randbebauung eines insgesamt überbauten Gebäudeblocks modernisierungsfähig ist und daß die Bebauung im Inneren abgeräumt und durch Grünflächen, Spielplätze usw. ersetzt wird.

Im Zusammenhang mit Sanierungsmaßnahmen wird häufig der Begriff der *Stadterneuerung* gebraucht; dieser wird definiert als ein Prozeß der Anpassung des Stadtgefüges an Forderungen, die heute und in Zukunft an die bauliche Umwelt gestellt werden.

Weiterhin finden die Begriffe Substanz- und Funktionssanierung Verwendung. *Substanzsanierung* bezeichnet Vorhaben, bei denen vor allem die Wohnverhältnisse verbessert und/oder die Altbauwohnungen mit tragbaren Mieten erhalten bleiben sollen. *Funktionssanierung* versucht, im Rahmen moderner Stadtplanung einem Stadtteil (wieder) spezifische Aufgaben (Funktionen) innerhalb des gesamtstädtischen Gefüges zuzuweisen.

Ablauf von Sanierungsvorhaben

Am Anfang jeder Sanierung stehen vorbereitende Untersuchungen. Mit ihnen sollen Beurteilungsgrundlagen gewonnen werden über die Notwendigkeit des Vorhabens sowie die sozialen, strukturellen und städtebaulichen Gegebenheiten und Zusammenhänge im Sanierungsgebiet.

In einem nächsten Schritt muß das Sanierungsgebiet räumlich festgelegt und ein Ratsbeschluß herbeigeführt werden. Weiterhin ist ein *Bebauungsplan* aufzustellen, der „insbesondere auf die Erhaltung von Bauten, Straßen, Plätzen oder Ortsteilen von geschichtlicher, künstlerischer oder städtebaulicher Bedeutung Rücksicht" nehmen soll (§ 10 Absatz 1 des Städtebauförderungsgesetzes). Weiterhin muß die beabsichtigte Neugestaltung mit den beteiligten Bürgern erörtert werden (vgl. Abb. S. 182).

Die Kosten der Vorbereitung und Durchführung der Sanierung werden vom Bund, von dem jeweiligen Bundesland und den Gemeinden zu je einem Drittel getragen. Miet- oder Pachtverhältnisse können mit einer Frist von sechs Monaten gekündigt werden, dies allerdings nur, „wenn im Zeitpunkt der Beendigung des Mietverhältnisses angemessener Ersatzwohnraum für den Mieter und die zu seinem Hausstand gehörenden Personen zu zumutbaren Bedingungen zur Verfügung steht" (§ 27 Abs. 2 StBauFG).

Sanierungsprobleme

Mit der Stadtsanierung als grundsätzlich akzeptabler Maßnahme der städtischen Kommunen ist eine Reihe von Problemen verbunden, die in jedem Sanierungsgebiet unterschiedlich stark auftreten.

1. Der „Dialog" zwischen Planungsbehörde und Betroffenen kommt oft nicht im anzustrebenden Umfang zustande. Dies liegt unter anderem daran, daß extrem unterschiedliche Beteiligungsmöglichkeiten und -interessen bestehen. Auch ist *Bürgerbeteiligung* an Planungsverfahren allein organisatorisch schwierig und noch weitgehend ungeübt.
2. Die finanziellen Mittelzuweisungen des Bundes (Konjunkturprogramm 1975, Zukunftsinvestitionsprogramme 1977 bis 1981), die innerhalb enger Bindungsfristen verbaut werden müssen, führten in vielen Gemeinden zur Beschleunigung von Sanierungsmaßnahmen. Häufig konnten deshalb z.B. vorbereitende Untersuchungen und Sozialpläne nicht mit der erforderlichen Sorgfalt (z.B. bei der Ersatzwohnraumbeschaffung) angewendet werden.
3. Als Trend ist erkennbar, daß Sanierungsgebiete für private Kapitalinvestoren interessant zu werden scheinen. Dies führt immer mehr zu Sanierungsvorhaben, bei denen ehemalige Mietwohnungen in Eigentumswohnungen umgewandelt werden. Die Folge ist Verlagerung der sozialen Probleme von Randgruppen in andere städtische Räume.
4. Die Novellierung des *Städtebauförderungsgesetzes* (heute gültig in der Fassung vom 18. 8. 1976) erbrachte unter anderem eine Streichung des § 32, der eine Mieterhöhung nach erfolgter Sanierung um über 30% ausschloß. Der Anteil der Mieter, der die ehemalige Wohnung nicht wieder beziehen konnte, ist seitdem gestiegen.
5. Die Möglichkeiten, in bestimmten Fällen von den vorbereitenden Untersuchungen abzusehen, sind vom Gesetzgeber erweitert worden. Zwar gaben die vorbereitenden Untersuchungen letztlich keine Garantie für die tatsächliche Berücksichtigung der Interessen aller Betroffener; entfällt aber der Zwang, gerade die soziale und ökonomische Ausgangslage in einem Wohnquartier sorgfältig zu erheben und als eine Grundlage der Entscheidungen anzusehen, so erhöht sich die Gefahr, daß der soziale Aspekt von Sanierungsmaßnahmen an Bedeutung verliert.

Stadtsanierung am Beispiel von Göttingen

Die südniedersächsische Stadt Göttingen hat bereits einige Sanierungsmaßnahmen durchgeführt. Stellvertretend für andere Vorhaben soll das Sanierungsgebiet Göttingen-Neustadt (Ostseite) dargestellt werden. Das Sanierungsgebiet wurde im Jahr 1972 förmlich festgelegt. Es umfaßt eine Fläche von 1,46 ha mit 38 Grundstücken. Anstelle der vorbereitenden Untersuchungen wurde eine Situationsanalyse erarbeitet, und es wurden Folgerungen für den Sozialplan daraus entwickelt.

Das gesamte Sanierungsgebiet wurde in vier Blöcke aufgeteilt, um eine bessere Differenzierung der Maßnahmen zu ermöglichen. Die Flächennutzung ist als typisch innerstädtisch zu kennzeichnen (starke Überbauung, intensive Nutzung, geringe Freiflächenanteile). Es befinden sich 201 Wohneinheiten in den überwiegend aus dem 18. und 19. Jahrhundert stammenden 89 Gebäuden. Die gewerbliche Nutzung konzentriert sich auf den der City näher gelegenen Teil des Gebietes. Zwei unterschiedliche Funktionsräume lassen sich ausgliedern: das citynahe Wohngebiet im Westen und das City-Mischgebiet im Osten mit überregionaler Versorgungs- und Wohnfunktion.

Von besonderem Interesse ist noch die Bevölkerungsmobilität im Untersuchungsraum: Bei seit 1968 stagnierender Bevölkerungszahl (430 Bewohner) ist eine hohe Mobilität der Wohnbevölkerung festzustellen. Zwei von drei Einwohner leben seit weniger als fünf Jahren hier. 53% der deutschen Haushalte und alle Gastarbeiter wohnen erst seit 1968 in diesem Viertel. 35% der deutschen Haushalte wohnen seit mindestens neun Jahren, ein Fünftel über 29 Jahre in der Neustadt.

Die Zuwanderungen der letzten fünf Jahre sind vor allem Einpersonen-Haushalte (57%), aber auch Mehrpersonen-Haushalte (25% mit drei und mehr Personen). Die neu Zugezogenen sind in der Regel unter 30 Jahre alt und weisen ein extrem niedriges Einkommen (unter 1000 DM, meist unter 600 DM) auf.

Sanierungsgebiet Göttingen – Neustadt (Ostseite) 1973

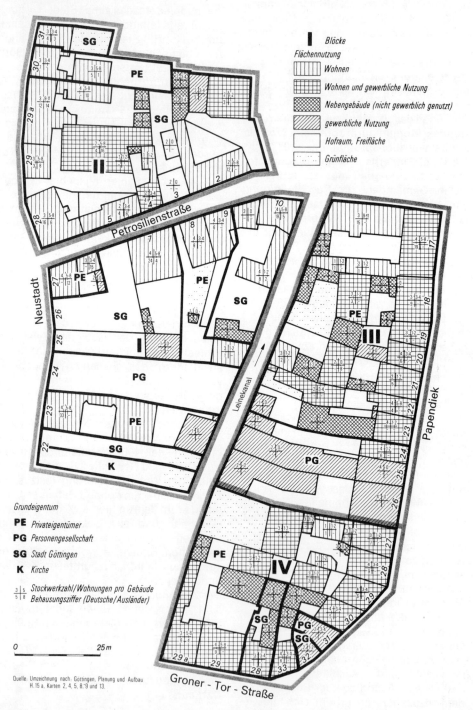

Dietrich Denecke: Göttingen. Materialien zur historischen Stadtgeographie und zur Stadtplanung. Stadt Göttingen, Bauverwaltung (Hrsg.) Göttingen 1979, S. 47

Veränderungen in verschiedenen Göttinger Sanierungsgebieten

	\multicolumn{4}{c}{Neustadt Ostseite}		
	\multicolumn{2}{c}{Petrosilienstraße Nord}	\multicolumn{2}{c}{Petrosilienstraße Süd}	\multicolumn{2}{c}{Papendiek West}

	Petrosilienstraße Nord		Petrosilienstraße Süd		Papendiek West	
Fläche (ha): 2,2; förmliche Festlegung: 1972; Situationsanalyse: 1973						
Bautätigkeit	1975–77		1978–80		1978–	
	vorher	nachher	vorher	nachher	vorher	nachher
Einwohner	142	180	140	160	149	
1-Raum-Wohnung	22	10	12	5	11	
2-Raum-Wohnung	24	36	13	31	37	
3-Raum-Wohnung	16	27	24	14	19	
4-Raum-Wohnung	3	4	6	3	4	
5-Raum-Wohnung	0	0	0	5	0	
Wohnungen	65	77	55	58	77	
davon Sozialwohnungen	0	77	0	50	0	
Wohnfläche (m²)	ca. 2500	5000	ca. 3200	3400	ca. 4200	
davon pro Person	18	28	23	21	28	
mit Toilette (%)	23	100	25	100	22	100
mit Bad/Dusche	12	100	13	100	41	100
mit sep. Eingang	83	100	93	100	80	100
durchschnittliche Miete/m² (DM)	3,05	4,50	3,05	4,70	3,05	4,00 in städt. Häusern
Garagen	0	78	0	33	0	32
Stellplätze	13	0	9	0	9	0

Nach Göttingen: Altstadtsanierung 1969–1979. Der Oberstadtdirektor (Hrsg.). Göttingen o. J., S. 63

Die Wanderungsmotive und die Herkunftsgebiete lassen drei Hauptfunktionen dieses citynahen Wohngebietes erkennen.

1. Zielgebiet einer Gruppe (vor allem Studenten und Gastarbeiter), die vor allem den Wunsch nach zentralem, innenstadtnahem Wohnen formuliert und überwiegend aus der Außenstadt stammt.
2. Zielgebiet einer Gruppe von Personen, die von außerhalb in die Stadt kommt und hier einen Übergangsstandort gefunden hat. Auch hier handelt es sich vorwiegend um Studenten und Gastarbeiter, deren Motiv (zentrales Wohnen) begleitet wird von Schwierigkeiten bei der Wohnungssuche.
3. Zielgebiet einer sozial unterprivilegierten Gruppe, die das billige Wohnraumangebot ausnützen muß bzw. die in anderen Bereichen der Stadt keine Wohnungsangebote bekommen hat (vor allem Gastarbeiter).

Der *Sozialplan* hatte also die Interessen sehr unterschiedlicher sozialer Gruppen zu berücksichtigen, so daß keine dieser Gruppen zu stark benachteiligt wird.

Das heute noch nicht vollständig abgeschlossene Sanierungsvorhaben zeigt bereits erste positive Ergebnisse. Obwohl genauere sozialstatistische Untersuchungen noch nicht vorliegen, scheint die vom Rat der Stadt beschlossene Unterteilung des gesamten Sanierungsvorhabens (vgl.Tab. S. 217) in zeitlich aufeinanderfolgende Abschnitte den besonderen Vorteil zu haben, daß die Umsetzung der Mieter in bereits sanierte (Sozial-) Wohnungen erfolgen kann und von vielen in Anspruch genommen wird. In städtebaulicher und architektonischer Hinsicht wird die Anpassung an die vorhandene Bebauung als gelungen bezeichnet.

2.2.5 Fußgängerbereiche

Die Einrichtung von Fußgängerbereichen stellt einen weiteren Versuch dar, die City von Städten attraktiver zu gestalten. Sie gehören „heute zur städtebaulichen Grundausstattung der meisten deutschen Städte" (Deutscher Städtetag 1975, S. III) und finden sich in wachsendem Umfang in der Mehrzahl der westeuropäischen und nordamerikanischen Städte (Bundesrepublik Deutschland: fast 500 im Jahr 1979).

Man unterscheidet folgende Formen:
- *Fußgängerstraße*
  Straße, die nur für Fußgängerverkehr vorgesehen ist. Liefer-/Anliegerverkehr ist zeitlich begrenzt möglich
- *Fußgängerzone*
  Netz von Fußgängerstraßen
- *Fußgängerbereich*
  Fußgängerzone, die durch ein Netz von Straßen ergänzt ist, in denen nur Anlieger- und Lieferfahrzeuge (ohne zeitliche Beschränkung) zugelassen sind. Kraftfahrzeuge unterliegen Geschwindigkeitsbeschränkungen (ggf. Schritt-Tempo), damit ein Höchstmaß an Sicherheit für Fußgänger erreicht wird.

Nachfolgend wird vor allem der Begriff Fußgängerzone (FGZ) verwendet, da die grundsätzlichen Fragestellungen und Probleme in allen drei Ausprägungsformen vergleichbar erscheinen.

Zielsetzung für die Einrichtung von FGZ

Zwölf allgemeine Zielsetzungen für die Einrichtung von FGZ werden genannt.
A – Verbesserung des Verkehrs,
B – Wirtschaftsförderung für den Einzelhandel,
C – Wirtschaftsförderung für den Fremdenverkehr,
D – Erhöhung der Bodenrendite,
E – Stärkung der Freizeitfunktion,
F – Abwehr der Innenstadtverödung,
G – Förderung des Innenstadtwohnens,
H – Umweltschutz,
I – Erhaltende Anpassung der historischen Stadtstruktur,
K – Förderung geistig-sozialer Bezüge,
L – Pflege des Stadt-Image,
M – Leistungsbeweis politisch-administrativer Führungsgremien.

Deutscher Städtetag 1975, S. II

Diese Zielsetzungen machen deutlich, daß die Einrichtung von FGZ nicht als isolierte städtebauliche Maßnahme angesehen werden darf, sondern stets einen Bestandteil gesamtstädtischer Entwicklungsplanung darstellt. Deutlich wird aber auch, daß Zielkonflikte in diesem umfänglichen Katalog enthalten sein müssen. So sind die Ziele D und G nur schwer miteinander zu vereinbaren (vgl. Kap. City, S. 197 f.), so konkurrieren die Ziele B/C und I, ebenso C und F.

Weiterhin unterliegen diese Zielsetzungen dem zeitlichen und gesellschaftlichen Wandel. Waren die ersten FGZ vorrangig durch die Ziele „Verkehrsberuhigung" und „Förderung der Einkaufsfunktion" begründet worden, so gewinnt die Zielsetzung „Förderung geistig-sozialer Bezüge", also die Besinnung auf Vorteile des urbanen Lebens und Wohnens, inzwischen stärkeres Gewicht.

Kritik an Fußgängerzonen

Zunehmend wird Kritik am tatsächlichen Wert von Fußgängerzonen für die Wiederbelebung der Innenstädte laut. Die festgestellten positiven Auswirkungen werden nämlich begleitet von durchaus ernst zu nehmenden Verschlechterungen oder Beeinträchtigungen städtischer Lebens- und Wohnqualität, wie z.B. zunehmende Miet-

und Bodenpreiserhöhung, zunehmende Verkehrsbelastung der angrenzenden Wohngebiete, nächtliche Ruhestörung durch Gaststättenbesucher, Umverlagerung des Einkaufsverhaltens.

Bei zukünftigen Planungen bzw. Erweiterungen müssen die inzwischen erkannten negativen Effekte stärkere Berücksichtigung finden, damit – auch auf längere Sicht – die die Planung und Einrichtung auslösenden Zielsetzungen geringere Konflikte bedingen. Dazu gehört auch die frühzeitige Klärung von Fragen wie
- Kostenbeteiligung der Anlieger,
- Sauberhaltung der FGZ,
- Einschränkung der Bodenspekulation,
- Auswirkungen, wie z.B. in Trier, wo parkende Autos alle mittelalterlichen Plätze belegen,
- Parkräume für Fahrräder und andere Zweiradfahrzeuge,
- Abwehr einer wirtschaftlichen Monofunktionalität („Konsumschneise"),
- zumutbare Laufwege.

Ein wesentlicher Gesichtspunkt zur Beurteilung von FGZ sollte hier angesprochen werden: Allen Interessengruppen (Anwohner, Geschäftsleute, sonstige Bewohner der Stadt, Besucher usw.), die mit außerordentlich unterschiedlichen Zielvorstellungen und Motiven sowie sozialen und wirtschaftlichen Daten ausgestattet sind, kann ein so maßgeblicher Eingriff in die städtebauliche Struktur nicht vollständig entsprechen.

2.2.6 Neue Städte – neue Großwohnsiedlungen

Unter dem Druck des Bevölkerungswachstums und zunehmender Bevölkerungsverdichtung wurde und wird in den USA und in einigen europäischen Staaten (Großbritannien, Finnland, Niederlande, Bundesrepublik Deutschland, Schweden) versucht, durch Anlage neuer Großwohnsiedlungen oder/und Gründung neuer Städte die städtischen Metropolen zu entlasten. Die Hauptfragen, die sich neben dem finanziellen Grundproblem bei der Planung von Siedlungsgebieten stellen, sind:
- Entfernung zur Stadt,
- ausschließliche Wohnfunktion oder Mischfunktion (z.B. Ausstattung mit Arbeitsplätzen),
- Art und Leistungsfähigkeit der Verkehrsverbindungen,
- angestrebte Bevölkerungszahl,
- Trennung oder Mischung unterschiedlicher sozialer Schichten,
- flächenhafte oder punkthafte Bebauung.

So differieren Stadterweiterungen durch *Großwohnsiedlungen* und Anlagen *neuer Städte* sowohl in Abhängigkeit vom jeweiligen Kulturraum als auch vom Gesellschafts- und Wirtschaftssystem. Es bestehen grundsätzliche unterschiedliche Auffassungen, nach welchen räumlich-funktionalen Prinzipien eine Siedlungserweiterung oder Stadtgründung durchzuführen ist.

Konzentrationsmodell im verstädterten Raum

Dekonzentrationsmodell im verstädterten Raum

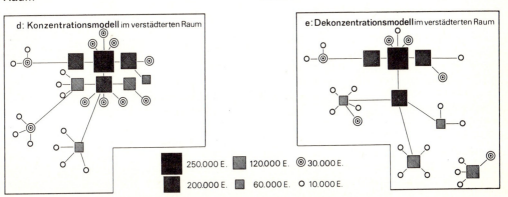

Hermann Hambloch: Allgemeine Anthropogeographie. Wiesbaden: Steiner 1974, Abb. 24

In Agglomerationen geht es vor allem um die Entscheidungen für oder gegen eine weitere Verdichtung der Bevölkerung im verstädterten Raum. Beide in der Abbildung auf Seite 219 gezeigten Modelle haben gleiche Bevölkerungs- und Arbeitsplatzzahlen. Unterschiedliche räumliche Konsequenzen ergeben sich aber im Bereich der funktionalen Ausstattung der einzelnen Zentren, der Lage der Industrie- und Gewerbeflächen und der Verkehrsverbindungen. Auch die Lage der Naherholungsräume ist zwangsläufig unterschiedlich. Das *Konzentrationsmodell* führt zur weiteren Verdichtung der ballungsinternen Bevölkerung, das *Dekonzentrationsmodell* ergibt eine ballungsinterne Wachstumsverteilung.

Großwohnsiedlungen/Neue Städte

Großwohnsiedlungen

Märkisches Viertel (Berlin), Langwassersiedlung (Nürnberg), Neue Vahr (Bremen), Fasanenhof (Stuttgart) und viele andere

Großwohnsiedlung in Stuttgart

Stuttgarter Luftbild Elsäßer, freigeg. d. Reg.Präs. Nordwürttemberg, Nr. 9/90476

Neue Städte
— Die Anlage von *Gartenstädten* sollte das Wachstum der Großstädte einschränken. Die durchgrünten Städte wurden für etwa 30000 Einwohner geplant und sollten mit genügend Arbeitsplätzen für ihre Bewohner ausgestattet werden. Ein wesentlicher Teil der Gemeindefläche war dem Acker- und Gartenbau vorbehalten. Die Vorteile des städtischen und ländlichen Lebens sollten miteinander vereint werden. Als erste Gartenstädte entstanden im Jahr 1903 Letchworth (ca. 60 km Entfernung zum Kern von London) und 1907 Hellerau bei Dresden.

— Die Gartenstadtidee Howards bildete die Grundlage des 1944 von Abercrombie verfaßten *„Greater London Plan"*, nach dem acht *New Towns* mit 30000 bis 60000 Einwohnern im Londoner Vorortbereich entstanden. Tragender Gedankengang war — neben dem Ziel der Bevölkerungsdekonzentration — die Einschränkung der Landschaftszersiedlung durch die Schaffung eines Grüngürtels von etwa 8 km Ausdehnung zwischen Vorstadtzone (suburbs) und New Towns. Die neuen Städte wurden mit allen Einrichtungen ausgestattet, die von städtischer Umwelt erwartet werden.

Eine Millionenstadt und ihr Trabantensystem

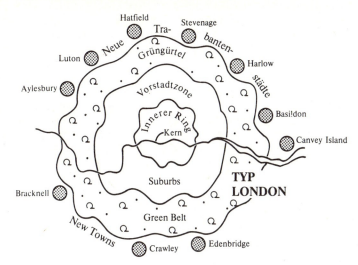

Hans Knübel: Modelle als Unterrichtshilfe für die Stadtgeographie. In: Beiheft Geographische Rundschau 1978, H. 1, S. 45. Braunschweig: Westermann

Als weitere Beispiele sind die „villes nouvelles" im Großraum Paris zu nennen, desgleichen die Stadtneugründungen in der „Randstad Holland".

Begriffe

Im Zusammenhang mit Stadtneugründungen werden häufig die Begriffe Trabantenstadt und Satellitenstadt gebraucht. *Trabantenstädte* sind Städte mit nur wenigen eigenen Funktionen, hohem Auspendleranteil und demgemäß starker Ausrichtung auf die Kernstadt. *Satellitenstädte* liegen meist weiter von der Kernstadt entfernt, die Zahl der Arbeitsplätze entspricht annähernd der der Einwohner im erwerbsfähigen Alter. Die Ausrichtung auf die Kernstadt liegt vor allem im Bereich der Kultur- und Verwaltungsfunktionen.

Problematik neuer Großwohnsiedlungen und neuer Städte

Siedlungserweiterungen und Siedlungsneugründungen unterliegen in zunehmendem Maße der öffentlichen Kritik. Diese wird getragen von Unzufriedenheit der Bewohner einerseits und Nichterfüllung der behördlichen Zielsetzung andererseits. Im Fall der Siedlungserweiterungen durch neue Großwohnsiedlungen konzentriert sich die Kritik auf die Wohnqualität, die sich im Mittelbereich zwischen ländlichem und städtischem Leben befindet, gerade dadurch aber Desorientierung und Unzufriedenheit bewirkt. Zusätzlich ergeben sich in vielen Großwohnsiedlungen hohe Kriminalitätsziffern, die ihre Grundlage in der Ballung sozial schwächerer Bürger in großen, oft unüberschaubaren Wohneinheiten haben. Noch immer haben Stadtplaner die Zusammenhänge von baulicher Umwelt und Kriminalität nicht genügend erkannt und bei der Siedlungsplanung berücksichtigt. Es stellt sich allerdings die Frage, ob dies bei den im wesentlichen ökonomisch gesteuerten Prozessen der Stadtentwicklung überhaupt möglich ist.

In der englischen Siedlungspolitik zeichnet sich eine Wende ab. New-Towns-Maßnahmen wurden eingestellt (z.B. Stonehouse bei Glasgow), Geldmittel drastisch gekürzt. Gleichzeitig wurden Zuschüsse für Maßnahmen der Stadterneuerung (z.B. im East-End von Glasgow) deutlich erhöht.

Damit wird ein Trend erkennbar, der seine Entsprechung in der Revision von Planungsleitzielen der städtischen Siedlungsentwicklung auch in anderen Ländern findet: eine Abkehr von expansiver Stadtgründungspolitik und Zuwendung zu Pflege, Erhaltung und Nutzungsintensivierung vorhandener Bausubstanz. Dieser Trend gilt

vor allem für die industrialisierten Länder. Davon nicht berührt sind Stadtneugründungen mit anderen Hauptzielsetzungen:
- Hauptstadtverlegung (z.B. Brasilien, Tansania, Nigeria)
- Stadtgründungen mit Erschließungsfunktion für Wirtschaftsräume (UdSSR, Brasilien) oder zum Abbau von natürlichen Ressourcen (Erdölstädte; Wüstenstädte für den Urananbau Nigers)
- Pufferstädte Indiens oder Tansanias, die vor allem die Landflucht auffangen bzw. bremsen sollen.

2.3 Verstädterung in Ländern der Dritten Welt

Der Verstädterungsprozeß hat in den Ländern der Dritten Welt später als in den heutigen Industrienationen begonnen, läuft dort aber gegenwärtig mit besonderer Heftigkeit und Schnelligkeit ab (vgl. Kap. Peru S. 273ff.).

Wachstum der Stadtbevölkerung

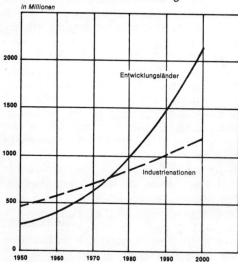

Denis Meadows u. a.: Grenzen des Wachstums. Stuttgart: Deutsche Verlagsanstalt 1972, S. 21

Urbanisierung in Ländern der Dritten Welt ist untrennbar mit dem Begriff der Landflucht (bzw. Bergflucht z. B. im Bereich der Anden) verbunden. Als *Landflucht* wird eine - meist auf die Hauptstadt des Landes gerichtete - Bevölkerungsbewegung aus dem ländlichen Raum bezeichnet. Diese rural-urbane (rural = ländlich) Mobilität wirkt maßgeblich verändernd auf die Struktur und Funktion sowohl ländlicher als auch städtischer Räume. Sie ist Ausdruck der strukturellen Probleme von Entwicklungsgesellschaften, die sich im sozialen, politischen und wirtschaftlichen Bereich in einer unterschiedlich stark ausgeprägten Umbruchsituation befinden. Überwiegend sind die Volkswirtschaften dieser Länder gespalten in einen fortschrittlichen und einen traditionellen Bereich (sozio-ökonomischer Dualismus, vgl. Kap. Theorien der Unterentwicklung S. 252). Die Wanderungen der verarmten Landbevölkerung sind Ausdruck der wechselseitigen Beziehungen zwischen beiden Wirtschaftsbereichen, verdeutlichen den oft durch koloniale Einflußnahme und importierte Technologien verstärkten Konflikt.

Spätestens mit Erreichen der Unabhängigkeit war in der Mehrzahl der Länder der Versuch festzustellen, durch intensive Industrialisierung schnellstmöglich die Entwicklung der heutigen Industrienationen nachzuvollziehen. Durch Weiträumigkeit und überwiegend geringe infrastrukturelle Erschließung (die meist von europäischen Kolonialmächten gegründeten Verwaltungs- und Handelszentren waren stärker auf Europa als auf das Hinterland ausgerichtet) kam es zur überwiegenden Konzentration der industriellen Standorte auf nur wenige wirtschaftliche Wachstumspole. Die rege wirtschaftliche Tätigkeit in den Metropolen der Länder der Dritten Welt hat jedoch noch heute einen vergleichsweise geringen Ausstrahlungseffekt im Sinne von Strukturveränderungen und Modernisierung auf die übrigen Wirtschaftsräume der Länder gehabt. Insbesondere die Kapitalakkumulation, die Bindung zentraler Funktionen auf wenige „Wachstumsinseln", hat den Abstand der sozio-ökonomischen Entwicklung innerhalb der einzelnen Länder im Zuge der Entwicklungsbemühungen eher vergrößert als vermindert. *Industrialisierung, räumliche Mobilität* und *Städtewachstum* stellen also - neben dem natürlichen Bevölkerungszuwachs, das den Bevölkerungsdruck auf die ländlichen und städtischen Regionen noch erhöht - eng miteinander verbundene Elemente des Entwicklungsprozesses in Ländern der Dritten Welt dar (vgl. Abb. S. 131). Die Verstädterung Lateinamerikas, die hier stellvertretend für andere Großräume beschrieben werden soll, gehört zu den tiefgreifendsten und kompliziertesten Wandlungsprozessen dieses Erdteils. Für den Zeitraum von 1960 bis 1980 rechnet man mit einem Bevölkerungszuwachs der Städte von mindestens 93 Millionen Menschen. Innerhalb weniger Jahrzehnte hat sich das in Jahrhunderten gewachsene Siedlungsgefüge und das Spannungsgefälle zwischen den Teilregionen der Länder grundlegend gewandelt.

Die *Binnenwanderung* hat in den meisten lateinamerikanischen Ländern 20 bis über 40% der Gesamtbevölkerung erfaßt (vgl. S. 53 und S. 274). In allen Ländern überlagern sich dabei verschiedene Wanderungsströme und -richtungen. Vorherrschend sind sie auf die Hauptstädte und – überwiegend in Küstennähe liegende – Ballungsräume gerichtet.

2.3.1 Ursachen der Abwanderungstendenz

Die Gründe der rural-urbanen Wanderungsbewegungen sind vielfältig und regional sehr unterschiedlich. Allgemein werden pull- und push-Faktoren unterschieden. *Pull-Faktoren*, mit denen die oft als „Magnetwirkung" bezeichnete Anziehungskraft der Städte gemeint ist, resultieren aus dem Katalog von Erwartungen, den die Migranten in der Stadt für erreichbar halten:
– bessere Arbeits- und Verdienstmöglichkeiten,
– Annehmlichkeiten des städtischen Lebens,
– bessere Bildungsmöglichkeiten,
– leistungsfähiges Sozial- und Gesundheitswesen.

Dabei spielen oft eigene Erfahrungen mit dem städtischen Leben als auslösendes Moment der Wanderung nur eine untergeordnete Rolle. Viel stärker sind Informationen, die über moderne Massenkommunikationsmittel (hier spielt vor allem das Transistorradio eine große Rolle) in ländliche Gebiete gelangen und Vorstellungen über eine vermeintlich bessere Lebenssituation in der Stadt aufbauen. Auch ehemalige Dorfbewohner, die besuchsweise oder endgültig aus dem städtischen Milieu zurückkehren, unterstützen mit ihrem Beispiel und ihren wahrscheinlich überwiegend positiven Darstellungen über die Annehmlichkeiten des städtischen Lebens die Abwanderungsbereitschaft vornehmlich des jüngeren, aktiveren Teils der ländlichen Bevölkerung. Zusätzlich läßt die verbesserte *Verkehrserschließung* auch der ländlichen Regionen Distanzen geringer werden.

Die *push-Faktoren*, die vor allem im Zusammenhang mit den pull-Faktoren bedeutungsvoll sind, können – stellvertretend für andere Räume – aus der nachstehenden Beschreibung des brasilianischen Nordostens entnommen werden (vgl. auch S. 263 ff.).

Die Auswanderungen aus dem Nordosten Brasiliens (in Mio. Einwohner)

Jahr	Bevölkerungszahl NO	außerhalb der Region lebende Bevölkerung nordöstlicher Herkunft
1940	14,43	0,71
1950	17,97	1,02
1960	22,43	2,07
1970	28,67	3,79

Hans-Jürgen Krüger: Migration, ländliche Überbevölkerung und Kolonisation im Nordosten Brasiliens. In: Geographische Rundschau 1978, Heft 1, S. 14. Braunschweig: Westermann

Ziele der Wanderungsbewegungen sind vor allem die industriellen Ballungsräume im Südosten des Landes (Rio de Janeiro – Belo Horizonte – São Paulo). 1970 lebten 67% der ehemaligen „Nordestinos" in diesem Industriedreieck.

Die strukturelle Schwäche und relative Überbevölkerung der Wirtschaft Nordostbrasiliens läßt sich vor allem durch die Dominanz des unterentwickelten Agrarsektors erklären. Der Anteil der landwirtschaftlichen Produktion am Bruttoinlandsprodukt der Region betrug 1950 nur 40,9%, obwohl 72% der Erwerbstätigen in der Landwirtschaft beschäftigt waren.

Die Landwirtschaft des Nordostens wird von zwei Problembereichen belastet. Der erste ist die ungenügende Anpassung der landwirtschaftlichen Produktion an die natürlichen Bedingungen dieser Region (unregelmäßige Dürreperioden, Stand der landwirtschaftlichen Technologie). Der andere Problembereich besteht in einer gering ausgeprägten wirtschaftlichen Dynamik des Agrarsektors, die sich beispielsweise in einer geringen Bereitschaft der agrarischen Großunternehmer äußert, Gewinne für strukturverbessernde Maßnahmen zu investieren. Auch die mangelnden Möglichkeiten der Kleinstbetriebe, ihre Produktionsmethoden zu verbessern (der Grund ist vor allem Kapitalmangel sowie geringer Bildungsgrad), belasten die wirtschaftliche Entwicklung. Hinzu kommt noch eine begrenzte Aufnahmefähigkeit des Marktes. Die Steigerung der Nahrungsmittelproduktion für die wachsende Bevölkerung wird nicht durch eine Intensivierung der Produktion, sondern eine Ausweitung der Anbaufläche ermöglicht (vgl. Tab. S. 224).

Die Polykulturzonen des Nordostens sind sowohl durch eine Vielfalt der Produkte als auch durch eine stark zersplitterte Bodenbesitzstruktur gekennzeichnet. Diese Nutzungsform findet sich in den von der Monokultur freigebliebenen Teilen des humiden Küstenstreifens sowie in Teilen der Gebirge. Ihre Produktionsfähigkeit ist stark gefährdet, da die Monokulturen diesen Teil der landwirtschaftlich Tätigen aus absatzgünstigen Standorten in der Nähe der großen Küstenstädte verdrängt und den direkten Zugang zum Markt versperrt haben. Diese Produzenten befinden sich in einer starken Abhängigkeit von den Zwischenhändlern, was bei arbeitsintensiven Betrieben, die in diesem Raum in der Regel von Eigentümern mit ihren Familien bewirtschaftet werden, von besonderer Bedeutung ist.

Spezielle Probleme prägen auch die Monokulturbereiche des Nordostens. Der humide Küstenstreifen ist fast ausschließlich von der Zuckerrohr-Monokultur geprägt. In diesem Gebiet, das überwiegend im Besitz der großen Zucker- und Alkoholfabriken steht, wirtschaften zusätzlich abhängige Bauern, die über vertragliche Bindungen mit den agro-industriellen Großbetrieben verbunden sind. Mit zunehmender Mechanisierung und Modernisierung der Produktion sinkt hier das Arbeitsplatzangebot, so daß der natürliche Bevölkerungsüberschuß an andere Regionen bzw. die Küstenstädte abgegeben werden muß.

Durchschnittliche jährliche Zuwachsraten (1960–1970) der Agrarproduktion im Bundesstaat in %

Produkt	Fläche	Menge	Hektarerträge
Bohnen	6,3	0,6	−7,08
Baumwolle	6,6	0,35	−6,64
Reis	4,6	3,3	−0,96
Mais	7,3	2,4	−4,89
Maniok	5,9	4,1	−1,40
Bananen	8,0	7,9	−0,66

Betriebsgrößenstruktur in der Landwirtschaft 1940–1970 in Nordbrasilien

	1940		1950		1960		1970	
	Z.	F.	Z.	F.	Z.	F.	Z.	F.
unter 10 ha	50,0	3,4	53,2	2,8	61,7	4,3	68,3	5,5
10–20 ha	14,9	3,6	13,0	2,6	10,9	3,3	9,9	4,1
20–50 ha	16,1	8,7	14,7	6,7	12,7	8,7	10,5	9,7
50–100 ha	8,1	9,7	7,8	7,9	6,3	9,6	5,1	10,5
100–500 ha	8,8	31,6	8,9	27,0	6,6	29,8	5,1	30,5
500–1000 ha	1,1	12,9	1,4	13,5	0,9	13,6	0,6	12,9
über 1000 ha	0,7	30,1	1,0	39,5	0,5	30,7	0,4	26,8

Daten: Censo Agricola   Quelle: David E. Goodmann 1976
Z. = Anteil an der Gesamtzahl der Betriebe in %.   F. = Anteil an der Gesamtbetriebsfläche der Betriebe in %

Hans-Jürgen Krüger: Migration, ländliche Überbevölkerung und Kolonisation im Nordosten Brasiliens. In: Geographische Rundschau 1978, Heft 1, S. 15 und 17. Braunschweig: Westermann

Die oben beschriebenen Probleme grundsätzlicher oder spezieller Art haben naturgemäß einen starken Einfluß auf die Bereitschaft und die Möglichkeit der ländlichen Bevölkerung, in ihren Ursprungsgebieten zu verbleiben. Die Tabelle der Betriebsgrößenstruktur in der Landwirtschaft (S. 224) ist sowohl das Ergebnis als auch die Grundlage einer mobilitätsfördernden Strukturschwäche im agraren Sektor.

So hat sich die ungleiche Verteilung des landwirtschaftlich genutzten Bodens seit 1940 noch verschärft. Die durchschnittliche Größe der Betriebe sank von 12,4 ha im Jahr 1960 auf 7,3 ha im Jahr 1970. Somit konnte der Prozeß der Verminderung der Betriebsgrößen nicht gestoppt werden. Weiterhin wird durch die Marktstruktur eine Ausweitung der Rindviehhaltung eher gefördert als die arbeitsintensivere Produktion der Grundnahrungsmittel. Entgegen allen Erkenntnissen und Bemühungen hat sich die Zahl der Beschäftigten in Kleinbetrieben ständig erhöht, während sie im Bereich der Latifundien trotz starker Erweiterung dieses Sektors abnahm.

Allein das Zusammenwirken von pull- und push-Faktoren kann jedoch die starke Mobilitätsbereitschaft weder im hier vorgestellten Beispielraum noch in anderen Regionen allein erklären. Es müssen zusätzlich noch andere Faktoren eine Rolle spielen.
- *Compadre-Beziehungen* (die Wohnungen von Verwandten oder Freunden in der Stadt werden als Brückenkopf benutzt),
- Jahreseinkommen der betroffenen Bevölkerungsschichten;
  Beispiel: Um 1960 verfügten 79% der ländlichen Bevölkerung des brasilianischen Nordostens über ein Jahreseinkommen von weniger als 150,— DM,
- Alphabetisierungsquote,
- Arbeitslosenquote,
- Saisonabhängigkeit der landwirtschaftlich tätigen Bevölkerung,
- infrastrukturelle Erschließung des Gesamtraumes.

Selektionseffekte des *Wanderungs*prozesses in den Abwanderungsregionen

Die ländliche Abwanderungstendenz hat eindeutig selektiven Charakter, indem

1. die Mehrzahl der Migranten jünger ist als die Durchschnittsbevölkerung,
2. der Bildungsstand höher ist als der durchschnittliche Bildungsstand der Nicht-Migranten.

Man spricht in diesem Zusammenhang von *backwash*-Effekten, weil durch die Land-Stadt-Wanderung die Disparitäten zwischen ländlichen und städtischen Gebieten (derentwegen die Wanderung überhaupt stattfindet) noch erhöht werden. Das Abwandern der jüngeren, dynamischen Teile der Landbevölkerung führt somit zu einer sich selbst verstärkenden *sozialen Erosion*.

2.3.2 Auswirkungen auf den städtischen Raum

Als Ergebnis der Wanderungsvorgänge, die den natürlichen Bevölkerungszuwachs der Städte in besonderem Maße ergänzen, wachsen die städtischen Elendsviertel der Länder der Dritten Welt zu zukünftigen Katastrophengebieten heran. Teilweise übersteigt die Zahl der Slumbevölkerung bereits die der eigentlichen Stadtbevölkerung.

Slumbewohner ausgewählter Städte

Djakarta (Indonesien)	42%
Rio de Janeiro (Brasilien)	30%
Caracas (Venezuela)	42%
Mexico City (Mexiko)	46%
Nairobi (Kenia)	49%
Ankara (Türkei)	60%
Kalkutta (Indien)	67%
Daresalam (Tansania)	70%
Casablanca (Marokko)	70%

Zu unterscheiden sind allerdings die unkontrollierten *Stadtrandsiedlungen* und die innerstädtischen *Slum*gebiete. Beide Formen haben in vielen Städten einen so dominierenden Anteil an der räumlichen Siedlungsausprägung, daß sie vielerorts eigene — regional gebundene — Bezeichnungen erhalten haben.
- bidonvilles im Bereich ehemaliger französischer Kolonialgebiete
- shanty towns im Bereich ehemaliger englischer Kolonialgebiete

- *callampas* in Chile
- *tugurios* in Kolumbien/Peru
- *ranchos* in Venezuela
- *bustees* in Indien
- *barriadas/barrios* in Peru
- *villas miserias* in Argentinien
- *colonias proletarias* in Mexiko
- *barong-barongs* in Manila

In diesen Slums konzentrieren sich Armut, Hunger, Elend, hohe Kriminalitätsziffern und Krankheiten. Sie sind Ausdruck der mangelnden Fähigkeit einer Weltgesellschaft, ausreichend Sorge für das Gemeinwohl aller Beteiligten zu tragen. Slumgebiete stellen eine massive Herausforderung an die sozialen Kräfte in den Industrieländern und die führenden Schichten der betroffenen Länder der Dritten Welt dar (vgl. S. 275f.).

Anlage und innere Gliederung der kolonialzeitlichen Städte Lateinamerikas

Motive und Voraussetzungen spanischer und portugiesischer Stadtgründungen waren unterschiedlich. Die Spanier gründeten ihre Städte (als Zentren ihrer militärischen, politischen und kirchlichen Macht) bevorzugt bei ehemaligen Mittelpunkten der indianischen Reiche, also in meist zentralen, kontinentalen Ortslagen. Die Portugiesen legten ihre Städte (als Handelsniederlassungen) überwiegend entlang der Küste an. Dennoch zeigen sich in Anlage und innerer Gliederung weitgehende Übereinstimmungen.

Der „Idealplan" der spanischen Kolonialstadt
„Die für die Stadtanlage vorgesehene Fläche wurde in eine bestimmte Anzahl von Quadraten mit einer Seitenlänge von gut 100 Metern aufgeteilt, die als ‚cuadras' oder ‚manzanas' bezeichnet werden. Im Mittelpunkt der zukünftigen Stadt blieb eine cuadra ausgespart und als ‚plaza' unbebaut. Die unmittelbar an die plaza angrenzenden Blöcke wurden in vier gleich große Grundstücke, die sogenannten ‚solares' unterteilt, die den führenden Familien der neuen Stadt zur Verfügung gestellt wurden. An das Bebauungsland schlossen sich noch ungeteilte cuadras an, die als sogenannte ‚quintas' dem intensiven Gartenbau dienten und zugleich als Reserveland für eine mögliche Stadterweiterung vorgesehen waren. Zum Außenrand hin folgten ihnen die viermal größeren ‚chacras', auf denen man Indianer ansiedelte, die für die städtischen Grundbesitzer Landwirtschaft betreiben mußten.

Diese Aufteilung bedingte ein soziales Kern-Rand-Gefälle, das auch in der Physiognomie deutlich in Erscheinung trat. An den vier Seiten der plaza wurden die wichtigsten öffentlichen Repräsentationsbauten errichtet, die Kathedrale, das Rathaus (cabildo), Regierungs- und Gerichtsgebäude sowie Schulen und Klöster...

Hier entstanden (auch) die oft prunktvollen Adelspaläste und Bürgerhäuser der vornehmen Familien, wie z.B. der heute als Außenministerium dienende Torre Tagle Palast in Lima. Nach außen folgten die Wohnviertel der weniger privilegierten Angestellten, der Händler und Handwerker. Größe und Ausstattung der einstöckigen Patiohäuser nahmen dabei mit wachsender Entfernung vom Stadtmittelpunkt stetig ab. Die Lehmhütten der Indianer und später zum Teil auch der Sklaven lagen am äußersten Stadtrand oder waren sogar von der eigentlichen Stadt durch noch unbebautes Land getrennt."

Jürgen Bähr: Neuere Entwicklungstendenzen lateinamerikanischer Großstädte. In: Geographische Rundschau 1976, Heft 4, S. 125. Braunschweig: Westermann

Noch heute zeigen die Klein- und Mittelstädte Lateinamerikas eine ringförmige Anordnung von sozialbestimmten Stadtteilen. In Großstädten, insbesondere in Ballungsgebieten und den jeweiligen Landeshauptstädten läßt sich jedoch eine ganze Reihe von Veränderungen und Verlagerungen im Stadtgefüge nachweisen, die mit dem Urbanisierungsvorgang in Beziehung stehen.
- Die Silhouette der lateinamerikanischen Großstädte wird heute von Hochhäusern bestimmt, die (etwa seit 1930) z.B. in Montevideo, Buenos Aires und São Paulo mehr und mehr die von Kathedralen und Regierungsgebäuden beherrschte skyline der Kolonialstadt ablösen.
- Die im Schachbrettmuster angelegten Straßen der Altstadt wurden, nachdem sie zu eng für den anwachsenden Straßenverkehr geworden waren, durch Anlage von Diagonalstraßen ergänzt. Teilweise wurden auch gesamte Häuserblocks nie-

dergerissen und die Straßenführung den Anforderungen der veränderten Situation angepaßt.
- Seit Mitte des vorigen Jahrhunderts entstanden am Rande der Altstädte zahllose „Massenquartiere" zur Unterbringung von Arbeitern (so z.B. in Lima, Santiago, Mexiko-City und Panama). Hier handelt es sich meistens um ein- oder zweigeschossige Mietskasernen mit einer großen Zahl zum Teil primitiver und fensterloser Einzimmerwohnungen.
- Relativ weit vom altstädtischen Kern abgesetzt liegen die neuen Wohnviertel der Oberschicht. Hier wurde häufig vom Schachbrettmuster abgegangen und das ebenerdige Patiohaus durch Villen im Bungalowstil ersetzt.
- Durch staatliche Wohnungsbaugesellschaften wurden – überwiegend am Stadtrand – monoton gereihte Stadterweiterungssiedlungen errichtet, die (meist im Schachbrettgrundriß angelegt) sich vor allem hinsichtlich der Stockwerkszahl in den verschiedenen Ländern Lateinamerikas deutlich unterscheiden. In Chile herrscht z.B. das eingeschossige Haus mit Flachdach vor, in Bogotá sind diese Siedlungen zwei- und mehrgeschossig, während sie in Caracas aus Hochhäusern bestehen.
- Innerhalb oder am Rande der Städte entstanden in ungünstigen Lagen (steile Berghänge, versumpfte Niederungen, unbebautes Land an der Peripherie) wilde, aus einfachen Materialien (Blech, Holz, Kartons) selbst errichtete Hütten und Häuser, in denen die untersten sozialen Schichten leben.

Versucht man nun, alte und neue Elemente der lateinamerikanischen Großstädte systematisch zu erfassen und zu gliedern, so lassen sich vor allem drei Ordnungsprinzipien erkennen, die sich gegenseitig teilweise überlagern.
- Ringförmige Ordnung
Die kolonial bedingte konzentrische Ordnung städtischer Strukturelemente ist im Zentrum der Stadt zum Teil noch deutlich zu erkennen. Zentrale Geschäftsbereiche mit der charakteristischen Hochhausüberbauung entwickeln sich in fast allen Städten im Bereich des Stadtkerns. Allerdings setzt die City-Bildung nicht – wie in Europa und Nordamerika – unmittelbar am Marktplatz an, sondern bildet sich meist an Straßenachsen aus, die von der plaza ausgehen.

Eine Mischzone am Rande des City-Bereiches weist Geschäfts- und Wohnfunktionen auf. Diese Zone wird eingeengt durch innerstädtische Slumgebiete, die zum einen aus überalterter, ehemals von der Mittel- und Oberschicht bewohnter Bausubstanz bestehen (die oft baufälligen Häuser werden meist zimmerweise vermietet), zum anderen auf Massenquartiere zurückzuführen sind, die für Arbeiter vor und nach der Jahrhundertwende gebaut worden waren. Innerstädtische Slumgebiete entstehen im übrigen erst dann, wenn bestimmte Einwohnerzahlen bzw. Flächenausdehnungen überschritten werden. Man nimmt an, daß mit zunehmender Stadtgröße Kosten und Transportprobleme die untersten sozialen Schichten zur Ansiedlung in City-Nähe zwingen. Diese Hypothese erscheint stimmig angesichts der innerstädtischen bzw. stadtrandgerichteten Mobilität der Oberschicht.

Verlagerung und Ausweitung der Wohnviertel der Oberschicht in Lima

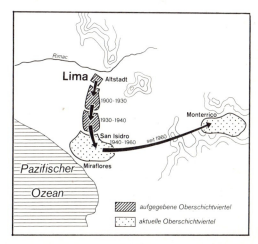

Jürgen Bähr: Neuere Entwicklungstendenzen lateinamerikanischer Großstädte. In: Geographische Rundschau 1976, Heft 4, S. 129. Braunschweig: Westermann

- Sektorengliederung
  In allen großen Städten Lateinamerikas läßt sich eine sektorale Überlagerung des ringförmigen Ordnungsprinzips feststellen: Zum einen ergibt sich eine deutliche Konzentration der größeren Industriebetriebe an Eisenbahnlinien, Flüssen und Ausfallstraßen. Zum anderen führt die zentrifugal gerichtete Wohnstandortverlegung der Oberschicht zur Ausbildung von Erweiterungsachsen, deren Richtung im weiteren Verlauf der Stadtentwicklung überwiegend beibehalten wird. Seltener kommt es zur grundsätzlichen Änderung der Entwicklungsachse der Oberschichtviertel (wie im Beispiel Lima).
- Zellenförmige Stadterweiterungen
  Vor allem in den städtischen Außenvierteln werden die bereits genannten Ordnungsprinzipien durch zellenförmige Stadterweiterungen verändert. Es handelt sich dabei vor allem um die von staatlichen, halbstaatlichen und privaten Organisationen getragenen Erweiterungssiedlungen (*poblaciones*) und um die obengenannten „wilden" Stadtrandsiedlungen (*callampas/barriadas*).

Idealschema einer lateinamerikanischen Großstadt

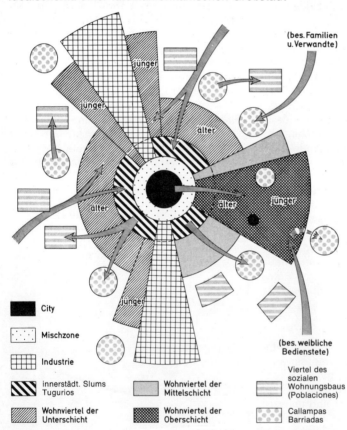

Jürgen Bähr: Neuere Entwicklungstendenzen lateinamerikanischer Großstädte. In: Geographische Rundschau 1976, Heft 4, S. 127. Braunschweig: Westermann

Die rural-urbane Mobilität wird häufig als alleinverantwortlich für die Ausbildung der unkontrollierten Stadtrandsiedlungen dargestellt. Wie sich aber an mehreren Beispielen lateinamerikanischer (und auch afrikanischer Städte) zweifelsfrei belegen läßt, richten sich die stärksten Zuwanderungsströme vor allem auf ältere, oft zentrumsnähere Wohnviertel der unteren Sozialschichten (vgl. Abb. S. 228). Dies gilt vor allem für alleinstehende männliche Migranten ohne freundschaftliche oder familiäre Bindungen am Zielort, deren größtenteils erstmalige Arbeitssuche von zentral gelegenen Unterkünften aus erleichtert ist. Neben diesen zentrumsnahen Quartieren sind ältere Wohnviertel der Unterschicht in anderen Teilen der Stadt erster Wohnsitz dieser Zuwanderer.

Weibliche Migranten, die sehr häufig als Hausmädchen Beschäftigung finden, wohnen vor allem in den Wohnvierteln der Ober- und Mittelschicht, da ihnen in der Regel ein Zimmer als Teil des Arbeitsentgeltes angeboten wird.

Direkte Zuwanderung in die Stadtrandslums erfolgt vor allem von kinderreichen Familien, die aber nur einen sehr geringen Teil des gesamten Zuwanderungspotentials darstellen. Sie würden in den Innenstadtslums auch nur unter besonderen Schwierigkeiten eine Unterkunft finden können. Weiterhin ziehen auch Verwandte und Bekannte bereits dort wohnender Familien oder Einzelpersonen direkt in die Slumgebiete am Stadtrand.

Neue Slumsiedlungen am Stadtrand werden vor allem auf Initiative von Bewohnern der innerstädtischen Slums bzw. älterer Unterschichtviertel – meist über Nacht – errichtet. Diese oft als Kollektivaktion entstandenen Erweiterungen, in denen sehr planmäßig Materialien und „Grundstücke" auf beteiligte Personengruppen verteilt werden, vergrößern sich erst im weiteren Verlauf des Verstädterungsprozesses durch Einzelzuzüge.

Setzt man die städtische Mobilität der Zuwanderer in ein Verhältnis zum Lebensalter bzw. zum Sozialstatus, so fallen Zusammenhänge zwischen Familiengründung bzw. Geburten und dem Verlassen der engen innerstädtischen Slums auf. Die überwiegend als Hausbediensteten tätigen weiblichen Zuwanderer verlieren nach der Geburt von Kindern ihre Arbeitsstelle und damit ihr Wohnrecht; als einzige Möglichkeit bietet sich oft nur der Umzug einer neuen „städtischen" Familie an den Stadtrand (vgl. Kap. Verstädterung und disproportionale Entwicklung S. 273 ff.).

2.3.3 Maßnahmen gegen die Abwanderungstendenz

In vielen Ländern der Dritten Welt ist inzwischen erkannt worden, daß die Landflucht erfolgreich nur dort eingeschränkt werden kann, wo sie entsteht. So wird zunehmend mehr Wert auf die ländliche Regionalentwicklung gelegt. Dies geschieht z.B. durch Agrarreformen von erheblichem Ausmaß, aber auch durch eine dezentralisierte industrielle Entwicklungsförderung. In verschiedenen Ländern (z.B. in Tansania und Indien) zielt die Gesamtentwicklungsplanung auch auf den Bereich der kleinen und mittleren Orte, in denen man durch Förderung der Wirtschaftskraft und Erweiterung des Arbeitsplatzangebotes versucht, einen Abbau der wirtschaftsräumlichen Entwicklungsunterschiede zu erreichen. Der Zustrom auf die Hauptstadt soll auf diese Weise abgefangen bzw. vermindert werden. Es bleibt abzuwarten, ob Maßnahmen dieser Art nachprüfbare Wirkungen zeigen können. Gute Erfolgsaussichten bestehen vor allem dann, wenn die ausgewählten Zentren bereits eine gewisse dynamische Entwicklungsphase erreicht haben oder zumindest in potentiell entwicklungsfähigen Wirtschaftsräumen liegen.

Umweltbelastung und Umweltschutz

1 Umweltbegriff und Umweltbewußtsein

Nach seiner Atlantiküberquerung mit Papyrus-Boot und Floß berichtete Thor Heyerdahl: „Ich sah vieles, was man auf einer Reise mit einem schnellen Schiff niemals sehen kann. 50 Meilen vor der Küste Afrikas konnten wir unsere Zähne nicht mehr mit Meerwasser putzen – es war mit Öl überdeckt. Wir segelten zwei Tage lang durch diesen Dreck.

Eine Woche später passierte dasselbe. Auf unserer zweiten Reise mit einem Floß segelten wir an 43 von 57 Tagen durch riesige Öllachen. Viele Bartenwaale und Fische schwimmen mit offenem Maul, um sich ihr Futter aus dem Wasser herauszufiltern. Sie schlucken auch das Öl. Einige dieser Fische werden wir essen." Durch solche und ähnliche Einzelmeldungen werden die Menschen zwar kurzfristig aufgeschreckt, die Häufung derartiger Berichte, weitverbreitete Interessenlosigkeit in vielen Bevölkerungsschichten und geringe Kenntnis grundlegender geoökologischer Zusammenhänge lassen bekanntgewordene Umweltschäden rasch wieder in Vergessenheit geraten.

Eine der wichtigsten Grunderkenntnisse ist die, daß der Mensch nur einen Teil (wenn auch einen sehr prägenden) eines sehr komplexen Beziehungsgefüges des lebenden Systems der Erde darstellt, das sich in Form eines vereinfachten *Regelkreises,* der Nahrungskette, darstellen läßt.

Regelkreis der Nahrungskette

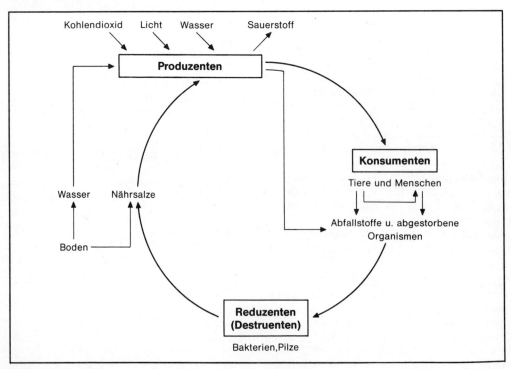

Jede Organismengruppe ist nur in Abhängigkeit von der lebenden und toten Umwelt existenzfähig, so auch der Mensch, der aus seiner Umwelt Nahrung, Wasser und Sauerstoff bezieht, Abfälle an sie wieder abgibt und Raum beansprucht. Das gesamte Beziehungsgefüge (*Ökosystem*) befindet sich als Regelkreis in einem ausgewogenen ökologischen Gleichgewicht.

Das starke Wachstum der Weltbevölkerung birgt nun aber die Gefahr in sich, daß mehr Nährstoffe, Sauerstoff, Wasser und Raum benötigt, als durch die natürlichen Kreisläufe zur Verfügung gestellt werden und Abfälle in solchem Maße anfallen, daß sie nicht mehr alle zerlegt und dem natürlichen Regelkreis zugeführt werden können: Der Mensch greift vielfältig in das natürliche Beziehungsgefüge ein. Schädigende Eingriffe können bis zu einem gewissen Maß vom Ökosystem aufgefangen und ihre schädigende Wirkung wieder aufgehoben werden. Die natürliche Umwelt stellt somit ein mehr oder weniger belastbares Puffersystem dar. Dieses gilt selbst für das labile Ökosystem des tropischen Regenwaldes. Die Ureinwohner können nach *Brandrodung* den Urwald für 2–3 Jahre ackerbaulich nutzen, müssen jedoch danach den Anbau auf neue Rodungsflächen verlegen, bis nach 15–20 Jahren ein relativ dichter Sekundärwald entsteht und damit die notwendigen Nährstoffe wieder regeneriert sind. Bei Kahlschlag und ackerbaulicher Überbeanspruchung sinken die Erträge, und der natürliche Regenwald und die Pflanzennährstoffe sind nicht mehr regenerierbar, das Ökosystem ist „umgekippt" (vgl. Kap. Geoökologische Systeme). Die Pufferwirkung wird auch beim Abbau von Schmutz- und Abfallstoffen in Flüssen und Seen deutlich, in denen übermäßig zugeführte Schadstoffe durch Mikroorganismen nicht mehr beseitigt werden können. Der Eingriff des Menschen in das natürliche Ökosystem wird mit zunehmender Bevölkerungs-, Wirtschafts- und Konsumexpansion immer bedrohlicher. So beobachten wir einen zunehmenden Bedarf an landwirtschaftlicher Nutzfläche, Siedlungs-, Industrie- und Verkehrsfläche (vgl. Abb. S. 164). Es fallen verstärkt Abfälle und Schadstoffe in Wasser, Luft und Boden an, insbesondere durch Industrialisierung und Verkehrszunahme. Gleichzeitig ist damit ein hoher Verbrauch an Sauerstoff verbunden. Das wirtschaftliche Wachstum wird zudem durch unseren Wunsch nach höherem Lebensstandard und Wohlstand gefördert.

Die verstärkt anfallenden Kosten für die Beseitigung und Verhinderung von Umweltschäden führen allmählich zu dem Bewußtsein, daß ein überzogenes Qualitäts- und Wachstumsdenken höhere Kosten als Nutzen mit sich bringt (hohe Kosten für Bau von Kläranlagen, Erforschung und Bekämpfung von Zivilisationskrankheiten, Erschließung von Erholungsräumen usw.).

Umweltschutz, ein Begriff, der inzwischen zum Schlagwort geworden ist, hat erst in den letzten Jahren Eingang in die öffentliche und politische Diskussion gefunden. Dies ist insbesondere auf die wachsenden Kenntnisse der Ursachen und Wirkung von Umweltgefahren aufgrund spezifischer wissenschaftlicher Forschungstätigkeit in jüngster Zeit zurückzuführen.

Die daraus resultierenden notwendigen Konsequenzen lassen sich mit Hilfe des *biozivilisatorischen Grundgesetzes* umschreiben: „Jeder technologisch-zivilisatorische Eingriff, der das naturhaft vorhandene biologische Gleichgewicht stört oder verändert, muß durch einen Kompensationseingriff ergänzt werden, der das gestörte biologische Gleichgewicht in der ursprünglichen Form wiederherstellt oder einen ökologisch vertretbaren Ersatz schafft. Ist dies nicht möglich, so muß der Eingriff unterlassen werden." (H. Stumpf 1977, S. 46). Die Würdigung dieses Gesetzes erfolgte seither allerdings kaum global, sondern beschränkte sich auf eine Zahl von Einzelmaßnahmen. Die Bundesrepublik trug der Forderung nach besserem Umwelt- und Lebensschutz durch ihre verschiedenen Umweltschutzgesetze Rechnung (vgl. Kap. Umweltpolitik).

2 Umweltgefahren und Maßnahmen ihrer Behebung

2.1 Wasser

Die Gefährdung des Wasserhaushaltes ist sowohl auf die starke Zunahme des Wasserbedarfs in privaten Haushalten als auch auf den hohen Bedarf der Industrie zurückzuführen.

Wasserverbrauch

	1969	1975	2000
Haushalte, E/Tag	117,5 l	133,4 l	ca. 204 l
Industrie, Anteil am Gesamtverbrauch	39,6%	40,3%	ca. 50,3%

Täglicher Wasserbedarf 1972
Täglicher Wasserbedarf 1972 je Einwohner
USA 800 Liter
Bundesrepublik Deutschland 300 Liter
Entwicklungsländer 15 Liter

Wasserbedarf der Industrie zur Erzeugung von
1 Tonne Stahl 18 000 Liter
1 Tonne Rübenzucker 120 000 Liter
1 Tonne Papier bis zu 500 000 Liter
1 Tonne Zellwolle 650 000 Liter

Belastung der Gewässer durch Abwasser

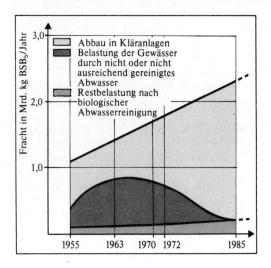

Nach Peter Boese u.a.: Planungsfaktor Umweltschutz. Grafenau: Lexika-Verlag 1976, S. 69

Wasserversorgung und Abwasserbeseitigung in der Bundesrepublik in 1000 m³/Tag

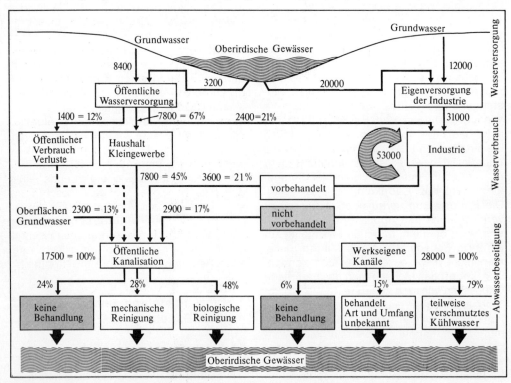

Nach Peter Boese u.a.: Planungsfaktor Umweltschutz. Grafenau: Lexika-Verlag 1976, S. 69

Ein Großteil der Schmutzstoffe des Abwassers ist organische Fracht, deren Maßeinheit der *biochemische Sauerstoffbedarf* (BSB_5) ist. Darunter versteht man die Sauerstoffmenge, die beim *mikrobiellen Abbau* dieser Stoffe in fünf Tagen verbraucht wird (Abwässer in der Bundesrepublik aus Haushaltungen: 2000 t BSB_5, aus Industrie und Gewerbe: 2500 t BSB_5, aus der Landwirtschaft 1500 t BSB_5).

2.1.1 Flußverschmutzung

Belastung einiger Gewässer in der Bundesrepublik Deutschland (1971/1972)

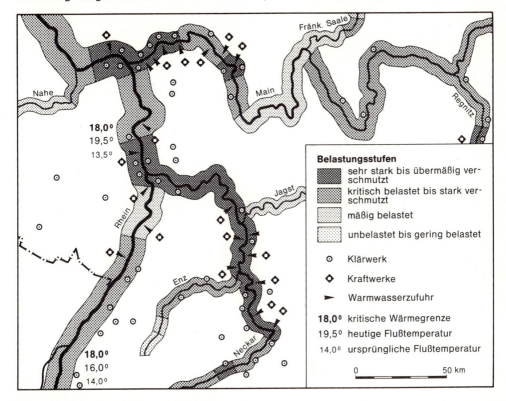

Die Charakterisierung der Güteklassen von Fließgewässern erfolgt für die verschiedenen Belastungsstufen aufgrund typischer Organismenzusammensetzung und Organismendichte auf dem Gewässerboden.

1. unbelastet bis gering belastet
   Güteklasse I: Gewässerabschnitte mit reinem, stets annähernd sauerstoffgesättigtem und nährstoffarmem Wasser; geringer Bakteriengehalt; mäßig dicht besiedelt, vorwiegend Algen, Moose, Strudelwürmer und Insektenlarven; Laichgewässer für Edelfische.
   Güteklasse I–II: Gewässerabschnitte mit geringer anorganischer oder organischer Nährstoffzufuhr ohne nennenswerte Sauerstoffzehrung; dicht und meist in großer Artenvielfalt besiedelt.
2. mäßig belastet
   Güteklasse II: Gewässerabschnitte mit Verunreinigung aber guter Sauerstoffversorgung; sehr große Artenvielfalt und Individuendichte von Algen, Schnecken, Kleinkrebsen, Insektenlarven; Wasserpflanzenbestände decken größere Flächen; ertragreiche Fischgewässer.
3. kritisch belastet bis stark verschmutzt
   Güteklasse II–III: Gewässerabschnitte, deren Belastung mit organischen, sauerstoffzehrenden Stoffen einen kritischen

Zustand bewirkt; Fischsterben infolge Sauerstoffmangels möglich; Rückgang der Artenzahl bei Makroorganismen; einige Arten neigen zur Massenentwicklung; Algen bilden häufig größere flächendeckende Bestände.

Güteklasse III: Gewässerabschnitte mit starker, sauerstoffzehrender Verschmutzung und meist niedrigem Sauerstoffgehalt, örtlich Faulschlammbildung; flächendeckende Kolonien fadenförmiger Abwasserbakterien, übertreffen das Vorkommen von Algen und höheren Pflanzen; geringe Fischereierträge, mit periodischem Fischsterben ist zu rechnen.

4. sehr stark bis übermäßig verschmutzt

Güteklasse III–IV: Gewässerabschnitte mit weitgehend eingeschränkten Lebensbedingungen durch starke Verschmutzung mit organischen und sauerstoffzehrenden Stoffen, oft durch Giftzufuhr verstärkt; zeitweilig totaler Sauerstoffschwund; Trübung durch Abwasserschwebstoffe; ausgedehnte Faulschlammbildung; dichte Besiedlung vor allem durch Schlammrohrwürmer; Rückgang fadenförmiger Abwasserbakterien; Fische nicht auf Dauer und dann nur örtlich anzutreffen.

Güteklasse IV: Gewässerabschnitte mit übermäßiger Verschmutzung durch organische sauerstoffzehrende Abwässer; Fäulnisprozesse herrschen vor; Sauerstoff über lange Zeiten in sehr niedriger Konzentration vorhanden oder fehlt gänzlich; Besiedlung vorwiegend durch Bakterien, Geißeltierchen und freilebende Wimpertierchen; Fische fehlen. Bei gleichzeitiger starker Giftstoffzufuhr tritt biologische Verödung ein.

Der Gütezustand unserer Flüsse hat sich nach dem Zweiten Weltkrieg rapide verschlechtert. Besonders gefährdet sind die Flüsse und Flußabschnitte, die eine große Rolle für die Binnenschiffahrt spielen und an denen sich Bevölkerung und Industrie konzentrieren. Die Belastung der Gewässer hat ihre Ursache in der Zufuhr zahlreicher Schmutzstoffe und in der Erhöhung der Wassertemperatur durch verstärkte Einleitung von Kühlwasser aus Industrie und Kraftwerken.

Der Rhein transportiert in seinem Unterlauf täglich ca. 30 000 t Kochsalz, 16 000 t Sulfate, 2200 t Nitrate, 100 t Phosphate, 3 t Arsen und 0,4 t Quecksilber. Der hohe Salzgehalt ist großenteils auf den Kalisalzabbau auf französischer Seite des Oberrheingebietes zurückzuführen. *Sulfate, Nitrate* und *Phosphate* reichern sich aufgrund der verstärkten landwirtschaftlichen Düngung und der mit Waschmittel belasteten Haushaltsabwässer an. Die übrigen Stoffe stammen zum überwiegenden Teil aus Industrieabwässern, die durch einen hohen Gehalt an Schwermetallen ausgezeichnet sind. So beträgt der Bleigehalt im Bodensee 30 ppm (*parts per million*), zwischen Basel und Darmstadt 155 ppm, zwischen Darmstadt und Emmerich 369 ppm und bei Biesbosch in Holland 850 ppm. Diese Entwicklung ist insofern bedenklich, als die Niederlande den Großteil, Nordrhein-Westfalen etwa die Hälfte ihres Brauchwasserbedarfs dem Rhein entnehmen. Erhöht sich die Temperatur über eine zulässige Grenze, kommt es zu einer veränderten Zusammensetzung der Lebewelt im Fluß. Verstärkte Zufuhr von Phosphaten und Nitraten entspricht einer Düngung, so daß sich pflanzliche und tierische Organismen üppig entfalten können (*Eutrophierung*), Giftstoffe sind unter Umständen für das völlige Absterben der Tiere und Pflanzen verantwortlich, wodurch die natürliche Selbstreinigungsleistung auf ein Minimum reduziert wird. Zu Beginn dieses Jahrhunderts spielte die Rheinfischerei noch eine bedeutende Rolle, die Ausrottung zahlreicher Fischarten (Rheinsalm) und die aufgrund der Giftstoffe ungenießbar gewordenen Fische führten jedoch zum völligen Verschwinden dieses Berufszweiges.

2.1.2 Seenverschmutzung am Beispiel des Bodensees

Der Grad der Verschmutzung des Bodenseewassers erscheint insofern problematisch, als der Bodensee für viele Menschen als Trinkwasserspeicher und als Erholungslandschaft künftig noch mehr an Bedeutung gewinnen wird. Diese Verschmutzung ist die Folge verschiedener Umweltbeeinträchtigungen: Mülldeponien, Abwasserzuleitung,

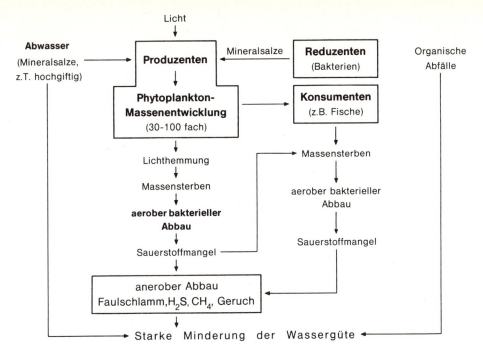

Schema der Eutrophierung

Öl- und Salzzufuhr der ufernahen Straßen, verstärkte Motorschiffahrt, Einsickern von Kunstdüngern und Schädlingsbekämpfungsmitteln von Landwirtschaft und Gartenbau. Die direkte Folge ist eine zunehmende Eutrophierung.

Produzierendes Gewerbe am Bodensee

Christian Hannss: Umweltbelastungen am Bodensee. In: Beiheft Geographische Rundschau 1975, H. 4, S. 22. Braunschweig: Westermann

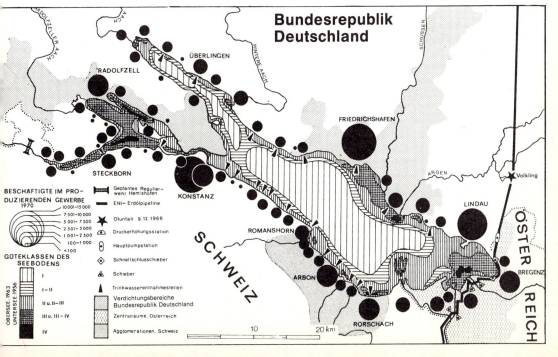

Die besonders starke Bevölkerungszunahme und die Industrialisierung im Einzugsbereich des Bodensees von 1950 bis 1970 hatten zur Folge, daß die Kläranlagenkapazität nicht mehr ausreiche. 1960 konnten die Abwässer von lediglich 31% der Bevölkerung gereinigt werden. Die Industrieabwässer sind hierbei nicht berücksichtigt. Als Konsequenz dieser Entwicklung unterzeichneten im Oktober 1960 Baden-Württemberg, Bayern, Österreich und die Schweiz das „Übereinkommen über den Schutz des Bodensees gegen Verunreinigung".

1973 wurden die Abwässer von 90% der Bevölkerung geklärt. Seither konnte eine wachsende Verunreinigung verhindert und teilweise sogar eine bessere Wasserqualität erzielt werden.

2.1.3 Verschmutzung der Meeresgewässer

Das Einmünden stark verschmutzter Flüsse in die Meere hat zwangsläufig nachteilige Auswirkungen vor allem auf die Küstengewässer. Zudem verlagern sich viele Industriebetriebe aufgrund von Standortvorteilen an die Küste und tragen somit zu einer verstärkten Verschmutzung bei. Dementsprechend sind die Meere hochindustrialisierter Staaten besonders gefährdet (japanische Pazifikküste, Mittelmeer, Nord- und Ostsee). Als Indikator für die Schadstoffbelastung dient der Quecksilbergehalt der Miesmuschel (Mytilus), der im Mündungsbereich der großen Flüsse wie Rhein, Weser und Themse überdurchschnittlich hoch ist. Ölkatastrophen, wie sie sich vor der englischen Küste mit der „Torrey Canyon" im Jahre 1967 und vor der bretonischen Küste mit der „Amoco Cadiz" im Jahre 1978 ereigneten, haben zu einer drastischen Verschlechterung der ökologischen Situation an den entsprechenden Küstenabschnitten geführt. Nicht nur haben Fremdenverkehr und Fischereiwirtschaft, Haupterwerbsquellen der dortigen Bevölkerung, erhebliche Einbußen erlitten, sondern auch Tier- und Pflanzenwelt der mit einem Ölteppich überdeckten Küstengewässer und Küsten wurden zu einem großen Teil vernichtet. Die durch den Ölfilm verringerte Sauerstoffzufuhr führte zu einem Ersticken der Tiere, Poren und Gefieder von Seevögeln wurden verklebt, und die zur Ölbekämpfung verwendeten chemischen Stoffe *(Detergenzien)* wirkten als zusätzliche Gifte.

Von den insgesamt 230 000 t Rohöl, die aus der „Amoco Cadiz" vor der Bretagne ausliefen, gelangten 80 000 t an Frankreichs nördliche Bretagne-Küste und bedeckten einen 200 km langen Küstenabschnitt.

Die verstärkte *offshore-Förderung* (Ölgewinnung im Schelfbereich) führt ebenfalls zu einer zunehmenden Verschmutzung des Meeres. So flossen in Folge eines Leitungsbruches in der zweiten Hälfte des Jahres 1979 fast ein halbes Jahr lang täglich 5 Millionen Liter Rohöl aus dem Bohrloch Ixtoc 1 der staatlichen mexikanischen Ölgesellschaft Pemex in den Golf von Mexiko. Meeresströmungen und Gezeiten waren für die rasche Ausbreitung eines über 2000 km^2 großen Ölteppichs verantwortlich.

Von jeher wurden die Meere als billige Mülldeponie gefährlicher Abfallstoffe verwendet. 1968 gelangten von den USA 330 000 t *Pestizid*abfälle (Schädlingsbekämpfungsmittel), 56 000 t Raffinerieabfälle, 140 000 t Produkte der Papierindustrie und 2,7 Mio. t Abfallsäure ins Meer.

In Wassertieren und Seevögeln konnte man eine gefährliche Anreicherung des Pflanzenschutzmittels DDT nachweisen. Der erschreckende Rückgang des Fischbestandes in den europäischen Küstengewässern ist zu einem erheblichen Teil auf die Meeresverschmutzung zurückzuführen. Besonders gefährdet sind Flachmeere und vom Ozean weitgehend abgeschlossene Meeresteile wie etwa das Mittelmeer und die Ostsee. 1970 wurden in die Ostsee 1,18 Mio. t organische Stoffe eingeleitet, und der Schwefelwasserstoffgehalt und die Sauerstoffarmut nehmen erheblich zu. Der Abbau dieser Stoffe wird insofern stark vermindert, als durch die Abgeschlossenheit des Meeres, durch geringen Gezeitenwechsel und die stabile Schichtung des Wassers die Zirkulation und damit die Zufuhr für den Abbau notwendigen Sauerstoffs erheblich herabgesetzt wird. Die Welternährungsorganisation (FAO) hat festgestellt: „Die Ostsee ist das am stärksten verschmutzte Gewässer der Welt". Derzeit werden auf internationaler Ebene die Verseuchung der Ostsee laufend beobachtet und Maßnahmen ihrer Sanierung erörtert.

2.1.4 Grundwasserverschmutzung

Die Wasserversorgung aus Grundwasser wird durch die verstärkte Entnahme und die daraus resultierende *Grundwassersenkung* sowie durch verstärkte Einsickerung von Schmutzstoffen immer problematischer. Je nach Untergrundsverhältnissen breiten sich diese Stoffe mit unterschiedlicher Geschwindigkeit aus und gelangen in die *Vorfluter* (Flüsse). Ihr Abbau kann einerseits Jahre beanspruchen und ist auf die Tätigkeit von Mikroorganismen zurückzuführen, andererseits erfolgt durch die *Adsorption* (Bindung) dieser Stoffe in porösem Gestein eine wirksame Filterung des Wassers.

Ausbreitung von Benzin im Grundwasser

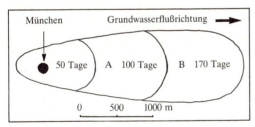

Karl Eckart und Wulf Habrich: Umweltprobleme und Umweltschutz. Stuttgart: Klett 1976, S. 40

Selbst wenn nur 1 l Öl in eine Trinkwassermenge von 1 Mio. l gelangt, so ist diese ungenießbar. Die Erweiterung der Siedlungsflächen und des dichten Verkehrsnetzes macht daher die Ausweisung von *Wasserschutzgebieten* erforderlich. In ihnen ist die Ansiedlung von bestimmten Industrien, Errichtung von Parkplätzen, Campingplätzen, Mülldeponien, Tanklagern, Kies- und Sandgruben sowie die Verwendung von Kunstdünger und Schädlingsbekämpfungsmitteln verboten.

2.1.5 Abwasserreinigung und Abwasserverminderung

Die natürliche *Selbstreinigungskraft* der Flüsse beruht auf der *Sedimentation* (Absatz) gröberer Stoffbestandteile und dem *mikrobiellen Abbau* organischer Substanzen. Können Gewässer diese Aufgabe nicht mehr erfüllen, ist der Mensch gezwungen, diese Reinigungsprozesse in einem räumlich und zeitlich verkürzten System, der *Kläranlage*, nachzuvollziehen.
In der mechanischen Stufe wird Grobmaterial abgefangen und im Vorklärbecken sedimentiert. Die durchlaufenden Stoffe werden in der biologischen Stufe durch Mikroorganismen, deren Tätigkeit durch Sauerstoffzufuhr verstärkt wird, abgebaut und in der chemischen Stufe noch vorhandene Giftsubstanzen durch Zugabe von Chemikalien ausgefällt.

Schema einer mechanisch-biologischen Kläranlage nach dem Belebungsverfahren

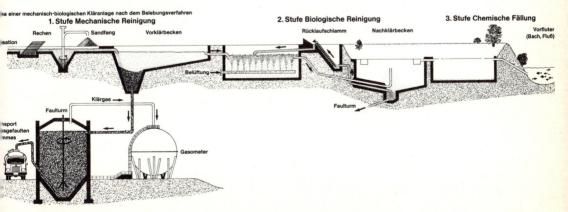

Hans Knodel, Ulrich Kull: Ökologie und Umweltschutz. Stuttgart: Metzler 1974, S. 124

In der Bundesrepublik Deutschland wurden für den Bau von Kläranlagen im öffentlichen Bereich im Jahre 1971 630 Mio. DM, 1975 1071 Mio. DM investiert. Nach dem Umweltprogramm der Bundesregierung aus dem Jahre 1971 müssen bis 1985 für 90% der Bevölkerung Kläranlagen mit entsprechender Kanalisation errichtet werden. Die Kosten betragen 43 Mrd. DM für den öffentlichen Bereich und 22 Mrd. DM für Kläranlagen der Industrie. Für einzelne Gemeinden bedeutet dies eine zusätzliche finanzielle Belastung.

2.2 Wasserwirtschaftliche Maßnahmen und ihre Folgen

Überschwemmungsgefahren und die für die Schiffahrt ungünstigen Laufverlegungen des Rheins waren die Gründe für die *Flußkorrektion* unter dem badischen Oberst *Tulla* im vergangenen Jahrhundert. Durch Begradigung der weitverzweigten und gewundenen Laufstrecken beabsichtigte man die Vergrößerung der Fließgeschwindigkeit, die damit verbundene Tiefenerosion des Flusses und die Senkung des Grundwasserkörpers.

Laufverlegung des Rheins durch Tulla 1828/1872

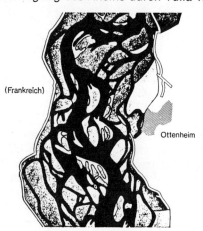
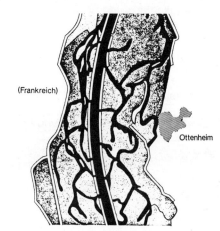

Wilhelm Schäfer: Der Oberrhein, sterbende Landschaft? In: Natur und Museum, 1974, H. 11, S. 334, 335. Frankfurt: Senkenbergische Naturforschungsgesellschaft

Neben den gewünschten Auswirkungen, der Verminderung der Hochwassergefahr, der verbesserten Schiffahrt, der Vergrößerung der landwirtschaftlichen Nutzfläche und heute auch der Energiegewinnung, traten jedoch unvorhergesehene nachteilige Folgen auf, wie sie gegenwärtig bei allen Flußbegradigungen mehr oder weniger stark zu beobachten sind: Pflanzen in den ehemals landwirtschaftlich genutzten Arealen und Auewaldgebieten des südlichen Oberrheins verlieren ihren lebensnotwendigen Kontakt zum Bodenwasser und sterben ab. Man spricht hier von der *Versteppung* der Landschaft. Diese Situation verschlechterte sich noch, seit das Wasser des Altrheins zwischen Basel und Breisach zum überwiegenden Teil in den betonierten Rheinseitenkanal auf französischer Seite eingeleitet wird.

Dadurch wurde die Absenkung des Grundwasserkörpers wegen fehlender Wasserzufuhr aus dem Kanal zusätzlich beschleunigt. Zwischen Breisach und Straßburg wird daher die Schlingenlösung angestrebt. Neben einem begradigten Flußabschnitt mit Kraftwerk und Schleuse verläuft ein gebogener mit einfachem Stauwehr, was eine Minderung der Laufgeschwindigkeit und eine gewisse Grundwasserhebung zur Folge hat.
Zur Verbesserung landwirtschaftlicher Flächen wird mit Hilfe von Drainagegräben heute vielfach künstlich eine Trockenlegung von Feuchtgebieten angestrebt. Wie in der Oberrheinebene kam es auch im Donauried zur gefährlichen Auswehung (*Deflation*) von Bodenteilchen und zur Verarmung der Pflanzen- und Tierwelt (Feuchtgebiete sind wichtige Brutplätze durchziehender Vögel).

Bebauung des Schwippetales 1900 und 1985

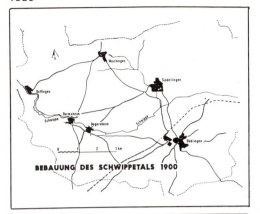

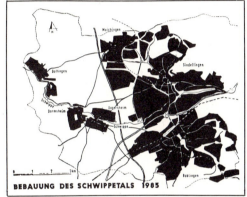

Wasserwirtschaftliche Maßnahmen werden durch häufige Hochwässer notwendig. Ursachen der plötzlich auftretenden Überschwemmungen sind starke Waldrodungen seit dem späten Mittelalter und die wachsende Überbauung der Landschaft durch die Ausdehnung von Siedlungs- und Verkehrsanlagen.

Die verheerenden Überschwemmungen während der Monsunzeit im Jahre 1978 im Gangesgebiet, die seit einigen Jahren mit zunehmender Intensität auftreten, haben ihre Ursache in dem unverantwortlichen Raubbau an den Wäldern am Fuße des Himalaya-Gebirges. Seit 1953 wurden 5 Mio. ha Regenwald abgeholzt, das entspricht einer Fläche der beiden Bundesländer Nordrhein-Westfalen und Schleswig-Holstein zusammen. Heute versucht man mit dem Bau von Rückhaltebecken und durch Aufforstung die Überschwemmungsgefahr einzudämmen.

Hochwasserabfluß im Schwippetal

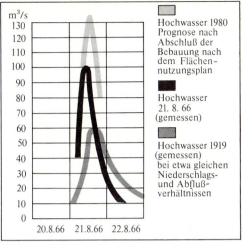

Nach Materialien zum Umweltprogramm der Bundesregierung. Zu Drucksache VI 2710. Bonn 1971, S. 153, 154

Die Sowjetunion plant insbesondere zur Bewässerung der Trockengebiete Kasachstans die Aufstauung des Ob und seiner Zuflüsse. Nach Vorschlägen aus dem Jahre 1949 sollte die überflutete Fläche 250000 km² betragen, dies entspricht der Fläche der Bundesrepublik. In den 60er Jahren plante man lediglich eine Staufläche von 52000 bis 56000 km², während heute ein Projekt von nur noch 5000 km² diskutiert wird.

Planungsprojekte des Tobolsker Stausees

Nach Peter Rostankowski: Wird es ein ‚Sibirisches Meer' geben? In: Geographische Rundschau 1977, Heft 12, S. 403, und 1978, Heft 2, S. 67. Braunschweig: Westermann

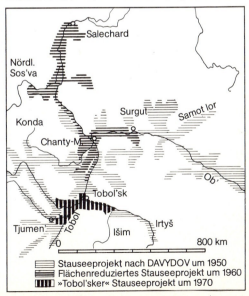

Der Reduzierung der Staufläche liegen folgende ökologische Überlegungen zugrunde:
1. die Gefahr zunehmender Versumpfung und Vermoorung weiter Teile des Westsibirischen Tieflandes;
2. Ausdehnung der randlichen Überflutungszone selbst im Bereich der Nebenflüsse um 20 bis 30 Kilometer;
3. durch verminderte Fließgeschwindigkeit länger anhaltende Eisbedeckung;
4. mögliche nachteilige Veränderungen des Klimas.

Die ständig wachsende Bevölkerungszahl Ägyptens macht die Neulanderschließung und Intensivierung der landwirtschaftlich genutzten Fläche durch Bewässerung erforderlich. Der Bau des Sadd-el-Ali-Staudammes führte jedoch neben der Reihe der erhofften und gewünschten Verbesserungen auch zu unvorhergesehenen, nachteiligen Folgen, die künftig beim Bau ähnlicher Großstauanlagen in Trockengebieten berücksichtigt werden müssen.

Das Wirkungsgeflecht des Sadd-el-Ali-Staudamms

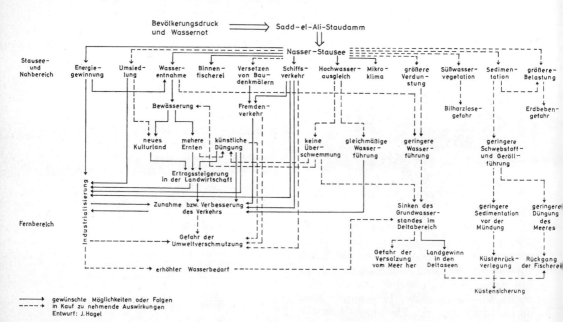

Jürgen Hagel: Geographische Aspekte der Umweltgestaltung. In: Geographische Rundschau 1972, H. 1, S. 23. Braunschweig: Westermann

2.3 Die Belastung der Atmosphäre

Die Luftverunreinigung in der Bundesrepublik Deutschland wird vor allem durch den hohen Gehalt an Ruß und Staub, *Kohlenmonoxid* (CO), *Schwefeldioxid* (SO_2), *Kohlenwasserstoffe* und *Stickstoffoxide* (NO_x) verursacht.
Für den Ausstoß dieser Schmutzstoffe (*Emission*) sind zu 60% der Verkehr, zu 30% Industrie und Gewerbe und zu 10% die Haushalte (Hausbrand) einschließlich Abfallbeseitigung verantwortlich. Die Schädlichkeit verschiedener Stoffe für den Menschen machte es erforderlich, Grenzwerte festzulegen, die im Interesse der Gesundheit nicht überschritten werden dürfen. Man spricht von der maximalen Immissionskonzentration (*Immission* = Einleitung der Schmutzstoffe), kurz MIK – Wert, der z.B. für Schwefeldioxid bei 0,14 mg/m³ Luft, bei Kohlenmonoxid bei 10 mg/m³ Luft liegt. Kriti-

sche Situationen treten am ehesten in verkehrsreichen Großstädten auf, in denen die Fahrzeuge täglich etwa 5000–8000 t CO, 1000 t Kohlenwasserstoffe, 300 t NO_x und 30–50 t SO_2 erzeugen. Insbesondere bei *Inversionswetterlagen* (Kaltluft unter Warmluft, nahezu windstill) wird der vertikale Luftaustausch stark herabgesetzt, so daß sich die Schadstoffe in den unteren 100 bis 200 Metern konzentrieren und als Kondensationskerne (*Aerosole*) die Dunstbildung begünstigen. So entsteht der gefährliche *Smog* (von engl. smoke und fog). Dies führt in der Regel zum Anstieg von Krankheitshäufigkeit und Sterblichkeit, wobei besonders bei älteren Menschen Todesfälle gehäuft auftreten.

Schwefeldioxid-Immissionsbelastung im Ruhrgebiet von 1964–1979

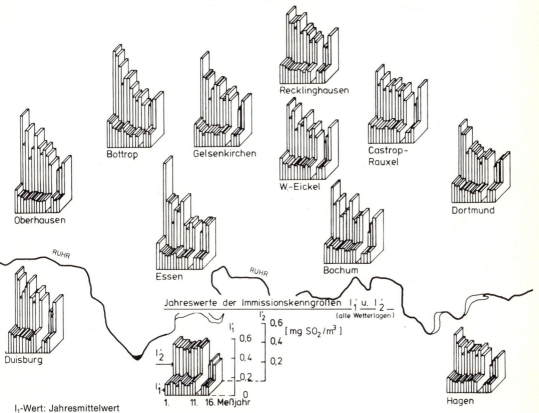

I_1-Wert: Jahresmittelwert
I_2-Wert: Von allen Meßdaten eines Jahres werden die fünf Prozent mit den höchsten Werten aufgrund von atypischen meteorologischen Situationen gestrichen. Der höchste verbleibende Wert ist der I_2-Wert (= 95%-Wert)

Zum Vergleich: Stuttgart (März 1979 – Februar 1980); I_1: 0,04, I_2: 0,16

Schriftenreihe der Landesanstalt für Immissionsschutz des Landes Nordrhein-Westfalen, Heft 51. Essen: Giradet 1980, S. 55

Seit 1973 gibt es in Nordrhein-Westfalen ein vollautomatisches Smog-Alarmsystem. An verschiedenen Stationen wird ständig der SO_2-Gehalt gemessen. Im Alarmfall sind besonders luftverunreinigende Betätigungen untersagt bis hin zum generellen Fahrverbot. Für die Städte Bottrop, Duisburg, Essen, Krefeld, Mülheim/Ruhr, Oberhausen sowie für Städte im Raum Wesel wurde am 17. Januar 1979 erstmals die Smogalarmstufe 1 ausgelöst.

Eine Sonderbelastung der Luft durch radioaktive Abfälle (*Kontamination*) geht auf künstlich geschaffene Strahlenquellen (Kernexplosionen, Kernreaktoren und Röntgengeräte) zurück. Sie spielt neben der natürlichen Boden- und Höhenstrahlung eine zunehmende Rolle. Neueste Messungen der Physikalisch-Technischen Bundesanstalt haben ergeben, daß bei gleicher Leistung die Strahlenbelastung wegen des hohen Gehaltes radioaktiver Elemente in der Flugasche im Bereich eines Kohlenkraftwerkes hundertmal größer ist als im Bereich eines Kernkraftwerkes.

Schemaskizze der Umwelteinflüsse bei einem Kern- und einem fossilen Kraftwerk

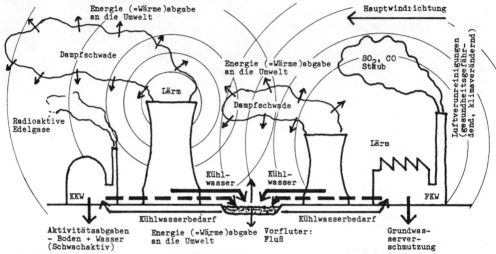

Ulrich Bernard und Giselher Kaule: Landschaftsökologische Aspekte bei der Standortwahl von thermischen Kraftwerken. In: Kraftwerksstandorte, Symposium 78. Ministerium für Wirtschaft, Mittelstand und Verkehr des Landes Baden-Württemberg. Stuttgart 1979, S. 100

Eine besondere Belastung kommt heute durch den steigenden Lärm auf die Bevölkerung zu, wobei der Straßen- und Flugverkehr, Industrie- und Handwerksbetriebe sowie Baustellen zu den wichtigsten Lärmquellen zu zählen sind. Der Lärm wird als Druckschwankung gemessen, die Maßeinheit ist das *Dezibel* (dB). Beständiger Lärm von 40–65 dB soll psychische Störungen, Lärm von über 65 dB auch gesundheitsschädigende körperliche Reaktionen zur Folge haben. Normale Unterhaltungssprache: 50–60 dB, 7 m entfernter Pkw: 80–90 dB, Düsenflugzeug beim Start in 25 m Entfernung: 140 dB.

Lärmzonenplanung für Flughäfen: Geplanter Großflughafen im Erdinger Moos bei München (Angaben in dB)

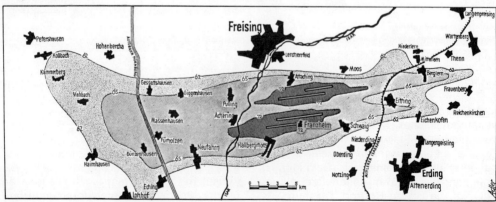

Süddeutsche Zeitung vom 24. 3. 1971

An verkehrsreichen Straßen werden in Wohnbereichen künftig Lärmschutzmaßnahmen erforderlich sein (Lärmschutzwälle, Hecken und Baumreihen, Geschwindigkeitsbegrenzung). Die Auto- und Flugzeughersteller streben leisere Motoren an.

Vorgeschlagene Schwellenwerte der Lärmhöhe

	tags	nachts
Industriegebiete	70 dB	70 dB
Kern- u. Mischgebiete	60 dB	45 dB
reine Wohngebiete	50 dB	35 dB

Sondernetzmessungen in Mexiko City

Stationsnetz im Stadtgebiet

Beispiel einer Sondernetzmessung: Verteilung eines 24stündigen Niederschlags am 26. 7. 1971

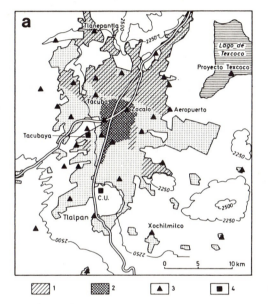
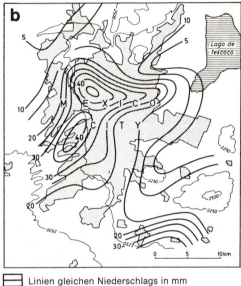

a) Stationsnetz im Stadtgebiet. 1: Industriegebiet, 2: dichte Innenstadtbebauung, 3: Klimastationen, 4: Observatorium

Wolfgang Eriksen: Probleme der Stadt- und Geländeklimatologie. Darmstadt: Wissenschaftliche Buchgesellschaft 1975, S. 16

Die Belastung der Atmosphäre birgt schließlich die Gefahr lokaler und weltweiter Klimaveränderung in sich.

Die starke *Überbauung* der Städte hat eine Temperaturerhöhung (Wärmeinsel) mit aufsteigender Lufttendenz zur Folge. Daher kommt es hier rascher als im kühleren, aerosolärmeren Umland zu Starkregen und Hagel. Lokalklimatische Veränderungen werden auch in der Umgebung von Kernkraftwerken mit Naßkühltürmen, die sich in Tallagen befinden, vor allem bei Inversionswetterlagen beobachtet. Die durch den hohen Dampfausstoß entstehende Nebelwirkung kann sich nachteilig auf Obst- und Weinbau auswirken.

Weltweite *Klimaveränderungen* sagen heute Wissenschaftler aufgrund der starken Zunahme des *Kohlendioxid*-Gehalts in der Atmosphäre voraus. Zwischen 1958 und 1976 betrug die Zunahme 5 Prozent auf Kosten des Sauerstoffs. Unsere Sauerstoffatmosphäre ist das Ergebnis photosynthetischer Aktivität der Pflanzen. Mit vollständiger Verbrennung des organischen Materials der Erde würde durch die Oxidation des Kohlenstoffs aller Sauerstoff wieder verbraucht. Fossile Energie-Rohstoffe, organische Substanzen in marinen Sedimenten und die gesamte Biomasse der Erdoberfläche tragen durch ihre Kohlenstoffspeicherung zur Erhaltung der Sauerstoff-Atmosphäre bei. Die Ausbeutung der fossilen Energie-Rohstoffe und die Rodung der Waldgebiete sind daher für die CO_2-Zunahme verantwortlich. Kohlendioxid verstärkt den *„Glashauseffekt"* d. h., die eingestrahlte Wärmeenergie gelangt durch den CO_2-Schild nur noch in abgeschwächter Form nach außen. Es ist daher bei weiterem Anstieg des CO_2-Gehaltes mit derartigen Temperaturerhöhungen zu rechnen, daß es zum Abschmelzen der Polkappen, zu entsprechendem Meeresspiegelanstieg und zur weiteren Ausdehnung der Wüsten kommen wird.

2.4 Die Zerstörung von Boden und Vegetation

Zunahme der Niederschläge und steiler werdendes Relief erhöhen die Gefahr der Erosion. Diese stellt sich vor allem dann ein, wenn der Mensch die schützende Vegetationsdecke teilweise oder ganz zerstört oder den oberflächlichen Abfluß durch falsche Anbautechniken erhöht. So entstanden mit der Inwertsetzung der russischen und nordamerikanischen Steppengebiete vielfach

Schema des Wirkungsgefüges der Bodenerosionsschädigung

Komplex der beeinfl. Faktoren	Bewirkter Vorgang	Einzelprozesse und ihre Indikationsformen	Direkte Auswirkung	Ergebnis bei häufiger Wiederholung
Bodenart, Grundwasserstand, Relief, Windexposition, Nutzung, Durchgrünung der Flur	Auswehung	Verdriftung von Boden, Deflationsmulden, Flugsanddecken, Dünen, Mech. Schädigung der Feldfrucht, Verarmung d. Bodens an Kolloiden	Erosionsbereich: Ernteschäden, Verringerung der Nährstoff- und Wasserspeicherung, Trockenschäden, Akkumulationsbereich: Ernteschäden, Verschlechterung der Nährstoffversorgung durch Flugsandüberdeckung	Lange wirkende Boden-Degradierung, Nachlassen der Erträge bei höheren Kosten
Hangneigung, Ausgangsgestein und seine Schichtlagerung, Boden- und Sickerwasser, Nutzung	Schwerkraftbedingte Bodenzerstörung	Aufreißen der Dauervegetation = Viehgangeln, Rasenschälen, Wanderrasen, Hanganrisse (Blaiken), Schollenrutschungen, Hangabbrüche, Zerrunsung des Hanges	Entwertung des Weidelandes, Erhöhung der Abflußspitzen, Dauerschäden durch Zerstörung des Bodenprofils	Vorübergehende oder dauernde Aufgabe von Kulturflächen, wasserwirtschaftliche Probleme
Relieftyp, Hangneigung, Bodenart, Bodenstruktur, Niederschlag, Nutzung	Abspülung	Rillen- und Rinnenbildung, Verschüttung des Hangfußes, Veränderung des Kleinreliefs, Erhöhung der Sinkstoff- und Nährstoffbelastung d. Gewässer	Schädigung des Bodens, seines Profilaufbaus und seiner Eigenschaften, Verlagerung der Nährstoffe, Eutrophierung der Gewässer, Verschlämmung der Vorfluter, Auelehmbildung	Lange wirkende Boden-Degradierung, Nachlassen der Erträge bei höheren Kosten, Wasserwirtschaftliche Probleme

Nach Gerold Richter: Schutz vor Bodenerosion – ein wichtiger Bestandteil des Umweltschutzes. In: Geographische Rundschau 1973, Heft 10, S. 383. Braunschweig: Westermann

große Erosionsschluchten (*Owragis* bzw. *Badlands*). Die modernen Techniken in der Landwirtschaft führen auch in der Bundesrepublik zu verstärkten Erosionsschäden. Vor allem durch die Anlage senkrechter Rebzeilen bei der Rebflurbereinigung ist ein besonders großer Bodenabtrag zu verzeichnen. In Hessen sollen 71% der Weinbaugebiete abtragungsgefährdet sein. In Trockengebieten und durch Grundwassersenkung kommt noch die Gefahr der Deflation hinzu. So wurden in den 30er Jahren aus der „Dust bowl" der USA 3000 Mio. t fruchtbaren Prärieboden weggetragen und ein Gebiet, beinahe in der Größe der Bundesrepublik, zerstört (vgl. Kap. USA 296). In Schleswig-Holstein sind 7,5% und in Niedersachsen 11% der Ackerflächen auswehungsgefährdet, der Minderertrag soll bis zu 20% erreichen. Gefahren für den Boden ergeben sich in Trockengebieten auch durch die *Versalzung*. Im Punjab Pakistans wurden zur Bewässerung einer größeren Fläche am Indus und seiner Nebenflüsse seit dem Zweiten Weltkrieg Stauwehre angelegt und damit der Grundwasserkörper angehoben. Durch verstärkten *kapillaren Aufstieg* verdunstete daher mehr Wasser an der Oberfläche, was gleichzeitig auch zur verstärkten Ausscheidung der darin enthaltenen Mineralsalze führte. Auf diese Weise wurden in den 60er Jahren im Punjab 50000–60000 ha landwirtschaftlich genutzte Fläche vernichtet, bei schätzungsweise 20–50% der gesamten Agrarfläche trat eine Ertragsminderung durch Versalzung ein.

2.5 Gefährdung der Landschaft

In den Industriestaaten ist der Flächenbedarf für die Daseinsfunktionen (wohnen, arbeiten, versorgen, am Verkehr teilnehmen, erholen, bilden) inzwischen derartig groß, daß weitere Maßnahmen nur noch mit Hilfe detaillierter Raumordnung und Raumplanung möglich sind. Dies wird besonders deutlich, wenn man sich die zunehmende *Überbauung* der Landschaft vor Augen führt. Seit 1960 werden in Baden-Württemberg täglich 20 ha überbaut. Nach Berechnungen des Ministeriums für Ernährung, Landwirtschaft und Umwelt Baden-Württembergs würde es bei anhaltender Entwicklung in 120 Jahren keine Wiesen und Felder mehr geben. Derzeit sind mehr als 10% dieses Bundeslandes, im Verdichtungsraum Mittlerer Neckar gar 16% der Fläche überbaut. Neben Industrie- und Wohnsiedlungen (vgl. Abb. S. 165) ist auch der Ausbau der Verkehrsanlagen an dem hohen Flächenbedarf beteiligt, wobei die landschaftsverbrauchende Wirkung der Verkehrswege noch dadurch erhöht wird, daß noch größere Gebiete zu beiden Seiten der Straßen durch Abgase und Lärm beeinträchtigt und Lebensgemeinschaften zerstört werden.

Die zunehmende Raumknappheit zeigt sich unter anderem auch an den Schwierigkeiten, Deponieplätze für den zunehmend anfallenden *Müll* zu finden. Von 1952 bis 1976 nahm allein der Hausmüll von jährlich 25 Mio. m^3 auf 90 Mio. m^3 zu. Heute (1980) fallen jährlich ca. 120 Mio. m^3 Gesamtmüll in der Bundesrepublik an. Wichtige künftige Maßnahmen zielen auf die Verminderung des anfallenden Mülls (z. B. langlebigere Ware, weniger Verpackung) und die Beseitigung der Abfälle (Deponierung, Müllkompostierung, Müllverbrennung, *Pyrolyse* = Gasgewinnung durch Verschwelung, *Recycling* = Wiederverwendung des Abfalls). Bei der Anlage von Mülldeponien ist darauf zu achten, daß keine Giftstoffe ins Grundwasser gelangen, Geruchsbelästigung nahegelegener Ortschaften vermieden und das Landschaftsbild nicht beeinträchtigt wird. Wilde und ungeordnete Deponien sind in der Bundesrepublik verboten. Eines der großen energiewirtschaftlichen Probleme stellt heute die Beseitigung des *Atommülls* dar, dessen Endlagerung in Salzstöcken in Norddeutschland vorgesehen ist.

Bei Verkehrs- und Siedlungsanlagen, land- und forstwirtschaftlicher Nutzung und bei der Anlage von Kiesgruben und Steinbrüchen muß die Beeinträchtigung des Landschaftsbildes vermieden und gegebenenfalls eine Rekultivierung vorgenommen werden.

Querschnitt einer geordneten Deponie

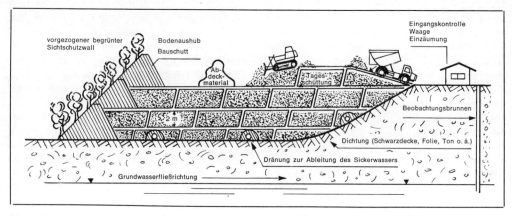

Umweltbericht Nordrhein-Westfalen. Landesregierung Nordrhein-Westfalen (Hrsg.). Düsseldorf 1974, S. 43

Müllverbrennungsanlage

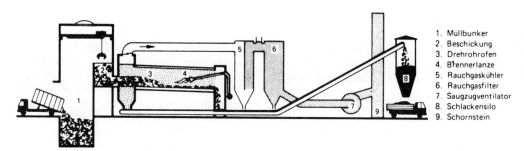

Peter Boese u. a.: Planungsfaktor Umweltschutz. Grafenau: Lexika-Verlag 1976, S. 82

2.6 Umweltpolitik

Erst in jüngster Zeit wurde der Umweltschutz ein Ziel der Wirtschafts- und Gesellschaftspolitik. Instrumente der Umweltschutzpolitik bestehen in der Erforschung der Umweltauswirkungen bei jeder privaten oder öffentlichen Aktivität. Ein wichtiger Bestandteil der Umweltpolitik stellt das *Verursacherprinzip* dar. Danach hat jeder Verursacher einer Umweltschädigung die Kosten für deren Vermeidung oder Beseitigung zu tragen. Die Problematik wird jedoch bereits bei der Frage deutlich, wer beispielsweise für die Luftverschmutzung in einer Großstadt verantwortlich ist. Die gesetzliche Grundlage der Umweltpolitik bilden Bundes- und Landesgesetze.

„Das *Umweltschutzrecht* dient der Gesundheit des Menschen und der Erhaltung seines natürlichen Lebensraumes, der von Land, Wasser und Luft bestimmt wird. Als Hauptgebiete des Umweltschutzes gelten die Reinhaltung von Wasser und Luft, die Lärmbekämpfung und die Abfallbeseitigung. – Das *Wasserhaushaltsgesetz* vom 27. 7. 1957 und die Wassergesetze der Länder regeln den Schutz des Grundwassers, der oberirdischen Gewässer und der Heilquellen vor Verschmutzung und übermäßiger Nutzung, insbesondere durch das Lagern und Einleiten von Stoffen und durch Betrieb von Rohrleitungen. Zum Schutze vor schädlicher Umwelteinwirkung durch Luftverunreinigungen, Geräusche, Erschütterungen und ähnliche Vorgänge enthält das *Bun-*

desimissionsgesetz vom 15. 3. 1974 Überwachungsvorschriften für Anlagen, Stoffe und Motorfahrzeuge sowie für Straßen- und Schienenwege, von denen Emissionen ausgehen können. Zur Verminderung von Luftverunreinigungen durch Bleiverbindungen in Otto-Kraftstoffen für Kraftfahrzeugmotore wurde das Benzin-Blei-Gesetz vom 5. 8. 1971 erlassen. Dem Lärmschutz dienen neben den *Schallschutzbestimmungen* in den Bauordnungen der Länder insbesondere das Gesetz zum Schutz gegen Baulärm vom 9. 9. 1965 und das Gesetz zum Schutz gegen Fluglärm vom 30. 3. 1971.

Das zentrale Problem des Umweltschutzes stellt die Beseitigung von Abfällen dar. Das *Abfallbeseitigungsgesetz* vom 7. 6. 1972 hat erstmals umfassende Rechtsgrundlagen für die Überwachung und Reglementierung der Abfallbeseitigung sowohl des Hausmülls als auch des industriellen Sondermülls geschaffen. Das Abfallbeseitigungsgesetz wird durch eine Reihe von Sondergesetzen, wie z. B. das Tierkörperbeseitigungsgesetz vom 1. 2. 1939 und das Altölgesetz vom 23. 12. 1968 ergänzt. Die Abwehr von Gefahren, welche der Gesundheit des Menschen aus dem Umgang mit radioaktiven Stoffen und Bioziden drohen, haben sich das Atomgesetz vom 15. 10. 1965 und die erste und zweite Strahlenschutzverordnung vom 15. 10. 1965 und vom 18. 7. 1964 sowie das Pflanzenschutzgesetz vom 1. 5. 1968 und das DDT-Gesetz vom 7. 8. 1972 zum Ziele gesetzt.

Die bisherigen rechtlichen Regelungen haben mit der technischen und industriellen Entwicklung, dem Bevölkerungszuwachs und der Konsumsteigerung nicht Schritt gehalten. Es ist daher vorrangige Aufgabe staatlicher Daseinsvorsorge, das Umweltschutzrecht nach dem jeweiligen Stand von Wissenschaft und Technik ständig fortzuschreiben. Entsprechende Umweltschutzplanungen liegen bereits vor."

Wie funktioniert das? Die Wirtschaft heute. Mannheim: Bibliographisches Institut 1976, S. 666.

Allerdings ergeben sich wegen der engen Verflechtung zahlreicher Umweltschutzgesetze mit Sachgebieten einzelner Spezialgesetze in der Praxis erhebliche Anwendungsschwierigkeiten, so daß das gesamte Umweltrecht eine Reihe von Lücken aufweist. Andererseits führen die strengen Umweltschutzauflagen in der Bundesrepublik Deutschland zur Abwanderung von Industriebetrieben in Länder, in denen geringere Umweltschutzauflagen bestehen.

Probleme der Entwicklungsländer: das Beispiel Peru

Die Probleme der Entwicklungsländer sind äußerst vielschichtig und nur schwer zu fassen. Deswegen ist es notwendig, dem Beispiel Peru allgemeine Überlegungen voranzustellen.

1 Zur Begriffsbestimmung und Typologie der Entwicklungsländer

Im UNO-Programm von 1949 tauchte erstmals der Begriff „underdeveloped countries" auf, der in Deutschland sinngemäß mit „unterentwickelte Länder" übersetzt wurde. Unterentwickelt waren die Völker dieser Gebiete aber vielfach nur im Hinblick auf die moderne Technologie; auf kulturellem Sektor hatten sie in der Vergangenheit beachtenswerte Leistungen geschaffen. In den 50er Jahren setzte sich mehr und mehr der Begriff „Entwicklungsländer" durch. Eine einheitliche Definition dieses Begriffes gibt es aber bis heute nicht.

Lange Zeit galten primär ökonomische Maßstäbe, insbesondere das Bruttosozialprodukt (BSP), als Kriterium der Zuordnung eines Landes zu der Gruppe der reichen (= entwickelten) oder armen (= unterentwickelten) Länder. Zu den Reichen zählte man die westlichen Industrieländer (einschließlich Irland, Portugal, Spanien, Griechenland), Japan und die Ostblockstaaten SU, DDR, ČSSR nebst den wirtschaftlich schwächeren Ländern Polen, Ungarn, Rumänien und Bulgarien. Sie bildeten die „Erste Welt"; alle anderen Staaten faßte man kurz unter der Bezeichnung „Entwicklungsländer" zusammen.

Mit der politischen Polarisierung zwischen West und Ost ging man bald dazu über, die kommunistischen Länder mit sozialistischer Zentralverwaltungswirtschaft, kurz die Ostblockstaaten, als eigene Gruppe unter dem Namen „Zweite Welt" auszugliedern. Die dritte Gruppe, ursprünglich die Gesamtheit der blockfreien Staaten, faßte man unter der Bezeichnung „Dritte Welt" zusammen. Da die Mehrheit dieser Länder sich durch wirtschaftliche Not auszeichnet, wird das Wort „Dritte Welt" heute als Synonym für „Entwicklungsländer" gebraucht.

Diese klassische Dreigliederung der Welt in westliche Industrieländer, Ostblockstaaten und Entwicklungsländer paßt jedoch nicht mehr in das weltwirtschaftliche Bild der 70er und 80er Jahre. Spektakuläre Umwälzungen wie die Ölpreisexplosion seit 1973 und die damit zusammenhängenden beachtlichen Wohlstandssteigerungen einzelner Entwicklungsländer (z. B. Kuweit, Saudi-Arabien, Libyen), erfolgreiche Industrialisierungsbestrebungen anderer Länder (z. B. Brasilien, Uruguay, Singapur) oder wirtschaftliche Rückschläge z. B. durch Naturkatastrophen (Dürrekatastrophe im Sahel) lassen den gemeinsamen Nenner „Dritte Welt" als überholt erscheinen. Wegen der großen Unterschiede zwischen den einzelnen Entwicklungsländern spricht man heute von einer „Dritten", „Vierten" und „Fünften Welt".

Definitionen der „Fünf Welten" (nach Aktuelle IRO Landkarte 320/C57, 1976)
Erste Welt: Westliche Industrieländer mit einer mehr oder minder entwickelten kapitalistischen Marktwirtschaft (darunter einige Länder, die noch an der Grenze zwischen Entwicklungsland und entwickeltem Land stehen): USA, Bundesrepublik Deutschland, Japan, Israel, Australien u. a.
Zweite Welt: Kommunistische Länder mit zentralistischer Planwirtschaft (ohne Jugoslawien): SU, DDR, VR China, Nordkorea u. a.

Dritte Welt: Länder mit reichen (abbaubaren) Rohstoffreserven, aber noch wenig entwickelter Wirtschaftsstruktur, oder Länder, die die Voraussetzungen besitzen, mit finanzieller und technologischer Hilfe von außen zu entwickelten Ländern aufzusteigen: Mexiko, Peru, Libyen, Iran, Jugoslawien u. a.

Vierte Welt: Wenig entwickelte Länder mit meist einigen Bodenschätzen und Ansätzen für eine wirtschaftliche Entwicklung – bei gleichzeitig starkem Bedarf an Geld und Technologie: Kolumbien, Ägypten, Kenia, Indien u. a.

Fünfte Welt: Unterentwickelte Länder mit besonders ungünstigen Voraussetzungen für einen wirtschaftlichen Aufschwung (z. B. unzureichende Rohstofflage): Äthiopien, Niger, Afghanistan, Bangla Desh u. a.

Infolge der Lage in unterschiedlichen Klimazonen – die alten Industrieländer gehören alle der nördlichen gemäßigten Zone an, während die Entwicklungsländer außerhalb der gemäßigten Breiten fast ausschließlich in den Tropen und Subtropen, in den mediterranen und monsunalen Klimazonen liegen – ist es üblich geworden, besonders in wirtschaftspolitischen Gesprächen wie z. B. auf den Welthandelskonferenzen, den Gegensatz zwischen den Industrieländern und den Entwicklungsländern mit den Begriffen „Norden" und „Süden" geographisch zu umschreiben. Man spricht vom Nord-Süd-Problem bzw. vom Nord-Süd-Gefälle.

Von den vielfältigen Bemühungen, besonders hilfsbedürftige Länder zu ermitteln, sind vor allem diejenigen der UNO zu nennen. Die Vereinten Nationen führen zwei Listen besonders armer Länder:
- *Least developed countries* (LLDC – das doppelte „L" steht für die Steigerung von „least") = am wenigsten entwickelte Länder mit einem Pro-Kopf-Einkommen von weniger als 100 Dollar im Jahr, einer Industrieproduktion von höchstens 10% des BSP und einer Analphabetenrate von über 80% bei der Bevölkerung über 15 Jahre.
- *Most seriously affected countries* (MSAC) = von der Preissteigerung auf dem Weltmarkt seit der Ölkrise besonders betroffene Länder. Rund 1 Mrd. Menschen, also mehr als die Hälfte der Gesamtbevölkerung der Entwicklungsländer, lebt in diesen am schwersten betroffenen Staaten.

Als Indikator all dieser Typologien dient vornehmlich das BSP. Darin liegt aber eine entscheidende Schwäche, denn das BSP – auch umgerechnet pro Kopf der Bevölkerung – hat nur einen begrenzten Aussagewert. Es besagt als statistischer Durchschnittswert z. B. nichts über die Verteilung des Volkseinkommens und damit über den Lebensstandard des einzelnen; andererseits berücksichtigt es nicht das Naturaleinkommen aus der in den meisten Entwicklungsländern vorherrschenden Subsistenzwirtschaft. Indem es ausschließlich ökonomische Fakten wiedergibt, verschleiert es die Vielschichtigkeit des Sachverhaltes „Entwicklungsstand". Unterentwicklung ist aber eine wirtschaftliche, soziale und politische Erscheinung. Deswegen ist es notwendig, Merkmale *(Indikatoren)* aus unterschiedlichen Lebens- und Gesellschaftsbereichen zu verwenden, um eine differenzierte Aussage über die individuellen Strukturen, Prozesse und Probleme von Ländern zu erhalten. Einen solchen Weg wählen z. B. P. Bratzel und H. Müller, die mit Hilfe von insgesamt 52 Merkmalen aus den Bereichen Bevölkerung, Ernährung, Gesundheitswesen, Bildungswesen, Wirtschaft, Transport, Verkehr und Kommunikationswesen einen (Faktoren-)Wert errechnen, der für das einzelne Land den Stand der Entwicklung bzw. Unterentwicklung angibt. Das Ergebnis ist eine *Regionalisierung der Erde* in fünf Gruppen:

I { Höchstentwickelte Industrieländer unterschiedlicher Gesellschafts- und Wirtschaftssysteme, z. B. USA, Bundesrepublik Deutschland, SU, DDR.

II { Länder im Stadium der Reife, die den höchsten Entwicklungsstand noch nicht erreicht haben, aber bei weltweiter Betrachtung zu den reicheren Ländern zu zählen sind, z. B. Italien, Jugoslawien, Uruguay.

{ Länder auf der Schwelle vom Entwicklungsland zum Industrieland, z. B. Südafrika, Chile, China, Türkei.

IV { Entwicklungsländer mit günstigen Entwicklungsvoraussetzungen, etwa durch Rohstoffexporte oder Tourismus, z. B. Iran, Saudi-Arabien, Marokko, Peru.

V { Die ärmsten und am niedrigsten entwickelten Länder, z. B. Indien, Äthiopien, Mali, Afghanistan, Bangla Desh.

Diese Unterteilung der Länder der Erde gibt deutlich den Nord-Süd-Gegensatz wieder (Ausnahme: Australien und Neuseeland) und läßt auch für Europa ein Nord-Süd-Gefälle erkennen.

Ausgewählte Merkmalsausprägungen für einzelne Länder der fünf Gruppen

		Lebenserwartung	Kalorienverbrauch	Proteinverbrauch (g)	Verstädterung %	Einw./Arzt	Schüler/Lehrer	Bruttoinlandsprodukt/Kopf
I	Deutsche Demokratische Republik	74,2	3 488	96,0	73	557	16	4 230
	Bundesrepublik Deutschland	74,1	3 432	83,0	72	516	23	6 610
	Vereinigte Staaten von Nordamerika	75,9	3 504	104,0	74	622	20	7 060
	UdSSR	74,0	3 540	108,0	56	653	15	2 620
II	Italien	74,9	3 499	97,0	52	502	20	2 940
	Jugoslawien	70,2	3 462	97,0	38	849	24	1 480
	Argentinien	71,4	3 408	107,0	80	854	18	1 590
III	Türkei	53,7	2 849	75,0	39	1 834	34	860
	Brasilien	61,1	2 516	62,0	56	2 025	27	1 010
	Chile	66,0	2 850	78,0	76	2 785	35	760
	Venezuela	66,4	2 427	63,0	75	866	32	2 220
IV	Saudi-Arabien	46,5	2 476	63,0	24	4 995	21	2 425
	Tunesien	55,7	2 440	67,0	45	5 219	40	760
	Marokko	54,5	2 611	70,0	29	13 802	42	470
	Ägypten	53,8	2 637	70,0	42	18 645	40	310
	Kongo	45,1	2 179	38,0	31	6 173	60	500
V	Äthiopien	39,6	1 914	58,0	10	73 314	58	100
	Indien	40,6	1 976	48,0	20	4 162	26	150
	Nigeria	36,7	2 085	46,0	25	25 463	25	310
	Bolivien	47,9	1 848	48,0	30	2 117	24	320

Die Aufzählung der Länder in den einzelnen Gruppen zeigt keine Rangfolge an.

Peter Bratzel und Heribert Müller: Armut und Reichtum. Eine Weltkarte des Entwicklungsstandes der Länder der Erde. In: Geographische Rundschau 1979, H. 4, S. 148. Braunschweig: Westermann, gekürzt

2 Merkmale der Entwicklungsländer

Was kennzeichnet diese Dritte, Vierte und Fünfte Welt der Armen und Ärmsten? Alle Angaben eines Überblicks bedeuten zunächst eine Verallgemeinerung, bleiben selektiv/unvollständig, denn es kann kaum einen Katalog geben, der alle wichtigen Aspekte von *Unterentwicklung* erfassen könnte und gleichzeitig der Individualität eines Landes, einer Region gerecht würde. Dennoch läßt sich eine große Anzahl von Merkmalen nennen, die den meisten Entwicklungsländern – in je unterschiedlichen Ausprägungen – gemeinsam sind. Zu diesen Gemeinsamkeiten kann man nennen:
- hohe Wachstumsrate der Bevölkerung,
- mangelhafte quantitative und qualitative Ernährung,
- unzureichende medizinische Versorgung,
- niedrige Lebenserwartung,
- unterentwickeltes Bildungswesen, hohe Analphabetenquote,
- Mangel an qualifizierten Arbeitskräften, Lehrern, Ärzten, Führungskräften,
- traditionelle Verhaltensweisen bei der Masse der Bevölkerung,
- hohe Arbeitslosenquote (offene und versteckte Arbeitslosigkeit),
- ungleiche Besitzverteilung,
- geringes Pro-Kopf-Einkommen,
- unzureichende Kapitalbildung und dadurch bedingt niedrige Investitionsquoten,
- viele Beschäftigte in der Landwirtschaft, wenig Industriebeschäftigte,
- vorherrschende Subsistenzwirtschaft in der Landwirtschaft,
- extensive Anbaumethoden und geringe Produktivität der Landwirtschaft,
- hoher Anteil der Landwirtschaft am BSP,
- einseitige Produktionsstruktur der Industrie,
- einseitig auf Export orientierter Bergbau,
- einseitige Rohstoffabhängigkeit,
- niedriger Grad der technischen Ausbildung und Entwicklung,
- niedriger Zuwachs des BSP,
- unzureichende Infrastruktur,
- einseitige Exportstruktur (landwirtschaftliche und mineralische Rohstoffe),
- sinkende terms of trade, negative Handelsbilanz, hohe Auslandsverschuldung,
- sozioökonomischer, technischer und regionaler Dualismus,
- unkontrollierter Verstädterungsprozeß und Slumbildung,
- politische Instabilität.

3 Theorien der Unterentwicklung

Die vorstehend genannten Merkmale führen zwangsläufig zu der Frage nach den Ursachen der Unterentwicklung. Es gibt eine Vielzahl von Theorien, die die Armut der Dritten Welt zu erklären und daraus entwicklungspolitische Strategien abzuleiten versuchen. Kaum eine dieser Theorien reicht jedoch zu einer widerspruchsfreien Erklärung allein aus, da sie vielfach lückenhaft oder monokausal orientiert sind. Ebenso wie die Erscheinungsformen der Unterentwicklung vielfältiger Art sind, muß auch als Begründung ein Ursachenkomplex angenommen werden. Zur Erklärung sind naturgeographische und demographische, soziologische, historische und politische bzw. exogene und endogene Gründe heranzuziehen.

Bei der Erforschung der Entwicklungsdeterminanten und der Untersuchung der Möglichkeiten einer Entwicklungsförderung ist entscheidend, daß die den Entwicklungsprozeß hemmenden oder fördernden Faktoren in ihrem komplexen Zusammenwirken analysiert werden.

Aus der Vielzahl der *Theorien der Unterentwicklung* sollen hier genannt werden:
- *Geodeterministische Theorien:* Sie versuchen den geringen Entwicklungsstand einiger Länder der Dritten Welt aus ihrer ungünstigen geographischen Situation zu erklären; z.B. aus der Binnenlage, widrigen klimatischen Verhältnissen, mangelhaften Ressourcen. In den Binnenländern (z.B. Niger, Tschad, Laos oder Afghanistan) beeinträchtigen hohe Transportkosten oder Sondersteuern für den Transithandel die Möglichkeiten des Warenaustausches mit der übrigen Welt, insbesondere mit überseeischen Handelspartnern. 15 der insgesamt 45 in der UNO-Liste von 1977 als „most seriously affected" eingestuften Länder sind Binnenstaaten *(landlocked countries)*. Auch

andere natürliche Faktoren wie klimatische Bedingungen (periodische oder dauernde Dürren, saisonal stark schwankende Niederschlagsmengen, Hitze oder Kälte), labile Ökosysteme (vor allem in den Trockenräumen), geringe Bodenqualitäten, Höhenlage oder Oberflächenverhältnisse (starke Reliefierung), Quantität und Qualität von Bodenschätzen können entscheidende Hemmnisse für die wirtschaftliche Entfaltung darstellen.
- *Dualismustheorien:* Unterentwicklung wird als Folge eines unverbundenen Nebeneinanders moderner und statischer Wirtschafts- und Sozialformen, einer gesellschaftlichen Polarisierung und Ungleichheit gesehen. Dieser Dualismus wird auch sichtbar in einem regionalen Gegensatz zwischen industrialisierten Zentren und in der Entwicklung zurückgebliebenem Hinterland (Zentrum-Peripherie-Modell). Vielfach sind jedoch die in Erscheinung tretenden Gegensätze nicht Ursachen, sondern Folgen einer fehlgeleiteten Entwicklung.

In den heutigen Sozial- und Wirtschaftswissenschaften werden besonders zwei Theorien der Unterentwicklung/Entwicklung diskutiert:
- Die *Modernisierungstheorie* sieht die Ursachen der Unterentwicklung vor allem in den Entwicklungsländern selbst, insbesondere in den traditionsverhafteten statischen Wirtschafts- und Gesellschaftsformen (z.B. *Kastenwesen* in Indien). Unterentwicklung wird als Ergebnis endogener Verursachung verstanden. Die Rückständigkeit soll dabei einer Entwicklungsphase entsprechen, die auch die Industrieländer einmal, etwa am Anfang der industriellen Revolution, durchlaufen haben.
Für die Entwicklungspolitik ergibt sich entsprechend die Forderung, daß die bereits entwickelten Länder das Leitbild für den Entwicklungsweg weisen können. Modernisierung wird in diesem Falle gleichgesetzt mit „Verwestlichung", das heißt, Übernahme technischer, wirtschaftlicher, sozialer und zivilisatorischer Leitvorstellungen z.B. von Europa oder den USA.

- Im Gegensatz zur Modernisierungstheorie sieht die *Dependenztheorie* Unterentwicklung nicht lediglich als ungenügende, sondern als von außen fehlgeleitete Entwicklung, als Ergebnis der historisch gewachsenen Abhängigkeit der Entwicklungsländer von den Staaten Europas und Nordamerikas durch den Kolonialismus und Neokolonialismus. Überspitzt formuliert: Entwicklungsländer waren nicht unterentwickelt, sondern sind durch die koloniale Herrschaft und Ausbeutung erst unterentwickelt worden, „Entwicklung der Unterentwicklung". Die Dependenztheoretiker knüpfen an die marxistischen Imperialismustheorien an, indem sie Unterentwicklung als Folge der weltweiten Expansion des Kapitalismus begreifen. Das Ergebnis der Fremdbestimmung und Außensteuerung sei die Entwicklung nach außen, d.h., Produktion für den Weltmarkt und nicht für die Bedürfnisse des eigenen Landes und damit die Blockierung der endogenen Entwicklungsdynamik.

Modernisierungs- und Dependenztheorie mögen zunächst als gegensätzlich, sich einander ausschließend erscheinen. In Wirklichkeit sind sie jedoch nicht unvereinbar. Es ist sicherlich falsch, Entwicklung ausschließlich aus der Sicht der „entwickelten" Länder zu sehen. Ebenso falsch ist es jedoch, Unterentwicklung allein der kolonialen, der finanziell-industriellen und technologisch-industriellen Abhängigkeit zuzuschreiben. Unterentwicklung ist vielmehr als Ergebnis einer Wechselwirkung zwischen internen und externen Einflüssen zu sehen.

4 Unterentwicklung als Folge ungleicher Machtverteilung im internationalen Handel

Auf der Ersten Welthandels- und Entwicklungskonferenz 1964 in Genf (*UNCTAD I* – United Nations Conference on Trade and Development) formierte sich die *„Gruppe der 77"*, die als Zusammenschluß von ursprünglich 77 Entwicklungsländern (heute 119) zum Sprachrohr der Dritten Welt vor allem in wirtschaftlichen Fragen wurde. Die Vertreter der Gruppe 77 weisen darauf hin, daß die Entwicklungsländer durch die gegenwärtige Struktur der Welthandelsbeziehungen benachteiligt sind und so um ihre Entwicklungschancen gebracht werden. Sie fordern eine stärkere Integration in das System der internationalen Arbeitsteilung und eine Erhöhung ihres Anteils am Welthandel auf Kosten der Industrieländer.

Die Ausgangssituation der Entwicklungsländer im Welthandel ist gekennzeichnet durch
- ihre unvollkommene Integration in das bestehende Handelssystem,
- ihre monokulturelle Exportorientierung,
- schlechte Austauschverhältnisse (terms of trade),
- ihre explosionsartig wachsende öffentliche Auslandsverschuldung.

(Vgl. Kap. Welthandel, S. 152ff.)

Exporte 1978 (in Mrd $)

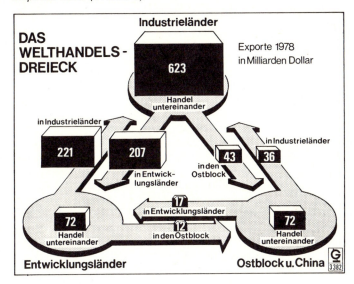

Globus Kartendienst Nr. 3382
Hamburg

Während die Industrieländer und Ostblockstaaten 1979 77% des Weltexports bestritten, entfielen auf die Entwicklungsländer (ohne OPEC-Staaten) nur 12%. Zwar konnten auch die nicht-öl-fördernden Entwicklungsländer ihren Export in den letzten Jahren steigern, ihr Anteil am Welthandel ist jedoch nicht gewachsen; im Gegenteil, die Kluft zwischen Industrieländern und Entwicklungsländern hat sich ständig erweitert und wird sich auch in Zukunft aller Voraussicht nach weiter auseinanderentwickeln, da die Entwicklungsländer den Handel untereinander kaum steigern können und andererseits der Importbedarf der Industrieländer infolge der Rezession seit Anfang der 70er Jahre nur langsam steigt.

Die für den Industrieaufbau und das Wirtschaftswachstum der Entwicklungsländer grundlegenden Exporte beschränken sich

Abhängigkeit einzelner Entwicklungsländer von einem Rohstoff (vgl. auch Tab. S. 154)

Land	Prozent	Rohstoffe
Zambia	92,7	Kupfererz
Burundi	84,3	Kaffee
Togo	76,4	Phosphat
Zaire	73,2	Kupfererz
Uganda	72,7	Kaffee
Mauretanien	71,5	Eisenerz
Tschad	67,2	Baumwolle
Chile	66,7	Kupfererz
Liberia	65,5	Eisenerz
Rwanda	62,0	Kaffee

Prüfung entwicklungspolitischer Ansätze im Rohstoffvorschlag der UNCTAD, Gutachten im Auftrag des Bundesministeriums für wirtschaftliche Zusammenarbeit, Februar 1976

in der Regel auf wenige Produkte. Nahezu 80% sind agrarische und mineralische Rohstoffe (einschließlich Erdöl), während bei den Importen Erzeugnisse der Investitionsgüterindustrie dominieren. Viele Länder erzielen ihre Deviseneinnahmen zu über 50% sogar aus einem einzigen Rohstoff.

Diese einseitige Abhängigkeit von Rohstoffexporten hat für die meisten Entwicklungsländer eine Reihe schwerwiegender Probleme mit sich gebracht, die durch die internationale Wirtschaftskrise noch verstärkt wurden. Da die Preise für die meisten Grundstoffe auf den Weltmärkten starken Schwankungen unterworfen sind (z. B. Kupfer: 1972–1974 1.268 £ pro Tonne, 1957 521 £, Kakao: 1975 3857 DM pro Tonne, 1977 6053 DM) die Entwicklungsländer aber auf die Devisen für den Industrieaufbau angewiesen sind, ist eine langfristige Wirtschaftsplanung äußerst schwierig und eine stabile wirtschaftliche Entwicklung in der Regel nicht gewährleistet. Erschwerend wirkt ferner die Konkurrenz zu anderen Anbietern der Welt oder zu Substitutionsprodukten (z. B. Kunstfasern) der Industriestaaten.

Um sich aus der Rohstoffabhängigkeit zu lösen und den Export von Halbfertig- und Fertigerzeugnissen zu erleichtern, wird in den Entwicklungsländern besonders der Aufbau rohstoffverarbeitender Industrien vorangetrieben. Die immer noch aufrechterhaltenen Maßnahmen seitens der Industrieländer (z. B. Schutzzölle, besonders Quarantäne- und Verpackungsvorschriften, Ausschlußtermine) wirken jedoch handelshemmend und erschweren den Zugang zu den Märkten. So haben alle Industrieländer zum Schutz der eigenen Industrie höhere Einfuhrzölle auf höhere Verarbeitungsstufen errichtet, während sie auf Rohstoffe keine oder sehr niedrige Zölle erheben.

Zusätzlich zu den Schwierigkeiten, die aus der einseitigen Abhängigkeit von Rohstoffexporten resultieren, wirkt die unterschiedliche Preisentwicklung von Rohstoffen einerseits und Industrieprodukten andererseits entwicklungshemmend. Wie die Abbildung der Entwicklung der terms of trade

Zollsätze der EG für Produkte verschiedener Verarbeitungsstufen

Baumwolle	roh	0
	gekämmt	2,4%
	Fasern	6,0%
	Gewebe	14,0%
Kakao	Kakaobohnen	5,4%
	Kakaomasse	15,0%
	Kakaobutter	12,0%
	Kakaopulver	16,0%
Erdnüsse	Erdnußkerne	0
	Erdnußöl, roh	10,0%
	Erdnußöl, raffin.	15,0%
Kaffee	roh	9,6%
	geröstet	15,0%
Jute	roh	0
	Fasern	8,0%
	Gewebe	19,0%

Wolf-Rüdiger Lüdeking: Kapitalhilfe. Materialien zum Lernfeld Dritte Welt. Weinheim: Beltz 1978, S.69

(S. 255) zeigt, haben sich seit 1954 die Preise für Industrieprodukte im Durchschnitt stärker erhöht als die für Rohstoffe, so daß sich die terms of trade der Entwicklungsländer ständig verschlechtert haben. (Mit dem Begriff *terms of trade* beschreibt man das internationale Austauschverhältnis, das Verhältnis von Importpreisindex zu Exportpreisindex. Es gibt an, wie viele Einheiten an Importgütern ein Land im Austausch gegen eine Einheit seiner Exportgüter erhält.) Der Präsident von Tansania, Julius Nyerere, veranschaulichte dies in einer Rede im Mai 1976 in Bonn: „Im Frühjahr 1972 betrug der Kostenvoranschlag für den Bau einer Fleischfabrik in Tansania 1,8 Mio. US-Dollar. Zwei Jahre später belief sich der Angebotspreis auf 7,1 Mio. US-Dollar. Für uns heißt das real – also unter Berücksichtigung der damaligen und jetzigen Sisalpreise –, daß eine Fabrik, die uns ursprünglich 7000 Tonnen Sisal kosten sollte, jetzt fast 24 000 Tonnen Sisal kostet."

Besonders hart betroffen sind die rohstoffarmen und hier wiederum vor allem die nicht-öl-fördernden Entwicklungsländer, deren terms of trade sich seit der Ölpreiserhöhung dramatisch verschlechtert haben. Die Folge ist eine zunehmende internationale Verschuldung, die einige Länder wie z. B. Ägypten oder die Türkei an den Rand des Staatsbankrotts brachte. Viele Länder sind inzwischen international zahlungsunfähig geworden. Gegenwärtig beträgt die gesamte Verschuldung der Entwicklungsländer ca. 250 Mrd. US $; der Schuldendienst aller Entwicklungsländer erreicht durchschnittlich 25% der Exporterlöse. Allein gegenüber der Bundesrepublik waren die Entwicklungsländer im Jahre 1977 mit 67,2 Mrd. DM verschuldet.

Entwicklung der terms of trade der Entwicklungsländer 1954 bis 1975 (1970 = 100)

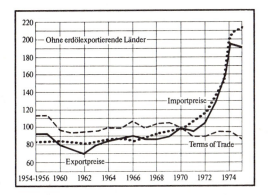

Politik der Partner. Aufgaben, Bilanz und Chancen der deutschen Entwicklungspolitik. Bundesministerium für wirtschaftliche Zusammenarbeit (Hrsg.). Bonn 1977, S. 106

Die Auswirkung: Es entsteht ein Teufelskreis von zunehmender Verschuldung und zunehmendem Kreditbedarf für Rückzahlungen der Entwicklungshilfe bzw. Zinszahlungen, die die Entwicklungsländer in wachsende Abhängigkeit von den Industrieländern bringt.

5 Die Forderung nach einer neuen Weltwirtschaftsordnung (NWWO)

Das Problem der permanenten Verschlechterung der terms of trade und der wachsenden Auslandsverschuldung hat zur Forderung der Entwicklungsländer nach einer *neuen Weltwirtschaftsordnung* geführt. Besonders seit der Nairobi Konferenz 1976 (UNCTAD IV) werden hierzu verschiedene Strategien und Forderungen diskutiert:

1. Neuordnung der Rohstoffmärkte durch:
– Bildung von Kartellen à la OPEC,
– Bildung von Ausgleichslagern (buffer stocks) für eine Reihe von Grundstoffen wie z.B. Kaffee, Kakao, Tee, Zucker, Baumwolle, Jute, Kautschuk, Kupfer,
– Errichtung eines gemeinsamen Fonds für die Finanzierung internationaler Rohstofflager,
– Verbesserung der Möglichkeiten einer Ausgleichsfinanzierung bei Schwankungen in den Exporterlösen einzelner Entwicklungsländer,
– Koppelung der Rohstoffpreise an die Preisentwicklung der Industrieprodukte (Indexierung),
– Beseitigung von Handelsrestriktionen für den Ausbau der rohstoffverarbeitenden Industrie in den Entwicklungsländern,
– Verzicht auf Erweiterung der Produktionskapazität von Substitutionsstoffen seitens der Industrieländer, wenn Naturstoffe den Bedarf decken können.

Hauptbestandteil der NWWO ist das *„integrierte Rohstoffprogramm"* für 18 Rohstoffe (vgl. Abb. S. 256). Bei Überangebot sollen Rohstoffe mit Geldern aus einem zentralen Fonds aus dem Markt genommen und gelagert werden, solange der Preis niedrig ist, um dann in Zeiten hoher Preise wiederverkauft zu werden.

Inzwischen sind für sieben Rohstoffe Abkommen geschlossen worden (Zinn, Kaffee, Kakao, Zucker, Kautschuk, Olivenöl, Rindfleisch), bei anderen stagnieren die Verhandlungen, bei Kupfer scheint jede Lösungsmöglichkeit zu fehlen.

2. Verstärkte Industrialisierung und Vergrößerung des Anteils der Entwicklungsländer am Welthandel durch:
– finanzielle und technische Hilfe seitens der Industrieländer beim Aufbau einer rohstoffverarbeitenden Industrie,
– Reinvestition von Gewinnen ausländischer Unternehmen in den Entwicklungsländern statt Kapitaltransfer,
– Steigerung des Anteils der Entwicklungsländer an der Weltindustrieproduktion von gegenwärtig 7% auf 25% im Jahre 2000,
– Förderung der Eigenständigkeit und Zusammenarbeit der Entwicklungsländer

untereinander, um Märkte zu schaffen, zu denen die Entwicklungsländer durch Zölle und andere Präferenzen privilegierten Zugang haben.

3. Verbesserung der Finanzlage und Abbau der Auslandsverschuldung der Entwicklungsländer durch:
- Stundung der Schuldendienstzahlungen oder Umwandlung der noch ausstehenden Darlehen in verlorene Zuschüsse,
- Programmhilfen (Bargeld ohne spezifische Zweckbindung) seitens der multilateralen Finanzierungseinrichtungen,
- verstärkte Mitbestimmung der Entwicklungsländer am *Internationalen Währungsfonds* (IWF), in dem die Industrieländer bislang die Mehrheit haben (Stimmrecht hängt von der Höhe der eingezahlten Quoten ab.),
- Einsatz zusätzlicher Sonderziehungsrechte (Kreditmöglichkeiten beim IWF) als Mittel der Entwicklungshilfefinanzierung.

Das „integrierte Rohstoffprogramm" (Stand der Diskussion 1979)

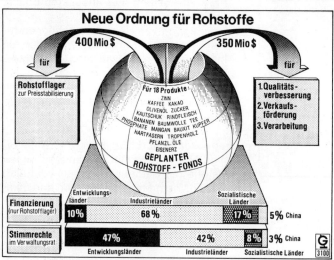

Globus Kartendienst Nr. 3100, Hamburg

Die Realisierung der Forderungen der Entwicklungsländer läßt allerdings aufgrund des starken Widerstands der Industrieländer noch auf sich warten. Hauptargumente der Industrieländer gegen eine neue Weltwirtschaftsordnung im Sinne der Entwicklungsländer:
- Regulierungsmaßnahmen – wie im „integrierten Rohstoffprogramm" vorgesehen – schalten das freie Spiel der Marktkräfte zuungunsten aller Beteiligten aus, indem z. B. die Wettbewerbssituation verfälscht wird.
- Eine Kopplung der Preise für Rohstoffe und Industriegüter leistet der Überproduktion von Rohstoffen und der Inflation Vorschub.
- Das „integrierte Rohstoffprogramm" begünstigt eine kleine Gruppe rohstoffreicher Entwicklungsländer bei negativen Auswirkungen auf die Mehrzahl der anderen Entwicklungsländer.
- Auch rohstoffexportierende Industrieländer wie z. B. USA, UdSSR, Kanada oder Australien könnten von entsprechenden Regelungen profitieren.
- Lagerhaltungskosten verteuern die Waren zuungunsten der Endverbraucher (vgl. Kap. EG, S. 82ff.).
- Regulierungsmaßnahmen und Preisfestsetzungen bedingen sachlich angemessene Entscheidungen. Wer beurteilt angemessen und trägt gegebenenfalls die Konsequenzen aus Fehlentscheidungen?
- Exporterlösstabilisierungen können vorhandene Produktionsstrukturen verfestigen und zur Vernachlässigung der Bemühungen um Diversifizierung führen.

Dem Abschlußprotokoll von UNCTAD IV stimmten die USA, die Bundesrepublik Deutschland und Großbritannien nur bedingt und mit Vorbehalten zu.

„Die Bundesrepublik Deutschland bleibt bei ihrer oft genug erklärten Auffassung, daß ... es auch nicht im Interesse der Länder der Dritten Welt wäre, einen dirigistischen Mechanismus für zentrale Lenkung zu schaffen." (Erklärung der Delegation der Bundesrepublik Deutschland auf der Welthandelskonferenz 1976 in Nairobi).

6 Entwicklungspolitik und Entwicklungshilfe

6.1 Motive und Ziele

Unter *Entwicklungshilfe* verstand man in den 60er und zum Teil auch noch in den 70er Jahren vornehmlich Hilfsleistungen zur wirtschaftlichen und sozialen Entwicklung eines unterentwickelten Landes. Finanzielle, personelle und technische Hilfe wurde und wird von internationalen und nationalen politischen, wirtschaftlichen, kulturellen und religiösen Organisationen geleistet. Mit der Schlußakte der UNCTAD II (1968) wurde mehr und mehr die Forderung nach dem strukturellen Wandel des Weltwirtschaftssystems (Hilfe durch Handel) laut. Gleichzeitig erkannte man in den Industrie- und Entwicklungsländern, daß sich die genannten Hilfsleistungen in einem gesamtpolitischen Rahmen vollziehen und besser mit dem Begriff *Entwicklungspolitik* beschrieben werden, der von der Wirtschafts-, Handels- oder Kulturpolitik bzw. Ideologie eines Landes nicht zu trennen ist.

Geändert haben sich teilweise auch die Motive und Ziele. In der ersten Entwicklungsdekade (1960–1970) sah man im Westen in der Entwicklungshilfe einen Versuch, das Vordringen des Kommunismus zu verhindern. So unterstützte die Bundesrepublik im Rahmen der Hallstein-Doktrin nur solche Entwicklungsländer, die die DDR nicht anerkannten. In der zweiten Entwicklungsdekade (1970–1980) wurde auf die Entwicklungshilfe als außenpolitisches Mittel meist verzichtet, weil es auf die Dauer für beide Seiten eher belastend wirkte.

Geblieben sind bis heute neben humanitären Beweggründen auch eine Vielzahl anderer Motive, wie z.B. politische (Konkurrenzdenken innerhalb des Ost-West-Konflikts), militärische (Militär- und Rüstungshilfe, Stützpunkte zur Erhaltung des militärischen Gleichgewichts und des Weltfriedens) oder wirtschaftliche (Erschließung zukünftiger Absatzmärkte, langfristige Rohstoffsicherung, Ausbau der Handelsbeziehungen).

Immer mehr versucht man Entwicklungspolitik als Hilfe zur Selbsthilfe aufzufassen. Angestrebt wird ein Interessenausgleich zwischen Industrie- und Entwicklungsländern.

6.2 Entwicklungsstrategien

Die westlichen Industrieländer haben eine Reihe von Chancen verpaßt, im Rahmen der Entwicklungspolitik umzudenken und maßgebend initiativ zu werden. Trotz der Appelle in der Presse und in kirchlichen Memoranden über die Massenarmut in der Dritten Welt erschöpft sich die Entwicklungspolitik bis heute weitgehend in der Verteidigung aktueller politischer, wirtschaftlicher und militärischer Interessen. Die westlichen Industrieländer propagieren zwar die Strategie des partnerschaftlichen Dialogs zwischen Norden und Süden, aber sie sehen in der Dritten Welt nach wie vor vorwiegend Rohstofflieferanten und Absatzmärkte. In Überschätzung des eigenen Marktpotentials und häufig auch in Unkenntnis der wirtschaftlichen und sozialen Bedingungen der Entwicklungsländer glauben sie vorschreiben zu können, nach welchen Ordnungsprinzipien und Methoden die Dritte Welt zu produzieren und zu handeln habe.

Die westlichen Industrieländer haben die Länder der Dritten Welt enttäuscht,
– weil sie Versprechen nicht eingelöst haben (der vereinbarte Anteil von 0,7% des BSP für Entwicklungsausgaben wurde z.B. in der Bundesrepublik bisher nur etwa zur Hälfte realisiert),
– weil sie bei den Verhandlungen über den Strukturwandel des Welthandels 1979 meist nur hinhaltend taktieren und die eigene soziale Sicherung als vorrangiges Verhandlungsziel verfolgen.

257

Ökonomische Entwicklungsstrategien

	wachstumsorientiert
Ziele:	Das Leitbild der Entwicklung ist eine „Modernisierung" der Wirtschaft durch Wachstum, wobei vor allem die Entwicklung der westlichen Industrieländer seit der ersten Industriellen Revolution zum Vorbild genommen wird. Man strebt mehr Wachstum im Sinne der Erhöhung des Bruttosozialprodukts an (UNO-Strategie in der ZweitenEntwicklungsdekade: mindestens 6% jährliches Wachstum für jedes Entwicklungsland), um den Rückstand gegenüber den Industrieländern aufzuholen.
Vertreter:	Die Regierungen der Industrieländer, bis 1974 auch die Weltbank, einige Regierungen der Entwicklungsländer (z. B. Brasilien, Kenia).
Maßnahmen:	– Die Einleitung von kapitalintensiven Industrialisierungsprozessen, – die verstärkte Kapitalbildung durch Erhöhung der Investitionsanreize, durch Verbesserung der Funktionsfähigkeit des Kapitalmarktes und durch die Erhöhung der Ersparnis, – das „Gesundschrumpfen" der Landwirtschaft durch Freisetzung von Unterbeschäftigten und durch die Begrenzung von neuen Investitionen (= Passivsanierung des traditionellen Sektors), – der Ausbau des Außenhandels *(= Außenwirtschaftsstrategie),* – der Ausbau der Binnenwirtschaft *(= Binnenwirtschaftsstrategie),* z. B. Ersatz der Importe durch eigene Produktion, verbunden mit dem Schutz gegen die Auslandskonkurrenz, – internationaler Kapitaltransfer, einmal durch öffentliche Kapitalhilfe der Industrieländer, vor allem zur Finanzierung von Infrastruktureinrichtungen, und zum anderen durch private Direktinvestitionen in Unternehmen in den Entwicklungsländern. Unentschieden sind die Entwicklungsländer vor allem hinsichtlich der Bevorzugung bzw. Synthese von Außen- bzw. Binnenwirtschaftsstrategie.
Kritik:	– Der Ausgangspunkt BSP, stellt eine relativ willkürliche und ungenaue Setzung dar, – die Bedeutung der Landwirtschaft wird vernachlässigt, – man beachtet zu wenig, daß moderne Produktion nicht unbedingt mehr Arbeitsplätze schafft, – mit der Förderung der Großindustrie, z. B. der Schwerindustrie, wird eher kapitalintensive als arbeitsintensive Technologie eingeführt, – die Umweltbelastung nimmt stark zu, – die Erfahrung in einigen Entwicklungsländern hat gezeigt, daß die Industrieländer selbst zu sehr Nutznießer waren, – die Struktur der Weltwirtschaft, insbesondere die Aufnahmefähigkeit der Exportmärkte, ist zu wenig berücksichtigt worden.

bedürfnisorientiert

Das Leitbild der Entwicklung ist die Verringerung der absoluten Armut, wobei man hier nicht mehr an ein „Aufholen" denkt, sondern sich an den Grundbedürfnissen und der gerechteren Verteilung orientiert, wenn man die Massenarmut erfolgreich bekämpfen will.

Befriedigung grundlegender menschlicher Bedürfnisse
a) die Erfüllung von Minimalbedürfnissen des persönlichen Konsums (Ernährung, Wohnung, Heizung, Bekleidung),
b) der Zugang zu wesentlichen Dienstleistungen (Trinkwasser, sanitäre Anlagen Transport-, Gesundheits-, Ausbildungseinrichtungen,
c) die Bereitstellung von ausreichend bezahlten Arbeitsplätzen für Arbeitswillige und Arbeitsfähige,
d) die Befriedigung von Bedürfnissen, die mehr qualitativer Natur sind (Leben in einer humanen und gesunden Umwelt; Partizipationsmöglichkeiten).

Die Weltbank (unter McNamara), die ILO (= Internationale Arbeitsorganisation), zum Teil auch die Regierungen der Entwicklungsländer (z. B. Taiwan, VR China, teilweise auch Peru, Tansania).

- Mit der bedürfnisorientierten Strategie geht meist die Strategie der self-reliance einher,
- Entwicklung des landwirtschaftlichen Sektors,
- die Einleitung von arbeitsintensiven Industrialisierungsprozessen,
- die Ausdehnung der Beschäftigung, das heißt Förderung der Produktivität der Armen durch Agrarreformen und Unterstützung handwerklicher Kleinbetriebe,
- binnenorientierte Entwicklung, das heißt Importsubstitution, vor allem in großen Entwicklungsländern,
- zentrale Lenkung der Produktion und Verteilung (z. T. nach sozialistischem Vorbild).

Also Umorientierung des Einsatzes von Kapital, Arbeit und Boden zugunsten der bislang Benachteiligten
- durch Veränderung der Preisverhältnisse, indem die Armen ihre Arbeitskräfte und Güter teurer verkaufen, ihren Bedarf dagegen billiger einkaufen können,
- durch den gezielten Einsatz öffentlicher Gelder, z. B. verbilligter Kredite für Arme, und verbesserte Infrastruktureinrichtungen für benachteiligte Regionen,
- durch Umverteilung des Eigentums zugunsten der Armen.

- Die üblichen Verteilungsinstrumente (Steuern, öffentliche Ausgaben, Subventionen genügen nicht, es muß enteignet werden,
- die Reformen scheitern an institutionellen Hemmnissen, z. B. in der Bürokratie, und aufgrund der mangelhaften Qualifikationen der Bedürftigen,
- die Selbstverstärkung des wirtschaftlichen Wachstums fehlt, weil keine oder zu wenig Entwicklungsschwerpunkte vorhanden sind,
- manche Entwicklungsländer sehen diese Strategie als Teil der theoretisch erzwungenen Rückständigkeit,
- infolge des staatlichen Dirigismus wird die Privatinitiative zum Teil unterdrückt.

Bisher jedenfalls fehlt es bei den Industrieländern an einem langfristigen, zukunfts- und vor allem bedürfnisorientierten entwicklungspolitischen Konzept. Ansatzpunkte bieten die Verhandlungen zur NWWO (vgl. Kap. Forderung nach einer neuen Weltwirtschaftsordnung, S. 255f.), bei denen man darauf dringen könnte, daß die Geberländer einem weltwirtschaftlichen Strukturwandel unter der Bedingung zustimmen, daß sich die Regierungen der Entwicklungsländer mehr als bisher zum Kampf gegen die Armut in ihren Ländern verpflichten. Eine Umverteilung auf globaler Ebene muß also mit einer Umverteilung in den Entwicklungsländern einhergehen.

In den Entwicklungsländern ist in den letzten zwei Jahrzehnten nicht nur ein konsequenter Strategiewechsel, sondern auch ein zunehmend offensiver Charakter der Strategien festzustellen:

1. Ursprünglich verfolgten die asiatischen und afrikanischen Staaten die Strategie des *non-alignment* (Blockfreiheit: Konferenz in Bandung 1955) mit dem Ziel der Befreiung von den Resten des Kolonialismus sowie der Wiedergutmachung.
2. Die lateinamerikanischen Staaten – historisch erfahren im Umgang mit der Wirtschaftsgroßmacht USA – sahen bereits damals die wirtschaftliche Entwicklung durch den Mangel an Einflußmöglichkeiten behindert. Sie waren die eifrigsten Verfechter für eine Einberufung einer Welthandelskonferenz, die erstmals mit der UNCTAD I 1964 stattfand.
3. Die lateinamerikanischen Staaten bildeten auch den Kern der „Gruppe der 77", die ein Ausdruck zunehmender Solidarisierung ist.
4. Aufgrund der Mehrheitsverhältnisse sind die UNO, ihre Organisation und Konferenzen seit 1960 ein wichtiges Instrument zur Durchsetzung der Ziele der Entwicklungsländer.
5. Im Jahre 1970 kam es auf der Gipfelkonferenz der Blockfreien in Lusaka zu einer Verschmelzung der Zielrichtungen in den gemeinsamen Forderungen nach einer neuen Weltwirtschaftsordnung, wobei man sich auf die Strategie der self-reliance berief, die später in Richtung *collective self-reliance* (Strategie der kollektiven Autonomie) verändert wurde. Mit der *self-reliance* streben die Entwicklungsländer einen Kurs an, der sich auf die eigenen Kräfte der jeweiligen Gesellschaft stützt. Das bedeutet unter anderem Mitentscheidung der betroffenen Menschen auf lokaler und regionaler, der betroffenen Staaten auf internationaler Ebene.
6. Außerdem läßt sich immer mehr eine Doppelstrategie feststellen, die die westlichen, aber auch die östlichen Politiker überrascht: Bei bilateralen Verhandlungen (zwischen einem Industrie- und einem Entwicklungsland) bemühen sich die Politiker aus der Dritten Welt um gemäßigte Wortwahl und um angepaßte Verhandlungsführung (Strategie des Dialogs); bei multilateralen Verhandlungen, z.B. auf der UNCTAD, kommt dagegen die kollektive Unzufriedenheit und Kritik der Entwicklungsländer zum Tragen. Sie richtet sich vor allem gegen die Vorherrschaft der Industrieländer im Welthandel, in der Weltbank und im GATT (Strategie der Konfrontation).
7. Die Erfolge der OPEC seit 1973 stärkten die Strategie der collective self-reliance sowie die bis heute durchgehaltene Solidarität zwischen den ärmsten Entwicklungsländern, den Schwellenländern bzw. den OPEC-Ländern, die unter anderem Hilfsgelder für die Ärmsten, z.B. für die Finanzierung des integrierten Rohstoffprogramms, zur Verfügung stellen.

Die Entwicklungsländer suchen in ihrer Strategie eine Balance zwischen Entwicklungshilfe und strukturellem Wandel. Letzterer ist nur durch die Integration der Teilinteressen und die Solidarität zwischen Entwicklungsländern (Süd-Süd-Dialog) zu erreichen.

6.3 Entwicklungspolitische Maßnahmen der Bundesrepublik Deutschland (Überblick)

Die Schwerpunkte der Zusammenarbeit zwischen der Bundesrepublik Deutschland und den Entwicklungsländern in den 70er Jahren sind

- die Strukturverbesserung in ländlichen Gebieten durch die Entwicklung der Landwirtschaft, des Gewerbes und der Infrastruktur,
- die Bekämpfung der Arbeitslosigkeit und Unterbeschäftigung,
- der Ausbau von arbeits- und umweltorientierten Bildungssystemen,
- der Aufbau zusätzlicher Industrien zur Ersparnis bzw. Erwirtschaftung von Devisen,
- die Stärkung der Planungs- und Organisationsfähigkeit der Entwicklungsländer,
- die unmittelbare Verbesserung der Lebensbedingungen durch Unterstützung von Programmen für Familienplanung, Gesundheitswesen und Ernährung.

Kennzeichnend ist der konzentrierte entwicklungspolitische Einsatz auf einige Länder (z. B. die ärmsten Länder), auf einzelne Sektoren (ca. ein Drittel der Mittel für die technische Infrastruktur) und auf einzelne Regionen (ca. 40% für Schwarzafrika).

a) Arten der Hilfe
   Kapitalhilfe, z. B. durch die Kreditanstalt für Wiederaufbau,
   technische Hilfe, seit 1975 durch die bundeseigene „Gesellschaft für technische Zusammenarbeit" (GTZ),
   personelle Hilfe, durch den Deutschen Entwicklungsdienst (DED),
   Soforthilfe, z. B. im Katastrophenfall,
   Hilfe durch Handelserleichterungen, z. B. Lomé-Abkommen.
b) Arten der Zusammenarbeit
   bilateral, hier liegt das Schwergewicht auf der finanziellen Hilfe,
   multilateral, die Hilfe geht z. B. von den UN-Organisationen, von der EG oder in Zusammenarbeit mit der Weltbank aus,
   multilateral geplante Projekte, die jedoch bilateral durchgeführt werden.
c) Kriterien bei der Vergabe entwicklungspolitischer Leistungen sind die Bedürftigkeit, die Aufnahmefähigkeit für Kapital und Know-how, die Eigenanstrengungen und die wirtschaftliche Lage des Landes.

Leistungen der Bundesrepublik Deutschland 1978, 1979 und 1950–1979 in Millionen DM

Leistungsart	1978	1979	1950–1979
Öffentliche Zusammenarbeit (ODA)[1]	**4 715**	**6 140**	**57 280**
Zuwendungen (bilateral)	1 576	2 391	20 818
Kredite (bilateral)	1 559	1 569	21 352
Multilaterale Zuwendungen und Kredite	1 580	2 180	15 110
Beiträge an multilaterale Organisationen	628	1 138	7 979
Zahlungen auf gezeichnetes Kapital	942	1 029	6 748
Kredite	10	13	383
Sonstige öffentliche Leistungen	**446**	**205**	**8 392**
Kredite der KW[2] (bilateral)	176	−127	4 000
Refinanzierung des BMF[3] (bilateral)	248	293	1 477
DEG-Darlehen (bilateral)	13	36	178
Kredite der Bundesbank (multilateral)	9	3	2 737
Private Entwicklungshilfe	570	714	4 766
Leistungen der Wirtschaft	**9 455**	**6 301**	**80 320**
Direktinvestitionen und sonstige Kapitalanlagen	6 207	2 955	45 637
Garantierte private Exportkredite (100%)	1 609	1 645	21 059
Multilaterale Leistungen	1 693	1 701	13 624
Gesamte Leistungen	15 186	13 360	150 758

[1] Official Development Assistance (ODA)
[2] Kreditanstalt für Wiederaufbau
[3] Bundesministerium der Finanzen

Bundesminister für wirtschaftliche Zusammenarbeit. Bonn, Juni 1980

Peru – landeskundliches Profil

	Costa	Sierra	Montaña und Selvas	Peru gesamt
Flächenanteil	11% (0,144 Mio. km²)	26% (0,335 Mio. km²)	63% (0,806 Mio. km²)	1,285 Mio. km²
Bevölkerungsanteil (1979)	40% (7,133 Mio.)	51% (9,164 Mio.)	9% (1,671 Mio.)	17,968 Mio.
Bevölkerungsdichte (1979)	47 E/km²	20 E/km²	2 E/km²	14 E/km²
Bau und Oberflächenformen	ca. 100 km breiter Streifen, Plateaus und Tafeln, von Andenflüssen zerschnitten	bis zu 7000 m hohe Ketten der West- und Ostkordillere mit eingeschlossenen Hochbecken und Talungen (valles)	Gebirgsabfall der Anden mit schluchtartigen Tälern; Aufschüttungsgebiet der Amazonasniederung	
Niederschläge	fast regenlos, Feuchtigkeit im Winter durch Tauniederschläge (Garua)	je nach Höhenlage 500–1000 mm, Wechsel von Trocken- und Regenzeit	tropisch-feucht, über 2000 mm	
Temperatur	tropisch warm	große tägliche Temperaturschwankungen (über 25°C)	gleichbleibend warm-feucht	
Mittel des wärmsten und kältesten Monats	Lima (111 m) 22,6/16,1°C	Cuzco (3249 m) 12,0/8,1°C	Iquitos (126 m) 26,0/24,9°C	
Natürliche Vegetation	Wüste und Halbwüste; „Loma"-Vegetation	je nach Höhenlage und Niederschlägen unterschiedlich; Gebirgssteppe (Puna), Hartgräser, Dornsträucher	Nebel- und Regenwald, in Tälern z. T. Savannen	
Kulturpflanzen	Zuckerrohr, Baumwolle, Reis, Zitrusfrüchte, Tabak, Wein (künstl. Bewässerung)	Mais, Weizen, Gerste, Kartoffeln	Kaffee, Tee, Kakao, Bananen	
Kulturfläche: Mio. ha / in % der Gesamtfläche / ha je E.	0,8 / 5,6 / 0,11	1,7 / 5,1 / 0,18	0,4 / 0,5 / 0,24	2,9 / 2,3 / 0,16
Anteil an der landw. Produktion	50% (90% der landwirtschaftlichen Exporte)	30%	20%	
Anteil der Region an bebauter Fläche	27%	52%	21%	
Anteil am Nationaleinkommen	61%	35%	4%	
jährliche Wachstumsrate der Bevölkerung (1961–1972)	3,9%	2,0%	4%	2,9% (1979: 3,1%)
Anteil der städtischen Bevölkerung (1967)	69%	26%	5%	58% (1979)

Die statistischen Angaben (aus den Jahren 1967 u. 1979) sind z. T. nur als Annäherungswerte zu betrachten, da die peruanische statistische Zahlenerfassung vielfach unvollständig und oft irreführend ist. Erschwerend wirkt, daß die Abgrenzung der einzelnen Raumeinheiten nicht eindeutig festgelegt ist.

7 Peru – Analyse der Unterentwicklung

7.1 Die Geschichte Perus – Geschichte der Abhängigkeiten

Viele bestimmende Erscheinungen der gesellschaftlichen, wirtschaftlichen, politischen und kulturellen Grundstrukturen Perus haben ihre Wurzeln in der vorkolonialen und kolonialen Vergangenheit. Peru war das Kernland des Inka-Reiches, das sich vom nördlichen Chile bis Ecuador, von der Pazifikküste bis in das westliche Argentinien erstreckte und mit ca. 20 Mio. Einwohnern, zahlreichen Städten, einem gut ausgebauten Netz von Kunststraßen und einer absolutistisch theokratischen Staatsordnung das bestorganisierte und stabilste Reich der vorkolonialen Neuen Welt darstellte. Eine gut funktionierende Sozialordnung gab der Masse der Bevölkerung materielle Sicherheit; die Herrschaftsform schränkte aber den Freiheitsraum des einzelnen erheblich ein.

Streitigkeiten um die Thronfolge und innere Konflikte ermöglichten es 1531 den Spaniern unter Francisco Pizarro, mühelos das Inka-Reich unter ihre Kontrolle zu bringen. Die Eroberer *(Conquistadores)* teilten das Land unter sich in riesige Besitzungen auf. Die indianische Bevölkerung wurde zur Fronarbeit und Tributzahlungen gezwungen. Die Zerstörung des inkaischen Staatsapparates und die Ausrottung zahlreicher Indianer durch die hemmungslose Ausbeutung ihrer Arbeitskraft zerstörten das straff organisierte Gesellschaftssystem und die damit verbundene Sozialordnung, die die Spanier bei der Eroberung angetroffen hatten.

Die spanische Kolonialherrschaft brachte nicht nur Unterdrückung und Verelendung der indianischen Bevölkerung. Durch die einseitige wirtschaftliche Ausrichtung auf Europa (Export von Edelmetallen, Import billiger Fertigwaren) wurde eine eigenständige wirtschaftliche Entwicklung des Landes unterbunden.

Die Unabhängigkeitskämpfe in Lateinamerika zu Beginn des 19. Jh. *(Simon Bolivar, José de San Martin),* die sich vor allem gegen die wirtschaftliche Bevormundung durch Spanien richteten, brachten für Peru zwar die politische Loslösung vom Mutterland, schufen aber keine tiefgreifenden Reformen oder gar eine neue Sozialstruktur, da die Unabhängigkeitsbewegung das Werk der kleinen kreolischen Oberschicht *(Kreolen* = in Lateinamerika geborene Europäer) war, die auch weiterhin die herrschende Klasse bildete und die sozialen Strukturen, die ihnen Privilegien und Machtausübung garantierten, unberührt ließen.

Daß außenpolitische Unabhängigkeit nicht gleichzeitig auch wirtschaftliche Unabhängigkeit bedingt, mußte Peru wie fast alle lateinamerikanischen Staaten im 19. und 20. Jh. erfahren. Salpeter- und Guanoexporte, der Boom der Zuckerrohr- und Baumwollproduktion sowie die Entdeckung der Erdölvorkommen in der nördlichen Küstenzone bewirkten einen Aufschwung der peruanischen Wirtschaft in der zweiten Hälfte des 19. Jh. Es war vor allem ausländisches Kapital, zunächst englisches, später nordamerikanisches, das die wirtschaftliche Entwicklung vorantrieb. Die Früchte dieser Kapitalinvestitionen kamen jedoch weniger dem Lande zugute als den ausländischen Unternehmern, die wirtschaftlichen und auch politischen Einfluß gewannen *(Dollarimperialismus).* Da die Gewinne meist nicht im Lande reinvestiert wurden und die ausländischen Firmen mit ihren kapitalintensiven Technologien nur eine begrenzte Zahl von Arbeitsplätzen schufen, war der wirtschaftliche Entwicklungseffekt langfristig gering, zumal er nur einigen wenigen ohnehin begünstigten Regionen des Landes (Küste) und nur einer verschwindend kleinen Bevölkerungsgruppe zukam.

Die Folge dieser Abhängigkeit und Außensteuerung war eine Überfremdung des Landes und eine interne Spaltung im wirtschaftlichen, sozialen und kulturellen Bereich.
Die internen Gegensätze treten in Peru in verschiedenen Erscheinungsformen auf:
– im Nebeneinander einer traditionellen agrarischen Subsistenzwirtschaft mit arbeitsintensiver Technik und einer kapitalintensiven, meist exportorientierten Landwirtschaft (wirtschaftlicher und technologischer Dualismus),

- im Nebeneinander gesellschaftlicher Gruppen unterschiedlicher ethnischer Zugehörigkeit und geringer Kommunikation: Weiße – Mestizen – Indios (ethnischer Dualismus),
- in erheblichen sektoralen und regionalen Einkommensunterschieden, im Gegensatz zwischen Stadt- und Landbevölkerung, sowie zwischen den Weißen und sozial aufgestiegenen Mestizen einerseits und der Randgruppe der Indios andererseits (sozialer Dualismus),
- in den räumlichen Disparitäten zwischen Costa und Sierra, das heißt, zwischen Landesteilen unterschiedlichen Entwicklungsstandes und unterschiedlicher Infrastrukturausstattung mit nur geringem Wirtschaftsaustausch (regionaler Dualismus).

Diese internen Gegensätze sind allerdings nicht allein auf koloniale und neokoloniale Einwirkungen zurückzuführen. Ihre Ursachen liegen auch im Lande selbst, z. B. im natürlichen, ökologischen und anthropogenen Bereich. Insgesamt stellen sie ein entscheidendes Hemmnis in der Entwicklung Perus dar. Ihre Überwindung muß deshalb ein ebenso wichtiges Entwicklungsziel sein wie der Abbau der externen Abhängigkeit.

7.2 Die bevölkerungsgeographische Problematik

Das wichtigste Kennzeichen der peruanischen Bevölkerungsstruktur ist die Marginalität eines Großteils der Bevölkerung. Unter *Marginalität* versteht man die Tatsache, daß größere Sozialgruppen, in Peru vor allem die Indios, das sind rund 50% der Gesamtbevölkerung, nicht oder kaum an den wirtschaftlichen, gesellschaftlichen und politischen Entscheidungen sowie am Wirtschaftswachstum – in Entstehung und Verteilung – beteiligt sind. Die fehlende Teilnahme drückt sie auf die unterste Stufe der sozialen Skala der Einkommens- und Lebenschancen. Sie stehen am Rande der Gesellschaft – marginal im doppelten Sinne: sozial und räumlich. Im Hochland leben sie als Tagelöhner, Pächter oder Kleinstbauern, in den Elendsvierteln der Küstenstädte als Gelegenheitsarbeiter oder arbeitsloses Proletariat. Sie sind noch heute zu 80% Analphabeten und verstehen die spanische Staatssprache nicht oder nur mangelhaft. Dies erschwert ihnen den wirtschaftlichen Aufstieg und verschließt den Zugang zur Macht und zur sozialen Gleichheit.

Am anderen Ende der sozialen Pyramide stehen die *Criollos*, die im Lande geborenen Nachfahren der altspanischen Eroberer. Sie machen etwa 10% der Bevölkerung aus, leben vorwiegend in den Küstenstädten und nehmen wirtschaftlich und politisch die Führungspositionen des Landes ein.

Neben diesen beiden Gruppen steht die große Zahl der *Cholos* (ca. 40% der Gesamtbevölkerung), zu denen sowohl echte Mischlinge als auch Indios gehören, die sich an die Lebensweise der Weißen angepaßt haben. Die Zugehörigkeit zu dieser Gruppe ist weniger eine Frage der Hautfarbe als eine Frage des sozialen Status, d.h. mit dem Begriff „Cholo" werden alle diejenigen zusammengefaßt, die sich von den Lebensbedingungen der Indios lösen und danach streben, sich den soziokulturellen Normen der westlich orientierten städtischen Oberschicht anzupassen.

Das Indioproblem ist kein Rassenproblem im Sinne der Auseinandersetzungen verschiedener ethnischer Volksgruppen, wie z.B. in den USA oder in Südafrika, sondern eine Frage der *Akkulturation,* das heißt, der Anpassung an die Denk-, Sprech- und Lebensweise der Weißen. Es kann ein Lateinamerikaner als Indio geboren werden, als Cholo aufwachsen und nach guter Schulbildung als „Weißer" seinen Platz in der Gesellschaft einnehmen. Dieser Wunsch nach sozialem Aufstieg ist der Grund für die Migration vieler Indios aus dem andinen Hochland in die Großstädte der Küstenregionen, wo der „Aufstieg zum Weißen" beginnen soll.

Die soziale Gliederung findet ihre Entsprechung und ökonomische Begründung in der ungleichen Verteilung des Volkseinkommens. Vor den Reformen der Militärjunta Ende der 60er Jahre konnten ca. 2% der Erwerbstätigen 45% des Nationaleinkommens auf sich vereinigen, während 65% nur einen Anteil von etwa 20% erreichten. Diese Verhältnisse haben sich auch in den 70er Jahren nur wenig verändert.

Gebiet und Bevölkerung

		1970	1972	1977	1978	1979
Gesamtfläche[1]	in 1000 km²			1 285		
Gesamtbevölkerung[2]	in 1000	13 586	14 122	16 889	17 422	17 968
Bevölkerungsdichte	Einw. je km²	10,6	11,0	13,1	13,6	14,0
Jährliche Bevölkerungszunahme	%	3,1	3,1	3,2	3,2	3,1

[1] Anteil am Titicacasee: 4996 km². – [2] Ohne indianische Urwaldbevölkerung (1961: rd. 100 000, 1972: 39 800)

Länderkurzbericht Peru 1979. Statistik des Auslandes. Statistisches Bundesamt (Hrsg.). Stuttgart, Wiesbaden: Kohlhammer 1979, S. 13

Weitere Hemmnisse in der sozio-ökonomischen Entwicklung sind das Bevölkerungswachstum und die ungleiche Bevölkerungsverteilung. Das Bevölkerungswachstum lag in den letzten zehn Jahren knapp über 3% jährlich. Damit steht Peru in der Reihe der Länder mit überdurchschnittlich hohen Zuwachsraten und liegt deutlich über der Mehrzahl der anderen südamerikanischen und der afrikanischen Staaten und über Ländern wie Indien, Ägypten oder Afghanistan. Dieses Wachstum droht jeden erreichten wirtschaftlichen und sozialen Fortschritt zunichte zu machen und belastet den Staatshaushalt durch überdurchschnittlich hohe Ausgaben für Bildungseinrichtungen und für die Schaffung neuer Arbeitsplätze.

Völlig unzureichend ist das Gesundheitswesen. Mangelhafte Trinkwasserversorgung und Abwässerbeseitigung sind die Hauptursachen von Krankheiten. Besonders hoch ist die Kindersterblichkeit, mit 106 auf 1000 Lebendgeburten eine der höchsten Ziffern in Südamerika.

Weit verbreitet sind Unter- und Fehlernährung durch Mangel an tierischem Eiweiß und Vitaminen. Die durchschnittliche Kalorienversorgung betrug 1974 2360 Kal. pro Kopf; der Proteinverbrauch pro Kopf und Tag war mit 62 g sehr niedrig.

40% der Einwohner leben im Bereich der Costa, vornehmlich in den Bewässerungsoasen der Flußtäler. Die Bevölkerungsdichte beträgt dort 47 E/km². Ballungszentrum ist der Raum Lima/Callao. Extrem gering ist die Bevölkerungsdichte in der Montaña – Region: 9% der Einwohner, Dichte: 2 E/km². Die Sierra ist mit einem Anteil von 26% an der Gesamtfläche und 51% an der Gesamtbevölkerung relativ dicht besiedelt; der prozentuale Anteil ist jedoch infolge von Abwanderungsbewegungen – vor allem zugunsten der Küstenregion – seit Jahren rückläufig.

Die genannten Durchschnittswerte verbergen allerdings, daß sich die Bevölkerung in der Costa und Sierra auf vereinzelte Zellen bzw. Bänder hoher Verdichtung drängt, an die sich unmittelbar menschenleere Gebiete anschließen, während die Siedlungen der Montaña weitflächig gestreut liegen.

Diese Konzentration großer Bevölkerungsanteile auf einzelne Verdichtungsräume inmitten dünn besiedelter Gebiete und die Ausdehnung des schwach besiedelten östlichen Waldlandes schaffen Probleme der Verkehrserschließung, der Versorgung und der Kommunikation und begünstigen die oben beschriebenen sozio-ökonomischen Disparitäten.

7.3 Strukturelle Heterogenität in der Landwirtschaft

Vor der 1969 durch die Militärjunta in die Wege geleiteten umfassenden Agrarreform arbeiteten 48% der Erwerbstätigen Perus im Landwirtschaftssektor, der allerdings nur 15% zum BIP beitrug. Dieser Anteil hat sich bis 1978 auf 14% weiter verringert, während der Anteil der Erwerbstätigen auf 39% im gleichen Jahr sank. Die Angaben zeigen zum einen den Bedeutungsverlust des Agrarsektors im Vergleich zu den anderen Wirtschaftsbereichen und zum anderen die weit unterdurchschnittliche Arbeitsproduktivität der peruanischen Landwirtschaft. Entsprechend niedrig liegt das Einkommensniveau der landwirtschaftlich Erwerbstätigen: 1968 mit 13822 Soles E/Jahr (ca. 780,– DM) das niedrigste in Peru überhaupt. Innerhalb der gesamten Wirtschaft hat der Agrarsektor das geringste Wachstum zu verzeichnen. Die jährliche Produktionssteigerung beträgt seit 1960 durchschnittlich weniger als 2%. Dieses Wachstum reicht nicht aus, um die durch die rasch anwachsende Bevölkerung ausgelöste Nachfragesteigerung auf dem Inlandsmarkt zu sättigen. Die Folgen sind eine weitere Verschlechterung der Ernährungslage breiter Bevölkerungsschichten und eine Belastung der Zahlungsbilanz aufgrund steigender Nahrungsmittelimporte. Der Anteil der Nahrungsmittelimporte am Gesamtwert aller Importe stieg von ca. 10% 1950 auf 24% 1969, konnte aber in den letzten Jahren zum Teil wieder erheblich reduziert werden, vor allem durch höhere Ernteerträge und infolge von Importerschwernissen durch die Abwertung der peruanischen Währung.

Entwicklung der Handelsbilanz Perus 1960–1977

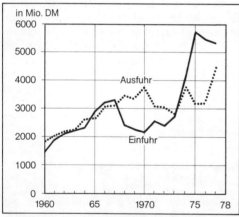

Durch die erhöhten Devisenausgaben für landwirtschaftliche Importe (1977 198,1 Mio. US $) wird andererseits die Importkapazität für industrielle Investitionsgüter eingeschränkt und damit unter Umständen die industrielle Entwicklung blockiert.

Hauptursachen für das unzureichende Nahrungsmittelangebot und die geringe Produktivität der Landwirtschaft in den 60er Jahren sind:
– begrenzte landwirtschaftliche Produktionsmöglichkeiten aufgrund natürlicher Hemmnisse,
– die Eigentumsverhältnisse (Latifundien/Minifundien) und die Besitzzersplitterung (vgl. Tab. S. 267),
– extensive Wirtschaftsformen der Hochlandlatifundien,
– niedriges technologisches Niveau und geringe landwirtschaftliche Investitionen,
– unzureichende Infrastruktur (Transport, Vermarktung, Bewässerung),
– eine Finanz- und Kapitalpolitik, die besonders die kleinen und mittleren Bauern benachteiligt.

Die Küstenregion (Costa) besteht zum überwiegenden Teil aus Wüste; dennoch ist sie das Haupterzeugungsgebiet für landwirtschaftliche Produkte, vor allem Baumwolle, Zuckerrohr, Reis, aber auch Mais, Tabak, Gemüse und Wein. Der Anbau ist fast ausschließlich auf künstliche Bewässerung in den Tälern der Fremdlingsflüsse angewiesen. Er erfolgt je nach örtlicher Lage und Böden in Form von Monokulturen, vornehmlich auf Groß- und Mittelbetrieben (zum Teil Plantagengesellschaften). Viehwirtschaft ist nur in begrenztem Umfang in den höheren Lagen der Küstentäler möglich. Weite Teile der Agrarfläche sind von Versalzung bedroht.

Der größte Teil der LN (ca. 52%) entfällt auf die Hochebenen und Täler der Sierra. Hauptanbauprodukte sind Weizen, Mais, Gerste, Quinua (eiweißhaltige Körnerfrucht) und Kartoffeln. Das Hochland ist gleichzeitig das Hauptgebiet der Viehzucht (Schafe, Alpakas und Lamas), die aber sehr extensiv betrieben wird (Wollproduktion). Infolge ungünstiger Klima- und Bodenbedingungen (starke tägliche Temperaturschwankungen, saisonal und regional schwankende Niederschläge, Frost- und Trockenrisiko, steile erosionsanfällige Böden) liegen die Hektarerträge nicht nur weit unter dem internationalen, sondern auch unter dem peruanischen Durchschnitt. Durch die starke Parzellierung liegen die Betriebsgrößen häufig unter dem Existenzminimum; sie lassen in der Regel nur eine Subsistenzwirtschaft zu. Wenig genutzt sind bislang die Zone der Montaña am Ostabhang der Anden und die Zone der tropischen Regenwälder (Selvas) der Amazonasniederung, obwohl hier zum Teil günstige Anbaubedingungen für tropische Produkte wie Kaffee oder Tee bestehen. Bei einem Anteil von ca. 63% an der Gesamtfläche, 21% an der LN und 20% an der Gesamtproduktion gewinnt diese Region in jüngster Zeit zunehmende Bedeutung, vor allem für den Exportsektor und als mögliches Kolonisationsgebiet. Die Gefahr der Bodenerosion auf den steilen Hängen der Montaña und der rasche Nährstoffverlust der Böden im Gebiet der Selvas schränken jedoch das Potential dieser Region für den landwirtschaftlichen Anbau ein.

Aufgrund der ungünstigen natürlichen Bedingungen können insgesamt 2,5% der Gesamtfläche ackerbaulich genutzt werden. Auf jeden Einwohner entfallen somit nur 0,2 ha Ackerland. Dieser Koeffizient ist einer der niedrigsten im internationalen Vergleich und zeigt deutlich das Ausmaß der Landknappheit Perus.

Bodennutzung und Landwirtschaftliche Nutzfläche (1978) in %

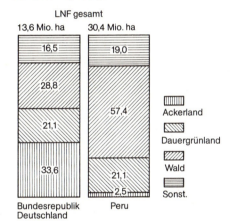

Die interne Struktur des Agrarsektors vor 1969 war vor allem bestimmt durch die Besitzverhältnisse mit den je spezifischen Produktionsweisen und Formen der Arbeitsorganisation.

Wie für die meisten lateinamerikanischen Länder war auch für Peru das Latifundien/Minifundiensystem zugleich Kennzeichen und Hauptursache der Entwicklungsschwäche der Landwirtschaft. 1961 entfielen 87% des Bodens auf nur 1,3% der landwirtschaftlichen Betriebe (über 100 ha), während 83% der Betriebe (unter 5 ha) nur 4,5% des Bodens besaßen.

„Die ungleiche Landverteilung, die ca. 1000 Großgrundbesitzern die Kontrolle über ca. 60% des nutzbaren Bodens ermöglichte, stellt sich als besonders kraß heraus, wenn man bedenkt, daß über 1 Mio. Bauernfamilien – insbesondere in der Sierra – über kein Land verfügten. Darüber hinaus war der größte Teil der Produktionseinheiten (je 83% in Costa und Sierra und 93% in der Selva) kleiner als das zur Sicherung des Subsistenzniveaus einer Familie notwendige Minimum."

Viktor Lüpertz: Entwicklungen und Reformen in der peruanischen Landwirtschaft 1969–1976. Berlin: Duncker & Humblot 1979, S. 14–15

Bis 1969 gab es vier Formen landwirtschaftlicher Betriebs- bzw. Besitztypen:
1. moderne exportorientierte Latifundien in der Costa,
2. traditionelle feudale Hochlandlatifundien,
3. Minifundien,
4. bäuerliche Dorfgemeinschaften (Comunidades indigenas).

Landverteilung vor den Reformen (1961)

Betriebsgröße ha	Zahl der Betriebe	in % der Betriebe	Flächenanteil (ha)	Flächenanteil (%)
unter 1	290 900	34,2	127 869	0,6
1–5	417 357	49,0	926 851	4,9
5–20	107 199	12,6	879 385	4,7
20–100	24 628	2,9	980 058	5,2
100–500	8 061	0,9	1 624 643	8,7
500–1000	1 585	0,2	1 065 157	6,2
1000–2500	1 116	0,1	1 658 636	8,8
über 2500	1 091	0,1	11 341 901	60,9
Gesamt	851 937	100,0	18 604 500	100,0

Quelle: CIDA 1966.
Dieter Nohlen und Franz Nuscheler: Handbuch der Dritten Welt, Bd. 3. Hamburg: Hoffmann und Campe 1976, S. 394, verändert

Land- und Forstwirtschaft, Fischerei

Länderkurzbericht Peru 1979. Statistik des Auslandes. Statistisches Bundesamt (Hrsg.). Stuttgart, Wiesbaden: Kohlhammer 1979, S. 4

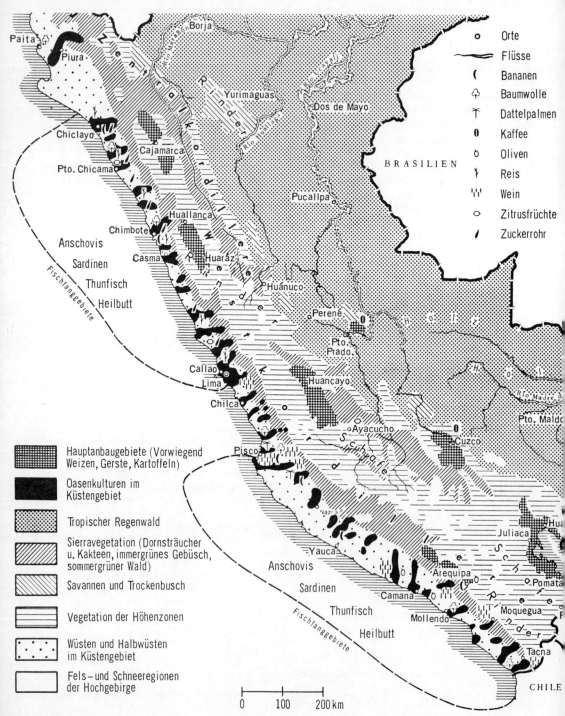

Bei den *Latifundien* der Küstenregion handelt es sich hauptsächlich um kapitalintensive Großbetriebe, deren Produktion auf den Weltmarkt ausgerichtet ist. In Monokultur werden vornehmlich Baumwolle und Zuckerrohr angebaut. Eigentümer waren vor der Agrarreform fast ausschließlich ausländische Unternehmer oder Aktiengesellschaften, die dank ihrer Kapitalkraft die Betriebe zu agro-industriellen Komplexen ausbauen konnten und dank ihrer hohen Produktivität 50% der gesamten landwirtschaftlichen Produktion und ca. 90% der landwirtschaftlichen Exportprodukte erwirtschafteten. Das vorherrschende Beschäftigungsverhältnis war die freie Lohnarbeit.

Die bis 1969 in der Sierra vorherrschenden *Hazienda*-Latifundien können als grundherrschaftlich/feudal bezeichnet werden, da der Besitz in der Regel mehr Statussymbol als Mittel zur Gewinnerzielung war und die ansässigen Indios in einer Art halbfeudaler Abhängigkeit mit Hand- und Spanndiensten in den Machtbereich der Haziendas eingebunden waren. Zum Wesen der Haziendawirtschaft gehörte ferner die indirekte Bewirtschaftung durch eine Hierarchie von Verwaltern, Aufsehern, Vorarbeitern, Pächtern, Teilpächtern und Landarbeitern. Die Pächter und Teilpächter *(Colones)* erhielten in der Regel eine kleine Parzelle und/oder einige Stück Vieh zur individuellen Nutzung. Als Gegenleistung hatten sie entweder kostenlos ihre Arbeitskraft zur Verfügung zu stellen *(Arbeitsrente)*, oder sie mußten einen Teil ihrer Ernte in Form von Naturalien *(Produktrente)* oder Geld *(Geldrente)* an den Grundbesitzer, den *Hazendado*, abführen. Im Gegensatz zu den Costa-Latifundien arbeiten die Hochlandlatifundien weder flächen- noch arbeitsintensiv. Kapitaleinsatz wurde durch die billige menschliche Arbeitskraft ersetzt; Investitionen wurden kaum vorgenommen. Entsprechend gering waren Produktion und Produktivität dieser meist auf Viehhaltung spezialisierten Betriebe.

Landknappheit ist das wesentliche Kennzeichen sowohl der *Minifundien* als auch der *indianischen Dorfgemeinschaften*, der *Comunidades indigenas*. Die Comunidades indigenas – seit der Agrarreform von 1969 heißen sie offiziell *Comunidades campesinas* – wurzeln in den präinkaischen *Ayllus* (durch verwandtschaftliche und religiöse Bindungen zusammengehaltene und auf kollektivem Bodenbesitz und Nutzungsrecht beruhende Geschlechterverbände). Viele der traditionellen Strukturen (gemeinsame Arbeit beim Anbau und bei der Ernte, Selbstverwaltung) haben sich bis heute erhalten, wenn auch der Grund und Boden in den Privatbesitz der einzelnen Mitglieder übergegangen ist. Die meisten Dorfgemeinschaften wurden im Laufe der Zeit von den gewaltsam sich ausdehnenden Haziendas auf die ertragsarmen peripheren Böden zurückgedrängt, oder sie wurden gezwungen, ihr Land der Hazienda anzugliedern und ihre Arbeitskraft dem Grundherrn zur Verfügung zu stellen.

Infolge der zunehmenden Bevölkerungskonzentration und durch Erbteilung kam es zu einer extremen Parzellierung und Besitzzersplitterung. 1968 lag der durchschnittliche Besitz einer Familie in der Dorfgemeinschaft bei 1,2 ha Ackerland. Ähnlich war die Situation bei den freien Minifundisten. Der niedrige Ertrag zwang die Indios zum Nebenerwerb auf den Haciendas; viele wanderten in die Städte ab.

Insgesamt rechnet man, daß noch heute über ein Drittel der Einwohner von der Subsistenzwirtschaft lebt. Diese Verhältnisse haben sich trotz aller Reformversuche kaum geändert. Über das Ausmaß der Arbeitslosigkeit liegen keine amtlichen Angaben vor. Es wird geschätzt, daß etwa 50% der erwerbsfähigen Bevölkerung nicht oder unterbeschäftigt ist. Besonders hoch ist die versteckte Arbeitslosigkeit in den Landgebieten der Anden.

Index der landwirtschaftlichen Produktion (1969/1971 = 100)

	1974	1975	1976	1977	1978
Gesamterzeugung	110	108	111	110	103
je Einwohner	98	93	93	90	82
Nahrungsmittelerzeugung					
	112	111	114	114	105
je Einwohner	100	96	96	93	83

Länderkurzbericht Peru 1979. Statistik des Auslandes. Statistisches Bundesamt (Hrsg.). Stuttgart, Wiesbaden: Kohlhammer 1979, S. 19

7.4 Räumliche Konzentration und Fremdbestimmung der Industrie

Das Schwergewicht der wirtschaftlichen Tätigkeit hat sich in den letzten Jahrzehnten kontinuierlich vom agrarischen Sektor zur mineralischen und industriellen Produktion verlagert.

Während der Beitrag des Bergbaus und des verarbeitenden Gewerbes (einschließlich Bauwirtschaft) zum BIP 1950 knapp 25% betrug (Landwirtschaft ca. 22%), hat sich der Anteil bis 1978 auf nahezu 40% erhöht und der der Landwirtschaft auf etwa 12% verringert.

Beinahe die Hälfte der Exporterlöse Perus entfällt heute auf die Ausfuhr von Erzen und Metallen, besonders Kupfer, Eisen, Blei und Zink. Zur Expansion des Bergbaus hat außer der zunehmenden Kupferförderung vor allem die Erdölgewinnung beigetragen. Neben den seit Mitte des vergangenen Jahrhunderts bekannten Vorkommen in der nördlichen Küstenzone (La Brea, Lobitos) gewinnt die Amazonasniederung an Bedeutung. Beträchtliche Erdöllager wurden bei Pucallpa und nordwestlich von Iquitos entdeckt. Mit der 1977 in Betrieb genommenen Erdölleitung von den Lagerstätten im nordöstlichen Tiefland zum Hafen Bayóvar, wo das Rohöl verarbeitet oder verschifft wird, wurde die Energieversorgung des Landes wesentlich verbessert. In nur vier Jahren (1974–1978) konnte die Förderung mehr als verdoppelt und damit die Selbstversorgung mit Erdöl und -derivaten erreicht werden.

Perus Stellung in der Bergbauproduktion der Welt und sein Rang unter den Produzenten

Mineral	Förderung 1963	Rang 1963	Förderung 1969	Rang 1969	Förderung 1976	Rang 1976
Kupfererz	177 374	7	198 803	7	219 000	7
Bleierz	146 346	5	154 543	4	154 000	5
Eisenerz	3 663 654	10	5 937 833	3	9 414 000	14
Zinkerz	182 549	5	300 303	4	376 000	5
Wismuterz	563	1	680	1	725	1
Silber	1 148	3	1 116	3	1 256	2
Gold	2 935	17	4 100	12	2 866	14
Kadmium	194	9	442	8	517	8
Wolfram	279	10	869	10	1 203	10
Quecksilber	97	9	124	9	157	14
Antimon	739	13	597	11	749	11

Quelle: Angaben aus der Sociedad Nacional de Minería y Petróleo, Lima 1977 und Anuario de la Industria Minería del Perú 1964. Die Mengenangaben gelten für „fino", also reines Metall, bzw. Reinmetallgehalt. Sie sind mit Ausnahme von Gold (kg) in Tonnen berechnet (MT)

Karl Gaigl: Entwicklungsmodell Peru. Der Versuch eines „Dritten Weges". Fragenkreise 23522. Paderborn: Schöningh 1979, S. 43

Hohe Wachstumsraten verzeichnet auch die Industrie. Sie lagen in den letzten 15 Jahren bei durchschnittlich 5,3%. Rückgänge wurden allerdings 1977 und 1978 mit −1,2% bzw. −1,8% verzeichnet. Die bedeutendsten Industriezweige sind die Fisch- und Zuckerverarbeitung, die Textilherstellung, die chemische und Nahrungsmittelindustrie. War die Produktionsstruktur lange durch das Übergewicht der importsubstituierenden Konsumgüterindustrie gegenüber der Investitionsgüterindustrie gekennzeichnet, was allgemein als typisch für das frühe Entwicklungsstadium einer verarbeitenden Industrie gilt, so zeigen sich seit 1960 erste Anzeichen einer Schwergewichtsverlagerung von der traditionellen Gruppe der Nahrungs- und Verbrauchsgüterindustrie auf die Grundstoff- und Produktionsgüterindustrie (Eisen- und Metallerzeugung, Petrochemie, Papierherstellung) und auf die Investitionsgüterindustrie der Eisen- und Metallverarbeitung. Die letzte Gruppe konnte in den letzten Jahren hohe Wachstumsraten verzeichnen.

Index der industriellen Produktion (1973 = 100)

	1975	1976	1977	1978	1979
Verarbeitendes Gewerbe	112,8	123,2	115,2	111,5	105,2
Nahrungsmittel	104,8	105,9	106,2	99,8	104,5
Fischmehl	167,3	206,6	114,8	143,5	72,1
Textilien	99,6	110,0	97,2	95,3	78,6
Papier- u. Papiererzeugnisse	101,2	117,4	120,7	124,3	75,3
Druck- und Verlagswesen	80,5	92,5	74,5	82,0	57,7
Industriechemikalien	.	143,2	155,6	186,7	134,2
andere Chemieerzeugnisse	128,5	139,6	125,0	137,5	80,8
Erdölerzeugnisse	112,6	115,0	115,9	117,6	135,1
Kautschukerzeugnisse	121,2	140,1	116,8	102,3	104,4
Eisen und Stahl	106,9	104,4	123,3	130,7	157,9
NE-Metalle	.	105,6	160,5	144,5	196,1
Metallerzeugnisse	119,2	109,2	103,6	102,6	115,9
nichtelektrische Maschinen	156,6	151,8	152,4	193,5	178,2
Elektromaschinen und -ausrüstungen	124,1	145,7	140,8	122,5	78,4
Fahrzeuge	111,3	109,2	72,2	33,1	20,4

Länderkurzbericht Peru 1979. Statistik des Auslandes. Statistisches Bundesamt (Hrsg.). Stuttgart, Wiesbaden: Kohlhammer 1969, S. 21/22

Eine Sonderstellung nimmt die Fischwirtschaft (Fischfang und -verarbeitung) ein, die mit über 20% am BIP beteiligt ist. Grundlage ist der Fischreichtum (Anchovis) im Bereich des kalten Humboldtstromes vor der Westküste. Die Fänge werden fast ausschließlich zu Fischmehl, einem hochwertigen Viehfutter, verarbeitet und exportiert – sicherlich ein Paradox in einem Land mit einem außergewöhnlich hohem Ernährungsdefizit der Volksmassen.

Die Fischmehlproduktion erlebte in den 60er Jahren aufgrund des steigenden Weltmarktbedarfs an eiweißreichem Viehfutter eine gewaltige Expansion: 1964 wurde Peru zur größten Fischfangnation der Welt. Überfischung und das Ausbleiben der Anchovisschwärme durch meeresbiologische Veränderung haben seit 1972 zu starken Einbußen geführt. Trotz vorübergehender Fangverbote ist es bis heute nicht zu einer ausreichenden Erholung der Fischbestände gekommen.

Die insgesamt positiven Tendenzen im Bergbau und im industriellen Sektor können nicht über entscheidende Defizite und Entwicklungsprobleme hinwegtäuschen. Als nachteilig haben sich besonders die starke Auslandsabhängigkeit der peruanischen Wirtschaft, der geringe Beschäftigungseffekt des modernen Industrialisierungsprozesses und die einseitige Konzentration der Industrie auf den Raum Lima/Callao erwiesen.

Das Wachstum der peruanischen Wirtschaft wurde entscheidend von ausländischen Unternehmen getragen. Kapitalmangel zwang die Regierung Perus, wie die der meisten südamerikanischen Länder, den Zufluß ausländischen Privatkapitals zu erleichtern. Dies führte zu umfangreichen Direktinvestitionen in Form von Industriegründungen oder Tochtergesellschaften ausländischer Großunternehmen. Der Prozeß begann bereits im 19. Jh. und hat sich in der jüngsten Vergangenheit im Rahmen der „Entwicklungshilfe" noch verstärkt.

Auslösender Faktor war die Ausweitung des exportorientierten Bergbaus, der an die kolonialspanische Bergwirtschaft anknüpfte. So bauten nordamerikanische Unternehmen im zentralen Teil der Sierra (Cajamarca, Cerro de Pasco) Erzbergwerke und das Verhüttungszentrum La Oroya auf. Vor dem Amtsantritt der Militärregierung 1968 wurden 85% der peruanischen Bergbauproduktion von den drei US-amerikanischen Gesellschaften Cerro de Pasco Copper Corporation, Southern Peru Mining Corporation und Marcona Mining Company kontrolliert. Bei der Erdölproduktion lag der Anteil der ausländischen Unternehmer sogar bei 90%. Im industriellen Bereich betrafen die Auslandsinvestitionen vor allem die folgenden Industriezweige: die chemische und pharmazeutische Industrie, die Fisch- und Konsumgüterindustrie sowie die Auto- und metallurgische Nichteisenindustrie mit einem Anteil am gesamten Produktionswert von über 50%. Nationale Unternehmen wurden mit dem wachsenden Einfluß der ausländischen Gesellschaften in zunehmendem Maße zurückgedrängt, besonders deutlich im Fall der Fischindustrie, an deren Ausbau Mitte der 50er Jahre in erster Linie peruanische Betriebe beteiligt waren; gut zehn Jahre später, 1968, waren bereits 80% der verarbeitenden Betriebe in US-Besitz.

Anteil ausländischer Gesellschaften am Produktionswert ausgewählter Industrien (1969)

Milchprodukte	60%
Müllereiprodukte	41%
diverse Nahrungsmittel	58%
Tabak	88%
Papier und Pulpe	79%
Gummiindustrie	88%
Zement	87%
Industriechemie und Dünger	73%
Chemie und Pharmazeutik	66%
elektrische Artikel	61%
Autoindustrie	95%
metall. Nichteisenindustrie	98%
Garn-, Gewebe- u. Bekleidungsind.	42%
Schuhindustrie	35%

Nach Othmar Wyss: Wandel im Ordnungsgefüge der peruanischen Wirtschaft unter der Revolutionsregierung 1968–1974. Bern und Stuttgart: Verlag Paul Haupt 1976, S. 65

Von den 2395 größten Unternehmen befanden sich im Jahre 1968 242 mehrheitlich in ausländischen, 96 davon in nordamerikanischen Händen. Sie erzeugten 44% der gesamten Industrieproduktion Perus, kontrollierten 49 der 62 existierenden Produktgruppen und vereinigten 40% des Anlagevermögens der Industrie auf sich.

Kritiker vor allem aus linksextremen, aber auch aus nationalistischen Kreisen weisen – wohl zu Recht – darauf hin, daß die Konzentration der Industrie in ausländischen Händen, gerade in den dynamischsten Branchen, zu einer Überfremdung und Steuerung von außen geführt hat. Wirtschaftskontrolle bedeutete aber auch gleichzeitig politische Einflußnahme.

Das Produktionsziel der US-amerikanischen Firmen war vielfach zu sehr auf den eigenen heimischen Absatzmarkt eingestellt und zu wenig an den Erfordernissen des Gastlandes orientiert, was sich zum Beispiel in der Konzentration der wirtschaftlichen Aktivitäten auf solche Industriezweige zeigte, deren Produkte für den Export und nicht zur Deckung der lebensnotwendigen Bedürfnisse des Binnenmarktes bestimmt sind. Viele Rohstoffe werden noch heute direkt exportiert; eine Veredlung und Weiterverarbeitung im Lande selbst hätte größere Auswirkungen sowohl auf die Arbeitsplatzbeschaffung als auch auf die Deviseneinnahmen.

Den geringen Deviseneinnahmen standen andererseits erhöhte Gewinnübertragungen in das Ausland gegenüber. So überwiesen US-amerikanische Firmen zwischen 1950 und 1965 712 Mio. Dollar in die USA, während die Nettoinvestitionen im gleichen Zeitraum lediglich 297 Mio. Dollar betrugen. Durch den Transfer der Gewinne gingen dem Staat und der Wirtschaft erhebliche Finanzmittel verloren, die für die Entwicklung des Landes dringend benötigt wurden. Die Kapitalrückflüsse und die steigende Nachfrage nach Investitionsgütern zum Aufbau der heimischen Industrie verschärften das Zahlungsbilanzdefizit. So war Peru immer wieder gezwungen, Kredite aufzunehmen, deren Deckung wiederum durch neue kurz- und mittelfristige Kreditaufnahmen erfolgte. Das Ergebnis: Die Auslandsverschuldung Perus stieg ständig und erreichte 1977 4,6 Mrd. US-Dollar. Der Schuldendienst (Zinszahlung und Tilgung) verzehrt ca. 20% der Exporterlöse.

Da die ausländischen Firmen vielfach mit kapitalintensiven Technologien produzieren, wurde durch die industrielle Entwicklung nur eine relativ geringe Zahl von zusätzlichen Arbeitsplätzen geschaffen. Zwei

Zahlenbeispiele verdeutlichen dies: Während die industrielle Produktion 1950–1972 von 13,7% auf 21,1% (Anteil am BIP) zunahm, war die Beschäftigtenzahl lediglich um 2% von 12,9% auf 14,9% gestiegen. Insgesamt waren 1972 nicht mehr als 717 400 Erwerbspersonen im produzierenden Gewerbe (einschließlich Bergbau, Energie- und Bauwirtschaft) tätig.
Für die Regionalentwicklung hat sich als nachteilig ausgewirkt, daß nahezu alle Industrieunternehmen, und hier vor allem wieder die ausländischen Gesellschaften, sich im Raume Lima/Callao ansiedelten. Der Anteil dieses Raumes am industriellen Bruttoproduktionswert liegt seit Jahren über 60%, bei den wachstumsintensiven Branchen beträgt er 80% und mehr. Die Jahreseinkommen liegen hier etwa dreimal höher als im übrigen Land.

Das soziale, wirtschaftliche und politische Übergewicht des Küstengebiets in Peru 1967

	Küstengebiet	Sierra
Gesamtbevölkerung	4 662 400	5 993 900
Anteil an der Bevölkerung	39,7%	51,0%
Anteil an den Wahlberechtigten	69,0%	26,0%
Anteil am Nationaleinkommen	61,0%	35,0%
Anteil an der städtischen Bevölkerung	69,0%	26,0%
Anteil der schreibkundigen Erwachsenen	79,0%	42,0%

Quelle: Handelman, Howard: Struggle in the Andes (Austin 1975)

Karl Gaigl: Lima-Metropole und Peripherie in einem Entwicklungsland. Fragenkreise 23524. Paderborn: Schöningh 1979, S. 10

Der Vorgang der *Litoralisation,* das heißt der Verlagerung des politischen und wirtschaftlichen Schwerpunktes eines Landes an die Küste und das gleichzeitige Zurückfallen des benachteiligten Landesinneren, begann bereits während der spanischen Kolonialherrschaft und verstärkte sich mit der Eröffnung des Panamakanals (1914) und der neokolonialen Einflußnahme durch die USA.
Als Folge der industriellen Konzentration auf Lima/Callao haben sich die ohnehin existierenden regionalen Entwicklungsunterschiede noch verstärkt. Die unzureichende Verkehrserschließung (Abriegelung des Binnenlandes durch die Westkordillere, Fehlen eines einheitlichen Eisenbahnnetzes, während der Regenzeit ist über die Hälfte der Straßen im Hochland und im Osten nicht befahrbar) erschwert den Abbau der regionalen Disparitäten. Das Hinterland verharrt in der Rolle des Arbeitskräftereservoirs und des Konsumraums. So haben die zum Teil guten Fortschritte der Industrialisierung der Masse der Bevölkerung kaum Vorteile gebracht.

7.5 Verstädterung und disproportionale Entwicklung

Die Verstädterung Perus, wie der meisten amerikanischen Länder, ist Symptom der wirtschaftlichen, sozialen und kulturellen Disparitäten, des enormen Entwicklungsgefälles zwischen dem industrialisierten Küstenraum und dem marginalisierten Hinterland (vgl. Kap. Verstädterung in Ländern der Dritten Welt, S. 222ff.). Sie geht zu einem erheblichen Teil auf Binnenwanderungen zurück, die seit dem Beginn der 60er Jahre verstärkt einsetzte und einseitig von der Sierra in das wirtschaftliche Kerngebiet der Costa, besonders nach Lima/Callao verlief. Lebten 1960 39,8% der Bevölkerung in Siedlungen über 2000 Einwohner, so waren es 1970 bereits 49,2% und 1979 58,3%. Während die durchschnittliche jährliche Zuwachsrate in den Städten Perus bei 4,5% liegt, wachsen die ländlichen Gemeinden nur um 1,5%.
Beispielhaft für die sprunghafte Entwicklung ist die Hauptstadt Lima, deren Einwohnerzahl sich zwischen 1940 und 1978 mehr

als verfünffacht hat. Die amtliche peruanische Statistik gibt die Zahl der *Migranten* (Personen, die auf Dauer ihren Wohnsitz verlegen) mit 2,3 Mio. an; das heißt, die Wanderungsbewegung hat fast ein Viertel der Gesamtbevölkerung erfaßt. Damit weist Peru eine der stärksten Binnenwanderungstendenzen in Lateinamerika auf. Auf den Großraum Lima/Callao entfallen allein fast 45% der 2,3 Mio. Migranten.

Entwicklung der Bevölkerung und des Anteils der städtischen Bevölkerung in den Andenstaaten 1960–1980

Staat	1960			1970			1980		
	I	II	%	I	II	%	I	II	%
Bolivien	3 696	1 104	29,8	4 658	1 682	35,4	6 006	2 520	41,9
Kolumbien	17 485	8 987	51,3	22 160	12 785	57,6	31 366	20 927	66,7
Chile	7 374	4 705	63,8	9 780	6 886	70,4	12 214	9 205	75,3
Ecuador	4 476	1 700	37,9	6 028	2 756	45,7	8 440	4 563	54,0
Peru	9 907	3 943	39,8	13 586	6 690	49,2	18 527	10 791	59,9
Venezuela	7 524	4 808	63,9	10 755	7 737	71,9	14 979	11 807	78,8

Quelle: Lambert, D. C. und J. Martin: L'Amérique latine-économies et sociétés. Paris 1971.
I = Gesamtbevölkerung, II = städtische Bevölkerung, % = Verhältnis der „städtischen" Bevölkerung zur gesamten – als „Städte" sind dabei Siedlungen mit mehr als 2000 Einwohnern gewertet.

Karl Gaigl: Lima – Metropole und Peripherie in einem Entwicklungsland. Fragenkreise 23524. Paderborn: Schöningh 1979, S. 3

Binnenwanderungen im mittleren und nördlichen Peru

Gerhard Sandner und Hanns-Albert Steger: Lateinamerika. Fischer Länderkunde Bd. 7. Frankfurt: Fischer Taschenbuch Verlag 1973, S. 56

Als Hauptursache der gegenwärtigen Wanderungen vom Land in die Stadt, von der Sierra in die Costa sind in erster Linie die Arbeits- und Lebensbedingungen in den peripheren agraren Regionen zu nennen:
– der Bevölkerungsdruck infolge hohen natürlichen Bevölkerungszuwachses,
– die naturgegebenen Grenzen der agraren Nutzungsmöglichkeiten,
– die ungerechte Besitzverteilung in der Landwirtschaft,
– Arbeitslosigkeit, Unterbeschäftigung, schlechte Bezahlung der Landarbeiter,
– die unzureichende Ernährungsgrundlage,
– unzureichende infrastrukturelle Ausstattung,
– das Abhängigkeitsverhältnis der Indios auf dem Land und die geringen Alternativen bei der Berufswahl.

Dem gegenüber steht die Anziehungskraft der Stadt mit ihren zum Teil vermeintlich günstigeren Arbeits- und Verdienstmöglichkeiten sowie den besseren Bildungsinstitutionen, Fürsorge- und Gesundheitseinrichtungen (vgl. dazu auch S. 223).

Trotz ihres beherrschenden wirtschaftlichen Übergewichts kann die Hauptstadt die in sie gesetzten Hoffnungen vielfach nicht erfüllen. Die Aufnahmefähigkeit der lokalen Industrie reicht bei weitem nicht aus, um der Masse der Zugewanderten Arbeit zu bieten. Ein Großteil sucht deswegen Beschäftigung im tertiären Sektor, der mit einem Anteil von rund 47% am BIP und etwa 36% an der Gesamtzahl der Erwerbspersonen (1976) über Gebühr aufgebläht und in dem der Grad der Unterbeschäftigung besonders hoch anzusetzen ist. So verlagert sich die Arbeitslosigkeit lediglich von der Landwirtschaft in den städtischen sekundären und tertiären Sektor; die Armut verschiebt sich vom Land in die Randzone der Städte. Um der Übervölkerung der Großregion Lima/Callao entgegenzuwirken, erlaubt die Regierung den Zuzug heute nur noch mit Sondergenehmigung.

Eine passive Sanierung der Rückstandsgebiete, etwa durch Entlastung des Bevölkerungsdrucks oder Minderung der Arbeitslosigkeit, findet andererseits auch nicht statt.

Die Abwanderung gerade der dynamischen, jüngeren Bevölkerung führt zu einem Abfluß der produktivsten Arbeitskräfte und zu einer Senkung des Bildungsstandes und einer Schwächung der Investitionskraft *(backwash-effect)* in den Abwanderungsgebieten. Für den Indio bedeutet der Kontakt mit der ihm fremden dominanten städtischen Kultur vielfach Entwurzelung und eine Verschärfung der Marginalität, da hier in der Stadt die Gegensätze zwischen den wirtschaftlich, politisch und kulturell führenden Oberschichten und der durch Unterdrückung und Abhängigkeit geformten Unterschicht auf engem Raum besonders augenfällig aufeinandertreffen. Im Erscheinungsbild der Großstadt wird die Marginalität der zugewanderten Indios in den innerstädtischen und randstädtischen Elendsvierteln sichtbar. Auch hier kann der Metropolitanbereich von Lima wieder als Beispiel sowohl der peruanischen Verhältnisse als auch für die der meisten anderen lateinamerikanischen Großstädte herangezogen werden.

Das Wachstum der Barriadas in Lima 1955–1970

	1956	1959	*1961	1963	1965	1967	1970
Zahl der Barriadas	56	154	150	154	211	267	273
Fläche der Barriadas	512	743	.	.	1 859	2 520	.
Bevölkerung der Barriadas	119 886	236 716	318 262	335 262	478 325	600 000	761 755
Anteil ihrer Bevölkerung des Ballungsraums (%)	8,6	14,3	17,2	.	21,9	ca. 25	26,5

* Zählung, sonst Schätzung   Quelle: Deler J.J. 1974, S. 95

Matos Mar (1969, S. 5) nimmt für 1955 bei einer Gesamtbevölkerung Limas von 1 200 000 119 140 Bewohner der Barriadas an, für 1966 bei 2 296 864 Gesamtbevölkerung nur 437 448 Barriadabewohner. Béjar (1970, S. 33) schätzte ihre Zahl 1955 ebenfalls auf 119 864, kommt dagegen für 1965 auf eine halbe Million.

Karl Gaigl: Lima – Metropole und Peripherie in einem Entwicklungsland. Fragenkreise 23524. Paderborn: Schöningh 1979, S. 31

Die Elendsviertel der lateinamerikanischen Städte sind nur bedingt mit den Slums der Industrieländer, z. B. in New York oder Chicago, zu vergleichen. In Peru unterscheidet man die *Tugurios* (innerstädtische Slumgebiete) von den spontanen Neusiedlungen am Stadtrand, den *Barriadas*. Die zentrumsnahen überalterten und verkommenen Mietshauskasernen der Tugurios weisen noch die größte Ähnlichkeit mit den Slums der westlichen Industrieländer auf. Sie sind in der Regel die erste Anlaufstation der Zuwanderer. Ausschlaggebend für die Wahl dieser Wohnungen ist die Nähe zum gesuchten Arbeitsplatz und den Versorgungseinrichtungen. Sobald es dem Tugurio-Bewohner gelingt, eine Beschäftigung zu finden, und er etwas Kapital angesammelt hat, versucht er, den miserablen Wohnverhältnissen der Tugurios zu entkommen und am

Stadtrand ein eigenes ‚Haus' zu bauen (vgl. Kap. Verstädterung in Ländern der Dritten Welt, S. 225ff.). Dies geschieht in der Regel ohne Baugenehmigung auf öffentlichen oder ungenutzten privaten Flächen.

Die Bezeichnung „Squatter Siedlungen" trifft insofern auf die Barriadas zu, als der Grund widerrechtlich in Besitz genommen wurde. Die Gründung erfolgt meist gut vorbereitet und geplant, mitunter sogar von amtlichen Stellen, insgeheim und inoffiziell natürlich, geduldet.

„Man kann Barriadas nur mit Einschränkung als Slums bezeichnen. Von den drei Slumkriterien
1. unterdurchschnittliche Wohnbedingungen,
2. soziale und ökonomische Diskriminierung der Bevölkerung,
3. soziale Anomalien wie Kriminalität oder Alkoholismus

treffen anders als bei den Tugurios nur die ersten zwei zu. Barriadas stellen in der Regel differenzierte, in sich geschlossene, sozial intakte Stadtteile dar, die nur politisch und ökonomisch unzureichend in die Gesamtstadt integriert sind. Sie bilden ‚Ersatzstädte' für die marginale Bevölkerung am Rande der Großstadt oder in Enklaven."

Eberhard Kroß u. a.: Indios in Peru – Menschen am Rande der Gesellschaft. Materialien zu einer neuen Didaktik der Geographie Bd. 10, RCFP-Lenkungsausschuß (Hrsg.). Lehrerheft Erprobungsfassung. München 1977, S. 40/41

Heute lebt etwa ein Drittel der Bevölkerung Limas in den Barriadas, den *Pueblos jóvenes,* wie sie von der Militärjunta Velasco Alvarados offiziell umbenannt wurden.

Sozialstruktur der Bewohner in den Pueblos jóvenes von Lima

Im erwerbsfähigen Alter		46%	mittlere Kinderzahl der Familie	4
Bewohner unter 15 Jahren		50%	100 Erwerbstätige ernähren Personen	288
hinreichend beschäftigte Erwerbsfähige		68%	(Durchschnitt für Peru)	217
Arbeitslosigkeit oder Unterbeschäftigte		32%		

Berufsgliederung:	Männer	Frauen	Schulabschluß der über Fünfzehnjährigen:		
Arbeiter	50%	20%		Männer	Frauen
Selbständige	25%	35%	Primarschule	55%	56%
Angestellte	15%	20%	Sekundarschule/Fachschule	35%	22%
im eigenen Haushalt Tätige	1%	20%	Höhere Schule/Universität	4%	2%
sonstige Berufe	9%	5%	ohne Abschluß	3%	16%

Quelle: Rohm/Bähr, S. 59 und 65 (1974)

Karl Gaigl: Lima – Metropole und Peripherie in einem Entwicklungsland. Fragenkreise 23524. Paderborn: Schöningh 1979, S. 40

Die Urteile über diese Pueblos jóvenes sind sehr widersprüchlich. Das menschliche Elend in den provisorischen Matten-, Papp- und Kanistersiedlungen ist oft beschrieben worden und nicht zu übersehen. Andererseits tragen diese Neusiedlungen aber auf vielerlei Weise zum Wirtschaftsleben Perus und zur sozialen Integration der zugewanderten Indios bei: Sie sind ein Beitrag zur Landerschließung und Wohnungsversorgung; sie entlasten zum Teil die finanzschwachen Behörden von der kaum zu bewältigenden Aufgabe, ausreichend Wohnungen und Infrastruktureinrichtungen für die Masse der Zuwanderer bereitzustellen; sie wirken der Isolierung und Entwurzelung vieler Zuwanderer entgegen, indem sie durch kooperative Arbeit, kommunale Institutionen und Vereinigungen psycho-soziale Hilfe leisten bei der schwierigen Anpassung der marginalen Indios an das großstädtische Leben; durch Selbsthilfeeinrichtungen, Gründung kleinerer Unternehmen in Form von Handwerksbetrieben, Geschäften usw. leisten sie schließlich einen Beitrag zur Minderung der Arbeitslosenmisere.

Wichtige Entwicklungsindikatoren Perus im Vergleich mit Kennzahlen ausgewählter lateinamerikanischer Länder*

Indikator / Land	Ernährung Kalorien (je Einw./Tag 1974)	Ernährung Protein g	Gesundheitswesen Lebenserwartung bei Geburt (Durchschnitt der männl. Bevölkerung)¹ Jahre	Gesundheitswesen Einwohner je planmäßiges Krankenhausbett² Anzahl	Bildungswesen Alphabeten an der Bevölkerung (15 Jahre und darüber)³ %	Bildungswesen eingeschriebene Schüler an der Bev. im Grund- u. Sekundarschulalter %	Landwirtschaft Anteil Landwirtschaft am Bruttoinlandsprodukt %	Landwirtschaft landw. Erwerbspers. an Erwerbspers. insges. 1977 %	Energie Energieverbrauch 1976 je Einwohner kg SKE⁴	Außenhandel Anteil weiterverarbeiteter Produkte an der Gesamtausfuhr⁵ %	Verkehr Pkw (je 1000 Einw.) Anzahl	Informationswesen Fernsprechanschlüsse (je 1000 Einw.) Anzahl	Informationswesen Fernsehempfangsgeräte (je 1000 Einw.) Anzahl	Sozialprodukt Bruttosozialprodukt 1977 zu Marktpreisen je Einwohner US-$
Argentinien	3406	107	65 (75)	176 (71)	93 (70)	87 (75)	12 (75)	14	1804	20 (75)	96 (75)	90 (76)	180 (74)	1730
Bolivien	1849	48	46 (76)	522 (70)	–	66 (76)	18 (75)	52	318	–	3 (75)	9 (73)	–	540
Brasilien	2515	62	58 (70)	266 (73)	81 (75)	68 (74)	10 (77)	41	731	15 (76)	57 (76)	35 (76)	96 (76)	1390
Chile	2825	78	60 (70)	362 (75)	87 (70)	96 (75)	10 (77)	20	987	2 (74)	25 (75)	46 (76)	68 (76)	1170
Ecuador	2123	47	55 (74)	495 (73)	73 (74)	75 (76)	20 (77)	46	455	1 (74)	6 (74)	29 (76)	41 (76)	770
Kolumbien	2182	47	59 (75)	530 (75)	73 (73)	70 (75)	27 (75)	30	685	11 (75)	14 (76)	70 (76)	70 (76)	710
Mexiko	2725	67	63 (75)	863 (74)	74 (70)	80 (76)	9 (76)	39	1227	24 (74)	41 (76)	54 (76)	84 (76)	1110
Peru	2359	62	53 (65)	497 (72)	72 (72)	86 (76)	13 (76)	40	642	2 (74)	21 (75)	24 (76)	37 (76)	830
Uruguay	3070	99	70 (70)	235 (75)	91 (70)	79 (74)	10 (76)	13	1000	1 (72)	55 (74)	92 (76)	114 (76)	1450
Venezuela	2422	62	63 (75)	334 (75)	82 (71)	73 (76)	6 (77)	20	2838	1 (75)	76 (75)	60 (76)	116 (76)	2820

* Bei den in Klammern gesetzten Zahlen handelt es sich um Jahresangaben, z. B. (69) = 1969, die entweder das Erhebungs- bzw. Berichtsjahr kennzeichnen oder (im Fall eines mehrjährigen Zeitraums) das Endjahr einer Erhebungs- bzw. Berichtsperiode. – ¹ Für viele Länder liegen nur Schätzwerte der UN Population Division vor. – ² Im allgemeinen Betten in öffentlichen und privaten Krankenhäusern (einschl. Spezialkliniken usw.), in einigen Ländern nur öffentliche Anstalten. – ³ Lese- und Schreibkundige. – ⁴ Steinkohleeinheit. – ⁵ SITC – Pos. 5, 7 und 8.

Länderkurzbericht Peru 1979. Statistik des Auslandes. Statistisches Bundesamt (Hrsg.) Stuttgart, Wiesbaden: Kohlhammer 1979, S. 34

8 Entwicklungspolitik und Entwicklungshilfe in Peru

8.1 Der „dritte" Weg

Peru beschritt seit 1969 den sogenannten *dritten Weg*. Es wurde eine zwischen Kapitalismus und Kommunismus liegende Politik verfolgt, die sich gegen die landbesitzende Oligarchie und die beherrschenden Tendenzen der Industrieländer richtete. Man versuchte in der Entwicklungspolitik eine Synthese von Wachstums- und Bedürfnis- bzw. Verteilungsorientierung zur Behebung der Gegensätze in wirtschaftlicher, sozialer, ethnischer und regionaler Hinsicht. Möglich wurde dies, weil hier eine Militärjunta an die Macht kam, die Reformen für die Armen durchführte (*Militärpopulismus*). Es entstand eine *„Entwicklungsdiktatur"*, d.h. ein autoritäres Regime, das die notwendigen strukturverändernden Reformen durchsetzte, auch ohne auf die kurzfristige Unterstützung der Mehrheit der Bevölkerung angewiesen zu sein.

Dabei spielt die Strategie der self-reliance eine wichtige Rolle,
a) in der eigenen Nutzung der Ressourcen, z.B. Bodenschätze,
b) in der Ausschaltung ausländischer Einflüsse auf die peruanische Wirtschaft, z.B. Bergbau,
c) in der Benutzung vorkolonialer Agrarverfassungen für die Agrarreformen, z.B. indianische Agrargemeinschaften.

8.2 Wichtige gesamtperuanische entwicklungspolitische Maßnahmen

8.2.1 Die Agrarreform von 1969

Die Agrarreform (1969) hat(te) eine wirtschaftliche und soziale Funktion:
- die Produktionssteigerung durch erhöhte Produktivität und durch die Nutzung von Neuland,
- die gerechtere Einkommensverteilung für eine breitere Bevölkerung,
- die Verbindung mit der industriellen Entwicklung
- und die größtmögliche Partizipation an Entscheidungen.

Man wollte die Produktion einerseits durch technokratische Maßnahmen wie Auf- und Ausbau der Bewässerung, Pflanzenschutz, Verbesserung des Saatguts und der Düngemittelversorgung usw. erhöhen, andererseits strebte man eine Produktivitätssteigerung durch die Veränderung der Bodenbesitzverhältnisse (vgl. Tab. S. 267) an, die wie überall in Lateinamerika durch den Gegensatz von Latifundien und Minifundien geprägt waren.

Die wichtigsten Maßnahmen der Agrarreform waren:
- Die Enteignung der Großbetriebe,
- die Aufstockung flächenmäßig unrentabler Familienbetriebe,
- die Ausstattung landloser Bauern mit ertragreichem Boden,
- die Beseitigung unbefriedigender Pachtverhältnisse.

Das Hazienda-System sollte also beseitigt werden durch die Regelung der Agrarverträge und durch das Verbot indirekter Ausbeutungsformen. Abgeschafft werden sollten alle Beziehungen, die tatsächlich oder rechtlich die Nutzung des Bodens an die Leistung persönlicher Dienste bindet. Gleichzeitig wollte man die Organisation von Genossenschaften fördern und eine Normierung des Systems der gemeinschaftlichen Nutzung des Bodens vornehmen.

Enteignung

Zur öffentlichen Nutzung und im sozialen Interesse enteignete der peruanische Staat aufgegebene, brachliegende oder mangelhaft genutzte Ländereien. Weiterhin beschränkte er das Recht auf Eigentum bei Latifundien, die vom Eigentümer selbst genutzt werden, je nach Lage (Küste, Sierra, Selva), Art der Bewirtschaftung (Ackerbau, Viehhaltung) und technischen Möglichkeiten (z.B. Bewässerung).
In der Küstenregion beträgt die Höchstgrenze für selbstbewirtschaftetes Bewässerungsland 150 ha und für Viehzuchtbetriebe 1500 ha natürliches Weideland. In der Sierra und in der höher gelegenen Selva wurden die Höchstgrenzen für Bewässerungsland nach Provinzen unterschiedlich festgelegt (zwischen 15 und 55 ha). Für natürliches

Weideland gilt als Höchstgrenze die Fläche für 5000 Schafeinheiten (je 36 kg Lebendgewicht).

Diese Höchstgrenzen können sich um das Zwei- bis Dreifache nach oben verschieben, wenn der Eigentümer folgende Bedingungen erfüllt:

1. Er führt die notwendigen Arbeiten an Bewässerungsanlagen durch oder sorgt für die Einzäunung im Rahmen der Weidewirtschaft.
2. Er zahlt Löhne, die mindestens um 10% über dem gesetzlich vorgeschriebenen Minimallohn liegen (einschließlich Sozialabgaben).
3. Er weist nach, daß er nicht im Rückstand beim Zahlen der Steuern und Sozialversicherungsbeiträge ist.
4. Er beteiligt seine ständigen Arbeitskräfte am Gewinn mit mindestens 20 Prozent.

Durchführung

Zur Durchführung der Agrarreform wurde Peru in zwölf sogenannte Agrarzonen aufgeteilt, in denen jeweils eine Zonen-Direktion für die Enteignung, Entschädigung bzw. Zuerkennung zuständig ist. In den Gebieten, in denen ein Bodenreformverfahren (vgl. Abb. S. 280) eröffnet wird, werden grundsätzlich alle Flächen und Betriebe in die Reform einbezogen, wobei die Betriebe, die nicht zur Abgabe von Land verpflichtet sind, auf Antrag ein Zertifikat erhalten, das sie für „nicht betroffen" erklärt (vgl. Tab. S. 281).

Entschädigung

Enteignete Betriebe erhalten Bargeld und Agrarschuldverschreibungen als *Entschädigung*. So wird z.B. für den Bodenwert bei selbstbewirtschafteten Betrieben die Selbsteinstufung des Eigentümers für die 1968 erfolgte Veranlagung zur Vermögenssteuer zugrunde gelegt. Die Schuldverschreibungen sind nicht übertragbar, können aber unter bestimmten Voraussetzungen durch die Finanzierung von Industrieinvestitionen vorzeitig eingelöst werden.

Angestrebte Eigentums- und Betriebsformen

a) Bäuerliche Familienbetriebe

Das Ziel der peruanischen Bodenreform ist nicht die Schaffung bäuerlichen Grundeigentums, sondern die Verbreitung genossenschaftlicher Eigentumsformen. Land wird bis heute nur dann an ehemalige Kleinpächter verteilt, wenn sie den Grund bewohnen, bearbeiten und wenn die Betriebsgröße von der Agrartechnik her für eine Familie einen ausreichenden Erfolg garantiert.

b) Landwirtschaftliche Produktionsgenossenschaften (*CAPS* = Cooperativas Agrarias de Produccion)

Die *landwirtschaftliche Produktionsgenossenschaft* ist eine unteilbare Einheit mit gemeinschaftlichem Eigentum ihrer Mitglieder an allen Vermögenswerten (Boden, Vieh, Pflanzungen, Gebäude, Maschinen und Verarbeitungsanlagen). Sie ist die vorherrschende Betriebsform in der Küstenregion, wo es im Rahmen der Bodenreform zu einer Enteignung der agroindustriellen Großbetriebe kam, die in Produktionsgenossenschaften umgewandelt wurden. Die hier vorherrschenden Zuckerhazienden wurden nicht zerschlagen, um eine Belastung der Außenhandelsbilanz zu vermeiden. Die Mitglieder dieser Genossenschaften sind in der Regel die ehemaligen Landarbeiter (Mindestzahl: 15).

Praktisch arbeiten die Genossenschaften bei der Gründung ausschließlich mit Fremdkapital, den ihnen übertragenen Vermögenswerten steht ein Staatskredit in nahezu gleicher Höhe gegenüber. In dem Maße, wie der bei der Gründung der Genossenschaft gegebene Staatskredit durch Eigenkapital ersetzt wird, vermindert sich der Anteil der von der Regierung ernannten Delegierten in dem Entscheidungsorgan (Generalversammlung) zugunsten der von den Arbeitern gewählten Delegierten. Die Generalversammlung des Delegierten wählt aus ihrer Mitte für je zwei Jahre einen Vorsitzenden, einen Verwaltungs- und einen Aufsichtsrat und im Bedarfsfalle Spezialausschüsse.

Vom Gewinn müssen nach Abzug des Kapitaldienstes und der Steuern folgende Zuweisungen vorgenommen werden:

– mindestens je 5% an den Ausbildungs- und genossenschaftlichen Entwicklungsfonds,
– mindestens je 10% an die Reserven und an den Sozialfonds,

- mindestens je 15% an den Investitionsfonds.

Die bevorzugte Behandlung der genossenschaftlichen Betriebsform durch den Staat zeigt sich auch bei der Vergabe von technischen Hilfen und von zinsgünstigen Krediten.

c) Comunidades Campesinas (Indianische Landgemeinden)

Die Agrarreform von 1969 sieht in der Wiederherstellung der ursprünglichen Form des indianischen Gemeinschaftseigentums eine wichtige Aufgabe. Flächen, die sich seit dem 18. Januar 1920 in der individuellen Nutzung durch die Mitglieder der Gemeinschaft befinden, bleiben Eigentum der Gemeinschaft. Verkauf und Vererbung sind ausgeschlossen, so daß das Nutzungsrecht mit dem Tode des Inhabers an die Gemeinschaft zurückfällt. Flächen, deren private Nutzung auf einen früheren Zeitpunkt zurückgeht sowie nicht bewirtschaftete Flächen fallen sofort an die Gemeinschaft zurück. Übertragungen, die nach dem 18. Januar 1920 zugunsten Dritter vorgenommen wurden, gelten als nichtig.

Agrarzonen und Agrarreformgebiete Perus bis 1975

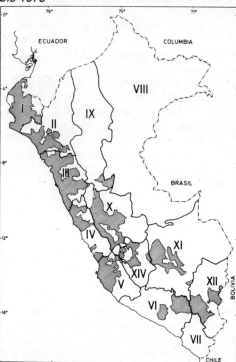

Zugewiesene Flächen und begünstigte Familien nach Betriebs- und Eigentumsformen (1972–1977)

	Stand 28. 6. 1972			Stand 30. 9. 1974			Stand 31. 12. 1977	
	Anzahl	Fläche ha	Familien	Anzahl	Fläche ha	Familien	Anzahl	Fläche ha
1. Einzelbetriebe	–	120 018	16 339	–	124 958	17 292	–	546 400
2. CAPS (= Cooperativas Agrarias de Produccion)	134	869 848	46 612	547	2 146 948	97 584	569	2 282 300
3. SAIS (= Sociedades Agricolas de Interés Social)	11	809 206	11 993	41	1 964 576	49 878	60	2 794 800
4. Comunidades Campesinas (= Indian. Landgemeinden)	61	331 039	15 815	111	439 513	34 316	316	809 500
5. Grupos Campesinos[1]	–	–	–	–	–	–	731	1 484 800
6. Andere Betriebsformen (meist halbstaatlich bzw. staatlich)	–	–	–	–	–	–	–	330 800

[1] Die „Grupos Campesinos" sind durch spontane Landnahme entstanden, die nachträglich legalisiert wurden. (Nicht durch das Bodenreformgesetz von 1969!)

Enteignungen und Zuweisungen in den verschiedenen Agrarzonen Perus

Agrarzone		Enteignungen (Stand 30. 4. 1975)				Betriebe, die für nicht betroffen erklärt wurden	
		Betriebe (Anzahl)	Fläche (1000 ha)	Entschädigung		Anzahl	Fläche (1000 ha)
				in bar (Mill. S.)	in Schuldverschreibungen (Mill. Soles)		
I	Piura	544	151,6	187,7	856,3	1 182	5,6
II	Chiclayo	1 093	479,7	202,5	2 759,1	8 006	20,1
III	Trujillo	1 036	1 150,4	319,9	2 292,6	2 719	6,6
IV	Lima	719	112,0	314,9	1 860,1	11 915	11,4
V	Ica	555	107,4	111,7	784,3	14 814	15,8
VI	Arequipa	267	77,6	17,6	102,0	7 565	29,0
VII	Tacna	322	23,6	4,1	18,7	1 833	4,1
IX	Tarapoto	34	1,4	4,5	10,7	13	0,4
X	Huancayo	323	1 395,6	506,6	281,6	1 559	6,6
XI	Cuzco	937	785,9	127,6	118,8	131	2,1
XII	Puno	738	1 591,6	551,0	270,4	20	10,7
XIV	Ayacucho	372	302,5	36,8	29,1	100	1,9
Insgesamt		6 940	6 179,4	2 384,6	9 383,8	49 857	114,5

Agrarzone		Zuweisungen (Stand Ende März 1975)			
		Anzahl der Verträge	Fläche (1000 ha)	begünstigte Familien	Wert einschl. Zinsen (Mill. S.)
I	Piura	3 002	278,7	19 147	1 234,7
II	Chiclayo	1 192	313,0	24 425	3 722,4
III	Trujillo	1 089	918,0	38 953	3 444,9
IV	Lima	1 720	75,8	13 523	2 247,6
V	Ica	910	124,2	9 402	1 097,8
VI	Arequipa	781	58,8	2 326	137,5
VII	Tacna	405	4,4	721	47,2
IX	Tarapoto	3	3,5	653	15,6
X	Huancayo	349	1 282,3	30 662	959,0
XI	Cuzco	11 214	541,6	28 920	206,3
XII	Puno	105	865,9	12 977	719,3
XIV	Ayacucho	81	209,8	17 361	47,9
Insgesamt		20 851	4 676,0	199 070	13 880,3

Winfried von Urff: Die peruanische Agrarreform. In: Zeitschrift für ausländische Landwirtschaft, 1975, Heft 4, S. 340, 342, 343. Frankfurt: DLG-Verlag

Comunidades Campesinas können das Nutzungsrecht an den in ihrem Eigentum befindlichen Flächen einer Produktionsgenossenschaft oder einer „Sociedad Agricola de Interes Social" übertragen. Benachbarte Betriebe können enteignet werden, wenn die Fläche der indianischen Agrargemeinschaft nicht ausreicht, das Existenzminimum ihrer Mitglieder zu befriedigen, wobei in diesen Fällen die für die Enteignung maßgeblichen Höchstwerte herabgesetzt werden können.

d) SAIS (Sociedades Agricolas de Interés Social)

Die *SAIS* ist eine Vorstufe der Produktionsgenossenschaft, das heißt nach dem Agrarreformgesetz eine juristische Person des Privatrechts mit beschränkter Haftung (ähnlich wie die GmbH). Bisher wurde diese Betriebsform nur mit Genossenschaften bzw. Comunidades Campesinas als Mitglieder gegründet. Die SAIS findet man vor allem in der Sierra. Dies wird von der Regierung bewußt als Gegenaktion auf das vorausgegangene Vordringen der Hochlandlatifundien (zur Viehhaltung) verstanden, das auf Kosten der Comunidades Indigenas gegangen war. Die Agrarreformer hätten diesen Prozeß durch Enteignung der Großbetriebe und Rückgabe der enteigneten Flächen an die Comunidades Campesinas wieder rückgängig machen können. Wegen der mangelhaften Qualifikation und wegen der unproduktiven Bodennutzung bzw. wegen der zunehmend unzureichenden peruanischen Nahrungsmittelversorgung (und der damit zusammenhängenden Importe) wählte die Regierung eine Vorform der Produktionsgenossenschaft, um ähnlich wie bei den Zuckerhaziendas die Vorteile des Großbetriebes zu wahren. Dazu gründete man mit den Arbeitern und Angestellten der Hochlandhaziendas eine Dienstleistungsgenossenschaft und schloß sie mit Comunidades Campesinas zu einer SAIS zusammen. Man hofft mit produktionstechnischen Innovationen (z. B. selbstfinanzierte produktive Infrastruktureinrichtungen oder kollektive Dienstleistungen) ertragssteigernd auf die Landwirtschaft der Comunidades einzuwirken.

Erfolge und Probleme

1. Die Enteignung begann erfolgreich im Norden der Küste auf den Zuckerhaziendas, dem Kernland der in- und ausländischen Oligarchie, an der man 1962 und 1964 mit Agrarreformgesetzen gescheitert war. Schon 1974 hatte man 40% des enteigneten Bodens an 60% der Familien verteilt, das heißt, 186 802 Familien hatten 4 391 000 ha erhalten. 1977 waren bereits 293 707 Familien in den Genuß der Reform gekommen, 7,14 Mio. ha waren verteilt worden.
2. Geplant war die Verteilung von 13 Mio. ha an ursprünglich 1,2 Mio. Familien, aber man hat nur Land für 320 000–400 000 Familien.
3. Das Hazienda-System ist beseitigt worden.
4. Die Landvergabe sollte bereits 1975 abgeschlossen sein, aber es kam zu einer starken zeitlichen Verzögerung, die mit der Ausstellung der Zertifikate für die Betriebe zusammenhing, die nicht von der Reform betroffen waren, wobei die andauernde Unsicherheit vor allem bei den Mittelbetrieben die Arbeits- und Investitionsbereitschaft beeinträchtigte.
5. Eine gerechtere Einkommensverteilung ist nur teilweise erreicht worden, denn bisher war es eher eine Art konzentrierter Neuverteilung an eine Minderheit, so daß für drei Viertel der Familien Arbeitsplätze außerhalb der Landwirtschaft geschaffen werden müssen. Für sie besteht die Gefahr, ein Teil der Masse der marginalen Bevölkerung zu werden (vgl. S. 264 ff.).
6. Trotz der schwierigen Anlaufphase bei der Agrarreform gab es zumindest keine Produktionseinbrüche und Versorgungskrisen. Durch die Produktionsgenossenschaften und die SAIS blieb die Effizienz der ehemaligen Großbetriebe erhalten. Mit den SAIS wurde zugleich ein Beitrag zur Entwicklung der Indio-Bevölkerung geleistet. Zwischen 1968 und 1973 betrug die Wachstumsrate in der Landwirtschaft jährlich 2,4%. Damit war sie zwar doppelt so hoch wie vor der Agrarreform, aber das Planziel von 4% wurde nicht erreicht.
7. Die Ausweitung des zu bearbeitenden Neulands am Ostabhang der Anden ist bis heute nur von untergeordneter Bedeutung, und sie beruht meist auf der individuellen Kolonisation (bis 1974: 15 580 Familien auf 375 000 ha; vgl. Neusiedlungsprojekte Pucallpa, S. 288).

8.2.2 Das Bildungsprogramm

Ausgangslage
– Die Analphabetenquote lag 1970 bei 32%.
– Von den 66 000 Abiturienten erhielten 1970 nur 25 000 einen Studienplatz.

- Die unterschiedliche Bevölkerungsdichte in den drei Hauptregionen des Landes sowie die klimatischen und reliefbedingten Unterschiede behindern den Schulbesuch.
- Das Hauptproblem in der Erziehung stellen die Indios dar, die größte Bevölkerungsgruppe, die seit Jahrhunderten in Gleichmut, Apathie, Fatalismus lebt, mißtrauisch gegenüber Neuerungen der Weißen, denn sie bedeuteten bisher immer Risiken für diese Marginalbevölkerung.

Die Ziele des Erziehungsreformgesetzes (von 1970)

Die *Erziehungsreform* wird als wesentliches Element im sozialen Umgestaltungsprozeß angesehen, wobei Erziehung als umfassender Prozeß in den Schulen, in der Familie und in den anderen Gemeinschaften (z. B. im Arbeitsprozeß) betrachtet wird.
Einzelziele: 1. Koppelung von Schul- und Berufsausbildung zum Abbau des Fachkräftedefizits, 2. Erziehung zur Zusammenarbeit (z. B. in landwirtschaftlichen Produktionsgemeinschaften), 3. Erhaltung und Pflege der verschiedenen Landessprachen (z. B. zweisprachige Erziehung in Spanisch und Ketschua), 4. Einführung der Koedukation und Hebung der Bildung der Frau, 5. Förderung der Bildungsinitiativen in allen Landesteilen, 6. Förderung aller Stufen des Bildungssystems (wie z. B. Vorschulerziehung, allgemeine neunjährige Schulpflicht, Einführung berufsbezogener Fachoberschulen, Reform der Universität, aufbauend auf dem Berufsabitur). In diesem Zusammenhang ist auch der Promoventen-Zivildienst zu sehen, das heißt, jeder der ein Fachstudium absolviert hat, muß für eine bestimmte Zeit als Lehrer (anstelle des Militärdienstes) in benachteiligten Gebieten arbeiten.
Nicht nur in Lateinamerika, sondern auch in anderen Kontinenten wurde diese Bildungsplanung als besonders fortschrittlich, umfassend, demokratisch und humanistisch gelobt und damit als beispielhaft angesehen.

Die Verwirklichung

Von den oben genannten Zielen bzw. Maßnahmen ging man teilweise erst ab, als General Francisco Morales Bermúdes die Macht übernahm. Sein Putsch wurde unter anderem damit begründet, daß die ambitionierten Pläne der Reformjunta den Staat an den Rand des finanziellen Ruins gebracht hätten. Allerdings wurden nun paradoxerweise zwischen 1974 und 1978 die Militärausgaben verdoppelt, während die Erziehungsausgaben im selben Zeitraum fast auf ein Drittel zusammengestrichen wurden. Die Schulwirklichkeit Perus wird wegen der veränderten Prioritäten der Militärs und wegen der hohen Wachstumsrate der Bevölkerung trotz der Reform von einem kaum vorstellbaren Schulnotstand gekennzeichnet, der typisch ist für viele Entwicklungsländer:
- Viele Unterrichtsräume in den Städten werden in drei Schichten benutzt,
- hohe Klassenfrequenzen, bis zu 80 Schüler in einer Klasse, besonders an der Küste,
- behelfsmäßige Schulgebäude und mangelhafte Ausstattung,
- unzureichende Lernvoraussetzungen (Unterernährung, Mangel an Kleidung und Arbeitsmitteln).

Militär- und Erziehungausgaben in Peru 1974–1978

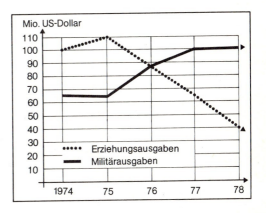

Das Ergebnis

Die Erziehungsreform ist bis heute lediglich als Teilerfolg anzusehen, die absoluten Analphabetenzahlen steigen immer noch leicht an (1972: 2189000; 1978: 2700000). Allerdings macht der prozentuale Anteil der Analphabeten an der Gesamtbevölkerung nur mehr ca. 16% aus.

Die Erziehungsreform fand im allgemeinen dort nicht statt, wo sie besonders wichtig gewesen wäre, nämlich in den benachteiligten Regionen und in den marginalen Bevölkerungsgruppen.

Gründe für das Scheitern in den Großregionen:

an der Küste: hohe Zuwanderungsquoten, starkes Bevölkerungswachstum,

im Hochland: Abwanderung, Probleme infolge der Zweisprachigkeit, Fehlen geeigneter Lehrer,

in der Ostregion: zu dünne Besiedlung für Bildungseinrichtungen.

Verdienstvoll bleibt die Gesamtkonzeption, aber es hat sich auch gezeigt, daß man sich zuviel auf einmal vorgenommen hatte, wobei insbesondere die finanziellen und personellen Möglichkeiten überschätzt worden sind. Um die unzureichende staatliche Unterstützung auszugleichen, starten vor allem Eltern in den Barriadas, die an der Ausbildung ihrer Kinder besonders interessiert sind, *Selbsthilfeprojekte* auf dem Bildungssektor.

8.2.3 Die Änderungen im Bergbau und in der Industrie

Die Reformen lösten auch im Bereich der Industrie und des Bergbaus Veränderungen aus.

- Enteignung nordamerikanischer Firmen, wie z.B. der International Petroleum Company 1968 (sie gab den Anstoß zur Machtübernahme der Reformjunta), oder der Cerro de Pasco Copper Corporation (1974) und der Marcona Mining Company (1975),
- *„Peruanisierung"* beherrschender ausländischer Unternehmen, die in einem mehrjährigen Prozeß peruanisches Kapital von 51% bis zu 77% aufnehmen müssen;
- *Verstaatlichung* der Fischindustrie, des Bergbausektors (einschließlich Erdöl), der Elektrizitätswirtschaft, des Bankwesens und des Fernsprechdienstes,
- staatliche Kontrolle der Grundstoffindustrie und des Mineralienexports.

Als begleitende Maßnahmen wurden unter anderem

- eine Devisenkontrolle eingeführt, um die Möglichkeiten eines verdeckten Kapitaltransfers zu verhindern,
- die Einfuhren auf lebensnotwendige Güter beschränkt, um so Devisen für die Entwicklungs- und Industrialisierungsprogramme zu sparen,
- Steuervergünstigungen gewährt für Firmen, die ihre Gewinne in das Unternehmen reinvestieren.

Da die Reformprogramme des Militärs jedoch ohne Zufluß von Auslandskapital letztlich scheitern mußten, wurden viele der restriktiven Maßnahmen in jüngster Zeit wieder gelockert bzw. aufgehoben (z.B. *Reprivatisierung* der 1973 verstaatlichten Fischfangflotte, Konzessionen auf dem Erdölsektor in Form von Beteiligung internationaler Firmen bei der Prospektierung der neuen Funde im Amazonasbecken, Schaffung von Anreizen und mehr Rechten für in- und ausländische Investoren).

Im Rahmen der Bemühungen, die räumlichen Disparitäten abzubauen, bestehen Sonderpläne zur Schaffung neuer Industriezonen bei Bayóvar, Arequipa und im Amazonasgebiet sowie zum Ausbau bereits bestehender Entwicklungsregionen (Cuzco, Pucallpa u.a.). Zur Dezentralisierung der Industrie, besonders zur Entlastung von Lima/Callao, werden zusätzliche regionale Schwerpunkte vor allem in den Provinzhauptstädten geschaffen.

8.3 Der „Inka-Plan"

Einen Überblick über die Ziele und Maßnahmen der Reformjunta Velasco Alvarado vermittelt ein Auszug aus dem sogenannten *Inka-Plan*, der 1974 veröffentlicht wurde. Er war beim Regierungsantritt 1969 entworfen und bis zu diesem Zeitpunkt geheim gehalten worden.

„1. Die Enteignung der IPC (International Petroleum Company) ...
2. Die Agrarreform ...
3. Eine Neuregelung der Bewässerungsbestimmungen und eine Vermehrung der künstlich bewässerten Fläche ...
4. Die Ausdehnung des peruanischen Hoheitsgebiets vor der Küste auf 200 Seemeilen und eine Regelung der Fischereifragen sowie der Ausbau der Fischerei ...
5. Eine wesentliche Förderung der Bemühungen im Bergbau bei gleichzeitiger Minderung des Auslandseinflusses ...
6. Der Aufbau eines eigenen, gut funktionierenden Transportsystems.
7. Der Umbau und die Teilverstaatlichung des privaten Bankwesens.
8. Die Umstrukturierung vieler Bereiche des Handels.
9. Die Neuordnung des staatlichen Finanzwesens und die Verbesserung des Sektors der Steuern.
10. Die Ansammlung hinreichender Reserven an Devisen durch Steigerung des Exports, Minderung des Gewinntransfers, Erschwerung unnötiger Importe.
11. Die Verbesserung der Aufsicht über die Verwendung öffentlicher Mittel und der Kampf gegen die Korruption im Staate.
12. Die Schaffung einer wirklich freien Presse, deren wichtigsten Organe bisher in den Händen einiger weniger oligarchischer Familien waren (Espreso, El Comercio u. a.).
13. Die Reform des gesamten Erziehungswesens unter Einschluß der Universitäten, deren Studentenzahlen in den letzten Jahren sehr stark angeschwollen waren. Sie waren z. T. ein Hort sozialer Aggressivität.
14. Die Errichtung eines eigenen unabhängigen Rechtsrates, der die Gerichte überwachen sollte (Ausschaltung der oligarchischen Lobby).
15. Die Lösung von den USA in der Außenpolitik und Durchführung einer unabhängigen, aktiven Linie auf dem Grundsatz der Blockfreiheit sowie die Aufgabe des doktrinären Antikommunismus.
16. Die Leitung des Staates durch das überparteiliche Militär, bis alle Reformen in Wirtschaft und Gesellschaft durchgeführt und hinreichend gesichert sind und nicht mehr rückgängig gemacht werden könnten.
17. Eine grundlegende Reform der Unternehmen.
18. Der Aufbau einer beständigen und autarken Industrie, die zwar mit ausländischen Unternehmen zusammenarbeiten sollte, aber nirgends von ihnen beherrscht werden könnte.
19. Die Schaffung von nationalem Eigentum, also staatlicher Unternehmen.
20. Der Aufbau eines eigenen Nachrichtensystems, das die nationale Integration vorwärts treiben konnte.
21. Die verstärkte Förderung des internationalen Massentourismus als wichtige Devisenquelle und Mittel zur Selbstdarstellung des peruanischen Volkes.
22. Die Förderung des Wohnungsbaus für die ländliche Bevölkerung und für die Fabrikarbeiter zur Beseitigung der Barriadas (Slums).
23. Der Ausbau der medizinischen Versorgung der breiten Massen.
24. Die Verstärkung der Arbeiten auf technologischem Gebiete.
25. Die Verbesserung der Verwaltung vor allem in abgelegenen Regionen.
26. Die rechtliche und gesellschaftliche Gleichstellung von Mann und Frau und deren tatsächliche Verwirklichung.
27. Die Ausarbeitung einer neuen Verfassung sozialer und nationaler Gerechtigkeit."

Karl Gaigl: Entwicklungsmodell Peru. Der Versuch eines „Dritten Weges". Fragenkreise 23522. Paderborn: Schöningh 1979, S. 30

8.4 Regionale Entwicklungsprojekte (von der Bundesrepublik gefördert)

Im Küstengebiet
Beispiel: das Tinajones-Projekt (Nordperu)

Die Bundesrepublik finanziert(e) weitgehend das größte *Bewässerungsprojekt* Perus. Sie leistete dazu in den letzten 15 Jahren etwa 130 Mio. DM Kapitalhilfe, womit dieses Vorhaben die aufwendigste Förderungsmaßnahme in Peru ist.
Das Projektgebiet liegt in einer Flußoase Nordperus, etwa 750 km nördlich von Lima. Der Fluß heißt Rio Chancay, der sich im Unterlauf in drei Flüsse aufteilt, die ihrerseits eine Fläche von rund 65000 ha bewässern (dazu gelegentlich genutztes Land von ca. 30000 ha). Seit der Kolonialzeit wurde dieses Gebiet vor allem durch Haziendas bewirtschaftet. Die Großgrundbesitzer besaßen bis zur Agrarreform das Recht, für ihre Zuckerrohranbaufläche von 25000 ha die Hälfte des jährlich anfallenden Wassers aus dem Rio Chancay direkt zu entnehmen. Für die flußabwärts gelegenen Anbaugebiete der vielen Kleinbauern blieb nicht einmal die andere Hälfte des Wassers für die ungleich größere Nutzfläche übrig.

Das Tinajones-Bewässerungsprojekt

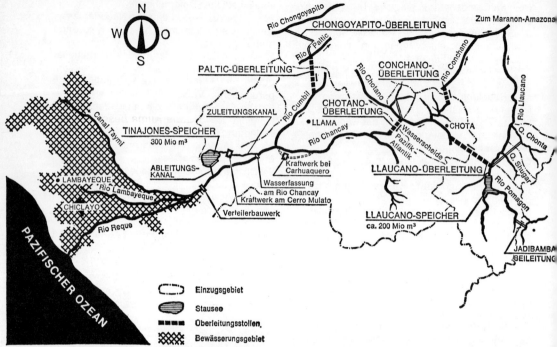

Heinz Pohlmann: Wasser für Nordperu. In: VDI-Nachrichten vom 2. 5. 1973, S. 16

Die Gesamtplanung für das *Tinajones-Projekt* wurde 1968 abgeschlossen (Vorstudien seit 1963). Der Ausbau soll in mehreren Stufen erfolgen.

a) In der ersten Stufe (1965–68) wurde der Tinajones-Speicher mit einem Fassungsvermögen von 300 Mio. cbm gebaut. Erforderlich waren dazu ein Hauptdamm (39 m hoch, 2400 m lang) und drei Nebendämme. Hinzu kamen unter anderem Zu- und Ableitungsbauwerke und Kanäle.

b) Des weiteren wurden der Rio Conchano und der Quebrada Tondora über einen 4 km langen Stollen und einen 8,5 km langen Kanal verbunden. (Die Chotano-Überleitung mit einem 5 km-Tunnel besteht schon seit 1956.) Mit dieser Überleitung von Wasser aus dem Einzugsgebiet des Amazonas stehen weitere 100 Mio. cbm zur Bewässerung zur Verfügung.

c) In mehreren Ausbaustufen sollen weitere Nebenflüsse des Amazonas angezapft werden. Damit könnte das Wasserangebot des Rio Chancay um etwa 300–400 Mio. cbm erhöht werden, und insgesamt wäre damit ein Bewässerungsareal von 96 000 ha möglich.

d) Beim Taymi-Kanal handelt es sich um eine Anlage, die teilweise bereits zur Inkazeit angelegt wurde und nun wegen der großen Versickerungsverluste erneuert werden mußte.

Die bisher neu geschaffenen Bewässerungsmöglichkeiten für 60 000 ha führten in diesem Gebiet zu einer Produktivitätssteigerung von etwa 25%, was nicht zuletzt auch mit der Tätigkeit bundesdeutscher landwirtschaftlicher Berater im Rahmen des Projekts zusammenhängt (ihre Ziele: Beratung, Ausbildung der Peruaner auf den Gebieten Pflanzenbau, Tierzucht, Agrar(technik), Betriebswirtschaft, Genossenschaftswesen, Versuche und Ausbildung auf dem Gebiet des Wasserbaus).

Weitere Erfolge: Doppelernten, Diversifizierung der Produktion (ein Drittel der peruanischen Zuckerrohrernte, ein Fünftel der Reisernte; Mais, Bohnen, Luzerne, Baumwolle, Gemüse, Obst usw., Gleichlauf von technokratischen Verbesserungen und Umverteilung des Bodens bzw. Flurbereinigung).

Mißerfolge: Bei jedem Bewässerungsprojekt hat man mit *Versalzungsproblemen* durch erhöhten Wasserverbrauch zu rechnen, wenn nicht rechtzeitig Filter- und Entwässerungskanäle eingeplant werden. In Tinajones sind bereits 45% der Anbaufläche von Versalzung betroffen, mindestens 10000 ha sind bereits völlig unbrauchbar. Gründe für diese Fehlentwicklung: leichtfertiger Wasserkonsum, übermäßige Anbauausdehnung, Mängel in der Projektverwaltung, fehlende Filter- und Entwässerungskanäle (diese sind erst seit 1978 mit deutschen Krediten gebaut worden). (Vgl. Kap. Zerstörung von Boden S. 245)

Aufgrund der katastrophalen Dürre der letzten drei Jahre in der Küstenzone war auch das Tinajones-Reservoir ohne Wasser, wodurch die Fortführung des Entwicklungsprojektes äußerst gefährdet ist.

Im Hochland der Anden
Beispiel: Die Nutzung der Vikunjas (Wildlamas) im Departement Ayacucho

Die Ziele dieser *Wildtierbewirtschaftung* sind unter anderem die Prüfung der wirtschaftlichen Nutzungsmöglichkeiten bei gleichzeitiger Vermehrung des vorhandenen Bestandes und der Wiederbesiedlung ehemaliger Waldgebiete. Die Bodenrente von Grenzertragsböden soll erhöht werden, in dem eine kombinierte extensive Weidewirtschaft von Haus- und Wildtieren angestrebt wird. Außerdem sucht man neue Fang- und Schurmethoden bzw. Vermarktungsmethoden, und man will Wollgenossenschaften gründen.

Aus klimatischen und ernährungsbedingten Gründen wird in den Anden das Halten von Haustieren in Höhen von mehr als 4000 Meter unrentabel. Im Projektgebiet (Größe: zunächst 6500 ha) benutzt man die natürlichen Hochweiden entweder zur reinen Vikunjahaltung oder als Gemeinschaftsweide für diese Wildtiere sowie die traditionellen einheimischen Haustiere Lama und Alpaka. Speziell ausgebildete Wildwarte übernehmen von einem Netz von Kontrollposten aus den Schutz dieser wegen des feinen Fells und der Wolle durch Wilderer gefährdeten Wildkamele.

Die *Vikunjas* eignen sich für die Andenhochfläche (Puna) besonders, weil
– ihr Wasserbedarf relativ gering ist,
– sie zum Fressen von harten, kieselsäurereichen Futterpflanzen die nötigen messerscharfen Schneidezähne besitzen (daher keine Gefahr des Ausreißens oder Lockerns von Pflanzen, das bedeutet weniger Bodenerosion),
– sie an das rauhe Klima besonders angepaßt sind (ihr feines und dichtes Vlies; ihre speziell ausgebildeten Zehen, die kaum Trittschäden verursachen, im Gegensatz zu den Schafen, Rindern und Pferden; der ungewöhnlich niedrige energetische Erhaltungsbedarf; für die Fohlen bestehen größere Chancen, nicht zu erfrieren bei einem erstaunlich hohen Geburtsgewicht).

Die Nutzung erfolgt durch Schur und Abschuß der überzähligen männlichen Jungtiere. Die Einkünfte aus dieser Wildtierbewirtschaftung werden an die Indiogemeinden des Arbeitsgebietes und zum Bau gemeinnütziger Einrichtungen verwendet.

Seit 1964 konnte in dem Reservat nach dem Bau von Schutzhütten, der Ausbildung von Wildwarten und nach einer positiv verlaufenen Aufklärungsaktion bei den Hochlandindios der Tierbestand von 640 auf 32000 vergrößert werden. Die Bundesrepublik unterstützte dieses Projekt mit einem Kapital von 2650000 DM (Perus Beitrag: 4200000 DM) für das Personal und die Ausrüstung.

Nach den positiven Erfahrungen bei diesem Pilotprojekt will man das Vorhaben bis 1980 auf drei weitere Provinzen (Fläche: ca. 1 Mio. ha) ausdehnen. Ein nationaler Vikunjadienst wurde aufgebaut.

Die Nachbarstaaten Argentinien, Bolivien und Chile, deren Staatsgebiet auch weite Teile der Anden umfassen, zeigen großes Interesse an dieser Innovation, denn zusammen mit Peru verfügen diese Staaten über etwa 16 Mio. ha Grenzertragsböden, auf denen eine Vikunjabewirtschaftung möglich wäre. Darüber hinaus ist die Einbeziehung anderer Wildtiere in die Bewirtschaftungspläne vorgesehen.

Im östlichen Waldland (Selva, Montaña)
Beispiel: *das Neusiedlungsvorhaben* von Pucallpa (im peruanischen Amazonasbekken am Rande des tropischen Regenwaldes)

Dieses Projekt stellt ein Verbundvorhaben für die Landwirtschaft, die Forstwirtschaft und die Holzwirtschaft dar.
Ziele: Beratung bei der Kolonisierung eines neuen Gebietes, Schaffung von Arbeitsplätzen für die unter Bevölkerungsdruck leidenden Gebirgsregionen der Anden, Erweiterung der wirtschaftlichen Basis durch Diversifizierung der Produktion; Einrichtung einer paragenossenschaftlichen Gesellschaft, also eine Genossenschaft ohne eigenen Besitz der Mitglieder (Größe: 26000 ha). Entwicklung der Infrastruktur, der Siedlungs- und Betriebsstruktur als Voraussetzung für die Umsiedlung von etwa 650 Familien in der Schlußphase.
Bisher gab es zwar vom Staat geplante, auf Privatinitiative basierende Neusiedlungen im tropischen Regenwald, aber die fehlende Erfahrung der Siedler führte zu großen, irreversiblen ökologischen Schäden (vgl. S. 41, 231). Deswegen entschloß man sich 1970 zum Modell einer Neusiedlung, die wirtschaftlich und technisch so geplant war, daß alle vorhandenen natürlichen Ressourcen ökologisch sinnvoll genutzt werden konnten. Dabei probierte man eine Form der Verbindung von organisierter Selbsthilfe in der Landwirtschaft und staatlichen Siedlungsvorhaben aus. Die Bundesrepublik Deutschland beteiligte sich mit 3,8 Mio. DM an der Finanzierung.

Bisher durchgeführte Maßnahmen

In der Landwirtschaft
- Planung und Durchführung von Anbauversuchen zur Diversifizierung,
- Rodung von ca. 1000 ha, Anbau von einjährigen Kulturen, danach Umwandlung in Weideland,
- Ankauf und Verbesserung einer 1000 ha Pilotfarm,
- Detailplanung zur Einrichtung eines dem Raum angepaßten Weidenutzungssystems
- Erarbeitung einer Kostenkalkulation für die Milchproduktion.

In der Holzwirtschaft
- Ankauf und Generalüberholung eines Sägewerks,
- Verbesserung seiner Arbeitsorganisation.

Bei der Verbesserung der Infrastruktur
- Aufbau eines Werkstattbetriebes zur Wartung und Reparatur der Maschinen,
- Planung und Durchführung eines Straßen- und Wegebauprogramms,
- Entwicklung und Bau von Unterkünften für 51 Einzelhaushalte und 16 Familienhaushalte.

8.5 Übersicht über Art und Umfang der bundesdeutschen Entwicklungshilfe in Peru

Wirtschaftliche Zusammenarbeit

Wichtige Projekte der öffentlichen Entwicklungshilfe der Bundesrepublik Deutschland

Bewässerungsvorhaben Tinajones; Bewässerungsvorhaben im Andenland; Konsumfischereihafen Samanco; Bau eines Fischereiforschungsschiffes; Beratung des Fischereiinstituts IMARPE; Ökonomisch-landwirtschaftliche Beratergruppe bei CONAPS; Buchhaltungszentren für landwirtschaftliche Genossenschaften; Landwirtschaftliche Interessengemeinschaft im Mantarotal; Ausbau des Agrarwetterdienstes; Anbau und Verwertung von Lupinen; Nutzung der Vikunjas (Wildlama); Wasserversorgung und Abwasserbeseitigung Lima; Krankenhaus Chimbote; Zinnhütte Cajamarquilla; Gewerbeförderungszentrum im SENATI (Lima); Nationaler Telexdienst; Beratung der peruanischen Postverwaltung; Beratung bei der Reorganisation des Zollwesens; Luftverkehrsberatung; Bergbauberatung; Beratung auf dem Energiesektor; Wirtschaftlichkeitsberechnungen für Majes/Sihuas (Wasserkraftwerk); Stromversorgung-Masterplan; Schwimmdock für Handelsschiffe; Beratung bei der Förderung des berufsorientierten Sekundarschulwesens; Beratung für zweisprachiges Grundschulwesen; Förderung der berufsorientierten Sekundarschule „ESEP-Middendorf"

		Mio. DM
I.	Gesamte bilaterale Netto-Leistungen der Bundesrepublik Deutschland (öffentlich und privat) 1950 bis 1977	556,3
	1. Öffentliche Leistungen insgesamt	359,2
	a) Zuwendungen (nicht rückzahlbar)	279,8
	b) Kredite	79,4

darunter:	Mio. DM	
Öffentliche Entwicklungshilfe[1] insgesamt 1950 bis 1977	373,1	
a) Technische Hilfe im weiteren Sinn	275,2	
b) Sonstige Zuwendungen (humanitäre Hilfe)	4,6	
c) Kapitalhilfe	93,3	

		Mio. DM
	2. Private Leistungen insgesamt	197,2
	a) Kredite und Direktinvestitionen	87,1
	b) Exportkredite (Netto-Zuwachs)	110,1

		Mio. US-$
II.	Öffentliche Netto-Leistungen der DAC-Länder[2] insgesamt 1960 bis 1976	668,17

darunter:	Mio. US-$
Vereinigte Staaten	285,99
Bundesrepublik Deutschland	74,52
Italien	73,36
Kanada	72,61
Japan	64,66

		Mio. US-$
III.	Netto-Leistungen multilateraler Organisationen insgesamt 1960 bis 1976	292,78

darunter:	Mio. US-$
Weltbank	110,45
Inter-American Development Bank	105,67
UN	50,49

[1] Kredite zu besonders günstigen Bedingungen und nicht rückzahlbare Zuwendungen.
[2] DAC = Development Assistance Commitee (der OECD).

Länderkurzbericht Peru 1979. Statistik des Auslandes. Statistisches Bundesamt (Hrsg.). Wiesbaden: Kohlhammer 1979, S. 33

USA/UdSSR – Vergleich in Stichworten

Um die Vergleichbarkeit zu gewährleisten, wurde nicht immer das jüngste statistische Material herangezogen. Nach Möglichkeit wurde ein gemeinsames Basisjahr gewählt. Selbst hier ist jedoch zu beachten, daß unterschiedliche Definitionen grundlegender Begriffe und verschiedene Methoden der Datenerhebung die Vergleichbarkeit einschränken.

	USA
Lage im Gradnetz	25°N (Florida) – 49°N (bzw. 71°N in Alaska) 125°W (bzw. 168°W in Alaska) – 67°W (= 58 Längenkreise Schwerpunkt beiderseits 40°N
max. W–O Ausdehnung	4520 km
max. N–S Ausdehnung	2700 km (Kerngebiet)
Fläche (km^2)	9,36 Mio. (ohne Alaska und Hawaii: 7,83 Mio.) 4. Stelle in der Welt nach UdSSR, Kanada, China
Einwohner (1979)	220 Mio. (4. Stelle nach China, Indien, UdSSR)
Einwohner pro km^2	23
Großlandschaften	großflächige meridional verlaufende Bauglieder: W: tertiäres Faltengebirge der Kordilleren, Mitte: diluviales Seengebiet, alluviales Stromgebiet des Mississippi, Plateau-Landschaft, Landschaft der Great Plains, O: paläozoisches Rumpfgebirge der Appalachen mit vorgelagertem Küstenstreifen
Klima	subtropisch bis gemäßigt (in Alaska subpolar), kontinentales Innere; durch meridionalen Aufbau große Nord-Süd-Durchgängigkeit, Abschirmung gegen Meereseinflüsse und Westwinddrift
Vegetation	im O breitenparallel angeordnete Vegetationsbänder: Tundra (Alaska), sommergrüne Laub- und Mischwälder (Große Seen, Appalachen), subtropische Feuchtwälder (Golfküste, Florida); im W Nord-Süd-verlaufende winterkalte Steppen (Great Plains, intermontane Becken); Mittelmeervegetation, Wüsten und Halbwüsten im SW
Bodennutzung (%)	Acker 19, Wiesen u. Weiden 27, Wald 32, sonstige 22
Erwerbspersonen nach Wirtschaftsbereichen	primärer Sektor: 4,9%, sekundärer: 31,6%, tertiärer: 59,2%, sonstige: 4,3%
BSP 1975 ($ pro E.)	7065
Anteile von Landwirtschaft und Industrie am BIP (in % 1975)	3/28
Landwirtschaft (1975)	Beschäftigte: 3,2 Mio., Ackerland: 209,2 Mio. ha, Weizenernte: 58 Mio. t, Fleischerzeugung.: 16,6 Mio. t, Rinder pro 1000 E: 617, Hektarerträge Weizen: 23 dt/ha, Mais: 55 dt/ha
Einfuhr (1975)	238 473 Mio. DM.
Ausfuhr (1975)	204 823 Mio. DM.
Verkehr (1976)	Eisenbahnnetz: 329 500 km, Personenverkehr: 15 720 Mio. Personen-km, Güterverkehr: 1 101 Mrd. Fracht-t-km; Straßennetz: 6 139 633 km
Rassische Gliederung/ Völker (1970)	Weiße: 87,4%, Neger: 11,2%, andere: 1,4%

Als Quelle dienten, falls nicht anders angegeben, neben Einzelveröffentlichungen das Statistische Jahrbuch der Bundesrepublik Deutschland, Agricultural Statistics of the U.S., Statistical Abstracts of the U.S., The Statesman's Yearbook, Borys Lewitzky: The Soviet Union: Figures, facts, data, München 1979, statistische Werke der UNO, Alexander Statistik (Klett)

UdSSR

35°N (afghanische Grenze) – 78°N (Taimyr-Halbinsel)
20°O – 170°W (= 170 Längenkreise)
Schwerpunkt beiderseits 60°N

8660 km
4800 km

22,5 Mio. (davon 5,5 Mio. im europäischen Teil)

261 Mio. (3. Stelle in der Welt)

12 (33 im europäischen Teil)

große tektonische und morphologische Einheiten; Tafellandschaften, die im S und O von Gebirgen umrahmt sind. Bauglieder von W nach O:
osteuropäisches Flachland: Tafel mit paläozoischen und quartären Überlagerungen,
westsibirisches Tiefland: versumpftes Senkungsgebiet, von quartären Sedimenten bedeckt,
mittelsibirisches Bergland: Plateau mit paläozoischen und mesozoischen Sedimenten,
nordostsibirisches Bergland: Mittel- und Hochgebirge verschiedenen Alters

subtropisch bis subpolar, extrem kontinental; durch meridionalen Aufbau große Nord-Süd-Durchgängigkeit;
rauheres, kälteres Klima als in den USA aufgrund der nördlicheren Lage und der ausgeprägteren Kontinentalität

großräumige Vegetationsbänder breitenparallel angeordnet:
Tundra, Taiga (Nadelwälder und Sümpfe), Mischwaldzone im europ. Teil, Waldsteppe, Grassteppe, Wüstensteppe, Wüsten, subtropische Vegetation am Schwarzen Meer und Kaspischen Meer

Acker 10, Wiesen und Weiden 17, Wald 41, sonstige 32; 47% Frostboden
primärer Sektor: 23%, sekundärer: 38%, tertiärer: 39%, (wegen andersartiger statistischer Erhebungsmethoden nur schwer vergleichbar)

2530

17/53

Beschäftigte: 23,9 Mio., Ackerland: 232,2 Mio. ha, Weizenernte: 66,1 Mio. t, Fleischerzeugung: 13,4 Mio. t,
Rinder pro 1000 E: 429, Hektarerträge Weizen: 14 dt/ha, Mais: 29 dt/ha

90 943 Mio. DM
81 942 Mio. DM

Eisenbahnnetz: 135 400km, Personenverkehr: 312 516 Mio. Personen-km, Güterverkehr: 3 300 Mrd. Fracht-t-km; Straßennetz 1 422 000 km

Slawen: 75,6%, sonstige Europäer: 4,0%, tartarisch-mongolische Völker: 9,0%, andere: 11,4%; Russen: 53,4% der Gesamtbevölkerung

USA – UdSSR

1 USA – Werden und Wandel des Wirtschaftsraumes

1.1 Die natürliche Ausstattung als Disposition für die wirtschaftliche Inwertsetzung

Kontinentale Größe, eine klare und zugleich einfache orographische Gliederung, weitflächige Klima- und Vegetationsbereiche bestimmen den Landschaftscharakter der USA. Mit 9,3 Mio. km² Fläche sind sie nach der SU (22,4 Mio. km²), Kanada und China das viertgrößte Land der Erde. Allein der Kernraum der USA besitzt etwa die gleiche Größe wie der Erdteil Australien. Mit rund 4500 km erstreckt er sich über vier Zeitzonen von Osten nach Westen (SU: 8660 km); die Nord-Süd-Erstreckung mißt 2700 km (SU: 4800 km).

Die Zahlenangaben sagen letztlich jedoch wenig über die tatsächliche wirtschaftliche und politische Bedeutung der beiden Weltmachtkonkurrenten aus. Aufschlußreicher sind die Lage im physisch-geographischen Bezugsfeld, die Verkehrsaufgeschlossenheit und das naturlandschaftliche Potential im Hinblick auf Landnutzung, wirtschaftliche Erschließung und Siedlung. Hier besitzen die USA im Vergleich zur SU deutliche Vorzüge. Wie die Abbildung auf Seite 292 zeigt, liegen die USA – abgesehen von Alaska – als Ganzes südlich des 50. Breitengrades und damit zum überwiegenden Teil in der gemäßigten Klimazone, während die Hauptmasse der SU nördlich des 50. Breitengrades liegt. Mit fast 15% ihres Staatsgebietes reicht die SU noch über den nördlichen Polarkreis hinaus in den arktischen Bereich.

Größen- und Lagevergleich der USA und UdSSR

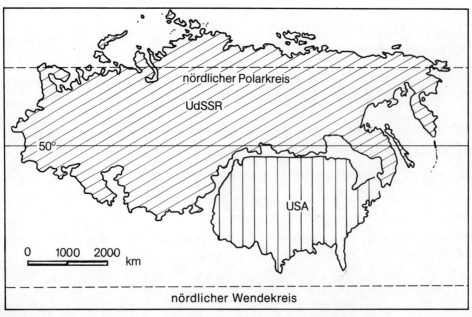

Die Fläche wird ferner relativiert durch das Bevölkerungspotential: In der SU stehen dem relativ dicht besiedelten europäischen Teil ausgedehnte menschenleere Passivräume in Asien gegenüber. Während der Flächenanteil an der Landfläche der Erde 15% beträgt, liegt der Bevölkerungsanteil bei nur 6,3%. USA: Flächenanteil 6,2%, Bevölkerungsanteil 6,4%.

Trotz einer 45 000 km langen Küste ist die SU als ein Binnenstaat anzusehen (Eismeerküste 24 000 km). Die USA hingegen sind maritim aufgeschlossen. Die Lage zu den Weltmeeren war Grundvoraussetzung für die Entwicklung zur führenden See- und Handelsmacht der Erde. Die riesige Ausdehnung der SU erschwert die wirtschaftliche Erschließung des Landes, zumal die Hauptrichtung der Flüsse nicht der Richtung des Verkehrsstromes und der industriellen Expansion entspricht und die klimatischen Verhältnisse im asiatischen Teil (Frostboden im Norden, Wassermangel im Süden) ein erhebliches Hemmnis bei der Erschließung darstellen. Auch hier sind die USA deutlich bevorzugt.

1.1.1 Oberflächengestalt und Klima

In der natürlichen Ausstattung des Kernraumes der USA lassen sich folgende physiogeographische Großeinheiten unterscheiden:
– die Küstenebenen am Atlantik und am Golf von Mexiko, von Sedimenten größtenteils mariner Herkunft in geologisch jüngster Zeit aufgebaut;
– die Mittelgebirgsregion der Appalachen (Karbon/Perm) mit der östlich vorgelagerten Piedmontregion, die gegen die Küstenebene durch die gefällereiche Fall-Linie abgegrenzt wird;
– der Bereich der inneren Ebenen, vornehmlich aus Kreide und Tertiär aufgebaut; sie nehmen den größten Teil der USA ein und gliedern sich in das glazial überformte Gebiet der Großen Seen, das alluviale Stromgebiet des Mississippi und das Gebiet der Great Plains, eine Plateaulandschaft, die in mehreren Stufen von etwa 400 m im O auf 1600 m westwärts zum Gebirgsfuß der Rocky Mountains aufsteigt;

Orographische Gliederung der USA

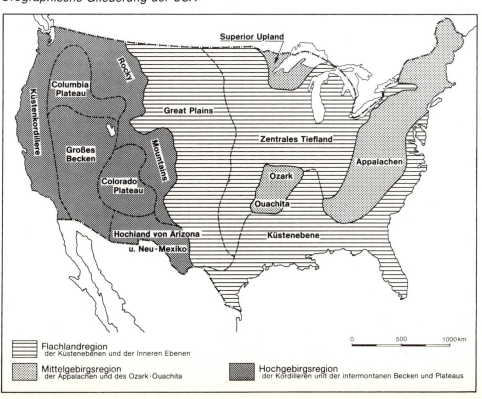

– die Rocky Mountains und das Pazifische Küstengebirge, mit den dazwischen geschalteten intermontanen Becken, zusammenfassend als Kordilleren bezeichnet und Teil des im Tertiär gehobenen zirkumpazifischen Hochgebirgsgürtels.

Die im Gegensatz zu Europa meridionale Anordnung der Großformen hat entscheidenden Einfluß auf die gesamte Naturausstattung (Klima, Vegetation, Böden), auf die landwirtschaftliche Inwertsetzung, den Gang der Erschließung und Besiedlung und damit auf die unterschiedliche kulturlandschaftliche Prägung der einzelnen Raumeinheiten.

Für das Klima weiter Gebiete ist neben der Oberflächengestaltung die Lage in der kühlgemäßigten Westwindzone mit den westöstlich ziehenden Hoch- und Tiefdrucksystemen bestimmend. Im Gegensatz zu den europäischen Verhältnissen verhindern die Nord-Süd-verlaufenden Gebirge des Westens ein Übergreifen der feuchten ozeanischen Luftmassen auf das Innere des Landes, so daß *kontinentale Klimamerkmale* (heiße Sommer, kalte Winter) weithin überwiegen. Während die nördliche pazifische Küste durch den Staueffekt der Küstenkordillere reichlich Niederschläge empfängt, bringen der kalte Kalifornia-Strom und kalte Auftriebswässer vor der Küste Kaliforniens die Wolken über dem Meer zum Abregnen. Dadurch konnten sich schon wenige Kilometer landeinwärts extreme Wüsten wie die Mogave- und Gila-Wüste bilden. Die intermontanen Becken und das Gebiet der Great Plains liegen ebenfalls im Regenschatten. Ausgedehnte Wüsten und Halbwüsten östlich der Sierra Nevada und die winterkalte Kurzgrassteppe der Great Plains sind das Ergebnis. Nach Osten nimmt die Humidität durch den Einfluß des Atlantiks und vor allem der feuchtwarmen Luftmassen aus dem Bereich des Golfes von Mexiko zu. Bei etwa 98° w. L. verläuft die klimatische *Trockengrenze*. Sie trennt das Staatsgebiet in eine humide Ost- und eine aride Westhälfte. Da sie auch die Grenze des *Regenfeldbaus* bildet, ist sie für die Landwirtschaft von entscheidender Bedeutung.

Die meridionale Reliefgliederung ermöglicht in der Osthälfte einen ungehinderten Austausch feuchter tropischer und kalter polarer Luftmassen. Winterliche *Kaltlufteinbrüche* aus dem Norden (*Northers,* als Schneestürme *Blizzards* genannt) bringen selbst der Golfküstenebene regelmäßig Fröste.

Klimadaten ausgewählter Stationen

		J	F	M	A	M	J	J	A	S	O	N	D	Jahr
Atlanta, 358 m	°C	6	7	11	16	21	24	25	24	22	17	11	7	16
USA (Georgia, SO-Appalachen)	mm	124	131	133	93	86	96	116	111	77	65	78	117	1224
Barrow, 13 m	°C	−28	−25	−26	−19	−6	2	4	4	−1	−9	−18	−26	−12
USA (Alaska, Eismeerküste)	mm	8	5	5	8	8	8	28	20	13	20	10	10	142
Billings, 955 m	°C	−5	−2	2	8	12	18	21	20	15	8	3	−3	8
USA (Montana)	mm	20	14	24	34	71	77	38	30	39	37	19	17	420
Miami, 2 m	°C	20	20	22	23	25	27	28	28	27	26	23	21	24
USA (Florida, SO-Küste)	mm	64	48	58	86	180	188	135	163	226	229	84	43	1504
New York, 96 m	°C	−1	−1	3	9	16	20	23	23	19	13	7	2	11
USA (Atlantikküste)	mm	91	105	90	83	81	86	106	108	87	88	76	90	1092
New Orleans, 16 m	°C	12	14	17	20	24	27	27	27	26	21	16	13	20
USA (Mississippidelta)	mm	108	116	118	135	115	151	159	144	130	82	81	120	1460
Oklahoma City, 370 m	°C	2	4	10	15	20	24	27	26	22	16	9	4	15
USA (südl. Great Plains)	mm	29	30	49	85	122	94	72	72	78	72	49	37	791
San Francisco, 62 m	°C	10	12	12	13	14	15	15	15	16	16	14	11	13
USA (Kalifornien, Pazifikküste)	mm	112	102	76	28	15	5	<3	<3	10	23	53	91	513
St. Louis, 173 m	°C	−1	1	6	13	19	24	26	25	21	14	7	1	13
USA (mittl. Mississippi)	mm	94	86	93	95	92	98	77	76	74	69	94	84	1034
Yuma (Wüste), 42 m, 33°N/115°W	°C	12	15	18	21	25	29	33	32	29	23	17	13	22
USA (unterer Colorado)	mm	11	11	9	2	1	1	5	13	9	7	7	13	88

1.1.2 Gunst- und Instabilitätsfaktoren

Die die subtropischen Kulturen der Golfküstenebene gefährdenden Kaltlufteinbrüche und die in den nördlichen Plains verheerende wirtschaftliche Schäden anrichtenden Blizzards gehören ebenso zu den Instabilitätsfaktoren wie die mit großer Regelmäßigkeit auftretenden *Tornados,* die besonders in der zentralen Flachlandregion gewaltige Verwüstungen verursachen.

Zusammenfassend lassen sich folgende positive und negative Merkmale der Naturausstattung im Hinblick auf die Inwertsetzung durch den Menschen nennen:

Fördernd wirkt sich zunächst die Größe des Staatsgebietes und die äußerst vielseitige Naturausstattung aus, die die Herausbildung unterschiedlicher und sich ergänzender Wirtschaftsräume ermöglichte. Hinzu kommt die große Nord-Süd-Erstreckung und damit die Ausdehnung auf verschiedene Klimazonen von den kühlgemäßigten Neuenglandstaaten bis zum sommerfeuchten Tropenklima an der Südspitze Floridas. Eine Vielfalt von Kulturgewächsen kann angebaut werden; viele Gemüse- und Obstsorten stehen ganzjährig zur Verfügung. Unter den Vorzügen ist ferner die Aufgeschlossenheit der Atlantikküste mit den zahlreichen Buchten, Naturhäfen und dem St.-Lorenz-Strom zu nennen, der das Gebiet der Großen Seen im wirtschaftlichen Kernraum des Kontinents mit dem Weltmeer verbindet.

Gute Böden, geringe Reliefenergie, ein humides Klima und die günstige Verkehrslage haben im östlichen zentralen Tiefland eine hochentwickelte Landwirtschaft entstehen lassen, deren Produktionsvolumen und Produktivität als einzigartig gelten.

Mitentscheidend für die wirtschaftliche Vormachtstellung der USA in der Welt ist der Reichtum an Bodenschätzen und energiewirtschaftlichen Rohstoffquellen, die günstig über das Staatsgebiet verteilt sind und zum großen Teil auch unter vorteilhaften Bedingungen abgebaut werden können (vgl. Abb. S. 91).

Unter den negativen Naturfaktoren sind neben den genannten Kaltlufteinbrüchen und Tornados besonders die in den Südstaaten häufig auftretenden *Hurrikans* zu nennen. Schlimmer als die eigentlichen Sturmschäden sind dabei die Schäden, die durch Überschwemmungen im Gefolge der Wirbelstürme entstehen.

Dürren gefährden die Landwirtschaft im Westen der Plains, besonders im Gebiet der jährlich pendelnden Trockengrenze, wo die geringe Regenverläßlichkeit den Ackerbau zu einem Risiko macht (vgl. Abb. S. 296).

Aride und humide Monate

Westermann Lexikon der Geographie, Bd. IV. Braunschweig: Westermann 1973, S. 755

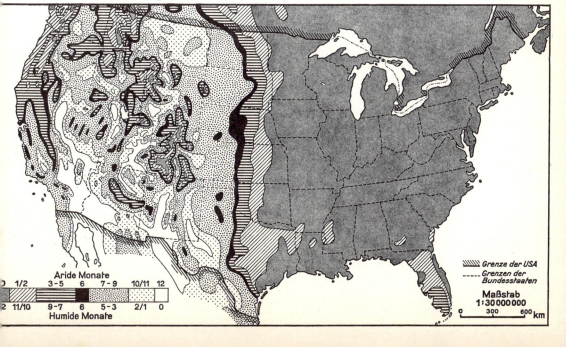

Als unvorteilhaft für die Inwertsetzung hat sich z. T. auch die meridionale Anordnung der natürlichen Großlandschaften erwiesen. Appalachen, Mississippiniederung, die trockenen Plains sowie die Ketten und wüstenhaften Becken der Kordilleren wirkten hemmend auf den westwärts gerichteten Besiedlungsgang und stellten die Pioniere besonders bei der landwirtschaftlichen Erschließung vor immer neue Aufgaben. Zu den negativen Merkmalen der Naturausstattung zählen schließlich auch die starken Schwankungen in der Wasserführung der meisten Flüsse der Inneren Ebenen und die tektonischen Beben, die besonders häufig im südwestlichen Staatsgebiet auftreten.

1.1.3 Bodenzerstörung, Landschaftspflege und Raumplanung

Das Eindringen der Siedler in eine bislang nur gering gewandelte Naturlandschaft führte vielerorts zu einer tiefgreifenden Veränderung des ökologischen Gleichgewichts, wobei die *Bodenerosion* im semiariden Mittelwesten das bekannteste Beispiel ist. Optimistische Beurteilungen des Raumes und hohe Weizenpreise auf dem Weltmarkt während und nach den Weltkriegen verlockten die Farmer, das Land bis an die äußersten Ackerbaugrenzen unter den Pflug zu nehmen. So wurde im Zeitraum 1910 bis 1920 die Weizenanbaufläche von 18 Mio. ha auf fast 30 Mio. ha ausgedehnt. Regenreiche Jahre brachten Rekordernten. Dies war in den Trockengebieten erst möglich durch die Methode des *dry-farming*. Einem Anbaujahr folgt ein Brachjahr, in dem der Boden vor der Regenperiode gepflügt wird, damit die Niederschläge eindringen können, und später geeggt und gewalzt wird, um die Verdunstung zu mildern und so die Feuchtigkeit im Boden für das nächste Jahr zu speichern. Die Getreidemonokultur auf riesigen Flächen, unsachgemäße Bodenbearbeitung, aber auch Überweiden der Graslandereien mußten in den folgenden Dürrejahren 1934, 1936/37 zu katastrophalen Folgen führen. Durch die in den baumlosen Plains auftretenden großen Windgeschwindigkeiten, die *black blizzards,* kam es zu schweren Ausblasungsschäden, wobei besonders der fruchtbare Oberboden fortgetragen wurde.

Dürregebiete und Verlagerung der Trockengrenze

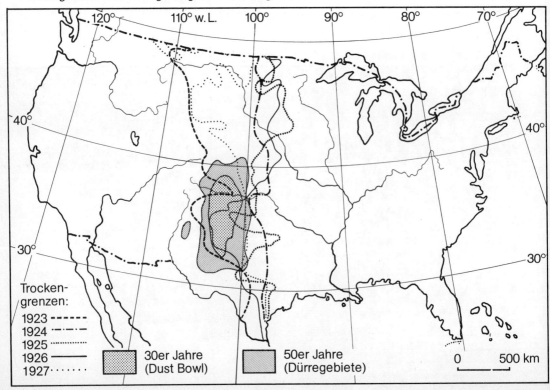

Anderenorts wurde das Land unter Sanddünen begraben. Nachfolgende heftige Regenschauer rissen tiefe Runsen und Furchen in die Äcker und schwemmten den Boden fort.

Die Auswirkungen der Bodenerosion waren besonders stark im Gebiet nahe der Trockengrenze, dort, wo die Niederschläge nur unregelmäßig fallen. Schätzungen geben an, daß sich in den letzten 200 Jahren die fruchtbare obere Bodenschicht in den USA um 30% verringert hat. Allein in den Jahren 1931–1936 haben 650 000 Farmer mit 400 000 km² Landbesitz ihre Existenz infolge von Bodenschäden verloren. Für den Zeitraum 1948–1962 entfielen 39% aller Ernteverluste der USA auf Dürren; in den zentralen Plains konnten in der letzten großen Dürreperiode 1950 bis 1957 bis zu 67% der mit Winterweizen bestellten Felder nicht abgeerntet werden.

Zur Bekämpfung der *soil erosion* werden heute vor allem folgende Verfahren angewandt:
– Die Getreidemonokultur wird durch eine Fruchtwechselwirtschaft ersetzt.
– Beim dry-farming werden anstelle der Brache bodenverbessernde Pflanzen, wie z. B. Luzerne, angebaut.
– Als besonders wirksam hat sich die Kombination des dry-farming mit dem *strip-cropping* erwiesen, bei dem schmale Weizenstreifen mit bodenhaltenden Fruchtarten wechseln.
– Durch *contour-ploughing* (hangparalleles Pflügen) und Terrassierungen kann die flächenhafte Abspülung verlangsamt und das Eindringen des Wassers in den Boden gefördert werden.
– Besonders erosionsgefährdete Hänge werden aufgeforstet oder in Dauergrasland zurückverwandelt.
– *Waldschutzstreifen* und *Windschutzhecken (windbreaks, shelter belts)* werden angelegt. Sie vermögen die Kraft des Windes zu brechen, Auswehungen zu vermeiden und verbessern das Mikroklima.

Die Erfahrungen der 1930er Dürrejahre und die Weltwirtschaftskrise (1929–1935), die in den USA ihren Ausgang hatte, entlarvten das Schlagwort vom „Land der unbegrenzten Möglichkeiten" als Mythos. Gleichzeitig bestärkte sich die Einsicht, daß die Epoche der unkontrollierten expansiven Wirtschaft zu Ende sei, daß an die Stelle des individuellen Raubbaus eine gelenkte regionale und überregionale Planung zu treten habe.

Entwicklungen im Bereich der Tennessee Valley Authority (TVA) seit der Gründung

Ausbau der Energiekapazität

	MW insgesamt	Wasser- in %	Kohle-kraftwerke in %	Gas-	Kern-
1934	189	97	3	–	–
1945	2 513	82	18	–	–
1955	7 810	45	55	–	–
1965	14 676	28	72	–	–
1975	26 723	17	66	8	9

Frachtverkehr auf dem Tennessee

	Mio. t	1975 entfielen auf	in %
1935	1,9	Kohle und Koks	43
1945	2,2	Steine und Erden	24
1955	10,0	Erdöl u. Erdölprodukte	10
1965	17,4	Chemikalien	8
1975	28,3	Getreide, -erzeugnisse	7

Wandel der Beschäftigungsstruktur

	Landwirtschaft in 1000	%	Industrie in 1000	%	Sonstiges[1] in 1000	%
1933	870,1	62	169,5	12	362,7	26
1950	585,1	34	384,9	22	751,8	44
1974	155,9	6	868,4[2]	33	1614,8	61

[1] hauptsächlich Dienstleistungen; [2] davon Textilindustrie 27%, Metallverarbeitung und Maschinenbau 15%, Holzindustrie 12%, Elektrotechnik und Feinmechanik 10%, chemische Industrie 9%, Nahrungsmittelindustrie 7%.
Bevölkerung: 5,240 Mio. (1935); 7,130 Mio. (1974). Quelle: zusammengestellt nach Unterlagen der TVA, Knoxville, USA.
Diercke Statistik '77. Braunschweig: Westermann 1977, S. 42

Ein Musterbeispiel einer solchen überregionalen Raumplanung ist das Tennessee-Projekt. Im Rahmen des *New Deal* wurde 1937 unter dem Präsidenten F. D. Roosevelt eine überstaatliche Behörde, die *Tennessee-Valley-Authority (TVA)*, gegründet mit dem Ziel, das durch Bodenerosion, Hochwasserschäden, Arbeitslosigkeit und Verarmung der Bevölkerung gekennzeichnete Notstandsgebiet des Tennesseetales zu sanieren. Dem über sieben Einzelstaaten stehenden Amt wurde die Beweglichkeit eines Privatunternehmens gegeben. Sein Planungsbereich umfaßt das gesamte Einzugsgebiet des Tennessee mit über 100 000 km² Fläche.

Ergebnis des Sanierungsprogramms: Ein System von Staudämmen regelt heute die Wasserführung, verhindert die gefürchteten Überschwemmungen und hat den Grundwasserspiegel gehoben, so daß eine Wiederaufforstung möglich war, wodurch gleichzeitig die Erosionsgefahr verringert wurde. Die in den Flußtreppen installierten Kraftwerke liefern Energie für die nachfolgenden Industrien (Kunstdüngerfabriken, Aluminiumwerke). Die Stauwehre und Kanalbauten verbesserten die Schiffbarkeit, der Anschluß an das Flußsystem des Mississippi und Ohio die Markt- und Verkehrslage. Das TVA-Projekt fand internationale Beachtung und hat inzwischen zu ähnlichen Projekten angeregt, wie z. B. dem 1937–1951 ausgeführten *Central Valley Authority Project* in Kalifornien, das Wasser des Sacramento mittels des Delta Cross Canal und des Mendota Canal nach Süden in das aride kalifornische Längstal führt. 17 000 ha Akkerland wurden gewonnen, weitere 330 000 ha vor Dürren gesichert.

Das gigantischste Unterfangen dieser Art ist wohl der gesamtamerikanische *NAWAPA-Plan* (North American Water and Power Alliance). Er sieht vor, „Wasser aus den niederschlagsreichen Küstengebieten Britisch-Kolumbiens und Alaskas in die Trockengebiete Kanadas, der USA und Mexikos zu leiten. Gedacht ist an einen Wassertransport von 30–180 Mrd. m³ im Jahr. Als Stauraum ist die Längstalflucht des Rocky Mountains Trench auf kanadischem Staatsgebiet vorgesehen. Man denkt daran, die Überlandleitungen durch ein untermeerisches Aquädukt zu ergänzen" (H. Blume 1975, S. 100).

1.2 Formen der Landnahme und ihre Raumwirksamkeit

Für das Bild der Kulturlandschaft, wie es sich heute darbietet, waren drei Etappen maßgebend:
- die Kolonialzeit (1607–1776),
- die Pionierzeit (1790–1890),
- die Phase der Industrialisierung, Intensivierung der Landwirtschaft und Verstädterung (1890 bis heute).

An der Erforschung und *Besiedlung* des Raumes der heutigen USA waren vor allem Spanier, Franzosen und Engländer beteiligt. Fast gleichzeitig legten sie Stützpunkte auf dem nordamerikanischen Kontinent an: 1607 die Engländer Jamestown (Fort James) an der Küste Virginias, 1608 die Franzosen Quebec am St.-Lorenz-Strom und 1609 die Spanier Santa Fe am Rio Grande. Die spanische Kolonisation blieb im wesentlichen auf den Süden beschränkt: Missionsstationen und Militärposten im heuten Neumexiko, an der Golfküste und der kalifornischen Küste sowie in Florida. Es gelang den Spaniern nicht, eine Verbindung zwischen diesen isolierten Siedlungszellen herzustellen, und so waren sie auf Dauer der Übermacht der beiden anderen Kolonialmächte nicht gewachsen.

Die Engländer besetzten den atlantischen Küstensaum. Im Nordosten, in den sogenannten Neuenglandstaaten, fanden sie eine Naturlandschaft vor, die in vielem ihrem Heimatland glich: ausgedehnte Waldländer, ein winterkaltes rauhes Klima, ertragsarme glazial überformte Böden. Es entstand eine bäuerliche Wirtschaftsform und ein Siedlungsbild europäischer Prägung: Getreideanbau, Holzwirtschaft, Viehzucht und Fischfang für den Eigenbedarf, Besitzgrößen von 4 bis 20 ha. Die bestimmende Siedlungsform waren kleine organisch gewachsene Dörfer mit dem Dorfanger innerhalb der unregelmäßigen *Blockfluren (Gemengelage* des Besitzes).

Mit seinem feuchtwarmen Klima und den tiefgründigen Verwitterungsböden bot der atlantische Süden Voraussetzungen für Anbauprodukte, die in England nicht gediehen und als Importartikel begehrt waren: zuerst Tabak, später Baumwolle. So entwickelte sich der *„Alte Süden"* zu einem kolonialen

Rohstoffraum. Die vorherrschende Betriebsform war die großflächige *Pflanzung* mit dem Herrenhaus und den in lockerer Anordnung darum gruppierten Wirtschaftsgebäuden und Sklavenhütten für die seit 1661 aus Afrika importierten Neger.

Die Franzosen drangen vom St.-Lorenz-Tal bis zum Mississippi und stromabwärts bis zu seiner Mündung vor. Zu Ehren Ludwigs XIV. nannten sie das Land zu beiden Seiten des Stromes Louisiana, das in seiner Größe den heutigen Staat Louisiana um ein Vielfaches übertraf. Die Siedlungstätigkeit der Franzosen zeigt sich noch heute z. B. in den Fluß*hufensiedlungen* auf den Dammufern des Mississippi mit der langgestreckten Streifenflur hinter jedem Gehöft (vgl. Abb. S. 299). Durch die Gefahr der französischen Umschnürung (St. Lorenz – Große Seen – Mississippi) kam es in der Folgezeit zu kriegerischen Auseinandersetzungen zwischen den Engländern und Franzosen, die 1763 mit der Niederlage der Franzosen endeten. Das Land bis zum Mississippi fiel an England.

Französische Streifenflur und quadratische englische Besitzaufteilung am Red River, Manitoba

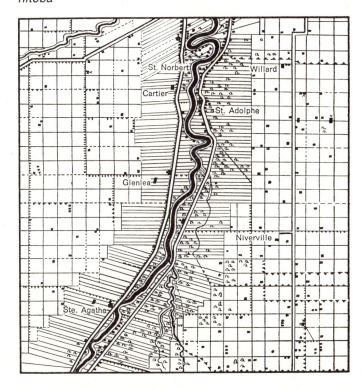

Oskar Schmieder: Die Neue Welt. Teil II: Nordamerika. München: Keysersche Verlagsbuchhandlung 1963, S. 231

Um die Mitte des 18. Jahrhunderts, schon vor der Unabhängigkeitserklärung von England 1776, setzte die Besiedlung des Westens ein. Nach dem Überqueren der Gebirgsschranke der Appalachen drangen die Pioniere in breiter Front nach Westen vor. In kurzer Zeit wurden die riesigen Weiten durch die in einer Masseneinwanderung einströmenden europäischen Siedler in Besitz genommen, wobei die ansässigen Indianerstämme rücksichtslos vernichtet, vertrieben oder in Reservate abgedrängt wurden. Innerhalb von hundert Jahren war der gesamte Kontinent von den Appalachen bis zum Pazifik besiedelt (1790–1850 der „Mittlere Westen" bis zum Mississippi, 1850–1890 die Prärien und Gebirgsländer des „Fernen Westens").

Das Fortschreiten der „Frontier" im Laufe des 19. Jahrhunderts

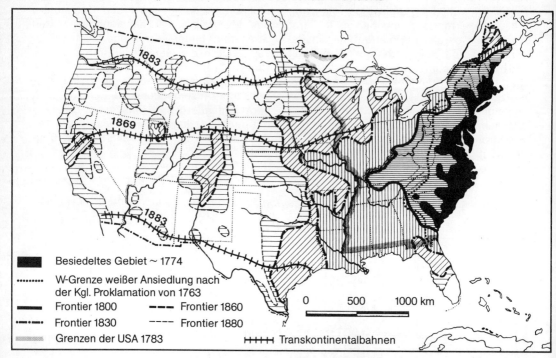

Heinz W. Friese und Burkhard Hofmeister: Die USA. Wirtschafts- und sozialgeographische Probleme (Studienbücher Geographie). Frankfurt: Diesterweg, Aarau: Sauerländer AG, 1980, S. 21 (ergänzt)

Die Durchdringung des Landesinnern erfolgte in mehreren Etappen bzw. Wellen. Es waren fünf Gruppen, die die Pionierfront, die „Frontier", gegen die „Indian Reserve" ständig weiter nach Westen vortrieben. Pelzhändler, Jäger und Trapper bahnten den Weg. Ihnen folgten die Squatters (Kolonisten, die ohne Besitztitel Land – meist nur vorübergehend – in Besitz nahmen und für die Selbstversorgung kultivierten) und die Viehzüchter (Ranchers' Frontier), die weit in das Gebiet der Plains vordrangen und das Land besetzt hielten, bis sie von den nachrückenden ackerbautreibenden Farmern (Farmers' Frontier) verdrängt wurden. Mit dem Erreichen der Trockengrenze (Grenze des Regenfeldbaus) kam die Farmers' Frontier vorübergehend zum Stehen (etwa 1870). Das Gebiet westlich der Trockengrenze konnte erst für den Ackerbau gewonnen werden, nachdem eine Reihe von Voraussetzungen erfüllt war, wie z. B. die Erfindung des Ganzstahlpflugs zum Aufbrechen des Prärieboden, des Windmotors zur Grundwasserhebung, des Stacheldrahts und die Einführung des dry-farming. Gleichzeitig mit den Farmern, z. T. auch schon mit den Ranchers, drangen Bergleute (Mining Frontier) in Gebiete mit Erzfunden vor. Als fünfte und letzte Welle folgte schließlich die Industrie.

Begünstigt wurde die Landnahme und Besiedlung durch den Bau der Transkontinentalbahnen zwischen 1862 und 1883, die den schnellen Abtransport der landwirtschaftlichen Produkte in den dichter bevölkerten Osten erleichterten oder erst ermöglichten, die riesigen Einwandererwellen – man schätzt, daß etwa 50 Mio. Menschen vornehmlich aus den west- und nordeuropäischen Ländern seit der Gründung der Kolonien bis 1921 einwanderten – und durch die staatliche Landvermessungs- und Landvergabepolitik.

Schema der amerikanischen Landvermessung

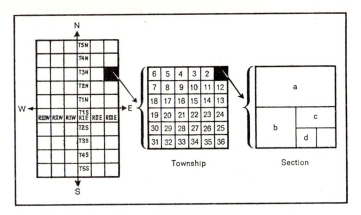

Ausgehend vom Meridian N-S Einteilung in meridional verlaufende *ranges* (RIO, RIIO usw.) und in *townships,* nach N und S mit 1, 2, 3 etc. numeriert. Aufteilung der townships (6 x 6 Meilen) in 36 *sections* von je 1 Quadratmeile (640 acres). Weitere Unterteilung der sections in half sections und quarter sections (160 acres).

Die *Land Ordinance* von 1785 legte fest, daß die Vermessung des Staatslandes (*Public Domain*) der Landvergabe vorauszugehen habe und bestimmte als System der Vermessung die *quadratische Landaufteilung* (vgl. Abb. S. 301). Das 1862 vom Kongreß verabschiedete *Heimstättengesetz (Homestead Act)* sah vor, daß jeder amerikanische Bürger über 21 Jahre 160 acres Land (65 ha = eine quarter section) gegen eine Gebühr von 1,25 $ je Acre erwerben konnte, wenn er fünf Jahre auf dem erworbenen Land Anbau betrieb. Im trockenen Westen war es später auch möglich, größere Besitzeinheiten zu erwerben.

Beide Gesetze haben das kulturlandschaftliche Bild der USA zwischen Appalachen und Rocky Mountains sowohl im ländlichen als auch im städtischen Bereich entscheidend geprägt. Dem durch die Landvermessung und Landvergabe entstandenen *Schachbrettgrundriß* ordnen sich Besitz- und Flurgrenzen, Verkehrswege und Siedlungen unter. Die vorherrschende agrarische Siedlungsform ist der Einzelhof, der inmitten der rechtwinklig begrenzten Flur liegt. An den Kreuzungspunkten der sections kam es zuweilen zur Entwicklung von kleineren Weilern (hamlets), und in der Mitte der townships blieben einige sections ausgespart für den Bau von Gemeinschaftseinrichtungen wie Schule und Kirche.

Einwanderung in die USA und Anteil der Einwanderer an der Gesamtbevölkerung (nach Jahrzehnten)

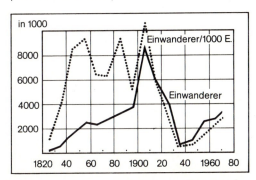

Westermann Lexikon der Geographie Bd. IV. Braunschweig: Westermann 1973, S. 757, ergänzt.

1.3 Die Agrarwirtschaft der USA

1.3.1 Das traditionelle Beltkonzept, seine Auflösung und Modifizierung

Das Verbreitungsmuster der landwirtschaftlichen Betriebsformen ist im wesentlichen das Ergebnis zweier Faktoren:
1. der ökologischen Möglichkeiten bzw. Beschränkungen, d.h. der vom Großrelief beeinflußten Klimazonen, und
2. der ökonomischen Zwänge, insbesondere der Regeln des freien Marktes und der Lage zu den Verbraucherzentren.

Die Weiträumigkeit des Landes mit den nur über große Entfernungen sich ändernden Geländeformen und Klimatypen und den daraus resultierenden einheitlichen Wachstumsbedingungen förderte eine räumliche Arbeitsteilung, d. h. eine Vielzahl von Betrieben spezialisierte sich auf ein Produkt oder eine Folge weniger Produkte, für die der jeweilige Raum die optimalen Bedingungen bot. Die örtliche Spezialisierung wurde ferner von den Marktbedingungen bestimmt. Der Konkurrenzkampf zwang die Farmer, nach möglichst rationellen Anbaumethoden zu wirtschaften; die Wahl der Anbauprodukte war schließlich auch von der Marktlage und den Transportkosten zum Verbraucher abhängig.

Das Ergebnis dieser ökologischen und ökonomischen Zwänge war die Herausbildung ausgedehnter gleichartiger *Agrarzonen*, die im Schrifttum vergröbernd als *Landwirtschaftsgürtel* oder *Belts* bezeichnet werden. Wie die Abbildung auf Seite 302 zeigt, sind diese Belts im Osten entsprechend den Klimazonen nahezu breitenparallel angeordnet. Westwärts von den Plains an ist ihre Anordnung – der Ost-West-Ausrichtung der Ariditätszonen folgend – stärker meridional.

Das traditionelle Beltkonzept

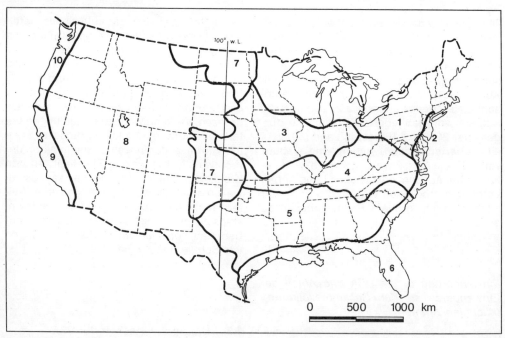

Im einzelnen handelt es sich um folgende nach der vorherrschenden Produktionsrichtung benannte Gürtel:
1. *Dairy Belt (Milchwirtschaftsgürtel)*: Grünfutteranbau als Grundlage der Milchviehhaltung zur Versorgung des Ballungsraumes im NO;
2. Mid Atlantic Coast Truck Belt: Gemüse und Obstanbau zur Versorgung der umliegenden Großstädte durch Lastwagen (trucks);
3. *Corn Belt (Maisgürtel)*: Kerngebiet der US-amerikanischen Landwirtschaft. Maisanbau als Futtergrundlage für Schweine- und Rindermast;
4. General Farming (Mischwirtschaft): Getreide-, Tabak- und Kartoffelanbau, Milchwirtschaft und Mastviehzucht;
5. *Cotton Belt (Baumwollgürtel)*;
6. *Subtropical Crops Belt:* Zuckerrohr- und Reisanbau, Obst und Zitrusfrüchte im subtropischen Klima der Golfküste und Floridas;

7 *Wheat Belt* (*Weizengürtel*): Sommerweizen im N (Spring Wheat Belt), Winterweizen im S (Winter Wheat Belt);
8 Grazing and Irrigated Crops Belt: extensive Weidewirtschaft (Fleischrinder und Wollschafe), Bewässerungskulturen (Gemüse, Baumwolle, Futteranbau);
9 Irrigated Fruit Farming: intensive Bewässerungskulturen im mediterranen Kalifornien, besonders Obst, Zitrusfrüchte, Gemüse, Baumwolle;
10 Dairy and Fruit Farming: Milchwirtschaft und Obstanbau (Äpfel) im humiden NW.

Der Ausdruck Landwirtschaftsgürtel darf jedoch nicht mißverstanden werden. Große, völlig einheitliche Agrarzonen (im Sinne einer räumlichen Monokultur) hat es auch in den USA nie gegeben. So spielten z.B. im Cotton Belt neben der Baumwolle der Tabak-, Reis- und Zuckerrohranbau sowie die Viehwirtschaft schon immer eine bedeutende Rolle. In jüngster Zeit haben agrarpolitische Maßnahmen der Regierung wie Anbaubeschränkungen, landkonservierende Maßnahmen in erosionsgefährdeten Gebieten, Absatzschwierigkeiten für einzelne Produkte auf dem Weltmarkt, Änderung der Ernährungsgewohnheiten und agrartechnische Maßnahmen wie Saatzucht und Bewässerungswirtschaft zu einer Diversifizierung in Monokulturgebieten geführt. Im Hinblick auf diese Situation scheint es fraglich, ob der Begriff Landwirtschaftsgürtel zur Kennzeichnung der regionalen Arbeitsteilung der amerikanischen Landwirtschaft heute noch gerechtfertigt ist. Besonders augenscheinlich wird die Umstrukturierung der Belts am Corn Belt und am Cotton Belt.

Verlagerung der Produktionsschwerpunkte wichtiger agrarischer Güter sowie Entstehung neuer Anbaugebiete seit etwa 1930

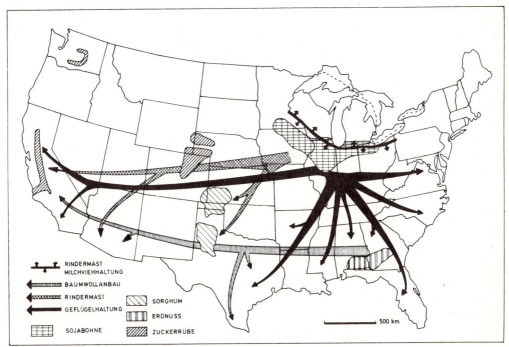

Hans-W. Windhorst: Die Landwirtschaft der Vereinigten Staaten. Wiesbaden: Franz Steiner 1957, S. 27

Als *Corn Belt* wird der südlich an den Dairy Belt sich anschließende Raum mit den Staaten Indiana, Illinois, Iowa, Ohio und Missouri als Kern bezeichnet. Diese fünf Staaten erzeugen etwa 50% der gesamten Maiserzeugung der USA. Die Bezeichnung Maisgürtel ist jedoch insofern irreführend, als sie nicht erkennen läßt, daß der Mais nur 35–50% der

Ackerfläche einnimmt und daß die genannten fünf Staaten mit einem Anteil von etwa 65% an der gesamten amerikanischen Erzeugung auch führend im Sojabohnenanbau sind. Im Zuge staatlich verfügter Beschränkungen im Maisanbau und der Hinwendung vieler Farmer zur Rotation ist die Sojabohne seit dem Weltkrieg in den ehemaligen Corn Belt eingedrungen. Heute steht ihre Anbaufläche derjenigen des Maises kaum noch nach. Die hohen Hektarerträge, die vielseitigen Verwendungsmöglichkeiten (Futtergrundlage, Öl- und Proteinkonzentrate) sowie die gute Eignung als Nachfolgekultur von Getreide und Grünland vermögen die starke Ausweitung zu erklären. Die Maisernte wird vorwiegend zur Verfütterung in der Rinder- und Schweinemast verwendet, so daß der ehemalige Corn Belt sich auch zum führenden Mastgebiet und Fleischproduzenten entwickeln konnte. Im Staate Iowa stammen z.B. 80% der Verkaufserlöse der Landwirtschaftsbetriebe aus Verkäufen von Vieh und tierischen Produkten. Schweine stehen nach Anteilen des Farmeinkommens in Indiana an erster, in Illinois und Iowa an zweiter Stelle, Rinder in Iowa an erster, in Indiana und Illinois an dritter Stelle. Nur im Staate Illinois ist der Maisanbau noch führend. Im Hinblick auf diese Produktionsdifferenzierung scheint die von Hofmeister vorgeschlagene Bezeichnung „Mais-Soja-Schweine-Rindermast-Gürtel" treffender als „Corn Belt".

1.3.2 Leistung und Probleme der Landwirtschaft

„Amerikas Weizen wächst schneller, als wir ihn essen können, schneller, als wir ihn verschenken können, und viel schneller, als wir ihn lagern können." Dieser Ausspruch des Landwirtschaftsministers Anderson (1959) kennzeichnet treffend die hohe Leistungsfähigkeit der US-amerikanischen Landwirtschaft und deutet gleichzeitig Folgeprobleme an.

Ausgewählte Daten zur Landwirtschaft der USA und UdSSR

	USA		UdSSR	
	1930	1970	1930	1970
Zahl der landwirtschaftl. Betriebe	6,5 Mio.	2,9 Mio.	210 000 4 300	33 000 Kolchosen 14 994 Sowchosen
Zahl der landwirtschaftl. Arbeitskräfte	11 Mio.	4 Mio.	34 Mio.	29 Mio.
Ackerland-Erntefläche (ha)	140 Mio.	110 Mio.	150 Mio.	230 Mio.
Durchschnittliche Betriebsgröße	57 ha	153 ha	500 ha 2400 ha	6 500 ha Kolchose 19 500 ha Sowchose
Zahl der Traktoren	1,1 Mio.	4,3 Mio.	72 000	2,2 Mio.
Mineraldüngerverbrauch	15 kg/ha	83 kg/ha	0,04 kg/ha	32 kg/ha
Bewässerung (ha)	7,9 Mio.	15,8 Mio.	3,9 Mio.	10,5 Mio. ha
Hektarerträge Mais	15,7 dt/ha	61,8 dt/ha	7,2 dt/ha	26,0 dt/ha

Obwohl der Anteil der Agrarproduktion am Bruttosozialprodukt nur 3% (1970) beträgt und nur etwa 4% der Erwerbstätigen in der Landwirtschaft tätig sind, zählen die Vereinigten Staaten zu den führenden Agrarländern der Erde. In der Erzeugung von Mais, Weizen, Hafer, Zuckerrüben, Sojabohnen, Baumwolle, Tabak, Tomaten, Hirse (Sorghum), Zitrusfrüchten, Fleisch, Milch, Butter, Käse und Eiern stehen sie an erster oder zweiter Stelle in der Welt. Mit Ausnahme von einigen tropischen Erzeugnissen kann der Bedarf an Nahrungsmitteln durch die Inlandserzeugung gedeckt werden; beträchtliche Mengen werden darüber hinaus exportiert. Aus der Tatsache, daß die Zahl der in der Landwirtschaft Tätigen seit Jahrzehnten rückläufig ist, daß sich die Zahl der Farmbetriebe allein im Zeitraum 1940–1975 von 6,4 auf 2,8 Mio. verringert hat und auch die Ackerfläche in den letzten 25 Jahren um fast 25% zurückgegangen ist, darf nicht auf eine verminderte Produktionskraft geschlossen werden. Im Gegenteil: Die landwirtschaftliche Produktivität hat sich laufend gesteigert. Während 1930 ein in der Landwirtschaft Tätiger zehn Menschen ernährte, kann heute eine Arbeitskraft den Nahrungsmittelbedarf von 45 Menschen sicherstellen. Wie ist diese Revolution der landwirtschaftlichen Produktivität zu erklären? Die Steigerung der Hektarerträge wurde vor allem erreicht durch vermehrte Düngung (allein im Zeitraum 1960–1970 stieg der Düngemittelverbrauch von 6,9 auf 14,6 Mio. t), Verwendung besseren Saatgutes (z. B. Hybridmais), Anwendung wasser- und bodenkonservierender Maßnahmen, verstärkte Anwendung von Schädlings- und Unkrautbekämpfungsmitteln und vor allem durch die Ausdehnung der *Bewässerungs*fläche bei gleichzeitiger Aufgabe weniger ertragreicher Böden.

So konnte z. B. im Baumwollanbau eine Ertragssteigerung um über 60% durch Verlagerung auf Bewässerungsflächen erzielt werden. Weitere Gründe für die Leistungssteigerung sind in der Mechanisierung und Rationalisierung sowie in neuen Organisations- und Produktionsformen zu suchen. Verstärkter Maschineneinsatz erzwang notgedrungen eine Rationalisierung und Spezialisierung auf wenige Produkte, um die teuren Maschinen ökonomisch einsetzen zu können und auszulasten. Kleine unrentable Farmen mußten dem verstärkten Konkurrenzdruck weichen; durch Aufkauf oder Zusammenlegung nahm die Durchschnittsgröße der verbleibenden Farmen zu.

Entwicklung der landwirtschaftlichen Betriebsstruktur

	1940	1950	1960	1970	1975
Farmland (Mio. ha)	429	486	476	446	439
Anzahl der Farmen (in 1000)	6350	5648	3963	2954	2819
Durchschnittl. Farmgröße (in ha)	67,6	86,2	120,2	151,0	155,9

An die Stelle der *family-size-farm* trat die *tractor-size-farm,* an die Stelle des ehemaligen Familienbetriebes, deren Produktionsziel die Selbstversorgung war, trat die marktorientierte, hochmechanisierte *commercial farm*.

Auch in der Viehwirtschaft läßt sich eine Intensivierung bei gleichzeitiger Konzentration erkennen, besonders deutlich in der Geflügelhaltung, deren Betriebe vielfach vollautomatisiert sind und nach modernstem Management geleitet werden. Der Farmer stellt oft nur noch seine Arbeitskraft und die Farmgebäude zur Verfügung. Eine Kontraktfirma liefert die Futtermittel, überwacht die Produktion und regelt den Absatz. Diese neue Organisations- und Produktionsform, die neben der Landwirtschaft auch die mit ihr verbundenen Wirtschaftsbereiche wie Zulieferindustrie, Verarbeitungsbetriebe und Absatzorganisationen zusammenfaßt, wird als *agribusiness* bezeichnet. In der Mastviehhaltung ist sie heute fast schon eine Selbstverständlichkeit (vgl. Abb. S. 79).

Das Problem der Überproduktion

Während die Landwirtschaft diesen beispiellosen Produktionszuwachs verzeichnen konnte, stiegen die Einkommen der Farmer jedoch kaum. Um den Lebensstandard zu halten, waren viele Betriebe zu einer weiteren Produktionssteigerung gezwungen – mit dem unerwünschten Ergebnis eines weiteren Drucks auf das Preisniveau. Die Überproduktion wurde zu einem Problem, deren Bewältigung die Volkswirtschaft der USA vor nur schwer lösbare Aufgaben stellte. Um die angespannte Lage in den Griff zu bekommen, wurde bereits 1933 im Rahmen des *New Deal* ein Gesetz erlassen, das durch entsprechende Maßnahmen die Überschußproduktion zu verringern suchte. So wurden einzelne Produkte subventioniert, oder der Farmer erhielt Prämien, wenn er Teile seines Ackerlandes brachliegen ließ *(Subventionsbrache).* Viele Farmer intensivierten jedoch den Anbau auf den verbleibenden Flächen oder wichen auf die ertragsreicheren Böden aus, so daß immer höhere Rekordernten erzielt wurden.

Die weltweite Verknappung der Nahrungsmittel seit Anfang der 70er Jahre scheint das Problem (vorübergehend?) gelöst zu haben. Weizenverkäufe, z. B. in die UdSSR, leerten die Getreidesilos fast vollständig. Die verstärkte Nachfrage führte andererseits jedoch wieder zu einer Preisexplosion besonders auf dem Getreidemarkt. Die staatlich subventionierten Produktionsbeschränkungen wurden aufgehoben, und die Anbaufläche für Getreide stieg seit den dreißiger Jahren zum erstenmal wieder an. Betroffen sind davon nun wiederum die Viehzuchtbetriebe. Erhöhte Futtermittelpreise führen dazu, daß viele Farmer ihr Vieh abschafften, ihre Farmen entweder aufgaben oder vereinzelt sich wieder dem Ackerbau zuwandten. Ob sich dadurch ein erneuter Strukturwandel oder eine erneute Modifizierung des Beltkonzepts ergibt, ist noch nicht abzusehen.

1.4 Die Industriewirtschaft und ihre räumliche Struktur

1.4.1 Leistung und Vormachtstellung der US-amerikanischen Industrie

Betrachtet man die Werte des Bergbaus und der industriellen Produktion, so ist das Ergebnis nicht minder beeindruckend als im Agrarsektor. Obwohl der Anteil zahlreicher Industriegüter an der Weltproduktion seit einigen Jahren rückläufig ist, nehmen die USA nach wie vor unangefochten eine Spitzenstellung ein.

Bergbau- und Industrieproduktion der USA und UdSSR 1970 und 1977 (in Mio. t)

	USA 1970	USA 1977 Menge	% d. Weltproduktion	Rangfolge	UdSSR 1970	UdSSR 1977 Menge	% d. Weltproduktion	Rangfolge
Erdöl	534	463	15,3	2	353	552	18,2	1
Erdgas (1971, Mrd. m³)	655	567	40,3	1	212	350	24,9	2
Steinkohle	550	602	23,7	1	433	556	21,9	2
Eisenerz	91	81	9,6	3	195	240	28,6	1
Kupfer (Metallproduktion)	1,4	1,7	19,4	1	1,0	1,4	15,9	2
Aluminium	3,6	4,1	28,8	1	1,7	2,2	15,5	2
Rohstahl	122	116	17,2	2	116	147	21,8	1
Pkw (Mio. Stück)	6,5	8,5		1	0,3	1,2		
Elektrizität (Mrd. kWh)	1 638	2 211	31,2	1	740	1150	16,2	2
Erdölverbrauch	771	854		1	279	398		2
Energieverbrauch je E (kg SKE)	11 140	11 554		1	4445	5259		

Mit nur 6% der Weltbevölkerung erzeugen sie fast 35% der Weltindustrieproduktion (UdSSR: 20%); davon gelangen etwa 10% auf den Weltmarkt, womit die USA zugleich die bedeutendste Handelsmacht der Erde sind. Das *Außenhandels*volumen betrug 1975 514 Mrd. DM, der Anteil an den Weltimporten 11,5%, an den Weltexporten 12,3%. Das überlegene Wirtschaftspotential und die Effizienz der amerikanischen Industrie werden jedoch erst deutlich, besonders im Vergleich zu der der UdSSR und anderer Industrieländer, wenn man die Produktionswerte auf die Bevölkerungszahl bzw. Erwerbstätigenzahl umrechnet. Nach den Pro-Kopf-Anteilen sind die USA mit Abstand führend in der Produktion von fast allen Investitions- und Konsumgütern und im Energieverbrauch, der allgemein als Maßstab für den Stand der wirtschaftlichen Entwicklung und den Lebensstandard angesehen werden kann. Vom Weltenergieverbrauch 8,3

Mrd. SKE (1976) entfallen nahezu 2,5 Mrd. auf die USA, d. h., 6% der Bevölkerung verbrauchen 30% der Weltenergie – Zeichen der hohen Wirtschaftskraft, aber zugleich auch Anzeichen drohender Versorgungsprobleme in Anbetracht der weltweiten Energieverknappung.

Die Gründe für die wirtschaftliche Vormachtstellung sind teils in den physisch-geographischen Gunstfaktoren, teils in der Art der Inwertsetzung und dem Wirtschaftsdenken der Amerikaner zu suchen. An erster Stelle sind die reichen *Rohstoff-* und *Energiequellen* zu nennen, die zum überwiegenden Teil und im Gegensatz zur Sowjetunion kostengünstig abgebaut werden können. Die wichtigsten Bergbauerzeugnisse sind: Steinkohle (besonders in den Appalachen und im Mittleren Westen), Eisenerz (Gebiet der Oberen Seen), Kupfer (Utah), Blei, Zink, Schwefel, Erdöl und Erdgas.

Förderung wichtiger Bergbauprodukte nach Regionen
Nach Diercke Statistik '77. Braunschweig: Westermann 1977, S. 43

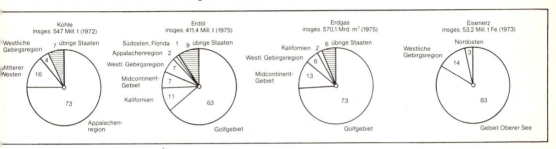

Während früher große Mengen in den Export gelangten, kann heute der Bedarf nicht mehr aus der heimischen Produktion gedeckt werden (ausgenommen Steinkohle), zumal einige Rohstoffe zur nationalen Reserve (US-*Stockpile*) erklärt worden sind.

Die Größe des Staatsgebietes bedeutet nicht nur einen großen Binnenmarkt mit einer infolge hoher Kaufkraft konsumfähigen Bevölkerung, sondern erlaubt auch gleichzeitig eine hohe Flexibilität in der Wahl des wirtschaftlich optimalen Standortes für den Produktionsprozeß. Früher als in anderen Industriestaaten fanden die *Serienfertigung* und die *Automation* Eingang in die industrielle Produktion (1913 Einführung des Fließbandes in den Automobilwerken von Ford). Zusammen mit einer arbeitsteiligen Spezialisierung bilden sie die Grundlage für eine billige Massenproduktion.

Schon früh kam es auch zur Konzentration und zur Bildung von Großunternehmen, auf die heute ungefähr zwei Drittel der Industriekapazität entfallen. Unter die 15 größten Unternehmen der Welt zählen allein 11 US-amerikanische, wie die Standard Oil Company, General Electric oder IBM. Allein General Motors, das umsatzstärkste Industrieunternehmen der westlichen Welt, hatte 1978 einen höheren Umsatz als das Bruttosozialprodukt zahlreicher europäischer Staaten.

Die Konzentration der Produktion und des Kapitals auf wenige Großunternehmen ist wiederum nur verständlich aus dem vom puritanisch-kalvinistischen Denken geprägten Wirtschaftsgeist der Amerikaner und aus der auf Privatinitiative und Wettbewerb sich gründenden Wirtschaftspolitik, die sich dem Grundsatz der Maximierung des Kapitalprofits verschrieben hat.

Wirtschaftskraft und das Tempo der industriellen Entwicklung erklären sich schließlich auch aus der günstigen Konjunkturlage während der beiden Weltkriege und in der Nachkriegszeit, aus dem Potential billiger Arbeitskräfte, besonders durch die europäischen Einwanderer, und die leistungsfähige Landwirtschaft, die die rasch wachsende Bevölkerung ernähren und die Industrie mit Naturprodukten versorgen konnte.

1.4.2 Entwicklung und Standorte der Industrie

Die Anfänge der Industrie sind wie die der gesamten Besiedlung und Erschließung

Nordamerikas in den Neuenglandstaaten zu suchen: Kleineisenindustrie auf der Basis von Holzkohle, Schiffbau und Textilindustrie. Von einer *schwerindustriellen* Produktion kann man erst seit der Erschließung der Steinkohlevorkommen im westlichen Pennsylvania um die Mitte des 19. Jahrhunderts sprechen. Führendes Zentrum wurde der Raum Pittsburgh, wo sowohl Steinkohle als auch Eisenerze anstanden. Neue Steinkohlefunde im Ohio-Becken und die Eisenerzvorkommen am Lake Superior führten um die Wende vom 19. zum 20. Jahrhundert zu einer Ausweitung der Montanindustrie nach Westen, besonders ins Gebiet der Großen Seen, wo in verkehrs- und absatzgünstiger Lage neue Hochöfen, Stahl- und Walzwerke entstanden. Rasch entwickelten sich weitere Industriezweige und -orte, wie die Automobilindustrie um Detroit, der Maschinenbau, die chemische und Nahrungsmittelindustrie um Chicago oder die Elektro-, Textil- und Fahrzeugindustrie in Gary, Milwaukee, Cincinnati, Indianapolis und anderen Städten. Das Ergebnis dieser Häufung von Industrie ist eine Industrielandschaft, die von der Atlantikküste zwischen Baltimore und Boston über 1000 km nach Westen bis zur Höhe von St. Louis/Chicago reicht und als *Manufacturing Belt* bezeichnet wird. Auf 11% der Fläche der USA konzentrieren sich hier 44% der Bevölkerung mit einem Anteil von annähernd 55% an der gesamten US-amerikanischen industriellen Wertschöpfung.

Beschäftigte und Wertschöpfung der Industrie (in Prozent)

Census-Regionen	Beschäftigte in der Industrie			Industrielle Wertschöpfung		
	1950	1965	1972	1950	1965	1972
North East	36,7	31,6	27,9	34,5	29,6	26,3
North Central	35,6	33,2	32,2	38,9	36,4	34,9
South	19,5	23,6	27,5	17,5	22,0	25,5
West	8,1	11,6	12,4	9,1	12,3	13,4

Die Entstehung neuer Industriegebiete an der Golfküste (besonders chemische Industrie) und an der Pazifikküste (Nahrungsmittelindustrie, Flugzeug- und Schiffbau, Metall- und Maschinenindustrie) hat in den letzten Jahren zwar den prozentualen Anteil des Manufacturing Belt an der Gesamtindustrieproduktion der USA stetig sinken lassen, diesen Raum jedoch nicht von der Spitzenposition verdrängen können. Nach wie vor ist der Manufacturing Belt die Zone der größten industriellen Produktion, des höchsten Einkommens und des größten Marktpotentials und damit der wirtschaftliche Kernraum der USA.

1.4.3 Standortfragen und Standortveränderungen der Industrie

Kennzeichen der amerikanischen Industrie ist ein anhaltender Strukturwandel, der sich unter anderem in ständigen Verlagerungen der Produktion in Anpassung an veränderte *Standortfaktoren* zeigt.

Während sich bis zur Zeit des Ersten Weltkrieges im wesentlichen drei räumlich und arbeitsteilig getrennte Wirtschaftsregionen unterscheiden lassen (der industrialisierte NO, der agrarisch geprägte Mittelwesten und der zurückgebliebene industriearme SO), zeigt sich besonders seit den 40er Jahren ein bis heute andauernder Prozeß der Entflechtung und Dezentralisierung, der zu umfangreichen Standortverlagerungen geführt hat. Im vorangegangenen Kapitel wurde schon gezeigt, wie die Ausbeutung der großen Eisenerzlager am Oberen See den wirtschaftlichen Schwerpunkt der USA innerhalb weniger Jahrzehnte von der Atlantikküste in die Seenstaaten, dem Hauptabsatzgebiet innerhalb der USA, verlagerte. Mit der Erschöpfung der hochwertigen Erze vom Typ „Lake Superior" und der Abhängigkeit von Importerzen lassen sich in jüngster Zeit erste Anzeichen einer Rückwanderung der Hüttenindustrie an die Atlantikküste zwischen Baltimore und Boston erkennen. Weitere Betriebe entstanden ferner auf der Basis neu erschlossener Rohstoffe (z. B. bei Provo in Utah) in den Weststaaten (Kalifornien) und in Wyoming.

Diese Ansätze einer Dezentralisierung infolge veränderter Standortbedingungen haben aber bislang die Vormachtstellung des Manufacturing Belt auf dem Gebiet der Stahlindustrie kaum beschneiden können. Die Gründe sind sowohl in der Preispolitik der Privatwirtschaft zu sehen als auch in der Persistenz der Schwerindustrie überhaupt, die infolge der hohen, einmal getätigten Kapitalinvestitionen Beharrungstendenzen in bezug auf spätere Lageveränderungen zeigt.

Augenfälliger sind die Verlagerungstendenzen in der Textilindustrie, der ältesten Industrie der USA, und der Aluminiumindustrie. Seit Ende des vergangenen Jahrhunderts wanderte die Baumwollindustrie aus Neuengland, das 1870 noch einen Anteil von rund drei Viertel am Verbrauch von Rohbaumwolle aufwies, in die Südstaaten ab. Begünstigt wurden die neuen Standorte weniger durch die Rohstoffbasis (der Baumwollanbau hatte sich inzwischen nach Westen verlagert) als vielmehr durch das billige Arbeitskräfteangebot, günstige Bodenpreise und die billige Energie der Piedmont-Region. Heute finden sich in den Neuenglandstaaten nur noch unbedeutende Reste dieses ehemals führenden Industriezweiges.

Die umfangreichsten Standortverschiebungen haben in der Aluminiumindustrie stattgefunden, die wegen des außerordentlich hohen Energiebedarfs als Produktionsstandorte jeweils Gebiete neu erschlossener Primärenergie wählt (vgl. Abb. S. 309).

Ergebnis dieses noch heute andauernden Strukturwandels ist die Entstehung zahlreicher industrieller Standorte außerhalb des Manufacturing Belt besonders im Südosten und im Westen der USA, die in ihrer Produktion zwar einseitiger sind als der Manufacturing Belt, aber als Wachstumsindustrien eine stürmische Aufwärtsentwicklung erleben.

Die Entflechtung und Dezentralisierung der Industrie zeigt auffallende Parallelen zur wirtschaftlichen Entwicklung der Sowjetunion, wo in den letzten Jahrzehnten ebenfalls zahlreiche neue Industriezentren in bislang wenig erschlossenen oder gar menschenleeren Gebieten entstanden (vgl. Kap. UdSSR, S. 337 ff.).

Standortverlagerung der US-amerikanischen Aluminiumhüttenindustrie

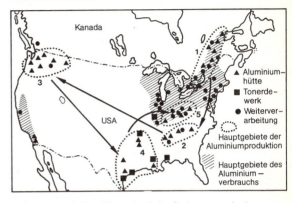

1 St.-Lorenz-Gebiet (Wasserkraft des St. Lorenz und seiner Nebenflüsse),
2 südliche Appalachen (Wasserkraft des TVA-Projektes),
3 Nordwesten (Wasserkraft des Columbia-Flusses),
4 Golfküste (Erdgas),
5 Ohiotal (Kohlenstaub)

Burkhard Hofmeister: Nordamerika. Fischer Länderkunde Bd. 6. Frankfurt: Fischer Taschenbuchverlag 1970, S. 197, verändert

1.5 Gegenwartsprobleme in geographischer Sicht

Drei Begleiterscheinungen stehen in ursächlichem Zusammenhang mit der geschilderten Revolution der landwirtschaftlichen Produktivität, dem raschen Anwachsen der Industrie und der Ausweitung des tertiären Dienstleistungssektors: die Verstädterung des amerikanischen Volkes, die gegenwärtige bedrohliche Energielücke und Verknappung der Ressourcen sowie die ständig zunehmende Umweltbelastung. Zusammen mit der Rassenfrage stellen sie ernste Gegenwartsprobleme der Vereinigten Staaten dar.

1.5.1 Das Problem der Verstädterung

Noch vor hundert Jahren waren die USA ein Staat mit überwiegend ländlicher Bevölkerung. Nach den Volkszählungen von 1870 waren nur 27,5% der Bevölkerung städtisch, 72,5% ländlich. Seitdem haben das Bevölkerungswachstum (Einwanderung und natürliche Vermehrung), die rasche Industrialisierung und die damit verbundene *Landflucht* zu einem stetigen Anwachsen der Städte geführt, das sich auch noch in der Gegenwart fortsetzt. Um 1900 lebten schon rund 40% der Menschen in Städten, 1970 waren es 65%. Rechnet man den Bevölkerungsanteil dazu, der zwar noch in ländlichen Gegenden wohnt, aber nach Lebensstil und Berufszugehörigkeit ebenfalls als „städtisch" einzustufen ist (die offizielle Statistik spricht von „rural nonfarm"), so sind heute mehr als 90% der Gesamtbevölkerung der USA Städter. „Wenige Nationen auf der Welt sind in solchem Maße Nationen von Städtern geworden wie die beiden auf dem Boden Angloamerikas."

B. Hofmeister 1970, S. 237

Zahl und Bevölkerung der Städte nach Größenklassen (1900–1970)

Zahl der Bevölkerung		1900 Zahl der Städte		% der Bevölkerung		1930 Zahl der Städte		% der Bevölkerung		1960 Zahl der Städte		% der Bevölkerung		1970 Zahl der Städte		% der Bevölkerung	
2 500– 4 999	Klein-	833		3,8		1342		3,9		2152		4,2		2295		4,0	
5 000– 9 999		465	1579	4,2	13,7	853	2802	4,8	16,1	1394	4680	5,5	19,5	1839	5519	6,4	20,9
10 000– 24 999		281		5,7		607		7,4		1134		9,8		1385		10,5	
25 000– 49 999	Mittel-	83	123	3,7	7,3	185	283	5,2	10,5	432	633	8,3	16,0	520	760	8,8	17,0
50 000– 99 999		40		3,6		98		5,3		201		7,7		240		8,2	
100 000–249 999	Groß- stadt	23	38	4,3	18,7	57	94	6,2	29,6	81	132	6,5	28,5	100	156	7,0	27,7
250 000–499 999		9		3,8		24		6,5		30		6,0		30		5,1	
500 000–1 Mio.		3		2,2		8		4,7		16		6,2		20		6,4	
> 1 Mio.		3		8,4		5		12,2		5		9,8		6		9,2	

dtv – Perthes Weltatlas, Bd. 5: USA. München: Deutscher Taschenbuch Verlag 1975, S. 50–51

Der *Verstädterungs*prozeß zeigt sich nicht nur im Wachstum der städtischen Bevölkerung, sondern wird vor allem sichtbar in der enormen Flächenexpansion der meisten amerikanischen Großstädte. Das moderne Verkehrswesen, der Drang des Amerikaners zum Einfamilienhaus in „ländlicher" Umgebung sowie höhere Verdienste und Freizeitansprüche haben zu einem Ausufern der Städte und zu einer weitgehenden Zersiedelung des stadtnahen Umlandes geführt. Zwei Zahlen machen die hohe Flächenwirksamkeit des Verstädterungsprozesses deutlich: Innerhalb von zehn Jahren (1950–1960) wuchs die Fläche der Urbanized Areas (Gebiete mit Stadtcharakter bis zur Pendlereinzugsgrenze) um etwa 100%, die der Bevölkerung dagegen nur um 38%. Ähnlich wie im Ruhrgebiet, nur in einem erheblich größeren Umfang, bilden sich gewaltige Stadtagglomerationen und *Städtebänder* („strip cities" oder „semi-continuous cities" genannt), so z. B. im Raum der *Megalopolis* an der atlantischen Küste zwischen Boston und Washington, im Gebiet südlich der Großen Seen um Chicago und Pittsburgh und an der Pazifikküste zwischen San Diego und San Francisco. Für diese Städtebänder sind inzwischen Namen gebräuchlich wie Boswash (Boston/Washington), Chipitts (Chicago/Pittsburgh) und Sansan (San Diego/San Francisco) (vgl. Kap. Stadt S. 205).

Die verstädterten Randzonen nehmen den Hauptteil der Zuwanderer aus den ländlichen Gebieten, aber auch die abwandernde Bevölkerung aus der Kernstadt *(Downtown)* auf. Hier sind es vor allem die besser verdienenden Schichten, die aus der City in die Suburbs ziehen. Ihnen folgen die Geschäfte und Supermärkte, Betriebe des Tertiärsektors, Versicherungen, Banken, Handelsgesellschaften mit ihren Filialen, und vereinzelt auch die Industrie, die vor allem durch die niedrigeren Bodenpreise in den Vororten angezogen wird. Die Stadt entlädt sich allmählich nach außen; man spricht vom *urban sprawl.*

Welche Probleme ergeben sich aus der Zersiedelung der stadtnahen Bereiche?
Die Vororte müssen für die rasch wachsende Bevölkerung aufwendige Einrichtungen bereitstellen, z. B. Verkehrsverbindungen für den Individualverkehr (Linienverkehr ist kaum lohnend wegen der geringen Flächendichte), Schulen und Krankenhäuser, Erholungsmöglichkeiten oder Versorgungsleitungen für Energie und Wasser. Die Städte selbst verlieren mit dem Auszug der gehobenen Bevölkerungsschichten, der Geschäfte und der Industrie die besten Steuerzahler. Sie geraten in Finanznot, verschulden sich und können den hohen Verpflichtungen zur Pflege und zum Ausbau der öffentlichen Einrichtungen nicht mehr nachkommen. Die ärmere Bevölkerung bleibt in der Stadt, besonders die Minoritätengruppen der Neger, Puertoricaner und Mexikaner, die in *ghetto*-ähnliche Viertel abgedrängt werden und sich gegen die Außenwelt abkapseln. Sie belegen die verlassenen Wohnhäuser des abgewanderten Mittelstandes, die wegen der vorherrschenden Leichtbauweise schnell heruntergewirtschaftet sind. Die Eigentümer haben kein Interesse oder — wegen fehlender Kreditwürdigkeit — kein Kapital, die Häuser zu renovieren; die citynahen Viertel verkommen, sie werden zu *Slums*. Die Situation bringt Armut, Unzufriedenheit, Hoffnungslosigkeit und eine hohe Kriminalität mit sich, die sich immer häufiger in gewaltsamen Krawallen entlädt.
Seit den fünfziger Jahren sind erste Ansätze einer gezielten Stadterneuerung zu erkennen. Man versucht das Flächenwachstum der Randstädte zu steuern und die Innenstädte wieder aufzuwerten und attraktiv zu machen, etwa durch *Sanierung* der alten Bausubstanz (besonders Flächensanierung), durch die Anlage von Fußgängerzonen, Freiflächen und Grünanlagen, durch den Bau von „shopping centres" mit Angeboten für den gehobenen Bedarf, von Hotels, Cafés und Vergnügungsstätten verschiedenster Art. Ob aber dadurch das Downtown-Problem auf Dauer gelöst werden kann, wird von vielen Kritikern bezweifelt.

1.5.2 Rassenprobleme

Die Verstädterung erfaßt außer den Agrarstaaten des Mittelwestens und dem atlantischen Nordosten besonders den Raum des Manufacturing Belt. Wie die Tabelle auf Seite 311 erkennen läßt, rekrutiert sich das Wachstum der Städte vor allem aus dem Zustrom von Negern. Während ihr Anteil an der Gesamtbevölkerung der USA mit etwa 11% seit 1900 nahezu konstant geblieben ist, hat sich ihr Anteil an der städtischen Bevölkerung stetig vergrößert. Lebten 1925 25% der Neger in Städten, so waren es 1960 bereits 66%. Den höchsten Negeranteil an den Großstädten hat mit 71% Washington (1970), das wegen seiner zentralen Lage zwischen den Südstaaten und dem industriereichen Nordosten und aufgrund der vielen Arbeitsstätten im tertiären Sektor eine besondere Anziehungskraft ausübt.

Negerbevölkerung in Städten 1960 und 1970

	Weiße (Mio.) 1960	1970	Veränderung in %	Neger (Mio.) 1960	1970	Veränderung in %
New York	9,407	9,449	0,4	1,228	1,883	53,4
Kernstadt	6,641	6,024	−9,3	1,088	1,667	53,2
außerhalb	2,766	3,425	23,8	0,140	0,217	55,1
Los Angeles–Long Beach	5,454	6,006	10,1	0,462	0,763	65,3
Kernstädte	2,391	2,503	4,7	0,344	0,523	51,7
außerhalb	3,063	3,504	14,4	0,117	0,240	105,2
Chicago	5,301	5,673	7,0	0,890	1,231	38,3
Kernstadt	2,713	2,208	−18,6	0,813	1,103	35,7
außerhalb	2,588	3,465	33,9	0,078	0,128	65,5

dtv – Perthes Weltatlas, Bd. 5: USA. München: Deutscher Taschenbuch Verlag 1975, S.60

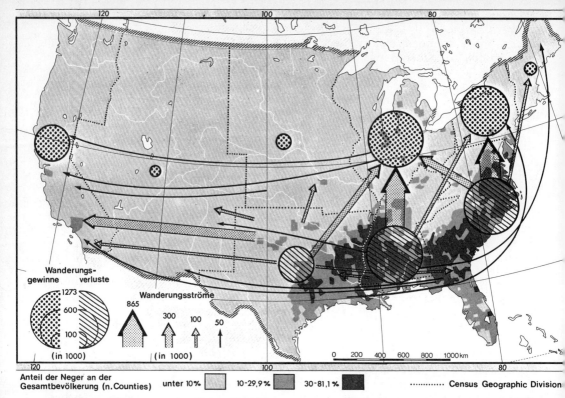

Anteile der Neger an der Gesamtbevölkerung (1970) und Wanderungsströme der Neger (1960)

Helmut Blume: USA. Eine geographische Landeskunde. Bd. I. Darmstadt: Wissenschaftliche Buchgesellschaft 1975, S. 152

Ein Zugang zum Negerproblem ergibt sich aus der starken räumlichen *Mobilität* der schwarzen Bevölkerung. Die Masse der Neger war lange auf die Südstaaten konzentriert, wo sie als billige Arbeitskräfte eine Hauptstütze der Plantagenwirtschaft bildeten. Das Ende des Sezessionskrieges 1861 brachte zwar das Ende der Sklavenhaltung, änderte aber zunächst nichts an der Konzentration der Neger auf den Süden. 1910 lebten hier noch 89% der Negerbevölkerung; 1850 waren es 97%. Ihre Abwanderung, die *Great Migration,* setzte vor allem während des Ersten Weltkrieges ein, bedingt durch den großen Arbeitskräftebedarf der Industrie und begünstigt durch den rapiden Rückgang der europäischen Einwandererzahlen. Heute lebt über die Hälfte der US-Negerbevölkerung außerhalb des Alten Südens. Bevorzugte Zielpunkte sind neben Washington die „Negerstädte" Detroit und Baltimore mit einem Negeranteil von nahezu 50% an der Gesamteinwohnerzahl sowie Chicago, Cleveland, Philadelphia, wo die entsprechenden Werte bei fast 40% liegen. Mit der Massenwanderung der Neger kam es zur beschriebenen Ghettobildung in den Industriestädten, den „Black Belts". Als Negerghettos werden Stadtbereiche mit einer Konzentration von mehr als 25 000 Schwarzen bezeichnet. Sie sind gekennzeichnet durch extrem hohe Wohndichte und Raumbelegung in Mietskasernen und unterdurchschnittlich ausgestatteten Wohnungen, durch höchste Arbeitslosenquoten, niedrigste Bildungsquoten und die niedrigsten Familieneinkommen.

Die gegenwärtige *Rassendiskriminierung* wird auch am Familieneinkommen der Neger deutlich, das nur etwa 60% von dem der Weißen beträgt. 1970 lebten 29% der Neger, aber nur 8% der Weißen unter dem Existenzminimum. Die Schwarzen finden wegen ihrer unzureichenden Schulbildung nur die schlechter bezahlte Arbeit; die Kinder sind gezwungen mitzuverdienen, brechen die

Schulbildung vorzeitig ab und finden bestenfalls als ungelernte Arbeitskräfte einen Job; dadurch verharren die Familien in ihrem sozialen Status. Hier haben bislang auch die vom Kongreß verabschiedeten Bürgerrechtsgesetze (Civil Rights Acts 1964/65) und andere Entscheidungen des Obersten Gerichtshofs wenig geändert.

Besonders deutlich wird das Rassenproblem in New Yorks Stadtteil Harlem, wo die Selbstmordrate sechsmal, die Drogenabhängigkeit zehnmal und die Kindersterblichkeit doppelt so hoch ist wie in der Gesamtstadt. 40% der beschäftigten Männer und 30% der Frauen arbeiten als Ungelernte; der erreichte Schulabschluß liegt vier Jahre unter dem Durchschnittswert.

Sobald Neger in weiße Wohngebiete ziehen, beginnt die Abwanderung der Weißen, die Preiseinbrüche auf dem Immobilienmarkt und eine Verschlechterung der Schulbildung ihrer Kinder fürchten. Bei einem Negeranteil von 30% sind die Wohnungen in der Regel nicht mehr zu verkaufen, so daß es für den Eigentümer günstiger ist, sie zu vermieten, ohne die notwendigen Erhaltungsarbeiten vorzunehmen.

2 UdSSR – Kulturlandschaftswandel in einem sozialistischen Wirtschaftsstaat

2.1 Das naturräumliche Potential als Grundlage raumprägender Prozesse

Wer ein genaues Bild von der Sowjetunion, ihrer natürlichen Ausstattung, Wirtschaft und Gesellschaft gewinnen will, darf die in Westeuropa üblichen Maßstäbe für Raum und Zeit nicht heranziehen. Auch der Vergleich mit den USA kann nur annähernd der Besonderheit der SU mit ihrem natürlichen Potential, den Vorzügen und Hemmnissen gerecht werden. „Westeuropa ist eine kontinentale Halbinsel, deren Oberflächengestalt auf kleinstem Raum höchst vielgestaltig ist. Demgegenüber besitzt die SU zwei für westeuropäische Verhältnisse nahezu unvorstellbare Merkmale in ihrer räumlichen Unendlichkeit mit relativ einheitlichen Landschaftsformen trotz aller großräumigen Vielgestaltigkeit und in ihrer Unwirtlichkeit der Umwelt, die durch die klimatischen Begleiterscheinungen einer riesigen Landmasse in nördlicher Lage hervorgerufen wird."
Roy E. H. Mellor 1966, S. 13

Mit 22,4 Mio. km^2 nimmt die SU ein Sechstel der gesamten Festlandfläche der Erde ein. Sie ist doppelt so groß wie Europa, neunzigmal so groß wie die Bundesrepublik. Die zwei nächstgrößeren Länder der Erde, Kanada (9,9 Mio. km^2) und China (9,5 Mio. km^2) fänden auf ihrem Territorium zusammen Platz. Die West-Ost-Erstreckung entspricht der Entfernung von Mitteleuropa über den Atlantik, quer durch die USA bis zur Pazifikküste Nordamerikas, die Nord-Süd-Erstreckung der vom polaren Nordkap bis zur Sahara. Über elf Zeitzonen erstreckt sich das Land von der europäischen Westgrenze bis zur Beringstraße. Wenn es in Moskau Abend wird, hat in Wladiwostok schon der neue Tag begonnen. Nur durch die Verlegung der Linie der Datumsgrenze war es möglich, ein für das gesamte Staatsgebiet einheitliches Tagesdatum festzusetzen.

Die Raumweite allein führt jedoch nicht zu einem umfassenden Verständnis des Landes und seiner Probleme. Wenn sie auch in der Geschichte Rußlands eine starke Faszination ausübte und wie in den USA die Vorstellung vom „Land der unbegrenzten Möglichkeiten" mit gleichsam unerschöpflichen Ressourcen weckte und somit auch das politische Selbstbewußtsein seiner Bevölkerung stärkte, so wird heute die Raumgröße in mancherlei Hinsicht eher als Belastung denn als Vorteil empfunden. Hinderlich ist sie vor allem für die Ausbeutung der Bodenschätze, die Erschließung von Energiequellen, für die Anlage von Industrie, den Warenaustausch und die Versorgung der Bevölkerung. Damit ist das Transportwesen ein Problem, das die sowjetische Wirtschaft besonders stark belastet.

Der Wert der Raumgröße wird weiterhin relativiert durch die Eigenart der natürlichen Ausstattung, deren Kenntnis erst die Gesamtbedeutung der SU, ihre beachtlichen Leistungen vor allem auf wirtschaftlichem Sektor, aber auch die erheblichen Schwierigkeiten bei der Inwertsetzung des Raumes verständlich macht.

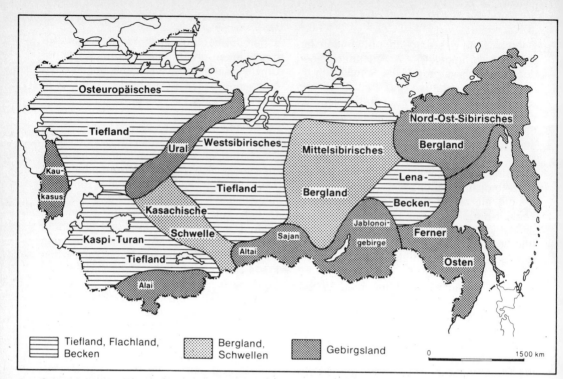

Orographische Gliederung der UdSSR

2.1.1 Oberflächengestalt, Klima, Vegetations- und Bodenzonen

Ausgedehnte geologische und morphologische Einheiten ermöglichen eine Gliederung in zehn natürliche Großräume:

- das Osteuropäische Tiefland westlich des Ural: der Kernraum des Russischen Reiches; im Durchschnitt um 700 m hoch und im zentralen Teil von der Wolga durchflossen;
- das Kaspi-Turan-Tiefland: eine abflußlose aride Beckenlandschaft mit dem Aralsee im Kern; im Erscheinungsbild ähnlich dem Osteuropäischen Tiefland, jedoch nicht glazial überformt;
- das von paläozoischen Gesteinen aufgebaute Faltengebirge des Ural: ein Mittelgebirge mit einer durchschnittlichen Höhe von 250 bis 1000 m; mit etwa 10000 Lagerstätten gehört es zu den an Bodenschätzen reichsten Gebieten der Erde,
- das Westsibirische Tiefland östlich des Ural: mit 3 Mio. km² eines der größten Tiefländer der Erde; von tertiären und quartären Sedimenten bedeckt; im Mittel 100–140 m hoch und nur leicht nach N geneigt, so daß das Stromsystem von Ob und Irtysch nur geringes Gefälle hat und weite Gebiete versumpft sind;
- die Kasachische Schwelle zwischen dem Westsibirischen Tiefland und dem Tiefland von Turan: ein Hügelland von kompliziertem geologischem Bau, reich an Mineralien;
- das Mittelsibirische Bergland zwischen Jennisej und Lena: ein Plateau mit Mittelgebirgshöhen, aus paläozoischen Sedimenten, die der präkambrischen Sibirischen Tafel auflagern, aufgebaut;
- das Jakutische Becken: der Einzugsbereich der mittleren Lena; wie das Mittelsibirische Bergland Teil der Sibirischen Tafel, aber gegen das Umland deutlich eingetieft;
- das Nord-Ost-Sibirische Bergland östlich der Lena: aus alten Formationen aufgebaut, im Tertiär gefaltet und im Diluvium glazial überformt,
- das Gebirgsland des Fernen Ostens mit der Halbinsel Kamtschatka, Sachalin: Teil des zirkumpazifischen alpidischen Faltensystems,

- die südlichen Randgebirge Kaukasus, Alai, Altai, Sajan und Jablonoi: Hochländer und Gebirge jüngerer Entstehung mit zum Teil alpinem Relief und eingeschlossenen älteren abgetragenen Massen.

Das Klima

Entsprechend den kontinentalen Ausmaßen des Raumes sind in der SU nahezu alle Klimate vertreten, wenn auch der weitaus größte Teil ein extremes *Kontinentalklima* mit langen, sehr kalten Wintern und übergangslosen kurzen, warmen Sommern hat. Durch das Fehlen nennenswerter Gebirgszüge sind die Grenzen zwischen den einzelnen Klimagebieten jedoch fließend. Die zunehmende Kontinentalität des Klimas macht sich vor allem in westöstlicher Richtung bemerkbar. Sie wird bestimmt:

1. durch zunehmende Schwankungen zwischen Höchst- und Tiefsttemperaturen im Sommer und Winter (Jahresamplitude) nach Osten. Der Temperaturunterschied zwischen Januar- und Junimittel beträgt in Kiew 14° C, in Moskau 29° C, in Tobolsk 38° C und im Ostsibirischen Bergland 60–65° C.
2. durch das Sinken der Wintertemperaturen nach Osten. Während die Junimittel vom europäischen Rußland bis Sibirien fast gleich liegen, fallen die Januarmittel von -6° C in Kiew auf etwa -30° C im Westsibirischen Tiefland und -50° C in Werchojansk, dem Kältepol der Erde;
3. in der zunehmenden Länge des Winters nach Osten. An der Westgrenze Rußlands dauert die *Vegetationsperiode* (Tage mit einem Temperaturmittel über 5° C) nahezu 200 Tage, im Westsibirischen Tiefland etwa 160 Tage und in Tschita (Ostsibirien) 120 Tage;
4. in der Abnahme der Niederschläge von durchschnittlich 650 mm an der Ostseeküste bis unter 100 mm im Osten und Südosten. Im Fernen Osten steigen sie als Folge sommerlicher Monsunregen im Luv der Gebirge wieder an. Die geringsten Niederschläge werden im Tiefland von Turan südlich des Aralsees mit nur 80 mm gemessen, so daß sich hier winterkalte Wüsten (im Sommer extrem heiß und trocken) wie Kyzyl Kum und Kara Kum bilden konnten.

Beispiel der zunehmenden Kontinentalität des Klimas nach Osten

Ziffern in der Zeichnung: Amplitude der wärmsten und kältesten Monate
Eduard Müller-Temme: Die Sowjetunion, Staat und Wirtschaft. Geographische Zeitfragen, Heft 4. Frankfurt: Hirschgraben 1979, S. 4

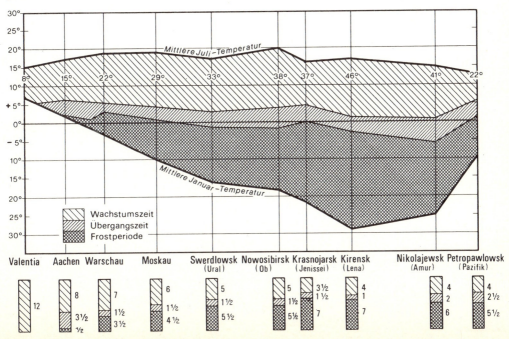

Im europäischen Rußland und Sibirien ist der Sommer mit den heftigen Gewitterregen die niederschlagreichste Jahreszeit.

Die genannten klimatischen Gegebenheiten lassen sich erklären aus der Lage des Landes im Gradnetz (hohe geographische Breite, arktische Klimaeinflüsse), die Tiefe des Kontinents (Kontinentalität), die Lage zu den Randmeeren (Eismeer, kalte Küstenströmungen des Pazifiks) und durch die Luftdruck- und Zirkulationsverhältnisse (asiatisches Kältehoch im Winter, das den Zugang feuchter Meeresluft blockiert, sommerliches Hitzetief über dem östlichen Hochland von Iran, das Luftmassen aus allen Himmelsrichtungen in den Kontinent zieht). Durch das Fehlen breitenparallel verlaufender Gebirge können von Norden arktische Luftmassen ungehindert bis tief ins Landesinnere eindringen. *Kaltlufteinbrüche* sind wie in den USA nicht selten.

Das Klima in Transkaukasien, an der Schwarzmeerküste und am Westufer des Kaspischen Meeres, weicht von dem des übrigen Landes stark ab. Hier befinden sich kleine subtropische Klimainseln, die mit Winterregen und trockenen, warmen Sommern dem mediterranen Klimatyp zuzurechnen sind.

Das Klima bestimmt die Art und Verteilung der natürlichen Vegetation; zusammen regeln sie den Prozeß der Bodenbildung. Das Ergebnis dieser Wechselwirkung ist die Herausbildung von breitenparallel angeordneten Vegetations- und Bodenzonen, wie die Übersicht auf Seite 316f. zeigt. Durch das Fehlen einer ausgeprägten Vertikalgliederung sind diese Zonen in der SU besonders großräumig ausgeprägt.

Zonale naturlandschaftliche Großgliederung

Vegetationszone	Klima	Boden	Verbreitung
Tundra			
Baumlose Kältesteppe mit winterfesten Pflanzen, Moosen und Rentierflechte im N, verkrüppelten Bäumen, Buschwerk oder einzelnen Baumgruppen (Waldtundra) im S.	Polares Klima; Frostperiode 9–10 Monate; Niederschläge 200–300 mm; hohe Luftfeuchtigkeit; Julimittel unter 10°C.	Nährstoffarme Naßböden und Moorflächen über dauernd gefrorenem Untergrund (Permafrost); keine Humusbildung; Versumpfung durch Staunässe.	Nördlich des Polarkreises, in Mittelsibirien weit nach S ausgreifend.
Taiga			
Borealer Nadelwaldgürtel; Kiefer und Fichte, im O vermehrt Lärche; von zahlreichen Sümpfen durchsetzt.	Relativ warme und genügend feuchte Sommer, kalte, lange schneereiche Winter; Julimittel zwischen 10 und 18°C; Wachstumsperiode 3–4 Monate; Niederschläge 200–600 mm, nach W zunehmend.	Saure, nährstoffarme Podsolböden (Bleicherde) z. T. über Permafrost; Ortsteinbildung; Sümpfe durch Stau auf Permafrost und Ortstein.	Im Mittel 1000 km breiter Gürtel zwischen Tundra im N und 60° n. Br. im S, Ostsee im W und Ostsibirischem Bergland im O, in Ostsibirien weit nach S reichend.
Mischwaldzone			
Im W Laubholzarten (Eiche, Esche, Linde und Ahorn), nach N und O zunehmender Nadelholzanteil.	Januarmittel −4°C im W und −12°C im O; Julimittel bis 20°C im S; Niederschläge von max. 700 mm im W abnehmend bis 500 mm im O; lang dauernde relativ hohe Schneedecke.	Vorherrschend Rasenpodsole; in der Oberschicht ausgelaugt und gebleicht, aber mineralreicher als die typischen Podsole in der Taiga.	Nach O sich zuspitzender Keil zwischen einer Linie Leningrad–Kostroma–Ischewsk–Ural im N und Kiew–Oka–Kasan–Ural im S.

Vegetationszone	Klima	Boden	Verbreitung
Waldsteppe Räumlicher Wechsel zwischen Laubwaldinseln und Hochgräsern; an den Flüssen vereinzelt Galeriewälder; Charakterbaum: Eiche, in Sibirien Birke.	Übergangsregion vom feucht-winterkalten Waldklima im N zum trocken-sommerheißen Steppenklima im S; Julitemperatur zwischen 20°C im N und 22°C im S; Vegetationsperiode 200 Tage im W, 160–130 Tage im O; Niederschläge von 550 bis 350 mm im europäischen Teil auf 450 bis 300 mm in Westsibirien abnehmend. Gefahr von Dürren.	Übergangsregion vom Podsol zum Schwarzerdetyp; vorherrschend graue und braune Waldböden.	Schmaler von Ostgalizien bis zum Altai verlaufender Übergangsstreifen zwischen der Mischwaldzone und der Grassteppe; S-Grenze: Kischinew–Charkow–Saratow–Barnaul.
Grassteppe Wiesensteppen mit dichtem Vegetationsfilz; Gräser und Kräuter der nach S zunehmenden Trockenheit angepaßt; natürliche Vegetation weitgehend zurückgedrängt.	Feuchtes Frühjahr, extrem trockene und heiße Sommer; Julimittel über 20°C; Januarmittel −6°C im W bis −20°C im O; Niederschläge: 500 mm im W, bis 300 mm im O, im S auch unter 300 mm; heiße Staubstürme im S; Dürregefahr.	Sehr fruchtbare Schwarzerde über Löß (Tschernosem); im ariaden S kastanienfarbene Böden mit sinkendem Humusgehalt.	500–700 km breite Zone zwischen Schwarzmeerniederung im W und dem Altai-Vorland im O.
Halbwüste Baumlos; keine geschlossene Vegetationsdecke; „Wermutsteppe".	Starke Sonneneinstrahlung; heiße Sommer, kalte Winter; Julimittel zwischen 22°C im N und 28°C im S; Januarmittel entsprechend zwischen −16°C und −11°C; hohe tägliche Temperaturschwankungen; Niederschläge unter 300 mm.	Salzreiche graue bis braune Böden, je nach Ausgangsgestein verschieden.	Schmales Band um die Kaspische Senke und in Kasachstan.
Wüste Aride Sandwüste; vegetationslos; nur einzelne Grasinseln.	Lange, heiße trockene Sommer und kurze, kalte Winter; Vegetationsperiode zwischen 200 Tage im N und 290 Tage im S; Julimittel 24–26°C, im S 32°C; Niederschläge weithin unter 200 mm; extrem hohe tägliche Temperaturschwankungen (bis 60°C).	Salzreiche Wüstenböden; Salzpfannen.	Kaspische Senke und Turanische Niederung.

Niederschläge

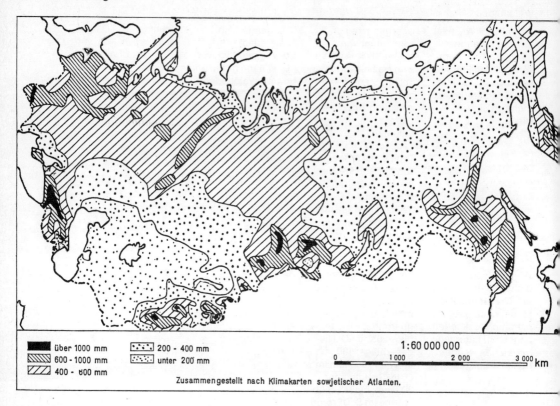

- über 1000 mm
- 600 - 1000 mm
- 400 - 600 mm
- 200 - 400 mm
- unter 200 mm

1 : 60 000 000

Zusammengestellt nach Klimakarten sowjetischer Atlanten.

Roy E. H. Mellor: Sowjetunion. Harms Erdkunde, Bd. 3. München: Paul List Verlag 1966, S.52

Klimadaten ausgewählter Stationen

		J	F	M	A	M	J	J	A	S	O	N	D	Jahr
Irkutsk, 459 m	°C	−21	−18	−9	1	8	14	18	15	8	1	−11	−18	−1
UdSSR (Angara nahe dem Baikalsee)	mm	13	10	8	15	33	56	79	71	43	18	15	15	379
Jakutsk, 100m	°C	−43	−37	−23	−9	5	15	19	15	6	−9	−30	−40	−11
UdSSR (mittlere Lena)	mm	6	5	3	6	13	27	34	42	23	12	10	7	188
Kiew, 180 m	°C	−6	−5	−1	7	14	18	20	18	14	8	1	−4	7
UdSSR (mittlerer Dnjepr)	mm	30	29	42	44	50	73	81	56	44	47	40	36	572
Kondinskoje, 45 m, 62° N/66°O	°C	−23	−19	−13	−5	4	10	16	14	7	−1	−14	−20	−3
UdSSR (am Ob, Sibirien)	mm	18	13	18	18	38	48	66	70	41	34	26	23	413
Leningrad, 10 m	°C	−9	−8	−5	2	9	15	18	16	11	5	−2	−7	4
UdSSR (Ostseeküste)	mm	27	25	22	30	41	54	59	82	60	46	35	32	513
Moskau, 144 m	°C	−10	−8	−4	4	13	16	19	17	11	4	−2	−7	4
UdSSR (oberes Wolgagebiet)	mm	28	23	31	38	48	51	71	74	56	36	41	38	533
Werchojansk, 99 m	°C	−50	−45	−30	−13	2	12	15	11	2	−14	−37	−47	−16
UdSSR (mittlere Jana)	mm	4	3	3	4	7	22	27	26	13	8	7	4	128
Wladiwostok, 15 m	°C	−15	−11	−3	4	9	14	19	21	16	9	−1	−10	4
UdSSR (Japanisches Meer)	mm	7	9	16	31	50	70	77	170	112	46	29	13	570
Nukus,	°C	−6	−4	3	13	21	25	27	25	19	10	2	−4	11
UdSSR (südlich des Aralsees)	mm	6	9	13	14	10	6	5	1	2	4	5	7	82
Zelinograd,	°C	−17	−17	−11	2	12	18	21	18	11	3	−8	−15	1
UdSSR (Kasachstan)	mm	17	12	16	18	28	40	48	38	24	23	16	17	297

2.1.2 Die naturbedingten Grenzen und ihre Bedeutung für Wirtschaft und Verkehr

Die natürliche Ausstattung des Landes bestimmt weitgehend die Möglichkeiten und Grenzen der wirtschaftlichen Inwertsetzung. Wie die Übersicht auf Seite 317f. zeigt, hat die SU unvergleichlich ungünstigere Startbedingungen als die USA.

Im Norden ist es vor allem die Kälte, im Süden die Trockenheit, die der Ausbreitung des flächenhaften Ackerbaus und dem Aufbau der Industrie und eines leistungsfähigen Transportsystems Grenzen setzt. Von Westen nach Osten schränkt die zunehmende Kontinentalität die Vegetationsperiode ein und verhindert eine Intensivierung der Landwirtschaft, etwa durch geeignete Fruchtfolgen.

Der primäre Ungunstfaktor ist der Frost. Etwa 9 Mio. km^2, d.h. 40% der Landesfläche, werden vom *Dauerfrostboden* eingenommen (Boden, der das ganze Jahr hindurch mindestens eine Schicht mit Temperaturen unter 0° C aufweist). Während des kurzen arktischen Sommers taut der Boden oberflächlich auf. Die darunter gelegene vereiste Zone, die über 300 m mächtig sein kann, läßt die Schmelzwässer nicht einsickern. Ausgedehnte Verschlammungen und Versumpfungen sind die Folge. Die landwirtschaftliche Nutzung ist erheblich beschwert, wenn nicht gar unmöglich. Unter großen Schwierigkeiten leiden die Trinkwasserversorgung, der Haus-, Straßen- und Eisenbahnbau sowie die Anlage von Versorgungsleitungen, etwa für Erdöl, Wasser oder Energie. Bauten müssen mit einem hohen Kostenaufwand erstellt werden; sie sind durch Aufeisungen gefährdet; ihre Lebensdauer ist zumeist nur kurz.

Wirtschaftliche Hemmnisse

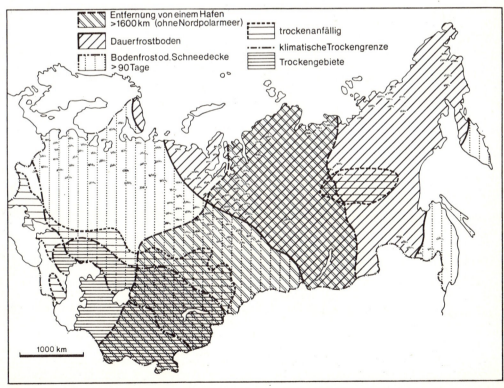

Nach: W. H. Parker, The Superpowers, 1972
Eduard Müller-Temme: Die Sowjetunion, Staat und Wirtschaft. Geographische Zeitfragen, Heft 4. Frankfurt: Hirschgraben 1979, S. 5

Negativ wirken sich *Raumweite* und natürliche Ausstattung vor allem auch auf die *Verkehr*sverhältnisse aus. Im Durchschnitt ist jedes auf der Eisenbahn beförderte Gut mit einer Transportentfernung von 900 km belastet. Die Raumdistanz verteuert den Transport, die natürlichen Hemmnisse erfordern hohe Investitionen. Das belastet übermäßig die Volkswirtschaft und damit letztlich den Verbraucher.

Wasserwege, die für den Transport von Massengütern billigsten Verkehrsträger, spielen besonders im asiatischen Teil nur eine sekundäre Rolle. Die großen sibirischen Ströme verlaufen in der N-S-Richtung und damit quer zum überwiegend west-östlichen Transportbedarf. Sie münden in das Nördliche Eismeer und damit in eine wirtschaftlich minderbedeutende Zone. Wegen der langen Vereisung, der schwankenden Wasserführung und der Frühjahrsüberschwemmungen sind sie zudem für den Güterverkehr nur bedingt geeignet. Durch Vereisung wird auch die Binnenschiffahrt im europäischen Teil behindert. Die Eisperiode dauert z. B. am Dnjestr fast drei Monate, und selbst der Hafen von Odessa am Schwarzen Meer friert im Durchschnitt mehrere Wochen im Jahr zu. Die Wolga, das wichtigste Glied in der Verkehrsverbindung zwischen Ostsee, Kaspischem Meer und Schwarzem Meer, ist im Norden 200 Tage und an der Mündung 100 Tage im Jahr durch Eis blockiert.

Der Seeverkehr ist besonders im Norden und Osten durch die Vereisung der Häfen behindert. Die Eisblockade dauert an der nordsibirischen Küste meist das ganze Jahr über. Nur Murmansk ist ganzjährig eisfrei, verliert aber – ähnlich wie Wladiwostok am Pazifik – durch seine Randlage an Bedeutung. Die ebenfalls eisfreien Schwarzmeer- und Ostseehäfen haben zwar den Vorteil der Marktnähe, liegen aber an Nebenmeeren und somit abseits vom offenen Weltverkehr.

West-Ost-Diskrepanz zwischen Flächenanteil und Industrieleistung (Westen einschließlich des Uralgebiets)

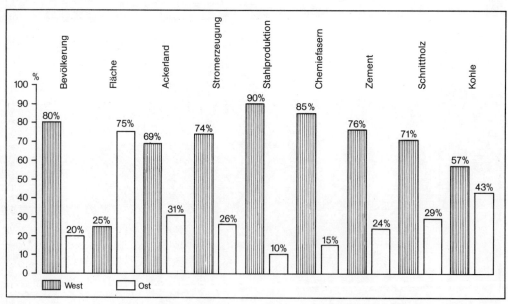

Der Reichtum an Bodenschätzen wird sowohl durch die großen Entfernungen der Standorte als auch durch ungleichmäßige Besiedlung und die begrenzten Möglichkeiten der Bodennutzung relativiert. So ist dem Abbau der großen Rohstoffreserven in Mittel- und Ostsibirien dadurch eine Grenze gesetzt, daß sie überwiegend im Permafrostgebiet liegen (Abbaukosten), daß das Umland äußerst dünn besiedelt ist (fehlende

Arbeitskräfte mangelhafte Infrastruktur) und sich für den Anbau kaum eignet (Versorgung der Bevölkerung). Das Auseinanderfallen von Produktions- und Konsumgebieten erklärt die großen Belastungen, die die sowjetische Volkswirtschaft durch Transportkosten zu ertragen hat – Probleme, die auch von einem zentral gelenkten Wirtschaftsapparat nicht aus der Welt zu schaffen sind. Daraus ergibt sich als eine wichtige Aufgabe der Raumordnungspolitik, die übervölkerten Getreidebaugebiete in der europäischen Schwarzerdezone durch eine gelenkte Binnenwanderung nach den östlichen Erschließungsregionen hin zu entlasten.

Güter- und Personenverkehr in den USA und der UdSSR

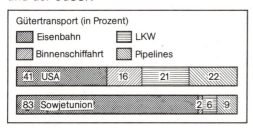

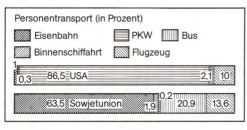

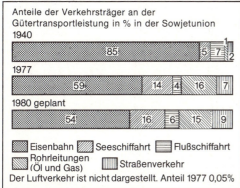

Nach Sowjetunion. In: Informationen zur politischen Bildung, 1979, Folge 182, Kartenteil VII. Bundeszentrale für politische Bildung (Hrsg.). Bonn, Berliner Freiheit 7

2.2 Besiedlung und Erschließung

Die erste Staatsgründung im ostslawischen Siedlungsraum ging nicht von den Slawen selbst aus, sondern von den nordgermanischen Warägern. Auf ihrem Handelsweg zu den Griechen gründeten sie um die Mitte des 9. Jahrhunderts die Handelsstützpunkte Kiew und Nowgorod, aus deren Verbindung das Reich der „Kiewer Rus" entstand, von dem sich der Name des russischen Volkes ableitet. Von Süden drangen die byzantinische Kultur und das griechisch-orthodoxe Christentum ein. Das Reich zerfiel jedoch bald in kleinere Fürstentümer und erlag um 1240 dem Angriff mongolischer Steppenvölker, der Goldenen Horde. Über 300 Jahre dauerte das „Tartarenjoch". Rußland verlor damit den kulturellen und wirtschaftlichen Anschluß an das abendländische Europa.

Die zweite Staatsgründung ging von den Großfürsten von Moskau aus, die 1480 die Mongolenherrschaft abschüttelten und, ungestört von ausländischen Mächten, durch Krieg, Ankauf, Heirat und Erbschaft ihren Herrschaftsbereich vergrößerten („Sammeln der russischen Erde") und so in dem binnenländischen Waldgebiet einen zentralisierten Einheitsstaat schufen.

Pelztierjäger erschlossen den nördlichen Nadelwaldgürtel. 1585 eröffneten die Russen mit der Gründung des Hafens Archangelsk den Seeweg im hohen Norden. Gleichzeitig überschritten Kosaken – im Auftrage des Zaren und vom Pelzreichtum Sibiriens angelockt – den Ural und besetzten die von den nordasiatischen Stämmen nur dünn besiedelten Waldländer. Nur wenige Jahrzehnte dauerte die Eroberung Sibiriens: Bereits 1650 war die Gegenküste am Pazifik erreicht. Der Zar besaß damit das größte geschlossene Kolonialreich, das die Geschichte kennt. Den Kosaken und Pelztierjägern folgten staatliche Beamte und Kaufleute. Landwirtschaftliche Siedler blieben jedoch dem neu eroberten Land so lange fern, wie es im Süden Osteuropas noch ausreichend Siedlungsland gab, d. h. bis zum Ende des 18. Jahrhunderts.

„So waren die ersten russischen Siedlungen in Sibirien keine Bauerndörfer, sondern Militär- und Verwaltungsstützpunkte, von rechteckigen Holzpalisaden umgebene

„Ostrogi' mit breiten, planmäßig angelegten Straßen, Holzhütten, einem riesigen Marktplatz und einer Holzkirche. Auch in ihrer Lage an den Mündungen der großen Ströme, die bis zum Ende des 19. Jahrhunderts noch die Haupthandels- und Militärstraßen waren, ähneln sich die sibirischen Städte."

Westermann Lexikon der Geographie. Bd. IV. Braunschweig: Westermann 1973, S. 315

Sibirien blieb jedoch bis zur Mitte des 19. Jahrhunderts ein äußerst spärlich besiedeltes Land, ein Land der Abenteurer und Sträflinge. Dies änderte sich erst mit dem Bau der Transsibirischen Eisenbahn (*Transsib:* 1891–1901), die die Leitlinie für die Besiedlung bildete, und durch die Phase der planmäßigen Industrialisierung durch die Sowjets nach der *Oktoberrevolution* 1917.
Wesentlich langsamer als die territoriale Ausdehnung nach Osten erfolgte der Vorstoß nach Westen. Hier waren es der Deutsche Orden und nach dessen Niedergang Polen, Litauen und Schweden, die den Russen den Zugang zur Ostsee versperrten. Erst 1703 gelang es Peter dem Großen, mit der Gründung von Petersburg (Leningrad) das „Fenster" nach Europa aufzustoßen. Nach jahrhundertelanger Isolation konnte damit westeuropäisches Kulturgut in den ostslawischen Raum einfließen.
Die Eroberung und Besiedlung des „wilden Feldes" im Süden (Kampfgebiet zwischen Moskau und tartarisch-türkischen Steppenfeinden) war das Werk abenteuernder Kosaken und Bauern, die durch ihre Flucht dem erniedrigenden Los der *Leibeigenschaft* zu entkommen suchten. Die Bauern fanden in der fruchtbaren Schwarzerdezone günstige Voraussetzungen für den Ackerbau, waren aber den brennenden und mordenden Tar-

Die russische Expansion nach Asien
Roy E. H. Mellor: Sowjetunion. Harms Handbuch der Erdkunde, Bd. 3. München: List Verlag 1966, S. 87

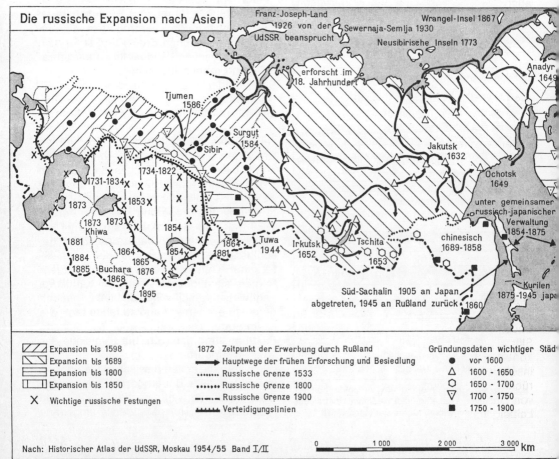

tarenhorden ausgeliefert. Zum Schutz gegen deren Angriffe stationierte Moskau an der südlichen Grenze Garnisonen und legte Grenzbefestigungen und schließlich auch Dörfer zur Ernährung der Garnisonen an. Die vorgeschobenen Grenzbefestigungen wurden zu Landstädten und Verwaltungsmittelpunkten; die großen Dörfer lieferten bald Getreide in den Norden.

Die Kenntnis des naturgeographischen und geschichtlichen Hintergrundes macht es begreiflich, daß Rußland und die UdSSR bei der Erschließung des riesigen Staatsgebietes vor weit schwierigeren Aufgaben stand (und steht) als die Nordamerikaner bei der Erschließung ihres Kontinents. Die Voraussetzungen waren in beiden Räumen grundverschieden: Im Gegensatz zum Landnahmeprozeß in den USA fehlten dem Zarenreich bei der Inwertsetzung des im Vergleich zu den USA klimatisch benachteiligten Raumes sowohl Rückhalt und Kapital eines investitionsbereiten Mittelstandes als auch der große Zustrom aufstiegswilliger und qualifizierter Einwanderer.

2.3 Die Agrarwirtschaft

2.3.1 Die Geschichte des Agrarsystems, Kollektivierung der Landwirtschaft

In der Geschichte der russischen und sowjetischen Agrarwirtschaft spielt neben den naturgeographischen Zwängen die Frage des Landeigentums und der Betriebsstruktur die wichtigste Rolle.

Im Zuge der Entstehung des Moskauer Einheitsstaates im 14. bis 16. Jahrhundert entstand die russische Leibeigenschaft. Der Adel erhielt als Entschädigung für seine Kriegsdienste nicht nur Land, sondern auch die zur Bearbeitung der landwirtschaftlichen Güter notwendigen Arbeitskräfte als frei verfügbares Eigentum. Der russische Bauer sank in den Zustand eines rechtlosen Sklaven ab. Seine Flucht in die von Tartaren kontrollierte südliche Steppenzone brachte insofern keine Änderung, als mit dem Vorrücken der Militärgrenze und der Anlage von Dörfern in den Grenzmarken auch die Leibeigenschaft nach Süden wanderte.

Erst 1861 wurde die Leibeigenschaft aufgehoben. Die Bauern erhielten die Möglichkeit, sich freizukaufen und Land zu erwerben. Die Landzuteilung war jedoch zu gering, als daß sich leistungsfähige Betriebe hätten entwickeln können, zumal die ländliche Bevölkerung nach der Bauernbefreiung rasch anstieg. Die Möglichkeit, wie in Westeuropa in die sich industriell entwickelnden Städte abzuwandern, war nur bedingt gegeben.

Die Folge war eine zunehmende Verknappung des Bodens bei gleichzeitiger Überbevölkerung der landwirtschaftlichen Gunsträume. Ein selbständiges, leistungsfähiges Bauerntum wurde ferner dadurch verhindert, daß das Land der Großgrundbesitzer nach der Bauernbefreiung nicht an die einzelnen Bauern fiel, sondern an die Dorfgemeinschaft, die es von Zeit zu Zeit entsprechend der wechselnden Einwohnerzahl neu verteilte (Umteilung); d. h. der Bauer erhielt die ihm zugewiesene Ackerparzelle nur für einen bestimmten Zeitraum. Dann fiel sie an die Dorfgemeinschaft (Mir) zurück. Dieses sogenannte *Mir-System* hemmte natürlich den wirtschaftlichen Fortschritt, da der einzelne Bauer zu größeren Investitionen (z. B. Meliorationen) nicht bereit war, wenn er wußte, daß nach einigen Jahren ein anderer den Lohn seiner Arbeit ernten würde.

Eine Reihe von Reformen – nach dem Namen ihres Begründers als *Stolypinsche Reformen* bezeichnet (1906–1916) – brachte besonders für die südlichen Landesteile spürbare Verbesserungen. Das Mir-System wurde abgeschafft; der Bauer hatte das Recht, mit seinem Landanteil aus der Dorfgemeinschaft auszutreten. Eine erste *Flurbereinigung* konnte angegangen werden: Felder wurden zusammengelegt; der Bauer erhielt die Möglichkeit, aus dem Dorf in die Gemarkung auszusiedeln. Die landwirtschaftliche Produktion stieg zum Teil erheblich.

Diese Phase der Konsolidierung der landwirtschaftlichen Produktion und der Entwicklung eines selbständigen Bauerntums wurde jedoch 1917 durch die *Oktoberrevolution* unterbrochen. Das Land der Großgrundbesitzer, der Kirche und der Krone wurde enteignet und an die landhungrige Bevölkerung verteilt: an arme und reiche Bauern, heimkehrende Soldaten und an etwa acht Millionen Städter. Es entstanden Klein- und Kleinstbetriebe; Rußland wurde ein Kleinbauernland. Die Leistungsfähigkeit sank auf die Hälfte des Vorkriegsstandes ab. Lebensmittel mußten zum Teil mit Waffengewalt eingetrieben werden. Diese Phase des sogenannten *Kriegskommunismus* führte endgültig ins Chaos, als Mißernten und Hungersnöte in den Jahren 1921/22 mehrere Millionen Tote forderten. Eine Stabilisierung der Wirtschaft war nur möglich durch einen „Schritt zurück" zur Anwendung „kapitalistischer" Wirtschaftsmethoden. In der *Neuen Ökonomischen Politik* (NEP: 1921–1928) wurde der Privathandel wieder zugelassen, die Belastung der Bauern wurde herabgesetzt, Überproduktionen konnten frei verkauft werden. 1928 war der Produktionsstand von 1913 wieder erreicht und die Ernährungslage weitgehend stabilisiert.

Die Kollektivierung

Im Zuge der Vergesellschaftlichung aller Produktionsmittel nahm Stalin 1928 die *Kollektivierung* der Landwirtschaft in Angriff. Da das freie, selbständige Bauerntum nicht in Einklang mit der kommunistischen Lehre zu bringen war, mußte es mit Gewalt beseitigt werden. Die privaten Ländereien wurden enteignet und zu Kollektivwirtschaften zusammengeschlossen. Wer sich dem Eintritt in das Kollektiv widersetzte, wurde vom Land vertrieben, in die entfernten Landesteile (Sibirien) deportiert oder als Kulake liquidiert. Nach Stalins Aussagen haben diese Zwangsmaßnahmen mehr Todesopfer gefordert als die Revolution. Der Vorgang der Kollektivierung dauerte nur vier Jahre; bereits 1933 war praktisch der gesamte Landbesitz verstaatlicht, d.h. in Kolchosen und Sowchosen umgewandelt. Die Folgen für die Agrarproduktion waren katastrophal. Die Bauern schlachteten ihr Vieh ab; die landwirtschaftliche Produktion sank unter das Niveau des „Kriegskommunismus".

Verluste der Viehwirtschaft durch die Kollektivierung (1928–1932) verglichen mit 1916 und 1941

Bestand in Millionen Stück	1916	1928	1933	1941
Kühe	28,8	30,7	19,6	28,0
Pferde	38,2	33,5	19,6	21,1
Schafe, Ziegen	96,3	146,7	50,2	91,7
Schweine	33,0	26,0	12,1	27,6

Adolf Karger: Die Sowjetunion als Wirtschaftsmacht. Frankfurt: Diesterweg 1977, S. 17

Die Kollektivierung ist vor dem ideologischen und gesamtwirtschaftlichen Hintergrund des ersten *Fünfjahresplanes* und in engstem Zusammenhang mit den Industrialisierungsplänen zu sehen, durch die Stalin „in kürzester Frist" die fortgeschrittenen westlichen Industrieländer „einholen und überholen" wollte:
1. Von einer nach nordamerikanischem Vorbild großflächig und maschinell betriebenen Landwirtschaft versprach man sich eine Stabilisierung der Nahrungsmittelproduktion und die Freisetzung von Arbeitskräften für den forcierten Aufbau der Schwer- und Rüstungsindustrie.
2. Die ländliche Bevölkerung sollte durch Konsumverzicht das Kapital für die Industrieinvestitionen bereitstellen (niedrige Aufkaufspreise, jedoch hohe Verkaufspreise für das staatlich festgelegte Ablieferungssoll an Agrarprodukten).
3. Nur durch ein zentral gelenktes und verwaltetes Wirtschaftssystem schien eine Überwachung des Bauerntums und seine „Erziehung zum sozialistischen Bewußtsein" möglich.

Die Organisationsformen

Die beiden Organisationsformen der sowjetischen Landwirtschaft sind die Kolchose und die Sowchose. Neben diesem „sozialistischen Sektor" gibt es noch die „Hoflandwirtschaft", eine Nebenerwerbsstelle zur Eigenversorgung der ländlichen Bevölkerung (bis zu 0,5 ha). In jedem Fall gehört der Grund und Boden dem Staat.

Die *Kolchose* ist eine landwirtschaftliche Produktionsgenossenschaft, entstanden aus dem Zusammenschluß ehemaliger Landeigentümer zu einem Kollektiv, dem die Produktionsmittel (Maschinen, Gebäude, Vieh usw.) gemeinsam gehören. Der Boden wird vom Staat zur „ewigen und unentgeltlichen Nutzung" überlassen. Kolchosen können aus einer oder mehreren Siedlungseinheiten (alte Dörfer, Neugründungen) bestehen. Sie bilden durch einheitliche Betriebsführung und Gemeinschaftseinrichtungen eine Betriebseinheit. Das Einkommen der Kolchosmitglieder richtet sich nach der Menge und Qualität der im Laufe des Jahres geleisteten Arbeit. Seit 1966 wurde ein garantierter Mindestlohn eingeführt. Großkäufer der Kolchoserzeugnisse ist der Staat. Die abzuliefernden Mengen und der Aufkaufspreis werden in Aufkaufsplänen behördlich festgelegt. Für überplanmäßige Ablieferungen werden höhere Preise gezahlt; sie können aber auch auf dem „freien" Markt verkauft werden. Die Leitung der Kolchose liegt in der Hand von Vorstand und einem Vorsitzenden, die von der Vollversammlung der Mitglieder gewählt werden. Über einen großen Teil der Gewinne kann die Kolchose selbst entscheiden, muß aber auch Verluste selbst tragen und Investitionen (bis hin zur Schule und zum Krankenhaus) selbst finanzieren.

Die Durchschnittsgröße einer Kolchose sieht wie folgt aus: 6700 ha LN, davon 50% Ackerland; Viehbestand: 1500 Stück Rindvieh, 1000 Schweine, 1700 Schafe; Maschinen: 42 Traktoren, 20 Lastwagen, 10 Mähdrescher; Beschäftigte: 550.

Die *Sowchose* ist ein staatlicher Landwirtschaftsbetrieb, geleitet von einem staatlich eingesetzten Direktor. Sie ist juristisch ein selbständiges, aber nicht eigentumsfähiges Unternehmen: Das Eigentum liegt uneingeschränkt beim Staat, der auch die gesamte zur Vermarktung bestimmte Produktion kauft. Die Arbeiter und Angestellten beziehen einen festen Lohn und haben wie die Kolchosmitglieder Anspruch auf die Bewirtschaftung von Hofland für den individuellen Bedarf. Sowchosen sind in der Regel größer als Kolchosen (12 000–28 000 ha LN), weitgehend spezialisiert („Getreidefabriken", Viehmästereien), haben oft eine innovative Aufgabe (landwirtschaftliche Versuchsanstalten, Saatzuchtbetriebe) und sind technisch meist besser ausgerüstet als die Kolchosen. Sie wurden vor allem dort angelegt, wo das Ernterisiko so groß ist, daß es nur vom Staat und nicht von einer Betriebseinheit allein getragen werden kann, wie z. B. in den Neulandgebieten von Kasachstan.

Obwohl das *private Hofland* nur 1% der LN einnimmt (Anteil am Ackerland: 3,5%), hat es eine wesentliche, wenn auch in jüngster Zeit leicht rückläufige Bedeutung. Es liefert einen beträchtlichen Teil der Nahrungsmittel (vgl. Tab. S. 326), ein Zeichen, wie persönliches Interesse und größere Freizügigkeit in der Produktion auch in einer sozialistischen Planwirtschaft leistungssteigernd wirken können.

Im Zuge der Agrarpolitik nach Stalins Tod (1953) haben sich die *Betriebsgrößen* und Größenverhältnisse zwischen Kolchosen und Sowchosen weitgehend verändert. Ältere Kolchosen wurden zu Großkolchosen zusammengelegt oder in Sowchosen umgewandelt; neue Betriebe werden fast ausschließlich als Sowchosen mit großer Betriebsfläche gegründet. So verringerte sich die Zahl der Kolchosen seit 1937 von 242 500 auf 26 300 im Jahre 1978, während die Durchschnittsgröße von 1534 ha auf 6700 ha im gleichen Zeitraum stieg. Umgekehrt verlief die Tendenz bei den Sowchosen: Ihre Zahl wuchs zwischen 1940 und 1978 von 4159 auf 20 484; die Größe, gemessen an Betriebsfläche, Viehbestand, Maschinenbesatz und Arbeitskräfte, nahm seit Beginn der sechziger Jahre ab. Als Ursache dieser rückläufigen Tendenz werden betriebswirtschaftliche Probleme gesehen, die sich aus den unüberschaubaren und schwer zu verwaltenden Riesenbetrieben ergeben.

Anteil der Kolchosen, Sowchosen und des privaten Sektors an der landwirtschaftlichen Produktion in %

	Sowchosen					Kolchosen					Privater Sektor				
	1940	1950	1960	1974	1976	1940	1950	1960	1974	1976	1940	1950	1960	1974	1976
Getreide	8	11	37	43	47	80	82	61	56	52	12	7	2	1	•
Kartoffeln	2	4	11	14	15	33	23	26	22	23	65	73	63	64	•
Gemüse	9	11	26	40	43	43	45	30	27	30	48	44	44	33	•
Fleisch	9	11	22	34	36	19	22	37	34	33	72	67	41	32	•
Milch	6	6	17	30	31	17	19	36	38	39	77	75	47	32	•
Eier	2	2	9	46	54	4	9	11	13	9	94	89	80	41	•

Adolf Karger: Die Sowjetunion als Wirtschaftsmacht. Frankfurt: Diesterweg 1977, S. 54, fortgeführt

Anzahl und Durchschnittsgrößen von landwirtschaftlichen Kolchosen und Sowchosen in der Sowjetunion 1937–1978

Jahr	Anzahl		LNF (ha)		Auf eine Kolchose bzw. Sowchose entfallen:							
					Ackerland (ha)		Viehbestand(GVE)[1]		Traktoren		Arbeitskräfte	
	Kol-chose	Sow-chose	Kol-chose	Sow-chose	Kol-chose	Sow-chose	Kol-chose	Sow-chose	Kol-chose	Sow-chose	Kol-chose	Sow-chose
1937	242500		1534		476		54					
1940	235500	4159	1429	12200	492	2800	79	644		18	123	285
1950	121400	4988	3061	12900	967	2600	214	619			227	
1953	91200	4857	4211	13100	1407	3100	308	819		19	281	352
1957	76500	5905	4125	24300	1696	8400	398	1465				510
1958	67674	6002	4501	24900	1881	8700	490	1680	8	46	368	605
1960	43981	6496	6446	23500	2745	9000	830	2094	14	55	507	745
1962	39733	7375	6234	28300	2837	10100	975	2538	17	65	503	825
1964	37616	9176	5984	27200	2881	8600	997	2317	20	63	510	721
1966	36500	12189	6000	23700	2800	7300	1103	2166	22	56	507	651
1968	35600	13398	6100	21900	2800	6700	1117	2006	25	54	508	
1970	33000	14994	6100	20800	3000	6200	1286	2038	29	54	506	593
1972	31600	15747	6200	20000	3100	6100	1417	2090	32	55	509	592
1974	29600	17717	6300	19100	3300	6000	1586	2051	35	56	530	570
1976	27300	19617	6600	18100	3600	5680	1690	1949	39	57	542	559
1978	26300	20484	6700	17600	3700	5500	1777	1985	42	57	536	557

Berechnet nach: Narodnoe chozjajstvo SSSR, Moskau 1957 ff.
[1] = Großvieheinheiten (1 Kuh = 1,0; 1 Rind = 0,7; 1 Schwein = 0,2; 1 Schaf = 0,07)

Ernst Giese: Landwirtschaftliche Betriebskonzentration in der UdSSR. In: Geographische Rundschau 1974, H. 12, S. 474. Braunschweig: Westermann, fortgeführt von E. Giese

Modernisierungsbestrebungen in der Agrarwirtschaft haben in jüngster Zeit besonders in den europäischen Nichtschwarzerdegebieten wieder größere Organisationsformen hervorgebracht, die dem *agribusiness* in der westlichen Landwirtschaft (vgl. Kap. USA S. 305) vergleichbar sind. Durch den Zusammenschluß mehrerer Kolchosen oder von Kolchosen und Sowchosen eines Gebietes zu einem gemeinsamen Agrar- und Industriekomplex oder durch Kooperation gleicher Betriebsabteilungen benachbarter Kolchosen sollen überkommene Strukturschwächen (z. B. zu hoher Arbeitskräftebesatz) beseitigt und die Produktion weiter gesteigert werden. Diese Maßnahmen sind gleichzeitig aber auch als Instrument behördlicher Reglementierung der agrarwirtschaftlichen Produktion und als „logische" Fortsetzung der Kollektivierung im Sinne einer weiteren Verstaatlichung der landwirtschaftlichen Betriebe zu sehen.

2.3.2 Die Landbauzonen und das Problem der Marktversorgung

Trotz aller Pläne zur Überwindung der ungünstigen natürlichen Gegebenheiten, zur „Umgestaltung der Natur", zeigt das Verbreitungsmuster der wichtigsten Kulturpflanzen eine deutliche Anpassung an die vorherrschenden Naturbedingungen, vor allem an das Klima, den nicht einschränkbaren Unsicherheitsfaktor der Agrarpolitik vgl. Abb. S. 328).

Der größte Teil (etwa 60%) des Ackerlandes liegt in Gebieten des sogenannten riskanten Anbaus (USA: 1%). Für das Wachstum der Nutzpflanzen sind a) die Dauer der Vegetationsperiode und b) die Höhe und Verteilung der Niederschläge entscheidend (vgl. Kap. Landwirtschaft, S. 59 ff.). Die Anbaugrenze liegt im Norden und Osten dort, wo die Zahl der Tage mit +5°C im Durchschnitt unter 150 Tage sinkt (Risikogrenze des Anbaus). Diese Grenze verläuft etwa von Leningrad nach Tomsk im Kusnezkbecken, d. h., der gesamte Raum nördlich und östlich dieser Linie ist für den Anbau von Feldfrüchten wegen der Kürze der *Vegetationsperiode* nicht oder nur inselhaft geeignet. Im Süden ist der verbleibende Raum eingeschränkt durch mangelnde Feuchtigkeit. Die *Trokkengrenze* des *Regenfeldbaus* liegt etwa dort, wo die potentielle Verdunstung die Niederschlagssumme übersteigt. In der SU fällt sie ungefähr mit der 250-mm-Niederschlagslinie zusammen, d. h., der gesamte Bereich der Wüsten, Halbwüsten und Trokkensteppen, in Sibirien auch Teile der fruchtbaren *Schwarzerde*zone müssen als ungeeignet für den Regenfeldbau oder als Risikogebiete bezeichnet werden. Wie in den USA das Schwanken der Trockengrenze den Getreideanbau im Mittleren Westen gefährdet, so ist in der SU der verbleibende Raum, der im langjährigen Mittel ausreichend Niederschläge empfängt, in weiten Bereichen durch regelmäßig auftretende *Dürre*perioden und heiße Trockenwinde *(suchowej)* gefährdet.

Die unterschiedliche Wertigkeit der Böden schränkt den landwirtschaftlich nutzbaren Raum weiter ein. Nur 25% des gesamten Territoriums stehen als landwirtschaftliche Nutzfläche zur Verfügung; nur 10% sind Ackerland. Aber selbst davon lassen sich nur die südlichen Landstriche in der Ukraine und am unteren Kuban mit dem fruchtbaren Mittelwesten der USA vergleichen. Nur unter Risiko und mit hohem Kostenaufwand läßt sich die Anbaugrenze hinausschieben, etwa in den Bereich der *Podsol*böden, die hohe Düngergaben verlangen, oder in das Gebiet der südlichen Steppenböden, die bei künstlicher Bewässerung zwar gute Erträge bringen, aber stark erosionsgefährdet sind, sobald die natürliche Pflanzendecke zerstört ist, oder infolge der hohen Bodenwasserverdunstung zur *Versalzung* neigen.

Die Böden der SU und ihre landwirtschaftliche Nutzbarkeit

	Böden insgesamt		davon landwirtschaftlich voll nutzbar	
	Mio. ha	%	Mio. ha	% der Ges.-Fläche
1. Arktische u. Tundraböden	170	8	0	0
2. Podsol- oder Bleicherdeböden	725	33	50,8	2,3
3. Graue Waldböden	72	3,5	32,4	1,5
4. Schwarzerde	190	9	95,0	4,4
5. Kastanienbraune Böden	120	5	13,2	0,6
6.a Halbwüsten	63	3	2,5	0,1
6.b Wüstenböden	160	7,5	4,8	0,2
7. Rot- und Gelberdeböden	0,3	–	–	–
8. Gebirgsböden	675	31	6,8	0,3
Gesamt	2175,3	100	205,5	9,4

Das Gebiet der intensiven Nutzung wird somit auf ein Dreieck zusammengedrängt, das sich nach Westen zwischen Ostsee und Donaumündung öffnet und nach Osten bis zum Altai spitz zuläuft. Es wird allgemein als *Agrardreieck* bezeichnet und ist das wirtschaftliche Kernland der SU mit der dichtesten Besiedlung und zugleich der stärksten Industrieballung. Außerhalb dieses Dreiecks oder „Intensivkeils" ist nur extensive Landnutzung (ausgenommen Bewässerungsanbau im Süden) möglich.

Landwirtschaftszonen der Sowjetunion

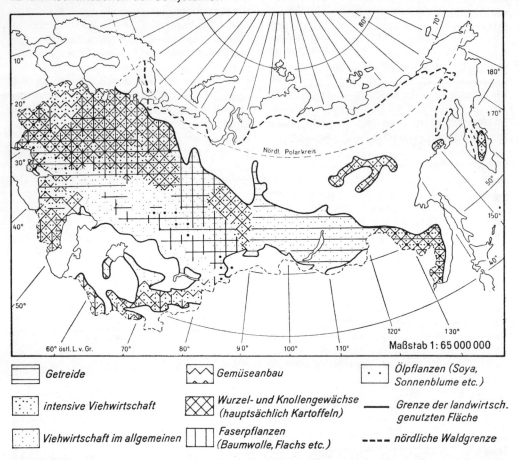

Diese Karte wurde auf Grund der Angaben in einem Artikel von V. P. Sotnikov (Farming Problems in the Zones of the USSR and the Task of Soviet Geographers, Soviet Geography, 1960) gezeichnet. Das landwirtschaftlich nicht genutzte Land zeigt keine Signatur.

Hans Boesch: Weltwirtschaftsgeographie. Braunschweig: Westermann 1966, S. 82

Das Gebiet der Waldsteppe, wo optimale Klima- und Bodenbedingungen zusammenfallen, ist das Hauptweizengebiet der UdSSR, der Brotkorb für das dichtbesiedelte europäische Rußland. In der östlichen Ukraine ist in jüngster Zeit verstärkt der Zuckerrübenanbau und in der südwestlichen Ukraine auch Mais an die Stelle des Weizens getreten. Ölfrüchte und Sonnenblumen folgen im Produktionswert an nächster Stelle. Nach Norden geht der Weizenanbau in den Roggen-, Kartoffel- und Flachsanbau über, im trockenen Süden ersetzen Gerste und auf z. T. bewässerten Flächen Obst, Wein, Gemüse und Baumwolle den Weizen.

Über Höhe und Entwicklung der agrarischen Produktion geben die Tabellen auf Seite 329 Auskunft. Was jedoch nicht aus den Zahlen hervorgeht, ist die Tatsache, daß die Landwirtschaft der SU im Vergleich mit den anderen Wirtschaftszweigen und der Landwirtschaft der kapitalistischen Länder gewaltige Rückstände aufzuholen hat. Regionale und saisonale Versorgungsengpässe gehören zum täglichen Bild. Während ein Landwirt in den USA im Durchschnitt 15 t Getreide erzeugt, bringt es sein sowjetischer Kollege auf nur 5,3 t. Bei wachsender Bevölkerungszahl, zunehmendem Anteil der Stadtbevölkerung und steigendem Lebensstandard wird es immer schwieriger, die Ernährung zu sichern. Davon zeugen die spektakulären Weizeneinkäufe der SU in den USA, Kanada und Australien während der letzten Jahre. Auch für das Jahr 1979 hat die SU in den USA wieder 15,5 Mio. t Weizen geordert (geschätzte Gesamtimporte 1979: 32 Mio. t). Der Fünfjahresplan 1981–1985 sieht zwar eine durchschnittliche Getreideproduktion von 240 Mio. t vor, doch dürfte auch damit die SU nicht unabhängig von Importen sein, da es nicht nur darum geht, die stark vom Brot abhängige Ernährung zu sichern, sondern darüber hinaus auch Vorräte anzulegen sind und den langfristigen Lieferverpflichtungen gegenüber den RGW-Partnern nachzukommen ist.

Die Gründe für die Rückständigkeit sind aber nicht nur in den geschilderten natürlichen Hemmnissen zu suchen. Sie liegen in nicht unerheblichem Maß auch im politischen und sozioökonomischen Bereich.

Anbauflächen einzelner Fruchtarten in der Sowjetunion (in Mio. ha)

	1913	1928	1955	1960	1976
Getreide	104,6	92,2	126,4	115,6	127,8
Weizen	*33,0*	*27,7*	*60,5*	*60,4*	*59,7*
Roggen	*28,2*	*24,1*	*19,1*	*16,2*	*9,0*
Mais	*2,2*	*4,4*	*9,1*	*5,1*	*3,3*
Kartoffeln und Gemüse	5,1	7,7	11,4	11,2	9,2

Die landwirtschaftliche Erzeugung in der UdSSR im Jahre 1973 und 1977 im Vergleich

	Erzeugung (Mio. t)			Ertrag (dt/ha)		
	UdSSR	USA	Bundesrepublik Deutschland	UdSSR	USA	Bundesrepublik Deutschland
Weizen	109,8 92,0	46,6 55,1	7,1 7,2	17,4 14,7	21,4 20,6	44,5 45,2
Roggen	10,8 8,5	0,7 0,4	2,6 2,5	15,3 12,7	16,0 15,4	34,9 36,2
Gerste	55,0 52,6	9,2 9,1	6,6 7,5	18,7 15,3	21,7 23,6	39,6 41,9
Hafer	17,5 18,4	9,6 10,9	3,0 2,7	12,7 14,1	16,9 20,0	37,1 34,3
Mais	13,2 11,0	143,3 161,5	0,6 0,57	32,8 32,7	57,4 57,0	54,1 56,0

Die sowjetische Getreideproduktion und der Außenhandel mit Getreide 1961–1979 (Mio. t)

	Bruttoernte	Import	Export		Bruttoernte	Import	Export
1961	130,8	0,7	7,5	1970	186,4	2,2	5,7
1962	140,2	–	7,8	1971	181,0	3,5	8,6
1963	107,5	3,1	6,2	1972	168,0	25,0*	?
1964	152,1	7,3	3,5	1973	222,5	?	?
1965	121,1	6,4	4,3	1974	195,7	?	?
1966	171,2	7,7	3,6	1975	ca. 120,0	26	2,7
1967	147,9	2,2	6,2	1976	141,0	10	2,6
1968	169,5	1,6	5,4	1977	182,5	18	0,8
1969	162,4	0,6	7,2	1978	235,0	15	?
				1979	180,0	32	?

* Bezogen auf das Wirtschaftsjahr 1972/73 (Aus pol. Gründen ab 1972 keine genauen Zahlenangaben und z. T. nur noch auf Weizen bezogen. 1978 mit Rekordernte wieder Getreide)

Eduard Müller-Temme: Die Sowjetunion, Staat und Wirtschaft. Geographische Zeitfragen, Heft 4. Frankfurt: Hirschgraben 1979, S. 31–32, ergänzt

2.3.3 Aktionen zur Produktionssteigerung

Zur Überwindung der Engpässe in der Nahrungsmittelversorgung werden seit Beginn der vierziger Jahre immer neue Kampagnen, zum Teil mit großem Propagandaaufwand, durchgeführt.

1945 – die *Feld-Gras-Kampagne:* Durch Einschalten von Brache oder Grasland versuchte man die Bodenfruchtbarkeit besonders in den Getreidegebieten zu erhöhen. Gleichzeitig sollte der Viehbestand vergrößert werden. Der Erfolg blieb aus; die Kampagne wurde endgültig 1961 aufgegeben.

1948 – der sogenannte *Stalinplan zur Umgestaltung der Natur:* In den Steppen und Waldsteppengebieten des europäischen Teils wurden *Waldschutzstreifen* angelegt, die die Windgeschwindigkeit brechen, die Verdunstung verringern und somit das Bodenklima für den Getreide- und Futteranbau in den klimatischen Risikogebieten günstig beeinflussen sollten. Trotz Anfangserfolge mußte das Projekt wegen der extrem hohen Kosten gestoppt werden. Aus dem gleichen Grund blieben auch Pläne zur Trockenlegung von Sümpfen in den Anfängen stecken.

1954 – die *Neulandaktion* Chruschtschews: Zur Steigerung der intensiven Viehzucht plante Chruschtschew in der Ukraine nach amerikanischem Vorbild Mais (als Futterbasis) anstelle von Weizen anzubauen. Um diese Weizengebiete zu ersetzen, wurde der Getreideanbau nach Osten verlagert. Nach offiziellen Plänen sollten insgesamt 69 Mio. ha Neuland als Ackerfläche gewonnen werden, vorwiegend an den Grenzen des lohnenden *Regenfeldbaus* in Nordkasachstan, Südsibirien und im Vorland des südlichen Ural. Gleichzeitig sollten damit die neuen Industriegebiete in Westsibirien und Kasachstan (billiger) mit Nahrungsmitteln versorgt werden. Die Neulandaktion – auch *Zelina-Bewegung* (Zelina = russ. „unversehrt") genannt – wurde im Frühjahr 1954 mit erheblichem Propagandaaufwand gestartet.

Neulandgewinnung (1954–1960) und Getreideernteerträge in Neulandgebieten (1949–1973)

Unionsrepublik Wirtschaftsbezirk	Neulandgewinnung (1000 ha)				Getreideerntemenge in Neulandgebieten (1000 t)				
	1954	1955	1956 bis 1960	1954 bis 1960	1949 bis 1953	1954 bis 1958	1959 bis 1963	1964 bis 1968	1969 bis 1973
Russische SFSR	8 667	3 119	4 566	16 352	18 755	31 436	35 834	42 896	47 359
davon Wirtschaftsbezirk:									
West- und Ostsibirischer, Fernöstlicher	5 637	1 743	3 718	11 098	9 059	18 408	16 422	18 579	22 362
Ural-	1 827	681	417	2 925	4 794	6 049	9 311	11 038	11 950
Wolga-	1 203	695	431	2 329	4 902	6 979	10 101	13 279	13 047
Kasachische SSR	8 531	9 436	7 517	25 484	3 942	13 740	15 767	18 202	24 326
Neulandgebiete insgesamt	17 198	12 555	12 083	41 836	22 697	45 176	51 601	61 098	71 685
Sowjetunion insgesamt					80 948	110 313	124 699	152 364	184 228

Quelle: Narodnoe chozjajstvo SSSR, Moskau

Länderbericht Sowjetunion 1977. Statistik des Auslandes. Wiesbaden: Statistisches Bundesamt (Hrsg.). Wiesbaden 1977, S. 47

In den ersten beiden Jahren wurden 30 Mio. ha Land umgebrochen, bis 1960 stieg das neugewonnene Ackerland auf 42 Mio. ha (fast das Sechsfache der Ackerfläche der Bundesrepublik). Allein in Kasachstan, dem Schwerpunkt der Neulandaktion, wuchs die Aussaatfläche zwischen 1954 und 1960 von 7 Mio. ha auf 25 Mio. ha. Damit stieg der Anteil Kasachstans an der Getreideerzeugung der SU von 5 auf 13%. Heute entfallen fast 35% der gesamten Getreideproduktion der SU auf die Neulandgebiete. Vom wirtschaftlichen Standpunkt aus zweifelsohne ein Erfolg.

Die Stabilisierung der Ernte, das eigentliche Ziel der Aktion, wurde jedoch nicht erreicht, und somit muß auch der Gesamterfolg in Frage gestellt werden, zumal nach einigen Anfangserfolgen die Hektarerträge weit hinter den erwarteten Ergebnissen zurückblieben. Die Gründe sind in erster Linie in der Mißachtung der natürlichen Gegebenheiten zu sehen. Die Ackerflächen liegen vorwiegend im Bereich der kastanienfarbenen Böden, die zwar von guter Qualität sind, aber bei kapillarem Aufstieg des Bodenwassers ($N \leqq V$) leicht versalzen, und deren Ertragsfähigkeit bei Monokulturen durch den schnellen Humusabbau rasch nachläßt. Problematisch sind auch die Niederschlagsverhältnisse, die z. T. unter 300 mm liegen (bei einer potentiellen Verdunstung von 600 mm) und somit ein erhebliches agrarklimatisches Risiko darstellen. Hinzu kommen die Kürze der Vegetationsperiode, die geringe Regenverläßlichkeit, die Gefahr der Austrocknung beim Auftreten der Trockenwinde und frühe Wintereinbrüche, so daß in einem Zeitraum von zehn Jahren mindestens zwei bis drei Mißernten einzuplanen sind und man im gleichen Zeitraum nur mit zwei bis drei guten Ernten rechnen darf.

Als Folge der Vernichtung der natürlichen Steppenvegetation und der nachfolgenden Getreidemonokultur zeigt schon heute ein Drittel der Neulandfläche Kasachstans erhebliche *Erosionsschäden*. Trockenwinde aus dem Osten (die sogenannten *Schwarzen Stürme,* vergleichbar mit den Black Blizzards in den USA) entziehen dem Boden die Feuchtigkeit, lassen das Getreide am Halm binnen weniger Stunden verdorren oder ersticken die Pflanzen unter mehreren Zentimeter mächtigen Flugsanddecken. Allein in einem einzigen Jahr, 1965, sind von der

Sandstürme in Kasachstan

Günter Niemz und Gerhard Seifert: Bodenzerstörung und Bodenerhaltung. Schülerheft. Herausgegeben vom RCFP-Lenkungsausschuß. Stuttgart: Klett 1980, S. 21

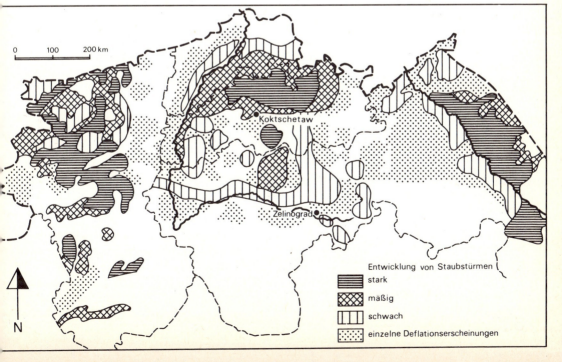

Winderosion im Neuland Kasachstans 15 Mio. ha erfaßt worden. Seit 1953 entstanden dort 3 Mio. ha Wanderdünen. Nach Ursachen, Erscheinungsform und Ausmaß erinnern die Vorgänge der Bodenerosion an die in den Great Plains der USA in den dreißiger Jahren. Die katastrophale Mißernte von 1963, die in Kasachstan einen Hektarertrag von 3,1 dz brachte, zwang schließlich zu einem Umdenken. Durch neue Agrarmethoden, neue Fruchtfolgen, die Einführung des Winterweizens und eines Saatgutes, das den ökologischen Verhältnissen besser angepaßt ist, konnte in jüngster Zeit eine gewisse Stabilisierung erreicht werden. So lagen die Erträge im Jahresdurchschnitt 1966–1976 mit 9,2 dt/ha um 35% über dem Schnitt der Jahre 1957–1965 (6,8 dt/ha). Trotz der Rekordernten von 1978 (27,9 Mio. t) und 1979 (33,6 Mio. t) blieben jedoch die Hektarerträge insgesamt erheblich unter den Mittelwerten der SU und besonders der Ukraine (Hektarerträge Kasachstans in Prozent des SU-Mittels 1978: 60,4%). Deswegen scheint die Frage berechtigt, ob man durch eine Intensivierung in den traditionellen Landwirtschaftsregionen der Lösung der permanenten Agrarmisere nicht nähergekommen wäre als durch extensive Ausweitung in den instabilen Trockengebieten.

Zusammenhang zwischen den Niederschlägen im Juni/Juli und dem Ertrag von Sommerweizen im Gebiet Koktschetaw (Nord-Kasachstan)

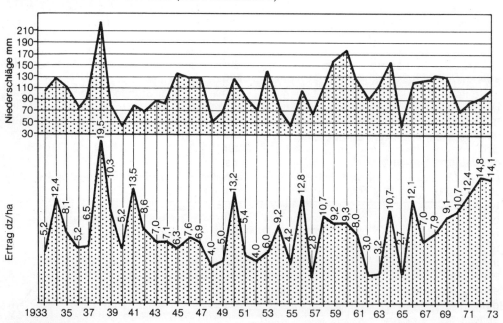

Eduard Müller-Temme: Die Sowjetunion, Staat und Wirtschaft. Geographische Zeitfragen, Heft 4. Frankfurt: Hirschgraben 1979, S. 29

Langfristige Erfolge dürfte die seit 1963 begonnene *Intensivkampagne* bringen: verstärkter Mineraldüngereinsatz, Bewässerungsprojekte in den Trockengebieten (im Zusammenhang damit können auch die heftig umstrittenen Pläne zur Umleitung der sibirischen Ströme Ob, Irtysch und Tobol nach Süden gesehen werden, vgl. Kap. Umweltbelastung, S. 239), Anlage von Wasserreservoiren oder die Wiederaufnahme der Pläne zur Umgestaltung der Natur (Anpflanzung von *Windschutzhecken* und Waldstreifen, Verbesserung der Wasserkontrolle). Ein großangelegtes Projekt zur Produktionssteigerung lief 1974 in den feuchten *Podsol*gebieten des europäischen Rußlands an. Im Rahmen des sogenannten *Nichtschwarzerdeprogramms* sollen bis 1990 10 Mio. ha

Land trockengelegt, 2–2,5 Mio. ha für Weideflächen und Gemüseanbau in der Nähe der industriellen Ballungsgebiete berieselt und auf 8–10 Mio. ha Maßnahmen zur Melioration durchgeführt werden. Außerdem soll die Produktion durch erhöhten Düngereinsatz und eine verstärkte Mechanisierung, Spezialisierung und Kooperation der Betriebe intensiviert werden. Zur Durchführung dieser Maßnahmen sind für den Zeitraum 1976 bis 1980 rund 35 Mrd. Rubel vorgesehen; das entspricht etwa der Summe der Zuwendungen, die der gesamten Landwirtschaft der UdSSR von 1951 bis 1960 zur Verfügung gestellt wurde. Das Nichtschwarzerdeprogramm bedeutet eine Rückkehr in den historischen Kernraum der SU, in dem zwar die naturgeographischen Voraussetzungen relativ ungünstig sind, die Nähe zu den Hauptabsatzgebieten die hohen Investitionen jedoch vertretbar erscheinen lassen.

2.4 Die Industrie

Das zaristische Rußland war ein Agrarland mit einem Anteil von nur 3% an der industriellen Weltproduktion. In der Entwicklung der Gesellschaft und Wirtschaft galt es als einer der rückständigsten Staaten Europas. Bergbaulich war es kaum erforscht; viele Rohstoffe und die wichtigsten Industriegüter mußten aus dem westlichen Europa eingeführt werden. Im Austausch wurden Getreide und andere unveredelte Agrarprodukte exportiert. Der Anteil der Beschäftigten in Industrie und Bauwirtschaft lag 1913 bei 9%; 75% waren in der Land- und Forstwirtschaft tätig; 82% der Bevölkerung lebte auf dem Land. Da der Erste Weltkrieg und der anschließende Bürgerkrieg das Wirtschaftsleben weitgehend zerrütteten, änderte sich die Situation auch in den ersten Nachrevolutionsjahren kaum.

Heute steht die SU in der industriellen Produktion hinter den USA an zweiter Stelle. Nach sowjetischen Angaben wurden 1975 im Vergleich zur amerikanischen Industrie folgende Anteile erreicht: industrielle Produktion insgesamt 80%, Elektroenergie 49%, Erdölförderung 119%, Stahl 130%, Mineraldünger 131%, Zement 188%. Der Anteil an der Industrieproduktion der Erde liegt heute bei etwa 20% (USA: etwa 35%); der Anteil der Beschäftigten in Industrie und Bergbau bei 36% (Landwirtschaft 20%). Wenn diese numerischen Angaben, die von der SU gerne als Beweis für die Überlegenheit des kommunistischen *Wirtschaftssystems* gewertet werden, auch wenig aussagen über den sozioökonomischen Rahmen, über die Art, wie und auf wessen Kosten das Wachstum erzielt wurde, so sind das Wachstumstempo und die industrielle Dynamik doch insgesamt beeindruckend.

2.4.1 Natürliche Grundlagen und Aufbau der Industrie

Welches sind die Grundlagen dieses raschen industriellen Aufschwungs, und wie ist dieser Aufschwung aus den Grundlagen aufgebaut?

Ausschlaggebend waren die reichen *Rohstoff-* und *Energiequellen* sowie ein großes und billiges Arbeitskräftepotential. Die UdSSR fördert heute etwa 17% des gesamten jährlichen Wertes der Bergbauproduktion der Welt (USA: 22%). Obwohl ein Viertel des Territoriums geologisch noch nicht vollständig erforscht ist und die offiziellen statistischen Angaben über die prospektierten, berechneten und vermuteten Vorräte aus terminologischen Gründen mit denen anderer Länder nur bedingt vergleichbar sind, kann mit Sicherheit gesagt werden, daß die SU zu den an Bergbauvorkommen und Energiequellen reichsten Ländern der Erde gehört. Sie liegt an erster oder zweiter Stelle bei der Förderung von Eisenerz, Platin, Mangan, Chrom, Blei, Zink, Quecksilber, Uran, Kupfer, Gold, Silber, Kohle, Erdöl, Erdgas, Kali, Asbest, Schwefel und anderem. Der Anteil der SU an den Weltvorräten liegt zum Teil noch erheblich über den Produktionsanteilen.

Über die wichtigsten Bergbauzentren gibt die Abbildung auf Seite 334 Auskunft. Alle für die Wirtschaft wichtigen Mineralien kommen in abbauwürdigen Lagerstätten vor. Insgesamt verfügt das Land über mehr als die Hälfte aller Weltvorräte an Brennstoffen. Fast 20% dieser Rohstoffe werden exportiert, die SU ist damit der bedeutendste Lieferant von Energierohstoffen auf dem

Weltmarkt. Neben den Energieträgern Kohle, Erdöl und Erdgas wird zunehmend die Wasserkraft wirtschaftlich genutzt. Die potentiellen Reserven an Hydroenergie sind noch lange nicht erschöpft. Zu den größten *Wasserkraftwerken* des Landes und der ganzen Erde gehören die Anlagen an der Angara bei Bratsk und Ust-Ilimsk sowie am unteren Jennisej bei Krasnojarsk. Die SU ist eines der wenigen Industrieländer, das den Bedarf an Brennstoffen und Energie aus eigenen Vorkommen decken kann. Dennoch lag sie Anfang 1979 auf dem Energiesektor hinter den Planzielen zurück. Raum, Zeit und Kapital sind die entscheidenden Hemmnisse bei den notwendigen Energiesteigerungen. Die Brennstoffe, besonders Erdöl und Erdgas, müssen über Entfernungen von 3000 bis 4000 km aus Sibirien und Sowjetmittelasien in die europäischen Verbraucherzentren transportiert werden. Hinzu kommen langfristige Lieferverpflichtungen an die meisten RGW-Staaten. Paradox mag in diesem Zusammenhang erscheinen, daß die SU von 1973 bis 1993 54 Mrd. Nm^3 (Normal-Kubikmeter) ukrainisches Erdgas in die Bundesrepublik Deutschland liefern will. Der Grund ist in dem fortwährenden Kapitalmangel der SU zu sehen. Die Roh- und Brennstoffexporte sollen die notwendigen Devisen für den wirtschaftlichen Aufbau der peripheren Räume bringen. Im laufenden und kommenden Fünfjahresplan ist verstärkt der Bau von Kernkraftwerken, besonders im europäischen Landesteil, geplant, um die „Energielücke" zu schließen.

Regionale Verteilung der Bergbauproduktion

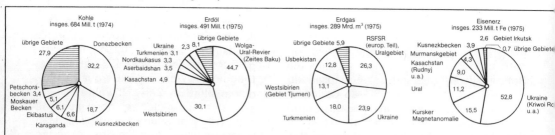

Nach Diercke Statistik '77. Braunschweig: Westermann 1977, S. 36

Günstige Voraussetzungen allein determinieren allerdings keineswegs eine umfängliche Nutzung, noch können sie das rasche Tempo der industriellen Erschließung erklären. Entscheidend ist, wie der Mensch auf die Naturvoraussetzungen reagiert, welchen Gebrauch er von den ihm zur Verfügung stehenden Ressourcen macht. Das hängt aber wiederum von den technischen und wirtschaftlichen Möglichkeiten sowie von der sozio-politischen Organisationsform der jeweiligen Gesellschaft ab. Das heißt: Der Frage der Industriepolitik ist besondere Beachtung zu schenken.

Ein diktatorisches Herrschaftssystem, das unbeschränkte Verfügungsgewalt über die Bürger und die staatlichen Institutionen hat, sowie eine *Zentralverwaltungswirtschaft* mit Staatseigentum an den Produktionsmitteln bestimmen seit 1928 die Wirtschaftspolitik der SU. Eine zentrale staatliche Planungskommission bestimmt das Produktionsprogramm, setzt Preise und Löhne fest, lenkt die Arbeitskräfte je nach Bedarf und kontrolliert die Durchführung des Plansolls. Das wichtigste Instrument der Wirtschaftsplanung sind die *Fünfjahrpläne*, mit denen seit 1929 gezielt die Umwandlung des Agrarlandes in einen Industriestaat vorangetrieben wird. Gemäß der Formel Lenins „Kommunismus = Sowjetmacht + Elektrifizierung des ganzen Landes" und dem Ziel Stalins, den Westen in den Bereichen Industrie und Militärwesen „in kürzester Zeit einzuholen und zu überholen", wurde vor allem der Aufbau der Energiewirtschaft, der Rüstungs-, Grundstoff- und Produktionsgüterindustrie gefördert. Dies war nur möglich bei gleichzeitiger Vernachlässigung der Verbrauchsgüterindustrie (vgl. Tab. S. 335), d. h. durch Konsumverzicht der Bevölkerung.

Relationsverschiebungen zwischen den beiden Produktionsbereichen

	1913	1928	1940	1950	1960	1970	1975
Gruppe A: Produktion von Produktionsmitteln (für Investitionszwecke)		35,1	39,5	61,2	68,8	72,5	73,4	74,0
Gruppe B: Produktion von Verbrauchsgütern (für Konsumzwecke der Bevölkerung)		64,9	60,5	38,8	31,2	27,5	26,6	26,0

Erst seit dem sechsten Fünfjahrplan (1956–1960) wird der Konsumgüterindustrie mehr Beachtung geschenkt, ohne dadurch jedoch das Primat der Schwerindustrie abzubauen. Mit der einseitigen Bevorzugung der Grundstoff- und Produktionsgüterindustrie ging die SU den umgekehrten Weg der USA und anderer Industriestaaten des Westen, wo die Leicht- und Verbrauchsgüterindustrie Impuls der industriellen Entwicklung waren.

Um das Potential des Riesenraumes optimal zu nutzen und die Industriestandorte gleichmäßig über das Land zu verteilen, werden mit Beginn des ersten Fünfjahrplanes die Rohstoffgebiete am Rand und außerhalb des bisherigen Kernraumes systematisch erschlossen. Das führte zu einer schrittweisen Verlagerung der Industrie in den hohen Norden (z.B. Workuta) und nach Osten in den mittleren Ural und nach Sibirien. Die notwendigen Arbeitskräfte mußte die Landwirtschaft stellen (Kollektivierung!), oder sie setzten sich aus dem Millionenheer von Zwangsdeportierten und Kriegsgefangenen zusammen. Es gibt kaum ein Großprojekt der Industrialisierungszeit oder der fünfziger Jahre, an dem nicht Zwangsarbeiter beteiligt gewesen waren. In den letzten Jahren werden Anzeichen eines Übergangs von der extensiven zur intensiven Phase der sowjetischen Industrie deutlich. Nicht Ausweitung des Produktionsapparates ist das Ziel, sondern Verbesserung der Arbeitsproduktivität durch Modernisierung und Mechanisierung vorhandener Anlagen. Der zehnte Fünfjahrplan (1976–1980) mißt der Hebung des Lebensstandards der Bevölkerung erhöhte Bedeutung bei; wie im Westen spielt auch in der SU die Rentabilitätsfrage eine zunehmende Rolle.
Für Planungs- und Koordinierungszwecke wurde 1963 das Staatsgebiet in 19 Großräume, sogenannte *Makrorayons*, eingeteilt. Der Gliederung liegen folgende Prinzipien zugrunde:
– Jeder Rayon ist ein „territorialer Produktionskomplex", d.h., er unterscheidet sich durch sein Produktionsprofil von den Nachbarrayons. Die Grenzen dürfen dabei die Republikgrenzen nicht schneiden.
– Jeder Rayon soll nach Möglichkeit wirtschaftlich autark sein, d.h. durch ausreichende Energiequellen, Rohstoffe, Agrarprodukte und Arbeitskräfte sich selbst versorgen können.
– Jeder Rayon soll sich an einer überregionalen Arbeitsteilung des Landes beteiligen, indem solche Wirtschaftszweige gefördert werden, für die die jeweiligen Produktionsbedingungen besonders günstig sind, so daß die niedrigen Gestehungskosten auch längere Transportwege kompensieren können.

2.4.2 Ausgewählte Industrieräume – Beispiele verschiedener industrieller Erschließungsetappen

Die Verteilung der industriellen Standorte (Atlas!) zeigt eine deutliche Konzentration auf den europäischen Landesteil mit den Zentren Moskau und Leningrad, südliche Ukraine und Ural.
Moskau ist das industrielle Zentrum mit einem Anteil von 25% an der Großindustrie der SU (besonders Maschinenbau, chemische Industrie, Nahrungs- und Verbrauchsgüterindustrie). Grundlage sind nicht Bodenschätze, sondern ein aufnahmefähiger Absatzmarkt, die zentrale Verkehrslage und ein großes Potential qualifizierter Arbeitskräfte.
Die Ukraine ist mit Abstand das größte Schwermaschinenzentrum und der wichtigste Standort der eisenschaffenden Indu-

strie. Die Anteile an der Gesamtproduktion der SU betragen in der eisenschaffenden Industrie 46%, in der eisenverarbeitenden Industrie 45% (1976). Entscheidend für die Vormachtstellung sind die Nachbarschaft von Kokskohle im Donezbecken und die hochwertigen Eisen- und Manganerze von Kriwoi Rog bzw. Nikopol sowie der landwirtschaftlich und verkehrsmäßig gut erschlossene und dicht besiedelte Raum.

Im folgenden sollen drei Industrieräume ausführlicher beschrieben werden. Sie können als Beispiele verschiedener industrieller Erschließungsetappen gelten, indem sie die im Laufe der Zeit sich mehrmals gewandelte Industriepolitik des Landes widerspiegeln.

Das Industriedreieck Ural–Kusnezk–Karaganda

Die Gründung des *Ural–Kusnezk–Kombinats (UKK)* in den frühen dreißiger Jahren ist ein klassisches Beispiel für die industrielle Inwertsetzung der östlichen Entwicklungsgebiete und gleichzeitig Ausdruck der räumlichen Umorientierung der Sowjetindustrie mit Beginn des ersten Fünfjahrplanes. Der Erzreichtum des Ural war schon in zaristischer Zeit bekannt. Bereits zu Beginn des 17. Jahrhunderts wurden die Eisen-, Bunt- und Edelmetalle des mittleren Ural ausgebeutet. 1702 entstanden die ersten Hütten- und Eisenwerke auf der Basis der leicht ausbeutbaren hochwertigen Eisenerze, der Holzvorräte und der Wasserkräfte. Als Rußland im Nordischen Krieg seinen wichtigsten Eisenlieferanten Schweden verlor, trieb Zar Peter der Große den Ausbau der Hüttenindustrie voran. Der Ural wurde zum Zentrum der Eisenindustrie. Ende des 18. Jahrhunderts hatte die Eisenproduktion England und Schweden überflügelt; Rußland war der wichtigste Eisenexporteur Europas. Die Vormachtstellung des Ural hielt so lange an, bis Ende des 19. Jahrhunderts das Koksverhüttungsverfahren in Rußland eingeführt wurde. Da im Ural Kokskohle fehlt, verlagerte sich der Schwerpunkt der eisenschaffenden Industrie in die südliche Ukraine (Donez-Kohle und Eisenerze von Kriwoy Rog). Kamen 1880 noch 80% der russischen Roheisenproduktion aus dem Ural, so waren es 1913 nur noch 22%. Der Anteil der Ukraine stieg im gleichen Zeitraum von 5% auf 75%. Die Ukraine wurde die erste „Kohlen-Eisen-Basis" des Landes; der Ural verlor seine Vormachtstellung.

Einen neuen Aufschwung nahm der Ural mit Beginn der sowjetischen Industrialisierung Anfang der dreißiger Jahre. Grundlage waren wieder die leicht erschließbaren – z.T. auch neu entdeckte – Bodenschätze sowie industriell erfahrene Arbeitskräfte und ein relativ gut ausgebautes Eisenbahnnetz. Die neu zu schaffende zweite Hüttenbasis sollte Ausgangspunkt, „Brückenkopf der industriellen Erschließung Sibiriens" werden. Zugleich konnte hier eine vor feindlichen Zugriffen sichere Rüstungsindustrie aufgebaut werden. Mit amerikanischer Hilfe entstand 1931 das UKK. Unter *Kombinat* ist die räumliche und organisatorische Verbindung von verwandten, sich gegenseitig ergänzenden Industriezweigen zu sehen, im Falle des UKK die Verbindung der Kohlefelder des Kusbass (Kusnezker Becken) mit den Erzlagerstätten im Südural (Magnitogorsk) und den Metallzentren um Tscheljabinsk und Swerdlowsk. Über eine Strecke von 2000 km wurde Kohle zum Erz und als Rückfracht Erz zur Kohle transportiert. Am uralischen Endpunkt des UKK entstanden Hütten- und Stahlwerke; eisenverarbeitende Betriebe schlossen sich an wie die Traktorenwerke von Tscheljabinsk oder die Schwermaschinenfabriken in Swerdlowsk. Mit der Verlagerung von 450 Betrieben aus dem bedrohten Westen in den Ural und der Umstellung der Schwerindustrie auf Kriegsindustrie entwickelte sich während des Zweiten Weltkriegs der Ural zur „Waffenschmiede" der SU. Über 40% der Waffen wurden hier hergestellt; der Anteil an der Stahl- und Roheisenproduktion stieg auf 50 bzw. 27%.

Eine neue, die dritte Phase in der Entwicklung des Ural begann mit der Erschließung der Kohlefelder in dem näher gelegenen Karaganda (Kasachstan), die durch die *Südsibirische Eisenbahn* an den Südural angeschlossen wurden. Das UKK wurde aufgelöst. Die Karagandakohle löste den Kusbass als Hauptkohlelieferanten für den Ural ab. Die zur Neige gehenden Erze von Magnitogorsk werden vor allem durch die Vorräte im nordwestlichen Kasachstan ersetzt. Die Hüttenwerke werden nicht weiter ausgebaut.

Das UKK, Beispiel für die Entstehung und Neuorientierung von Kombinaten

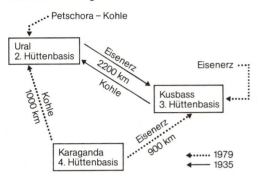

Entwicklung des Kusnezker Industriegebiets

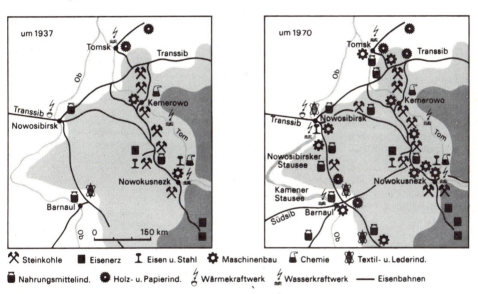

Fischer Kolleg, Bd. 9: Geographie. Frankfurt: Fischer Taschenbuch Verlag 1973, S. 55

Eine vergleichbare Entwicklung vollzog sich im Kusnezk-Becken. Als Ersatz für die Uralerze wurden neue Gruben am Nordrand des Altai erschlossen und mit dem Kusbass zu einem neuen Kombinat zusammengefaßt. Das Kusnezker Revier entwickelte sich somit vom Kohlelieferanten zum selbständigen Industrierevier (3. Hüttenbasis) mit den Bergbau- und Schwermaschinenzentren Nowokusnezk, Nowosibirsk und Omsk. Ähnlich wie der Ural in den 30er Jahren erhielt das Industrierevier die Funktion eines „Entwicklungshelfers" bei der Erschließung der Neulandgebiete.

„Pushing economy into space" – *Raumerschließung* am Rand der Ökumene durch Bergbau und Industrie. Mit diesem Schlagwort läßt sich treffend die sowjetische Industrialisierungspolitik nach dem Zweiten Weltkrieg umschreiben. Die bekanntesten Beispiele für den Versuch, bislang ungenutztes physisch-geographisches Potential in die Wirtschaft einzubeziehen, sind:
– der Bau von Wasserkraftwerken in Ostsibirien Mitte der 50er und Anfang der 60er Jahre (Bratsk, Krasnojarsk, Ust-Ilimsk);
– die Ausbeutung der Erdöl- und Erdgasvorräte am mittleren Ob (Tjumen) in der zweiten Hälfte der 60er und in den 70er Jahren;
– der Bau der *Baikal-Amur-Magistrale (BAM)* im Fernen Osten, Baubeginn 1974.

Die stalinistische Praxis, das Problem der mangelnden Arbeitskräfte bei der industriellen Erschließung peripherer Räume durch Zwangsmaßnahmen (Archipel Gulag) zu lösen, ist heute nicht mehr anwendbar. Kapital und Technik müssen den Masseneinsatz von billigen Arbeitskräften ersetzen.

Bratsk

Der Bau der *Wasserkraftwerke* an der Angara ist Ausgangspunkt und Grundlage für den Aufbau eines der jüngsten Industriezentren der SU. Ende 1954 begann man bei Bratsk mit dem Bau der ersten Staustufe einer gigantischen Kraftwerksanlage; sieben Jahre später lieferte die erste von 20 Turbinen (zu je 225000 kW) Strom. Heute, nach der Fertigstellung aller Aggregate, zählt das Bratsker Hydrokraftwerk mit einer jährlichen Leistung von 22,6 Mrd. kWh Strom zu den größten der Welt. Von gleicher Größe wie Bratsk ist das inzwischen fertiggestellte Kraftwerk von Ust-Ilimsk, ebenfalls an der Angara. Weitere Großkraftwerke sind geplant oder in Bau, wie das Sajan-Kraftwerk am Jenissej, das auf 6,4 Mio. kW angelegt ist (Bratsk 4 Mio. kW, Krasnojarsk 6 Mio. kW). Lange wurden Sinn und Zweck des Unternehmens in Frage gestellt, da es für die gewonnene Energie anfänglich wenig Verwendungsmöglichkeiten gab. Es existiert noch kein gesamtsowjetisches Verbundnetz, das, wie geplant, den europäischen Landesteil mit der gewonnenen Energie hätte beliefern können; ein geplantes Aluminiumwerk war noch nicht fertiggestellt, und der Ostteil der Transsib war noch nicht zur Elektrifizierung eingerichtet und fiel somit ebenfalls als Abnehmer aus. Inzwischen arbeiten jedoch mehrere Werke auf der Basis der Bratsker Energie, so einige Nahrungsmittelbetriebe, ein großes Holzkombinat und das genannte *Aluminium*werk, das inzwischen als eines der größten der SU gilt. Geplant sind weiterhin Hütten- und Stahlwerke für die Verarbeitung der Angaraerze und für die riesigen Kupferlagerstätten von Naminga an der BAM. Galt Bratsk lange als Irrtum, so zeigt sich in jüngster Zeit immer mehr, daß der Bau des Kraftwerkes nur der Beginn einer vielseitigen Wirtschaftsentwicklung ist, das Organisationszentrum für die wirtschaftliche Erschließung Ostsibiriens.

Bratsk gilt auch insofern als „Modell der modernen Erschließung Sibiriens" (Karger), als Stadt und Kraftwerk nicht von Zwangsarbeitern, sondern von freiwilligen Mitarbeitern, besonders Jugendlichen erbaut wurden, denen erhebliche materielle Anreize (z.B. 40% Sibirienprämie auf den Grundlohn, bessere Wohn- und Versorgungsverhältnisse) geboten wurden. Trotz dieser Vergünstigungen kommt es wegen der extrem harten Lebensbedingungen zu Wanderungsverlusten. So muß ein aufwendiger technischer Apparat mehr und mehr die Massenarbeitskräfte ersetzen.

Die Baikal-Amur-Magistrale

Um die Erschließung der Rohstoffreserven und eine rationelle Verteilung der Produktivkräfte über das ganze Land geht es auch beim Bau der 1974 begonnenen *Baikal-Amur-Magistrale* (BAM). Als Entlastungsstrecke der Transsib führt sie über fast 3200 km von Uskut an der Lena bis Komsomolsk am pazifiknahen Amur.

Zu ihrem Wirkungs- und Einzugsbereich soll eine Zone von 150–200 km zu beiden Seiten der Strecke gehören; insgesamt wird damit ein Gebiet von 1,5 Mio. km^2 erschlossen – das entspricht der sechsfachen Größe der Bundesrepublik. Die technischen Schwierigkeiten beim Bau sind erheblich: Klimaungunst, Dauerfrostboden, Hangrutschungen, Lawinengefahr, Erdbebengefährdung. Vier Gebirgszüge müssen auf etwa 25 km untertunnelt werden; 140 Brücken von zusammen 31 km Länge überspannen die breiten Täler.

Wie beim Aufbau des Bratsker Industrieviers werden den Planern, Technikern und Arbeitern handfeste materielle Vorteile gewährt: bessere Versorgung mit Nahrungsmitteln, Verbrauchsgütern und Dienstleistungen, bis 70% Zulage auf den Grundlohn, längerer Urlaub, billige Anschaffungskredite für Familien, günstige Aufstiegschancen und Möglichkeiten der schulischen und beruflichen Fortbildung.

Nach offiziellen Angaben liegen dem Projekt folgende Ziele zugrunde: Gewinnung von Energierohstoffen (besonders Steinkohle im südjakutischen Becken, Erdöl im Gebiet der oberen Lena, Erdgas), Eisenerzen, Asbest, Bunt- und Edelmetallen, z.B.: Ausbeutung der reichen Kupferlagerstätten von Udokan (Schätzungen ihres Umfangs gehen bis auf 40% der gegenwärtig bekannten Weltvorräte) sowie der Vorkommen an Nickel, Zinn, Wolfram, Molybdän, Blei, Quecksilber, Nephelin und Apatit. Hervorgehoben wird ferner der Reichtum an Holz und potentieller Hydroenergie. Wo immer es möglich ist, soll entlang der Bahn auch Landwirtschaft betrieben werden. Nach ihrer für 1985 geplanten Fertigstellung soll die BAM eine Transportkapazität von 35 Mio. t im Jahr haben. 60 neu angelegte bzw. anzulegende Städte sollen entlang der Strecke 1,5 Mio. Menschen Arbeitsplätze bieten – in der Schwer- und Leichtindustrie, im Bergbau, in der Petrochemie und in Kraftwerken. Die Erschließung erfolgt punktuell von einzelnen Entwicklungskernen aus, den sogenannten „territorialen Produktionskomplexen", die als Siedlungs- und Wirtschaftszellen entlang der Eisenbahn in besonderen Gunsträumen angelegt werden (vgl. Abb. S. 339).

Neben den wirtschaftlichen und infrastrukturellen Gründen spielen für den Bau sicherlich auch strategische Erwägungen eine Rolle, da die bislang einzige westöstlich verlaufende Eisenbahnlinie Sibiriens, die Transsib, zu dicht an der Grenze zur Volksrepublik China liegt.

Mit dem Bau der BAM und der anderen Erschließungsprojekte rückt die Industrie schrittweise vom Ural in den Raum Kusnezk-Karaganda, in das Angara-Jennisej-Becken und weiter in den Fernen Osten bis zur Pazifikküste. Der Vorgang der wirtschaftlichen Erschließung ist zwar noch nicht abgeschlossen, Ostsibirien ist aber nicht mehr nur Rohstofflieferant, sondern in vielen Bereichen inzwischen auch Selbstversorger. Allmählich zeichnet sich eine bisher nicht vorhanden gewesene rationelle Arbeitsteilung zwischen den einzelnen Regionen des Landes ab.

Wirtschaft und Planung im Bereich der BAM
Nach Sowjetunion. In: Information zur politischen Bildung, 1979, Folge 182, Kartenteil XVI. Bundeszentrale für politische Bildung (Hrsg.). Bonn; Berliner Freiheit 7

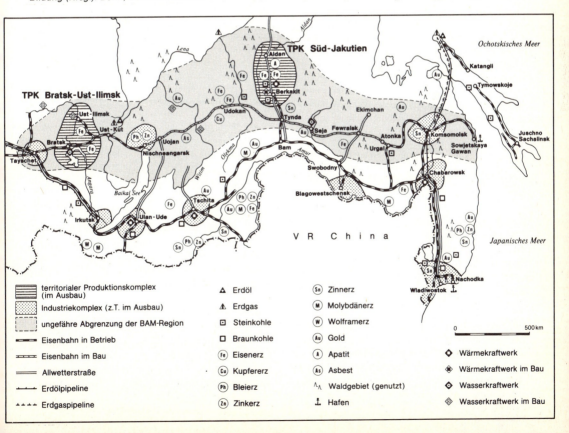

Geplante Industrieentwicklung nach dem 10. Fünfjahrplan 1976–1980

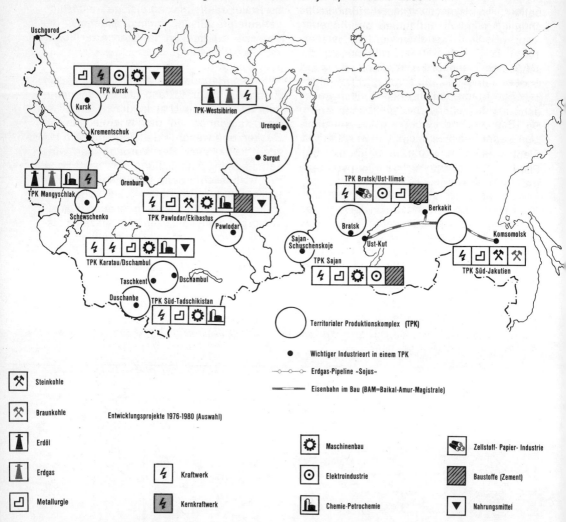

Nach Sowjetunion. In: Informationen zur politischen Bildung, 1979, Folge 182, Kartenteil XIII. Bundeszentrale für politische Bildung (Hrsg.). Bonn; Berliner Freiheit 7

2.5 Bevölkerungsbewegungen und Nationalitätenprobleme

Mit der Industrialisierung gehen, ähnlich wie in den USA, weitgehende Veränderungen in der Bevölkerungs- und Siedlungsstruktur einher. Diese Veränderungen haben in der SU zwar später als in den USA eingesetzt, vollziehen sich aber in der Gegenwart mit gleicher Dynamik, erfassen den gesamten Staatsraum und den Großteil der Bevölkerung.

Eine allmähliche Bevölkerungsverlagerung von Westen nach Osten, eine rasche Verstädterung und die zunehmende *Russifizierung* des Landes sind die auffälligsten Begleiterscheinungen des wirtschaftlichen Umformungsprozesses.
Von 1940 bis 1975 hat die Bevölkerung im Uralgebiet um 45%, in Westsibirien um 35%, in Ostsibirien um 59%, in Mittelasien um 109%, im Fernen Osten um 103% und in Kasachstan um 130% zugenommen, während die Wachstumsquote für den europäi-

schen Teil im gleichen Zeitraum nur 13% betrug. Hauptursache dieser unterschiedlichen Entwicklung ist neben der höheren Geburtenrate in den östlichen Landesteilen vor allem eine starke Binnenwanderung, die schon im zaristischen Rußland einsetzte und von den Sowjets forciert vorangetrieben wurde. Leitlinie dieser Siedlungsausdehnung nach Osten sind die Eisenbahnen. So wird vor allem die Transsib zwischen Ural und Wladiwostok von einem schmalen Siedlungsband begleitet. Knotenpunkte der Eisenbahnen haben sich zu Industriezentren und Großstädten entwickelt.

Bevölkerungsverteilung

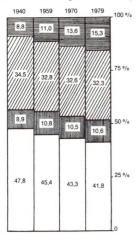

Sowjetunion. In: *Informationen zur politischen Bildung,* 1979 Folge 182, Seite 27 u. 28. Bundeszentrale für politische Bildung (Hrsg.). Bonn, Berliner Freiheit 7

Besonders kraß tritt seit sowjetischer Zeit der Prozeß der *Verstädterung* hervor. Von 1940 bis 1979 wuchs die Zahl der städtischen Bevölkerung von 63,1 Mio. auf 163,7 Mio., d.h. von 33% auf 62% der Gesamtbevölkerung. Gleichzeitig nahm die ländliche Bevölkerung – absolut und prozentual – ab. Anfang 1975 gab es 240 Städte mit mehr als 100000 Einwohnern, darunter 39 mit mehr als 500000. 1939 lagen die entsprechenden Zahlen noch bei 8,9 bzw. 11.

Das Wachstum der Städte vollzieht sich im Osten vor allem durch die geschilderte Binnenwanderung und durch *Landflucht*, im europäischen Landesteil durch administrative Umwandlung ländlicher Siedlungen in Städte oder durch Schließung kleinerer Dörfer und Verlegung der Dorfbewohner in benachbarte Sowchos- und Kolchoszentren.

Der Grad der Verstädterung ist am stärksten in der Ukraine, wo bereits Anfänge von *Städtebändern* (z.B. im Donbass-Gebiet) zu erkennen sind. Bemerkenswert ist dabei, daß der Entwicklungsprozeß in der SU nicht von den in vielen anderen Ländern üblichen Nebenerscheinungen, wie z.B. Arbeitslosigkeit oder *Slum*bildung, begleitet wird.

Entwicklung der Verstädterung (in %)

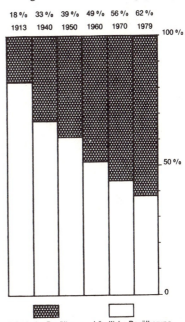

Sowjetföderalismus und Gewaltenkonzentration

Nach der Verfassung ist die SU als föderalistischer Staat konzipiert, d.h. eine Union von Republiken, gebildet auf der Grundlage der einzelnen Nationalitäten, die in der Regel auch der jeweiligen Unionsrepublik (SSR) den Namen geben. Die Unionsrepubliken sind nach der politischen Rechtsordnung souveräne Staaten mit eigener Verfassung und eigenen Staatsorganen. Sie haben laut Verfassung das Recht auf freien Austritt aus der Sowjetunion, von dem allerdings noch keine Unionsrepublik Gebrauch gemacht hat und nach dem sowjetischen Verständnis von ‚Selbstbestimmung' und infolge der Verfassungspraxis in Wirklichkeit auch nicht machen kann. Einigen dieser 15 Unionsrepubliken sind autonome Republiken (ASSR) angegliedert, die nationale Minderheiten zusammenfassen und eine eigene Verfassung haben. Auch kleineren Volksgruppen wird das Recht zugestanden, sich ihrer nationalen Besonderheit entsprechend in autonomen Gebieten (AG) und Nationalkreisen (NK) zu verwalten.

Das föderalistische Prinzip ist de facto jedoch mehrfach durchbrochen, da es im Ermessen der herrschenden Partei liegt, die verfassungsmäßig garantierte Autonomie einzelner Volksgruppen außer Kraft zu setzen, wie z.B. bei den Wolga-Deutschen und Krim-Tartaren im Zweiten Weltkrieg. Selbst einige der großen Nationalitäten (Deutsche 1,8 Mio., Polen 1,2 Mio.) sind im föderalen Aufbau des Staates nicht repräsentiert. So ist angesichts der herrschenden Rolle der KPdSU die SU in Wirklichkeit ein Einheitsstaat mit einer gewissen formalen Dezentralisation. Unter den zahlreichen Nationalitäten – die Volkszählung von 1970 führt offiziell 91 auf; die Zahl der ethnischen Gruppen ist jedoch mindestens doppelt so groß – stellen die ostslawischen Völker die weitaus größte Gruppe. Unter ihnen dominieren wiederum die Großrussen mit einem Anteil von 53,4% an der Gesamtbevölkerung, gefolgt von den Ukrainern (16,9%) und den Weißrussen (3,7%).

In einzelnen autonomen Territorien stellt heute nicht mehr die namengebende Nation die Mehrheit, sondern die zugewanderten Russen (Kasachstan: 4,2 Mio. Kasachen, 5,5 Mio. Russen), und alle Hauptstädte der nichtslawischen Republiken haben inzwischen eine großrussische Mehrheit in ihrer Bevölkerung.

Die Vorherrschaft der Russen erklärt sich unter anderem aus der Geschichte. Schon das Zarentum versuchte bei der Ausdehnung seines Machtbereichs die unterworfenen fremdstämmigen Völker zu russifizieren. Dieser Vorgang der Unterwanderung bzw. Überschichtung wurde in sowjetischer Zeit zielstrebig fortgesetzt. Mittel dieser Politik sind:

– Die Unionsrepubliken werden systematisch mit russischem Personal durchsetzt (Verwaltung, Planungs- und Wirtschaftsbehörden, Bildungswesen, Armee);
– Art. 126 der Verfassung stattet das Zentralkomitee der Kommunistischen Partei mit allmächtigen Rechten aus; das ZK ist aber zum überwiegenden Teil mit Russen besetzt;
– die Regierungen der Unionsrepubliken sind von den Weisungen des ZK der KPdSU abhängig;
– Russisch ist die Staatssprache und Kommandosprache der Armee.

In Abänderung des bekannten Leninschen Zitats läßt sich die Erscheinung wie folgt formulieren: „Sowjet = Kommunismus + russisches Machtstreben".

Trotz der starken Zentralisierung der Macht sind die nationalen Unterschiede nicht ausgelöscht, wenn sich auch durch die wirtschaftliche Integration allmählich ein Prozeß der Integration von nationaler Identität und sowjetischer Staatsbürgerschaft abzeichnet. Damit ist das Nationalitätenproblem jedoch nicht gelöst, zumal die nichtslawischen Völker in den letzten Jahrzehnten ein wesentlich stärkeres Wachstum verzeichnen als die Russen. Ob aber die SU an ihrem „Nationalitätenproblem" zerbrechen wird, wie in westlichen Darstellungen nicht selten geglaubt, scheint angesichts der starken ethnographischen Aufspaltung der asiatischen Bundesstaaten, der Übermacht der Kommunistischen Partei und der erfolgreichen Russifizierungspolitik Moskaus fraglich.

Wirtschaftsordnungen im Vergleich (idealtypisch)

Marktwirtschaft		Zentralverwaltungswirtschaft
Freie Initiative des einzelnen; wirtschaftlicher Fortschritt durch Leistungswettbewerb und individuelles Gewinnstreben; Pluralismus gesellschaftlicher und wirtschaftlicher Ziele.	Wirtschaftliche Grundauffassung	Beschränkung der Wirtschaftsteilnehmer in ihrer Disposition; wirtschaftlicher Fortschritt durch staatliche Planung, Lenkung und Kontrolle; oberstes Ziel allen wirtschaftlichen Handelns: Planerfüllung.
Privatkapitalismus; vorwiegend privates Eigentum an den Produktionsmitteln.	Eigentumsformen	Staatskapitalismus; Vergesellschaftlichung der Produktionsmittel (Staatseigentum, Kollektiveigentum).
Dezentrale Planung mit marktwirtschaftlicher Koordination; Lenkung durch den Markt (Angebot und Nachfrage).	Lenkung des Wirtschaftsgeschehens	Zentrale Planung mit administrativer Wirtschaftsführung; Entscheidungen von „oben"; Lenkung durch Plan.
Erwirtschaftung eines Gewinns; ungeregelte Investitionen.	Produktionsziele von Unternehmen	Erfüllung eines bestimmten Planes/Plansolls; Investitionslenkung durch den Planungsapparat.
Preisbildung auf dem Markt (Angebot und Nachfrage).	Preisbildung	Preisfestsetzung durch den Staat (staatliche Preispolitik).
Beschaffungs- und Absatzmärkte; Außenhandelsfreiheit (eingeschränkt durch Zoll und staatliche äußere Finanz- und Auftragspolitik).	Verteilung der Produkte und Außenhandel	Administrative zentrale Verteilung der Produkte; zentrale Lenkung des Außenhandels durch staatliche Organisationen (Außenhandelsmonopol).
Gewerbe- und Berufsfreiheit; freie Arbeitsplatzwahl; Streikrecht.	Arbeit	Lenkung der Arbeitskräfte, vom Plan festgelegt; Arbeitseinsatz z. T. als Zwangsmaßnahme; Streikverbot; Arbeitslosigkeit versteckt.
Lohnfestsetzung durch die Tarifpartner	Lohnfestsetzung	Lohnfestsetzung durch den Staat.
Durchsetzung von Lohn und verbesserten Arbeitsbedingungen für die Arbeitnehmer.	Aufgabe der Gewerkschaften	Verbreitung parteilicher/staatlicher Zielsetzungen; Gewerkschaften als „staatliche Aufsichtsorgane".

Die Problematik der Raumenge: China und Japan

1 China

Die Volksrepublik China – zwischen 18° und 54° nördlicher Breite und 73° und 135° östlicher Länge – weist eine Nord-Süd-Erstreckung von 4200 km und eine Ost-West-Erstreckung von 4500 km auf. Übertragen auf den Westteil des eurasischen Kontinents entspricht das einer Nord-Süd-Strecke von Schleswig-Holstein bis zum nördlichen Nigerbogen und einer Ost-West-Strecke von Irland bis zum Ural. Mit 9 560 800 km² (ohne das von der Volksrepublik als integraler Teil angesehene Taiwan) ist die VR China nach der Sowjetunion und Kanada das drittgrößte Land der Erde, mit ca. 1 Milliarde Einwohnern (Schätzung Ende 1981: 1,042 Mrd.) mit Abstand der volkreichste Staat. Die Bevölkerungsdichte liegt danach bei 109 E/km².

1.1 Bevölkerung und Bevölkerungsverteilung

Die VR China nimmt 6,4% der Erdoberfläche ein, besitzt aber fast 25% der gesamten Erdbevölkerung. Etwa 94% der Staatsbevölkerung sind Chinesen (Volksgruppe der Han), der Rest gehört verschiedenen Minderheiten an, die in den peripheren Räumen siedeln, wie z. B. Turkvölker, Tibeter, Mongolen, Mandschu oder Thai-Gruppen.

Die durchschnittliche Bevölkerungsdichte wird der tatsächlichen Bevölkerungsverteilung im Lande nicht gerecht. Über 80% aller Chinesen leben auf nur etwa 15% der Gesamtfläche Chinas im östlichen Landesteil, nur 5% der Bevölkerung lebt in der westlichen Hälfte des Landes. So erreicht beispielsweise die Große Ebene in ländlichen Gebieten eine Bevölkerungsdichte von 700 E/km², in Dichtezentren werden noch bedeutend höhere Werte erreicht. Die 21 Millionenstädte liegen alle im Ostteil, mit Ausnahme von Kanton und Kunming am oder nördlich des Jangtsekiang. Der Westen ist sehr dünn besiedelt: So weist die Uigurische Autonome Region Sinkiang unter 10 E/km² und die Autonome Region Tibet etwas mehr als 1 E/km² auf.

Die äußerst ungleichmäßige Bevölkerungsverteilung führt zu einer Raumenge in den dichtbesiedelten Räumen des Ostens. Die Voraussetzungen dieser Raumenge darzulegen und Lösungsmöglichkeiten der damit zusammenhängenden Probleme aufzuzeigen, soll im folgenden versucht werden.

1.2 Natürliche Voraussetzungen

1.2.1 Oberflächengestalt

Die Oberflächengestalt Chinas wird im wesentlichen von den geologisch-tektonischen Gegebenheiten bestimmt. In mehreren Stufen fällt das Relief vom zentralasiatischen Hochland bis zum östlichen Tiefland am Pazifik ab. Kennzeichnend für Chinas Großraumgliederung ist sowohl der Ost-West- als auch der Nord-Süd-Gegensatz. Als natur- und kulturgeographische Scheidelinie zwischen Nord- und Südchina gilt das Kuenlun-System und der Tsinlingschan/Tapaschan, der sich in niedrigen Ausläufern bis in die Nähe Nankings hinzieht. Diesen Teiler kreuzt eine Linie, die vom Großen Chingan durch den Hwangho-Bogen über die hochalpine Talfurche des Jangtsekiang zum Roten Fluß führt und damit Ost- von Westchina trennt. Großräumig läßt sich so eine Gliederung in vier Sektoren vornehmen, die ihren Schnittpunkt etwa bei Hsian haben.

Bevölkerungsdichte und Großstädte

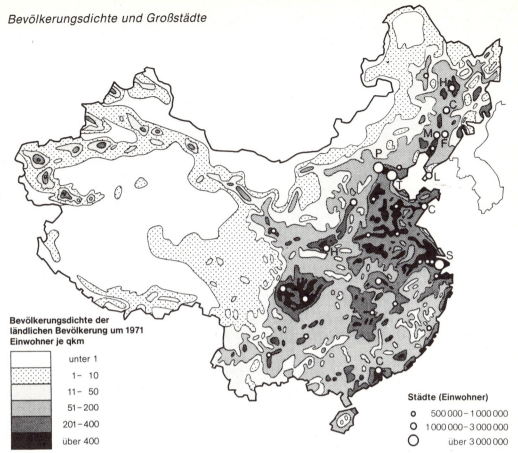

Bevölkerungsdichte der ländlichen Bevölkerung um 1971 Einwohner je qkm

- unter 1
- 1– 10
- 11– 50
- 51–200
- 201–400
- über 400

Städte (Einwohner)
- 500 000 – 1 000 000
- 1 000 000 – 3 000 000
- über 3 000 000

Ting Kai Chen: Die Volksrepublik China. Stuttgart: Klett 1977, S. 18

Für Nordchina sind die großen Beckenlandschaften, Hochflächen und Ebenen charakteristisch. Die bestimmende Erscheinung im Osten ist die Große Ebene, eine riesige Aufschüttungsebene des Hwangho, eines Dammflusses, dessen Wasseroberfläche zum Teil mehrere Meter über dem Niveau des umliegenden Landes liegt. Durch eine schmale Küstenebene verbunden, schließt sich nach NO das mandschurische Becken an. Das Relief des Nordchinesischen Berglandes wird weitgehend durch mächtige Lößablagerungen bestimmt.

Nordwestchina wird von Plateauflächen sowie von großen abflußlosen Beckenlandschaften eingenommen, deren bedeutendste die Dsungarei und das Tarimbecken sind.

Südchina gliedert sich in das Südostchinesische Bergland, das Jünnan-Kweitschou-Plateau und in das Tsinghai-Tibet-Plateau. Das Südostchinesische Bergland, das im allgemeinen Mittelgebirgscharakter aufweist, wird unterbrochen durch das Rote Becken, das Deltagebiet des Hsikiang und die Jangtse-Ebene, die im Osten in die Große Ebene übergeht. Das Jünnan-Kweitschou-Plateau ist stark zertalt und weist Karsterscheinungen auf.

Den Westen nimmt zwischen Himalaya und Kuenlun-System des Tsinghai-Tibet-Plateau ein, das durchschnittlich 5000 m Höhe erreicht.

1.2.2 Klima

Die klimatische Differenzierung Chinas beruht vor allem auf seiner Großräumigkeit, seiner Höhengliederung und der kontinentalen Ostlage.

Klimadaten ausgewählter Stationen

		J	F	M	A	M	J	J	A	S	O	N	D	Jahr
Harbin	°C	−20,1	−15,8	−6,0	5,8	14,0	19,8	23,3	21,6	14,3	5,7	−6,6	−16,7	3,3
143 m	mm	4	6	17	23	44	92	167	119	52	36	12	5	577
Peking	°C	−4,7	−1,9	4,8	13,7	20,1	24,7	26,1	24,9	19,9	12,8	3,8	−2,7	11,8
52 m	mm	4	5	8	17	35	78	243	141	58	16	11	3	619
Kanton	°C	13,6	14,2	17,2	21,6	25,6	27,3	28,8	28,2	27,2	24,0	19,7	15,7	21,9
18 m	mm	27	65	101	185	256	292	264	249	149	49	51	34	1722
Urumtschi	°C	−15,8	−13,6	−4,0	8,5	17,7	21,5	23,9	21,9	16,7	6,1	−6,2	−13,0	5,3
913 m	mm	6	15	15	33	25	33	16	35	15	47	22	11	273
Lhasa	°C	−1,7	1,1	4,7	8,1	12,2	16,7	16,4	15,6	14,2	8,9	3,9	0,0	8,3
3685 m	mm	2	13	8	5	25	64	122	89	66	13	3	0	410

M. J. Müller: Handbuch ausgewählter Klimastationen der Erde. Trier: Universität Trier. Forschungsstelle Bodenerosion Mertesdorf, H. 5, 2. Aufl. 1980, korrigiert nach Angaben des Autors

Der Tsinlingschan/Tapaschan erweist sich als eine ausgesprochene Klimascheide. Breitenparallel verläuft hier die 0°-Januar-*isotherme* (Linie, die Orte gleicher Temperatur verbindet), die fast mit der 750-mm-*Isohyete* (Linie, die Orte gleichen Niederschlags verbindet) zusammenfällt. Nördlich davon trifft man die kühlgemäßigte, südlich die subtropische, im äußersten Süden die tropische Klimazone an.

Abgesehen vom Tsinghai-Tibet-Plateau gibt es im Sommer – trotz der großen Nord-Süd-Ausdehnung – im ganzen Land verhältnismäßig geringe Temperaturschwankungen. Die vom Meer kommenden sommerlichen Monsunwinde bringen bis weit nach NO-China warme Luftmassen.

Im Winter liegt Zentralasien unter einem Kältehoch. Die nach Süden abfließenden kalten und trockenen Luftmassen treten nicht selten als Staubstürme auf. Kaltluftvorstöße des Wintermonsuns dringen oft weit nach Südchina vor und können dort Frostschäden verursachen. Die mittleren Januartemperaturen nehmen vom Amurbogen im Norden bis zur Insel Hainan im Süden um fast 50° C zu. Die Große Ebene etwa weist für ihre geographische Breite bemerkenswerte Temperaturminima auf, die neben ihrer kontinentalen Ostlage mit einer kalten Meeresströmung auch darauf zurückzuführen sind, daß das Gelbe Meer in der Regel zufriert und damit der Ausgleichseffekt wegfällt. Die Zahl der frostfreien Tage von ca. 250 an der Klimascheide nimmt nördlich davon bis ca. 100 ab, südlich davon steigt sie allmählich auf über 300 an; die Küstenbereiche im Süden bleiben ganzjährig frostfrei.

Die Niederschläge nehmen im allgemeinen von SO nach NW ab. Der Osten steht unter dem Einfluß des Monsunwechsels. Hier trennt der Tsinlingschan/Tapaschan den humiden Süden vom semihumiden Norden, wo die Niederschläge fast ausschließlich im Sommer fallen. Darüber hinaus ist die Variabilität der Niederschläge sehr groß: So hat z. B. Peking eine mittlere Niederschlagsmenge von 619 mm im Jahr, aber Extremwerte von 168 mm und 1084 mm. Im Süden sind die Niederschläge höher und gleichmäßiger über das Jahr verteilt. Das südchinesische Küstengebiet erhält durch jährlich auftretende Taifune zusätzliche Niederschläge. Der Westen Chinas ist größtenteils semiarid bis arid. Die Variabilität der Niederschläge ist sehr hoch. Die luv-/leeseitige Lage von Klimastationen kann sich deutlich auf die Niederschlagsmenge auswirken: So weist Kutscha südlich des Tienschan 91 mm, Urumtschi nördlich des Tienschan 273 mm Jahresniederschlag auf. Auf dem Tsinghai-Tibet-Plateau sind die Niederschläge generell etwas höher als in NW-China; das Gebiet der Südtibetischen Längstalfurche wird noch vom indischen Monsun beeinflußt.

1.2.3 Ungunstfaktoren

Im gesamten China wird vor allem die Agrarproduktion durch mannigfache Naturrisiken bedroht. Viele von ihnen lassen sich auf die hohe Variabilität der Niederschläge zurückführen. *Dürrekatastrophen* oder *Tieflandüberschwemmungen* sind die Folge. Diese werden von Starkregen, die zu Deichbrüchen führen können, verursacht; im Norden kann auch eine Eisblockade der Flußmündungen zu Überschwemmungen führen. Winterliche Vereisung, stark schwankende Wasserführung und starke Sedimentation machen viele Flüsse im Norden als Verkehrsweg ungeeignet. Sommerliche Starkregen sind vor allem in den Lößgebieten für die weitverbreitete *Bodenzerstörung* verantwortlich. Das Problem der Bodenversalzung tritt, neben der unsachgemäßen Bewässerung in ariden Gebieten, durch einen hochstehenden Grundwasserspiegel, z. B. im Bereich der Großen Ebene, oder durch Meerwassereinbrüche in diese Ebene auf. Extreme Fröste können vor allem im Norden Chinas bei fehlender Schneedecke die Wintersaat vernichten. Taifune mit großer Schadwirkung treten besonders im südlichen Küstenbereich auf. Tektonische Beben können zu schweren Zerstörungen führen. Generell lassen sich auch die Raumweite und die morphologische Kleinkammerung vor allem in SO anführen, die eine Verkehrserschließung und damit Chinas wirtschaftliche Entwicklung erschweren.

1.3 Situation im Alten China

Bemerkenswert ist die staatsräumliche Kontinuität, die China über zwei Jahrtausende aufweist. Wenngleich in dieser Zeit unterschiedliche Raumausdehnungen anzutreffen sind, so bleibt das Hauptgebiet menschlicher Aktivitäten der Osten. Der Kampf gegen die Überschwemmungen der Tieflandflüsse war eine vordringliche Aufgabe. Daß dieser Kampf nicht gewonnen wurde, beweisen die 1600 großen Deichbrüche und die 26 großen Laufverlegungen des Hwangho seit 2500 Jahren. Bewässerungsanlagen in den Ebenen und Beckenlandschaften ermöglichten eine Erhöhung und Stabilisierung der Ernteerträge. Die Errichtung der Großen Mauer sollte das Kernland vor Angriffen nördlicher Nachbarn schützen. In der Verkehrserschließung von Küste und Hinterland spielte der Binnenwasserverkehr mit einem kleinräumlichen Kanalsystem eine besondere Rolle; der Bau des Großen Kanals vom Jangtsekiang nach Peking brachte die meridionale Verbindung von meist breitenparallel ausgerichteten Flüssen und damit auch von Bevölkerungs- und Wirtschaftszentren.

Von alters her war die Hauptstoßrichtung der Staatsexpansion der Süden des eigentlichen China. Im 18. Jahrhundert brachte man darüber hinaus große Teile Südostasiens in koloniale Abhängigkeit; Tibet wurde eine Art Protektorat.

Etwa seit dem 17. Jahrhundert stieg die Bevölkerung so stark an, daß die agrarische Produktion nicht Schritt halten konnte.

Bevölkerungswachstum bis 1953[1]

Jahr	Einwohner in Mio.
2 n. Chr.	60 (Zählung)
1260	65
1600	75
1700	110
1851	432 (Zählung)
1911	438 (Erste zuverlässige Schätzung in den 18 Provinzen)
1953	583 (Erste Volkszählung nach wissenschaftlicher Methode)

[1] Zuverlässigkeit der Zählungen und Schätzungen in China fragwürdig.

Nach Gregor Böttcher: China als kommunistisches Entwicklungsland, Fragenkreise 23140, Paderborn: Schöningh 1971, S. 9

Die Lebensverhältnisse der bäuerlichen Bevölkerung verschlechterten sich rapide: Wachsende Zersplitterung des Bodens, der Niedergang des Wasserregulierungswesens, das rentenkapitalistische Wirtschaftssystem und eine immer drückendere Steuerlast waren die hauptsächlichen Ursachen. Hungerkatastrophen und der verstärkte Bevölkerungsdruck veranlaßten immer mehr Chinesen auszuwandern. Bis in die vierziger Jahre unseres Jahrhunderts sind ca. 16 Mio. Chinesen ausgewandert.

In dieser schwierigen Phase geriet China in die Interessensphäre imperialistischer Mächte, in eine semikoloniale Abhängigkeit. Ab Mitte des 19. Jahrhunderts wurden Chinas Grenzen im Nordosten, Westen, Südwesten und Süden auf den heutigen Stand zurückgedrängt. Die mit fremdem Kapital finanzierten Industrieansiedlungen konzentrierten sich im Küstenbereich, am unteren Jangtsekiang und in der Mandschurei. Um 1945 befanden sich ca. 60% aller Fabriken in Schanghai.

China: Raumstruktur und Erreichbarkeit (ca. 1940)

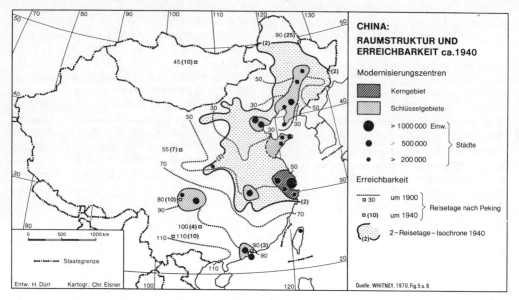

Heiner Dürr: Volksrepublik China. In: Fischer Länderkunde. Ostasien. Frankfurt: Fischer Taschenbuchverlag, 1978, S. 77

Die Betriebe produzierten nicht für den chinesischen *Binnenmarkt*, sie waren weltmarktorientiert und weltmarktabhängig. Die alten Schlüsselregionen des Ostens erhielten die stärksten Wachstumsimpulse, und gleichzeitig wurden sie einem tiefgreifenden Strukturwandel unterzogen. Besonders ist auf das rasche Städtewachstum hinzuweisen. Mit dem Ausbau des Eisenbahnnetzes wurde eine bessere Anbindung der einzelnen Schlüsselregionen angestrebt. Dadurch war das moderne Verkehrssystem in erster Linie meridional ausgerichtet. Wie die Abbildung zeigt, ist die Dauer einer Reise nach Peking deshalb in der Nord-Süd-Richtung stärker reduziert worden als in der West-Ost-Richtung. Generell wird deutlich, daß in der Phase der semikolonialen Abhängigkeit Chinas der Ost-West-Gegensatz der Gesellschafts- und Wirtschaftsstruktur noch verstärkt wurde.

Die Zeit vom Ende des Kaiserreichs 1912 bis zur Gründung der Volksrepublik 1949 ist durch innere Wirren, den Krieg mit Japan und den Bürgerkrieg zwischen den Kuomintang und den Kommunisten gekennzeichnet. Reformansätze blieben allenthalben in ihren Anfängen stecken.

1.4 Entwicklung im Neuen China

1.4.1 Überblick über die Wirtschaftsentwicklung

Wirtschaftsentwicklung der Volksrepublik China

Zeitabschnitt	Durchschnittliches Jahreswachstum des BSP	Wirtschaftsordnung	Wirtschaftsentwicklungspolitik
1949–1952 Wiederherstellung	+19%	Enteignung der Großgrundbesitzer. Landverteilung an die Bauern. Übernahme der Großindustrie von der Nationalregierung als Grundlage der staatlichen Industrie	Wiederinbetriebnahme brachliegender Kapazitäten. Erreichen des Vorkriegsniveaus
1953–1957 Erster Fünfjahresplan (FJP)	1952–1958 +8%	Vergenossenschaftlichung von Landwirtschaft und Handwerk. Schrittweise Verstaatlichung der Rest-Industrie, des Handels- und Finanzapparates	Erfolgreicher Aufbau einer Schwerindustrie nach sowjetischem Vorbild und mit sowjetischer Hilfe. Zunehmend zentralisierte Planung der Wirtschaft, Ausschaltung noch verbliebener Marktelemente
1958–1960 „Großer Sprung nach vorn"	1959–1961 −6%	Landwirtschaft: Erzwungene Gründung von Volkskommunen. Einschränkung des privaten Lebensbereichs (z. B. Großküchen)	Überstrapazierung wirtschaftlicher Kapazitäten beim Versuch, Produktion sprunghaft zu erhöhen; schwere landwirtschaftliche Schäden; Ende der sowjetischen Hilfe, Beginn des 2. FJP (abgebrochen)
1961–1965 Konsolidierung I	1962–1965 +8%	Rückgängigmachen einzelner Kollektivierungsbeschlüsse	Schnelle Erholung von der Krise und Wiederherstellung der Produktion durch pragmatische Politik; Stabilisierung der Ernährungssituation
1966–1970 „Kulturrevolution"	1966–1968 −2%	Abschaffung letzter privatwirtschaftlicher Überbleibsel, Verbot von Privatparzellen. Produktions-Brigade als Rechnungseinheit angestrebt	Krasser Rückgang der Industrieproduktion 1967–1969. Lahmlegung von Verwaltungs- und Planbehörden; Belastung des Transportsektors; 3. FJP (nur umrißhaft)
1971–1974 Zwischenphase	1969–1973 +8%		Wachstum von Kapazitäten und Produktions-Ergebnissen; 4. FJP (umrißhaft); punktuell pragmatische Politik

349

Zeitabschnitt	Durchschnittliches Jahreswachstum des BSP	Wirtschaftsordnung	Wirtschaftsentwicklungspolitik
1975–1976 Kampf um Mao-Nachfolge	1974–1976 +3%		Politische Störungen und Richtungskämpfe führen zu Abschwung
1977–1980 Konsolidierung II	1977–1980 +9%	ab 1978: Lockerung des Plansystems, Anreizsystem, Gewinnbeteiligung, Teil-Reprivatisierung der Landwirtschaft, des Handwerks und des Dienstleistungsbereichs. Gründung von Kollektivbetrieben. Dezember 1980: teilweise Rezentralisierung beschlossen	1977/1978 unkritisches Fortschreiben der alten Wachstumsziele. Ab 1979: Konsolidierungsbemühungen, neue Entwicklungsprioritäten: Landwirtschaft, Leichtindustrie, Schwerindustrie; Beseitigung von Engpässen in der Wirtschaft dämpft das quantitative Wachstum. 5. FJP (1976–1980)
1981–1985 6. FJP 1981–1990 10-Jahr-Programm (so wenigstens gemäß den ursprünglichen Absichten)	1981–1990 +4/+5%	weitere Lockerung des Wirtschaftssystems: „etwas Kapitalismus"	Fortsetzung des Konsolidierungsprogramms und der Strukturreformen, deshalb vermindertes Wachstum

Bearbeitet von Eckard Garms, Institut für Asienkunde, Hamburg

Oskar Weggel: China. Zwischen Revolution und Etikette. Eine Landeskunde. München: Beck 1981, S. 169

1.4.2 Grundlagen des Planungssystems

Allgemeine Ziele

Unbeschadet aller unterschiedlichen Einschätzungen von wirtschaftspolitischen Prioritäten zeichnen sich folgende sechs „rote Fäden" ab:
- Betonung örtlicher Selbständigkeit und Initiative der ansässigen Bevölkerung,
- Entflechtung des wirtschaftlichen Planungs- und Entscheidungsprozesses im Sinne einer Verlagerung der Entscheidungen in die Grundeinheiten,
- Entwicklung arbeitsintensiver Klein- und Mittelunternehmen bei gleichzeitigem Aufbau kapitalintensiver und moderner Großbetriebe; man nennt dies „Gehen auf zwei Beinen",
- Durchführung von Massenkampagnen, die nicht nur der Produktionssteigerung, sondern auch der revolutionären Bewußtseinsbildung dienen sollen,
- Orientierung der Industrie an den Bedürfnissen der Landwirtschaft,
- Betonung von Entwicklungsschwerpunkten und Modelleinheiten, die durch ihre Vorbildhaftigkeit die zurückgebliebenen Regionen und Unternehmen mitreißen sollen.

Nach Informationen zur politischen Bildung, Folge 166, S. 17

Organisationsform: Volkskommunen

Die Bodenreform, die mit der Entschuldung der Bauern und der Aufteilung des Großgrundbesitzes 1949 begann, war für das neue Regime eine wirtschaftspolitische Notwendigkeit.

Ländliche Bevölkerung und Besitzverteilung vor 1949

Bevölkerungs-gruppe	Anzahl der Familien in Mio.	in %	Land in Mio. ha	in %	durchschn. Betriebs-größe in ha
Grundherren	2,4	4	44	50	18,2
Großbauern	3,6	6	16	18	4,4
Mittelbauern	12,0	20	13	15	1,1
arme Bauern, Landarbeiter	42,0	70	15	17	0,4
zusammen	60,0	100	88	100	–

Bernhard Großmann: Die wirtschaftliche Entwicklung der Volksrepublik China. Stuttgart: Fischer 1960, S. 24

Struktur der Volkskommunen

Nach Wolfgang Taubmann: Entwicklungsprobleme der Volksrepublik China. In: geographie heute 1981, H. 4, S. 7. Seelze: Friedrich Verlag

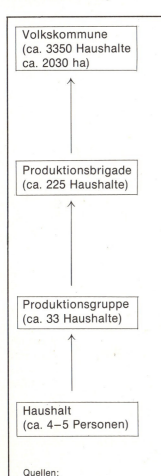

- unterste staatliche Verwaltungseinheit,
- Verteilung der staatlichen Abgaben und Steuern auf Produktionsbrigaden,
- leitet Mittelschulen und Kliniken,
- Bewässerungs-, Meliorations-, Aufforstungs- und Wasserschutzmaßnahmen (Großprojekte),
- Eigentum: schwere landwirtschaftliche Geräte,
- „small scale" Industrien (z. B. Düngemittel, Zement, landwirtschaftliche Maschinen)

- Verwaltungs- und Koordinierungsaufgaben,
- Produktionspläne für Produktionsgruppen (Anleitung und Hilfe),
- Bewässerungs- und Meliorationsaufgabe,
- Grundschulen, Gesundheitsstationen, Kindergärten, Läden, Dienstleistungen,
- lokale Kleinindustrien, z. B. Getreidemühlen,
- Eigentum: mittlere landwirtschaftliche Maschinen, evtl. Wasserbauanlagen

- organisiert Produktion und Einsatz der Arbeiter,
- betreibt Werkstätten, Handwerksbetriebe, Viehzuchtstationen, Transporteinrichtungen,
- grundlegende Rechnungseinheit (70% nach Arbeitspunkten, 30% konstante Grundration),
- Eigentum an Grund und Boden, Großvieh, kleineren und mittleren Landmaschinen und Geräten, Saatgut

- Bewirtschaftung von Privatland (je Haushalt ca. 300 m^2; 5–7% der landwirtschaftlichen Nutzfläche, sofern Ödland bis 15%),
- Aufzucht von Schweinen, Kleinvieh, Heimarbeit, landwirtschaftliche Nebenarbeit, Bewirtschaftung von Obst- und Nutzbäumen beim Haus,
- Privateigentum an Häusern, Gärten, Möbeln, Kleidung, Konsumgütern, Ersparnissen usw.

Quellen:
Kaplan/Sobin/Andors 1979,
Domes 1977
Crook 1975

Nach verschiedenen Kollektivierungsphasen erfolgte 1958 der Aufbau der Volkskommunen. Sie nehmen im Gesellschaftssystem des Landes eine entscheidende Stellung ein, schon allein deshalb, weil der Großteil der Chinesen in ihnen lebt. Sie sollten die Voraussetzung für eine gleichzeitige Entwicklung von Landwirtschaft und Industrie bilden. Nach anfänglichen Rückschlägen konnten sich die Volkskommunen stabilisieren; heute existieren etwa 52 000 davon. Als grundlegende Verwaltungs- und politische Einheit hat die Volkskommune die verschiedensten Aufgaben zu erfüllen.

Die Produktionsgruppe ist die eigentliche sozioökonomische Grundeinheit im ländl. China. Das von ihr erwirtschaftete Produkt (z. B. Getreide) wird auf drei Ebenen verteilt:
– den Staat (der an den Staat verkaufte Getreideanteil schlüsselt sich in einen Pflicht- und einen Überplanverkauf auf, der mit einem 50%igen Preisaufschlag honoriert wird; durch den Verkauf erhält die Produktionsgruppe Bargeld),
– das Kollektiv (Futtermittel, Saatgut, Reserven für die eigene Bewirtschaftung),
– das Individuum (Grundnahrungsmittel).

Die Produktionsgruppe ist auch allein für Gewinne und Verluste verantwortlich. Sie ist die Rechnungseinheit, die nach Abzug bestimmter Quoten für die Staatssteuer (Landwirtschaftssteuer 1981: 5%), den Akkumulations-, Sozial-, Produktionskosten- und Reservegetreidefonds das restliche Einkommen (ca. 50–70%), aufgeschlüsselt nach „Arbeitspunkten", an ihre Mitglieder verteilt. Organisations- und Siedlungsstruktur der Volkskommunen müssen keine Einheit bilden. In der Regel bewohnt die Produktionsbrigade ein Dorf, während die Produktionsgruppen als Arbeitseinheiten innerhalb eines Dorfes anzusehen sind; Produktionsgruppen können aber auch kleine Dörfer bewohnen.

Die privat erzeugten Waren, wie Gemüse oder Fleisch, können auf 37 000 freien Märkten oder an den Staat verkauft werden. Sie stellen einen wichtigen Faktor in der land-

Organisationsform: Städtische Danweis

Gesellschaftliche Grundeinheiten im städtischen Bereich

Nach Wolfgang Taubmann: Entwicklungsprobleme der Volksrepublik China. In: geographie heute 1981, H. 4, S. 12. Seelze: Friedrich Verlag

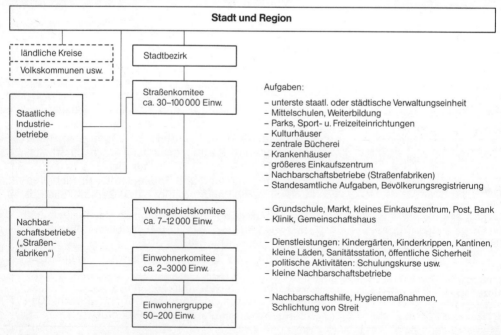

wirtschaftlichen Produktion und in der Nahrungsmittelversorgung dar. Der Anteil des privaten Sektors am gesamten Pro-Kopf-Einkommen soll sich nach chinesischen Angaben im Jahr 1979 auf 25% belaufen haben; westliche Schätzungen gehen höher.

Die Lebensverhältnisse in den Städten sind geprägt von sozialen und gesellschaftlichen Grundeinheiten (Danweis), die alle Lebensbereiche umfassen und nach ihrer Hauptfunktion z. B. in industrielle oder landwirtschaftliche Produktionsbetriebe, Ausbildungsstätten, Straßenkomitees, Truppeneinheiten und anderes gegliedert werden können. Ähnlich wie bei den ländlichen Volkskommunen sollen die städtischen Danweis viele Aufgabenfelder abdecken.

Die sogenannten Straßenfabriken stellen einfache Konsumgüter her; hier sind Personen tätig, die aus zeitlichen Gründen (Hausfrauen) oder weil sie nur bedingt arbeitsfähig sind, nicht in den großen Staatsbetrieben arbeiten. Der Einfluß vor allem der Basisorganisationen auf den Menschen ist beträchtlich: Er erstreckt sich über das Arbeiten und Wohnen bis zur Familienplanung.

Programm der „Vier Modernisierungen"

Das Schlagwort von den „Vier Modernisierungen" bezeichnet einen Kurswechsel der kommunistischen Politik, der 1975 eingeleitet und in den folgenden Jahren in Einzelaspekten deutlicher wurde. Die Modernisierungskampagne bezieht sich auf:

– Landwirtschaft
– Industrie
– Technologie/Wissenschaft
– Militär

Sie ist jedoch eine gesellschaftliche Bewegung, die alle Lebensbereiche der Chinesen umfaßt und sich auf die gegenwärtige und zukünftige Raumentwicklung Chinas deutlich auswirkt.

Ausgewählte raumwirksame Neuerungen im Zuge der „Vier Modernisierungen"

Gesellschaftlicher Sektor ○ Maßnahme	Struktureffekte (Auswahl)	Räumliche und raumplanerische Effekte (Auswahl)
Internationale Beziehungen ○ Zunahme des Außenhandels ○ wiss.-technol. Zusammenarbeit mit dem Ausland	+ Beseitigung von Engpässen in Versorgung und Technologie – Zwang zur Steigerung der Produktion gehobener Konsumgüter + Abbau verschwenderischer Prod.-Techniken – Vordringen westlicher Entwicklungsideologie	– Verdrängung von Nahrungsmitteln durch Exportkulturen (A) – Standortkonzentration in der Industrie (A) – Vordringen sektoraler statt regionaler Planungen (C)
Planungssystem, übergreifend ○ größere Autonomie für ethnische Minderheiten ○ Delegation von Verfügungsgewalt an die Provinzen	+ Verwirklichung von Menschenrechten – Komplizierung zentraler Planungen + bessere Berücksichtigung lokaler Bedingungen – Verlängerung der Planungsprozeduren	+ Abbau ethnischer Fremdbestimmung („Han-Chauvinismus") (A) – Festschreiben traditioneller materieller Rückständigkeit (C) + sozial und ökologisch „weichere" Raumentwicklung (B) – Verstärkung inter-provinzialer Disparitäten (C)

Gesellschaftlicher Sektor ○ Maßnahme	Struktureffekte (Auswahl)	Räumliche und raumplanerische Effekte (Auswahl)
betriebliche Ebene ○ Selbstverantwortung für Einzelbetriebe und Kleinkollektive (in Versuchsbetrieben) ○ neue Kooperationsformen zwischen Industrie und Agrarkollektiven und vertikale industrielle Kooperation ○ Förderung privater Kleinindustrie/Handwerk/Handel	+ größere Mitsprache der Basiseinheiten − unterschiedliche Profitraten und Löhne + Zunahme der betrieblichen Effizienz − Entmündigung der Produzenten von Rohstoffen und Vorprodukten + Beschäftigungseffekt − Zunahme sozialer Distanzen	− Gefahr des „Lokalpatriotismus" (B) − Schließung überwiegend ländlicher Kollektivbetriebe (B) − fremdbestimmte Agrarspezialisierung an den Peripherien (C) − Entstehung „verlängerter Werkbänke" in peripheren Räumen (C) + Beseitigung vor allem städt. Arbeitslosigkeit (A) − Festschreiben intra-urbaner Disparitäten zwischen formellem und informellem Sektor (C)
Landwirtschaft ○ Steigerung der Flächenproduktivität durch Grüne Revolution (in ausgew. Hochertragsgeb.) ○ Agrarkolonisation mit Hilfe modernster Technologie ○ bessere Anpassung der Landwirtschaft an lokale Bedingungen	+ Abbau der Nahrungsmittelimporte − Chemisierung der Lebensmittelproduktion + Erschließung ungenutzter und unternutzter Agrarpotentiale − ökologische „Härte" der Verfahren + Reduktion ökologischer Gefährdungen − Rückgang regionaler und lokaler Produktionsmengen	+ Entlastung ökologisch „falsch" genutzter Standorte (A) − Zunahme rural-ruraler Einkommensunterschiede (A) − zusätzliche Belastung des Transportnetzes (B) + Beiträge zum Abbau groß- und mittelräumlicher Ungleichgewichte (A) − Fremdbestimmung ethnischer Minderheiten (B) + Abbau lokaler Fremdbestimmung, Bewahrung regionaler Kulturtradition (B) − Belastung des Transportwesens (B)
Industrie ○ Ausbau importierter Großanlagen höchster Technologiestufe ○ beschleunigte Entwicklung der Leichtindustrie ○ Schließung kostenmäßig unrentabler Betriebe ○ Förderung kleinerer Kollektiv-Betriebe („Hausfrauen"-, „Keller"-Betriebe)	+ Stopfen strategischer Angebotslücken (Kunstdünger, Spezialstahl) − Verdrängung von Kleinbetrieben + Deckung der Nachfrage nach gehobenen Konsumgütern + hoher Beschäftigungseffekt + Rentabilitätssteigerung − Wegrationalisierung von Arbeitsplätzen + Senkung der (städt.) Arbeitslosenquote + Befriedig. einfachen Konsumgüterbed.	− Betonung alter und neuerer industrieller Agglomerationen (B) − Belastung des regionalen und inter-regionalen Transportwesens (B) + Zunahme der Dezentralisierungsmöglichkeiten (C) + Modernisierung auch kleiner ländl. Betriebe (C) + Beseitigung kernstädt. Altbetriebe mit hohen Umweltbelastungen (A) − Zunahme intra-urbaner und rural-urbaner Ungleichheiten (C) + Stärkung lokaler „Recycling"-Verfahren (A)

Gesellschaftlicher Sektor ○ Maßnahme	Struktureffekte (Auswahl)	Räumliche und raumplanerische Effekte (Auswahl)
Siedlungs- und Raumstruktur ○ gezielte Förderung von Mittelstädten	+ Senkung der sozialen Kosten für Siedlungsstruktur + Anreize zur Entwicklung mittlerer Technologien − Gefährdung kollektiver Betriebe in Kommunen usw.	+ Reduktion des Migrationsdrucks auf ind. Großstädte (B) + Verbesserung der landesweiten Diffusionsmöglichkeiten (B)
○ städtischer Wohnungsbau für gehobeneren Flächenanspruch	+ Verbesserung städtischer Lebensbedingungen − Zunahme intra-städtischer Verkehrsströme	− Ausuferung der Verdichtungen (C) − Ausweitung der Pendlernetze, Zunahme innerstädtischen Verkehrs (B)
○ Aufbau von Satellitenstädten	+ Sanierung kernstädtischer Dichtegebiete − Zunahme der ballungsnahen Verkehrsströme	+ Entlastung alter Stadtkerne mit Mischnutzung (B) − Steigerung der Attraktivität von Agglomerationen (C)
○ Ausbau der großräumlichen Verkehrsverbindungen	+ leichtere Schließung regionaler Versorgungslücken − hohe Anforderungen an Schwerindustrie	+ Lösung vieler der o. a. Transportprobleme (B) − Anreiz für weitere räumliche Funktionsspezialisierung (C)
Regionalpolitik ○ Abkehr von Modellen der kleinräumlichen Autarkie	+ leichtere Durchsetzung zentralstaatlicher Maßnahmen − Minderung von Partizipationsmöglichkeit. − Schwächung der Partizipation lokaler Trägerinstanzen	+ Schonung der naturräuml. Ressourcen (B) − Belastung regionaler Transportnetze (B) − Gefahr des regionalen internen Kolonialismus (C)
○ staatliche Zuschüsse für unterentwickelte Gebiete und „arme Brigaden"	+ Förderung des sozialen Ausgleichs im ländl. Raum − zusätzliche Belastung des Staatshaushalts	+ Abbau inter-ruraler Disparitäten (A) + Verringerung des Wanderungsdrucks auf die Städte (B)
○ Steuerbefreiung der Einheiten in ehemaligen Partisanengebieten	+ Eindämmung der ökolog. Schäden nach Fehlnutzung − Gefahr der Almosen-Mentalität bei Gebern und Nehmern	+ Förderung von Provinz-Peripherien (B)

Nach verschiedenen Quellen; vor allem: Beijing Rundschau, Jg. 1979 und 1980; BBC (Hrsg.); Summary of World Broadcasts, Section Far East.
+ „positive" strukturelle und räumliche Wirkungen; − „negative" strukturelle und räumliche Wirkungen
(A) Effekte, für die es in den chinesischen Quellen bereits Belege gibt
(B) Effekte, die in der aktuellen Diskussion in China angesprochen (erhofft oder befürchtet) werden
(C) Effekte, die aus anderen Drittweltländern bekannt und hinreichend belegt sind und auf China übertragen wurden

Heiner Dürr: Chinas Programm der „Vier Modernisierungen". In: Geographische Rundschau 1981, H. 3, S. 125. Braunschweig: Westermann

Generell gesehen zielt das Programm der „Vier Modernisierungen" auf eine verstärkte betriebswirtschaftliche Effizienz und damit zusammenhängend auf räumliche und wirtschaftliche Konzentrationstendenzen: Die Land-Stadt-Bewegung erhält neuen Auftrieb. Die daraus erwachsenden Disparitäten im Stadt-Land-Gefüge versucht man durch deutliche Anhebung der Agrarpreise und anderweitige Vergünstigungen für die Landwirtschaft aufzufangen. Insgesamt wird das Prinzip des „Auf-zwei-Beinen-Gehens" durch die „Vier Modernisierungen" weitergeführt.

1.4.3 Agrarräumliche Struktur

Die agrarische Nutzung Chinas wird, neben sozioökonomischen Gegebenheiten, von der Oberflächenform, von dem Klima und den Böden bestimmt. Von der gesamten Fläche sind nur 11,6% ackerbaulich genutzt. Im dichtbevölkerten Ostteil des Landes befindet sich fast die gesamte Ackerfläche.

Teilweise auf Schwarzerdeböden werden in der mandschurischen Ebene vor allem Kaoliang (kleinsamige Hirseart), Sojabohnen, Zuckerrüben und Weizen angebaut. In der Gebirgsumrandung des Großen und Kleinen Chingan trifft man Forstwirtschaft an. Sehr fruchtbar sind die durch Lößschlammablagerungen entstandenen Böden der Großen Ebene, auf denen ca. 50% des Winterweizens und des Kaoliang sowie 65% der Baumwolle und Trockenreis angebaut werden. Die Lößgebiete des Nordchinesischen Berglandes mit den Provinzen Kansu, Schensi und Schansi, in denen Weizen- und Baumwollanbau dominiert, sind – wie die Große Ebene – besonders von Naturrisiken bedroht; Bewässerung ist vielfach nötig.

Die Böden in Südostchina sind generell nährstoffärmer als im Norden. Infolge subtropischer und tropischer Klimaverhältnisse sind die überwiegend vorkommenden Rot- und Gelberden ausgelaugt; Verkrustung droht. Nur durch Düngung kann der geringe Humusgehalt ausgeglichen werden. Der Naßreisbau mit mindestens zwei Ernten im Jahr überwiegt; über 90% der chinesischen Reisernte werden hier eingebracht. Daneben spielen Industrie- und Exportpflanzen eine größere Rolle, wie z. B. Baumwolle, Zuckerrohr, Ölpalme und Tee. Inselhaft tritt Forstwirtschaft auf.

Nordwestchina wird fast ausschließlich von Wüstensteppenböden bedeckt. Für sicheren Regenfeldbau reichen die Niederschläge nirgends aus. Ackerbau ist nur bei künstlicher Bewässerung an den Gebirgsrändern und an den Flüssen als Oasenwirtschaft möglich. Die Gefahr der Versalzung ist jedoch groß. Nomadische Viehzüchter nutzen Teile des Gebietes als Weideland.

Das Tsinghai-Tibet-Plateau liegt zum größten Teil aufgrund seiner Höhe und seiner klimatischen Ungunst über der Anbaugrenze für Kulturpflanzen. Das Hochland von Tibet ist weitgehend eine vegetationslose Eisschuttregion. Die klimatisch begünstigte Südtibetische Längstalfurche mit dem Tal von Lhasa und Stromfurchen im Bereich der osttibetischen Randketten bieten meist bei künstlicher Bewässerung Anbaumöglichkeiten vor allem für Weizen, Hirse, Kartoffeln und Gerste.

1.4.4 Maßnahmen auf dem Agrarsektor

Chinas vorrangige Aufgabe auf dem Agrarsektor ist der Aufbau und die Sicherung der Ernährungsgrundlage für die bisher stark zunehmende Bevölkerung. Daneben tritt die Erzeugung für den leichtindustriellen Bedarf (z. B. Baumwolle für die Textilindustrie). Die Viehzucht spielte bisher keine große Rolle. Bei dem im Verhältnis zur Staatsfläche recht geringen Anteil der landwirtschaftlichen Nutzfläche, besonders der Ackerfläche, müssen verschiedene Maßnahmen ergriffen werden, damit die Aufgaben der Landwirtschaft erfüllt werden können.

Pro-Kopf-Ackerfläche 1977
Nach Beijing Rundschau 1979, Nr. 46, S. 23

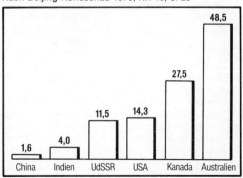

Während im ersten Jahrzehnt nach der Revolution der Großteil der Aktivitäten mit traditionellen Mitteln durchgeführt wurde, setzte man nach dem Großen Sprung verstärkt Erkenntnisse der modernen Agrartechnologie ein. Mit einem ungeheuren Aufwand an menschlichen Arbeitskräften wurden in der ersten Phase Verbesserungen angestrebt. Gerade im Zusammenhang mit der Bildung der Volkskommunen wurde die Bevölkerung angehalten, ihre ganze Arbeitskraft – das einzige Kapital, das in ausreichendem Maße zur Verfügung stand – einzusetzen. Das Scheitern des Großen Sprungs mit seinen überzogenen Zielsetzungen war auf Naturkatastrophen, Planungsfehler und das Ende der sowjetischen Wirtschaftshilfe (1960) zurückzuführen. Es stellte sich auch immer deutlicher heraus, daß allein mit den herkömmlichen Anbaumethoden eine kontinuierliche Produktionssteigerung nicht zu erreichen war. So setzte man in der darauffolgenden Phase verstärkt auf die Mechanisierung und die Übernahme neuer Agrartechnologien.

Bei vielen im folgenden auszugsweise angeführten Maßnahmen zur Erreichung der landwirtschaftlichen Ziele ist zu beachten, daß manche im gesamten nachrevolutionären Zeitraum ergriffen wurden, allerdings mit unterschiedlicher Intensität und mit geänderten Methoden:

1. *Bewässerungsprojekte* haben von jeher die Gebiete hoher agrarischer Tragfähigkeit ausgeweitet (Reisanbau). Ein besonderer Schwerpunkt nach der Revolution bestand in der Eindeichung und Regulierung der Flüsse der Großen Ebene. Millionen von kleinen Anlagen entstanden in den landwirtschaftlichen Nutzungsräumen.

Bewässerungsprojekte 1949–59

Zeitraum	neue Projekte (Mio.)	Zunahme der bewässerten Nutzfläche (Mio. ha)	Ø-Größe der Projekte (ha)
1949–52	2	5,3	2,7
1953–57	14	13,4	0,9
1958–59	13	36,6	2,8
insgesamt	29	55,3	1,9

A. Erisman: China Agricultural Development 1949–1971. In: People Republic 1972, S. 129

Insgesamt hat sich seit 1949 die bewässerte landwirtschaftliche Nutzfläche verdreifacht; gegenwärtig beträgt sie rund 50% der gesamten Nutzfläche.

2. Die systematische *Aufforstung* über elf Provinzen vom Nordosten bis zum Nordwesten soll bis 1985 eine „Große Grüne Mauer" von insgesamt 5,3 Mio. ha Fläche schaffen; dadurch erwartet man sich eine Verbesserung des Wasserhaushalts und Schutz vor Wind- und Wassererosion.

3. Die *Neulanderschließung* setzte vor allem außerhalb des altchinesischen Kulturraumes ein:
– Mandschurei
– Innere Mongolei
– Sinkiang

So wurde beispielsweise in der Provinz Heilungkiang (NO) von 1952 bis 1957 eine Fläche von 1,5 Mio. ha, in Sinkiang zwischen 1952 und 1961 von 1,8 Mio. ha neu kultiviert (größer als die Fläche Hessens). Träger dieser Neulandaktion sind in erster Linie die ca. 2000 Staatsgüter.

Wegen der ständigen Sedimentation des Hwangho, Huai und Jangtsekiang kann in den Deltagebieten Neuland gewonnen werden.

4. Die *Diversifizierung* der landwirtschaftlichen Struktur wird angestrebt: Neben die Intensivierung des Ackerbaus soll eine verstärkte Förderung von Viehzucht, Forst- und Fischwirtschaft treten.

5. Durch Hangterrassierung soll die Erosion besonders im Lößbergland und Südostchinesischen Bergland verringert werden.

6. Die Schaffung von speziellen Anbaugebieten für Industriepflanzen (z. B. Baumwolle, Zuckerpflanzen, Ölpflanzen) soll die Effizienz verstärken.

7. Die Züchtung neuer Saatgutsorten vor allem bei Reis und Weizen soll zur Ertragssteigerung und zur Verschiebung traditioneller Anbaugrenzen führen. So können durch schnellreifenden „100-Tage-Reis" in begünstigten Gebieten Südostchinas drei jährliche Getreideernten (zweimal Reis, einmal Weizen) erzielt werden (Gesamtertrag: 82,5 dt/ha). Die Nordgrenze des Reisanbaus wurde durch kälteresistente Sorten bis in die Mandschurei vorgeschoben.

8. Die Erschließung von Düngemittelquellen auf chemischer und organischer Basis (z. B.

Gründünger, Sedimentationsschlamm) und die Erzeugung von Schädlingsbekämpfungsmitteln werden vorangetrieben.
9. Die Mechanisierung der Landwirtschaft ist ein vorrangiges Ziel der Gegenwart und der nahen Zukunft. Sie soll den lokalen Bedingungen angepaßt werden.
10. Die 1979 beschlossene Erhöhung des staatlichen Ankaufspreises von Getreide um 20% und von 50% für das über den Plan hinaus verkaufte Getreide soll die Bauern über finanzielle Zugeständnisse zu größerer Produktion anreizen.
11. Eine Senkung der Preise für Industriegüter, die in der Landwirtschaft Verwendung finden, unterstützt die unter Punkt 8 und 9 angeführten Maßnahmen.
12. Die Erhöhung des Investitionsanteils für die Landwirtschaft von 10,7% (1978) über 14% (1979) auf 18% (1980) der Gesamtinvestitionen zeigt den erhöhten Stellenwert der Landwirtschaft.

VR China – Ausgewählte Daten zur Agrarproduktion 1949–79

Jahr	Getreide (Mio. t)	(dt./ha)	Baumwolle (Mio. t)	(kg/ha)	Sojabohnen (Mio. t)	(dt./ha)	Erdnüsse (Mio. t)	(dt./ha)	Zuckerrohr (Mio. t)	Rinder (Mio.)	Schweine (Mio.)
1949	108	●	0,4	165	5,1	6,1	1,3	10,1	2,6	43,9	57,8
1952	154	●	1,3	232	9,5	8,2	2,3	12,8	7,1	56,6	89,8
1957	185	●	1,6	285	10,1	7,9	2,6	10,9	10,4	63,3	145,9
1958 60[1]	200	●	0,9	244	10,2	7,9	1,9	●	13,9	56,5	130,0
1961 62[2]	160	16,0	0,8	●	10,4	7,9	1,7	10,6	14,0	44,0	115,0
1966	200	16,3	1,8	355	11,0	8,2	2,4	11,9	25,0	55,2	200,0
1970	220	17,7	2,0	377	11,6	8,1	2,7	●	●	63,2	226,0
1975	284	20,7	2,4	●	12,7	8,3	2,9	●	●	64,1	284,0
1979	332	●	2,2	●	●	●	2,8	●	21,5	71,3	319,7

[1]) Maximalwert der Periode; [2]) Minimalwert der Periode

Quelle: Erisman, 1972; Ashbrook, 1972; Stat. Bundesamt (Hrsg.), 1973 und 1979; Field, 1976; Kraus, 1979; Beijing Rundschau, 13. 5. 1980

Heiner Dürr: Volksrepublik China. In: Fischer Länderkunde. Ostasien. Frankfurt: Fischer Taschenbuchverlag 1978, S. 442

Alle Anstrengungen um eine Produktionssteigerung müssen jedoch vor dem Hintergrund der wachsenden Bevölkerung gesehen werden.

Getreideproduktion 1950–1978

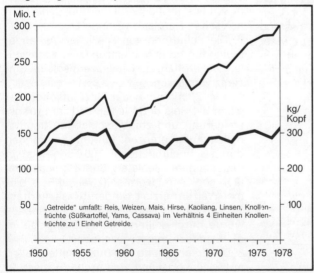

Quellen: Erisman 1975, Yu 1977, Groen/Kilpatrick 1978

Nach Wolfgang Taubmann: Entwicklungsprobleme der Volksrepublik China. In: geographie heute 1981, H. 4, S. 8. Seelze: Friedrich Verlag

Erst durch die Erhöhung des Investitionsanteils für die Landwirtschaft und durch die Betonung der privaten Produktion hat sich die wirtschaftliche Lage der ländlichen Bevölkerung in der letzten Zeit offensichtlich gebessert.

1.4.5 Grundzüge der Industrialisierung

China ist eines der wenigen Länder der Erde, das über fast alle bekannten Mineralien verfügt. Besonders reiche Vorkommen an Eisenerz, Wolfram, Kupfererz, Bauxit, Manganerz, Uran, Kohle und Erdöl bilden eine günstige Voraussetzung für die ehrgeizigen Industrialisierungspläne. Neben die fossilen Energieträger tritt noch die Wasserkraft (1. Stelle des Weltpotentials), die allerdings nur zu 3% genutzt wird. Von Nachteil ist die ungleichmäßige Verteilung der Ressourcen, vor allem auf dem Energiesektor. Chinas industrielle Entwicklung muß unter dem Aspekt der Schwer- und dem der Kleinindustrie betrachtet werden. Der Aufbau der Schwerindustrie orientiert sich nach einem Drei-Stufen-Plan. Der ersten Phase, dem Wiederaufbau alter Industriestandorte an der Küste und in der Mandschurei, folgte die Aufbauphase von Schwerpunktorten im Binnenland. Damit war ein erster Schritt getan, die übernommene Disparität durch eine gezielte Standortverteilung abzubauen. So stieg der Index der Industrieproduktion von 1952 über 1957 bis 1970 in der Küstenregion von 100 über 184 auf 388–449 (unterschiedliche Schätzungen), im Binnenland von 100 über 218 auf 540–624. Die dritte Phase, die in Ansätzen zu erkennen ist, hat das langfristige Ziel, in den Wirtschaftsgroßregionen NW und SW industrielle Betriebe anzusiedeln.

Industrie: Standort- und Raumentwicklung 1955–1975

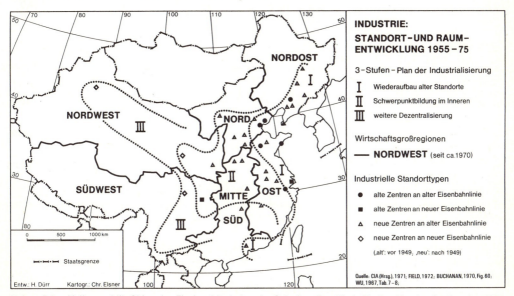

Heiner Dürr: Volksrepublik China. In: Fischer Länderkunde. Ostasien. Frankfurt: Fischer Taschenbuchverlag 1978, S. 143

Die *Dezentralisierungs*politik des „Großen Sprungs nach vorn" versuchte, durch den Aufbau der ländlichen Kleinindustrie auf Volkskommunenbasis neben der zentral gelenkten Großindustrie, das Prinzip des „Auf-zwei-Beinen-Gehens" zu verwirklichen. Wenn auch die überzogene Sprungpolitik – z. B. mit der Errichtung von einer Million Kleinhochöfen – unter ökonomischen Gesichtspunkten gescheitert ist, so hat dieses Prinzip sich doch durchgesetzt und bis heute Gültigkeit. Die Produktion der Kleinindustrie ist den Bedürfnissen der lokalen Landwirtschaft angepaßt und leistet die:

- Herstellung von lokal benötigten Grundstoffen, wie Energie, Eisen, einfachen Maschinen, Zement und Kunstdünger,
- Herstellung und Reparatur von landwirtschaftlichen Geräten,
- Verarbeitung landwirtschaftl. Produkte.

Die Kleinindustrie schafft Millionen von Arbeitsplätzen und ist regionalpolitisch ein ausgezeichnetes Mittel, einen Ausgleich zwischen Stadt und Land herzustellen, indem sie die Landflucht durch die Beseitigung der Fluchtursachen bremst.

Auf dem schwerindustriellen Sektor hat sich seit 1960 die staatliche Investitionstätigkeit wieder etwas stärker in den Aus- und Umbau der Industriegebiete des Ostens verlagert. In jüngster Zeit hat sich diese „Rezentralisierung" im Rahmen der „Vier Modernisierungen" verstärkt. Neben der Nähe der Absatzmärkte im eigenen Land und den besseren Infrastruktureinrichtungen ist dafür sicher auch die verstärkte Außenhandelsorientierung Chinas auf die westlichen Industrienationen und Japan anzuführen. Durch die vermehrte Übernahme westlicher Technologien dürfte die Industrialisierung, die bisher beträchtliche Erfolge aufzuweisen hat, neue starke Impulse erhalten.

Chinas wichtigste Industriegüter (offizielle Angaben)

	1949	1952	1978
Kohle	32 430 000 t	66 490 000 t	618 000 000 t
Rohöl	121 000 t	436 000 t	104 050 000 t
Elektrizität	4310 Mio. kWh	7260 Mio. kWh	256 550 Mio. kWh
Roheisen	252 000 t	1 929 000 t	34 790 000 t
Stahl	158 000 t	1 349 000 t	31 780 000 t
Holz	5 670 000 m³	11 200 000 m³	51 620 000 m³
Zement	660 000 t	2 860 000 t	65 240 000 t
Kunstdünger	6 000 t	39 000 t	8 693 000 t
Werkzeugmaschinen	1 600	13 700	183 200
Stromerzeugungsanlagen	–	6 000 kW	4 838 000 kW
Kraftwagen	–	–	149 100
Traktoren	–	–	113 500
Fahrräder	14 000	80 000	8 540 000

Oskar Weggel: China. Zwischen Revolution und Etikette. Eine Landeskunde. München: Beck 1981, S. 166

Als vordringlichste Aufgabe gilt es jedoch, einige Schwachpunkte, an denen die chinesische Wirtschaft leidet, auszumerzen: Transportschwächen, Energiemangel, Baumaterialmangel und Kapitalarmut. Daneben werden Reformen im Unternehmensbereich und im administrativen Bereich angestrebt, wobei wieder von den Prinzipien der Leistung und der Wirtschaftlichkeit ausgegangen wird.

1.4.6 Verkehrsausbau

Voraussetzung für den Abbau sozialräumlicher Disparitäten, ein Hauptziel der chinesischen Politik, ist der Verkehrsausbau.
Er hat die Aufgabe der
- Anbindung und politischen Integration peripherer Teilregionen
- militärischen Sicherung
- Erschließung von Ressourcen

Der Eisenbahnbau seit 1945 war gekennzeichnet durch eine Verbesserung der Transportleistungen im Osten und der Erweiterung des Netzes nach Westen. Der Rohstofferschließung diente vor allem die Trans-Sinkiang-Linie nach Urumtschi. In Bau befinden sich die Tsinghai-Tibet-Eisenbahn und die Süd-Sinkiang-Eisenbahn. 1978 wies die Eisenbahn 50 000 Gleiskilometer auf (Bundesrepublik Deutschland: ca. 30 000 km) und erfüllte 62,6% aller Transportleistungen.

Die Fernverkehrsstraßen erschließen vor allem den Südwesten und den Nordwesten. Obwohl sich die Strecke seit 1949 fast verzwölffacht hat, sind z. B. 9% aller Volkskommunen noch nicht auf Straßen erreichbar. Das Transportaufkommen beläuft sich auf ca. 3%.

Eisenbahn- und Straßennetz

— Eisenbahnen, vor 1949 in Betrieb genommen
— Eisenbahnen, nach 1949 in Betrieb genommen
- - - - Eisenbahnen, projektiert bzw. im Bau
═══ Strategisch wichtige Straßen

(nach: Informationen zur politischen Bildung, 1976)
Ting Kai Chen: Die Volksrepublik China. Stuttgart: Klett 1977, S. 161

Die Binnenschiffahrt wird dadurch gekennzeichnet, daß von den potentiellen 400 000 Binnenschiffahrtskilometern nur 136 000 für den Verkehr erschlossen sind. Der mit Abstand wichtigste Fluß ist der Jangtsekiang.

Trotz dieser imponierenden Aufbauleistung reicht das Verkehrs- und Transportwesen nicht aus, um allen Anforderungen, vor allem auf dem Energietransport, zu genügen.

Chinas Verkehrs- und Transportwesen

	1949	1952	1978
Eisenbahn	22 000 km	24 500 km	50 400 km
Landstraßen	80 700 km	126 700 km	890 200 km
Binnenschiffahrtswege	73 600 km	95 000 km	136 000 km
Zivilluftfahrtswege (einschl. Überseelinien)	–	13 100 km	149 000 km
Frachtaufkommen der Bahn	18 400 Mio. Tonnenkilometer	60 200 Mio. Tonnenkilometer	533 300 Mio. Tonnenkilometer
Frachtaufkommen des Schiffstransports	6 300 Mio. Tonnenkilometer	14 600 Mio. Tonnenkilometer	377 900 Mio. Tonnenkilometer

Oskar Weggel: China. Zwischen Revolution und Etikette. Eine Landeskunde. München: Beck 1981, S. 167

1.4.7 Stadt-Land-Beziehungen

Die Entwicklung des Anteils der städtischen Bevölkerung muß vor dem Hintergrund der großen ideologisch-entwicklungspolitischen Auseinandersetzung gesehen werden.

Entwicklung der Stadtbevölkerung in China

Jahr	Anteil der Stadtbevölkerung in %
1950	11,1
1960	18,8
1970	16,8
1980	23,0

Die Stadt-Land-Wanderung im ersten Jahrzehnt der Volksrepublik war vor allem durch den bevorzugten Ausbau der städtischen Schwerindustrie bedingt. Ausgelöst durch die Massenkampagnen des Großen Sprungs mit der erzwungenen Gründung von Volkskommunen und durch die Suche nach Arbeitsplätzen in der Industrie, sollen allein im Jahre 1958 etwa 10 Mio. Menschen in die Städte abgewandert sein. Es kam zu Engpässen in der Versorgung mit Arbeitsplätzen und mit Wohnungen: 1960 sank die durchschnittliche Wohnfläche für einen Stadtbewohner auf 3,1 m^2 (gegenwärtig etwa 4 m^2). Um die unerwünschten Folgeerscheinungen in den Städten in den Griff zu bekommen und darüber hinaus dem Land Entwicklungsimpulse zu geben, wurde eine rigorose Umkehrung der Wanderungsströme in die Wege geleitet:
- „Zurück aufs Dorf", in ihre ländlichen Herkunftsgebiete, wurden illegale Zuwanderer geschickt;
- aufs Land „hinuntergeschickt" wurden für längere Zeit oder dauernd Intellektuelle sowie Kader aus Partei und Verwaltung (oft Systemkritiker bzw. Kritiker der jeweils dominanten ideologischen Richtung);
- aufs Land „hinuntergeschickt" wurden und werden teilweise auch heute noch für mehrere Monate oder Jahre Schüler, Studenten und Hochschulabsolventen, um städtische Arbeitsmärkte zu entlasten, aber auch um Unterschiede zwischen geistiger und körperlicher Arbeit abzubauen. Der Höhepunkt dieser Aktion ist im Zusammenhang mit den Auswirkungen der Kulturrevolution zu sehen; zwischen 1968 und 1976 sollen etwa 12 Mio. Schüler erfaßt worden sein.

Daß gerade die „Hinuntergeschickten" zur Integration peripherer Minderheitengebiete beitragen, sieht man am Beispiel der Autonomen Region Sinkiang-Uigur: Waren 1949 von 4 Mio. Einwohnern 20% Han-Chinesen, so waren es 1972 von 8 Mio. Einwohnern ca. 35%. Gerade hier sind höherqualifizierte Han-Chinesen bei der Prospektierung und beim Abbau von Rohstoffen unentbehrlich.

Das Programm der „Vier Modernisierungen" hat in seinem Bestreben, die betriebswirtschaftliche Effizienz zu erhöhen, wieder zu einer größeren Zentralisierungstendenz und damit zu einem verstärkten Wanderungsdruck auf die Städte geführt. Viele Jugendliche kehren illegal vom Land in die Stadt zurück, so daß gerade in der letzten Zeit von einer auffallenden Jugendarbeitslosigkeit berichtet wird. Die Ausmaße lassen sich daran erkennen, daß Peking für das Jahr 1982 etwa 200 000 Arbeitsplätze für unbeschäftigte Jugendliche in privaten und kollektiven Zentren auf dem Gebiet des Handels und der Dienstleistungen schaffen will.

1.4.8 Bevölkerungswachstum und -politik

Das zentrale Problem Chinas ist nach wie vor das *Bevölkerungswachstum*. So hat sich seit Gründung der Volksrepublik bis heute die Einwohnerzahl fast verdoppelt:
1949: 549 Mio. – 1981: 1042 Mio.
Hat man früher das Bevölkerungswachstum noch gefördert, so änderte sich das, als die damit zusammenhängenden Auswirkungen immer deutlicher wurden:
- Die Arbeitslosigkeit erscheint als ständige Gefahr; die Zahl der landwirtschaftlichen Arbeitskräfte stieg von 200 Mio. auf über 300 Mio., ohne daß sich die Anbaufläche entscheidend vergrößert hat.
- Der Lebensstandard bleibt auf einer niederen Stufe, da der größte Teil der Zunahme der Konsumwarenproduktion durch das Bevölkerungswachstum absorbiert wird.

- Die Akkumulationsrate wird durch das Bevölkerungswachstum verringert. Um die ca. 600 Mio. Kinder, die seit 1949 geboren wurden, großzuziehen, mußten etwa 30% des seit damals erwirtschafteten Volkseinkommens ausgegeben werden.
- Der Erziehungssektor kann wegen Kapazitätsrückständen seine Aufgaben nur eingeschränkt wahrnehmen.

Die Auswirkungen zeigen, warum die Familienplanung in China heute einen so hohen Stellenwert besitzt. Bewegte sich die Bevölkerungswachstumsrate früher um die 2%, so konnte sie bis 1979 auf 1,2% gesenkt werden. 1985 soll 0,5% und im Jahr 2000 schließlich ein Nullwachstum erreicht werden, wobei sich die Bevölkerungszahl bei 1,2 Mrd. stabilisieren wird.

Um dieses Ziel verwirklichen zu können, werden bestimmte Einzelmaßnahmen durchgeführt:

- Verbesserung des sozialen Umfelds, Aufklärung,
- Mobilisierung der öffentlichen Meinung,
- gebräuchliche Verhütungsmethoden und Sterilisierung,
- Propagierung der Spätheirat: Frauen nach dem 23., Männer nach dem 26. Lebensjahr,
- „Geburtsrechts-Zuteilung" bei der jeweiligen Danwei,
- materielle Anreize für die Befolgung des Prinzips: „1 Ehepaar = 1 Kind" (z. B. größere Privatparzelle, höhere Getreidezuteilung, Anschreibung von zusätzlichen Arbeitspunkten),
- Sanktionen bei zwei und mehr Kindern (z. B. Verlust sämtlicher Vergünstigungen bei einem zweiten Kind, „Kindersteuer" bzw. Gehaltsabzug).

Während man in Großstädten wie Peking und Schanghai dem Plansoll voraus ist, gibt es auf dem Land teilweise noch Widerstände. In der Eindämmung des Bevölkerungswachstums sieht man in China jedoch eine wesentliche Voraussetzung für die Lösung der im Zusammenhang mit der Raumenge auftretenden Probleme. Für die dünnbesiedelten peripheren Räume wird nach wie vor ein hohes Bevölkerungswachstum angestrebt und gefördert.

2 Japan

2.1 Bevölkerungsentwicklung

Das beste Beispiel für ein durch seine Raumenge begrenztes Land mit hoher Bevölkerung ist Japan. Nur 16% der Gesamtfläche Japans von 370 000 km^2 werden landwirtschaftlich genutzt, wobei sich diese Fläche auch noch jährlich durch Industrieansiedlungen und Verstädterung verringert. Früheren Berechnungen zufolge könnten auf dieser Produktionsgrundlage rund 25 Mio. Menschen ernährt werden. Die folgende Statistik zeigt, daß bis gegen Ende der Tokugawa-Periode (1600–1868) die Bevölkerungszahl tatsächlich diesem Nahrungsmittelspielraum angepaßt war.

Bevölkerungsveränderung (in Mio.)

1721	26,1	1890	39,9	1950	83,4
1762	25,9	1910	49,2	1960	93,4
1804	25,5	1925	59,2	1970	105,0
1846	26,9	1940	71,5	1974	110,0
1872	34,8	1945	72,2	1979	116,1

Im folgenden soll gezeigt werden, durch welche Methoden es Japan gelungen ist, bei teilweise rapide steigender Bevölkerungszahl (z. B. Babyboom nach dem Zweiten Weltkrieg) die Nahrungsversorgungsmisere in den Griff zu bekommen, obwohl die theoretischen Berechnungen der Tragfähigkeit des Landes einen Erfolg unmöglich erscheinen ließen.

2.2 Bevölkerungsverteilung in ihrer Abhängigkeit von den Naturfaktoren

Die rasche Bevölkerungszunahme führte nicht wie erwartet zu einer dichteren Besiedelung ehemals unerschlossenen Landes oder zu einer verstärkten Auswanderung, sondern im Gegenteil zu einer Bevölkerungsballung hohen Ausmaßes in den Tälern und Küstenebenen und somit zu einer Verstärkung der regionalen Disparität. So liegt die Dichte im Bergland bei 61 Einwohnern pro km^2, an der Ostküste bei 1800, im Ballungsraum Tokio bei 2600 und in der Stadt Tokio bei 4800.

Bevölkerungsverteilung 1975

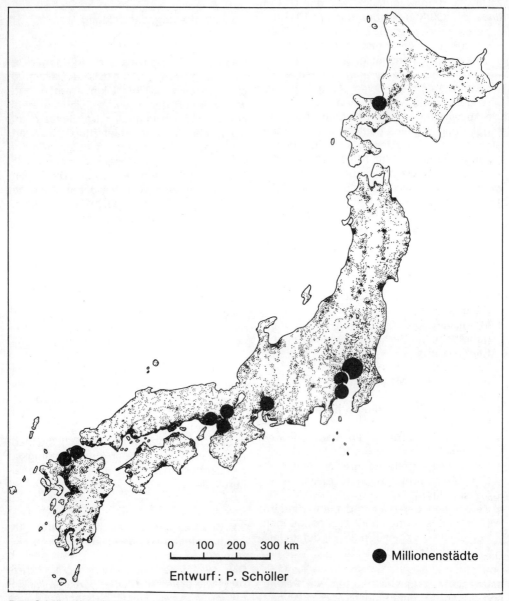

Peter Schöller: Umweltschutz und Stadterhaltung in Japan. Fragenkreise. Paderborn: Schöningh, 1980, S. 2.

2.2.1 Oberflächengestalt

Japan ist aufgrund seines vulkanischen Ursprungs primär ein kleingekammertes Gebirgsland mit enger Land-Meer-Verzahnung. Drei Viertel der Landesfläche bestehen aus Steilhängen mit einem Böschungswinkel von über 15°. Die Küstenebenen resultieren teils aus fluviatiler Aufschüttung, teils aus tektonischen Senkungen. Nur hier und in den flächenmäßig geringen Talniederungen sind landwirtschaftlicher Anbau, Siedlungen und Industriestandorte möglich.

2.2.2 Klima

Klimatische Gliederung

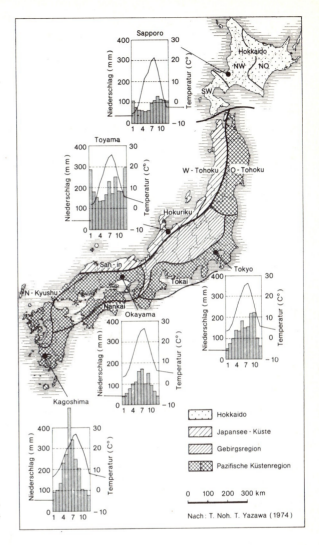

Peter Schöller: Japan. In: Fischer Länderkunde, Ostasien. Frankfurt: Fischer Taschenbuchverlag, 1978, S. 337

Die Niederschlagsverteilung wird wesentlich durch die Lage Japans zwischen der asiatischen Landmasse und dem Pazifischen Ozean geprägt. Damit liegt es im Einflußbereich des ostasiatischen Monsuns, der den Jahreszeiten entsprechend abwechselnd der Nordwest- bzw. Südostseite Niederschläge bringt. Im Winter erhält die westliche, die Japanseeseite, hohe Niederschläge – 300 mm in Zentralhonschu im Dezember, Jahresdurchschnitt 2000–3000 mm – die an den Gebirgsrändern als Schnee fallen und dort mehrere Monate liegenbleiben, während an der Pazifikseite Wintertrockenheit vorherrscht. Im Sommer stoßen aus Südosten kommende maritime, tropische Luftmassen bis nach Hokkaido vor, die zu erhöhten Niederschlägen führen – über 500 mm in Kiuschu im Juni, Jahresdurchschnitt über 2200 mm.

Die gewaltige Nord-Süd-Erstreckung zwischen dem 24. und 46. Grad nördlicher Breite bestimmt die Temperaturverteilung, die durch den warmen Kuro-Schio-Strom aus SW und den kalten Oya-Schio-Strom aus NO noch verstärkt wird, die vor allem den

Temperaturverlauf an den Küsten Mitteljapans nachhaltig beeinflussen. Die Sommertemperaturen liegen relativ einheitlich zwischen 22° C im Norden und 27° C im Süden. Im Winter jedoch divergieren die Temperaturen zwischen 6,5° C in Kiuschu und −9° C in Hokkaido. Insgesamt gesehen ergibt sich folgende Dreiteilung: eine winterkaltgemäßigte Zone im Norden, eine gemäßigte Zone in Mitteljapan (Übergangsraum) und eine warmgemäßigte bis tropische Zone im Süden. Dementsprechend steigt die Länge der Vegetationsperiode von fünf Monaten im Jahr in Nordhokkaido bis auf neun Monate in Kiuschu an.

2.2.3 Ungunstfaktoren

Zunächst hindert die kleinräumige Kammerung eine weiträumig-flächenhafte Besiedlung und verkehrstechnische Erschließung des Landes. Weite Teile sind stark erdbebengefährdet, wobei teilweise ein enger Zusammenhang mit Vulkanausbrüchen besteht. Ein *Erdbeben* katastrophalen Ausmaßes tritt etwa alle acht Jahre auf. Somit wird verständlich, daß gerade in Japan seit dem großen Kanto-Beben im Jahre 1923 die Erdbebenforschung, die Verfeinerung erdbebenresistenter Bauweisen sowie der Entwurf einer neuen Stadtplanung einen hohen Stellenwert besitzen.

Daneben wird Japan häufig von *Tsunamis* (seismischen Flutwellen) heimgesucht, die bei der dichten Besiedlung vor allem der pazifischen Küste immer wieder hohe Verluste fordern. Gerade im Zusammenhang mit der Neulandgewinnung aus dem Meer kommt hier den Maßnahmen zum Küstenschutz eine große Bedeutung zu, die noch wichtiger erscheinen angesichts einer weiteren Bedrohung durch die alljährlich wiederkehrenden Taifune, die im Spätsommer und Herbst wegen der dann stärksten Erwärmung des Pazifiks mit hohen Windgeschwindigkeiten, enormen Flutwellen und katastrophalen Niederschlägen, die oftmals Erdrutsche verursachen, auf die dichtbesiedelte Küste treffen.

Die Böden unterliegen einer Höhendifferenzierung, so daß in den Gebirgsregionen Rohböden und verarmte Podsole vorherr-

Naturgefährdung

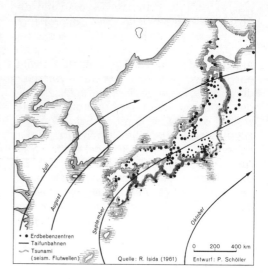

Peter Schöller: Japan. In: Fischer Länderkunde. Ostasien. Frankfurt: Fischer Taschenbuchverlag, 1978, S. 351

schen, wohingegen Böden mit höherer Güte nur in den Alluvialebenen und den diluvialen Talleisten anzutreffen sind.

2.3 Historische Grundlagen der wirtschaftspolitischen Entwicklung

Die Geschichte Japans ist bis in das 19. Jahrhundert von den Machtkämpfen zur Bildung der Einheit einer Nation geprägt worden. Dieser Prozeß wurde durch die freiwillige totale Isolation gegenüber dem Ausland gefördert, wodurch Japan vor allem während der Tokugawa-Periode seine staatlichen Einrichtungen und die wirtschaftlichen Potentiale voll entwickeln konnte.

1853 erzwangen die Amerikaner die Öffnung des Landes und die Aufnahme von Handelsbeziehungen mit den westlichen Ländern, nachdem Japan in das Spannungsfeld der damaligen Großmächte geraten war. Durch die Meji-Reform („Programm der neuen Ära") 1869 wurde das Land vollkommen zentralisiert und die Wirtschafts- und Sozialstruktur auf das westliche Vorbild ausgerichtet. Der vormals zum Gott erhobene Kaiser übernahm wieder die weltliche Macht, die zuvor von den Shogunen als

Statthalter des Kaisers ausgeübt worden war. Westliche Strukturen wurden mit der Absicht übernommen, eine tiefgreifende Überfremdung, evtl. eine Kolonialisierung durch den Westen zu vermeiden, es war ein Akt der Selbstbehauptung mittels freiwilliger Anpassung. Dieser Akt wurde verstärkt durch die steigende Bevölkerungszahl, die die Industrialisierung notwendig machte, wobei die Textilindustrie (Seidenraupenzucht, Baumwolle) die Vorreiterrolle übernahm. Über den Außenhandel sollten Nahrungsmittel ins Land eingeführt werden. Zudem glaubte man durch das Vorantreiben der Industrialisierung die eigene Position gegenüber dem Ausland stärken zu können. Ungünstig wirkte sich aus, daß die Industrialisierung über eine Grundsteuer finanziert wurde, deren Bemessungsgrundlage die Höhe der Reiserträge war. Als Folge verarmten viele Bauern und veräußerten ihr Land an städtische Grundherren. Bis 1945 lag der Pachtanteil des Ackerlandes bei 45%, so daß durch hohe Pachtsummen der Landwirtschaft alljährlich große Beträge entzogen wurden, die für deren Modernisierung fehlten. Erst von 1946–1949 führte die amerikanische Besatzungsmacht eine Bodenreform durch, um die Großgrundbesitzer zu entmachten.

2.4 Methoden zur Überwindung der Raumenge und ihre Raumwirksamkeit

2.4.1 Landwirtschaft: Entwicklung und Probleme

Durch die beginnende Industrialisierung während der Meji-Reformen wurde automatisch ein Strukturwandel in der Landwirtschaft eingeleitet. Die Verarmung der Bauern führte zu einer weitgehenden Freisetzung von Erwerbspersonen aus der Landwirtschaft, die in die Industrie abwanderten. Waren 1800 noch 82% aller Erwerbspersonen im primären Sektor beschäftigt, so sank dieser Anteil enorm schnell bis auf 14,0% im Jahre 1980 (Bundesrepublik Deutschland 8,2%, USA 4,3%). Dieser Prozeß dauert heute noch an. Dabei entwickelte sich vorrangig nach dem Zweiten Weltkrieg ein Arbeiterbauerntum, so daß heute nur noch rund 13% aller landwirtschaftlichen Produktionseinheiten vollbäuerlich betrieben werden. Die Einkommen aus der nichtagraren Tätigkeit werden dabei zum Teil in die Landwirtschaft investiert. Andererseits ergibt sich das Problem der Überalterung der ländlichen Gemeinden, da gerade die jungen Leute verstärkt ganz aus der Landwirtschaft abwandern.

Japan – Landwirtschaftliche Voll- und Nebenerwerbsbetriebe (in 1000)

	Vollerwerb	Nebenerwerb mit Schwerpunkt: Landw.	And. Berufe	Summe	Landw. Betr. insgesamt
1941	2245	2019	1148	3167	5412
1950	3086	1753	1337	3090	6176
1960	2078	2036	1942	3970	6057
1965	1219	2081	2365	4446	5665
1970	832	1802	2709	4510	5342
1974	630	1222	3176	4398	5027

Quelle: Agricultural Census

Peter Schöller: Japan. In: Fischer Länderkunde. Ostasien. Frankfurt: Fischer Taschenbuchverlag, 1978, S. 449

Obwohl sich gleichzeitig, vor allem ab 1945, die landwirtschaftliche Nutzfläche durch zunehmenden Platzbedarf für Siedlungen und Industrieanlagen verringerte, konnte der Ertrag enorm gesteigert werden, er weist heute ein hohes Niveau auf.

Durch Modernisierung und Technisierung der Agrarwirtschaft – die Viehwirtschaft spielt heute noch eine untergeordnete Rolle – sowie durch den steigenden Einsatz von Dünger und Schädlingsbekämpfungsmitteln werden die kleinparzellierten Flächen

Anbauflächen – Ernte – Hektarertrag wichtiger Erzeugnisse (1000 ha bzw. 1000 t)

		1973	1974	1975	1976	1977
Reis	Anbaufläche	2 622	2 724	2 764	2 779	2 757
	Ernte	12 149	12 292	13 165	11 772	13 095
	ha-Ertrag (kg)	4 700	4 550	4 810	4 270	4 780
Weizen	Anbaufläche	75,0	83,0	90,0	89,1	86,0
	Ernte	202	232	241	222	236
Gerste	Anbaufläche	80,0	78,0	78,0	80,3	77,8
	Ernte	226	233	221	210	205,8
Süßkartoffeln	Anbaufläche	74	67,5	68,7	65,6	64,4
	Ernte	1 550	1 435	1 418	1 279	1 431
Weiße Kartoffeln	Anbaufläche	141,0	131,5	139,4	137,6	131,4
	Ernte	3 302	2 821	3 261	3 742	3 520
Äpfel	Anbaufläche	59,6	55,0	53,2	51,4	50,7
	Ernte	962,7	850,4	897,9	879,4	958,8
Mandarinen	Anbaufläche	173,1	172,4	169,4	164,0	158,6
	Ernte	3 389	3 383	3 665	3 088	3 539

Japan Statistical Yearbook 1979 (Prime Minister's Office)

von durchschnittlich nur 0,8 ha Betriebsgröße äußerst intensiv genutzt („Gartenwirtschaft"). So kann Japan seit 1965 das Land selbst mit Reis versorgen. 1979 stand es bei der Reiserzeugung an 6. Stelle der Weltproduktion und konnte Überschüsse exportieren. Die Hektarerträge liegen für Reis bis 47,8 dt (Indien 16,1 dt). Begünstigt wird der Reisanbau durch das Klima, das bis nach Mittelhonshu eine doppelte Ernte im Jahr erlaubt. Da der Staat eine Abnahmeverpflichtung für Reis eingegangen war, sah er sich bei steigender Produktion gezwungen, den verstärkten Anbau von Weizen, Sojabohnen, Gemüse und Futtergetreide zu fördern, zumal die Importabhängigkeit bei Weizen und Sojabohnen 95%, bei Futtergetreide 57% beträgt. Der Reisanbau verschiebt sich immer mehr nach Nordhonshu, während um die großen Ballungsräume wegen der Nähe des Absatzmarktes mehr und mehr Obst und Gemüse angebaut werden. In Mittel- und Südjapan gewinnt der Anbau von Weizen und Gerste zunehmend an Bedeutung. Zwar konnte die Grenze der Tragfähigkeit des Bodens immer weiter hinausgeschoben werden, jedoch ist durch den hohen Chemikalieneinsatz die Belastbarkeit des menschlichen Organismus bereits mehrfach überschritten worden.

Meeresnutzung

Der *Fischfang* in Japan spielt eine bedeutende Rolle bei der Eiweißversorgung. Er basiert neben der Hochseefischerei vor allem auf der Küstenfischerei in den reichen Fischgründen im Bereich der kalten und warmen Meeresströmungen. Die zunehmende Verschmutzung durch die Industrie führt jedoch immer häufiger zu gesundheitlichen Schäden beim Genuß von Fisch, so daß sich die Regierung veranlaßt sieht, rigorose Kontrollen durchzuführen, was indirekt einen Ertragsverlust bedeutet. Zudem wird durch die internationale Senkung der Fangquoten sowie die Ausweitung der Hoheitsgrenzen für Gewässer die ausreichende Versorgung mit Fisch der Hochseefischerei gefährdet. Man versucht, diese Verluste durch intensiv betriebene Fischzuchtfarmen und andere Meereskulturen aufzufangen.

2.4.2 Industrielle Entwicklung

Energie- und Rohstoffabhängigkeit

Konnte beim Aufbau der Textilindustrie während des letzten Viertels des 19. Jahrhunderts auf heimische Rohstoffe zurückgegriffen werden, so gestaltete sich die Entwicklung der Schwerindustrie wesentlich problematischer.

Importabhängigkeit Japans bei ausgewählten Stoffen in % (1978)

Eisenerz	98,7	Bauxit	100,0
Kokskohle	88,4	Kupfer	89,4
Erdöl	99,7	Blei	76,0
Zinn	90,0	Nickel	100,0

Durch die steigende Textilproduktion verstärkte sich auch die Einfuhrabhängigkeit bei Baumwolle, die heute 100% beträgt. Außerdem änderte sich die Weltmarktstruktur für Textilien, da ab 1930 zunehmend Kunstfasern verwendet wurden.

Die Besetzung der rohstoffreichen Mandschurei 1931 war ein Versuch, die Rohstoffbasis zu verbessern. Ähnliche Gebietserweiterungen hatte Japan 1895 in Taiwan und 1910 in Korea vorgenommen. Bei weiteren Engpässen in der Rohstoffversorgung ab 1935 kam es zur unbegrenzten Flottenrüstung und zur Okkupation der chinesischen Küstengebiete. Nationalistische Kreise ermutigten den Staat zum Überfall auf Pearl Harbour am 7. 12. 1941, nachdem die USA Japan die Lieferung von Erzen, Schrott und Erdöl verweigerten. Japan dehnte seinen Machtbereich über ganz Südostasien aus, jedoch endete der Krieg mit der vollständigen Zerschlagung des Reiches im Jahre 1945.

Grundlagen des Aufstiegs zur 3. Weltwirtschaftsmacht

Nach der Niederlage, die einen Verlust von 46% des Staatsgebietes nach sich zog (Folge: Verstärkung der Raumenge), verlegte sich Japan auf eine friedliche Politik zur Steigerung des wirtschaftlichen Wachstums. Fortan sollten die Erlöse aus der Exportexpansion sowie vielfache internationale Abkommen den Import von ständig teurer werdenden Rohstoffen und landwirtschaftlichen Produkten sichern („Rohstoffdiplomatie"). Die folgenden Tabellen verdeutlichen die Investitionen vor allem auf dem Gebiet der Rohstoff- und Energieprospektion vornehmlich in Ländern der Dritten Welt und die weltweite Absatzorientierung für japanische Produkte.

Auslandsinvestitionen nach Industrien (31. 3. 1979)

	Betrag (Mio. US $)	Anteil (%)
Land- und Forstwirtschaft	487	1,8
Fischerei	195	0,7
Bergbau/Erdöl	5649	21,1
Baugewerbe	274	1,0
Handel	3778	14,1
Banken und Versicherungen	1848	6,9
sonstige	3877	14,5
Verarbeitende Industrie	9174	34,2
Nahrungsmittel	429	1,6
Textilien	1457	5,4
Holz und Holzschliff	647	2,4
Chemikalien	2074	7,7
Eisen und NE-Metalle	1549	5,8
Maschinenbau	632	2,4
Elektromaschinen	1090	4,1
Transportmaschinen	653	2,4
Sonstige	644	2,4
Immobilien	766	2,9
Zweigniederlassungen	760	2,8

Japanisches Finanzministerium, 1979

Auslandsinvestitionen nach Regionen

	Betrag (Mio. US $)	Anteil (%)
Nordamerika	6 765	25,2
Lateinamerika	4 373	16,3
Asien	7 668	28,6
Nahost	1 971	7,4
Europa	3 398	12,7
Afrika	1 138	4,2
Ozeanien	1 496	5,6
insgesamt	26 809	100,0

Japanisches Finanzministerium, 1979

Die sozio-kulturelle Entwicklung des Landes bildet die Basis des unvergleichlichen *Wirtschaftsaufschwungs*.
Im 6. Jahrhundert übernahm Japan den Buddhismus als Staatsreligion, nicht ohne ihn in eine Lehre der aktiven Gestaltung des Lebens umzuformen. Der Einfluß der Lehre des Konfuzius betonte die herausragende Bedeutung der Gruppe als Grundmodell menschlichen Daseins, die bereits durch die

auf Gruppenarbeit angelegte Reisfeldbestellung in der dörflichen Gemeinschaft von alters her vorgeformt war. Aus beiden Quellen entwickelte sich eine letztlich religiös fundierte, spezielle japanische Lebensphilosophie, die von folgenden Faktoren geprägt ist:

– Dominanz der Interessen der Gemeinschaft (Familie, Betrieb, Staat) über denen des Individuums,
– absolute persönliche Loyalität,
– Neigung zu konformem Sozialverhalten und Konfliktvermeidung,
– zentraler Stellenwert des Unternehmens in der Lebensauffassung des Arbeitnehmers,
– Willen zum Gehorsam gegenüber Vorgesetzten,
– pragmatische Wirtschaftsmentalität,
– hohe Einschätzung des Bildungswesens (seit 1905 allgemeiner Zugang zur Wissensbildung).

In der Neuzeit sind weitere Voraussetzungen für den wirtschaftlichen Aufschwung hinzugetreten:
– Bereitschaft zu hohen Kapitalinvestitionen (der gesamte Produktionsapparat wird laufend erneuert; jede größere Firma hat eine eigene Hausbank),
– enorme Mittelaufwendungen für Forschung und für Entwicklung übernommener Technologien bis zur zukunftsweisenden Präzisierung,
– Fähigkeit zur Präzisionsarbeit, die aus der traditionellen Handwerkskunst hervorging,
– äußerst hohe Innovationsbereitschaft,
– enge Interessenverflechtung privatwirtschaftlicher und staatlicher Zielsetzungen,
– Vormacht der Familienkonzerne und die duale Grundstruktur der Industrie.

In der Nachkriegszeit kam hinzu, daß Japan seinen Binnenmarkt weitgehend gegenüber der ausländischen Konkurrenz abschottete, um den heimischen Produzenten Startvorteile einzuräumen. Seit Mitte der 60er Jahre muß Japan jedoch seinen Markt vor allem auf amerikanischen Druck hin zunehmend öffnen. Bis 1983 sollen sämtliche Importrestriktionen aufgehoben werden.

Aspekte der dualen Produktionsstruktur

Auf dem Gebiet der industriellen Fertigung findet man zwei Betriebsformen vor: moderne, kapitalintensive Großunternehmen und arbeitsintensive, traditionelle Klein- und Mittelbetriebe, die als Zulieferer der Großindustrie fungieren. So beziehen z. B. einige Autofirmen bis zu 70% ihrer Fertigungsteile von vertraglich gebundenen Kleinbetrieben.

Japan – Anteil der Industriegrößengruppen im Vergleich

Beschäftigte	Japan	Bundesrepublik Deutschland	USA
	nach Beschäftigten in %		
1–99	51,9	19,7	23,3
100–499	22,6	29,6	16,6
500–999	8,4	13,6	27,3
>1000	17,1	37,1	32,8
	100,0	100,0	100,0

Quelle: Nihon Kokusei-Zue 1975/76

Peter Schöller: Japan. In: Fischer Länderkunde. Ostasien. Frankfurt: Taschenbuchverlag, 1978, S. 450

Die Großbetriebe stützen sich auf ein *Stammpersonal*, dem viele Privilegien eingeräumt werden: höhere Löhne, bis zu sechs zusätzliche Monatsgehälter im Jahr als Bonus, verbilligte Einkäufe in firmeneigenen Geschäften, kostenlose Ferienaufenthalte, billige Werkswohnungen, Senioritätsprinzip. Der Anteil der Stammbelegschaften an der Gesamtbeschäftigtenzahl beträgt 20–25%.
Wesentlich schlechter gestellt sind die Zeit- und Gelegenheitsarbeiter in den Großbetrieben. Sie sind von den Privilegien des Stammpersonals ausgeschlossen und versuchen deshalb durch besondere Leistungsbereitschaft den Sprung ins Stammpersonal zu schaffen.
In den Kleinbetrieben gibt es selten den 8-Stunden-Tag, die 6-Tage-Woche ist üblich. Die Effektivlöhne liegen durchschnittlich um 40% unter denen der Großbetriebe, oft handelt es sich um reine Familienbetriebe ohne festgelegte Lohnzahlungen.
Die Loyalität gegenüber der Firma führt in allen Betrieben dazu, daß der Normalurlaub

von 20 Tagen im Jahr kaum voll in Anspruch genommen wird, außer im Krankheitsfall. Die Anzahl der jährlichen Arbeitsstunden liegt mit 2083 wesentlich über dem europäischen Niveau (Bundesrepublik Deutschland: 1812). Nach dem Ausscheiden aus dem Arbeitsprozeß, in der Regel mit 55 Jahren, muß mit erheblichen finanziellen und sozialen Nachteilen gerechnet werden. Obwohl man heute von Japan nicht mehr als einem „Billig-Lohn-Land" sprechen kann, sind die sozialen Rahmenbedingungen des wirtschaftlichen Aufschwungs doch wesentlich schlechter als die der westlichen Industriestaaten. Sie werden sich bei wirtschaftlicher Stagnation und bei zunehmender *Rationalisierung* der Produktion, um international konkurrenzfähig zu bleiben (z. B. Roboter im Fahrzeugbau), weiter verschärfen.

Investitionsplanung der japanischen Industrie 1980 im Vergleich zu 1979

	(%)
Verarbeitende Industrie	+ 5,2
Nahrungsmittel	− 8,6
Textilindustrie	−12,6
Papier und Zellstoff	−29,4
Chemische Industrie	+10,2
Erdöl	+ 3,6
Keramik	+20,9
Zement	+19,9
Stahl	−16,6
gewöhnlicher Stahl	−24,4
Nichteisenmetalle	+25,4
Allgemeiner Maschinenbau	+16,6
Elektroindustrie	+21,2
Haushaltsgeräte	+20,2
Transportmaschinen	+17,2
Kraftfahrzeuge	+19,8
Schiffbau	− 0,9
sonstige verarbeitende Industrie	+ 8,8
Nichtverarbeitende Industrie	+18,8
Baugewerbe	− 7,8
Handel	+ 9,3
Immobilien	+17,3
Verkehr und Nachrichten	+ 9,7
Eisenbahn	− 3,7
Seetransport	+27,2
Luftfahrt	+14,8
Elektrizität und Gas	+25,2
Elektrizität	+26,3
Gas	+11,5
Dienstleistungen	+ 9,8
sonstige	+25,7
insgesamt	+13,1

Japan Development Bank (1437 Unternehmen)

Bis heute jedoch ist das Vertrauen der Japaner in die eigenen Fähigkeiten und in das ständige Wirtschaftswachstum ungebrochen. Daraus erklärt sich die hohe Risikobereitschaft der Unternehmer, die in der führenden Position Japans in den zukunftsweisenden, marktorientierten Industriebranchen zum Ausdruck kommt.

2.4.3 Stellenwert der industriellen Erzeugnisse

In den ersten Jahren nach dem Zweiten Weltkrieg wurden vornehmlich billige Massengüter produziert. Durch deren Absatzerlös im In- und Ausland gelang es Japan bis 1953 die zerstörte Industrie wieder aufzubauen. Dabei erfolgte eine Umstellung auf hochwertige Güter. So stieg die Stahlerzeugung durch Kapazitätsausweitung von 41,1 Mio. t im Jahre 1965 über 82,1 Mio. t 1969 auf 120 Mio. t 1972. Durch die weltweite Stahlabsatzkrise erfolgte ein leichter Rückgang auf 111,7 Mio. t 1979. Im Automobilbau hat die japanische Produktion die der westlichen Länder überholt und lag 1981 bei über 7 Mio. Stück. Trotz eines Rückgangs beim Schiffbau seit der Ölkrise 1973 ist Japan führend in der Welt. Im Bereich der Herstellung und des Absatzes von Präzisionsgeräten (Kameras, Uhren, elektrische und elektronische Geräte der Unterhaltungsindustrie, Computer) erreicht Japan ständig höhere Weltmarktanteile. Mit 3% der Weltbevölkerung produziert Japan heute 10% der Güter aller Staaten, wobei die Gesamtproduktion weiter steigt.

Der Absatz der Produkte erfolgt durch eine gezielte Exportoffensive im asiatischen Raum und führt in Nordamerika und Europa zu einem steigenden Konkurrenzdruck gegenüber den heimischen Produzenten. 1979 exportierte Japan Güter im Gesamtwert von über 103 Milliarden US-Dollar.

Produktion ausgewählter Erzeugnisse

	1975	1976	1977	1978	1979
Elektrolytkupfer (Tsd. t)	818,9	864,4	933,7	959,1	983,7
Aluminium (Tsd. t)	1 013,3	919,4	1 188,2	1 057,7	1 010,4
Roheisen (Mio. t)	86,9	86,6	85,9	78,6	83,8
Rohstahl (Mio. t)	102,3	107,4	102,4	102,1	111,7
Warmgewalzter Stahl (Mio. t)	77,9	83,2	79,6	79,6	89,1
Werkzeugmaschinen (Stück)	88 108	118 944	131 405	136 617	163 742
Rundfunkempfänger (Tsd. St.)	14 283	16 770	17 308	16 277	13 909
Fernsehgeräte (Tsd. St.)	10 625	15 103	14 342	13 116	13 580
Fahrgestelle für Busse und Lkws (Tsd. St.)	2 338	2 772	3 035	3 237	3 397
Uhren (Tsd. St.)	56 810	70 966	84 802	88 768	95 608
Schiffe (Tsd. BRT)	15 976	14 245	10 649	5 194	...
Metallmöbel-Alum. (t)	386 958	505 084	475 980	492 643	549 399
PVC (Tsd. t)	1 125	1 044	1 031	1 204	1 592
Polyäthylen (Tsd. t)	1 295	1 391	1 467	1 767	2 165
Rohseide (60-kg-Ballen)	336 146	298 078	268 036	265 959	265 829

Economic Statistics Annual 1979 (The Bank of Japan)

Hauptausfuhrgüter

Wert	1975	1976	1977	1978	1979
			(Mio. US $)		
Gesamtausfuhr	55 725,8	67 225,5	80 494,8	97 543,1	103 031,6
Nahrungsmittel	760,1	886,8	869,6	1 046,9	1 206,8
Textilien	3 718,7	4 216,4	4 699,9	4 870,2	4 908,2
Chemikalien	3 888,8	3 747,0	4 299,7	5 102,2	6 100,2
Metalle	12 517,5	13 169,5	14 084,5	16 041,9	18 378,9
Eisen- und Stahlerzeugnisse	10 176,5	10 484,7	10 518,8	11 854,8	14 113,4
NE-Metalle	539,9	653,2	865,1	1 035,3	1 138,5
Maschinen und Ausrüstungen	30 003,7	39 626,5	49 744,4	62 510,1	63 182,5
Generatoren	873,4	1 080,8	1 710,3	2 375,0	2 103,4
Büromaschinen	776,5	1 011,6	1 130,6	1 654,3	1 830,5
Metallbearbeitungsmaschinen	451,9	603,6	804,8	1 264,6	1 534,2
Fernsehempfänger	782,8	1 374,2	1 348,8	1 318,4	1 282,7
Rundfunkempfänger	1 324,0	2 096,0	2 334,2	2 635,9	2 497,1
Kraftfahrzeuge	6 190,4	8 902,9	11 551,6	15 530,7	17 021,2
Motorräder	1 156,8	1 161,9	1 622,0	1 886,5	1 925,2
Schiffe	5 998,2	7 048,6	8 128,8	7 172,5	3 868,8
wissenschaftliche und optische Geräte	1 367,6	1 856,1	2 548,3	3 448,3	3 860,7
Uhren	458,2	653,9	957,8	1 276,7	1 286,4
Tonbandgeräte	632,6	901,1	1 097,3	1 661,7	2 102,0
Menge					
Eisen- und Stahlerzeugnisse (Tsd. t)	29 541	36 382	34 291	31 110	31 978
Fernsehempfänger (Tsd. St.)	5 798	9 925	9 368	8 336	7 423
Rundfunkempfänger (Tsd. St.)	29 554	43 287	44 491	40 133	36 887
Kraftfahrzeuge (Tsd. St.)	2 601,7	3 659,4	4 203,5	4 452,8	4 702,2
Motorräder (Tsd. St.)	2 272,8	2 415,2	3 185,7	2 952,6	2 804,4
Schiffe (Tsd. BRT)	15 450,1	15 660,7	13 131,0	9 297,4	6 271,3
Tonbandgeräte (Tsd. St.)	16 909	22 829	19 265	18 253	21 885

The Summary Report – Trade of Japan (Ministry of Finance)

Produktionsindex (1975 = 100)

	1974	1976	1977	1978	1979
Gesamtindustrie	111,7	111,1	115,7	122,9	133,1
öffentliche Unternehmen	97,3	108,5	113,7	120,4	125,4
Bergbau	105,8	100,0	103,1	105,7	101,0
Verarbeitende Industrie	112,4	111,2	115,7	123,0	133,3
Eisen und Stahl	116,9	109,5	108,1	110,1	122,6
Nichteisenmetalle	112,6	119,3	125,0	135,0	142,9
Maschinenbau	116,2	113,7	121,3	131,3	147,7
Steine und Erden	117,0	110,4	115,2	121,0	129,0
Chemikalien	109,9	111,5	117,2	131,3	143,7
Erdöl- und Kohleerzeugnisse	104,4	102,7	104,7	104,0	106,5
Papier und Zellstoff	113,7	113,3	115,3	120,8	130,6
Textilien	106,1	108,4	106,7	107,7	108,5
Holz	109,1	106,8	104,4	107,0	109,0
Nahrungsmittel, Tabakwaren	98,4	101,5	105,6	107,8	110,8
sonstige Erzeugnisse	109,0	114,2	116,8	123,6	134,9
Investitionsgüter	119,4	105,5	112,1	121,7	133,9
Baustoffe	115,5	109,6	110,0	115,7	123,8
langlebige Konsumgüter	107,4	126,8	142,4	160,4	184,5
kurzlebige Konsumgüter	102,2	107,2	111,5	117,3	121,4

Economic Statistics Annual 1979 (The Bank of Japan)

Ausfuhr nach Regionen (Mio. US $)

	1975	1976	1977	1978	1979
Asien	20 487,8	22 377,3	27 345,7	36 335,7	39 803,0
Europa	10 346,2	13 777,1	15 758,4	18 051,1	19 785,8
Nordamerika	14 696,9	19 914,4	24 647,6	30 144,7	31 122,0
Südamerika	2 367,8	2 340,7	3 070,3	3 262,1	3 574,1
Afrika	5 556,6	5 889,2	6 643,2	6 331,3	5 231,2
Ozeanien	2 294,7	2 926,5	3 028,8	3 418,0	3 515,6
EG	5 675,3	7 233,7	8 735,5	11 104,6	12 685,4
EFTA	1 435,0	2 036,4	2 372,9	2 171,1	2 225,6
Kommunistischer Block	4 683,2	4 679,2	4 910,0	6 650,2	7 383,4
Osteuropa ohne UdSSR	574,0	549,4	736,3	697,1	807,3

The Summary Report – Trade of Japan (Ministry of Finance)

2.4.4 Industriestandorte

Die Industriestandorte konzentrieren sich an den Küsten, primär an der pazifischen Seite und um die Inlandsee, sowie um die Großstädte, so daß es zu einer intensiven Ballung von Industrie und Bevölkerung kommt. Neben den natürlichen Gegebenheiten spielt hier der Selbstverstärkungsmechanismus eine große Rolle. Bei einem Rohstoffe importierenden und Fertigprodukte exportierenden Land sind die Standortvorteile der Küste offensichtlich. Eisen- und Stahlwerke, Ölraffinerien und Werften stehen unmittelbar an der Küste. Daran schließen sich Kraftwerke, petrochemische Kombinate und stahlverarbeitende Betriebe an. Fertigungsbetriebe (z. B. Automobilbau) bilden eine dritte Zone, auf die die Wohngebiete der Arbeiter folgen. Im Binnenland der großen Stadtregionen sind die Elektro- und Geräteindustrien angesiedelt. So kommt es auf engstem Raum zu einer Verdichtung der Produktionskapazität, die einen regen Informations- und Güteraustausch ermöglicht (*Fühlungsvorteil*, vgl. S. 112, 123, 124).

Industriegebiete

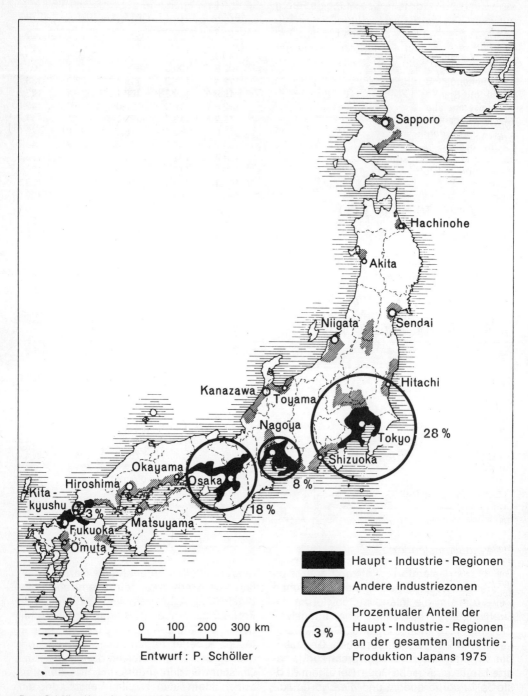

Peter Schöller: Umweltschutz und Stadterhaltung in Japan. Fragenkreise Nr. 23542. Paderborn: Schöningh 1980, S. 8

Der zunehmende Flächenbedarf der Industrie wird heute vornehmlich mangels Raum auf dem Festland durch gigantische *Aufschüttungen* des Schelfmeeres bis zu 30 m Wassertiefe gedeckt. So entstand unter anderem im Großraum von Osaka 1981 nach 15jähriger Bauzeit die künstliche Insel Port Island vor Kobe mit einer Fläche von 436 ha.

Dazu wurden 90 Mio. m³ Erdreich über große Entfernungen und beachtliche Höhendifferenzen bewegt, wodurch es auch in den Abtragungsgebieten zu Verebnungen kam, die als industrielle Standorte in Frage kommen. Auf der Insel sollen neben neuen Industrien einmal 20 000 Menschen angesiedelt werden; 1981 waren es bereits 7500.

Industriestandorte auf Neuland

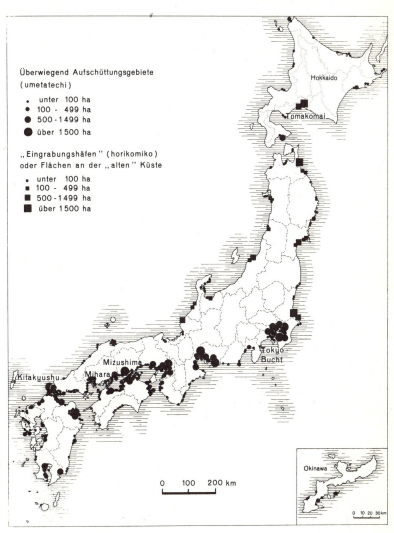

Winfried Flüchter: Neulandgewinnung und Industrieansiedlung vor den japanischen Küsten. Bochumer Geographische Arbeiten, Bd. 21. Paderborn: Schöningh 1975, S. 7

Die Verteilung der heutigen Industriestandorte bietet folgendes Bild. Im Großraum Tokio-Jokohama finden sich 44% der japanischen Elektro-, 36% der Fahrzeug- und 58% der Präzisionsgüterindustrie neben Chemie und Maschinenbau. Die Eisen- und Stahlindustrie und ihre Weiterverarbeitung erfolgt im Raum Osaka – Kobe – Kioto. Hier sind auch Schiffbau, Textil-, Fahrzeug- und Geräteindustrie angesiedelt. Fahrzeug- und Textilindustrie sowie Maschinenbau bestimmen die Industrieregion um Nagoja. Der vierte Ballungsraum – um Fukuoka in Nordkiuschu – wird durch Eisen- und Stahlindustrie und chemische Industrie geprägt. Diese vier Großräume wachsen durch Neuansiedlungen auf Aufschüttungsgebieten in neuerer Zeit immer mehr zusammen, so daß die Gefahr der Entstehung eines Industriebandes auf der gesamten Länge zwischen Tokio und Fukuoka immer größer wird.

2.4.5 Umweltbelastung

Als Folge der hohen Industriedichte ergibt sich eine enorme Umweltbelastung als Kehrseite des raschen Wirtschaftswachstums. Die Auswirkungen sind: extreme Luft- und Wasserverschmutzung, hohe Lärmbelästigung, Zerschneidung der Wohngebiete durch Schnellverkehrswege, hohes Verkehrsaufkommen vor allem in den Stadtbereichen sowie Landsenkungen durch Grundwasserentnahme und überbaute Flächen mit höherer Oberflächenbelastung. Die Absenkungen betragen teilweise über 10 cm im Jahr. Seit den 60er Jahren hat sich die Umweltproblematik noch verschärft, da die Produktion auf dem Sektor der Schwerindustrie und der Chemie rasch ausgeweitet wurde. Diese beiden Zweige benötigen einerseits große Mengen an Energie, andererseits verschmutzen sie Luft und Wasser in hohem Maße. Infolge des zunehmenden Kraftfahrzeugverkehrs stieg die Emissionsbelastung in den Ballungsräumen. Erst im Jahre 1971 wurde eine Umweltschutzbehörde eingerichtet, obwohl schon lange davor Krebserkrankungen, Erkrankungen der Atemwege und Quecksilbervergiftungen rapide zugenommen hatten. Zwar konnten inzwischen erste Teilerfolge erzielt werden, jedoch verhindert das Fehlen des Verursacherprinzips eine konsequente Abkehr vom Primat des Wirtschaftswachstums um jeden Preis. Zudem erschwert das Standortgefüge mit seiner engen Vermischung von Großindustrie und Siedlungen die Durchsetzung von Umweltschutzmaßnahmen. Die Raumenge des Landes wird hier erneut deutlich.

2.4.6 Verstädterung

Die hohe Verdichtung der Industrie in den Küstenzonen und in den Ebenen führte zu einer Konzentration der Arbeitsplätze, die die Ballung der Bevölkerung auf engem Raum nach sich zog. Bereits 1970 lebten 53,5% der Bevölkerung Japans auf nur 1,73% der Gesamtfläche des Landes, 51,6% lebten in Städten mit mehr als 100 000 Einwohnern.

Die Graphik zeigt die schnelle Verstädterung. Lebten 1920 noch mehr als zwei Drittel der Bevölkerung in Gemeinden unter 10 000 Einwohnern, so waren es in diesem Bereich 1960 nur noch wenig über 10%. Dafür stieg der Anteil der Einwohner in Millionenstädten außerordentlich an. Die geringe Anzahl der Bewohner in Städten zwischen 500 000 und 1 000 000 ist auf die kleinräumige Kammerung des Landes und die begrenzte Tragfähigkeit der voneinander getrennten Räume zurückzuführen. Dagegen wachsen die Millionenstädte weiter an. Weitere Gründe für den enormen Pull-Effekt der Großstädte, besonders Tokios, sind neben dem bereits erwähnten Arbeitsplatzangebot die Zentralisierung des ganzen Landes auf die Hauptstadtregion, die Vielseitigkeit der Wirtschaftsstruktur, die die Chance des beruflichen und damit auch des sozialen Aufstiegs bietet, die Ausbildungsmöglichkeiten für die Kinder vor allem im privaten Schulwesen sowie die Modernisierung des täglichen Lebens, die für das Selbstverständnis des Japaners eine wesentliche Rolle spielt. Die Binnenwanderung hin zu den Großstädten zeigt auch in den Abwanderungsgebieten negative Folgen. Es kam zur Überalterung, die Geburtenraten sanken, Quantität und Qualität der Dienstleistungen nahmen ab. Vor allem in Gebirgszonen wurden ganze Siedlungen aufgelassen.

Weitaus schwerwiegender erscheinen die Probleme, die in den Verdichtungsräumen auftreten. Zur Luft- und Wasserverschmutzung durch die Industrie kommt die hohe Wohndichte (durchschnittlich 4,5 m^2 Wohnfläche pro Person) und damit eine spürbare Enge. Die Bodenpreise in den Städten stiegen von 1950 bis 1970 um 1500%. Als Folge entstanden primitiv gebaute Siedlungen in

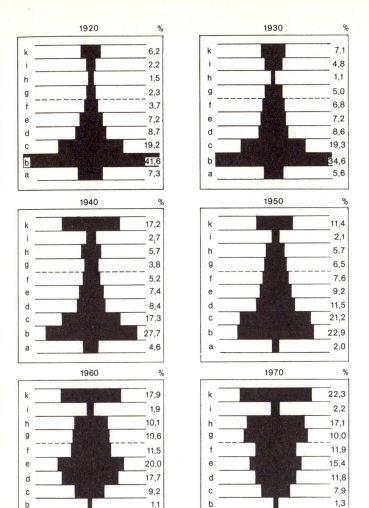

Gemeindegrößengruppen

Peter Schöller: Japan. In: Fischer Länderkunde. Ostasien, Frankfurt: Fischer Taschenbuchverlag, 1978, S. 385

Einwohnerzahl in Gemeinden in den Größenklassen:

k > 1 000 000 E.
i > 500 000 E.
h > 200 000 E.
g > 100 000 E.
f > 50 000 E.
e > 20 000 E.
d > 10 000 E.
c > 5 000 E.
b > 2 000 E.
a < 2 000 E.

Entwurf: P. Schöller   Quelle: Censusberichte

den Stadtrandbereichen mit unzureichender Infrastruktur. Die Verlagerung von Teilen des Geschäftsbereiches in den Untergrund bietet keine grundlegende Lösung. Der Pendelverkehr kann selbst mit modernsten Nahverkehrsmitteln und schnellster Zugfolge nicht mehr bewältigt werden, zumal die Pendlerwege ständig länger werden. Die Belastung durch den zunehmenden Individualverkehr konnte durch den Bau von Hoch- und Ringstraßen nur geringfügig verringert werden. Die wenigen noch vorhandenen Grünflächen werden in immer stärkerem Maß überbaut.

Überregionales Verkehrssystem

Eine gewisse Entlastung brachte der Ausbau eines Super-Expreß-Systems, des

„Shinkansen", zwischen Tokio und Fukuoka, das nach Norden bis nach Hokkaido ausgeweitet werden soll. Der Bau dieser Vollspur-Expreßstrecke erforderte enorme finanzielle Aufwendungen, da dichtbesiedelte Ebenen durchschnitten und Gebirgszüge, Flüsse und Meeresbuchten überwunden werden mußten. Die Züge mit 12 bis 16 Großraumwagen verkehren im 15-Minuten-Takt mit Geschwindigkeiten um 200 km/h, die Beförderungsleistung liegt bei 400 000 Personen am Tag.

Der Ausbau des Schnellstraßennetzes kommt vornehmlich der Industrie zugute. Wurden naturgemäß die Güter früher vornehmlich auf dem Seeweg transportiert – die große Längs- und die geringe Breitenerstreckung des Landes erfordern geradezu die Einrichtung einer leistungsfähigen Küstenschiffahrt – so führt der Gütertransport per Lkw seit 1970.

Auch im innerjapanischen Flugverkehr kam es zu einer Verdichtung. So wurden im Jahre 1960 1,2 Mio. Personen befördert, 1978 waren es dagegen 41,6 Mio.

2.4.7 Regionalplanung

Im Jahr 2000 rechnet man unter Zugrundelegung des jetzigen Trends der Bevölkerungsbewegung mit einer Ballung der Bevölkerung in der Größenordnung von 50 Mio. an der Pazifikküste zwischen Tokio und Fukuoka. Die aus dieser Konzentration erwachsende Problematik führte zu einer Reihe von Plänen mit dem Ziel einer Neuorientierung. So wurde z. B. zwischen 1964 und 1967 die Errichtung von 15 neuen Industriestandorten außerhalb der Verdichtungsräume angestrebt, ihre Realisierung scheiterte jedoch an den Interessen der Großindustrie und an der Finanzknappheit der betroffenen Gemeinden.

Der Tanaka-Plan

1972 erregte ein Plan des späteren Ministerpräsidenten Tanaka die Aufmerksamkeit der Öffentlichkeit. Grundlage des Planes war eine umfassende Dezentralisierung in eine Anzahl neu zu bauender Städte und der Ausbau der Schnellverkehrsverbindungen. Im einzelnen sollten folgende Hauptziele erreicht werden:

- Verlagerung der Schwerindustrie an Tiefwasserbuchten außerhalb der Siedlungsschwerpunkte. Umweltbelastende Stahl- und Erdölindustrie soll mit Kraftwerken zusammengefaßt werden.
- Neue Städte mit rund 250 000 Einwohnern sollen durch Ausweitung bereits bestehender Siedlungen außerhalb der jetzigen Ballungsräume entstehen.
- Industrieparks mit Verarbeitungsindustrie auf dem Lande sollen mit den neuen Städten und den bestehenden Ballungsräumen durch ein dichtes Netz modernster Schnellverkehrssysteme verbunden werden.
- Die jetzigen Ballungsgebiete sollen von Industrie entlastet und städtebaulich saniert und neu geordnet werden.

Der Schock der „Ölkrise" im Herbst 1973 unterband weitere Überlegungen über den Plan. Inwieweit sich solche und ähnliche Pläne realisieren lassen, hängt im wesentlichen von der Entwicklung der Weltwirtschaft ab, die bei der Importabhängigkeit und der Exportorientierung Japans eine entscheidende Rolle für die Finanzierbarkeit spielt.

Der seit Herbst 1981 zu beobachtende Rückgang der Exporte, die in den Vorjahren rund zwei Drittel des Wachstums erwirtschafteten sowie der Fehlschlag des Regierungskonzeptes, die Binnennachfrage zum neuen Hauptmotor des Wirtschaftsaufschwungs zu machen, lassen zum jetzigen Zeitpunkt eine erfolgreiche Überwindung der durch die Raumenge bedingten Probleme vor allem auf dem Bereich der Umweltbelastung in weite Ferne rücken.

Regionale Bevölkerungsentwicklung 1965–1975

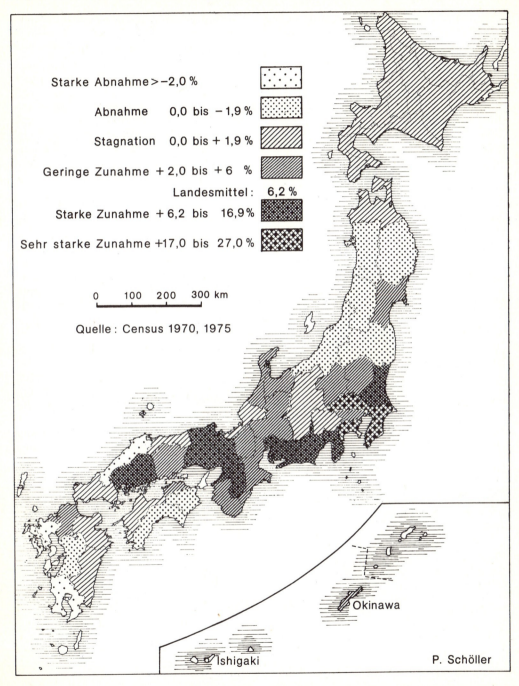

Peter Schöller: Umweltschutz und Stadterhaltung in Japan. Fragenkreise Nr. 23542. Paderborn: Schöningh 1980, S. 6

Literatur

Literatur zum Kapitel: Natürliche Voraussetzungen menschlichen Lebens auf der Erde

Bahrenberg, Gerhard: Die allgemeine Zirkulation der Atmosphäre. Paderborn: Schöningh 1977
Borchert, Günter: Klima-Geographie in Stichworten. Kiel: Hirt 1978
Ganssen, Robert: Grundsätze der Bodenbildung. Mannheim: B. I. Wissenschaftsverlag 1965
German, Rüdiger: Einführung in die Geologie. Stuttgart: Klett 1979
Hendinger, Helmtraut: Landschaftsökologie. Braunschweig: Westermann 1977
Heyer, Ernst: Witterung und Klima. Leipzig: BSB B. G. Teubner Verlagsgesellschaft 1972, 5. Auflage 1979
Heyn, Erich: Wasser. Frankfurt: Diesterweg 1975
Müller-Hohenstein, Klaus: Die Landschaftsgürtel der Erde. Stuttgart: B. G. Teubner 1979
Olbert, Günter: Geologie – Die Wissenschaft von der Erdgeschichte. Stuttgart: Klett 1980
Schroeder, Diedrich: Bodenkunde in Stichworten. Kiel: Hirt 1969
Sullivan, Walter: Warum die Erde bebt. Frankfurt: Umschau-Verlag 1977
Weischet, Wolfgang: Einführung in die Allgemeine Klimatologie. Stuttgart: B. G. Teubner 1977
Weischet, Wolfgang: Die ökologische Benachteiligung der Tropen. Stuttgart: Teubner 1977
Wilhelmy, Herbert: Geomorphologie in Stichworten. Bd. I–IV. Kiel: Hirt

Literatur zum Kapitel: Struktur und Mobilität der Bevölkerung

Bolte, Karl Martin und *Kappe, Dieter:* Struktur und Entwicklung der Bevölkerung. In: Deutsche Gesellschaft im Wandel. Opladen 1967, Seite 67–164
Bundeszentrale für politische Bildung (Hrsg.): Bevölkerungsentwicklung in der Bundesrepublik Deutschland. Informationen zur politischen Bildung aktuell, Nr. 2, Bonn 1978
Fuchs, Gerhard: Bevölkerungsprobleme in Ländern der Dritten Welt. Stuttgart: Klett 1976
Mayer, Kurt: Einführung in die Bevölkerungswissenschaft. Stuttgart: Kohlhammer 1972
Tobatzsch, Stephan L.: Die Erdbevölkerung. Würzburg: Hirschgraben 1978
Wingen, Max: Bevölkerungsentwicklung als politisches Problem. Paderborn: Schöningh 1980

Literatur zum Kapitel: Landwirtschaft

Agrarberichte 1978 und 1979. Bundesminister für Landwirtschaft und Ernährung (Hrsg.). Hannover
Die Agrarpolitik der Europäischen Gemeinschaft. In: Zeitschrift Europäische Dokumentation 1976, Heft 5, Brüssel
Agrimente 78 und 79. IMA (Hrsg.). Hannover
Andreae, Bernd: Agrargeographie. Berlin, New York: De Gruyter 1977
Barth, Hans Karl und *Bauer, Hans-Jürgen:* Ernährung einer wachsenden Weltbevölkerung. Stuttgart: Klett 1978
Born, Martin: Geographie der ländlichen Siedlungen. Stuttgart: Teubner 1977
Brunnöhler, Eugen: Landwirtschaft. Stuttgart: Klett 1978
Fuchs, Gerhard: Die Bundesrepublik Deutschland. Stuttgart: Klett 1977
Haushofer, Heinz (Hrsg.): Die Agrarwirtschaft in der Bundesrepublik Deutschland. München: BLV Verlagsgesellschaft 1974
Matzke, Otto: Das Welternährungsproblem aus sozialer, ökonomischer und politischer Sicht. In: Das Parlament 1978, 27. Beilage
Pacyna, Hasso: Agrilexikon. IMA (Hrsg.). Hannover 1978
Röhm, Helmut: Die westdeutsche Landwirtschaft. München: BLV Verlagsgesellschaft 1964

Literatur zum Kapitel: Bergbau und Energiewirtschaft

Bischoff, Gerhard und *Gocht, Werner* (Hrsg.): Das Energiehandbuch. Braunschweig: Vieweg 1976
Deutsche BP Aktiengesellschaft Hamburg (Hrsg.): Das Buch vom Erdöl. Hamburg 1978
Frisch, Franz: Klipp und klar. Hundertmal Energie. Zürich: Bibliographisches Institut 1977
Gerwin, Robert: So ist das mit der Kernenergie. Düsseldorf, Wien: Econ 1978
Gocht, Werner: Wirtschaftsgeologie. Berlin, Heidelberg, New York: Springer 1978
Krause, Klaus Peter: Das große Rohstoffmanöver. Frankfurt: Societäts-Verlag 1975
Landeszentrale für politische Bildung Baden-Württemberg (Hrsg.): Energiepolitik. In: Der Bürger im Staat, Heft 1, 1976
Landeszentrale für politische Bildung Baden-Württemberg (Hrsg.): Von der Endlichkeit der Erde. In: Der Bürger im Staat, Heft 3, 1979
Voss, Gerhard: Kernkraftnutzung als Bestandteil einer aktiven Wachstums- und Energiepolitik. In: aus politik und zeitgeschichte, beilage zur wochenzeitung das Parlament, 4. Februar 1978, Seite 36–54

Literatur zum Kapitel: Industrie

Brede, Helmut: Bestimmungsfaktoren industrieller Standorte. Berlin: Duncker & Humblot 1971
Geipel, Robert: Industriegeographie als Einführung in die Arbeitswelt. Braunschweig: Westermann 1969
Henning, Friedrich-Wilhelm: Die Industrialisierung in Deutschland 1800 bis 1914. Paderborn: Schöningh 1973 (UTB 398)
Henning, Friedrich-Wilhelm: Das industrialisierte Deutschland 1914 bis 1976. Paderborn: Schöningh 1978
Schätzl, Ludwig: Wirtschaftsgeographie, Bd. 1. UTB 782. Paderborn: Schöningh 1978

Literatur zu den Kapiteln: Der tertiäre Sektor und Raumordnung

Auf dem Wege zu einer neuen Weltwirtschaftsordnung. Wissenschaftliche Schriftenreihe des Bundesministers für wirtschaftliche Zusammenarbeit (Hrsg.), Bd. 30. Stuttgart: Klett 1978
Benzing, Alfred: Schülerübungen zur Theorie der zentralen Orte. In: Geographische Rundschau 1972, H. 2. Braunschweig: Westermann
Borcherdt, Christoph, u. a.: Versorgungsorte und Versorgungsbereiche. Stuttgarter Geographische Studien, Bd. 92. Stuttgart: Selbstverlag des Geographischen Instituts 1977
Die Bundesrepublik Deutschland – raumwirksame Entwicklung und Probleme. Geographische Rundschau 1980, H. 4. Braunschweig: Westermann
Conrads, Ulrich: Umwelt Stadt. rororo sachbuch 6885. Reinbek: Rowohlt 1977
Entwicklungspolitik – Hilfe oder Ausbeutung? Informationszentrum Dritte Welt (Hrsg.). Freiburg 1978
Fröbel, Folker, Heinrichs, Jürgen, Kreye, Otto: Die neue internationale Arbeitsteilung. rororo aktuell 4185. Reinbek: Rowohlt 1977
Fuchs, Gerhard: Die Bundesrepublik Deutschland. Stuttgart: Klett 1977
Gildemeister, Reinhard: Landesplanung. Das Geographische Seminar. Braunschweig: Westermann 1973
Hahn, Roland: Stadt – Vorzugsraum oder Krisengebiet? Stuttgart: Klett 1976
Heinritz, Günter: Zentralität und Zentrale Orte. Stuttgart: Teubner 1979
Hopfinger, Hans und *Vogel, Wolfgang:* Geographische Probleme weltwirtschaftlicher Verflechtungen. Stuttgart: Klett 1979
Landeszentrale für politische Bildung Baden-Württemberg (Hrsg.): Verkehrspolitik. In: Der Bürger im Staat, Heft 2, 1980
Lanzl, Alois: Raumgestaltung durch staatliche Planung in der Bundesrepublik. Paderborn: Schöningh 1976
Lanzl, Alois: Landesplanung und Grenzlandförderung. Beispielraum Cham. Paderborn: Schöningh 1977
Malz, Friedrich: Taschenwörterbuch der Umweltplanung. Begriffe aus Raumforschung und Raumordnung. München: List 1974
Niedzwetzki, Klaus: Raumordnung und Landesplanung. Stuttgart: Klett 1977
Richter, Dieter: Raumordnung – Strukturprobleme und Planungsaufgaben. Braunschweig: Westermann 1977
Schätzl, Ludwig: Wirtschaftsgeographie, Bd. 1. UTB 782. Paderborn: Schöningh 1978
Stahl, Konrad und *Curdes, Gerhard:* Umweltplanung in der Industriegesellschaft. rororo tele 30. Reinbek: Rowohlt 1976
Templitz, Klaus: Stadt und Stadtregion. Braunschweig: Westermann 1976
Tietzel, Manfred: Internationale Rohstoffpolitik. Bonn-Bad Godesberg: Verlag Neue Gesellschaft 1977
UNCTAD V – Neue Weltwirtschaftsordnung. BMZ (Hrsg.). In: Entwicklungspolitik, Materialien Nr. 64. Bonn-Bad Godesberg 1979

Literatur zum Kapitel: Stadt und Verstädterung

Altmann, Josef u. a.: Unterrichtsmodell zur Stadtgeographie. In: Der Erdkundeunterricht, Sonderheft 2. Stuttgart: Klett 1976
Bahrdt, Hans Paul: Die moderne Großstadt. München: Wegner-Verlag 1974
Das Elend der großen Städte. rororo sachbuch 7098. Reinbek: Rowohlt 1978
Friedrich, Jürgen (Hrsg.): Stadtentwicklungen in kapitalistischen und sozialistischen Ländern. Reinbek: Rowohlt 1978
Hamblin, Dora Jane: Die ersten Städte. rororo das farbige Life Bildsachbuch 70. Reinbek: Rowohlt 1977
Heller, Wilfried: Zum Begriff der Urbanisierung. In Neues Archiv für Niedersachsen, Bd. 22, Heft 4. Göttingen 1973
Manshardt, Walter: Die Städte des tropischen Afrika. In: Urbanisierung der Erde. Berlin, Stuttgart: Borntraeger Verlag 1977
Schultz, Uwe (Hrsg.): Umwelt aus Beton oder Unsere unmenschlichen Städte. rororo 1497. Reinbek: Rowohlt 1971

Literatur zum Kapitel: Umweltbelastung und Umweltschutz

Eckart, Karl und *Habrich, Wulf:* Umweltprobleme und Umweltschutz. Stuttgart: Klett 1976

Engelhardt, Wolfgang: Umweltschutz. München: Bayerischer Schulbuch-Verlag 1977
Knodel, Hans und *Kull, Ulrich:* Ökologie und Umweltschutz. Stuttgart: J. B. Metzler 1974
Malz, Friedrich: Taschenwörterbuch der Umweltplanung. München: List 1974
Philipp, Eckard: Experimente zur Untersuchung der Umwelt. München: Bayerischer Schulbuch-Verlag 1977
Schultze, Hermann (Hrsg.): Umwelt-Report. Frankfurt: Umschau-Verlag 1972
Stumpf, Harald: Leben und Überleben. Einführung in die Zivilisationsökologie. Stuttgart: Seewald-Verlag 1977

Literatur zum Kapitel: Probleme der Entwicklungsländer

Addicks, Gerd und *Bünning, Hans Helmut:* Strategien der Entwicklungspolitik. Stuttgart: Kohlhammer 1979
Czempiel, Ernst-Otto: Fronten im Nord-Süd-Konflikt. In: Merkur 1979, Heft 8. Stuttgart: Klett
Die entwicklungspolitische Konzeption der Bundesrepublik Deutschland und die Internationale Strategie für die Zweite Entwicklungsdekade. Bundesminister für wirtschaftliche Zusammenarbeit (Hrsg.). Bonn 1971
Erziehung auf peruanisch. Wuppertal: Hammer 1974
Gaigl, Karl: Entwicklungsmodell Peru. Der Versuch eines „Dritten Weges". Fragenkreise 23522. Paderborn: Schöningh 1979
Gaigl, Karl: Lima – Metropole und Peripherie in einem Entwicklungsland. Fragenkreise 23524. Paderborn: Schöningh 1979
Koepcke, Cordula: Peru im Profil. Skizze eines Zukunftslandes. Braunschweig: Westermann 1962
Nohlen, Dieter und *Nuscheler, Franze* (Hrsg.): Handbuch der Dritten Welt, Bd. 1 und Bd. 3. Hamburg: Hoffmann und Campe 1976
Nutzung der Vikunjas in Peru. In: Schriftenreihe der Gesellschaft für Technische Zusammenarbeit Nr. 44. Eschborn 1978
Das Parlament. Themenausgabe: Nord-Süd-Konflikt vom 23. 2. 1980
Sandner, Gerhard und *Steger, Hanns-Albert* (Hrsg.): Lateinamerika. Fischer Länderkunde, Bd. 7. Frankfurt: Fischer Taschenbuch-Verlag 1973
Skriver, Ansgar: Kommt der Süd-Süd-Dialog? In: Merkur 1979, Heft 8. Stuttgart: Klett-Cotta
Urff, Winfried von: Die peruanische Aggrarreform. In: Zeitschrift für ausländische Landwirtschaft, 1975, Heft 4. Frankfurt: DLG-Verlagsgesellschaft

Weltentwicklungsbericht 1978 und 1979. Weltbank (Hrsg.). Washington

Literatur zum Kapitel: USA/UdSSR

Benicke, Wolf (Hrsg.): Geographie. Fischer-Kolleg, Bd. 9 Frankfurt: Fischer Taschenbuchverlag 1973
Blume, Helmut: USA. Darmstadt: Wissenschaftliche Buchgesellschaft.
 Bd. I: Der Großraum im strukturellen Wandel. 1975
 Bd. II: Die Regionen der USA. 1979
Boesch, Hans: USA. Werden und Wandel eines kontinentalen Wirtschaftsraumes. Bern: Kümmerly und Frey 1973
Bundeszentrale für politische Bildung (Hrsg.): Die Vereinigten Staaten von Amerika. Informationen zur politischen Bildung, Folge 156. Bonn 1973
Bundeszentrale für politische Bildung (Hrsg.): Die Sowjetunion. Informationen zur politischen Bildung, Folge 182. Bonn 1979
dtv-Perthes-Atlas. Darmstadt: Deutscher Taschenbuchverlag.
 Bd. 5: USA. 1979
 Bd. 6: UdSSR. 1979
Friese, Heinz W. und *Hofmeister, Burkhard:* Die USA. Wirtschafts- und sozialgeographische Probleme. Frankfurt: Diesterweg 1975
Hofmeister, Burkhard: Nordamerika. Fischer Länderkunde, Bd. 6. Frankfurt: Fischer Taschenbuchverlag 1970
Karger, Adolf: Die Sowjetunion als Wirtschaftsmacht. Frankfurt: Diesterweg 1977
Karger, Adolf: Sowjetunion. Fischer Länderkunde, Bd. 9. Frankfurt: Fischer Taschenbuchverlag 1978
Mellor, Roy E. H.: Sowjetunion. Harms Erdkunde, Bd. 3. München: List 1966
Raupach, Hans: Sowjetwirtschaft. Reinbek: Rowohlt
 Bd. I: Geschichte der Sowjetwirtschaft. rororo deutsche enzyklopädie, Bd. 203/204. 1964
 Bd. II: System der Sowjetwirtschaft, Theorie und Praxis. rororo deutsche enzyklopädie, Bd. 296/297. 1968
Schmieder, Oskar: Die Neue Welt, Bd. II: Nordamerika. München: Kaysersche Verlagsbuchhandlung 1963
Statistik des Auslandes. Länderbericht Sowjetunion 1977. Statistisches Bundesamt Wiesbaden (Hrsg.). Wiesbaden: Kohlhammer 1977
Windhorst, Hans-W.: Die Landwirtschaft der Vereinigten Staaten. Strukturelle und regionale Dynamik. Wiesbaden: Steiner 1975

Literatur zum Kapitel: Die Problematik der Raumenge: China und Japan

Biehl, Max: Dynamisches Japan. Frankfurt: Diesterweg 1975

Boesch, Hans: Japan. Braunschweig: Westermann 1978

Bundeszentrale für politische Bildung (Hrsg.): Japan. Informationen zur politischen Bildung, Folge 166. Bonn 1971

Bundeszentrale für politische Bildung (Hrsg.): Volksrepublik China. Informationen zur politischen Bildung, Folge 166. Bonn 1976

Chen, Ting Kai: Die Volksrepublik China. Nord und Süd in der Entwicklung. Stuttgart: Klett 1977

dtv-Perthes-Weltatlas, Bd. 4: China. Deutscher Taschenbuchverlag, München 1975

dtv-Perthes-Weltatlas, Bd. 13: Japan. Deutscher Taschenbuchverlag, München 1980

Humlum, Johannes: China meistert den Hunger. Kiel: Hirt 1977

Schöller, Peter: Umweltschutz und Stadterhaltung in Japan. Paderborn: Schöningh 1980

Schöller, Peter, Dürr, Heiner, Dege, Eckart: Ostasien. Fischer Länderkunde, Bd. 1. Frankfurt: Fischer Taschenbuchverlag 1978

Weggel, Oskar: China. Zwischen Revolution und Etikette. Eine Landeskunde. München: Beck 1981

Register

Abfallbeseitigungsgesetz 247
Abkommen von Jaunde 162
Abkommen von Lomé 90, 163
Abschöpfung 84
Abwanderung 51
Ackernahrung 68
Adsorption 237
Äquatoriale Tiefdruckrinne 27
Aerosole 241
Agglomeration 202
Agglomerationsvorteile 112
Agrardreieck 327
Agrarreform 68
Agrarstruktur 58, 66
Agrarzonen 302 ff.
agribusiness 305, 326
Akkulturation 264
AKP-Staaten 90, 163
aktuelle Bodenfruchtbarkeit 39
Almwirtschaft 73
Altersaufbau 48 f.
Altersgruppen 48 f.
alte Schilde 13
Aluminium 338
anaerobe Bakterien 18
Anerbenrecht 65
Antizyklone 22 ff.
Antriebsmechanismus 13
Arbeiterbauern 70
Arbeitskosten 112
Arbeitskräfte 111, 116
Arbeitsplatzdichte 195
Arbeitsplatzstruktur 208
Arbeitsproduktivität 76 f.
Arbeitsrente 269
Arrondierung 65
Atmosphäre 21
atmosphärische Zirkulationsbewegungen 22, 29
Aufforstung 357
Aufschüttungen 375
Ausgangsbevölkerung 44
Ausgleichsströmung 21, 27
Ausrichtungsfonds 84
Außenhandel 152, 306
Außenhandel der EG-Staaten 87
Außenwirtschaftsstrategie 258
Austauschkapazität 32 f., 38

Automation 307
Ayllus 269
Azoren-Hoch 23

Baade, F. 47
back-wash-effekt 225, 275
Badlands 245
Baikal-Amur-Magistrale 338 ff.
Barre 17
Barrentheorie 17
Barriadas 275 f.
basaltische Schmelzprodukte 12
Bauleitplanung 183
Baumwollgürtel 302
Bearbeitbarkeit 34
Bebauungsplan 183, 214
Bedarf 139
Bedeutungsüberschuß 137, 145, 195

Belt 302 ff.
Bergbaustadt 93
Berufsfächer 196
Besatzziffer 145
Besiedlung 298
Betriebsgröße 68, 325
Betriebsgrößenstruktur 81
Betriebsmittel 76
Bevölkerungsbewegung 51
Bevölkerungsdruck 54
Bevölkerungsentwicklung 187
Bevölkerungspyramide 48
Bevölkerungsstruktur 199
Bevölkerungsverdichtung 47
Bevölkerungswachstum 199, 362 f.
Bewässerungsprojekte 285 f., 357
Binnenhandel 152
Binnenmarkt 348
Binnenwanderung 51, 202, 223, 274
Binnenwirtschaftsstrategie 258
biochemischer Sauerstoffbedarf 233
Biomasse 41
biozivilisatorisches Grundgesetz 231
Bitumen 18
black blizzards 296
Bleicherde 36
Blizzard 294
Blockentkernung 214
Blockflur 63, 298 f.
Bodenart 34
Bodenerosion 296 ff.
Bodenerosionsschädigung 244
Bodenfarbe 34
Bodenfruchtbarkeit 38 f.
Bodenhoch 21, 27
Bodenhorizonte 36

Bodenmobilität 70
bodennahe Luftschichten 27
Bodenproduktivität 60 ff.
Bodenprofil 36
Bodenreform 68
Bodentief 21
Bodenverbesserung 59
Bodenwasser 34
Bodenwasserzirkulation 36
Bodenzahlen 39
Bodenzerstörung 347
Bolivar, Simon 263
Bora 28
borealer Nadelwald 40
Brandrodung 74, 231
Bruttosozialprodukt 99
Bürgerbeteiligung 215
Bundesimmissionsgesetz 247
Bundesraumordnungsgesetz 170 ff.
Bundesraumordnungsprogramm 170

Central Valley Authority Project 298
chemische Verwitterung 32, 38 f.
Chinook 28
Cholos 264
Christaller, W. 137 ff.
CIPEC 107
City 197 f.
City-Kern 198
City-Mantel 198
collective self-reliance 260
Colones 269
commercial farm 305
Compadre-Beziehungen 225
Comunidades campesinas 269, 281
Comunidades indigenas 269
Conquistadores 263
contour-ploughing 297
Conurbation 205
Corioliskraft 22
Corn Belt 303
Criollos 264
Cumulus 24

Danweis, städtische 352 f.
Dauerfeldbau 73
Dauerfrostboden 36, 319 f.
Dauerkulturen 74
Deflation 238
Dekonzentration 213
Dekonzentrationsmodell 220
Dependenztheorie 252
Deponie 246
Desertification 41 f.

Detergenzien 236
Dezentralisierung 359
Dezibel 242
Diagenese 18
Dienstleistungen 135 ff.
Diversifizierung 71, 122, 357
Dollarimperialismus 263
Dorferneuerung 66
Downtown 310
Dreieckshandel 154
Dritter Weg 278
dry-farming 296
Dualismustheorien 252
Düngung 41, 59
Dürre 295 f., 346
Düsenströmungen 22
Durchfeuchtung 33
Durchlüftung 33 f., 36

effektive Klassifikation 29
EFTA 162
Einheit des Marktes 84
Einkommensdisparität 81
Einkommensgefälle 77
Einzugsbereich 124, 141 ff.
Eisenoolithablagerungen 17
Emission 240
Endenergie 95
Endlagerung 104
Endogamie 51
Energie 94
Energiepolitik 107
Energieprogramm 107
Energiequellen 307, 330
Energie-Rohstoffe 90, 103
Energiespeicherung 105
Energieverbrauch 97, 103
Energieverbundsystem 97 ff.
Energievorkommen 111
Entschädigung 279
Entwicklungsachsen 176
Entwicklungsdiktatur 278
Entwicklungshilfe 257
Entwicklungspolitik 257 ff.
Entwicklungsstrategien 258 f.
episodischer (langfristiger) Bedarf 139
Epizentren 12
Erdbeben 9, 366
Erdbebenherde 12
Erdbebenstärke 9
Erdgas 18
Erdkruste 10
Erdmantel 10
Erdöl 17
Erdölfallen 18
Erdöllagerstätten 18
Erdölmuttergestein 18

Erdölspeichergestein 18
Erkundung 90
Erosion 17
Erosionsschäden 331
Erschließung 90
Ertragsgesetz 77
Ertragsmeßzahl 59
Erwerbscharakter 80
Erze 17
Erziehungsreform 283
Europäische Gemeinschaft 163
Eutrophierung 234 f.
Exploration 20, 90
Exportabhängigkeit 157

Fallwind 28
Faltengebirge 10 ff.
Familienbetriebe 80
Familienplanung 54
Familienpolitik 54
family-size-farm 305
Faulschlamm 18
Feld-Gras-Kampagne 330
ferallitische Bodenbildung 38
Fernerkundung 20
Fernweidewirtschaft 73
feuchttropischer Regenwald 40
Filialstandort 122
finanzielle Solidarität 84
Fischfang 368
Flächenbedarf 164
Flächennutzungsplan 183
Flächenproduktivität 76
Flächenrodung 41
Flächensanierung 214
Flohn, H. 29
Flüchtlingsbewegungen 52
Flurbereinigung 65 ff., 80, 323
Flurverhältnisse 63 f.
Flurzersplitterung 64
Flußkorrektur 238
Föhn 27 f.
Föhngasse 27
Föhnmauer 27
Förderungsmaßnahmen 129
fossile Energie-Rohstoffe 103
fossile Brennstoffe 95
Freie Produktionszonen 129 ff.
Freihandelszone 82
Freizeitwert 118
Fremdenverkehr 188 ff.
Frontgewitter 24
Frontier 300
Frostschuttboden 36
Fruchtbarkeit (Boden) 34, 59
Fruchtwechselwirtschaft 73
Fühlungsvorteile 112, 372
Fünfjahrplan 324, 334

Fünf Welten 248
funktionale Gliederung 196 f.
Funktionssanierung 214
Fußgängerbereich 218
Fußgängerstraße 218
Fußgängerzone 218

Gartenbau 74
Gartenstadt 220
Gastarbeiter 54
Gatt 162
Geburtenregelung 46, 54
Geburtenziffer 43 f., 48
Geldrente 269
Gemeinsame Markt 82
Gemeinschaftsaufgabe 180
Gemeinschaftspräferenz 84
Gemengelage 298
generatives Verhalten 45 f., 50, 54
genetische Klassifikation 28
geochemisch 20
geodeterministische Theorien 251
geoelektrisch 20
Geofaktoren 41
geomagnetisch 20
geomagnetische Messungen 11
Geoökologie 41
Gesamtklassifikation 29
geschlossene Gesellschaft 50
geschlossene Grenze 54
geschlossener Kreislauf 41
Geschoßflächenzahl (GFZ) 183
Gewannflur 64
Gewichtsverlustmaterialien 112
Ghetto 311
Ghettobildung 207
ghost town 93
Glashauseffekt 244
Gley 36
Gley-Horizont 36
Gneise 14
Gradientkraft 22
Graslandsysteme 72 f.
graue Böden 36
gravimetrisch 20
Greater London Plan 220
Great Migration 312
Grenzertragsböden 39
Großbetriebe 80
Großgrundbesitz 66
Großwohnsiedlung 219
Grüne Revolution 61
Grundflächenzahl (GRZ) 183
Grundlast 105
Grundstücke (Standortfaktor) 114
Grundstückspreise 167

Grundwasser 19f.
Grundwassersenkung 237
Grundwasservorräte 19
Gruppe der 77 252
güterspezifische Polyorientierung 142
Güterverkehr 149

Handel 152
Handwerk 108
Hauptaltersgruppen 49
Hauptanbauprodukte 40
Hausindustrie 108
Hazendado 269
Hazienda 66f., 269
Heimstättengesetz 301
Heiratsalter 45
Hinduismus 67
historisch-genetische Gliederung 196
Hochdruckzellen 22
Höhenhoch 21f.
Höhenströmungen 22
Höhentief 21f.
Höhenwestwindzone 22
Hofland 81
Hofpacht 66
Homestead Act 301
horizontale Konzentration 122
Horizontalverschiebungen 12
Horizonte des Bodens 34
Hufendörfer 63
Hufendorfgebiete 64
Hufensiedlungen 299
Huminkolloide 33ff., 39
Humus 33
Hurrikan 28, 295
Hydratation 32
Hydrolyse 32

Illit 38
Immission 240
Importabhängigkeit 155f.
Importsubstitution 129
indianische Agrargemeinschaften 66
indianische Dorfgemeinschaften 269
Indikatoren 249
Industrialisierung 132, 202, 222
Industriebranchen 109
Industriegasse 128
Industrieparks (industrial estates) 132
Industrierevier 128
Industriestruktur 125ff.
Industrietypen 109
Infrastruktur 128, 169

Inka-Plan 284f.
Inkohlung 19
Innerdeutscher Handel 160ff.
innere Differenzierung 196f.
innereheliche Fruchtbarkeit 45
innerregionale Wanderung 52
innerstädtische Zentren 144f.
innertropische Konvergenzzone 27
Innovation 60f.
Inselbogen 12
integriertes Rohstoffprogramm 255f.
Intensivkampagne 332
internationale Arbeitsteilung 129, 153
Internationale Währungsfonds 256
interregionale Wanderung 52
Interventionspolitik 85
Inversionswetterlage 241
Investitionsförderung 180
Ionenaustauschkapazität 32
Island-Tief 23
Isostasie 10

Jahreszeitenklima 31
jahreszeitlicher Feldbau 73
Jugendsterblichkeit 45

Kahlschlag 40
Kaltfront 23
Kaltlufteinbrüche 294, 317
Kaltluftmassen 23
Kaolinit 38
Kaolinitgehalt 33
kapillarer Aufstieg 245
Kapillarwasser 36
kastanienbraune Böden 36
Kaste 50
Kastenwesen 50, 67, 252
Kationenaustauscher 34, 38
Kationenaustauschkapazität 41
Kernkraftwerke 105
Kindersterblichkeit 45
Kläranlage 237f.
Kleinzentren 140
Klima 28, 60
Klimaformen 29
Klimatypen 28
Klimaveränderungen 243
Köppen, W. 29f.
Kohle 18
Kohleflöze 18
Kohlendioxid 243
Kohlenmonoxid 240
Kolchose 325
Kollektivierungsmaßnahmen 81
Kollisionsbereich 12

Kombinat 124, 336
Kondensation 27
Kontamination 241
Kontinent 13
Kontinentaldrift 14
kontinentale Grabensysteme 14
kontinentale Grabenzonen 10
kontinentale Klimamerkmale 294
kontinentale Kruste 13
Kontinentalklima 315
Kontinentalschollen 14
Kontinentalverschiebungstheorie 13
Kontinentwerdung 13
Konvektion 24
Konvektionserscheinungen 28
Konvektionsströmungen 13
Konzentrationsmodell 220
konzentrische Ringe 78, 197
Konzerne (multinationale) 155
kooperative Abteilungen 80
kooperative Einrichtungen 80
Korngröße 34
Korngrößenanteile 34
Kraftwerk 242
Kreolen 263
Kriegskommunismus 324
kristalline Schiefer 14
Kristallisationspunkt 16
Krustenbildung 12
künstliche Bewässerung 60
Küstenstandort 117, 119
Kulturpflanzen 40

ländliche Gebiete 177
Lagerstätten 16, 90f.
Landesplanung 165
Landflucht 222, 310, 341
landlocked countries 251
Land Ordinance 301
Landregen 24
landschaftliche Veränderungen 93
Landschaftsbelastung 165ff.
Landschaftsschutzgebiete 177
Landwirtschaftliche Produktionsgenossenschaften 80, 279
Landwirtschaftsgürtel 302
Langstreifenflur 63
Lash-Verkehr 150
Latifundien 66, 269
Laufwasserkraftwerk 105
Lava 10
least developed countries 249
Lebenserwartung 45
Lebensstandard 99
Lehmboden 34

Leibeigenschaft 322
lessivierte Böden 36
Lithosphäre 10
Litoralisation 273
Lohnkosten 116, 129
Lohnveredelung 131
lokalisierte Materialien 112
Luftdruck 21
Luftdruckgürtel 27
Luftmassen 21 ff., 27

Magma 16
magmatische Lagerstätten 16
Magnetfeld 11
magnetisches Streifenmuster 11
Magnitude 9
Maisgürtel 302
Makrorayons 335
Makrostandort 112
Malthus, T. R. 47
Mantelmaterial 10
Manufacturing Belt 308
Manufaktur 109
Marginalität 264
Marketing 78
Markterweiterung 87
Marktorientierung 77
Massengut 150
Mechanisierung 75
Mechanisierungsgrad 81
Megalopolis 205, 310
Mehrkerne-Modell 197
Meistbegünstigungsklausel 162
Melioration 65
Mercalli-Skala 9
Metall-Rohstoffe 90, 107
metamorph 14
meteorologische Elemente 28
Metropolitan area 205
Migranten 274
Migration 18
mikrobieller Abbau 233, 237
Mikrostandort 112
Milchwirtschaftsgürtel 302
Militärpopulismus 278
Minifundien 66, 269
Minimumwirtschaft 67
Mining-Frontier 300
Mir-System 323
Mistral 28
Mittelatlantischer Rücken 10 f.
Mittelzentren 140
Mobilität 201, 222, 312
Modernisierungstheorie 252
Monokulturen 71
Monsungebiete 27
Montmorillonit 38
Montmorillonitgehalt 33

most seriously affected countries 249
Müll 245
Müllverbrennungsanlage 246
Mycorrhizae 41

Nährstoffe 33, 41
Nährstoffträger 38
Nahrungsmittelproduktion 56
natürliche Bevölkerungsbewegung 51
Naturalwirtschaft 76
Naturpark 177
Naturschutzgebiete 177
NAWAPA-Plan 298
Nebenerwerbsbetriebe 70
neue ökonomische Politik 324
neue Städte 219 f.
neue Weltwirtschaftsordnung 255 f.
Neulandaktion 330 f.
Neulanderschließung 357
Neusiedlungsvorhaben 288
New Deal 298
New Towns 220
Nichtschwarzerdeprogramm 332
Niederschlag 29
Niedriglastzeiten 105
Nitrate 234
non-alignment 260
Nordost-Passat 27
Normalernährung 56
Northers 28, 294
Nutzenergie 95

Oberzentren 140
Objektsanierung 214
OECD 162
öffentliche Dienstleistungen 137
öffentliche Förderungsmaßnahmen 117
Ökosystem 41, 231
Öleinheit 97
Ölschiefer 18
offene Arbeitslosigkeit 50
offene Gesellschaft 50
offene Grenze 54
offshore-Förderung 236
Okklusion 23
Oktoberrevolution 323
OPEC 107
Orogenese 13
Ortstein 36
Ost-West-Handel 158 ff.
Owragis 245
Ozeanbildung 14
ozeanische Kruste 10
ozeanische Rücken 10

Parabraunerde 36
parts per million (PPM) 234
Pazifischer Rücken 10
Pedosphäre 32
Penck, A. 47
Pendlerverkehr 149
Pendlerwesen 207
periodischer (mittelfristiger) Bedarf 139
Persistenz (d. Industrie) 119
Personenverkehr 150
Peruanisierung 284
Pestizide 236
Pflanzennährstoffe 32
Pflanzenschutzmittel 61
Pflanzungen 66, 74, 299
Phosphate 234
physikalische Verwitterung 32, 36
physiognomische Gliederung 196
Pipelinesysteme 103
Planetarische Frontalzone 22
Plantagen 66, 74
Platten 12
Plattengrenzen 12
Plattentektonik 13
Plutonismus junger Faltengebirge 12
Plutonite 12, 14
Podsol 36, 327
polare Hochdruckrinne 27
potentielle Bodenfruchtbarkeit 39
Primärenergieträger 95
Primärenergieverbrauch 99
privates Hofland 325
Produktionsfaktoren 110
Produktivität 76
Produktrente 269
Prognosen 100
Prospektion 20, 90
Pseudogleye 36
Public Domain 301
pull-Faktoren 132, 223
punkt-axiales System 176
push-Faktoren 223
Pyrolyse 245

quadratische Landaufteilung 301
qualitative Unterernährung 56
quantitative Unterernährung 56
quasistationäre Druckgebilde 23
Quellen 19
Quellverkehr 152
Quellwolkenbildung 24

387

radiometrisch 20
räumliche Mobilität 50, 222
Raffinerie-Endprodukte 99
Randmeer 17
Randwanderung 205
Rassendiskriminierung 312f.
Rationalisierung 75, 99, 371
raumdistanzielles Prinzip 209
Raumerschließung 337
Raumforschung 165
Raumordnung 209
Raumweite 320
Realteilung 65
Recycling 108, 245
Regelkreis 230
Regenfeldbau 74
regionale Achsen 185
regionale Mobilität 51ff., 201
Regionalisierung der Erde 249f.
Reichweite 138ff.
Reinmaterialien 112
Rentenkapitalismus 67
Reprivatisierung 284
Reserven 93
Ressourcen 93
Richterskala 9
Römische Verträge 82
Rohstoffe 116
Rohstoffquellen 307, 330
Rohstoffvorkommen 111
Rückstandsgebiete 177
rush-hour 210
Russifizierung 340

SAIS 282
saisonal bedingte Wanderbewegungen 52
Saisonarbeiter 50
Salzkrusten 36
Salzlagerstätten 17
Salzstöcke 17
Salztektonik 17
Sandböden 34
Sanierung 213ff., 311
Sanierungsmaßnahmen 214
San Martin, José des 263
Satellitenstädte 221
Sauerboden 34
Savannengebiet 40
Schachbrettgrundriß 301
Schallschutzbestimmungen 247
Schauertätigkeit 24
Schichtbewölkung 24
Schichtsilikate 32
Schluffböden 34
Schwächezonen der Erdkruste 10
Schwarzerde 36

Schwarzerdezone 327
schwarze Stürme 331
Schwefeldioxid 240
Schwellenländer 133
Schwellenpreis 84
Schwerindustrie 111, 119ff.
schwerindustrielle Produktion 308
sedimentäre Lagerstätten 16
Sedimente 11
Sedimentgesteine 13
Seelenwanderung 50
Seewind 21
Segregation 207
Seifen 17
seismische Methode 20
seismische Untersuchungen 10
Sektoren-Modell 197
sekundäre Lagerstätten 17
Sekundärenergie 95
Sekundärenergieträger 104
Selbsthilfeprojekte 284
Selbstreinigungskraft 237
Selbstversorgung 80
Selbstversorgungsgrad (von Rohstoffen) 108
Selbstversorgungswirtschaft 76f.
self-reliance 260
Serienfertigung 307
Sial 10
Siedlungsreform 63
Sima 10
shelter belts 297
Skyline 194
Slums 225, 311, 341
Smog 241
soil erosion 297
Solonez 36
Solontschak 36
Sonderkulturen 74
Sonneneinstrahlung 21
Sowchose 325
Sozialbrache 70f., 168
soziale Erosion 225
soziale Marktwirtschaft 80
soziale Mobilität 50f.
soziale Schichten 50
sozialer Status 50
Sozialplan 217
sozialräumliche Gliederung 196
Sozialstrukturen 50
Speichergesteine 18f.
Spezialisierung 71
Spezialkulturen 74
Spitzenlastzeiten 105
Squatters 300
Stadtbegriff 193ff.
Stadterneuerung 214

Stadthaus 209
Stadtrandsiedlung 225
Stadtregion 204
Stadt-Umland 199
Städtebänder 310, 341
Städtebauförderungsgesetz 215
städtische Achsen 185
Ständegesellschaft 50
Stalinplan zur Umgestaltung der Natur 330
Stammesdenken 67
Stammpersonal 370
Standard Consolidated Areas 205
Standard Metropolitan Statistical Areas 205
Standortfaktoren 112ff., 308
Standortspaltung 119
Standortverlagerung 309f.
Standviehhaltung 72
Stauniederschläge 27
Stauwasser 34
Steinkohleneinheit 97
Steppen 40
Sterbeziffer 43f., 48
Stickstoffoxide 240
Stockpile 307
Strahlströmungen 22
strip-cropping 297
Stromversorgungszusammenbruch 97
Strukturdaten 179
strukturelle Arbeitslosigkeit 131
Strukturwandel 207
Subduktionszone 12ff.
subpolare Tiefdruckrinne 23, 27
Subsistenzwirtschaft 76
Substanzsanierung 214
Substitution 97
subtropischer Hochdruckgürtel 23, 27
Subventionsbrache 305
suchowej 327
Südost-Passat 27
Südsibirische Eisenbahn 336
Sulfate 234

täglicher (kurzfristiger) Bedarf 139
Tageszeitenklima 31
Taifun 28
taube Gesteinsschichten 18
teilausgestatteter Versorgungsort 143
Teilklassifikationen 29
Temperatur 29
Tennessee-Valley-Authority (TVA) 298
terms of trade 254f.

tertiärer Sektor 135 ff.
Textilindustrie 131
Theorien der Unterentwicklung 251
Thünen, J. H. von 78
Tiefdruckzellen 22
Tiefengesteine 12
Tiefensickerung 166
Tiefseegräben 10 ff.
Tinajones-Projekt 286
Tonböden 34
Tonkolloide 34, 36
Tonmineralbildung 32, 38
Tonminerale 32 f., 41
Tornado 28, 295
Trabantenstädte 221
tractor-size-farm 305
Tragfähigkeitsberechnungen 47 f.
Transhumance 73
Transportkosten 112
Transportmöglichkeiten 116
Transsib 323
Tribalismus 67
Trockengrenze 294 ff.
Trockengrenze des Regenfeldbaus 327
tropische Roterden 36
tropische Zyklone 28
Tschernosem 36, 39
Tsunamis 366
Tuguries 275
Tulla 238
Tundrengley 36
Twin cities 205

Ubiquitäten 112
Überbauung 213, 243 ff.
Überernährung 56
Überlagerungsdruck 17
Überschwemmungen 346
Umwandlungsverluste 95, 107 f.
Umweltbelastung 201
Umweltgestaltung 201
Umweltschutzrecht 246
UNCTAD 252 ff.
Unterentwicklung 251
Unterzentren 140
Ural-Kusnezk-Kombinat (UKK) 336
Urbanisierung 201
urban sprawl 310
Urkontinent 13
Urwechselwirtschaft 74

Vegetationsperiode 21, 315, 327
Vegetationszonen 40
Verbundbetriebe 71
Verbundleitungsnetz 105
Verbundwirtschaft 119 ff., 121
Verdichtungsraum 175, 205 ff.
Veredelungsverluste 56
Veredelungswirtschaft 55
Verkehr 320 f., 360 f., 377 f.
Verkehrserschließung 223
Verkehrs-Isochronen 169
Verkehrslage 111, 200
Verkehrsmittel 150
Verkehrsspitzen 152
Verkehrsverbund 151
Verkehrsverbundsystem 213
Verkehrswege 150
Verkehrswertigkeit 200
Verlaufsmodell des »demographischen Übergangs« 44
Vermarktung 78
Vermarktungsbetriebe 55
Vermiculitgehalt 33
Versalzung 245, 327
Versalzungsprobleme 287
Verschluckungszone 12
Versorgungslage 56
Verstaatlichung 284
Verstädterung 201 ff., 310 f., 341, 376 f.
Verstädterungserscheinungen 207
Verstädterungsintensität 209
versteckte Arbeitslosigkeit 50
Versteppung 238
vertikale Konzentration 122
Vertorfungsprozeß 18 f.
Verursacherprinzip 246
Vikunjas 287
Volkskommune 350 ff.
Volkszählung 169
Vollerwerbsbetriebe 70
Vorfluter 237
Vorlieferungen 121
Vorranggebiete 177
Vulkane 9
Vulkanismus 12
Vulkanite 12 ff.

Wachstumsfaktoren 60 f.
Wachstumsrate 43 f.
Wachstumsziffer 43
Währungsunion 82
Wärmekraftwerke 105
Wärmemangelgrenzen 31
Waldmoor 18
Waldschutzstreifen 297, 330
Wanderfeldbau 74
Wanderung 225
Wanderungsbilanz 51
Wanderungsgewinne 199
Wanderungsmotive 206
Warmfront 23 f.
Warmluft 23
Wasserdampf 28
Wasserhaushaltsgesetz 246
Wasserkraftwerke 334, 338
Wassermangelgrenzen 31
Wasserschutzgebiete 237
Weber, A. 112
Wegener, A. 13
Weidewirtschaft 72 f.
Weizengürtel 303
Welthandel 153 ff.
Welthandelsverflechtungen 153
Weltmarktproduktion 129
Wettbewerbspolitik 87
Wetter 28
Wiederaufbereitung 104
Wildtierbewirtschaftung 287
windbreaks 297
Windgürtel 27 ff.
Windschutzhecken 297, 332
Windsysteme 21 ff., 27
Wirbelstürme 28
Wirkungsgrad 95
Wirtschaftsaufschwung 369 f.
Wirtschaftssystem 330 ff.
Wirtschaftsunion 82
Wirtschaftswachstum 128
Witterungslagen 60
Wohndichtewert 194
Wohneigentum 206
Wohnraumanspruch 206
Wohnwert 118
Wolkenbildung 27
Wüstenrohböden 36

Zelina-Bewegung 330
Zenitstand 27
zentrale Einrichtungen 137 ff., 195
zentraler Ort 137 ff., 176, 195 f.
Zentralität 137 ff.
Zentralitätsmessung 145
Zentralverwaltungswirtschaft 80, 334 f.
Zielverkehr 152
Zirkulation der Atmosphäre 21
zirkumpazifischer Bereich 10
Zollunion 82
Zonenrandgebiete 177
Züchtung 60
Zuerwerbsbetriebe 70
Zulieferungen 121
Zupacht 66
Zuwanderung 51
zwischenstaatliche Wanderung 51
Zyklon 22 ff.